Y. 3558.

Y. 133.
2.

Mq. c.f. CCXVII. (R1)
N.° 3558
Inc du colon avril 1846

Lettres de J. Corgillon (in f°)
et B. 97 (?) de .... (?)

Y. 3558.

¶ Tresplaisante et Recreatiue Hystoire

du Trespreulx et vaillant Cheuallier Perceual le gallovs Jadis cheuallier de la Table ronde. Lequel acheua les aduentures du sainct Graal. Auec aulchuns faictz Belliqueulx du noble cheuallier Gauuaï Et aultres Cheualliers estãs au temps du noble Roy Arthus, non au parauant Imprime.

¶ Auec priuilege.

¶ On les vend au Pallais a Paris, En la boutique de Jehan logis, Jehan sainct denis, et Galliot du pre, Marchans libraires demourant audict lieu.

¶Briefue recollection des matieres contenues au present volume.
premierement.

¶Comment perceual le gallois eust congnoissance des armes & du deuis qleust auec cinq cheualliers errans en la gaste forest   fo.ii.
¶Coment apres le parlemēt que Perceual eust auec les cheualiers retourna vers sa mere de laquelle print congé pour aller a la court du roy Arthus.   folio.iii.
¶Comment perceual entra au pauillon de la damoiselle quil baisa & emporta son anneau.   fo.v.
¶Coment Perceual vint a la court du Roy Arthus auquel demāda les armes du cheuallier vermeil & comment Keux le seneschal se gabba de luy.   folio.vi.
¶Comment Perceual conquist le cheuallier vermeil & renuoya la couppe dor au noble roy Arthus.   folio.vii.
¶Coment apres que perceual fut party du cheuallier vermeil trouua vng preudhomme lequel lintroduict a porter sa lance & soy ayder des armes.   folio.viii.
¶Comment perceual vint a vng chasteau nomme beaurepaire ou il cōbatist Guingueron & Clamadieu lesquelz enuoya au roy arthus.   folio.x.
¶Coment Perceual apres auoir prins congé de la pucelle partist du chasteau de beaurepaire pour aller vers sa mere & comment il entra au chasteau du roy peschor.   fo.xvii.
¶Coment perceual trouua en la forest vng cheuallier mort & de la pucelle q luy distql auoit failly a demander du sainct graal et de lance.   fo.xx.
¶Comment perceual combatist lorguilleux de la lande lequel mal traictoit la pucelle laquelle perceual auoit laissee au pauillon.   fo.xxii.
¶Cōment lorguilleux de la lande se rendit prisonnier au roy arthus.   fo.xxiii.
¶Commēt Perceual musa lōguemēt sur les trois gouttes de sāg & comment il vaingst sagremor & Keux le seneschal.   fo.xxiiii.
¶Comment le roy Arthus enuoya missire gauuain querir perceual pour parler a luy et du deuis quilz eurent Gauuain et Perceual.   fo.xxv.
¶Coment perceual fut festoye a Carlion ou vint la damoiselle hideuse luy reprocher ql ne sestoit enquis du sainct graal & du fet de la lance saigneant.   fo.xxvi.
¶Comēt gauuain girflet & perceual ont promis aller ensemble au mont deliurer la damoiselle assise sur le puis.   fo.xxvi.
¶Commēt a la requeste dune pucelle missire gauuain combatist cōtre melians & aultres cheualliers.   fo.xxvii.
¶Coment missire gauuain apres le cōbat faict cōtre melians arriua p cas fortuit en la court du roy descauallon &c.   fo.xxvi.
¶Coment perceual fut cinq ans sans ouyr messe et comment vng iour dung vendredi sainct il se cōfessa a vng hermite q estoit son oncle.   fo.xxviii.
¶Du deuis de missire gauuain & de la male pucelle & cōment ilz prindrent congé lūg de laultre.   fo.xxxvii.
¶Comment missire gauuain enuoya vng escuier au roy Arthus son oncle luy faisant sçauoir de ses nouuelles et de la ioye et feste qui en fut faicte a la court.   fo.xlvi.
¶Cōmēt le roy arthus a tout son ost arriua deuāt vng chasteau ou estoit sa mere & missire gauuai & de leurs deuis & ppos.xlix.
¶Coment missire gauuain se cōbatist contre giromelans qui lauoit accuse de trahisō & de ce quil en aduint.   fo.liii.
¶Coment missire gauuain se partist du roy arthus pource quil auoit marie sa seur

aa.ii.

Le priuilege.

A Tous ceulx qui ces presentes lettres verrõt Jehan de la Barre cheuallier conte destampes Viconte de Bridiers baron de Veretz/seigneur dudict lieu de la Barre/de Villemartin/du plessis du parc les tours/conseillier chambellan ordinaire du Roy nostre sire. Premier gentil hõme de sa chambre/Bailly de Paris et conseruateur des Priuilleiges royaulx de Luniuersite dudict lieu. Scauoir faisons que Sur la requeste a nous faicte par Jehan longis et Jehan sainct denys Libraires a paris. Að ce quil leur fust permis Imprimer vng ancien liure intitule Lhystoire de Perceual le gallois lequel acheua les entreprinses des Cheualliers de la Table rõde faict en ryme a langaige non vsite/lesquelz ilz auoiẽt faict traduyre de ryme en prose a lãgaige moderne pour imprimer. Et que deffences fussent faictes a tous aultres libraires a Imprimeurs dicelluy imprimer sur leur coppie iusques a six ans. Að ce quilz peussent recouurir les fraitz a ipenses par eulx faictz a fraitz pour faire imprimer a traduyre ledict liure. Ce cõsidere nous ausdictz Jehan longis a Jehan sainct denys auons permis a permettons de faire Imprimer ledict liure. Et deffendõs a tous autres de ne Imprimer ne faire imprimer ledict liure iusqs a six ans sur peine de confiscation desdictz liures a damende arbitraire. En tesmoing de ce nous auons faict mectre a ces presentes le seel dudict bailliage de Paris. Ce fut faict le vingtiesme iour de mars Lan mil cinq cens vingtneuf.

Comment le Roy Arthus delibera tenir sa court la plus sumptueuse que oncques mais auoit faict. fo.ci.
Cõmēt le roy Arthus aps quil fust pti du verger aux sepultures enuoia messire gauuai scauoir ou il pourroit loger z des merueilles que messire gauuain dist qui raconta au Roy Arthus. fo.cij.
Cõment messire gauuain pria sõ oncle petit dū lieu ou ilz estoiēt pour la crainte de Brādelis ce ql ne voulust faire dōt luy en cuida abuenir gros dõmages. fo.ciij.
Cõment Keux le seneschal si tost q̃ fust entre au iardin ou estoiēt les cheualliers fust prins z mene a Brādelis seigneur du chasteau/auql il dist q̃ le roy Arth⁹ z gauuai estoiēt leās assiz au menger. fo.cv.
Cõment lenfāt filz de Gauuain z nepueu de Brādelis fust enuoye par sa mere pour faire la paix entre les deux cheualliers/z comment il fust moult bēge par iceluy Brandelis. fo.cvi.
Cõment la paix fust faicte entre messire Gauuain z Brādelis. fo.cvii.
Cõmēt le roy arthus z le riche souldoier se mirēt en qste pour trouuer le filz de messire gauuain/z messire gauuai z Keux lesquelz vindrent vers la Royne en bretaigne. fol.cvi.
Comment aps que le cheuallier que gauuain menoit pour pter a la royne eust este occis/ledict gauuai sarma de ses armes z sen alla au conduict du cheual. fo.cxvi.
Cõment messire gauuain pour acõplir sa pmesse se mist en voye/z comment il arriua au lieu dont ledict Cheuallier occis estoit seigneur. fo.cxvii.
Cõment messire gauuain sessaia a resoulder lespee rõpue z comment il senqst au Roy pourquoy la lãce saignoit incessamēt ce q̃ le roy luy declaira. fo.cxviii.
Cõmēt Gauuain par son dormir faillist a scauoir pourquoy le Graal sapparoissoit z aultres matieres. fo.co.
Cõmēt le filz de messire gauuai lequl auoit este destobe cõme auez ouy/fust enuoye p vne damoiselle tout arme scauoir le nõ dūg cheuallier trespassant/lequel ledict enfant mist a mort. fo.cxxiiii.
Cõmēt le roy Arth⁹ de nuyct nō pouāt dormir soy pourmenāt sur le riuaige de la mer vist arriuer vng challant auql auoit vn chlr̄e mort de moult belle stature fo.cxxv.
Cõmēt gueresches querāt sõ frere gauuai arriua en vng moult beau chasteau garny de grandes richesses. fo.cxxvii.
Cõmēt aps q̃ Perceual eust erre p plusieurs royaulmes z cõntrees lespace de cinq ans sās aucune souuenāce de dieu arriua deuāt le chasteau du cor ou il cõbatist le Roy z le vainquist. fo.cxxxi.
Cõmēt Perceual pposa ne retourner a la court du roy Arth⁹ qil neust este a la court du Roy Pescho7 scauoir que cestoit du Graal. fo.cxxxii.
Cõmēt perceual se mist en qste pour trouuer le cheuallier q̃ la teste z le brachet empor toit/en la qste duql rencõtra la pucelle q̃ emble luy auoit son brachet. fo.cxxxvi.
Cõmēt perceual fust aduise du chemi qil deuoit tenir en la maisõ du roy. f.cxxxviii.
Cõmēt perceual enuoia abitois qil auoit cõquis prisõnier en la court du roy arth⁹ lequl fust cheuallier de la table rõde. fo.cxxxvii.
Cõmēt perceual aps qil eust cõqs le cheuallier q̃ gardoit le gue amoureux tenoy a prisõnier en la maisõ du roy Arth⁹. fo.cxlii.
Cõmēt ceulx du chasteau de blāche flour se iouirēt grādemēt de la venue de perceual z cõmēt il iouist de sa dame. fol.cxliii.
Cõmēt Perceual estāt en la qste du sainct Graal p mesauēture se trouua en la maison a sa feu mere. fo.cxlvii.
Cõmēt perceual aps auoir este long tēps auec sa feur prit cõge delle se mist en vne foreist ou il coucha deux nuictz. fo.cl.

aa.iii.

clarissant oultre son vouloyr. fo. lvi.
Cōmēt missire gauuain estāt en vng chasteau assiz au mēger arriua leās vng chr̄r leq̄l osta le coz a la damoiselle qui auoit les ans amene missire gauuain. fo. lvii.
Cōmēt missire gauuain fut fort ledange pource quil nauoit tenu promesse touchāt la deliurance duine damoiselle. fo. lix.
Cōmēt gauuaī en allant pour deliurer la damoiselle du puis trouua vng cheuallier mort ⁊ cōmēt il fut suyui de quatre cheualliers dont il en occist les troys. fo. lx.
Cōment missire gauuain p̄tist de clarion ⁊ arriua en vng chasteu ou il ne trouua p̄sonne. sors vng cheuallier qui se combatist a luy lequel il vainquist fo. lxi.
Cōment gauuain apres auoir deliure les damoiselles arriua au chasteau du roy peschoz ou luy fust apportee lespee rōpue pour resouder ce quil ne sceust faire. fo. lxiii.
Cōmēt missire gauuain print conge de la pucelle de mōtesclaire/⁊ apres cheuaulche plusieurs iournees trouua vng cheuallier auquel iousta ⁊ le vainquist. fo. lxix.
Cōmēt le roy arthus fist assembler tout son ost pour aller cōbastre brun de branlant/ lequel assiegea en son chasteau. fo. lxxi.
Cōment missire gauuain se partist de lost du roy arthus sans son sceu/⁊ cōmēt le roy le suyuit ⁊ luy fist promettre de brief retourner ce q̄ les gauuaī n'etēdoit d̄ faire.lxxiii.
Cōmēt le roy carados arriua a la court du roy arthus auq̄l il demāda sa niepce a fēme laq̄lle espousa/⁊ de lenchāteur q̄ la deceust ⁊ geust auecq̄s elle charnellemēt. fo. lxxvi.
Cōmēt le roy arthus delibera faire son nepueu carados cheuallier. fo. lxxvii.
Du dueil que le roy Arthus ⁊ ceulx de sa court demenerent pour la mort du roy carados/⁊ cōmēt lenchanteur luy declaira q̄l estoit son pere. fo. eodē.
Cōment cador filz du roy de cornouaille ⁊ sa seur guimier vindrent a la court du roy

Arthus ⁊ cōment alardin conquist ladicte dame cōtre son frere cador. fo. lxxx.
Du tournoy faict contre le roy cabollant et le roy de rys prīt le roy arthus. fo. lxxxii.
Cōment le roy carados fist enfermer sa femme dedens vne tour/⁊ de lenchanteur qui la venoit veoyr par chascun iour dont le roy carados fut aduerty lequel surprint ledict enchanteur en la tour auec sa femme ⁊ de ce. quil en aduint. lxxxix.
Comment lenchanteur fut venge de carados son filz parce q̄ vng serpent seprint au bras dudict carados qui le tourmēta long temps. fo. xc.
Cōment ysenne mere de carados le ieune se reiouist de son filz⁊ cōment le roy arthus en fut informe ⁊ du deuil q̄l en fist. fo. xc.
Cōmēt le roy arthus se meist sur mer pour venir visiter son nepueu le ieune carados et cōment il eust vent contraire fo. xci.
Cōmēt guimier amye de carados sachāt le tourment quil portoit pour la serpent se mist en voye pour le venir visiter. fo. xci.
Cōment carados se confessa ⁊ declaira son cas a vng hermite auec lequel il demeura long temps. fo. xcii.
Cōment cador apres auoir long tēps cherche Carados arriua en lhermitaige ou il estoit auec vng sien seruiteur. fo. xciiii.
Cōment carados cador ⁊ guymier apres quilz se furent festoiez en lhermitaige partirent pour venir en cournouaille ou ilz furent receuz a grand ioye. fo. xcvii.
Cōment apres le mariage faict du ieune carados ⁊ de la belle guymier le roy arthus sen retourna en bretaigne dedens vne nauire luy ⁊ son nepueu carados. fo. xlviii.
Cōment le roy arthus tint court planiere ⁊ du merueilleux senglier qui fut trouue en la forest. fo. xcix.
Cōment le coz fut essaye sur tous les cheualliers de la table rōde ⁊ du vin qui respādit sur tous fors que sur carados. fo. ii.

La table de ce present liure.

steau ou se faisoit vng tournoy. ccxiii.
Comment apres que Perceual fust party du beau hardy arriua en vng hermitage ou il se cõfessa bien & deuotemẽt. fo. ccxiiii.
Comment apres que Perceual fust party de Hector des mares/ arriua audict chasteau ou se tenoit le bon Cheuallier Pertinel cõtre lequel il iousta & le vainqst. fo. ccxv.
Commẽt vne damoiselle apporta les nouuelles a Perceual que le Roy Peschor son oncle estoit trespasse & comment Le Roy Arthus bien accompaigne y alla pour le couronner. fol. ccxix.
Cõmẽt le roy arthus & toute sa cõpaignie se ptirent pour leur en retourner en leur pays & de Perceual/ q̃ demeura en son pais p lespace de sept ans & puis sẽ alla finiz ses iours en vng hermitaige. fo. ccxix. & ccxx.

¶ Fin des matieres contenues en ce present volume de Perceual le Galloys.

¶ Comment apres que Perceual eust conquis son brachet cõtre le cheuallier ꝗ la teste du cerf blãc se mist en la forest ou il trouua vne damoyselle a laꝗlle eust plusieurs deuis. f. cliii.
La maniere ꝼ fassõ dũg pont ou Perceual passa pour aller au grand tournoy que le Roy Arthus tenoit a quinprecorentin fol. cliiii.
¶ Comment apres que Perceual eust vaincu le tournoiment deuant le chasteau orgueil leux/entra en vne forest ou il trouua vng Cheuallier soubz vne tombe lequel il deliura fo. clvi.
¶ Comment la pucelle racompte a Perceual la maniere comment leschiquier ꝗ eschetz iouent seulz ꝗ aultres matieres fo. clvii.
¶ Comment passant par vne forest trouua vng cheuallier pendu lequel deliura dont luy sceust moult bon gre. fo. clviii.
¶ Comment les compaignons de la table rõ de se mirent en question pour trouuer Perceual le Gallops ꝗ le chasteau du Roy Peschor. fo. clxviii.
¶ Comment Gauuain vainquist le tournoy contre le Roy Arthus son oncle. Portant lescu vertueulx/puis retourna auec le nain en son domicille. fo. clxvii.
¶ Cõment messire Gauuain prit conge de son oste ꝗ cheuaulchãt par la forest trouua vng cheuallier duremẽt pẽsif lequel apres plusieurs deuis osta de sõ peser. fo. clxviii.
¶ Cõment messire Gauuai trouua guiglan son filz auquel il demanda des nouuelles du Roy Arthus/lequel luy denõca la guerre ꝗl auoit contre le roy Caroas. fo. clxxv.
¶ Comment perceual le gallops trouua en vne forest vng enfant assiz sus vng arbre lequel interroga de son estat/auql lenfãt ne Vouluist respondre. fo. clxxvi.
¶ Comment Perceual paruint au chasteau du roy Peschor: ou il le trouua/lequel apres auoit veu le graal porter leans par la salle per vne pucelle demanda au roy la signifiace dudict graal ꝗ de la lance. fo. clxxx.
¶ Comment le roy peschor raconta a Perceual la signifiance du saint Graal ꝗ de la lance. fo. clxxxvii.
¶ Cõmẽt aps ꝗ perceual eust mis lõgtemps a poursuyuir la damoiselle. Saygremor poursuiuit le cheuallier lequel portoit la damoiselle iusqs a son manoir. fo. clxxxv.
¶ Cõmẽt apres que Saigremor se fust pacty de Perceual a deliure la damoiselle ꝗ occist deux cheualliers lesquelz vouloient efforcer vne damoiselle. fo. clxxxviii.
¶ Cõmẽt messire Gauuain estant en la court du Roy Arthus/eust souuenãce que par sõ dormir nauoit sceu scauoir la verite du Graal lance ꝗ espee brisee. Et cõment il delibera retourner sur le roy peschor pour en scauoir la verite. fo. lxci.
¶ Cõmẽt apres que messire Gauuai eust cõquis le roy Margõs lenuoya prisonnier en la court du roy Arth⁹. fo. cxcii.
¶ Comment apres que perceual eust eu victoire par la grace de dieu contre lennemy sendormist en la chapelle ꝗ des merueilles quil y vist. fo. cc.
¶ Cõment apres que Perceual eust recouuert vng cheual se mist au chemi/ꝗ trouua vng cheuallier auquel iousta ꝗ vainquist Puis lenuoya prisonnier au noble Roy Arthus. fo. cciii.
¶ Cõmẽt perceual trouua vng cheuallier cheuaulchant emmy la forest portãt ses armes deuant luy ꝗ des remonstrances quil luy fist. fol. ccviii.
¶ Comment saigremor arriua a la court du roy arth⁹ auquel fist scauoir de lestat de perceual ꝗ de sa venue a la court. fo. ccix.
¶ Comment calcograuant voyant la dure enuahie que faisoit lionnel contre son frere Bohors le vouluist secourir/ꝗ en fin furent tous deux occis. fo. ccxi.
¶ Comment Perceual accompaigne du cheuallier couart arriuerent pres dung cha-

Lest naturellemēt impossible a celuy qui en sa terre nespand ou seme la semēce a suffisance/ q̄l y puisse recueillir le grain en habondance: parquoy est le prouerbe veritable disant. Qui petit seme petit recueille. Doncques celuy qui desire receuoir daucūe terre le grain a plenitude regarde a mettre sa semence en terre vtile et fertile et si ainsi le faict la terre luy rapportera a cēt au double. Car en terre seiche aride et infertile ne peult le grain profiter mais y seicher et se perdre. Pareillement la bonne parolle dicte et alleguee deuant ceulx qui ne la veullent retenir ne humblement en leurs cueurs garder pour doctrine/ ne peult aussi porter profit. Ce considerant: feu trehault et magnanime prince Philippes Conte de flandres fort charitable et couuoiteux de veoir lire et ouyr les faictz et proesses des preux et hardis cheualiers / aymant leurs vertus et honorables enseignemēs ne voulut laisser perdre petit la memoire de ceulx desquelz il auoit ouy ou entēdu par escript lhonorable vertueuse et biē famee vie. Luy doncques meu de telle affection quelque iour se rememorant des merueilleuses entreprises et nobles faictz des cheualiers de la table Ronde/ print vng desir en son couraige de faire venir a lumiere la vie et faictz cheualereux du

a.i.

Perceual le Gallois. Feuillet .ii.

Cy commence
L'hystoire Recreatiue cõtenãt les faictz & gestes du Trespreulx & Vaillãt Perceual le Galoys / Cheualier de la Table rõde.

Durant et pendãt le Regne du bon & triumphant Roy Artus estoit vne notable Dame vefue tenãt son demaine en vne forest nommee en celuy temps / la gaste forest / au pais de Galles: enuiron de laquelle estoient les terres & heritaiges. La dicte dame auoit eu a mary vng notable Cheualier / et dicelluy trois beaulx filz / dont les deulx / cõme vous orres cy apres furent occis en bataille / parquoy apres le trespas de son mary ne luy en demoura q'ung / aigé seullement de deulx ans. Duql est formee ceste presente hystoire. Et parce que ladicte dame auoit perdu tant son mary q ses deulx aultres filz exerceant les faictz de cheualetie. Quant le tiers fut en l'aage de congnoissãce / ladicte dame ne luy osa iamais declarer cõmēt son pere ne ses freres estoient mors: ne que cestoit de l'ordre de cheualetie / craignant que a ce ne se bouffist tourner & induire: et que par tel art exercer elle peust demeurer seulle et sans enfans. mais si elle pouoit le desiroit garder pour estre le baston de sa vieillesse & guide de ses affaires / tellement que quant l'enfant fut grãt paruenu ne se occupoit a aultre chose sinon q aller visiter les laboureurs & aultres simples personnes cultiuans et faisant leur labeur es terres de sa mere. Et estoit la principalle & seulle occupation du Jouuenceau / fors que aucuneffois il se battoit a iecter et darder Jauellotz apres les cerfz et biches & apres les oyseaulx lesqlz souuent par sa grande industrie mettoit a mort.

Comment et en quelle maniere Perceual eust premiere cognoissance de Cheualerie. Et cõment il trouua cinq Cheualiers errant en la Gaste forest / & du parlement quil eust auec eulx.

R nous recite l'hystoire que cõme ledict Perceual écores iouuenceau auoit de coustume aller visiter par maniere de recreation les Laboureurs aux chãps. Vng iour mist bride et celle sur son Chasseron qui est a dire le petit cheual sur lequel il alloit a la chasse des Bestes et Oyseaulx. Puis quant dessus fut monte print trois Jauellotz & se partist pour apres auoir le boys passe / aller visiter les Laboureurs arant & semant les terres de sa mere. Or estoit en la saison que les arbres commencent estre feuillius / les herbes auerdoier. Rinceaulx a fleurir / & petiz oysillõs par leur armonieulx gosier moduler & melodieusement chanter. Quant il fut en la forest entre / regardant les tans beaulx arbres verdoier & fleurir / oyant les gentes gorgettes des oysellez recreatiuement armoniser / fut si tres lye et ioyeulx quil ne scauoit que deuenir. Puis luy estant en ceste grande liesse descendit de son petit cheual aultremēt dit chasseron / lequel apres la bride ostee / luy laissa paistre la doulce herbe estant le long des chemins & larris de la gaste forest. Et pour ce esbastre & prēdre recreation gettoit ses Jauellotz l'ung apres l'aultre: puis tantost bas / puis tantost hault / l'ung attrauers l'autre a couste. Puis en auant / puis en arriere: non tant seullement pensant ne tendant que a passer le temps & a se recreer. Gueres n'a este le iouuenceau en la forest se esbanoiant ql

a.ii.

tres preux ceintz hardi cheuallier Perceual le gallois/ Car cōme ayt dict ledict Philippes conte de Flandres estoit tant rempli de charite que rien ne voloit ou elle deust estre gardee q̄ ne se meist en son debuoir de faire les choses a elle appartenātes/ en suyuant la doctrine de Sainct Paul qui dict que dieu est charite, q̄ quicōques vit en charite dieu vit en luy. Car de toutes les vertus icelle est la principalle. Voyāt doncques ledict Conte Philippes ceste vertu estre tāt aggreable a dieu pour icelle ensuyuir commanda a aucun docte orateur de rediger q̄ mectre p escript les faictz et vie dudict noble q̄ preux Cheuallier Perceual le Gallois suyuant la Chronique diceluy prince et traictie du Sainct greal: mais parce que le Chroniqueur dudict Phelippes q̄ luy trespasserent de ce siecle auant lacheuement q̄ accōplissement du liure/ et que leur intention vint a effect/long temps apres passe que treshaulte et excellente princesse Madame Jehāne contesse de Flādres eust veu le Cōmencement de la chronique sachāt lintencion du Conte Phelippes son aieul elle meue de pareille charite Commanda a S. q̄ sien familier orateur nōme Menessier traduire et acheuer icelle Chronique en la forme quelle estoit encommencee/ce que diligentemēt feist q̄ acheua suyuant le commandement q̄ intention de sa dame et maitresse. Et parce que le langage dudict Menessier ne de son p̄decesseur nest en vsaige en nostre vulgaire frācoys mais fort non acoustumiete estrangel. Ie pour satiffaire aux desirs plaisirs q̄ voulontez des Prices seigneurs q̄ aultres suyuans la maternelle langue de france ay bien voulu mēployer a traduire q̄ mectre de Rithme en prose familiere les faictz et vie dudict vertueux cheuallier Perceual en ensuyuant au plus pres selon ma possibilite et pouair le sens de mes predecesseurs translateurs/ comme ay trouue par leur escript. Parquoy a tous auditeurs q̄ lecteurs qui ce traictie liront q̄ orront de ce que ay presumptueusement et tropt audacieusemēt mis/prie q̄ requiers retenir q̄ reseruer le grain q̄ mectre au vēt la paille. ❧ Cy finist le prologue.

ctes moy respond le iouuenceau en regardant sa lance/que cest que portes en vostre main Certes dist le cheuallier en soubriant ie suis icy bien arriue ie cuidoie de toy aulcune chose scauoir et tu veulx de moy apprendre/puis luy dict que cestoit vne lance qͥl portoit: dictes voͫ dit le iouuēceau/aues vous de coustume iecter ceste lāce ainsy que ie fais mes iauellotz. Non certes respond le cheuallier/mais on en fiert les hommes darmes et les aultres contre lesquelz on a bataille. Dōques dit le iouuenceau vallēt mieulx mes iauellotz car diceulx iē actains bestes et oyseaulx qui nest si mal faict que faire ce ᷤ me dictes Car ilz seruent pour moy mēger et les occis daussy loing que lon pourroit vng traict tirer De ce dist le cheuallier ne ayē que faire/mais dis moy ie te prie se tu le scays ou vōt les cinq cheualliers et les trois pucelles: le iouuenceau aprochant le cheuallier luy prend le bas de son escu en requerāt luy dire que cest quil porte ainsy pendu a son col: Voicy dit le cheuallier merueille. ie cuidoie aulcunes nouuelles sauoir de toy et tu changeant mō propos me demādez tousiours quelque chose/toutesuois pour satisfaire a ton vouloir ie te dis que cest vng escu lequel me sert quāt aulcun viēt contre moy courir et mest si propice et vti le que nul ne me scauroit greuer quant auant les coups le puis mettre. Quāt les quattre aulttres cheualliers eurent long temps attendu et regardé leur maistre au iouuenceau parler/se prindrent a approcher puis ont dit. Certainnement aduis nous est que cestui aqui vous parlez nest pas de grant scauoir mais assez petitement introduit: Vrayemēt respond le cheuallier vous dictes la verite/ Car de chose que ie demande il ne respond riens a propos mais chāge tousiurs ma demā

de en me enquerant quest de tout ce que ie porte et quest entour moy: bien voyōs ditēt les cheualliers quil nest gueres sage et quil na iamais vescu que bestiallement sans gueres de chose apprēdre et nous est biē aduis que celluy est rempli de grant simplesse qui se veult a luy atrester. Pourtāt dit le maistre gouuerneur des cheualliers ne partirai daupres de luy iusques a ce que luy auray respondu a tout ce quil me demandera. puis se retournant vers le iouuenceau linterrega de rechef sil nauoit poīt veu passer par ceste voie les cinq cheualliers et les trois pucelles. Ie vous prie dit le iouuenceau prenant le cheuallier par son haubert dictes moy que cest que vous aues vestu. Soies certain dit le cheuallier que cest vng haubert le quel est faict dacier et aussy pesant comme fer. Et de quoy vous sert il dit le iouuenceau. Ie te dis respond le cheuallier que il me sert de telle chose que se tu voullois iecter cōtre moy tous tes iauellotz quilz ne me scauroiēt greuer nautre chose pareillemēt Vraiement se dit le iouuenceau ce ne seroit pas bien propice pour les biches ne pour les cerfz: parquoy ie prie a dieu les voulloir garder de vestir tel abillemēt car ainsy ne scauroient profiter mes iauellotz quant occire ie les vouldroie et par ainsy iamais apres eux ne courroie. Encores luy demanda le cheuallier sil nauoit ouy nouuelles des cinq cheualliers et des trois pucelles. Or dictes moy dist le iouuenceau au cheuallier nasquites vous tel que vous estes: Respond le cheuallier que non et que cela ne pourroit estre pareillemēt que nulle chose ne sauroit ainsy naistre. Et quil vous donna doncᷤ ses beaulx habitz dist le iouuenceau au cheuallier/ Respond le cheuallier mon amy puis que me le de

a.iii.

a ouy et entendu venir cinq chevalliers vistement chevauchant tous armes tellemēt q̄ par le son et cliquetis de leurs harnoys la forest estoit toute sonorante et redondante/ car ilz chevauchoiēt en grāde impetuosite et a grant vistesse et haste toutesfois ne les voit point mais au heurtement que faisoient leurs lāces et leurs espees contre les branches et ruisseaulx des arbres et au fremissement de leurs harnois biē cōsidera que chose estoit fort merueilleuse et de quoy neust onques vision ne cōgnoissance. En cest estat tout effraie et pensif de ce que point ne voioit mais oyoit faire si grant et merueilleux tumulte et bruit/ pensa que sa mere luy auoyt aultressoys dit quil estoit des diables qui souuent venoient en ce monde: tous condicionnes et enclins a mouuoir côtes noyses debatz et a faire bruitz furieux et mouuemens tempestueux/ et en ceste fantasie arreste pensa vraiement iceulx estre diables quilz auoit ouy: puis luy souuient que sa mere luy auoit dict aussy que quant on voit les diables quil se fault munis du signe de la croix/ lors dist a parsoy que ia ne se signera dicelle croix sil en peult aulcun rencôtrer et que plustost luy iectera vng de ses iauellotz du quel le scaura si bien et si rudement attaindre que les aultres naurōt apres vouloir ne hardiesse de laprocher. Petit apres veit issir les cinq cheualliers hors du bois et puis quant les apperceut a descouuert ainsy armes lescu au col et la lāce au poing fut pl⁹ esmerueille quōcq̄ nauoit este car en son viuāt cheuallier nauoit veu ne de cheuallier nauoit ouy parler. Quant il les eust bien regardez lors dist quil auoit fort vers dieu mespris dauoir propose que cestoient diables/ car bn voioit que cestoiēt anges/ Certes dist il ma mere ma tousiours assez aduerti dōt

bien me souuiēt que les anges sōt les pl⁹ belles creatures de ce monde apres dieu qui les a formees. Or suys ie certain que anges sont ceulx que ie voy: car en mon viuāt ne veis si belles personnes. Toutesuois dit il entre les cinq en voy vng q̄ est incōparable en beaulte en splendeur et en relucēce au quattre aultres p quoy ie croy fermement que celluy nest ange mais est dieu. or ma mere ma ēseigne q̄l ne fault q̄ vng seul dieu createur adorer honorer et seruir/ et ses sainctz anges supplier et reuerer en lhonneur de luy par quoy me delibere le adorer et ses anges honorer en son hōneur. Quāt il eust ce p̄pose se print a dire sa creance et les oroisons q̄ sa mere luy auoit apris Ce voiāt le Capital et maistre des cheualliers vint vers luy disant quil se tirast arriere de quoy fut le iouuenceau tant estonne et effraie qui luy conuīt tumber par terre/par quoy les aultres proposerent passer tous emsemble vers luy/de crainte que tant ne se effroiast quil en peust mourir/et q̄l suffisoit que laultre seul parlast a luy: lors le maistre des cheualliers se print a interroger. Amy dit il as tu point veu par cy passer cinq Cheualliers et troys pucelles le iouuenceau qui simple estoit et non instruit auec le monde estant encores craintif et en doubte qui estoit cil qui a luy parloit/ luy demanda sil estoit point dieu veu que tant beau et tant cler et luisant le voioit/ a quoy respond le cheuallier apres lauoir asseurez et mis hors de doubte q̄ nō/ mais q̄ l estoit cheuallier. Certes dist le iouuenceau oncques cheuallier ie ne veisne de cheuallier nouy pler/ ie vo⁹ pedictes moy dist il les cheualliers sont il ainsy parez que vo⁹/si beaulx et si luisans. le cheuallier luy demāde de rechief sil nauoit point veu passer en ceste forest les cinq cheualliers et les trois pucelles/ di

ctes moy respond le iouuenceau en re-
gardant sa lance/que cest que portes en
Vostre main Certes dist le cheuallier en
soubriant ie suis icy bien arriue ie cuidoie
de toy aulcune chose scauoir et tu veulx
de moy apprendre/ puis luy dict que ce-
stoit vne lance qil portoit: dictes vo9 dit
le iouueceau/aues vous de coustume ie-
cter ceste lance ainsi que ie fais mes iauel
lotz. Non certes respond le cheuallier/
mais on en fiert les hommes darmes et
les aultres contre lesquelz on a bataille.
Dõques dit le iouueceau vallēt mieulx
mes iauellotz car diceulx ien actains be-
stes et oyseaulx qui nest si mal faict que
faire ce q̃ me dictes Car ilz seruent pour
moy mēger et les occis daussy loing que
lon pourroit vng traict tirer De ce dist
le cheuallier ne ay ie que faire/mais dis
moy ie te prie se tu le scays ou vont les
cinq cheualliers et les trois pucelles: le
iouuenceau aprochant le cheuallier luy
prend le bas de son escu en requerāt luy
dire que cest quil porte ainsi pendu a son
col: voicy dit le cheuallier merueille, ie
cuidoie aulcunes nouuelles sauoir de toy
et tu changeant mõ propos me demādez
tousiours quelque chose/toutesuois pour
satisfaire a ton vouloir ie te dis que cest
vng escu lequel me sert quãt aulcun viēt
contre moy courir et mest si propice et vti
le quenul ne me scauroit greuer quant a-
uant les coups le puis mettre. Quāt les
quattre aultres cheualliers eurent long
temps attendu et regarde leur maistre
au iouuenceau parler/se prindrent a ap-
procher puis ont dit. Certainnement ad
uis nous est que cestui aqui vous parlez
nest pas de grant scauoir mais assez peti
tement introduit: vrayemēt respond le
cheuallier vous dictes la verite/ Car de
chose que ie demande il ne respond riens
a propos mais chāge tousiurs ma demā

de en me enquerant quest de tout ce que
ie porte et quest entour moy: bien voyōs
dirēt les cheualliers quilnest gueres sai
ge et quil na iamais vescu que bestialle
ment sans gueres de chose apprēdre et
nous est biē aduis que celluy est rempli
de grant simplesse qui se veult a luy arre
ster. Pourtāt dit le maistre gouuerneur
des cheualliers ne partiraie daupres de
luy iusques a ce que luy auray respondu
a tout ce quil me demandera. puis se re
tournant vers le iouuenceau linterroga
de rechef sil nauoit point veu passer par
ceste voie les cinq cheualliers et les
trois pucelles. Je vous prie dit le iou-
uenceau prenant le cheuallier par son
haubert dictes moy que cest que vous a
ues vestu. Soies certain dit le cheual-
lier que cest vng haubert le quel est faict
dacier et aussy pesant comme fer. Et de
quoy vous sert il dit le iouuenceau. Je
te dis respond le cheuallier que il me sert
de telle chose que se tu voullois iecter cō
tre moy tous tes iauellotz quilz ne me
scauroient greuer nautre chose pareillemēt
vraiement se dit le iouuenceau ce ne se-
roit pas bien propice pour les biches ne
pour les cerfz: parquoy ie prie a dieu
les voulloir garder de vestir tel abille-
mēt car ainsy ne scauroient profiter mes
iauellotz quant occire ie les vouldroie et
par ainsy iamais apres eulx ne courroie.
Encores luy demanda le cheuallier sil
nauoit ouy nouuelles des cinq cheual-
liers et des trois pucelles. Or dictes
moy dist le iouuenceau au cheuallier nas
quistes vous tel que vous estes : Res-
pond le cheuallier que non et que cela ne
pourroit estre pareillemēt que nulle cho-
se ne sauroit ainsy naistre. Et quil vous
donna doncqs ses beaulx habitz dist le
iouuenceau au cheuallier / Respond le
cheuallier mon amy puis que me le de-
a.iii.

a ouy et entendu venir cinq Cheualliers vistement cheuauchant tous armes tellemēt q̄ par le son et cliquetis de leurs harnoys la forest estoit toute sonorante et redondante/ car ilz cheuauchoiēt en grā de impetuosite et a grant vistesse et haste toutessois ne les veoit point mais au heurtement que faisoient leurs lāces et leurs espees contre les branches et ruiceaulx des arbres et au fremissement de leurs harnois biē cōsidera que chose estoit fort merueilleuse et de quoy neust oncques vision ne cōgnoissance. En cest estat tout effraie et pensif de ce que point ne voioit mais oyoit faire si grand et merueilleux tumulte et bruit/ pensa que sa mere luy auoyt aultressoys dit quil estoit des diables qui souuent venoient en ce monde: tous condicionnes et enclins a mouuoir contens noyses debatz et a faire bruitz furieux et mouuemens tempestueux/ et en ceste fantasie arreste pensa vraiement iceulx estre diables quilz auoit ouy: puis luy souuient que sa mere luy auoit dict aussi que quant on voit les diables quil se fault munis du signe de la croix/ lors dist a par soy que ia ne se signera dicelle croix sil en peult aulcun rencōtrer et que plustost luy iectera vng de ses iauellotz du quel le scaura si bien et si rudement attaindre que les aultres naurōt apres vouloir ne hardiesse de laprocher. Petit apres veit issir les cinq cheualliers hors du bois et puis quant les apperceut a descouuert ainsy armes lescu au col et la lāce au poing fut plus esmerueille quōcq̄s nauoit este car en son viuāt cheuallier nauoit veu ne de cheuallier nauoit ouy parler. Quant il les eust bien regardez lors dist quil auoit fort vers dieu mespris dauoir propose que cestoient diables/ car bn voioit que cestoiēt anges/ Certes dist il ma mere ma tousiours assez aduerti dōt

bien me souuiēt que les anges sōt les plus belles creatures de ce monde apres dieu qui les a formees. Or suys ie certain que anges sont ceulx que ie voy: car en mon viuant ne veis si belles personnes. Toutesuois dit il entre les cinq en voy vng q̄ est incōparable en beaulte en splendeur et en relucēce au quattre aultres p̄ quoy ie croy fermement que celluy nest ange mais est dieu. or ma mere ma ēseigne q̄l ne fault que vng seul dieu createur aborer honorer et seruir/ et ses sainctz anges supplier et reuerer en lhonneur de luy par quoy me delibere le adorer et ses anges honorer en son hōneur. Quāt il eust ce p̄pose se print a dire sa creance et les oroisons q̄ sa mere luy auoit apris Le voiāt le Capital et maistre des cheualliers vint vers luy disant quil se tirast arriere de quoy fut le iouuenceau tant estonne et effraie qui luy conuit tumber par terre/ par quoy les aultres proposerent naller tous ensemble vers luy/ de crainte que tant ne se effcoiast quil en peust mourir/ et q̄l suffisoit que lautre seul parlasta luy: lors le maistre des cheualliers se print a iterroger. Amy dit il as tu point veu par cy passer cinq Cheualliers et troys pucelles le iouuenceau qui simple estoit et non instruit auec le monde estant encores craintif et en doubte qui estoit cil qui a luy parloit/ luy demande sil estoit point dieu veu que tant beau et tant cler et luisant le voioit/ a quoy respond le cheuallier apres lauoir asseurez mis hors de doubte q̄ nō/ mais q̄ lestoit cheuallier. Certes dist le iouuēceau oncques cheuallier ie ne veisne de cheuallier no9 p̄ler/ ie vo9 p̄ dictes moy dist il les cheualliers sont il aisy parez que vo9/ si beaulx et si luisans. le cheuallier luy demāde de rechief sil nauoit point veu passer en ceste forest les cinq cheualliers et les trois pucelles/ di

re que les bestes ou aultres grans incõ
ueniens luy eussent porte empeschemẽt.
mais quãt sa tresnoble ⁊ vertueuse mere
le veist estre dautãt quelle auoit este tri
ste et dolente et afflicte ioyeuse fut quãt
elle veist sa presence et natendit que il par
uint iusques ou elle estoit car si tost q̃ el
le leust apperceu luy alla alencõtre pour
le baiser ⁊ acoller/ ⁊ est la chose veritable
que cueur de mere ne seust oncques celer
sa ioye a son enfãt. Puis quãt elle le peult
de pres tenir a son aise luy dist en le bai
sant plus de cent fois/ ha filz filz que tãt
iay eu de deuil et ay este dolente de vostre
absence craintifue que neussiez aulchun
mauluais et fort encõbrier ou que quel
que grãt peril ou infortune vous fust ad
uenuee. ie vous prie ne me celler ou tant
auez este: mere faict il ie le vo9 diray et ia
ne vous en vouldray mẽtir. Sachez que
puis que icy ne fus ay telle chose veue de
quoy ie suis tãt resiouy q̃ pl9 fort ne le sau
rois estre. Vo9 mauez tousiours biẽ dist
que dieu ⁊ ses anges sont les plus belles
creatures de ce monde mais ie croy que
ceulx lesquelz na gueres ay en ceste ga
ste forest veuz sont plus beaulx ne que
dieu ne que ses anges. Ces paroles par
la mere ouyes considera et pensa en soy
quil pouoit auoir rencõtre aulcuns Che
ualliers parquoy affin quelle le peust di
uertir de suiure leur maniere de viure en
lembrassant luy print a dire: beau filz a
dieu te recommande ie croy pour vray
et de certain que tu as en ceste forest ren
contre vne maniere danges qui ont de
coustume occire tout ce quilz attaignent
et desquelz chascun se plaingt. Certes
ma mere dist le iouuenceau non ay. Car
ilz mont dit que sont Cheualliers et que
Cheualliers ont en nom. Et mõt dit que
lordre de Cheuallerie est la plus noble ⁊
la plus triũphante que fist iamais dieu
en ce mõde. Lors quant sa loyalle ⁊ bõne
mere de Cheuallier luy ouit parler ne
scay quelle ne tõbast toute pasmee tel
lemẽt eust le cueur naure ⁊ fut long tẽps
q̃lle neust sceu sõner vng mot. Puis quãt
a soy fut vng petit reuenue luy dist ha
filz filz ie voy bien maintenãt que iama
is ie seray cõsollee de vous: car tousiours
en mon cueur auoye garde de secretemẽt la
uẽture q̃ est aduenue: cõsidere q̃ ce q̃ plus
ie doubtoie ⁊ de quoy iauoye plus de cra
inte mest aduenu/ car mon vluat de che
uallier ne de cheuallerie ne vo9 osay par
ler doubtant se vous en parloie que cest
ordre ne voulsissiez prẽdre Sachez de vray
que se dieu vous eust laisse vostre pere
et voz aultres prochains parens que en
tout le mõde neussies veu plus vaillãs
ne meilleurs cheualliers tãt craintz ne si
redoubtez/ de ce vous pouez bien vanter

Cauoir vous fais que
suis aussy de cheuallier
nee et extraicte et que
en toutes ses isles de
mer ne a lenuiron nest
lignee plus noble ne pl9
riche que les parẽs dõt
procedee suis: mais telle fortune leur est
aduenue que maintenãt ne possedẽt des
biens de ce monde que bien petit et est
bien chose veritable que lon voit plus
tost aduenir les infortunes aux vertu
eux et a ceulx qui ne viuent que selon eq̃
te et droicture/ q̃ lõ ne faict aux vicieux
et aux mauuais. Et aussy sont mors les
meilleurs de mon parentaige. Or quant
au regard de vostre pere sachez quen son
temps fut cheuallier bon preudhomme
et loial exerceant les armes et faict de
Cheuallier soubz le Roy Vterpẽdragon
pere du vaillant Roy Artus et fut vo
stre pere naure en bataille piteusement

a.iiii.

❡ Perceual le Gallois.

mandes saches pour Bray que de puis cinq iours ce harnois et armures mont este donnees du Roy Artus desquelles ma en cepoit aorne. Or dis moy donques ie te prie que sont deuenus si tu le scez les cinq cheualliers et les trois pucelles Bont ilz le pas ou si sensuiuēt/Boiez Bous dit le iouuēceau au Cheuallier ses grās bois qui enuironnent ceste montaigne/ aupres des destrois y a Bng beau Bal et fer tille Et quesse en ce Bal dist le cheuallier et a senuirō. la sont dit le iouuenceau les laboureurs a mestoiet de ma mere lūg y seme et lautre y herse et lautre y meine la charrue/si les Cheualliers a les pucelles que querez ont par la passe ilz Bo9 le pourront au Bray le dire et quel chemin ilz aurōt prins. Certes dist le cheuallier iamais de toy ne ptirōs iusques a ce que Bers eulx nous aies menez. A quoy libetallement saccorda le iouuenceau puis remonte dessus son petit cheuallet et conduit les cheualliers iusques ou estoient les laboureurs et les herseurs q les auoines herseoient sus les terres arees. Or quāt les laboureurs Birent Benir leur seigneur accōpaigne des cheualliers eutēt grāt fraieur et grant crainte car pour certain il scauoient bien que se il leur auoit ouy parler de leur estat de Cheualerie que cheuallier il Bouldroit estre par quoy sa Mere pourroit de deuil mourir car aultre chose ne craignoit en ce monde que ceste chose luy aduint/et pour ceste crainte ne luy osa iamais de Cheuallier paler ne permist que son filz aueques cheuallier cōuersast. Le iouuenceau a les cheualliers pres des laboureurs paruenus leur prit a demāder auez Bous Beu dit le iouuēceau par cy passer cinq Cheualliers a trois pucelles. rūdirēt les bouuiers a leur maistre Le lōg du iour nont cesse derrer et trauerser par ses destrois:

La responce des bouuiers du iouuēceau ouye sa racōta aux cheualliers/puis hūblement leur demāda ou le Roy Artus habitoit et se tenoit le plus continuellemēt/lequel faisoit les Cheualliers. Puis le maistre dentre eulx dist quil soulloit le plus souuent faire sa demeure a Cardueil: et que puis peu de temps luy auoiēt laisse/et que sil y Boulloit aller quil trouueroit asses de gēs qui luy enseigneroient le lieu et le chasteau la ou est sa demeure.

❡ Comment apres que Perceual eust faict plusieurs demandes et enquestes aux noblee cheualliers/a deux prins cōge: retourna Bers sa mere. Lequel apres auoir ouy plusieurs enseignemens Doctrines et remonstrances quelle luy fist/ print conge delle pour aller au noble et Baillant Roy Artus.

Tant se partēt les nobles Cheuallies du iouuenceau en luy disāt a dieu car ia estoit dessus le tard: et ont tant faict par leurs iournees en Brochant les gentis destriers des esperons/et marchans le grant gallot par grant affection tant quilz ont les aultres cinq Cheualliers et les trois pucelles aconsuiuyz a tataunt en grāt ioye a liesse. Le ieune Perceual rememorant et pensant en son entēdement ce que les Nobles Cheualliers luy ont dit/sē retourna a la maison/a manoir de sa tresnoble mere/laquelle il trouua fort triste et dolēte pource que de long temps ne lauoit Beu/et ne scauoit la bonne dame en quelle contree il estoit alle ne quil estoit deuenu Et pesoit la bonne me

enseignemens q̃ vous veuil dire et apr̃e-
dre auant partir ce q̃ besoing ⁊ bon mesti
er vous sera icy apres et grant bien vo9
en pourra.Venir et feres ce que ung bon
et loyal cheuallier doibt faire et a quoy il
est noblement oblige ⁊ tenu. Premier se
vous trouuez ne pres ne loing D'une q̃
ait de vous besoing ou pucelle desconseil
ler ou que de vostre aide ait mestier q̃ ne
leur veuillez denier vostre seruice se de
ce vous en requierẽt car ie vous dy que
tout honneur est a lhomme perdu qui hon
neur a dame ne porte et quiconques hono-
re veult estre fault a pucelle et a dame
honeur referer. Ung aultre enseignemẽt
retiendres sil eschiet que pucelle aies ga
gnie ou q̃ pucelle de vous soit priuee se le
baiser elle ne vo9 denie delle le baiser po-
uez prendre mais la reste ie vous des-
fendz fors q̃ se en don a aneau ou aumos
niere a a sa faicture si par amour aneau ou
aumosniere vous donne licitement le don
vous pouez en la remerciant prendre et
le don dicelle emporter. Apres vo9 adui
se que quant daultruy vous acompaigne
rez tant es champs comme en la ville q̃
longuement auec vous pour compagnõ
ne soit que de luy ne sachez le nom car cer
tes de toutes personnes par le seul nõ est
congneu lhomme. Mõ filz aussy conseil
le q̃ ne vous acõpaignez que de preudhõe
car cil iamais ne se fouruoie/qui de preud
hõme conseil prent. De rechief aussy vo9
veuil aduiser et par priere enhorter que
souuent es esglises freq̃ntes pour a dieu
requerir que puissies a honneur et a bon
ne fin paruenir. Lors le iouuenceau Per
ceual a sa mere demanda se es esglises de
quoy elle luy parloit estoit celluy q̃ crea
lhomme et femme et tout ce quest au mõ
de contenu. A quoy respond la mere que
ouy et que cest luy mesmes en personne
que es esglises et moustiers les prestres

chascũ iour sacrifiẽt le quel pour toute na
ture humaine souffrit griesue ⁊ doloreu
se passion soubz põce pilate preuost de iu
dee pour icelle nature des enfers racha-
pter. Dont dit le iouuenceau a sa mere des
ormais et tout mon viuant es esglises
iray ie dieu prier et aisy vo9 le iure ⁊ pro
metz. Petit apres p̃ le filz de sa mere les
commandemens ouis meist la celle sur
son cheuallet pour monter sus/prenant
ses trois iauellotz esperãt iceulx empor
ter mais sa mere luy en feist laisser les
deux disant que trop dempechemẽt des
trois luy seroit et ce faict apres lauoir
par plusieurs fois baise et acolle pleurãt
et larmoiãt print de luy conge retrãt a di-
eu donner a son reuenir pl9 grãd ioye en son
enteprinse quelle en le dellaissant nauoit
Tost apres mõta le ieusne Perceual sur
son cheuallet et tant exploita que en bref
fut de sa mere esslongne et ne luy challoit
de se arrester tant q̃ contraict par la nuit
obscure luy en fust/par quoy pour ceste p̃
miere nuit luy conuint en la forest gesir.
Le matin si tost que le chãt des oyselõs
entẽdit se leua sur pied et puis sur son che
uallet mõta lequel a tant cheuaulche q̃ il
ne sest arrete tãt quil a apperceu ung pa
uillon dresse le long dugne prarie enuir-
rõ laquelle sourdoit une belle et claire fõ
taine / et estoit ledit pauillon fort beau
a grand merueille/dont la moitie dudit
pauillon estoit de rouge et lautre moytie
de verd le tout borde de riches orfrois des
sus lesquelz estoit ung Aigle dor/ lequel
tãt fort au soleil reluisoit que toute la pra
rie en estoit enluminee.

¶ Perceual le Gallois.

en vne cuisse et plusiers aultres vaillâs cheualliers qui depuis la mort dudit Roy Vterpédragon ceulx qui eurêt maisons ou hostelz se retirerêt en iceulx pour leur rafraichir et garir/ et saches que puis leur retour n'eurêt pas fortiste tât a gre qui ne leur conuint expofer et despendre ptie de leur biés. Vostre pere q ce manoit auoit si fist apporter en vne litiere car aultre lieu n'eust a se retirer apres leur armee desconfite de la quelle tous estoient departis prenât la fuite. Or n'auiez vo⁹ lors que deux ans et eustes deux freres fort beaulx et grans lesquelz du conseil de vostre pere se mirent au seruice de deux Roys/ dont lun fust au Roy De scanalon/ lequel estoit vostre frere aisne. et lautre maisne fut au Roy Bédogmeret (e saches q to⁹ deux furêt faictz cheualliers en vng mesmes iour sâs q lun en sceust rié de lautre et tous deux en vng mesme iour mourutent retournant des cours de leurs seigneurs pensant vostre pere et moy visiter/ mais dieu ne permist que v'insent iusquez icy car en chemin furêt occis/cô me me dirêt ceulx qui les nouuelles me rapporterent/ lesquelz les auoient veuz ia par les corbeaulx et aultres oyseaulx veulx traire. Vostre pere qui ceste nouuelle ouyt en print tel desplaisir que de deuil en mourut. Or demouraige seulle vefue de mari et de enfans fors de que vous bien seusne enfant tant douloureuse ennuie et esploutee que riens plus hors desperance de nul confort que vous en quy ay eu ma totalle esperance pour laduenir/ par ce que plus de mon lignaige ne m'est que vous demeure/ par qui iay actendu iusques a present ioieuse estre et reconfortee. Petit d'estime a faict le iouuenceau Perceual de ce que sa mere luy a dit comme se de ce ne luy challust/ puis dit/ ie vous requiers ma mere qua menger me veuilles donner car grant besoing en ay: certes ie ne êtes de quoy present me venez arraisonner/ mais quoy qîl men puise aduenir ie vous asseure que voullentiers iroie vers celuy qui les cheualliers faict/ et vous dis que dy aller me delibere quelque chose qui m'en puysse eschoir en la fin.

Quât sa mere l'ouyt aifi parler voulêtiers l'eust detournee de son delibere vouloir/ mais voyant qua ce ne pouoit mectre ordre luy feist et composa vne grosse chemise de chauure a la fasson du pays de galles. c'est asfauoir la braie et la reste ensemble entretenant. Et dabundant luy fist vng bon abillement de cuir de cerf bien clos et ferme. Quant sa mere l'eust comme il est dit acoustré auecques elle le retint p trois iours menant grant deuil et ennuy de ce quelle voioit qîl falloit que de brief veist son partement a quoy n'a sceu resister ne mectre empeschemêt. Or vous diray fils faict sa mere puis que de moy desirez partir/ vo⁹ en irez en la court du Roy Art⁹ auquel quant vers luy serez arriue requeres de vous faire donner des armeures car bien scay que ne vous escondira/ mais quant les armeures vous aura donnees certainne suis que aider ne vous en scaures/ qui vous sera chose mal aduenant se a ce n'auez este enseigne/ et n'est de merueille s'on ne scait ce que l'on n'a apris / mais est merueille quon ne retient ce que tant on a ouy e veu souuenteffois. Or filz ie vous supplie dist la mere que quant de moy serez absent et elongne que veuillez retenir les

delectable et trop plus doulce. La pucelle se voiant ainsi despouillee et perforcee de son anneau et de son baiser se print si fort a lamenter et gemier que le cueur luy cuida partir: puis dit a Perceual. Amy ie te prie nemporte point mon anneau car par trop en serois blasmee et tost possible en y seroit la vie. Perceual ne mect rien en son cueur de ce que la pucelle luy dit/car lors ne vsoit de grant scauoir mais estoit tant de raison q de consideration fort aliene. Depuis que Perceual de sa mere partit nauoit mengé ne beu par quoy ne fut au pauillon de la pucelle sans grant appetit, et luy en ce desir de menger come tout affamé aduisa dauenture vng boucal plain de vin au pres du quel estoit vng hanap dargent: puis regarde dessoubz vne trousse de ionc vne touaille fort blanche & assez fine quil souzleua et prist/et dessoubz icelle treuue trois pastez froitz de chair de cheureux/de ce ne fault doubter q gueres na resta quât les patez en sa main tint. de se mectre en son deuoir den taster car comme ay dit grât faim auoit par quoy si tost quil les tint en froissa vng entre ses mains et apres en auoit mengé non sobrement souuêt retournoit visiter le boucal/puis dit a la pucelle/dame faict il Je vo9 prie venez et faictes come moy quât vo9 aures vng paste mengé et moy vng aultre encores en restera vng pour les suruenâs. La pucelle voiât Perceual ainsi dereiglement menger sen esbahit et Rien ne luy respond de ce quil luy a dit mais daultre chose ne se peult alleger fors q de ce prendre a pleurer et gemier tendrement. Perceual quide se ne luy challoit/de la pucelle print congé apres quil eust recouuert la teste des pastez desoubz la touaille: et en prenant congé luy dist. Dame ie vous prie ne vo9 ennuyez de ce q vostre aneau emporte car iay esperance auât que mou

tir q assez en seres recompensee/et a tant ie vous comande a dieu: la pucelle qui triste estoit dit que a dieu ne le recomanderoit et q bien se pouoit tenir asseurée q iamais de son aide ne de son secours au besoing nauroit Car par trop a de luy este trahie et q bien scait que par son malfaict luy conuiendra endurer moult dangoisses et ennuis.

Ainsi demoura la pucelle apres q Perceual sen fut allé toute triste dolente esplouree Puisq9 res narresta q son amy q de lesbat venoit nest arriué lequel au trac du cheual que Perceual auoit sest bien doubté que aulcu au pauillon auoit esté/puis quant de la pucelle arriua pres/luy dist amie que tât dolente & esplouree ie voy dictes moy sans le me celler qui icy a esté/car bien mest aduis quung Cheualier y e venu/non est certes dit la pucelle mais vng garson sot lourt et malgracieulx gallois lequel a beu de vostre vin et de voz pastes mengé tât cõe il luy a pleu. Et pour cella belle dist lescuyer a sa mie fault il q tât vo9 en soyez marrie: certes si to9 les pastez eust mengé & le vin beu si ne voulroye estre marry: bien pis y a dit la pucelle/car lanneau q en mon doit estoit ma tollu & emporté de quoy ie suis tât triste et dolente que ia ie voulroye estre morte. Quant lescuyer de lanneau ouit parler fut tant plain de ire et de couroux que rien pl9: puis dit a la pucelle Certes le iouuenceau que vo9 me dictes cest monstre fort oultraigeux & croy de certain se vouliez la verite dire q bien y a encore pis. Sire faict la pucelle vray est quil me baisa/mais ce fut a force et maulgré moy. Ma foy dist lescuyer a sa pucelle come celuy que ia ialousie tenoit en sa possession. Je croy pour vray que le

¶ Comment Perceual au pauillon entra ou la Damoiselle trouua, de la quelle eust ung baiser par force, et en emporta son Anneau.

Hystoire nous raconte que le Pauillon estoit tant plaisant & beau a regarder que rien plus, autour du quel estoient force ramees verdoiāt dresses, feuillettes d'herbes & fleurs entrelassees a grant plante. Le ieune Perceual vers le pauillon alla, lequel auant que entrer dit. Dieu eternel aduis m'est bien q̄ vostre hostel & esglise soy, parquoy trop seroye a reprēdre se dedens icelle ne vous alloie orer et prier: car ma mere me commanda que iamais deuant esglise de pres ne passasse que dedēs n'y allasse orer le createur en qui ie croy, donq̄s suis deliberé de leans entrer pour le honorer: et le prier qui luy plaise me donner a menger, car pour ceste heure en ay grant besoing. Quāt pres du pauillon fut arriue, ouuert le trouua, dedens lequel vrist ung lict noblement acoustré, sur lequel estoit une pucelle seulle endormie, laquelle auoit laissee ses Damoiselles qui estoient allees cueillir des fleurs pour le pauillon ioliet et parer côme de ce faire estoient acoustumee. Lors est Perceual du lict de la pucelle approche courant assez sourdement dessus son cheual, adonc s'est la pucelle assez effraiement esueillee: a la quelle dist Perceual sans seiourner. Pucelle ie vous salue côme ma mere m'a aprins, laquelle m'a cômande que iamais pucelle ne trouuasse que hûblement ne la saluasse. Aux parolles du ieune Perceual se print la pucelle a trēbler car bien luy sembloit qu'il n'estoit gueres saige comme assez le monstroit par son parler inconstant: et bien se reputoit folle que ainsi seulle l'auoit trouuee endormie, puis luy dit: Amy pēse bien tost dicy te dep'tir de peur que mes amys ne ty treuuent, car se icy te rencontroient, il ten pourroit mal aduenir. Par ma foy dit Perceual: iamais dicy ne p'tyray que premier baisee ne vo' aye. A quoy respōd la pucelle que non fera, mais que bien tost pense de departir q̄ ses amys la ne te treuuent. Pucelle faict Perceual, pour vostre parler dicy ne partiray tant que de vous aye eu ung baiser, car ma mere dit il m'a ce faire ainsi enseigne. Tant cest Perceual de la pucelle approche qu'il a par force baisee, car pouoir n'eust dy resister, cōbien qu'elle ce s'est fort defendue: mais tant estoit lors Perceual lastre & lourd que la defense dicelle ne luy peult profiter qu'il ne la baisast voulsist elle ou non: voire cōme dit le cōpte plus de vingt fois.

Pres q̄ Perceual eust par force la pucelle baisee aduisa qu'en son doit elle auoit ung anneau d'or dedēs lequel estoit une belle & clere Esmeraude enchassee: lequel pareillemēt par force luy osta cōme le baiser auoit eu: puis le mist en son doit oultre le gré de la pucelle qui fort s'estoit deffendue, quant cest anneau luy a osté: mais en riens ne luy profita sa resistence car temeraire & incōstant estoit. Lors Perceual prenant l'anneau de la pucelle usa de telles parolles cōme il auoit fait au baiser, disant q̄ sa mere l'auoit a ce faire enseigne, mais que plus auāt ne ailleurs ne toucheroit cōme par sa mere luy auoit esté cōmande. Apres dit perceual a la pucelle. Belle dist il, or m'en ope moult bien sallairie & paye pour le doulx baiser que de vous ay eu, lequel ma semble meilleur que les baisers des bouches des chāberieres a ma mere: car certes iay vostre bouche sentue plus

Perceual le Galloys.

bayser na este par force mais que liberalle‐
ment et de vostre gre sauez receu/ et que
a ce ny a eu nul cotredit. Je congnois assez
quelle vous estes ne me cuidez poit aueu‐
gler car de vostre faulcete suis et me tiēs
par trop a certene/ Je vous aduise bien que
vous en feray repentir car grandement
auez encontre moy mesprins/et de ce soies
certaine que le cheual sur lequel vo9 mō‐
tez iamais auoyne ne mēgera tāt que ie
me soie venge. et vous pmetz q du iour
quil se defferrera q iamais referre ne sera/
et sil aduiēt q de fait ou daultre chose meu
te a pied me suiuir vous coutiendra sans
aulcune chaussure mais les iā3es et les
piedz nudz ne iane seront les abillemens
dr dessus vostre corps changer tant que
le chef de mon ennemy voye ius de ses
espaules: puis quant lescuyer eust ce dit
se assist et print son repas de ce que Per
ceual luy auoit laisse.

¶ Cōment Perceual trouua en son che
min vng charbōnier lequel luy enseigna
la voye a Cardueil/ et comment il deman‐
da au Roy artus les armes du Cheua‐
lier vermeil/ puis se partit de la court sās
estre faict cheualier et comment Keux le se
nechal se moqua de luy et ce quil fist.

Ainsy Perceual sur son
cheuallet mōte sās bo
tes ne esperons car de
botes ne desperons na
uoit encor veu/ chaf‐
fant son cheuallet dun
fouet/ tāt a cheuau‐
che q̄ a vng charbōnier veu vers luy ve
nir auquel quant p̄s fut arriue a demā
de par ou fauldroit q̄l allast a Cardueil
ou le Roy artus estoit q souloit les che‐
uallers faire. Sachez dit le charbōnier q
aller vous fault par ceste sente puis vo9
verres vng chasteau assis sur la mer de

bens lequel trouuerez le Roy artus ioy‐
eulx τ marri. Bo9 me esbahissez dist Per
ceual au charbonnier de me dire q̄ le Roy
au chasteau ioyeulx et marri trouueray ie
vo9 prie me seigner comment cella peult
estre. Lors dist le charbōnier a Perceual
que puis petit de temps auoit eu le Roy
Artus combat a lencontre du Roy
tyor Roy des isles lequel auoit vaincu
et est pquoy ioyeulx estoit/ mais de puis
son retour sa plus saine τ meilleure par
tie de ses cheualliers sen estoient allez a
leur aduēture de quoy estoit dolēt τ mar
ri q̄l ne scauoit de leur nouuelles ne quel
chemin ilz auoiēt pris. De ce que a dit le
charbōnier a Perceual ne luy a gueres
chaillu: mais tost chassa sō cheuallet tāt
q̄l peult peuoir a loeuil le chasteau sur
la mer estāt q̄ le charbōnier luy auoit dit:
puys quāt de pres fut arriue veist vng
cheuallier du chasteau sortir tout arme le
quel portoit a sa main destre vne coulpe
doree a la senestre sa lance et son escu/ et
estoiēt ses armes toutes rouges. Grāde
ment a perceual les armes pleurēt τ dist
en son couraige qui les demādera au roy
Artus car comme il luy semble bien luy
seroiēt aduenantes: puis tant comme il
peult se prēt a courir vers le chasteau: le
cheuallier qui les armes portoit voiant
ainsy perceual courir luy print a deman‐
der ou il alloit ainsy courant. Respondit
perceual au cheuallier/ au Roy artus me
vois dist il voz armes demander: Bien tu
feras faict le cheuallier a perceual: or va
donc et par pcy pense de retourner et de
par moy diras au meschāt Roy que sil ne
veult tenir de moy sa terre qui me la tē
de ou que vers moy aucun enuoie qui la
deffēde car ie dis quelle me appartiēt, a de
ce te croye/ a fes enseignes q̄ n a gueres
luy ay ouste la coulpe doz plaine de vin
sur sa table en laq̄lle il souloit boire. Sās

peser a ce q̃ le cheuallier a Perceual dist tout courrant entra dedans la salle du casteau sans descendre de son cheual ou il trouua le Roy artus a table assis auecques ses cheualliers tãt pensif et sans mot dire Voiãt Perceual la Royalle compagnie cõme iay dit a table assise ne scait lequel pour le roy doit salluer Puis aduisa ung escuyer nom me Guyon tenant ung cousteau en sa main auquel il pria luy mõstrer le quel estoit le Roy. Puis quant lescuyer de ce eust Perceual auerty se alla Perceual le Roy en son lourdois salluer le quel aucun mot ne luy respondit/non pensant aultrement que ce ne fust ung fol. Perceual voiant que le roy ne luy auoit mot sõne dit. Vraimẽt tel roy iamais cheuallier ne feist et commẽt dist il en sçauroit il faire quãt on ne peult de luy parolle auoir: puis reuirant la teste de son cheuallet par ou il estoit venu delibera sen retourner ⁊ en passãt pres du lieu ou estoit le roy assis comme celluy qui estoit assez mal endoctrine tant rudement cheuaulche quil abatit le bonnet et chapeau dung escuyer dessoubz la table. Quant le Roy eust ce de perceual apperceu luy dist. Amy ie te prie ne te desplaise de ce que ne te mot sõne quant premier tu mas sallue car tãt triste et courrouce ie suis q̃ lors ne teusse seu respõdre. Et la cause est de mon courroux q̃ le plus grant ennemy que iaye en ce monde et qui plus me hait est en ceste salle venu lequel comme temeraire oultraigeux ma dit que ceste presente terre luy appartient et quil fault quentre ses mais la tiẽdẽ quitte/⁊ se faict appeller le Cheuallier Vermeil. Or mestoit venu veoir ce noble Roy de Quinque prochain voisin et la Royne sa femme pour scauoir de mes nouuelles ⁊ aussy pour resconforter les cheualliers de seãs qui blessez sont et te aduise que les parolles que se meschant ma dit ne meussent en rien greue/mais il a prins la couppe doz qui sur la table deuant moy estoit plain

ne de vin de la quelle a le vin follemẽt desus la Royne verse qui est ung cas ort et villain et sache q̃ la Royne en a prins tel despit et courroux que toute iree sen est en sa chãbre retiree ou se dieu ne luy faict grace/ y mourra de hõte ⁊ de vergongne. De tout ce q̃ le Roy a dit a Perceual ne luy chault vne fraise mais tout riãt ⁊ sans se effraier dit au Roy. Sire roy faict il ie vous prie q̃ cheuallier me faciez car dicy men veuil en aller Tous ceulx qui perceual regardarẽt ne le tiẽdrẽt pas pour saige et ont l'ũ a l'aultre dit certes combien que cestuy soit sot/si est il fort beau ⁊ biẽ forme. Puis luy dit le roy Amy descẽdes de vostre cheual ⁊ le baillez a ce seruiteur qui bien vous le gardera et vostre voulente sera faicte de ce que me demandez et a vostre profit apres que aures a dieu ⁊ aux sainctz rendu vostre veu. Ma foy faict perceual au Roy ia du cheual ne descendray/ car les cheualliers que en la lande de la forest gaste rencontray nestoiẽt poit descẽdus et aussy ne descendray ie. et pource depeschez moy q̃ ie men aille. Vraimẽt dist le Roy a p̃ceual ie le feray pour la mour de v'ꝰ a vostre hõneur et grant p̃fit Quãt perceual eust ouy le roy ainsy parler luy dist q̃ du moys cheuallier ne sera ⁊ q̃ le Cheuallier Vermeil q̃ l'rẽcõtra pres la porte du chasteau veult suiuir le quel emporte la couppe doz. Partãt regert au Roy luy dõner ses armes. Le senechal du Roy nõme Keux le quel nature estoit quãt le p̃ser de perceual ou p̃ten se gabat de luy/luy dist. certes amy tu as assez bõne raison va au cheuallier vermeil tollir les armes car tiẽnes sont ⁊ ne fustez pas sol quãt pour ceste cause vites en ceste terre. Keux faict le Roy au senechal ie vous prie cessez telles parolles de moq̃rie lesq̃lles p̃trop sõt ẽnuieuses ⁊ sachez q̃ cest laide chose a tout hõme q̃ se repute hõme de biẽ daĩsi se moquer ⁊ gaber daultruy: pensez vous pourtant se le iouuẽceau est lourd et mal apriũs quil en doibue estre

b.i.

rien car si vous voules tantost autres du corps les armes ostees: ie vo9 en prie dist Perceual et pensez de vo9 despecher et puis les armes me donnez. Tantost eust lescuyer Guyon lescu desferme puis a Perceual les armes pnsentees lesquelles luy a conseille de les vestir et ostes les abillemens quil portoit/mais tant ne luy a sceu lescuyer persuader qͥl voulsist ses abitz deuestir. Or auoit le cheuallier vng fort beau vestement de soye qͥl soulloit dessoubz ses armes porter et vestir que lescuyer cuida faire prendre a Perceual et les siens laisser mais a ce ny eust ordre car il dist que iamais ne laissera la bonne chemise de toille de chanure que sa mere luy auoit faicte et que mieulx valloit que cil abit de soye q̃ lescuyer luy vouloit donner. puis luy dist encores vouldriez vo9 dist perceual a lescuyer que ie changeasse ma bonne cotte ou leau ne peult parmy passer vng habillement ou leau ne pourroit tenir vous me tiendries bien pour vng sot de faire eschange du bon pour vng mauluais/de ce vous pouez tenir certain q̃ cella iamais ne feray mais hony soye se ie le fais. Ainsy perceual resolu de ne dellaisser ses pmiers habitz ne volut du cheuallier mort et vaincu prendre fors les armures q̃ lescuier luy vestit et luy chaussa les esperons dessus ses guettres car iamais ne les voullut laisser. Puis quant lescuyer luy eust piece a piece les armes mis et dessus la teste le heaulme pose luy monstra et apprit a saindre son espee et se fait luy mist le pied a lestrief et le fist sur le destrier monter lequel iamais estrief nauoit veu ne esperons aussy car daultre chose ne chassoit son cheual fors dun fouet ou roodre duqͥl pour haster le soulloit singler. lescuyer voiant que bien arme estoit Perceual sur le cheual monte luy fut bien aduis que de long temps nauoit veu sy beau personnaige puis luy apporta lescu que le cheuallier soulloit auoir pendu au col et apres luy bailla la lance/mais auant que lescuyer se

departe perceual luy print a dire amy faict il ie vo9 prie ne laisser icy mo̅ petit cheual qui tant est bon mais auecques vo9 le mennez et ie le vous do̅ne de bon cueur car aussy nay ie de luy iamais a faire. En oultre ceste couppe dor au Roy porteres q̃ de par moy vous sallures et dires a la pucelle qui du senechal a le soufflet receu durement et sans raison qua elle me recommande et que se ie puis auant que mourir la vengeray de lin iure qui luy a faict. A quoy lescuyer respo̅t q̃ au Roy de par luy la couppe reportera et bien se deschergera de son messaige et a son vouloir enuers la pucelle. Atant se departirent lescuyer et perceual/Perseual sen va a son aduenture et lescuyer retourna au chasteau ou il trouua le Roy en sa salle auquel quant pres de luy fut arriue dist. Sire faict lescuyer cause a pnt auez de demener ioye et de vo9 resiouir. Regardez la couppe q̃ ie vous rapporte que vous renuoye vostre cheuallier qui icy a este. Du qͥl cheuallier me dist tu dit le Roy a lescuyer le quel encores en sa grant yre estoit. Sire dit lescuier ie parle du ieusne filz qui nagueres a icy este. Esse dist le Roy le iouuenceau gallois qui ma demande les armes du cheuallier q̃ tant ma faict dennuy et de pquoy tant de courroux ie porte en mon cueur. De celluy est ce dist lescuyer au Roy que ie vous parle. Et comment faict le Roy a il eu ma couppe/ie prise tant le cheuallier vermeil que de son gre la luy ait voullu en ses mains rendue: mais bien cher luy a vendue faict Lescuyer au Roy le iouuenceau qui a mort la mis. Et comment fust ce et en quelle maniere dist le Roy. Sire ie ne le scay point aultrement dist lescuyer que ie veu comment le cheuallier a donne si grant coup du gros bout de sa lance au ieune iouuenceau gallops entre les deux espaules qui le contraignit villainement chanceller iusques sur le col de son petit cheuallet. Lors le iouuenceau qui ainsi feru se

b.ii.

¶ Perceual le gallois

mocque, possible quil est de noble lignee extraict et quil na point encore este de nul maistre enseigne / il est assez ieusne pour le temps aduenir quelque bien apprendre Apres que le Roy eust la remonstrance au senechal faicte ainsi que Perceual sen vouloit de la salle partir aduisa vne fort belle et gente pucelle la quelle en la saluant luy rist / et elle pareillement / puis luy print en soubriant la pucelle dire / saches amy se tu vis aige dhomme ainsi que penser ie puis de toy et precogiter / que en tout le monde ny aura plus vaillant ne meilleur cheuallier Or nous recite le compte q̃ depuis dix ans nauoit la pucelle ris mais quant leust Perceual saluee si haultement se print a rire que tous ceux qui en la salle estoient lont parfaictement ouye. Quant Keux le senechal ouyt ainsi la pucelle rire et parler tout despite de ce quelle auoit dit saprocha / & tel soufflet luy a en la ioue donne que par terre la abatue / puis aduisant derriere luy a vng sot apperceu qui pres dune cheminee estoit lequel a de tel coup de piedz feru quil le renuersa dedens le feu entre les deux landiers et la cause fut par ce que ce sot auoit acoustume de dire que ceste pucelle ne riroit tãt quelle auroit veu celluy qui de toute cheuallerie deuoit estre le maistre et grineur. Ainsi le poure sot se prent a crier et la pucelle a pleurer et Perceual sans aultre chose dire se part pour chercher le cheuallier Vermeil.

¶ Comment Perceual conquist le cheuallier Vermeil et renuoya la couppe dor au Roy artus et comment il sarma de ces armes.

Ors quant lescuyer Guyon du quel vous ay parle veist Perceual prendre le chemin ou le Cheuallier Vermeil estoit alle / est de la salle descedu & puis entre dedens vng verger estant enclos du chasteau du quel issit par vne petite poterne et tout courant sen vint iusques au chemin ou le Cheuallier Vermeil attẽdoit cheuallerie et aduenture / lequel Perceual vint inuader si tost q̃ le vist pour ces armes prẽdre. Or auoit le cheuallier posee sa couppe dor sur vng perron de roche bise / attendant que quelcũ vint deuers luy. Quant Perceualle cheuallier aprocha luy escrie a haulte voix Sire cheuallier dit il mettez ius mes armes car pas nay intention que plus les portes et sachez que plus ne le pourroite endurer et se refus en faictes ie vousmartiray du corps parquoy gardez que plus ne so9 en parle: Lors fut le cheuallier fort ire et dollent quant Perceual ouyt ainsi parler: par quoy lieue sa lance a deux mais de la quelle ferit du gros bout Perceual si tres grãt coup entre les espaulles qui le feist tõber iusques sur le col de sõ cheual. Ne fault doubter se Perceual fut lors desplaisant et marry du coup q̃ louoit receu / car de despit print son Iauellot en la main et de telle randeur en attaict en lueil le cheuallier qui luy enuoia la ceruelle hors de la teste dõt le cheuallier tomba a terre toust mort estendu. Ce voyant Perceual gueres na areste quil ne soit de son petit cheual descendu puis luy mect sa lãce a part et luy osta lescu quil auoit au col / mais quant se vint a luy oster larmet quil auoit au chief il si trouua tant empesche quil ne sceut par quel bout y commencer puis regarda son espee quil auoit faicte mais tant ne sceut faire que sauisast commẽt la failloit du foureau tirer Quant lescuier Guyon le veist en ce point empeche commẽca a rire: & puis luy dist. Quesse faict il bel amy que vous faictes autour de se cheuallier abbatu. Ie cuidoye dist Perceual que voustreroy meust ses armes dõnees mais si fort & si asprement tiennent a son corps q̃ ie cuide que corps et armes ne soieint que vng. Or ne vous souffiez dist Lescuier de

¶ Perceual le Gallois. fueillet. ix.

Ant cheuaulcha Perceual sur le destrier le lõg dune forest quil arriua en vne plaine / au pres de laquelle passoit vne belle riuiere qui de large auoit pl⁹ quon neust sceu dugne arbaleſtre tirer: en laqlle ne se osa perceual mettre pour la passer / car trop la voioit pfonde noire et obscure: parquoy cotoiant icelle riuiere tousiours cheuaulcha le long de la prairie / tant quil apperceut pres dung rocher vng moult fort & beau chasteau / lequel par dela leau estoit. Autour duquel estoient quatre fort belles tours qui tendoient le chasteau quarre et au dessoubz auoit quattre aultres basses tours aupres dung pont: leql estoit faict pour passer icelle eau: et estoit iceluy pont fort et hault / dessus leql y auoit encores vne fort belle tour a force de bastillons munie. Et quãt Perceual fut pres du pont venu trouua vng bon preudhomme vestu dune robe fourree darmatis leql estoit sur iceluy pont attendant se quelcun leãs viẽdroit / & aussy pour regarder les passans: lequel portoit pour cõtenance vng bastõnet en sa maĩ / et venoiẽt apres luy deux seruiteurs nudz testes. Perceual memoratif de ce q̃ sa mere luy a enseigné dit le cheuallier saluer: puis luy dist sire ainsy ma mere cõmende de faire: le cheuallier q̃ saige fut cõgnoist bien q̃ Perceual estoit assez sauluaige et q̃ petit a petit de chose auoit este introduict puis quant le cheuallier luy eust rendu son salut demanda dont il venoit a quoy a Perceual respondu. quil venoit de la court du Roy Artus leql lauoit croye cheuallier Se dieu maist dist le cheuallir a perceual ie cuidoie q̃ pnt ne luy tit au cueur de cheuallier faire / pour lẽnuy q̃ de presẽt il porte. Or ie te prie de me dire qui te a ses belles armes donnees. Ce fut le Roy dist perceual. et cõment amy ie te supplie le me dire. Lors recita perceual au cheuallier de point en point par le quel moyẽ & en quelle sorte il auoit vaincu le cheuallier vermeil / duquel ses armes auoit emporte cõme icy dessus auez ouy le compte qui nest besoing de reciter car chose ennuieuse seroit: puis luy demanda le cheuallier quelle chose il sçauoit faire de son cheual: ie le sçay bien faire courir tãt par les monsg par les vaulx dit Perceual au cheuallier en telle fassõ q̃ ie souloie faire le petit cheual q̃ ie pris en la maison de ma mere. Et de voz armes quen faictes vous dist le cheuallier: respond perceual que biẽ les sçet vestir et deuestir Ainsy que lescuier Guyõ luy enseigna desquelles len arma apres qlen eust le cheuallier vermeil desarme et dit que si legierement les porte q̃ en riens ne luy font greuãce. ma foy faict le cheuallier a Perceual ceste chose ie prise moult fort et aussy tres biẽ vo⁹ aduiennet Or me dictes sil vo⁹ agree quelle chose icy vo⁹ amaine. Sire dist Perceual au cheuallier ma mere mẽseigna q̃ vers les preudhommes allasses pour a eux me conseiller que bien leur conseil gardasse: aussy que ie creusse en ce q̃ me diroiet et q̃ grãt profit en viẽt a ceulx q̃ les croient. Or sa ne voulles vo⁹ aultre chose dire. si fays sire dist perceual ie vous reqers q̃ me veuillez loger ce iour / moult voullẽtiers faict le cheuallier mais q̃ vng seul don vo⁹ me ottroies du quel vng grãt biẽ vo⁹ en pourra venir. Et q̃l é il faict Perceual. Il est dist le cheuallier / que vo⁹ croiteż le conseil de vostre mere et de moy: Je le feray dist Perceual. Or dõques de vostre cheual descendez dist le cheuallier ; a ses parolles est Perceual descendu puis vng des seruiteurs q̃ la estoit print son cheual et vng aultre entendit a le desarmer de toutes pieces tellemẽt q̃ pl⁹ riẽ ne luy resta que les lours abillemen̄s que sa mere luy auoit faict assez malfassonnez. Ce faict le Cheuallier chaussa vng des esperons de Perceual quil auoit eu du Cheuallier vermeil / et puis a cheual est monte

b.iii.

¶ Perceual le Gallois.

trouua/print cueur en soy & tellement se ueurtua que dūg Jauellot qu'en sa main portoit en attaignit le cheuallier en loeuil si rudemēt qu'il luy persa le cerueau & la teste doultre en oultre tellement que le Jauellot apparessoit par derriere plus de deux piedz/ tāt quon eust peu veoir le sang de valler iusq̄s sur la croppe et les cuisses du destriere du cheuallier. Que voꝰ diraige de tel coup fait/ le cheuallier acrait luy conuint tōber p̄ terre tout mort. Quāt le roy eust ceste nouuelle entēdue se print a fort blasmer trop le seneschal luy disant ainsy. O quel mal vostre fellonnie et oultraigeuse langue ma faict Car par vostre mesdire auez este cause que n'est icy arreste le plus vaillāt homme q̄ pieca en ma court ait entre et me tinse ie voꝰ asseure trop bien heureux sen nostre seruice il fust demeure comme assez le tesmoigne le singulier et aggreable profit que ce iourdhuy ma faict. Sire dist lescuier Guyon au Roy. Sachez que le iouuēceau de par moy a a la pucelle māde que le seneschal la oultraigeusemēt serue/ et q̄ se dieu le laisse longuement viure quen despit de la buffe q̄ luy a dōnee bien il la scaura venger. Le fol q̄ pres le feu estoit quant ceste nouuelle entēd soudainemēt saillit en place deuāt le Roy et les assistēs tāt ioyeux quil ne se pouoit tenir de saulter & trepeter. Puis en telle maniere dist. Sire se dieu me gard que le temps aproche de voz grandes aduentures et fortunes lesquelles souuent verrez aduenir et vous prometz bien pour certain que trop le seneschal se peult aussy tenir pour asseure q̄ aincois que passe la quinzainne il deura bien mauldire les piedz et les mains et la faulce lāgue quen sa bouche porte car ie voꝰ prometz & est vray que le iesne cheuallier luy aura bien rendu le coup de pied q̄ l'a dōne et la buffe q̄ de p̄ luy la pucelle a receue car entre lespaulle & le coude le bras dextre luy brisera lequel par lespace dun an aura a son col pēdu & de ce se peult bien le seneschal

tenir certain/ car il n'y peult non plus faillir qu'a la mort. Ceste parolle tant greua trop le seneschal/ quil cuida creuer de despit et puis regarda le fol par telle fellonnie et courroux que voulūtiers luy eust oste la vie du corps deuant toute la compagnie: mais de crainte que plus fort n'en despluſt au Roy/ le laissa sans luy toucher. Puis le Roy encores se complaignant du Seneschal luy proféra telle parolles. Ha ha seneschal que tant amerement mauez courrouce ceste iournee: quant par vostre detracteur langaige auez este cause de la perte et du departement de ce iouuenceau lequel eust comme ie croy bien tost este adresse et enseigne aux faictz darmes/ car beau et fort estoit et bien au temps aduenir se fust aide tant de la lance que de lespee et couuert de son escu: mais il sen va dont ce me poise monte sur ung destrier tout arme sans auoir apris que bien petit dhonneur et de bien: et possible est q̄l pourra quelque vassal rencontrer lequel desirera luy oster son cheual ou possible luy vouldra du corps mal faire. Or est il si malapris quil ne scauroit comme ie croy de son cheual descendre ne son Espee du foureau tirer / par quoy pourra se dieu ne le gard a grant danger paruenir: de quoy vous en estes cause & croiez que y ay vng merueilleux regret. Nous laisserons icy a parler du Roy artꝰ du Seneschal. De la pucelle et du fol. et vous dirons de Perceual qui sen va a son aduenture.

¶ Comment Perceual apres quil se fust deprty du cheuallier vermeil arriua en ung fort beau chasteau ou se tenoyt vng bōpreu dhomme lequel la introduit a porter sa lance et se ayder de ces armes et cōmēt il le fist cheuallier.

dit/parquoy sil vous plaist le vostre non me dires. Sachez dist le cheuallier a Perceual q̄ Gornemant de gohort ay non. Ainsy quāt le cheuallier et Perceual au chasteau furēt entres/ en mōtāt les degres dune salle vit vng seruiteur q̄ apporta vng māteau lequel mist sus Perceual pour obuier q̄ aps sa grāt challeur ne luy prit qlq froidure

R nous dit lhystoire q̄ richement estoit aorne le chasteau du cheuallier lequel auoit de fort beaux enfās & assez maisgniee. Et quant en la salle furent mōtez ou les tables estoient dressees/ fist le cheuallier assoir Perceual aupres de luy et ne voulut quil mengeast en aultre plat que au sien: ie ne vous recite les metz ne les viādes de quoy ilz furent seruis car tant y en eust en habōdance q̄ bien suffire il en pouoit/ et que chascun sen deuoit contenter. Apres le boire et le menger se leuerent les seigneurs de table/ puis le cheuallier qui tāt fut courtois q̄ riē pl⁹/ pria Perceual de demeurer vng moys auecques luy/ & Perceual luy respond q̄ si fera il bien vng an entier si luy aggree car il pense bien q̄ durant ce temps il y pourra telle chose apprendre que grād proufit luy en aduiendra cy apres/ & puis en se appensāt luy dist. Sire dist Perceual au cheuallier ie ne scay se ie suis ps du manoir de ma mere. Je prie a dieu que tant me laisse viure que encores ie la puisse reuoir: car quāt delle ie me departis ie la laysse cheutte toute pasmee dessus vng pont deuant sa porte pqnoy ne scay se viue est ou morte parce q̄ tel deuil pour moy au partir demenoit que ne croy point qu'encores soit en vie/ et se dieu me gard ie me delibere de ne pl⁹ icy seiourner/ mais demain au point du iour partir pour mon chemin vers son hostel adresser. Le cheuallier voiāt Perceual delibere de nō plus au chasteau faire seiour/ leust voulē

tiers retire & diuerty de son vouloir/ mais voiant qua ce ne pouoit profiter cōmanda dresser les lictz pour coucher a quoy auoiēt ia les seruiteurs entendu: parquoy gueres naresterent tant les vngs que les aultres quilz ne sen allassēt gesir. Quāt vit le matin le cheuallier fut songneux de se leuer q̄ puis en la chābre ou Perceual estoit entra/ lequel trouua encores au lict couche. Puis fist apporter chemises fines braies de mesmes/ et chausses de drap taint en bresil et escarlate et robbe de soie de coulleur īde la quelle estoit subtillement faicte & richemēt brodee/ et quant le tout fut deuāt Perceual mis/ le cheuallier luy dist qui luy cōuenoit les prendre pour les vestir/ et Perceual respond/ sire dit il vous me pourries mieulx cōseiller/ ne vo⁹ est il aduis q̄ les habitz que ma mere me dōna ne soiēt meilleurs q̄ ceulx icy/ nēny respōd le cheuallier croyez q̄ cela ne pourroit estre/ or maues vo⁹ dit quāt ceans vous amenay q̄ du tout feriez a mō vouloir de ce que vo⁹ cōseilleroie. Certes ouy dist Perceual/ ainsy le veulx ie faire sans iamais y cōtredire car de contredire a vostre voulēte iamais ie ne desire Lors prit perceual les habitz q̄ le cheuallier luy auoit faict apporter et laissez ceulx q̄ sa mere luy auoit dōnez. Et quāt le cheuallier le veist du tout a son deuis vestu print vng esperō lequel luy chaussa au pied destre Car telle estoit lors la coustume q̄ ǎconques cheuallier faisoit il appartenoit q̄ pmieremēt luy chaussast lesperon: la se trouerent assez seruiteurs lesquelz ont entendu sans arest de Perceual armer de toutes pieses/ et croyes que cil se tenoit bien heureux q̄ premier y pourroit la main mettre: adonc le cheuallier lespee print laquelle a Perceual a saincte puis le baisa/ et en le baisant luy dist q̄ auecques lespee luy auoit dōne la pi⁹ haulte ordre q̄ dieu ait faicte/ cest lordre de cheuallerie q̄ de toute noblesse est replie/ puis encores luy a le Cheuallier dit/ amy sil ad

B.iiii.

⸿ Perceual le gallois

print lescu lequel pēdoit a son col/ et en sadressant a Perceual luy dist: amy dit il or regarder comment lescu il fault porter et la lance en la main tenir. puis desplyoa vne enseigne et luy monstra comment aussy porter la fault tātost apres commēça a poindre le cheual le quel cōme dit le compte valoit mieulx que cēt mars dor. Car na este cheual veu qui plus tost ne voulētiers allast ne de plus grand vertu: le Cheuallier fort bien sceut le cheual brocher: et soy aider tant de lescu que de la lance/ car de son enfance il y estoit apris. Perceual qui le regardoit fort sesmerueilla du cheuallier/ auql il print tres grand plaisir luy voiant faire ce quil faisoit. Quant le cheuallier eust assez faict le cheual courrir/ et de la lance monstre mains tours de quoy sest Perceual bien donne en garde. Retourna la lance haulsee vers luy auquel il demāda. Amy dist il scauriez vous comme veu auez ainsy la lance et lescu demener et le cheual esperonner. Et il respond quil ne luy ch alloit pas tant de vivre ne des honneurs ne des tresors de ce mōde de qʼl faisoit de scauoir ainsy faire sil eust peu. Ce quon ne scait peult on aprēdre faict le cheuallier qui bien veult regarder et entendre ce que on luy enseigne et sachez qua tous mestiers est necessaire la paie le cueur et lu saige et par ses trois choses on vient a perfection de ce quon desire scauoir. Parquoy ce nest de merueille que ne scaues faire ce q̄ iamais voʼ ne fistes/ ne que iamais ne veistes faire: et sachez que se vous ne lapreniez cy apres que ce vous tourneroit a grant honte et desshonneur. Lors fist le cheuallier sur le cheual Perceual monter le quel si adroit lescu et la lance porta que bien sembloit que son viuant neust aultre chose faict/ et que tousiours eust este nourri en ioustes et tout noimens et par toutes les terres alle quetant batailles et aduentures pourtant q̄ ceste chose de nature luy venoit car quant nature lhomme aprent et le cueur du tout y entent biē ne scauroit tourner a peine de ce que

nature au cueur peine. ces deux choses auoit Perceual q̄ moult plaisoiēt au cheuallier leql̄ en le regardāt dist q̄ sil eust de ieunesse este aux armes introduict que maintenāt seroit vng cheuallier plus a louer que iamais en naqst sur la terre. Quant eut ainsy tournoie sur le cheual comme il auoit veu faire sen reuint vers le cheuallier la lance leuee cōme de luy auoit peu veoir/ et puis luy prīt a demander Sire dist Perceual ay ie bien faict ce que monstre mauez sachez que ie ne doubte nul labeur a ce que ay voulour daprendre et vous aduise que iamais de loeuil ie ne vis chose qui tant me pleust que ceste cy: que pleust a dieu que autāt y seusse cōme voʼ. Amy faict le cheuallier se le cueur y auez en brief voʼ en scaures assez: le cheuallier par trois fois sur le cheual monta et par trois fois les tours des armes luy monstra. et pareillement fist Perceual par trois fois sur le cheual monter pour faire cōme il auoit faict et puis a la troisiesme fois luy a demāde. Amy dist le cheuallier se maintenant vng cheuallier rencontriez que luy feriez vous. Respond Perceual sil me frapoit le feriroie. Et se vostre lāce rompoit dist le cheuallier que feriez vous a beaulx poingtz sur luy ie courroie dit Perceual: amy ce ne feres vous pas dit le cheuallier mais a lespee le fauldra cōbatre/ puis le cheuallier q̄ tāt fut curieux de Perceual enseigner iecta la lāce en terre deuant luy/ et puis desirant q̄ bien sceust Perceual se deffēdre de lespee se il en est treqs ou quāt besoig en aura/ a ceste mist la mai puis luy a dit amy regardez en la sorte q̄ voiez voʼ cōuiēt de lespee aider et voʼ deffendre se quelque cheuallier vous assault: si te dit Perceual se dieu maist ie croy q̄ de ce scay assez. Allons noʼ donqs reposer dit le cheuallier mais ie croy q̄ ce iour lhostel de faict iusie naures. Lors sen vōt le cheuallier et Perceual ensēble puis dit perceual au cheuallier/ Sire ma mere ma ēseigne q̄ iamais gueres auecqs hōme ie ne allasse ou q̄ son paignon ie susse q̄ premier son non ne me ait

tent dit que trop en ce lieu on ne le face seiourner. Puis recômence a heurter comme deuant. Et tentoſt vindrent a luy quatre ſergeans ou mortes paies/tenant chaſcun vne grande hache en main et leſpee au couſte ſaincte/leſquelz ont a perceual la porte deffermee/& luy dirent Sire entres dedens vous ſoies le treſbien venu: moult fuſſent les ſergens beaulx & honneſtes/mais tât eſtoiêt molleſtez du veiller & de ieuſner que pitie & merueille eſtoit a les veoir. Se perceual a le dehors du chaſteau trouue de terre deſerte & vuide/mieulx n'a le dedens aperceu muny d'amendement: car partout ou il eſt alle ny voit que choſe gaſte et par eſpecialles rues & les maiſons dedês leſquelles ny habitoit hôme ne femme/mais eſtoient en partie toutes decheutes. Deux egliſes en la ville auoit & deux abbaies/dont lune eſtoit de Monains: & laultre de moynnes noires: eſquelles Abbaies n'auoit pas grâ de richeſſe ne grant treſor/et ne trouua pas les egliſes fort bien parees ne dornemens bien reueſtues: mais au côtraire trouua les paroiz creuees & fendues/& les murailles du chaſteau apeu pres toutes fôdues. Les tours deſcouuertes & toutes les maiſons ouuertes auſſi bien de nuyt que de iour. Moult n'y meult ne y cuiſt four en nul lieu dedês le chaſteau ny trouua Perceual pain ne farine ne viande a vendre quon peuſt côparer ou eſtimer vng ſeul denier. Pareillement ny trouua ne vin ne cidre ne ſeruoiſe. Vers vng palais aſſez antiq̃ & gaſte lôt les quatre ſergeans mene/ au pied du quel eſt perceual de ſon cheual deſcendu. Et tétoſt voit venir vers luy deſcendant des degres vng ſeruiteur ou eſcuyer lequel luy apportoit vng mâteau quil luy veſtit apres quil fut deſarme. Et daultre part vint vng aultre ſeruiteur leſq̃l luy eſtabla ſon cheual en vng lieu ou il ny auoit foin paille ne auoine. Car en toute la maiſon n'euſt eſte poſſible en recouurer. Ce faict monta perceual les degres de la ſalle laq̃lle trouua aſſez belle/& vindrent a lêcontre de luy deux preuds hommes & vne pucelle leſquelz eſtoient ia tous chenus & non pas ſi blans quencores ne fuſſent ilz en leur force ſil ne portaſſent tant d'ênuy. La pucelle q̃ fort bien acouſtree eſtoit & comitemêt auoit vne robe de pourpre veſtue fouree d'ermines. Et la cotte dune ſoye noire fouree de Martes ſubellines bien riches.

Or dit le côpte que la pucelle eſtoit ſi formellemêt belle/que dieu ne nature ny auoit rien delaiſſe q̃ elle ne fuſt en tout acôplie. Premierement les cheueulx ſembloiêt mieulx eſtre de fin or que de poil tant eſtoient luyſans & bien colorez. Le front auoit hault et plain côme ſil fuſt faict de fine yuoire. Sourcilz brunetz aſſez menus. Les yeulx vers & rians en la teſte auoit: ne trop grans ne trop petis. Le nez droit & eſtêdu. Les ioues blanches faites de rougeur porporciônee. Que vous diray ie: tant fut de grant beaulte ſouuerainement remplie: que ie ne croy pas q̃ dieu en ait depuis forme vne pareille. Quant perceual leuſt aperceue humblemêt ſalla ſaluer. Puis elle luy. Et les deux Cheualliers apres. Et ce faict print la pucelle perceual par la main & luy diſt. Sire voſtre hoſtel ne ſera pas ceſte nuict tel côme bien appartiêdroit a voſtre nobleſſe: & côme auoit vous côuiendroit: mais ſi preſent vous diſoie tout l'ênuy & le deſplaiſir q̃ ie porte vous cuideriez q̃ ce fuſt pour vous en chaſſez ou côge vous donner. Touteſuois ou demourer tel q̃l eſt voſ y plaiſt: de treſbon cueur le vous abandonne: priant a dieu q̃ demain vous en doint vng meilleur Ainſi parlant mena la pucelle le Cheuallier perceual dedens vne châbre ſecrete qui bien paree & aſſez belle eſtoit. Et puis ſaſſirent lung pres de ſaultre ſur le deuât dune

uient ou sil eschiet que conbatre vous conuienne a aulcun Cheuallier de moy vous retiendres de quoy vous veuil aussy prier que se de luy estes vainqueur et que contre vous ne se puist plus deffendre ou contreuenir/mais a mercy se veuille rendre/ faictes que mercy en aies. De rechief vous prie que ne soiez iangart ne trop parlant ou rapporteur de chauldes nouuelles/ car nul ne peult estre remply de grant langaige qui souuent chose ne die qui luy retourne a villennie. Les aucteurs dient aussy que grandes parolles ou trop grant plait/le vice et le peche atraict: pource beau filz chasties vous de trop parler/si de tel vice estes tempte. Et vous requiers encores que se vous trouuez/homme ne femme de quelque estat que ce soit qui de conseil ait besoing/ que conseil ne luy reffusiez/ se le pouoir ou la science en auez. Une aultre chose vous veuil apprendre que ne debues tenir a desdain/c'est que souuent et voluntiers es esglises et es moustiers allez prier cellúy qui vous a faict et qu'il ait de vostre ame mercy/ et que en ce siecle terrien/comme bon et catholique chrestien vous veuille de toute chose maligne et nuysante preseruer et garder. Je prie a dieu dit Perceual au Cheuallier que de tous ses benoistz apostrez puissiez vous estre benist quant telle chose me dictes que ma mere ma aussy faict. Or ie vous diray dit le Cheuallier a Perceual ie vous prie ne dictes plus que vostre mere/ comme de coustume auez/vous ait de quelque chose enseigne ne aprins/ ie ne vous veuil pourtant blasmer de ce que si deuant en aues dit mais ie vous coseille que desormais vous en chasties/ car se plus vsies de telle parolle on le pourroit tenir a follie/ et pour autant gardez vous en. Et que diraige doncques sire faict Perceual / vous dires dit le cheuallir que voustre maistre en cheuallerie q̃ l'esperõ vous a chausse vous la aprins du quel iamais ne dites le nõ que premier ne soies aduise que ce ne soit pour son profit et vtilite: puis quant le Cheuallier eust ce dit en faisant le signe de la croix Perceual commanda a dieu.

¶ Comment Perceual vint en ung chasteau nomme beau repaire ou blãche flour trouua laquelle auoit assiegee Clamadieu et coment il se cõbastit Aguigneron/ puis a son seigneur Clamadieu lesquelz il vainquist et les enuoia au roy Artus.

Hystoire nous recite que quãt Perceual eut de son hoste prins conge/ moult luy poise a griefue que sa mere ne voye/et q̃ saine a viue la peust trouuer. Si se met a cheuaulcher atrauers des grandes forestz q̃ mieulx alors aymoit que les terres plaines/ partãt que des forestz estoit assez congnoissant. Tant cheuaulcha quil veist ung Chasteau en fort belle assiete: mais le long des murs ny perceut aultre chose fors bois et mer: et terre gaste. Daller vers le Chasteau moult se hasta Perceual tant q̃ deuant la porte vint/mais ung pont luy cõuenoit passer/ que si feble trouua que bien luy sembloit que iamais ne le soubstiendroit tãt quil peruit a ladicte porte. Touteffois le põt passa sans mal auoir ne encõbrier. Et quant a la porte vint si la trouua fermee a clef/ par quoy ne se contint de tost y heurter et dy hucher non a voix basse. Tant y heurta et a huche que es fenestres de la salle vit une pucelle assez notre a palle laquelle luy demãda qui estoit cil qui ainsy haultement heurtoit. Lors Perceual se prit la pucelle a regarder/ puis luy dist. Je vous requiers dist il ampe que dedens me laissez entrer et vostre hostel prester me faictes. Sire respõs la pucelle vous laures lequel cõme ie croy ne trouueres aggreable/mais toutesuois si vo⁹ ferõs nous du mieulx que nous pourrons. Lors cest la pucelle retiree/ mais cil qui a la porte at-

estoit en sa chambre enclose. Perceual dort/ et la pucelle pense laqlle na entour elle defsense pour resister alencontre de la bataille qui lassault. Souuêt se degette se Vire ¶ se retourne ¶ en son lict tressault tant Voiant quelle ne pouoit plus au mal qui la tenoit resister: se leua ¶ Vng fin manteau taint en graine sur sachemise affubla: ¶ puis se mist a laduenture comme hardie ¶ couraigeuse/ non pas pour chose oysiue faire: mais se pour pense que Vers son hoste yra/ pour luy compter de son affaire le tout ou en partie. Lors sest leuee de son lict ¶ de sa châbre yssue en telle fraieur ¶ craicte que mêbre nauoit en tout son corps qui ne trêblast côme la feulle en larbre. Ainsy pleurant ¶ baignee en vne sueur froide ¶ timide, sen Viêt au lict ou perceual gisoit dormant. Si sapproche gettant griefz pleurs ¶ gros souspirs: et au pres de luy sagenouille si que de larmes qui de ses yeulx tomberêt fut la face de Perceual toute mouille. Tant gemist ¶ au pres de luy pleure quil sesueilla: si se dôna grande merueille de trouuer ainsi sa face mouillee et trêpee: et aussi de la Veoir aupres de sô lict agenouillee. Et quant ilapperceut et ouyt ainsy lamenter: par les rains estroictemêt lêbrassa ¶ tant a continue quil la print entre ses bras ¶ la tira aupres de luy: puis il luy print a demander la cause pourquoy ce stoit en ce lieu transportee. Adonc en telles parolles la pucelle luy respondit. Ha gentil Cheuallier mercy: pour dieu ie Vous requiers que ne me Veuilles blasmer/ ne pour Vile me tenir de ce qua Vo⁹ ie suis Venue. Et sachez que considere que nue ou sans mes habitz suis/ que iamais a follie ie ne pensay ne a mauluaistie ne Villenie. Car en ce monde ne sache creature tant dolête ¶ si chetifue que ie suis. Et croiez quil nya iour q̃ ne maduiêne quelque malle encontre tant malheureuse ¶ infortunee me Voy: et nespete point Veoir aultre nuict que ceste/ naulẽtre iour q̃ celluy de demain quêcores pis il

ne maduiêne. Car de trois cens ¶ dix cheualliers qui ceâs estoient pour le chasteau garder ne men reste que cinquante: parce q̃ Gauguerô le senechal du Roy clamadieu des isles de la mer en a la plus grant partie mis a mort: ¶ detient la reste enfermez en ses prisons. Et bien ie Vous aduise que de ceulx qui sont detenus prisonniers ne me desplaist moins que de ceulx qui sôt occis. Car bien scay q̃ es prisons mouront auât que iamais en sortir. Voy la de quoy il me desplaist que tât de Vaillans preudhômes sont pour moy mors ¶ les aultres endurêt. Et soyes seur que cest la cause de mon ennuy ¶ pourquoy tant ie me deulx.

Ilssy Vous plaira estre aduerty que Gaugueron a deuant ce chasteau tenu son siege p̃ lespace dung yuer et dung este côtinuellement sans se lasser lequel ma tel doumage faict que ma puissance en est grandement amendrie: pour ce que chascun iour sa force croist: ¶ la mien ne appetisse ¶ sont noz Viures tellement espuisez quil ny en a pour Vng seul enfât desiuner: si en sômes tous si perplex et matez que ne scauons a quoy nous recôforter fors a dieu seul: et suis contrainte pour telle extremite partir demain quiter et rendre ceste place: car de deffence en no⁹ ny en a pl⁹. Et suis bien certaine quil me conuiendra rendre prisonniere entre les mains de mes ennemys: mais si suys ie deliberee auant quil me emmainêt me laisser plustost par mon ennemy occire: et puis se morte me Veult emporter/ ny aura q̃ le corps captif: car lesprit demoutera libere. Et lors Clamedieu Roy qui tât me desire auoir ne me au ra que Vuide de Vie ¶ de mô ame. Vray est aussi que ie garde Vng cousteau en mon cabinet duq̃l ay emperise me occire auant que me liurer captiue au Vouloir de mon ennemy. Et Ve la fire que dire Vous auoie: et couche/tost apres sont leãs entrez force de Cheualliers deux a deux: quatre a quatre Six a six lesquelz pareillement se assirent ou bon leur semble et ou ilz peurent en ceste chambre sans mot sonner. Le cheuallier perceual auquel bien souuenoit des enseignemens que luy auoit le bon cheuaillier a son partement donne/ seant aupres de la pucelle ne luy osoit mot dire: de quoy les cheualiers qui presens estoient ne se cõtinrẽt den parler/disant lung a saultre en leur cõseil. Dieu firẽt ilz cest chose assez pour se esmerueillier se ce cheuaillier qui tant est beau fust muet: certes moult bien et saigement se contient pres de nostre dame et maistresse et elle aussy de coste luy: mais la chose forte et estrange est quilz fussent muetz deuenus toutefuois assez est il aduis ainsy que lon les peult voir tous deux de si belle et prudẽte contenance q dieu ne ses a faitz que pour ensemble cõmitemẽt demourer. Ainsy chascun tenoit son plait de ce que longuement pres lung de laultre on les voit sans mot sonner. Quant la pucelle saperceut que celuy mot ne dira se premier nest par elle arraisonne luy print a demander. Sire dist la pucelle dequel lieu estes vous huy venu. Damoiselle dist Perceual iay ce iour couche en vng chasteau dung vaillant et honorable preudhõme ou bien et beau ie me suis trouue: et sachez que se chasteau a cinq belles tours: vne grãde et quatre petites et de faict ie scay tout le contenu du chasteau tãt les entrees que les issues mais ie ne say ouÿ nommer: et quant au bon seigneur du lieu bien scay que Gornemãt de gohort on lapelle. Certes dist la pucelle a perceual ce iour ne distes vous parolle plus veritable quãt auez dit que prudhomme le seigneur du chasteau estoit. Ie regers dieu que gre vous en sache. Il est preudhõme pour tout vray et sachez que ie suis sa niepce mais lõg tempsa que ne le veis et certes ie croy que puis que partistes de voltre hostel/ quen

meilleur ne en plº hõneste lieu nauez este loge ne ou lon vous feist si bonne chere car tresbien le scait le preudhomme faire tant est il noble et debonneaire puissant et riche. Ce que ceans ne trouuerez pource que tãt noº a fortune courru sus: et q plº est ne scauons que deux pains q vng mien oncle de uost et sainct religieulx ma ce iour enuoye pour soupper/ Et plain vng boucal de biscuit: et nulle aultre victuaille na en cest hostel fors vng cheureul q vng mien sergeãt a occis a ce matin dune sagette.

Tant la pucelle cõmanda que les napes fussẽt mises et que chascun pensast de se assoir pour prẽdre le repas. Le menger pour ceste fois na este long/ mais est assez a croire qui fut de bon appetit prins. Apres soupper se departit la compaignie et ceulx sen allerent reposer qui la nuit precedente auoient veille et este au guet. Et ceulx qui ceste nuit veiller deuoient sen allerent assoir leur guet et estoiẽt cinquante en nombre tant cheualliers que aduenturiers: et vne partie des aultres qui testerent penserent a trauaillier pour leur bon hoste noblemẽt traictier et aiser. Blãs draps mol oreiller fin ceuurechif Riche couuerture et aultre appareil de lict luy baillerent ceulx qui de ce la charge auoient Tellement que plus ne luy restoit pour prendre ses delitz que le deduit q lon prent aux pucelles ou aux dames: quant en tel lieu tenir on les peult: mais encores ne scauoit le noble Cheuallier Perceual que cestoit parquoy au ieu rien nentendoit. Si sendormit sans auoir souspÿ ne pensee a rien qui fust en ce monde. Mais la noble pucelle qui tant dennuy et de tristesse auoit eu depuis long temps comme nous recite Hystoire gueres ne fut en son lict pour reposer que vnne inspiratiõ ne luy vint: laquelle

que petite resistence pourries vous faire encontre luy/que les coups de son effort ne scauries aisement soubstenir. Dame dist Perceual a la pucelle laissez me ester/car pour vostre auertissement ne pour parolle que dire me sachez ia ne differeray que contre luy ne me voyse combatre. Lors luy dist la pucelle quil ne la veuille blasmer se aultre chose y acquiert que bien. Et ce disoit la pucelle comme saige car quant vng homme est en vouloir daulcunne chose faire que soit il a entallentee/& on tasche a len desmouuoir se laffaire est noble et de consequence de plus se perforcera de mectre a fin son entreprinse/car elle lauoit esmu en vne chose de laql̃le elle faingnoit le retirer. Lors Perceual comanda que ses armes on luy apporte ce que lon feist sans nulle actente et si tost quil fut arme et dessus son cheual monte dist q̃ les portes fussent legerement ouuertes. Or ny auoit celluy qui lors le veist quil ne doubtast de sa personne et que grãt regret neust se doumaige luy aduenoit. Si luy prindrẽt chascũ a dire. Sire dieu souuerain vo⁹ soit en aide et vo⁹ enuoie ce iour tres bonne et prospere fortune. Et a Guinguero le seneschal perte dõmaige et malencontre. Ainsy tous & toutes pleurans et gemissans le conduirẽt iusq̃s hors de la porte/et quãt hors de la porte le virent se prindrent tous a dire a vne mesme voix/icelluy dieu q̃ en la saincte croix pour les humains vollut souffrir vo⁹ garde de mortel peril de prison et daultre encõbrier/et vo⁹ veuille cõduire et ramener ou vostre desir & bõ vouloir sera de retourner. Ir sy tous ceulx du chasteau pour Perceual prioint de toute leurs affection/ mais gueres na cheuausche que tost ne fut apperceu de ceulx de lost de Guinguero esquelz sãs arrest lẽ aduertirent: qui lors estoit assis deuant sa tente et ia tout prest

et abille et bien pensoit que ce iour on luy deust le chasteau rẽdre auãt la nuict ou que quelcũ de leans sortist pour corps a corps a luy se cõbatre: si tost que Guinguerõ de loing Perceual apperceut ne seiourna a prendre ses armes & vint a lencontre de luy sur vng cheual quil faisoit moult beau voir / et quãt vng petit fut approche luy dist ainsy. Dassal faict Guinguerõ ne tarde vistement me dire qui present en ce lieu tenuoie/et q̃ le en est loccasion veulx tu guerre ou treues requir. Vraimẽt dist Perceual a Guiguerõ tu premier me diras pourquoy tu as occis tãt de nobles cheualliers lesq̃lz en ce chasteau estoient parquoy tu as ainsy de gaste & ruyne ce pais. Guiguerõ cõme fier et orguielieux ne daigna sur se ppos a perceual respõdre mais luy a dit. Ie veuil dist Guigueron q̃ en ce iour me soit ce chasteau rendu et to⁹ ceulx de dedens aussy qui tant cõtre moy se sont deffendus affin q̃ puisse la pucelle enuoyer a mõ bõ seigneur Clamadieu de la ql̃le il est tãt damours espris. Ayãdez luy dõc ceste nouuelle/ faict Perceual a Guigueron car iay bien en pense q̃ il conuiendra vous mesmes ceste terre quiter et tout ce que au chasteau pretendez: vo⁹ me seruez de gabarie dist Guiguerõ a perceual: notez q̃ bien souueuẽt aduiẽt q̃ tel cõpare le forfaict du q̃l il nẽ est cause et nen peult mais ne coupe ny a. Adõc se despita perceual & mect la lãce a larrest/ Guinguerõ qui le regarde gueres narresta q̃ il ne feist pareillemẽt puis brocherẽt leurs cheuaulx des esperos & si fieremẽt et despitemẽt se recõtrerẽt q̃ leurs lãces rõpirẽt en deux/et de ceste premiere rẽcõtre enuoya Perceual Guiguerõ pterre leql auoit si rudemẽt este p lescu actaĩt q̃ lẽ demeura naure au bras et au coste. Quant perceual veit Guiguerõ p terre abbatu ne demoura gueres q̃ ne se meist a pied & quãt a terre fust descendu tirent les espees lung contre lautre desquelles esmeurent vng grant & merueilleux cõbat fier et mortel.

c.i.

pour crainte de vous ennuier en ma chambre men retourne pour vous laisser prendre repos. De ceste doulce z inconstumee aduenue se peult Perceual fort alloser et priser, quant si belle z courtoise pucelle est venue sa face de larmes arrouser, z luy declairer le sien secret z priue affaire: ce que le pouoit assez esmouuoir z inciter que par luy fust sa terre deffendre. Quant perceual eust entierement le dire de la pucelle escoute z adroit son afferre entendu en la prenant par la main ses parolles luy dist. Tresdoulce z amiable pucelle ie vous prie prendre en vo' reconfort: cessez les larmes de voz yeulx: z tapissez voustre grand deuil: z vuitiez toutes se courroux ennuy z melencolie: z donner lieu a doulx plaisir: a ioye et a toute liesse, car aydant dieu, demain il ne vous aduiendra ce que de quoy estes en peine: mais sil luy plaist meilleure fortune z aduenture q' vous nesperes. Et pource vous prie venir auecques moy gesir pour voustre melencolie oublier et pour reprendre aulcun soulas Car ie nay empense que pour ceste nuict me laissez. A quoy la pucelle fainctement vng petit contredict, mais tant la pssa perceual en la baisant q' la iecta entre les deux linceulx, q'puoy ensemble demourerent ioyeusement couuers dune seulle couuerture.

Ainsi furent Perceual z la pucelle toute la nuict couchez dedens le lict bouche a bouche, ce que ie croy gueres ne leurs ennuia: mais trop leur poise que tant treuuent la nuict courte car sans dormir la passerent bras a bras: et sans cesser de prendre leur soulas. Quant la pucelle eust le iour apperceu du lict se leua et tout coyement apres auoir le doulx congé prins sen est en sa secrete chambre entree, ou se vestit z appareilla toute seullette sans aulcun damoyselle esueiller Et ceulx qui ceste nuict auoient au guet veille si tost que le iour apperceurent se sont retirez pour reposer, et ont les aultres esueillez qui ceste nuict nauoient veille. La pucelle vestue z de point en point acoustree auecques certain nobre de damoiselles en la chambre du Cheuallier perceual entra auquel elle donna le bon iour z luy a elle: puis luy commença a dire come courtoise et de bonnaire. Sire dist la pucelle ie croy que ceans ne serez vous pas long seiour, z aussi se seroit simplesse de vo' y arrester, z ne me mostreroye pas estre noble se de ce vous voulove empescher, car profiter vous ne scauriez: parquoy ie requiers au souuerain dieu que son plaisir soit vous donner meilleur logis que ceans nauez eu quant en iceluy nul bien ne vo'a este faict et aussi ny a, come vous ay dit vin ne viande de quoy on vous le puist faire. Dame dist perceual a la pucelle Sachez que ie me suis en talente chercher aultre logis que cestuy cy, z ay delibere dieu aidant, z se ie puis en paix toute voustre terre remettre. Et bien vous aduise que se voustre ennemy ie puis dehors trouuer que fort me pesera se gueres y seiourne, puis quasi est que tant de grief z ennuy vo' faict. Et sil eschet que dieu ce bien me face que ie le puisse occire, il vous plaira me donner ce don pour toute recompense que voustre amy soye, et ce vous demande pour tout sallaire z pour toutes souldees. Sire dist la pucelle present requise vous mauez de chose de petite value et poure. Mais ie scay se cela vous refusoie q' de moy ne seriez content, z vous seroit aduis que vous voulsisse contemner: parquoy ne vous veuil le don denier. Mais dune chose vous supplie que pourtant que vostre amye soye que ne veuilles pour moy mourir, car trop grant perte z dommaige seroit de vous qui estes si ieune z tant beau cheuallier. Et vous aduertis q'e si dur si grant z fort cheuallier ne sache en ce monde que celuy qui dehors attent. Et croy a mon aduis chose fort luy plaist et a ce iura a Perceual faire puis se departirent. Apres la victoire par Perceual obtenue. Guingueron vers ses gens retourna auquel il fist leuer le siege tant que nul des ses gensdarmes en lost ne demoura. Et tout ainsy quil ouoit a Perceual iure sen alla a la court du Roy Artus. Et Perceual tout ioyeulx et de liesse templi au chasteau de la pucelle Retourna puis quant ceulx de dedens lapperceurent luy allerent au deuant menant grãt ioye de ce quil auoit Guingueron vaincu et fort dolens de ce quil ne luy auoit le chef ou quil ne le rendit en la mercy de la pucelle non obstant si luy firent ilz si grande et si honorable reception que de plus noble ne luy eussẽt sceu faire/ et tentost apres le menerent desarmer soubz vne gallerie puis luy ont dist. Sire quant Guingueron vous conquistes pour quoy ne prinstes vo' de luy le chef. A quoy Perceual leurs respond certes dist il a moy neust este noblement faict/ car certain suis que les grieuetz de voz parens leussent mis a mort par quoy se en ce lieu leusse enuoie ie scay que ne leussiez a mercy prins mais au coir traicte eussiez vse de vengeãce dont cruaulte eusse encouru/ Le considere lay de mort repite et a merci receu/ et se sa foy et conuenant me tiẽt au Roy Artus yra de brief en sa mercy & a son seruice rendre.

Tãt est la pucelle devenue menãt si tresgrãt ioye q pl' grãde neust en son viuãt. puis prit perceual p la main & le mena en vne chãbre pour soy aiser et reposer et iuchez au lieu du boire, & de mẽger nestoiẽt les doulx baisers esperniez les rians regardz & les ioyeulx ẽbrassemés: le debõaire pler & familier ẽtretiẽ aisy delectablemẽt demoureret lõguemẽt perceual & la pucelle sãsoublier a racõpter de la maniere de sõ cõbat & victoire. Le roy Clamadieu esperãt auoir le chasteau de la pucelle et sa terre p force et elle aussy q tãt aymoit proposa venir son ost q Guingueron son senechal cõduisoit et luy estãt en ce penser partit pour en lost venir & quãt gna petit eust cheuauche rencõtra en son chemi vng escuier grãt deuil menãt qui luy racompta bien et au long les nouuelles de la desaicte de son ost et comment auoit este Guingueron vaincu. Le Roy entendant de lescuyer le rapport qui luy faict de son Senechal et voiant que tel descõfort et ennuy menoit en destordãt ses mais et en demonstrant sa face triste et esploureee luy dist ainsy. ie te prie dy moy quest mon senechal deuenu & qui fut cestuy qui le conquist. Sire dist lescuyer quant est de vostre senechal vray est quil sen est de vostre ost pti et sen va au Roy artus rẽdre cõme il no' a dist et que son vainqueur luy a encharge. Et quant au regard de cestuy qui le vainquist ie ne vo' scauroie aduiser quil est/ ne cõment il a nõ mais ie veis issir du chasteau de beau Repaire portant vnes armes vermeilles. Lors le Roy demanda a lescuyer ql conseil sur ce luy donnoit. Sire dist le scuyer a Clamadieu aultre aduis ne vous scauroys ordõner pour le meilleur que vo' en retourner & naller plus auant car ie croy que se plus auãt marchez que riẽ ny pourres profiter Atãt sa proche vng cheuallier fácie qui oncle estoit de Clamadieu et auoit les parolles de lescuyer ouies & dit. Sachez amy qle Roy ton aduis ne croira mais meilleur y luy conuient croiere/ cest quil doit auant marcher puis en adressant sa parolle au roy luy dist. sire voullez vo' scauoir cõment le chasteau vo' pourres conquerre et pnt ie le vo' diray et moult sera liger a faite. vray est que dedẽs beau repaire y a tel deffault de viures et que ceulx qui y sõt nont que boire ne q menger et sõt p la fai & trauail quilz ont eu tãt affoiblisesqua peie se

que vous diray ie plus/tant combatirent a grant coups et pesans que lung ne scauoit au quel iuger la meilleure partie/mais perceual qui tant fut plain de force et de vigeur si bien et si vaillamment exploita/que soubz luy Guingueron abbatit et quant le veist plat abbatu fieremant court pour le tuer mais Guingueron voyant Perceual si asprement vers luy courir/mercy tant qˉl peult luy cria. Allors souuint a Perceual de la doctrine du bon cheuallier leqˉl luy auoit dit que si venoit a son dessus daulcuͫ cheuallier qui contre luy se combatist que iamais ne le voulsit occire sen sa merci il se mectoit. Toutesfuois si eust il voulūtiers Guingueron occis lequel redoubtant et craignāt Perceual luy print de rechef a dire/Preux cheuallier faict Guingueron ie te prie que si furieulx ne soies qˉ ne prenes de moy mercy et ie te certifie que ton honneur nen pourra appeticer ny amoidrir car ceulx que veoir nous ont peu scauent bien que tu es vainqueur et que mas par tes armes oultre et presqˉ mis a mort/Se tu doncques deuant mes gens le dis ie certifieray et testmoingneray quil est verite et par ce point ton honneur en accroistra et le mien en amoindrira: ou se tu pour ton honeur haussēr as aulcun seigneur ou maistre du quel tu tiennes ou le quel taist certain bien faict se de ce le veulx guerdonner ie te prie a luy menuoier car ce te sera augmentation de gloire quant a ton nom a luy me rendray et que feray ce que me commander il luy plaira. Je te diray doncques dist Perceual a Guingueron/ en ce chasteau tu ten yras ou est la pucelle que tiens pour mamie et luy diras qua elle te enuoye expremetāt en sa mercy/et luy promecteras que iamais ne luy feras greuance. Je desire plustuost dist Guingueron a Perceual que me mectes a mort/ car ie suis certain que aussy bien me feroit elle occire par ce que de plus grāt ennemy na en ce monde que moy ne a qui

elle veuille plus de mal ne de villenie par ce que a la mort de son pere fus/ et luy ay tāt faict dennuy et de donmaige que la plᵘ grant ptie de ses cheualliers ait faict occire ou emprisoner/ parquoy iamais ne me prēdroit a mercy et ne scauroie en pire lieu aller pour recouurer grace ou rescon fort. Partant te dis se tu as aultre amy ou amye qui ma mort ne desire que tu my enuoyes car ie suis seur que la Pucelle que tu me dis me priueroit de la vie se tenir elle me pouoit Or doncques ten conuiendra aller au chasteau du bon viel cheuallier te rendre a sa mercy le quel est honorable preudhomme et iuste/ et luy deuisa Perceual de toute la forme du chasteu tant des tours qˉ des murailles et des aultres choses quē icelluy contiennent. Tellement que aux enseignes que Perceual du chasteau donna a Guinguerō facillement eust cognoissance que cestoit le lieu ou plus estoit hay et ou plus de malon luy eust procure se il y fust alle/ par quoy a dit a Perceual. Saches amy quen plus forte prison ne me scaurois tu enuoier que ce chasteau dont tu me parles ne pire voie ne me pourroie tu adresser pour mectre a perdicion ne en plus dangereuse main. Car iay au seigneur du chasteau que tu me dis en ceste guerre occis son propre frere/ parquoy ie te prie ne my enuoiet car plus a gre ay de bien voulour de toy prendre le coup de la mort que par icelluy du quel tu me parles car asses suis certain que si tost que vers luy iray mortelle vēgeance de moy prēdra. Aller doncqˉs te conuiēdra dist perceual a Guinguerō en la court du bon Roy Artus le quel de par moy tu saluerras puis luy requerras quil te face celle mostrer qˉ Keux le senechal en la ioue ferist pource qˉlle mauoit ris/ et a elle prisonnier te rēdras puis luy diras asqˉ iespere se dieu maist auāt qˉ mourir la vēger de liiure qˉ Keux luy a faicte. Lors respōd Guiguerō a Perceual qˉ ce seruice fera il voulētiers a qˉ la

Roy Clamadieu lequel il vainquit/puis lenuoya au Roy Artus.

Il est assez a coniecturer que quant le Roy Clamadieu sceut q̄ ses gens furent ainsy enclos au chasteau de Beau Repaire τ q̄ partie auoiēt este occis soubz vne porte q̄ les enemis abatirent: q̄l fut si desplaisāt τ si yre q̄ plꝰ ne le pouoit estre. Puis delibera de sen retourner laissāt ses enemis en repos cōsiderāt aussy quil ny sauret riēs p̄fiter. Lors vng sīe ōcle le cheuallier ācīe du q̄l voꝰ ay icy dessꝰ p̄le voidāt q̄ le Roy estoit tant melēcollieux τ triste τ aussy q̄l scauoit q̄l vouloit leuer sō ost laissāt ses ennemis en paix luy print a dire. Sire ce nest chose a se esmerueiller se souuēt il me chiet ou treuue fortūe cōtraire vng bō preudhōme τ honorable cheuallier. Puis q̄ aisy plaist au createur: voꝰ cōgnoissez q̄ tel cas peult aduenir pquoy ne voꝰ en debuez mouuoir ne en voꝰ prēdre descōfort car la fortūe se pourroit aultremēt retourner. touſiours ne dure vne saiſō τ ny a ſaict q̄l naīt ſa feſte. vray eſt q̄ a ce iour nauez eu du meilleur τ q̄ grāde p̄tie de voſtre armee auez p̄du mais biē peult la chāce retourner/τ q̄ q̄lq̄ aultre fois le haſart ſur voz ēnemis tōbera τ q̄ le gaing voꝰ demeurera: ce cōſidere debuez le voſtre ennuy ceſſer/τ voꝰ deliberer de iamais dicy p̄tir tāt q̄ aiez voz ēnemis mattez q̄ ſera choſe a faire a voꝰ facille/car a eux e ipoſſible de tenir ecores le chaſteau deux iours τ ſe aiſy ne le trouuez ie veuil q̄ me faciés les deux yeulx creuer/pquoy voꝰ ſupplie de icy demeurer tāt ſeullemēt ce iour τ lēdemaī τ voꝰ verres q̄ le chaſteau voꝰ ſera rēdu τ q̄celle q̄ tāt refuſe voꝰ a/ſera cōtrainct̄e de voꝰ p̄ſer laq̄lle ne dāigneres prēdre. A ce cōſeil ſeſt le Roy clamadieu accordé puis fiſt les pauillōs τ tētes tēdre pour le reſidu de ſō armee loger attēdant q̄ le chaſteau

leur ſoit rēdu. Et ceulx q̄ au dedēs du chaſteau furēt entēdirēt a deſarmer les cheualliers quil auoiēt pris: leſq̄lz ne voullurēt en priſō enfermer mais leurs ſuffiſt de prēdre leur foy p̄mectāt q̄ du chaſteau niſtrōt mais en iceluy ſe rēdrōt p̄ſōniers ou il ſont mis. Lhyſtoire nō ᵹ racōpte q̄ ce iour memes arriue cōme dieu le voulut p̄ fortūe de vent de la mer vne barge deuāt le chaſteau laq̄lle eſtoit plaie de formēt τ daultres viures. et ſi toſt q̄ ceulx du chaſteau virēt icelle arriuer allerēt voir q̄ ceſtoit/τ enq̄rir q̄ ceulx q̄ en la barge furēt demāder q̄ en ce lieu ilz alloiēt querre. Et eux du chaſteau deſcēdꝰ deuāt la barge ou nef arriuez demāderēt a ceulx de dedēs q̄lz gēs ilz eſtoiēt: ou ilz vōt τ dont ilz viēnēt. a quoy fut a la demāde reſpōdu q̄ marchās eſtoiēt portās viures abē dre cōme ble auoi nes pain vī beufs τ porcs ſallez. lors ceulx du chaſteau ſe p̄idrēt a louer dieu de ce q̄ fortūe les auoit ſi biē cōduictz q̄ la nef eſt la arriuee/puis ōt aux marchās diſt. Amys les biē venu ſoies: ſachez q̄ ce q̄ voꝰ ne tiēt tout ce q̄ voſtre barge cōtiēt eſt vēdu/τ a tel pris q̄l voꝰ plaira vēdre par quoy noꝰ voꝰ p̄iōs de venir auecq̄s nous voſtre paimēt recepuoir q̄ voꝰ aurez en or τ argēt. ce dit furēt p̄ les marchās les viures de la nef de liurez de quoy il receurēt tel paiment q̄ bon leur ſembla. puis ceulx du chaſteau ont entēdu a deſcherger icelle nef τ les viures faire en diligēce au chaſteau porter de quoy en faiſāt grāt ioye τ lieſſe ont ceulx de dens reſcōforter et repeu. Perceual τ ſa mye ſont ſi reſioüis de telle ſorte que riē plꝰ. quāt ceulx du chaſteau eurēt ce iour a leur aiſe repeu fault croire quilz nētendirēt qua leur eſbatre τ de mener ioye et ſoullas. Et ceulx de loſt de Clamadieu en eurent tel deſpit quil en cuiderēt forcener qui ia auoient ceſte nouuelle entēdue τ cōmēt le chaſteau eſtoit rauitaille. Parquoy dirēt entre eux que impoſſible eſt de les affamer τ que grāt follie eſtoit dauoir le chaſteau aſſiegé.

peuuent il mouoir/et quant a no⁹ sommes frais allegres et deliures et bien preux par quoy nous pourrons plus longuement endurer et soubtenir les hasars de la guerre. Et pourtāt ie vous diray quil mē semble. Vingt cheualliers nous enuoirons faire vne cource deuant le chasteau a semblee se bon leur semble. Or ce le cheuallier qui la my est de blāche sloue les voit z veult pour elle faire cheualliere dehors istra lequel plus darmes ne vouldra enteprēdre q̄ por ter il scauroit: pquoy luy couiēdra estre pris et mourir entre noz mais car certain suis q̄ petit daide z de secours deſaultres du chasteau aura, car trop feobles et affamez sōt. Or ne feront les vigt cheualiers que nous y en uoirons aultrechose q̄ gaber et sarcer ceulx du chasteau et nous par ceste vallee irons a semblee/et quant le cheuallier sortira le pourrons facilement enclore et par ainsy de luy a nostre voulente ferons. lors dist le Roy Clamadieu au cheuallier que moult il louoit ceste chose. Or auons n⁹ icy p̄nt dist Clamadieu quatre cens bons cheualliers armez et plus de mille pietons biē en ordre et acoustrez par lesquelz pourrons venir a chef de ceste besongne. Lors Clamadieu suiuant le conseil de son oncle enuoia cent cheualliers deuant la porte du chasteau de beau repaire a banieres desployes et guidons estendus et eulx deuant le chasteau arriuez impetueusement aux portes hurterēt: puis quāt ceulx du chasteau lentēdirent tantost lalerent a Perceual noncer lequel guere na arreste que tost ne soit faict armes/puis vint a ses cheualliers les enhorter de faire leurs debuoir aussy de prēdre cueur/et ce faict du chasteau est vistement issu et quant les cent cheualliers de Clamadieu o a apperceu si rudement les a assaillis et inuadez quilz ne scauoient de q̄lles armes leur deffendre voiāt les griefs pue Perceual leur faisoit bien leurs fut aduis quil ne fust aux armes apprentis mais le meilleur et le plus vaillant cheuallier que de leur viuāt auoiēt veu. Les vngs de sa lance par la cuisse attaignoit les aultres par le corps ou par la teste/aux vngs les bras et les iābes froissoit et les autres par terre abatoit: et ceulx qui a sa mercy se voulloient rendre les mectoit dedens le chasteau a tous leurs cheuaulx et harnois prisonniers.

R nous recite le compte que quāt les gēs de Clamadieu virent la grāde perte que enures ceulx q̄ deuāt le chasteau auoiēt enuoiez en prindrent si grant deuil quil ne scauoient que deuenir/puis sapenserēt vistemēt les aller secourir trois cētz quilz estoiēt en nōbre auecques les mille pietons lesquelz auecq̄ seulx se rengerēt: et eulx voiāt leurs compaignons mors par terre z desconfis furieusemēt courrurēt vers les portes du chasteau lesq̄lles trouuerēt ouuertes: puis quāt ceulx dedēs les virent venir cōtre eulx tres vaillāmēt se rebellerent/mais voiāt que leur force ne pouoit a si grant nōbre resister se retirēt dedens le chasteau pres de la porte a tout leurs sagettes rebouterēt leurs ennemis, tant comme ilz peurent: puis voyant que plus ne scauoiēt resister leur cōuit laisser entrer vne flotte de leurs ennemis qui a foulle venoient/et se aduiserent de abattre vne grāt porte sur eulx la q̄lle occist to⁹ ceulx q̄ dessoubz estoiēt et dhabundāt saperēt de vistemēt hausser le pōt leuis et les portes coullices auallet z p ainsy enclouirēt to⁹ ceulx q̄ dedēs le chasteau estoiēt entrez z ne fault doubter quilz ne furēt de puis receuz a leur plaisir/mais ont este traictiez comme a bon droit se meritrent.

Cōmēt p lorage z les vēts de la mer vne nef arriua pres du chasteau de beau repaire chargee de to⁹ viures q̄ ceulx du chasteau chapterēt z Cōmēt perceual cōbatit cōtre le

ploicta Perceual alencontre de clama=
dieu sans vous tenir longuement, quil le subiu
ga & conquist tellement quil conuint a cla=
madieu a la mercy de Perceual se rēdre cō=
me son senechal auoit faict en luy octroyāt
tout son bien. Quant Perceual eust clama
dieu vaincu luy dist quil sen allast rendre
au chasteau prisonnier a la pucelle ou au preu
dhomme cheuallier cōme a son senechal a=
uoit dit. Mais clamadieu luy respondit q̄
pour tout lauoir dung empire a beau repai
re ne au chasteau du preudhōme niroit, cō=
me son senechal auoit faict: mais si luy viēt
a plaisir au Roy Artus veult bien aller se
rendre son prisonnier & faire son messaige a
la pucelle a la q̄lle Keux le senechal auoit
le soufflet donné qui luy promectoit de biē
len venger qui sen vouldroit laisser faire et
se dieu luy dōnoit force & santé. Quāt per=
ceual ouit ainsi Clamadieu parler saccor=
da quil sen allast au roy Artus prisonnier
rendre. Et puis luy fist creāter & iurer que
dedēs troys iours il mettroit en liberté to⁹
les prisonniers quil detenoit des gēs de la
pucelle. Et q̄ iamais tant quil viura guer
re a la pucelle ne fera. Mais si aulcuns de
ses gens luy veullent guerre liurer ou son
chasteau inuader: que tost leur en fera leuer
le siege.

Ainsi se retourna clama
dieu en sa terre ou si tost
quil y fut arriué comman
da que lō deffermast les
prisons & que to⁹ les pri=
sonniers fussent dehors
mis et que sans riens leur demander qui=
ctes en leur terre retournassent. Sitost que
la parolle de Clamadieu fut dicte, fut son
commandement accōply tellement que les
prisonniers ont tous hors des prisons tirez
ausquelz ilz retournerent & rendirēt leurs
armeures & harnois en telle sorte qͫ ny eu=
rent perte dung denier. Et ce faict Clama

dieu tout seul sen partit pour aller vers le
roy Artus: car cōme lhystoire nous racōte
Il estoit lors de coustume que quant vng
Cheuallier estoit par vng aultre vaincu:
que seul sen allast ou le lieu auoit este accor
des iure: ainsi ne failloit rien oster ne adiou
ster au cōuenemēt. Parquoy Clamadieu
sen est allé en telle sorte & maniere q̄ Guin
gueron son senechal auo.t faict ou lors te
noit le roy Artus sa court. Et ceulx qui pri
sonniers auoient esté sen entrerent au cha=
steau de leur maistresse en grāt liesse, & joye
ou ceulx de dedens leur firēt vne reception
si solēnelle que de toutes les esglises & cha
pelles firēt sonner les cloches a leur venue
Et ny auoit religieux ne seculier q̄ nen ren
dist graces a dieu. Quelle chose vous en di
ray ie plus. Si grāt deduit & liesse fut par
toutes les rues du chasteau demenee, que
nul ny estoit qui ne feist vng grant bruit a
se resiouir.

Or cheuaulcha Guinguerō
tant quil peult: & Clama=
dieu de si pres le suit, quil
ne furent que a quatre iour
nees lung de lauttre: & par
tout ou Guingueron se logea ou passa, la
Clamadieu recōgneu aux esclos ou traez
de son cheual. Et tant ont diligēte quil ont
trouue le roy Artus en vne place nommee
Diguadaron au pais de Galles ou il te=
noit court planiere & solēpnelle. Et fault en
tendre q̄ premieremēt arriua Guinguerō
en court que clamadieu, leq̄l auoit ia faict
tout son messaige & sa charge tant enuers
le Roy que a la pucelle. Et quant Guin=
gueron veit le roy Clamadieu en la court
du roy art⁹ arriuer tout armé ainsi q̄l deuoit
tost se congneust & puis luy vint alencon=
tre, & auant q̄ vers luy venir dist a ceulx
qui pres de luy estoiēt. Jamais ne me croi
ez dist il se celuy que voyes venir nest le roy
Clamadieu que le Cheuallier qui les ar=
mes vermeilles porte a par deça enuoye te
c.iiii

Clamadieu presque tout dire forcené, sans prendre conseil a nul q̃ fust vng messaige au chasteau envoia sõ mer le chevaillier Vermeil Perceval nõme q̃ au lendemain se trouvast en camp devant le chasteau et q̃ delibere estoit en ce lieu la tendre iusques a nonne pour se combatre a luy pourquoy sil estoit osé a ce faire il le deffioit aux armes: mais gueres ny profitera Clamadieu comme icy apres vous orez compter Aussy le fist, il sans conseil dont mal luy en print parquoy fault noter que rien nous ne devons faire sans estre de conseil munis. Car qui par conseil follie on dit quil follie saigement. Quant la pucelle Blanche Fleur ceste nouvelle entendit moult fut courroucee et dolente par quoy elle accompagnee de plusieurs preudhõmes chevalliers vint a Perceval luy prier quil ne veuille ce cõbat octroier: pareillement tous ceux qui avec elle estoient luy requerent de ne contre Clamadieu aller: mais pour deuil q̃ perceval voie a la pucelle porter ne pour la requeste q̃ les aultres luy en font ne vollut attendre quil ne mãdast au Roy Clamadieu que sans faillir il se trouveroit le lendemain au lieu ou il le avoit somme de se trouver: de Rechef dirent les chevalliers a perceval que Clamadieu navoit encores trouvé homme qui a luy se osast combatre parquoy tant cõme peurent luy desconseillerent de ne se vouloir encontre luy esprouver: mais tout ce q̃ luy ont dit en rien ne leurs profite, et met en son penser que pour homme du monde il ne laissera quil ne sen aille allencontre de Clamadieu combatre. Et aussy a toꝰ il rõpit la parolle tellement que plus parler ne luy en oserẽt. Et aussy pour ceste nuict chascũ en alla reposer iusques au lẽdemain soleil leur menãs grant deuil de ce quil nõt sceu leur maistre Perceual desmouvoir de son entreprinse. Perceual toute ceste nuict passa couche avecques sa mie laquelle en luy donnant plusieurs et aggreables baisers luy requeroit que combatre ne voulsist allencontre de Clamadieu mais quil voulsist avecques elle au chasteau demeurer ou garde il navoit de son ennemy. mais son doulx parler ne ses doulx baisers ne luy peurent de rien servir combien que a chascun mot que a Perceval parloit / vng courtois baiser luy donnoit: dont grant merveille fut quil ne se voulloit a si tres doulce requeste moderer entendu que si amiablement la clef damours dedens son cueur mectoit. Ainsy la nuict entre les amans passee si tost que perceval le iour apperceut manda quon luy apportast ses armes et ce faict vng escuyer menant grant deuil les luy vestit. Et luy armé commanda tous et toutes a dieu qui ne fut sans se doulloir et sans iecter de larmes grande quantité. Si tost apres on luy a son destrier amené sur lequel il est ioyeusement monté / puis sen alla hors du chasteau oyãt ceulx de dedẽs sermoier se doulloir et plorer. Clamadieu voiant perceval hors du chasteau sorty bien cuide que du premier coup qui luy donnera qil le gettera hors des arcons de la selle. Or avoit Clamadieu faict son armee retirer parquoy ne se trouva en la plaine ou fut le combat que luy et perceval seullement lesquelz incontinent et si tost que de pres sapperceurent avant que se escrier a deffence mirent les lãce sa larrest pour se ferir, et puis les chevaulx brocherent des esperons et chevaulcherent par telle roideur que du premier coup quil satainnirent leurs lances briserent en deux et si sont les escus froisez. Que diray ie plus / si grant et merveilleux coup lung et laultre receurent que tous deux leur convint par terre aller. Lesquelz par longue espace ne seiournerent que sur les piedz ne se soient relevez: et puis mirent la main a leurs rudes espees desquelles se sont si longuement combatus / que presque furent tout oultrez: mais tant ex-

Sire si dieu me benie que la pucelle sera de la buffe vengee/ & soyes seur que Keux le bras brise en aura/ & est impossible que iamais il sen peust sauluer. Quant Keux la menasse du fol ouyt si grant deuil & vergongne en print que la face luy apparut toute rouge & enflabee de grant despit mais toutesuois ne sonna mot de crainte que le royne le tint a desplaisir/ & luy conuint secretement abesser sa collere: puis luy a le roy dit ha Keux Keux moult il mest grief quāt le cheuallier duquel il est present ppos/nest auec moy en ceste court. Or fust ce par ta folie & mechant langaige que dicy se departit. Lors se leua le Roy en estant lequel commanda a yuonnet son escuyer et aux aultres qui pres de luy furent que prinsent cla madieu & puis le menassent en la chābre ou les pucelles se desduisent & prennēt leur esbat deuant la Royne. A quoy faire a yuonnet & les aultres escuiers humblement entendu. Et apres auoir la royne treshumblement salue/mostra yuonnet a Clamadieu la pucelle la quelle auoit la iouee de Keux receue a qui il compta la nouuelle du cheuallier Vermeil metant son messaige a execution en la forme qui luy auoit este encharge: laquelle fort ioyeuse fut a lors: car encores de la buffe se plaignoit qui luy fut en la face assise/non pas pour le coup & mal que lors en receut mais pour la honte quelle en auoit. Car cōme on dit douleur sapaise en peu de temps / mais la honte est tousiours durable/ & par especial a gens de noble et ioieux couraige: car aux meschās ne leur en chault & se refroidist ou meurt la honte en leur cueur. Quant Clamadieu eust sō messaige a la pucelle faict / vers le roy Artus retourna lequel le retint tout son viuāt en sa court. Nous laisserons icy a parler du roy Artus & de Clamadieu & retournerōs a Perceual qͥ est a Beau repaire auecques sa bonne & loyalle amie Blancheflour.

¶ Comment Perceual apres auoir prins conge de la pucelle partit de Beau repaire pour sen aller vers sa mere. Et comēt il entra au chasteau du Roy Peschor.

Apres que Perceual eust este par quelque espace de temps aueques samie Blancheflour au chasteau de Beau repaire menāt grant ioye & grant liesse pour sa victoire obtenue / sapensa de la pucelle prendre conge & deliberement aller voir sa mere se viue trouuer il la peult. Toutesuois il est assez acertene que se au chasteau il veult demeure faire que la terre luy appartient & luy demoureta franche & quitte: mais il est tant entalente & a tel desir de veoir sa mere que leās ne luy est possible plus arrester: laquelle chose diffᵉra longuement dire a Blanche flour pour le deuil & ennuy quil scauoit q̄lle en porteroit. Toutesuoies nya ordre q̄ plus il luy peust celer: parquoy se delibera de prendre dicelle conge pour laquelle tant de faictz darmes auoit monstre Et quant la pucelle le vouloir de Perceual entendit de tout son pouoir pourchassa de le retenir: et pareillement pria ses cheualliers et ses gens de ainsi le faire: mais tant nont sceu la pucelle ne les cheualliers Perceual prier que a leurs desirs il voulsist entendre pour illec plus longuement arrester. Neau mais bien leur promect que sil peult sa mere viue trouuer que leans auecques luy la mainera pour toute sa vie y habiter: & sil est que morte la trceuue leur promect aussi de brief y faire son retour. Ainsy le couenant & la promesse par luy faicte/ de ses armes se fist armer puis du chasteau se departist au quel il laissa sampe Blancheflour triste dolente & espleuree & ceulx q̄ auec elle estoient Le peuple du chasteau voiant le departement de Perceual le voulut longuemēt conduire faisant procession aussy grande cōme

nit prison et se mettre a la mercy du roy Artus, et ce puis ie congnoistre dune part aux plaies encores toutes recétes et sanglantes lesquelles porte dessus sa face: scay de vray quil est vaincu par iceluy Cheuallier Vermeil: et vous aduise quil est mon sire et mon seigneur lequel est Clamadieu en nom roy des Isles: ce vous aduise que meilleur cheuallier que luy ny a iusques a rõme. Mais il nest si vaillant a qui fortune aucunesfois ne contrarie. Ainsy tint propos Guingueton aux seigneurs de la court tant que son sire Clamadieu fut entre: au deuant du ql allerẽt plusieurs des assistãs: et principallemẽt les plus nobles, et prochains de la couronne.

Le roy Artus comme lhystoire nous recite tenoit sa court, en vng iour de feste de Penthecouste, auquel iour fist celebrer messe solempnelle, ou assisterent auecques luy la Royne les Cheualliers et tous les seigneurs et damoyselles de sa court en leurs habitz triũphãs: et au retour de la messe accõpaigne cõme il est dict de la royne des seigneurs et des damoyselles lesqlz marchoient chascun en son ordre. Le roy en la salle entre Keux son seneschal, en icelle salle estoit tenant vng petit baston en sa main marchant nue teste, qui faisant grandement apparoistre sa perrucque tant blonde et belle. Et nous recite le compte quil estoit vng des beaulx cheualliers du monde: mais le grant orgueuil et felonie de quoy il estoit remply diffamoit tant sa beaulte que sa prouesse. Vestu estoit dugne robe de fin drap de soie de haulte coulleur: saincte par dessus dune riche saincture et bien ouuree de laqlle estoit la boucle de fin or. Se tiroit chascũ arriere et se esslongnoit de luy quant en icelle salle arriua par ce que tant estoit felon et remply de dettracteurs et iniurieulx langaige que nul ne desiroit auecques luy conuerser: si se adressa ou le Roy estoit, auquel il dist que se son bon plaisir estoit desormais fust temps quil print son repas: auquel luy fist le roy respõse en telles parolles. Laissez moy en paix dist il a Keux, car ie vous iure par mon chef que ia en si grande feste ne mengeray pose que tienne court planiere q premier ne me soient nouuelles venues de quelque part bonnes ou mauluaises.

Ainsy le Roy a Keux parlant est Clamadieu en la court entre et si tost que le Roy approcha le sallua en telle maniere. Sire le hault dieu vous begnie qui estes le plus estime en vallue en bonte en scauoir et en noblesse que Roy qui present soit viuant: cõme tesmoingnẽt ceulx deuant lesquelz voz haultes oeuures furent traictes: et les tãs cheualleureulx et nobles faictz darmes mõstrez. Or sil vous plaist entendrez le mien messaige vous anoncer, lequel pourtãt me poise dire, mais toutesuois si recõgnoys ie que vers vous me a enuoie vng cheuallier qui ma conquis: de par lequel vers voustre magnificence mẽ viens prisonnier rendre. Et sachez q se quelcun le nõ du cheuallier me demande que ie men seroie aduiser: mais biẽ vray est quil porte les armes Vermeilles et dit que les y auez dõnees. Lors dist le Roy a clamadieu. Amy se dieu te ayde et garde. Ie te prie me dire en verite se le cheuallier aux armes Vermeilles est prẽt sain et sauf et quelle chere il faict. Respõd Clamadieu au tresnoble et puissant Roy Artus. Sachez pour verite dist Clamadieu que il est haytie et bien de luy, de tous ses affaires et aussy dextre de tous ses membres que cheuallier quen mon viuant ie rẽcontrasse. Lequel ma donne charge de parler a la pucelle a laquelle Keux voustre seneschal a la buffe baillie parce que a luy elle rist: et luy mande que bien sen vengera se dieu se veult a ce cõsentir. Lors le sol qui la parolle du roy Clamadieu prisonnier entendit, de grãt ioye quil eust se print a saulter crier et rire. Puis a dit au Roy Artus.

de luy. Et de faict se print a le mauldire en disant que dieu luy enuoiast mal encontre puis que de luy cestoit truffe. Il mauoit dit dist Perceual que quant au dessus du roch ie seroie paruenu que si tost sa maison Ver tropez ie ne voy hostel ne loge parquoy trop a faict grant oultraige quant ainsi de moy cest mocque sil est qͥl me lait dit pour mal. Petit apres que Perceual eust sur le roch ainsi perturbe demoure aduisa assez loing de luy la sommite dune tour laquelle estoit fort belle & en bōne assiete situe. Icelle quar ree fut construicte de pierre bien bise et y a uoit dix belles tournelles alentour: & vne salle toute quarree deuant assez pres dung aultre corps dhostel fort plaisant & bien ba sty. Quant Perceual leust apperceu que tes narresta que deuāt ne soit arriue. puis se print a dire q̄ celuy qui celle part lauoit enuoie auoit faict vng grant bien pour luy et que grant tort il auoit eu de tāt le blas mer estimant quil fust vng mocqueur ou quelque raillart asseure: mais il voit bien que en toute equite & pour son pffit luy auoit ce lieu enseigne. Perceual deuant la porte du chasteau ou la tour estoit arriue trouua vng pont leuis qui pour lors auallé estoit sur lequel se mist & si tost quil fut apperceu luy vindrēt alencontre quatre escuiers dōt les deux hūblement le desarmerent et le ti ers entendit a son cheual loger auquel don na prou foin & auoyne. Et le quart luy ve stit vng manteau de fin drap taint en escar late,/& ce fait les dessusditz escuiers le me nerent loger en vne fort belle chambre ou il se tint iusques a ce q̄ le seigneur du lieu len uoiast querir par quatre aultres escuiers auecques les quelz en vne grande salle pa ree & bien tapissee alla: en laq̄lle veist vng bon preudhōme estāt dessus vng lict assis portant en sa teste vng grāt bōnet de pour pre soure de martres subellines: et si estoit sa robe de mesmes. Le preudhomme lors estoit apuie dessus son coulde: deuant leq̄l

y auoit vng moult grant feu de buches sai ches estant entre quatre grandes coulon nes. Et dit le cōpte que le feu estoit si grāt que quatre cens hōmes se fussent bien chauf fez a leur aise tellement que ny eust eu ce luy que suffisant lieu neust eu. Dist oultre que les quatre coulōnes q̄ la cheminee soub stenoient estoiēt darain moult puissantes & fortes. Les escuiers qui Perceual ont en la salle amene a leur seigneur le presenterēt puis se tirent a coste tellement que to͡ les assistens peurent Perceual apparentemēt veoir lequel hūblement le preudhomme sa lua. Puis luy a le preudhōme dit: amy faict il ie vous supplie que a grief ou a ennuy ne vous soit de ce que encontre vous ne me li efue, car certes pas bien a mon aise ne suis a quoy luy a Perceual respōdu que non fai soit il et qua luy il ne competoit q̄ pour luy faire hōneur tant se trauaillast. Lors luy a le preudhōme dit que pres de luy il se tirast et que le sien plaisir estoit que de coste luy sur le lict fust assis: et perceual luy octroya Puis le preudhōme luy print a demander de quel lieu ce iour estoit party. Sire sachez dit Perceual que le matin de beau repaire suis desloge. Certainemēt dist le preudhō me vous auez grāde iournee faicte, ie croy que vous partistes doncques auant que le iour fust apparu. Je vous affie dist Perce ual que ia estoit prime sonnee. Pendāt que le seigneur du chasteau et Perceual ensem ble deuisoient entra vng escuier lequel por toit vne espee a son col pēdue laquelle il pre senta au bon preudhōme lequel si tost com me il la tit a demy la tira hors du fourreau/ et puis dist quil sçauoit bien ou elle auoit este forgee. En oultre apperceut le preud hōme a lespee en escript q̄le estoit de si bōn acier que iamais ne seroit rompue q̄ par vng peril seullemēt que nul ne sçauoit fors q̄ celluy qui leust forgee. Apres dist lescui er qui lespee auoit au preudhomme appor tee. Sire faict il sachez que la noble pucelle

si fust la feste dieu ou assisterent les religi
eulx et les nonnains de la ville en fort belle or
donnace chascun reuestu dornemes a ce cō
petés: puis ont lung a laultre dit que a bō
droict ilz se deuoient douloir et plaindre quāt
fault cellui qui en liberté et en paix les
a remis sedepte et qui si tost laisser les veult
Perceual les voiant ainsi desconfortez leur
dist. Amys ne vous veuillez tant atrister
et pour moy tel deuil donner car pour mal di
cy ne pars: mais seullement pour ma me
re aller visiter: laquelle soulloit mauoir en
vng boys qui la forest gaste a non. Ie reui
endray nen doubtez pas / et se viue la puis
trouuer soyez certais que auecques les non
nes la rendray dame voilee. Et la ou mor
te elle seroit croyez que apres ses obseques et
funerailles faictes / que tost vers vous re
tourneray pour a voz desirs satiffaire: et ay
se vouldroit se dieu en sacte me ramaine plꝰ
de seruice et plus de bien vous procurer que
iamais ie ne vous ay faict. Lors se depar
tirent tāt les vngs que les aultres de per
ceual côtés pour les promesses qͥl leur fist.

E conge par Perceual
des habitans du cha
steau de Beau repai
re prins: bien armé et
la lance au poing se a
cheuaulche tout du
long de la iournee sās
rencontrer homme ne femme qui luy ensei
gnast chemin ne sente: et quant ainsi si mal
lement se vist que nul rencontrer ne pouoit
qui en aulchune voie ou lieu le sceust adres
ser: ne fault doubter se fort se trouua esto
ne: et ce voiāt se mist en oraison priāt a dieu
que le sien plaisir soit quil puist trouuer sa
mere en vie et en sancte pareillement. Et
quant son oraison fut faicte aduisa vne riui
ere le long dune plaine laquelle fort il regar
da pour icelle passer sil peult: mais tant a
leau profunde et creuse apperceue que de
sus il ne se osa mectre et puis a soymesmes

a dict. Ha sire si ceste eaue passer ie pouoie
ie scay deuray que par dela ma mere trou
ueroye. Ainsi tousiours le long de la riuie
re cheuaulcha tant quil a vng rocher trou
ue lequel ioingnoit et touchoit a icelle riui
ere se que il ne pouoit plus auant aller. Et
luy estant en vng grant pensement de sca
uoir q̄ deuenir il pourroit / aduisa vne peti
te nasselle ou fustereau le val de la riuiere
aualler dedens lequel fustereau estoiēt tāt
seullement deux personnes lesquelles cu
doit Perceual que vers luy il deussent ve
nir et tantost les veist arrester et encrer au
millieu de leaue pour pescher le poissō a la
ligne. Adonc ne scait Perceual plus penser
q̄ faire doibt ne ou passaige il pourra trou
uer: parquoy aux pescheurs qui dedens le
fustereau estoiēt requist luy dire se en ceste
eau ny auoit ne gue ne pont. Lors les pes
cheurs ont respondu que non et q̄ plus grā
de nauire ou flette en la riuiere nauoit que
ceste laquelle ne scauroit porter deux hom
mes trois lieues seurement tant a mōt cō
me a val et est impossible dy pouoir passer
vng cheual. Perceual tout estonne et pensif
de la responce leur demanda: puis que gue
ne de pont en la riuiere nauoit ou il pour
roit logis trouuer. alors lūg des pescheurs
q̄ sur le deuant du fustereau estoit luy dist.
Sire dist il a Perceual: ie cōgnois assez que
de logis auez besoing parquoy sil vo' agree
en mon hostel vous logeray: et pource mon
tez amōt le petit chemin fraie que voiez en
ce rocher puis quant au hault venu serez
en la vallee pourrez voir vne maison seul
le assez pres de riuiere et de bois. A la fian
ce q̄ Perceual eust au marinier ou pescheur
le hault du roch par la sente monta et quāt
a la sōmite fut venu gecta sa veue en bas
pour scauoir se la maison verroit que le pes
cheur luy auoit dit mais quant par tout
eust ca et la regarde riē napperceut que ciel
et terre parquoy considera que le pescheur
lauoit enuoie pour se farcer ou se moquer

tant ne fut ose de demander a quoy le Graal seruoit tousiours rememorant de ce que le bon cheuallier luy dist/car il doubte sil le demāde qui ne luy tourne a mocquerie ou dommaige disant que aussy bien se peult on taire que trop parler a la fois/parquoy taire se delibera pour ceste heure

Tātost aps cōmanda aux escuyers le sire du chasteau dresser les tables et puis apporter a lauer/et ceulx ausquelz appertenoit ceste office firēt en brief le commandement de leur sire/lesquelz pour les preparer apporterent vne table de fine yuoire toute faicte dune piece et apres eux vindrent deux aultres seruiteurs qui apporterent deux eschaces ou treteaux lesquelz furent dūg tel bois qui de telle nature estoit que iamais il neust sceu pourrir ny en feu brusler sur lesquelz la table dyuoire mirent/et pardessus vne nappe si blanche ā si fine quōcques pl9 riche ne fut veue. Apres seruirent les maistres dhostel vne hanche de cerf rotie et bien assaulcee et consequāmēt les aultres mectz et entremectz de viādes exquises et daultre part tous vins exquis en habundance/et dauant tousiours y eust vng escuyer trenchant/lequel honorablemēt feist son office et des mectz quil trēchoit sur vng tailloir dargent/les morceaulx en presentoit sur vne assiete de pain. Et pēdant que les seigneurs a table furent assis par plusieurs fois le Graal par deuāt eux a descouuert on passa sans ce q̄ Perceual iamais se voullut ou osast igerer de demāder a quoy il seruoit ne que ce pouoit estre tousiours doubtant quil ne mesprint. Car cōme dessus est dit il ne disseroit oublier les enseignemēs de cil qui le feist cheuallier lequel par expres luy dist q̄ de trop parler se gardast: mais ceste fois de parolle neust assez quāt si souuent deuant la table il voit le sainct Graal a descouuert passer et il neust ose demander de quelle chose il sert/ce que pourtant desire moult scauoir mais il propose

en sa pensee que ainchois que de ce lieu il parte quil sen enquerra a q̄lque escuyer ou aultre officier du chasteau/ce que pourtant il oublira mais du seigneur conge prendra et de tous les seigneurs de sa court sans du Graal estre aduerty dont apres fort dollent sera. Or nentēdēt le sire et Perceual qui a table sont fors que a bien mengez et a boire lesquelz de telz mectz et tāt precieulx et de si delectable vin furent seruis que iamais deuant Roy ne deuant empereur ny en eust de si sollempnel ny a gouster si tres plaisans. Comme nous racompte le compte

Apres le souper de la noble compaignie et que les nappes furēt ostees et mains lauees/chascun a son endroit se print a deuiser de telz propoz cōme la matiere ou cueur lur offerte et puis cōmāda le seigneur que lō allast les lictz dresser/qui telz estoiēt que de plus beaulx de plus riches ne de meilleurs au monde iamais veus ne furent. Et ce pendant fist la collation apporter de confitures et espiceries. Comme figues ā dactes cōfites noyx muscades girofile et grenades en dragee/electuaire doulx de gingembre alexandrin. Et tant daultres choses confites que nen ay sceu le nombre retenir/apres furent les vins apportez de tant de diuerse sorte que ie ne lay peu retenir. Et en la fin fut le ypocras tant claret que blanc apporte/de quoy fust fort Perceual esbahy car son viuant ainsy nauoit este ne dē tant de diuers mengers et vins solempnelz. Apres la collation faicte des doulces confitures telle comme pnt ay dict le seigneur du chasteau delibera que chascun allast reposer et pour ceste nuict le repoz prendre/et puis a Perceual a dit Amy dist il est a temps comme il me sēble q̄ pour le coucher vo9 retirez. car quant

d.i.

☙ Perceual le Gallois.

Voſtre niepce de par moy ceſte eſpee vous preſente laquelle vous pouez donner a qui bon il vous ſemblera mais fort ioyeuſe elle ſeroit ſi bien elle eſtoit emploiee ⁊ que celuy a qui la donnerez parfaictement merite leuſt. Et ſachez q̃ le febure qui la forgea ne fiſt en ſon viuant que trois dont ceſte cy eſt la derreniere ⁊ nen ſcauroit plus nulle faire. Tentoſt ſe penſa le ſire que leſpee a perceual donneroit laquelle eſtoit merueilleuſement riche eſtimee/car le plombeau eſtoit de fin or de cipre aorné de pierrerie ⁊ la croiſee de meſmes/⁊ le foureau dorfauerie. Puis regardant Perceual luy diſt quil la ſeigniſt ⁊ que de bon cuer luy donnoit diſant qua luy auoit eſte deſtinee: de laquelle Perceual humblement le preudhomme remercia ⁊ puis a ſon couſte la ſaigniſt ⁊ ce faict hors du foureau la tira ⁊ en la regardant bien luy fut aduis quau beſoing fort luy ſeruiroit ⁊ que bien ſen ſcauoit aider. Puis regarda vng eſcuier au pres du feu leq̃l ſe chauffoit ⁊ fut celuy qui ſes armes gardoit auq̃l il requiſt que de ſon eſpee ſe donnaſt en garde come de ſes armes/et la luy bailla ⁊ puis en lheure pres du preudhomme ſe raſſiſt lequel luy portoit autant dhonneur que iamais a cheuallier feiſt q̃ en ſa court entraſt.

☙ Comment Perceual vint a la court du Roy de Peſcor. Et coment il veiſt le Saint Graal ⁊ la lance dont le fer gettoit ſang: ⁊ coment il trouua vne dame q̃ luy diſt nouuelle de ſa mere.

Nous liſons en lhyſtoire qu en ceſte ſalle y auoit ſi grande lumiere du feu des chandelles: des torches: ⁊ des flambeaulx quil ſembloit veritablement que les eſtoilles qui es cieulx errent ne rendent ſi grande clarte. Et pendant q̃ les vngs ⁊ les autres enſemble de diuers propos ſe diuiſoient. Sortit vng eſcuyer du ne chambre lequel portoit vne blanche lance en ſa main: et luy dedens la ſalle entre paſſa par entre le feu: ⁊ les ſeigneurs qui ſur le lict eſtoient aſſis ⁊ le pouoit chaſcun qui la eſtoit voir a ſon gre ⁊ a ſon aiſe. Or nous diſt le compte que du fer dicelle blanche lance iſſoit vne goutte de ſang laquelle coulloit iuſques ſur la main de leſcuier q̃ la portoit: Perceual ceſte merueille regardant ſe fuſt moult voulentiers enquis que ceſte choſe ſignifioit: mais recordant de ce q̃ le bon cheuallier luy auoit enſeigne quãt lintroduit aux armes. ceſt q̃ de trop parler ſe gardaſt ⁊ quen parolles conſtant fuſt ⁊ tardif: ne ſe oſa de ce q̃l veiſt enquerir ne coment la choſe aduenoit craignant que ce ne luy tournaſt a mocquerie ou deſhonneur. Atant entrerent en la ſalle deulx ieunes Eſcuiers portant chaſcun en ſa main vng fort beau chandelier dor leſquelz eſcuiers furent de moult grãde beaulte parez. Et nous diſt lhyſtoire que chaſcun chandellier y auoit dix chandelles du moins. Apres entra vne fort belle damoiſelle ſuiuant les deux eſcuiers laquelle entre ſes mains portoit vng graal/⁊ quant fuſt en la ſalle entree ſi grant clarte du graal apparuſt que rien on ne perceuoit de la clarte des torches ou chandelles allumees/non plus que des eſtoilles on faict quant le ſoulail ⁊ la lune luiſent. Et apres elle entra encores vne aultre damoiſelle qui la ſuiuoit tenoit vng taillouer dargent en ſa main Et ainſi lordre eſtoit que leſcuyer qui la lance portoit marchoit deuant et la dame fut au millieu qui le graal entre ſes mains tenoit et ſachez quentour le graal furent pierres precieuſes moult chieres de pluſieurs ſortes ⁊ de diuerſe nature. Leſquelles toutes aultres pierres paſſoient en vallue ſoit en la mer ou en la terre. Et tout en la forme ⁊ en la maniere q̃ leſcuier qui la Lance portoit auoit paſſe: ainſi les damoiſelles paſſerent qui dune chambre en lautre entrerent/ ce que voulentiers Perceual regarda/mais

¶ Cõment Perceual en la forest trouua vng cheuallier mort que la pucelle tenoit et comment la pucelle luy dist quil auoit failly a demãder du saict Graal et de la lãce.

Ainsi entra Perceual en la forest et quant vng petit auant fust entre trouua vne sente en la quelle vne trasse dung cheual aux escloz apperceut. Puis en soy mesmes dist que possible estoit que par icelle voie ceulx q̃ queroit fussent passez. Lors cheuaucha en la forest fort vistement le lõg dicelle sente tant que dauenture et par fortune vne pucelle soubz vng chaisne trouua la quelle amerement et piteusement lamentoit en telles parolles. O la plus triste et la plus chestiue qui iamais au mõde naquist hellas pourquoy fuz ie iamais de mere nee malheureuse par dessus toute malheureuses/ que la iournee soit maudite en la quelle fuz engẽdree que feras tu la desolee celle qui en son viuãt ne peult auoir soullas ne ioye/ ou iras tu pouure esgaree la plus afflicte quõcque fut quel nom desormais auras tu fors seullemẽt linfortunee. Hellas vray dieu deusse ie aisy le mien amy mort entre mes deux bras tenir las meust y sceu pis aduenir mieulx eust este que vifz il fust/ et moy au lieu dicelluy morte. O mort mort que ne mas tu prinse grãt tor tu as/ prẽdre son ame sans la miẽne. Or puis que mort ie voy celluy qui de moy fust le plus aime de quoy me sert apres luy viure/ aussy de mourir ne me chault/ parquoy toy mort ie requiers plus ne me laisse en ce monde affin qua pres le deces mõ ame soit a la siẽne seruante et compaigne En telles complaictes de comme il est dist/ et gectant grosses latmes deuil tenoit la pucelle sõ amy mort qui auoit la teste trenchee: laquelle Perceual quãt leust apperceue humblemẽt salua et elle le chief vers la terre encline son salu:

luy rẽdit q̃ pource le siẽ deuil noubsia. Lors Perceual luy print a demãder q̃ fut celluy qui le cheuallier a occis leq̃l assez pres delle est mis. Certes luy respond la pucelle vng cheuallier la ce matin misa mort comme voiez mais dune chose faict la pucelle a perceual me dõne et tiens a grant merueille. Cest que lon pourroit de ce lieu/ bien cheuaucher cinquante lieues auant q̃ lon puist logis trouuer ne maison pour se herberger ne qui fust bon ne sortable pour y prendre sõ repoz. Et ie voy vostre cheual si gras si plain tant bien estrille tant bien frote et si tres biẽ applanie quũg poil ne passeroit point laultre et est aduis q̃ laist laue et fort pigne/ aussy quil aist faict son lict de foyn et dauoine. Et croy de vray quil neust les flans si biẽ remplis/ ne le poil si bien agence/ ne vous ne portissez la face si vermeille et tant coloree se vous neussiez au soir couche en quelque plantureux hostel/ car vo[us] et le cheual aussy mõstrer assez q̃ bien traictiez auez este. Lors respõdit Perceual a la pucelle que bon hostel il auoit trouue et lieu ou mieulx a son aise a este que hostel ou iamais entrast: puis a la pucelle dist. Certes madame il mest aduis entẽdu ce q̃ mauez dit que gueres en ce pais nauez habite et que bien vo[us] nauez circuit ceste forest ne ce qui est a lenuirõ car qui hucher bien hault vouldroit/ du chasteau pourroit estre ouy ou ceste nuict ay repose/ q̃ est le logie le meilleur/ ou iamais homme meist le pied. A certes donc dist la pucelle/ ieu vo[us] auez chez le riche Roy Peschor: pucelle se dist Perceual ne say sil est pescheur ou nõ cela ne vo[us] sau roige dire/ mais bien vray est quant hyer dessus le soir/ deux hommes nauigans trouuay/ en vne profunde riuiere et fort large. Dont lung bien songneusement a naiger entendoit: et laultre a la ligne pescher se delectoit. Lequel amiablement sa maison menseigna en laquelle ie fuz receu et loge benignement et traicte honorablement.

d.ii.

a moy gesir me iray cy aupres et vous au corps d hostel deuant la salle/ & sachez q mouls il me poise/ que leans ne vous puis cōdui re/parquoy demande de vous estre liberal lement excuse/par ce que nay pouoir dy al ler/mais cōuiēdra que iusques en ma chā bre on me porte/et pource quant aduiser il vous plaira prendre le repoz vous irez. Et ce dist/ le bon soir lung a laultre donnerent Alors vindrēt quatre escuyers qui prindrēt la couche par les quatre quarres ou leur si re estoit assis et puis lōt en sa chambre por te. Et demeurēt auecques Perceual pareil lemēt quatre tant escuyers que varlez de chambre lesquelz le fermerent en sa cham bre de tout ce que mestier luy faisoit/et pu is quant de tous poinctz fut deuestu & de sa bille et entre deux linceux couche/apres auoir de luy le bon soir prins le laissecent apar soy et sans faire bruit Reposer. Et dit le compte quil ne reueilla iusques a tāt q le matin veist le iour poindre/apres la nuict estre absconsee. Quant Perceual fust esue ille/autour de luy subitement Regarde et quant nully en nul lieu nappercoit a qui il eust peu demāder ou cōmāder aulchūne cho se de son lict Vistemēt se lieue puy ſe chaus sa et se vestit sans aide de varlet ne descuier et ce luy faisoit bien mestier car plus hom me au chasteau ne trouua a q il peust vng seul mot dire. Et puis quant du tout il fust abille: ses armes vestit lequelles sur vne table trouua quō luy auoit apareillees. per ceual de ses armes bien acoustre et bien ar me aduisa se aux chābres que le soir auoit veues ouuertes se quelcun il trouueroit mais quāt pres des huis est venu les trou ua ſerrement fermez. Puis il se print a ta bourder et heurter si tres rudement que cel luy fut bien sourt ou endormi qui lors hu cher ne leust ouy/ mais tant na sceu de noi se faire que quelchū luy ait respondu ne qui luy ait dit vng seul mot. Puis sen vint a l huis de salle lequel tout ouuert il trouua

sans que nul il peust dedens apperceuoir. Le voidt descendit aualles degrez et puis a lestable vint ou son cheual trouua celle et veist sa lance et son escu que mis on luy auoit le lez dung mur dicelle estable de pu is remonta et regarda ca et la partout le chasteau mais ny trouua seigneur ne da me Cheuallier escuyer ne varlet de quoy fort estonne il fust. Puis voiant que nul rencontrer ne trouua au chasteu il ne peult descendit en my la court et puis sur son cheual est monte/ et quant pres du pont leuis vint le trouua aualle sur lequel se meist pour passer mais quant dessus il fust venu sentit que le pont on leuoit/ par quoy se hasta de son cheual brocher lequel a vng seul sault si tost oultre le pont passa et sachez que se le cheual eust lors faisant le sault failly/ que tous deux en leau fus sent cheuz. Puis quant Perceual oultre le pont fut passe sa veue derriere luy gecta/ & veist que le pont on auoit leue/si commen ce a appeller tant comme il pouoit / ma is nul quil soit ne luy respond/ et puis dist. Toy qui ſe pont as maintenant le ue.ie te prie me dire ou tu es et que le tien vouloir soit en present a moy parler: au moins mectz la teste au fenestres / car dugne chose a toy enquerir me veulx de la quelle desire grandement nouuelle en auoir. Mais Perceual alors perd temps partant que pour priere que faire saiche/ homme ne luy respondra. Parquoy con siderant que pour hucher et appeller Ri en ne pouoit deuant le chasteau gaignier/ sapensa entrer dedens la forest qui a mer ueille grande estoit ou il esperoit les gens de ce chasteau trouuer/ou partie diceulx ausquelz proposoit senquerir que pouoit es tre de ceste lance et du Graal quil auo it veu: et pourquoy la lance saignoit.

Perceual le gallois. Fueillet. xxi.

a prins ie scay q̃ poit ne me congnois mais ie cõgnois bien q̃ tu es/et sachez q̃ chez ta mere en mon enfance auecques toy ie fus nourrie/z si pres ie te actiés que suis ta cousinne germainne. Et si taduise que moindre desplaisir ne porte de ce que tãt test mescheu que tu nas demãde z sceu que lõ faict du sainct Graal ne ou on le porte que de ta mere qui est morte/ ne que de ce cheuallier qui est mort que iaimoye plus que nulle aultre chose du monde et lequel aussy pour sa bonne amie me clamoit cõme bon et loial cheuallier. Ha pucelle faict Perceual touchant le trespas de ma mere ie vo⁹ supplie me dire cõmẽt vo⁹ scauez quelle est morte. ie le scay respõd la pucelle cõme celle qui dedens terre la veu mectre. Je prie a dieu dist Perceual quil ait de son ame mercy par sa grace et par sa bonte ie vous aduise ma cousinne que cõpte piteux mauez dit/ mais puis quil est que dieu la prinse simplesse a moy seroit aller plus auant car pour aultre chose en chemin ne me suis mis tãt seullement que pour la veoir/ Parquoy auiser me fault de prendre vne aultre voye/ et si tant de plaisir il vous plaisoit me faire que de venir auecques moy grandement a vous me tendriez oblige et me feries vng grant honneur. Car quant au regad de vostre amy que tenez mort il est a considerer que plus ne vous peult profiter/ et suffira que priez dieu pour son ame au lieu celeste colloquer: les mors on mect auec les mors et les viuans auec les vifz/ parquoy me semble/ qua vous mieulx il est conuenable vous en venir quant et quant moy/ qui cy seullette vng mort regarder quil me vous peult prouffit porter. Et vous pronectz que se vous croiez mon conseil tant ie feray que le cheuallier ie suiuray/ fier et cruel/ qui le vostre amy a occis/ et suis certain/ que se ie le puis Rencontrer/ dieu seul aidant/ que vous vengeray de soustraige.

Dis la pucelle qui son ennuy ne son grand dueil ne peult refraindre qui trop pres du cueur luy tenoit luy respõdit. Amy dist elle croiez pour vray q̃ iamais auecques vous ne yroye/ ne de ce lieu ne partiroye tant que ie sceusse le mien amy estre boute dedens la terre: parquoy vous prie de ce plus amoy ne parlez/z vo⁹ conseille ceste sente z voye suiuir q̃ la voiez a voustre dextre par laquelle le desloyal cheuallier qui le mien amy a occis sen est alle. Nõ pas que ceste chose vous die affin de vous inciter de le suiuir cõbien que mõ ennuy soit grant z le mal quil ma faict cruel/ mais pour audroit chemin vous mettre qui hors la forest prent sadresse. Ains que pourtant dicy partez il vo⁹ plaira me dire ou lespee laquelle vous pẽd a senestre fut prinse qui iamais sang di^ome ne tira ne iamais il ney fut besoing certain: en suis z dauantaige ie scay qui la fist z forgea Plus il y a quen elle ne vous debuez fier car sil aduient quen bataille vous la tirez pour vous seruir quen pieces du poing elle sen vollera. Vous m^estonnez dist Perceual car vne gracieuse niepce de mon bon hoste asoit bien tard luy enuoya/ laquelle apres me la dõna pour vng don precieux z riche duq̃l il ma semble estre bien dõne et muny parquoy ne puis ce q̃ vous m.auez dit cõprẽdre veu lestime q̃ de lespee chascũ en la court du roy faict. Mais ie vous prie puis q̃ aisi est q̃ le total diceile espee cõgnoissez q̃ par vous ie soye aduerty se le cas vient quelle se brise ou q̃lle rõpe/ sil nest possible la reforger en nul iour z la veoir entiere. Ouy bien luy respõt la pucelle mais ce sera en bien grãt peie z en grãt labeur z vo⁹ fauldroit prendre la voie vers le lac nõme Lotoatre ou vo⁹ trouueres le febure q̃ forgee la nõme Tibuer q̃ bien la vo⁹ sera rebatre

d.iii.

⁋Perceual le Gallops.

Sachez amy dist la pucelle que celluy que dictes est roy: et men croies pour tout certain mais bien vray est que naure fut na pae long temps en vne bataille ou il receut de telles plaies que depuis ne se sceut ayder/ et fut en icelle bataille dung Iauellot feru a trauers des deux hanches si que depuis sur cheual il ne peult monter. Et quant par fois se veult esbatre ou prendre recreation se faict porter en vne littiere et se mectre en vng petit fustereau ou flecte pour a la ligne aux poissons pescher. Et par ce le Roy pescor a nom/ pource qua pescher il sesbat: & ne se sauroit a aultre chose deduire ne passer temps par ce quil ne sauroit aultre exercisse a plaisir prendre ne endurer tant a la iouste que a la chasse: mais bien vray est quen sa court sont plusieurs bons archiers, iosteurs veneurs et chasseurs lesquelz en ceste forest prennent leur desdupt tant a vener qua tirer aux Bestes siluestres et sauluaiges: & par ce q ceste terre est assez commode pour le plaisir de lhomme a porter/ le Roy pescor ya faict bastir le chasteau ou de son bien ceste nuict loge auez. Et sachez q cest le plus clement & le plus courtois prince q iamais de mere nasquist. Vraiement dame dist Perceual/ ie croy q dictes verité & bien le pourrois tesmoigner/ car tant dhonneur il me porta que pres de luy ie fus par son commandement assis dessus vng lict ou le trouuay & me pria q ie ne prise a desplaisir que deuant moy il ne sestoit leue/ mais q le Voulsisse excuser par ce q mouuoir ne se pouoit.

Il ne Vous conuient doubtez de ce dist la pucelle que grant honneur ne vous ait faict de vous faire si pres de sa personne asseoir/ & bien vous monstra que de bonnaire & moult courtois estoit. Or me dictes ie Vous en prie se Vous veistes la lance de laquelle saigne la pointe. Certes

ouy dist Perceual. Et ne vous en enquistates vous point dist la pucelle pourquoy ceste lance saignoit. Croiez que ie nen parlay oncques dist Perceual. En bonne foy dist la pucelle sachez q tresmal exploicte auez. Or dictes moy ne veistes vous le sainct Graal Pour vray si ay dist Perceual/ et qui le tenoit vne pucelle dist Perceual laquelle dune chambre sortit et puis en vne aultre est entree. Et alloient deuant la pucelle qui le Graal portoit tant seullement deux escuiers portant chascun vng chandelier plain de chandelles allumees/ puis apres le Graal venoit vne aultre pucelle portant vng petit taillour dargent en sa main. Et ne demandastes vous point dist la pucelle que signifie ceste chose ne la raison de ce q vistes. Iamais ie nen ouuris ma bouche dist Perceual et nen osay vng mot sonner. Certes tant pis dist la pucelle. Or sa coment est vostre nom. Lors Perceual qui son nom ne sauoit ne iamais ne sauoit nomé/ dist en deuinant quil auoit nom Perceual le gallois. Et toutesfoies ainsy q nous dist le compte ne scayt sil dit verite ou non. Et quant la pucelle eust son nom entendu: tost debout elle se dressa et come dame fort yree luy dist. Certes ce nom vous est change de gallois mais on vous doibt nommer Perceual le chetif. Et puis en se doulousant luy dist. O Perceual le malheureux quelle malle aduenture test aduenue quant du Graal ne tes enquis. O que le Roy en fust amende lequel est en ce point blesse et naure/ car se du Graal enquis te fusses il eust sa sancté recouuerte & fust venu a garison de tous ses membres & si eust toutes ses terres reconquises de quoy fust aduenu grant bien: mais sachez que par ton deffault grant mal et grant ennuy a toy et a aultruy en aduiendra/ par ton peche. Et plus te dis soyes certain que ta mere a le deu de nature payé et rendu. Car plus nest viue et est morte pour le deuil et ennuy que de toy

le bouloir/ainsi q̃ bien cõgnoissez e scauez.
¶ Comment Perceual combatit cõtre lor
gueilleux de la Lande lequel si mallemẽt
traictoit la pucelle laquelle Perceual au pa
uillon baisa comme il est dict.

Pres auoir par Per
ceual la cõplaicte de
la pucelle entieremẽt
ouye e entendue luy
a dict. Belle le hault
dieu vous benie qui
tant triste et dolente
vous voy. Et la pucelle doulcement la fa
ce baissee sans le regarder luy respõd. Sire
qui mauez saluee a voz desirs puissiez ve
nir cõbien que ne soye tenue vers dieu ceste
respõse faire. Quant Perceual entendit ain
sy la pucelle parler sans grãt esbahissemẽt
ne fut: auquel de hõte toute la couleur luy
mua: puis a a la pucelle dit. Dame dist il
ie vous supplie me dire la raison pourquoy
car mon viuãt ie ne pense vous auoir veue
et si ne croy encontre vous iamais aulcune
offense auoir faicte. Sy auez dist la pucelle
Car ie suis si chestiue e tant ennuie q̃ nul
saluer ne me doibt. Et sachez que degoisse
me cõuient suer quant aulcun me regarde
ou a moy se veult arraisonner. Dictes vo⁹
respond Perceual saichez que telle chose ne
pensoye: or nay entẽdu vous faire grief des
plaisir ne moleste quãt en cest endroit suis
venu mais vers vo⁹ me suis adresse quãt
a ainsy vous ouy douloir pour estre par vo⁹
informe de ce que vous estes tant afflicte e
ainsy matte e mal empoint, croiez que de ce
faire ne me fusse voulu garder affin de sca
uoir quelle aduenture vous a a telle infor
tune amenee. Ha sire luy dist la pucelle ie
vous prie en paix me laisser e tost dicy vo⁹
departir. Car se de brief ne departez il vo⁹
en pourra mal eschoir p vousrre peche qui
vous nuist pource fuiez si ferez que saige.
Pourtãt faict perceual veuil ie scauoir par
quelle puissance ou menasse dicy me con-

uiendroit fuir attẽdu que nul ne me chasse
Sire, dist elle ne targes de fuir puis quauez
loisir. Et ce pour euiter que lorguilleux de
la lande ne vous treuue lequel ne demãde
que bataille meslee e hutin. Et sachez que
sil vous trouuoit sans targer vo⁹ pourroit
occire parce que tant luy desplaist quãt au
cun'a moy se deuise ou q̃ pres de luy il ma
reste quil ne desire le chief luy oster e vous
dy quil natent aultre chose que quelcun en
uers moy suruiẽne: e vous fault croire que
npa lõg teps quil en occist vng a mes piedz
mais ainsoyes qua nul se cõbate la cause e
la raison luy dist pourquoy en telle vilete
chetisuete e honte me faict, auecques luy de
mourer. Et ainsy que Perceual e la pucel
le deuisoient sortit Lorguilleux hors du bo
is e vint par telle roideur e vitesse q̃l sem
bloit que le tonnerre du ciel descendist e cri
oit tant cõme il peult a perceual en disant.
Toy qui es pres de la pucelle arreste toy e
la me attens: car saiches que ta fin est ve
nue parce que a elle te es arreste et que lus
aussy detenue/mais auant qua la mort te
mecte dire te veulx pour qlle chose et pour
quel forfaict ainsy en langueur et en honte
ie la fais viure. Et pourtãt escoute le cõpte.
Vng iour au bois alle estoie, et auois ceste
damoiselle laissee en vng mien pauillon et
naimoie aultre amye quelle. Or par aduẽ
ture aduint qung iouuenceau de galles y
vint: lequel cõme depuis elle me cõgneut,
tant la perforca quil la baisa maulgre son
vueil ie de ce ne ma dõne bource a entẽdre
Or fault penser quil nen fist son vouloir
puis que seullement la baisa; e toutesuois
le baiser laultre chose attraict: car certai est
que femme qui sa bouche abandonne de le
gier le sourplus elle dõne moiennant que
les deux personnes soiẽt ensemble en vng
lieu secret,/e q̃ celuy q̃ le baiser recoit veuil
le au surpl⁹ entẽdre. Car il est a noter par
tout quen toutes choses desire femme vain
cre fors quen ceste en laquelle expressemẽt

d.iiii.

et retremper et ce sachez que nul aultre re-
forger si elle rompt ne la scauroit parquoy bi
en vous fault donner garde qung aultre ny
mecte la main/ car a chief nen scauroit ve-
nir/ ainsy seroit labeur perdu. Et autant sen
va Perceval a son aduenture et la pucelle
demeure auec son amy mort lequel elle ne
peult laisser.

¶ Perceval daupres de la pucelle pty tous
iours marchant le grant gallot tenant le train
des esclotz daulcun cheuaulcheur: ne sarresta
tant quil en son chemin veit ung palefroy
ou destrier fort maigre et las leql marchoit
pas a pas deuant luy et bien luy fut aduis
que le destrier tant maigre trauaille et tant
defaict, nouoit estre en quelque bonne main/
mais eschut auecques aulcun q mallement
en a pense/ come lon faict assez souuent, dug
cheualde louaige/ ou dun cheual preste: le-
quel a le long du iour grant labeur endure
et est le soir fort mal appareille. Et de faict
tant estoit maigre et descharne le cheual que
Perceval aconsuiuit/ que les os la peau luy
perçoiēt les oreilles pendans et de grant
pouurete tremblant/ et nauoit ledit cheual
sur le dos en lieu de selle fors ung petit de
paille enclose en vielle toille q lon nomme en
vulgaire ung belleau: et ung simple cheue-
stre ou licol en la teste: dessus lequel estoit
montee une fort belle pucelle q gueres plus
grasse ne mieulx refaicte fut q le cheual sur
le quel elle estoit mais au contraire si chestif
ue et passe fut que bien sembloit q par long
temps leust malladiee possedee. Et nous dit
le compte que ceste pucelle nestoit dabit pas
fort en ordre/ mais si pourement vestue que
hors de son sain par les pertuis de sa robe
les mamelles luy apparoissoient et lauoit
le solleil si fort de haste maculle que la chair
luy apparessoit toute gercee et fendue. Et
pareillement estoit pourement affublee car
seullement nauoit en la teste qug simple lin
ge duquel elle estoit tres laidement enuelo
pee et si estoit la face de challeur taincte et

quasy toute arce et bruslee/ dessus laquelle
apparessoient deulx traces des yeulx proce
dant/ que les continuelles larmes quelle
y son ennuy iectoit auoint faictes lesquelles
souuent iusques sur la poictrine luy cheoiēt
Quant Perceval eust la pucelle apper-
ceue ainsy afflicte et desolee et si tres po-
urement de vesture paree vers elle sadres-
sa la quelle si tost que Perceval veist a el-
le venir au mieulx que possible luy fut
son habit resserroit pour le nudde sapoure cha
ir couurir/ mais quant ung lieu a son pouo
ir auoit recouuert/ si tost ung aultre ap-
paressoit descouuert: tant dechiree et par
lambeaulx estoit sa vesture/ la quelle en
se complaignant disoit en espandāt chaul
des larmes de ses yeulx telles parrolles
O Roy des cieulx fontaine de toute bon-
te et le souuerain distributeur de graces
ie te requiers ne voulloir permectre que
mon viuant sans auoir fin le grant en-
nuy la grant misere maleur et pourete ie
porte que si longuemēt comme chestiue ay
endure: la quelle chose comme tu scez nest
par ma deserte ou par ma coulpe: mais te
plaira par ta doulceur aulcun enuoier qui
de celle peine me deliure/ ou de celuy qui
tant ses griefz me faict tollerer et souffrir:
lequel comme tu congnois son plaisir prent
a me voir en ceste misere et honte viure: et
nest en luy mercy clemence ne pitie dont
mieulx me fust quil par son glaiue ma
vie voulsist abbreger/ que me laisser tous
iours en peine en deuil et en ennuy lan-
guir et mesbahis come ma compaignie en
telle maniere il desire/ nest que luy plaist
et luy aggree ma honte et ma malheurete.
Et toutesuoyes se vray estoit q ieusse enco-
tre luy mesprins de quoy il fust acertene
si ne deueroit le sien courroux tousiours en
son cueur demourer et quen la fin a pitie ne
deust tourner veu la penitence que tant de
temps en ay portee: mais mon viuant offē-
se encontre luy ne feis et nen eu iamais

☙ Perceual le gallois. fueillet.xxiii.

selles dōt de belles y en a assez. Mais sur toutes vne le pris eporte a laqlle Keux dōna vne iouee: pourtāt que ris elle mauoit laquelle tu demāderas & de par moy te cōmāde luy dire que pour quelq priere q lon ne sache faire: en nulle court que le roy Artus ait nentreray q premier ne saye si bien vengee q son cueur en soit esclarcy. Et lorguilleux de la lande respōdit a Perceual q si tost que la damoiselle sera sanee et guarie reuestue et racoustree q vers le roy Artus yra auquel il sera son messaige & a la pucelle aussy cōme il luy a dict et propose: et que pource faire ie ne demāde respit de iour ne d heure. Fors que sil plaist a perceual se refreschir en sō manoir pour se baignier et estuuer consolidant ses playes tant q soit la pucelle en ordre et en sa chair remise q de ce bié prier lē vouldroit: de quoy perceual le remercia. Et atant se ptirent densemble.

☙ Cōment lorguilleux de la lande se rendit prisonnier au roy Art⁹ et cōmēt il cōpta en public lopprobre q̄ lauoit faict a sa mye.

Apres q Perceual fut party lorguilleux de la lande entēdit a remectre sus la damoiselle sa mye & la vestir et la parer de riches vestemens. Si que en petit de temps la rēdit saine & nayttyee: Et ce faict se mirent en chemin pour vers Carlion ou le roy Artus tenoit court priuee: ptant quauecques luy ny auoit seullemēt que trois centz cheualliers deuant lesquelz lorguilleux de la lande se rendit prisonnier puis dist au roy. Sire sachez que cōme vostre prisonnier treshumblemēt a vo⁹ me rendz pour de par vous de moy faire a vostre voulente: ainsy q cōmande ma este de par cellup q̄ les armes vermeilles vous demāda lesquelles luy furent octroyees. A quoy le roy artus respond amy faict il ie scay assez de qui parler vous entendez: par

quoy vueil que vous desarmez remerciant celluy lequel de vous ma faict present: et que dieu plaise luy enuoier bonne aduenture: et q bien venu vous soyez. Car ie vueil que hōneur on vous face en ma court en faueur de luy. Sire dist lorguilleux au roy auant que me desarmer: tres voulentiers aultres nouuelles vous diroie: mais ie ne puis q la royne ny soit en psence et toutes les pucelles aussy par ce qua insy mest en charge et par expres fault q assiste la damoiselle laquelle pour vng tps quelle luy feist receut vng soufflet en la ioue.

☙ Ainsy la parolle de lorguilleux acheuee le roy cōmanda faire la royne & les pucelles deuāt luy cōparoir. Aussy tost que la royne fut venue pres de son seigneur assise luy cōmenca lorguilleux a proposer. Tres souueraine et bien redoubtee dame: vng cheuallier de par moy vous māde qui ma par ses armes conquise ceste damoiselle qui mamie est vous enuoie: pour a vostre seruice si vous aggree retenir. Amy dist la royne bien grandement le cheuallier remercie. Lors lorguilleux de la lāde en public recogneust & racōpta toute la villennie et la honte quil auoit a samye la pucelle faict la cause et loccasion parquoy il le fist. Et apres luy fut la pucelle monstree que Keux le Seneschal auoit en la ioue setue & frappee: a laquelle il dist. Honorable pucelle sachez que celluy qui icy menuoie expressement me cōmanda que de par luy vous salluasse & vous disse quil vous mādoit que iamais en court q̄ le Roy Art⁹ ait nēntrera que premier ne soyez vengee de la buffe qui vous fut de par Keux dōnee. Et quant le fol ceste nouuelle entendit viste mēt debout se leua criant saultant cōme se toutes ioyes fussent lors en luy recouuertes. Puis a a Keux sa voix adressee en disāt. Keux soyez seur que se mesfaict sort vo⁹ cuira de la iouee & prochainement ce sera. Apres que le fol eust parle le roy a Keux

appete estre vaincue/cōbien q̄ semblāt mō-
stre du contraire quāt requise en est ou pri-
ee:or est donc certain puis quelle a a hōme
preste la bouche que le cueur au residu con-
sent: mais tant ya/quelle veult q̄ par for-
ce soit abatue en contrefaisant la couarde:
ains q̄ liberallemēt faire loctroy au reque-
rāt. Ainsi croy quil ne tint q̄ au iouuēceau
gallois lequel par force cōme elle dit la bai-
sa: q̄ le residu ne luy feist: dequoy pourtant
ne me plaist pas: parce q̄ lanneau q̄lle en
son doy auoit luy emporta dont ce me poi-
se. Et dabōdāt beust a sō aise du vin quau
pauillon trouua/et a son plaisir de trois pa-
stez qui aussi la estoient mengea lesquelz
pour moy auoir faict garder: et est la cau-
se par laquelle ainsi la pucelle trecte cōme
voiez: affin de la garder de reschoir en tel
meffect ou grant follie. Car si tost q̄ a mon
retour: par elle ceste chose entendis ie luy
iuray q̄ iamais dauoyne ne mengeroit son
palefroy ou hacquenee ne seingne de nou-
ueau ne ferre ne seroit ne q̄ iamais ses ha-
bitz elle ne deuestiroit: mais sur sō corps
les vseroit: premier que ie ne vinse a mon
dessus de celluy qui parforcee lauoit: τ que
ne luy eusse la teste ostee.

Quant Perceual eust
escouté τ de point en
point bien noté ce q̄
a voulu lorguilleux
de la lande alleguer
si luy dit. Saches a-
my sans point dou-
bter que maintenant a la pucelle sa penitā-
ce est faicte τ si tauise q̄ celuy suis q̄ la bai-
sa: au pauillon maulgre son veuil: τ celluy
qui son anneau prist et beut le vin que tu
as dit: cil aussy q̄ des troys patestez en mē-
gea vng τ demy de quoy faire ne fus pas
fol: car grant fain et grant soif auoye. Or
mesbahis faict lorguilleux de la lande cō-
me tu as ceste chose recōgnue par laquelle
bien as la mort iustement deseruie a quoy

ta coulpe ia cōfessee te condampne. Enco-
res nest pas ma mort si prochaine cōme tu
cuides faict perceual. Et a ses motz sans
plus parler lascherēt a leurs cheuaulx la
bride: puis les lances mirēt en larrest des-
quelles si fieremēt se rencōtrent: quil leur
conuint a tous deulx ius des celles tum-
ber a terre/ on gueres lōguemēt ne seiour-
nerent sans mettre la main aux espees p̄-
lesquelles ont de leurs coups lung τ lau-
tre au combat donne.

¶La bataille fut forte τ dure des deux
combatans: mais tant en ce iour feist dar-
mes Perceual quil matta lorguilleux de
la lāde: lequel a sa mercy se submist. Par-
quoy souuint a perceual de lenseignement
de son maistre du cheuallier lequel cōme icy
dess' auez ouy: luy dist que iamais ne deb-
uoit occire cheuallier q̄ en sa mercy se meist
A cause de quoy ne voullut Perceual met-
tre lorguilleux de la lande a mort: auquel
il dist que mercy de luy il nauroit: q̄ p̄mier
ne seust de samie: alaquelle et sans cause
luy faisoit tant de gref endurer. Lors a lor-
guilleux de la lande a Perceual dit. Sire
dist il de bon couraige ie vueill iniure que
iay a la pucelle faicte amender et reparer
Et ne m̄ scauriez cōmāder chose q̄vers elle
ie ne feisse ma coulpe remordāt τ mō grāt
meffaict de quoy iay le cueur marry τ m'en
repens. Or va donques dist Perceual au
plus prochain manoir que tu trouueras
la mener τ la fais baignier a seiours tant
que guarie soit et sainne/ et ce faict apres q̄
bien et orneemēt lauras reuestue ie vueil
que tu la mainnes au roy Artus lequel de
parmoy salueras: en te mettant en sa
mercy. Et sil te demāde de parqui: tu luy
diras de parcelluy qui occist le cheuallier
vermeil cōseil faintifensuiuāt de keux
le meschāt seneschal. Pareillemēt tu recon-
gnoistras siiure lopprobre τ le mal que tu
as a ceste pucelle faict deuant tous les sei-
gneurs de la court τ de toutes les damoi-

uallier pour paruenir a lotz τ pris. et fault
entendre que perceual si tost napprocha
les tétes du roy cõme il les veist: mais sa
resta pour regarder passer vne route doi
seaulx nõmes gentes. Aultrement dit cor
neilles lesquelles venoiēt de abbatre des
noix pour elles menger lesquelles noix fu
rent blanches a cause de la forte gellee τ de
la neige q auoit lescaille couuerte. Or sen
volloient les corneilles:criant en laier par
cause qung ieusne garson traioit apres leql
en alaingnit vne qui a lescart des aultres
estoit enuiron le col parquoy il enuoia par
terre mais pce que amort nauree ne fut si
tost se releue τ sen volle: τ est la noix blan
che en la place demeuree q mise elle auoit
en son becq. Et quāt perceual aduisa la cor
neille enuolee brocha le cheual des espe
rōs pour aller celle part ou elle fut tombee
auquel lieu trouua la noix blanche tainte
de sang quelle auoit par le coup respandu.
Lors sappuya perceual dessus sa lāce pour
contempler le sang qui sur la noix ap
paressoit: et entra en si grant pensement
ce regardant quil nen pouoit issyr de hors
car sur la noix trois gouttes de sang ver
meil τ fraitz apparurēt ql luy fist souuenir
de la face de son amye: τ tant pl⁹ icelle blā
che noix regardoit et de tant plus de son a
mye luy souuenoit. Attēdu la rougeur du
sang posee dessus la blancheur de la neige
que tant a regarder luy plaisoit que de son
pensement ne se pouoit oster:parce qui luy
fut aduis comme dessus est dit: que ceste
noix a la face de son amye resembloit.

¶ Comment perceual musa lon
guement sur les trops gouttes de
sang. Et cõmēt il se combatist cõ
tre Saigremor τ alēcõtre de Keup
le Seneschal lesquelz il vainquist.

Ant a perceual sur
les trops gouttes de
sang muse q auchūs
escuyers q hors des
tentes du Roy estoi
ent le matinet sortis
sont apperceu lesqlz
quant aynsy muser ille virent:cuiderent q
sur son cheual il sommeillast:lesquelz auāt
que le roy fust leue trouuerēt deuant sa tē
te vng Cheuallier nõme Saigremor et e
stoit ainsy appelle par ce q fellon et aigre
fut auquel les escuyers ont dit auoir veu
non pas fort loing vng Cheuallier lequel
sur son cheual sommeille: lors Saigremor
leur demanda se le cheuallier arme estoit/
aquoy ont respondu q ouy. Sachez doncq
dit Saigremor que tost vray a luy parler:
et feray tāt se dieu maist q auecques moy
le ameneray. Et ce dit Saigremor alla le
roy esueillier auquel racōpta la nouuelle:
τ le roy luy cōmanda y aller en luy priant
que a court lamenast sil pouoit:lors Saigre
mor cōmanda amener son cheual et quon
luy apportast ses armes: lesquelles il ve
stit sans targer: τ fut en brief sur le cheual
monte. Et quāt perceual apperceut lequel
estoit ainsi pensif luy print a dire. Sire dist
il sachez quil vous cōuient en court venir
et pource regardez de vous depescher. Per
ceual tāt fut en sõ pēser raui q ll nētendit ce
que Saigremor luy encharge pquoy mot
ne luy respondit. Et saigremor q fier estoit
voiant q Perceual ne respond luy dist ainsi
vrayement faict il beau sire:ie me repēs
de vous auoir prie puis que amoy ne vou
lez parler:pourtant vous iure que ce vous
le voullez ou non auecques moy vous en
viendrez:car vers vous ay mal ma parol
le emploiee. Et atant Saigremor baissa
la lāce puis des esperōs brocha le destrier
et haultemēt escrie perceual quil pēse a soy
deffendre sil ne veult par luy estre occis.
Et quant perceual ainsy lentendit se desi

a dict tresmal vous monstrates courtois quant du iouuenceau vous gabastes qui ceans vint lequel par voustre medisante langue de ma court le mauez tollu leql ne pense iamais veoir. Ceste parolle dicte fist le Roy son prisonnier asseoir et le desarmer: et puis luy fist iurer de tenir et garder prison.

Lors ung notable et preux Cheuallier nomé Gauuain leql estoit nepueu du Roy et se seoit a sa dextre luy prit a demander. Sire dist il ie vous requers sil bous plaist me dire qui est le cheuallier qui seul par ses armes conquist le vostre prisonnier preset ie nay ouy en mon viuant parler dhome ne congneu aduentureux cheuallier plus renome que celluy que vous regretez. dont mal me faict que scauoir ne puis qui il est veu le bon lotz ql a acquis par les effectz de sa cheuallerie. Car en toutes les Isles de mer tel renon oncques vray cōquerant ne acquist. Beau nepueu luy respōd le roy ie vous aduise pour certain que le cheuallier ne cōgnois dont est propoz. Combien que laie aultre foys veu: parce q iamais ne menquis qui il estoit: mais quant deuant moy fut venu; sans arrester me dist que cheuallier le feisse. Et ie le voyant tāt beau et tant bien forme luy respondis que voullentiers ie le feroie. et pendant que de belles armes luy fussēt apportees q ie desirope luy donner luy dis que de son cheual descendist. Aquoy me feist respoce quil ne descendroit pour tout vray apied: pour nul les armes prendre: et voulloit q vermeilles fussent. En oultre dit que celles desiroit auoir: du chauallier lequel ma coupe dor emporta. Lors Keux qui enuieux estoit encores est et tousiours sera et qui dautruy bien ne scet dire: luy conseilla les armes au cheuallier vermeil conquerre luy denotāt que se gaigner il les pouuoit: qua luy estoiēt et par moy dōnees. Lors le iouuenceau qui a la malice ny a la mocquerie de Keux ne pensoit: mais bien cuidoit que

vray luy dist: apres le Cheuallier vermeil alla leql dung iauellot loccist ne scay pourtant comment comenca la meslee fors quentendis q le Cheuallier vermeil de la forest de Quinque roy du gros bout de sa lance le iouuenceau frappa: et quant frappe et feru le iouuenceau se sentit. cōe hardi et couraigeux dung iauellot loeuil du cheuallier vermeil perca doultre en oultre: tellement q de ce coup tout mort par terre il abbatit: et se faict sarma de ses armes. Et de puis ma par ses faictz si agre et en mon honneur seruy: que a sainct Dauid ie prometz lequel est reuere en galles serui same et reclame que iamais en chambre nen salle deux nuictz ensuiuant ne gerray tant q scauray certainnement sil est viuant ou sil est mort.

Ien entendu par les seigneurs de la court ce q le roy a propose se tindrēt tous asseurez quil ny auroit nul contredict / parquoy sans delaier chascu entendit a serrer son bagaige / a faire charger coffres bahus tētes et pauillons sur les chāriotz affin destre prestz quāt il plairoit au roy le cōmander. Et dit le cōpte que si grant nōbre de coffres bahus de tentes et Pauillons et de chariotz y furent que son eust este long tēps a tout nōbrer / a cause q le roy ne laissa royne seigneurs dames ne damoyselles quil nemenast auecques luy Parquoy quāt il veist que tout ce qui luy faisoit mestier fut charge de Carlion / par vng mati se partist et se logea luy et ses gēs pour passer le soir en vne belle prairie asses pres dugne forest ou ilz coucherent et fist le matin fort grāt froit, cōme nous dit lhystoire parce que fort neige et fort gelle auoit. Or estoit Perceual alors sur les champs ses armes de neige couuettes asses pres des tentes du roy / ou se trouua cherchant son aduenture cōme faire doibt tout bon che

aydant il garissoit. Puis miss ice Gauuain nepueu du roy Artus qui tost la chose aduenue sceut vers le Roy son oncle vint, puis luy dist. Sire dist il cest bien raison, come souuent vous ay ouy reciter et donner vostre iugement que nul cheuallier ne doibt ung aultre molester ou Importuner come saigremont et keux ont faict en lestant de son pensement ie ne scay se de ce ilz ont eu tort, mais len ne scauroit ignorer quil ne leur en soit mescheu. Et possible que pour aulchune perte le cheuallier pensoit ou pource que son amye auoit perdue ou que a luy estoit ostee et Keux comme enuieulx luy courrust sus come saigremor auoit faict dont tous deux sen sont mal trouuez. Ce non obstant voulluntiers vers le cheuallier yroie pour le prier et requerir que iusque icy auec moy vint. Keux entendant ceste parolle ne se peult contenir de monstrer la fellonnie de son cueur en disant vray est dist il sire Gauuain que le cheuallier amainnerez le veuille ou non, car daultres amenez en auez et aussi puis q̃ le cheuallier est las et que darmes il a assez faict cest bien raison que sans bataille doulcement a vous il se rende et la ou il fauldroit a le combatre si ne conuiendroit il armes porter mais seulement habit de soye, et aussi croy ie bien que ia espee ne vous conuiendra tirer. Car se vostre langue ne fault pour dire Sire dieu vous gard, et vous enuoie ioye et sancte tost en ferez voustre voulloir. Ce ne dis ie pour vous desplaire, mais que tant bien le scaurez applanier ainsi comme lon faict le chat, et lors ung cheuallier pour ta dire voilla le sire Gauuain lequel fietement se combat. Ha keux keux luy responde Gauuain bien mest aduis que ceste chose ne deussiez plus courtoisement auoir dit pourtant que de ce que icy ay nagueres parle na este pour vous cupder desplaire ou ennuier pourtant ne veuille

differer vers luy aller se dieu me aide auecques moy la mainneray sans pour ce auoir le bras rompu ou trop naure, car ie ne ay ie nul besoing.

¶ Comment le roy Artus donna congé a Gauuain son nepueu de aller querir Perceual pour venir a la court pres a luy. Et comment il dist a Perceual que Keux le seneschal estoit ung de ceulx qui auoit combatu et mis par terre. Et en cheant sestoit rompu ung bras dont la pucelle fut vengee, et Perceual de son serment absoulz.

Lors que le Roy eust ses propoz entenduz dist a Gauuain: beau nepueu faict il present n'auez que courtoisement parle, pour ce ie veulx que vers le Cheuallier allez non desarme car ie tiens que prenez voz armes. A ceste heure se feist acoup Gauuain armer, et puis sus son cheual fut monte si a cheuauche pour le cheuallier trouuer, lequel estoit encores dessus sa lance apuye tousiours estant en sa pensee, mais lors fut vray que le solleil auoit deux des gouttes de sang fondu et seiche dont il nen apparessoit plus qu'une parquoy nestoit en si grant pensement come il fut quant les trois sur la noix estoient. Et si tost que Gauuain lapperceut vers luy se traict puis luy a dict. Sire sachez que plustost sallue vous eusse se ie pensasse le voustre cueur estre auecques le mien semblable ou le desir que vous auez, et toutesuois ie vous aduise que icy viens comme enuoye de par le Roy lequel vous mande aussi vous prie que veniez a luy parler. Veuillez scauoir dist Perceual que nagueres sont en ce lieu venuz deux aultres lesquelz me voullurent emmener et mon amye tollir aussi.
e.i.

sta de son penser puis meist la lāce sur lar-
teste, si vistement est sur Saigremor cou-
ru. Et saigremor encontre luy quil sēbloit
que vent les portast tant que a saigremor
luy est sa lance volee par pieces: mais a
Perceual la sienne demoura entiere: de la
quelle a si rudement saigremora lescu ren-
contre que les estriers il luy fist perdre, et
puis par terre lenuoia. Et le cheual si tost
que son maistre fut a terre se print a courir
tant come il peult vers les tentes du Roy
lequel venir apperceurēt plusieurs cheual-
liers et escuiers du roy dont les vngs en fu-
rēt fort enuyez. Lors Keux qui oncques
ne se peult tenir de se farcer et se gaber dau-
truy vint vers le Roy pour de Saigremor
se mocquer auquel il dit. Sire dist il voiez
coment Saigremor reuient lequel le che-
uallier amene veuille ou non pour deuāt
vous le presenter. Keux fait le roy: se nest
chose quon deust puser, de se truffer et moc-
quer ainsi des preudhōmes: pquoy deuil
q vers le cheuallier allez: pour esprouuer
se mieulx ferez q na faict a luy saigremor.
Sire dist Keux moult ioyeulx suis de la
charge que me donnez, et ay espoir q le che-
uallier veuille ou non en court ameneray
auquel ie feray son nom dire: affin que sa-
chez qui il est. Lors se feist Keux armer et
mōte dessus son destrier: puis sen alla vers
celluy qui encores si fort musoit pēsant aux
trois gouttes de sang: car daultre chose na-
uoit soing. Et si tost que Keux leust per-
ceu luy escria en disant. Vassal vassal ve-
nez au roy auquel present vous veuil me-
ner: ou chier vous coustera pour vray se vous
refusez y venir. Et quāt Perceual entēdit
que Keux lauoit ainsi menasse vers luy
retourne son cheual qui tant fut prompt q
puis quil se sentit des esperons broche: en
vng moment son maistre ou fut Keux trā
porta. Et me croiez que Keux nen fist
de son cousté pas moins. Sy q tous deux de
si tres pres se rēcōtrerēt: que au pmier choq

la lāce de Keux par le millieu brisa pce q
tant se perforcoit quil escumoit cōme vng
viel porc. Et Perceual q aussi ne se faint
Keux abbatit sur vne roche lequel en tom
bant luy rompit en deux los du bras dex-
tre qui est entre lespaulle et le coude: ce que
maintes foys auoit le fol deuiné q ainsi a
Keux il aduiendroit. Parquoy fut sa deui-
naille vraye. Keux pour la grant detresse
et douleur quil pour ce coup endura en la
place demoura pasme. Et son cheual fuy-
ant sadresse vers les tentes ou le Roy estoit
que tost ceulx de la court apperceurent les-
quelz fort se esmerueillerent que sans son
maistre retournoit: parquoy aulchuns le
prindrent et le feirent en lestable mettre, et
les aultres vers Keux sen allerent: lequel
pres dune roche plat estendu trouuerent le
cueur pasme et sans mot dire: et penserent
quil fust mort quant en tel estat lont trou-
ue. Lors commencerent vng grant deuil
que tous sur le corps de Keux firent.

Q
uāt Perceual eust
vieulx le seneschal vai-
cu se rapuya comme
deuant dessus sa lan-
ce pour contēpler sur
les troys gouttes pro-
posant que la blan-
cheur de la noix et du sang qui dessus fut
resēbloit la face de son amye. Et pendāt
quil pensoit ainsi: fut au Roy rapporté co-
me Keux son seneschal blesse enormemēt
estoit duql grāt ennuy en porta: puis luy
fut dit q derien il ne se esmaiast et q moien-
nant quil fust bien pense que bon mire ou
medecin on luy donnast quil gariroit en
peu de temps: et moiennant aussi que les
os luy fussent adroit racoustrez et remis:
parquoy le Roy luy enuoia vng bien docte
sirurgien pour les os consolider et remet-
tre: et troys pucelles pour le penser et le re-
conforter auquel elles dirent quil ne se des-
confortast point et que en briefz iours dieu

auez/et cil de qui tant vous parliez regret tant sa personne. Beau nepueu la vostre mercy luy dist le Roy/ auquel tant la venue de Perceual pleust que quant il veist ne se sceut cōtenir que debout il ne se leuast et le allast embrasser en luy disant. Amy bien vous soiez venu. Et tost apres que Perceual eust au Roy lhonneur rēdu qui luy a faict luy dist le Roy ie vous prie preux cheuallier que me voulliez enseigner comment ie vous appelleray. Et Perceual luy respōd que son non estoit perceual le gallops. Ha Perceual luy dist le Roy Amy parfaict puis quē ma court estes entre/ iamais oultre mon veuil nen partites/ car grant deuil euy quant premierement ie vous veis que ne scauoie la vuenement de voustre fortune/ laquelle vous auoit dieu destinee. Pourtant ie dis que par la pucelle et le fol fust bien deuine lors que vo⁹ virēt. Si que toute ma court scait comme Keux les voulsut ferir que la diuination vous debuies auoir ce que faict auez de quoy nul ne peult ignorer puis que telle est la verite.

¶ Par la royne la nouuelle entendue comme Perceual en court arriue estoit tantost partit pour venir ou elle sceut quil estoit accompagnee de ses dames et ses damoiselles Puis quant Perceual eust la Royne apperceue et luy eust la reuerence faicte a son pouoir si tost senquist de la pucelle qui tis luy auoit laquelle en brief on luy monstra. Puis luy a dit/ dieu eternel doint honneur/ renommee et ioye a la plus belle et la meilleure de toutes dames quēcques fust dont en tesmoignage en appelle celles que chascun iour la voient. Lors la royne luy respond vous soiez le tresbien trouue comme cellui dont le renon et le bruit en toutes regions si haultement et si noblement volle. Et de rechef perceual a la pucelle sa parolle adresse laqlle iteratiuemēt si la baisa a la colla et puis luy dist. Belle dist il ie vous

aduise, si daulchūne chose mestier auez qi ie suis le cheuallier en ce monde qui de meilleur cuer secours et aide vous donneroit et la pucelle len remercie.

¶ Comment Perceual fut a Carlion festoie ou vint a luy la Damoiselle hydeuse luy reprocher quil ne sestoit enqs du sainct Graal & du fer de la lance saignāt.

Grande fut la ioye que le roy et ses cheuailliers en court menerent a la venue de Perceual. Et pareillemēt les dames et damoiselles lesquelles le roy emmena a Carlion ou en fist feste solennelle le soir quilz y furent arriuez: & pareillement le lendemain/ et ce cōtinuerent iusques au tiers iour/ auquel veirent venir vne damoiselle sur vne petite mulle fauue montee: vne escourgee en sa main dextre tenant. Laquelle auoit deux grosses tresses de cheuelure noire pendāt sur les espaules. Et dit lhystoire que tant hideuse et desplaisante fut que dedens enfer nen a este iamais vne plus laide veue. Le col et les mains plus noirs que fer auoit/ qui estoit la maindre chose de sa laidure comme vous orres/ car les yeulx eust plus noirs qung more petis en forme de souris/ et le nez de chat ou de singe/ et les leures de sa bouche a la semblance de celles dung beuf ou dung asne. Et les dentz rouges comme moyeulx doeufz si fut barbue comme vng bouc bossue deuant et derriere et auoit les deux iābes torses et pour conclure onques plus difforme on ne veist. Et fault noter que propre assez estoit pour vng ioyeux bransle deuant les dames mener. Et quant deuāt la royalle compagnie fut venue/ le Roy et les barrōs sallue/ sans de dessus sa mulle descendre/ et les aultres communement fors que a Perceual auquel ne luy donna nul salut auquel par grant audasse

c.ii.

lors fort pensif dung penser qui moult me
plaisoit/ donc cil qui m'en vouloit oster ne
pensoit pas de mon profit car trops gouttes
de sang regardoie estans sur une noix as-
sises lesquelles la blancheur enluminoient.
Ce regardant aduis me fut que ie oye la
fresche et la tant belle coulleur de la face de
mon amye et croiez que de ce penser ne me
pouoie departir. Certainnement luy fist
Gauuain ceste pensee fut honneste fort de-
lectable et amiable et estoit celluy bien pla-
in dorgueil et de presumption qui de ce
penser vous osta. Mais se vostre plaisir
estoit moiennant que a vostre affaire ne
contreuienne ie vous vouldroie moult re-
querir que au Roy parler vous menasse.
Or me dictes dist Perceual se Keux le
seneschal du Roy est en court/ ouy Certes
luy dist Gauuain. Et sachez que c'est cel-
luy contre lequel dernierement vous iou-
states a sa grant perte et grant dommaige
car le bras dextre en deux brise luy auez/ de
quoy ie croy que nestiez encores adverty. A
ceste heure donques dist Perceual est la
pucelle vengee a la quelle la buffe il don-
na. Et quant Gauuain ainsi parler l'ente-
dit moult grandement se esmerueilla et pu-
is luy dist a haulte voix/ notable seigneur
ce sachez que le Roy aultre que vous ne de-
mande et ne quiert. Je vous prie sil vous
aggree que vostre nom me veilles dire: ie
vous aduise faict Perceual que iay en nom
Perceual. Et vous comment. Sire luy dist
Gauuain en batestire mon paix eux en
nom Gauuain et ainsi partout suis nom-
me. Lors Perceual fut fort resiouy lequel
a Gauuain a dit que plusieurs fois auo-
it de luy ouy parler. Et que moult ioyeulx
il estoit de lauoir rencontre/ par ce que de
tous temps son accointance il desiroit aus-
sy q parler peust a luy. Et Gauuain luy re-
spond que pareillement a tousiours desire
de le pouoir assosier et que de ceste rencon-
tre humblement dieu en louoit. Donc-

ques dist Perceual plus voullentiers a-
uecques vous en court yray et me sera une
grant ioye de ce que iay vostre amytie
trouue. Dont la fortune prens en gre/ et le
le vray Dieu ie remercie.

¶Perceual le Galloys.

Lors osterent leur heaul-
mies/ et en signe damour
s'entreuindrent l'ung l'aul-
tre baiser et acoller/ puis
coste a coste tousiours io-
yeulx deuis tenant se mi-
rent a chemin pour la tente du Roy appro-
cher. Adonc plusieurs escuyers lesquelz au
camp du Roy estoient et virent comme io-
yeusement les deux cheualliers ensemble
venoient le aller ent tost au Roy adncer/ a
la quelle heure ny eust celluy qui hors de
sa tente ne saille demenant grande ioye et
feste. Et Keux se print au Roy a dire Or
faict il maintenant emporte le pris Gau-
uain vostre nepueu l'honneur aussy/ et
croy que la bataille y a este perilleuse et
grief sue se ie ne mes/veu que si tres legiere
ment s'en retourne comme il partit/ q que
coup ny a este donne/ mesmes que l'ung n'a
l'aultre dementy. Or si dira l'en toutesfois
en luy donnant le loz et pris/ quil aura
faict/ ce que nous deux n'auons sceu faire
ne nullement achief venir/ et que il por-
te noz pouvoirs et forces. Ainsi parla
Keux droict ou tort comme acoustume
fut de faire. Et messire Gauuain ne voul-
lut au Roy son nouueau compaignon me-
ner iusques a ce que desarme fust parquoy
en sa tente entrer le feist pour ses armes
oster et puis ung sien chamberlan une fo-
rt riche robe et manteau apporta: que Per-
ceual vestit/ et tost apres le print Gauua-
in par la main pour au Roy le presenter.
Et quant deuant luy sont venus luy dist
Gauuain. Sire dist il au Roy son oncle
Je vous amainne celluy ainsi q pour cer-
tai ie croy q de long teps/a veoir tant desir-

ou que cest. Et ce dict l’ung a laultre iurerēt et promirent la foy que iamais merueille ou aduenture ne sçauront quilz ny aillent pour la conquerre tant soit en perilleuse ou estrange contree et pour ce faire proposent seur appareiller. Et ainsy que en ce propoz furent virent vers le chasteau venir ung cheuallier que lon nommoit Guingambresil monte dessus ung beau cheual a lequel ung escu portoit dont le champ fust dor et au dedens une teste dasur, et assez tost le Roy congneut quant de luy fut approche, Si le saltua comme il deuoit et to⁹ les cheualliers aussy, fors Gauuain tant seullement auquel laschete reprocha puis luy dist. Gauuain dist il tu es celluy qui as occis mon seigneur et si le feriz auant que lauoir desfie parquoy a toy en est reproche et blasme, pource de trahison te accuse et veuil bien que toute la baronnie sache que nay menty en ce disant. Et a ses motz vint Gauuain en auant tout honteux de la reproche quon luy feist. Et aussy vint en place deuant tous Aggrauain lorguilleux frere de Gauuain lequel dist a Gauuain frere faict il ie vous prie ne deshonester et maculler vostre lignage par le blasme sur vous impose, par le Cheuallier qui icy est, et se voullez de ce faict vo⁹ deffendray. Certes beau frere non ferez Car aultre que moy na nomme, aultre que moy aussy nostre honneur ne deffendera, toutesfois se meffaict luy eusse, et que de ce fusse aduerty croyez pour vray, tres voullentiers paix requerroie et si le voul droie amender si que ses amys et les miens de moy se tiendroient contens, mais soiez seur que cest a tort que cecy me dit, par quoy present la compagnie ie luy presente et tens mō gaige pour ou il luy plaira estre mon honneur iustement deffendre. et guin gambresil soutient au contraire quil prouuera que Trahison il a commis orde et villainne auant quil soit quinze iours, de

nant le Roy descanallon, pour son pere qui luy occist. Et lors luy iura Gauuain et p̄ mist quen ce lieu il le suiuroit ou veu sera qui aura droit.

Si tost que Gauuain eust iure et promis a son ennemy deuāt le Roy descanal son se trouuer Guingem bre fil de court sen part et Gauuain pp̄osant apres luy aller pensa de satourner de bon escu de bon heaulme et bonne lā ce lesquelles choses luy furent plusieurs foys presentees par ses amys Cheualliers, mais rien ne voullut daultruy emporter sept escuyers print auec luy deux escuz et deux bons destriers mais ainsi que de court il partist pour le deuil que de luy fut faict, y eust maincte poinctrine battue ma inctz cheueulx tirez et maincte face desollee, car leans ny eust dame sy ioyeuse que pour luy grant deuil ne menast. Apres que Gauuain se veist de ce qui luy fut besoing muny de court partit pour aller ou p̄mis auoit, mais des aduentures quil en son chemin trouua vous veulx bien dire (z racompter pour ce que cheualliereusement et vertuesement se porta au tournoy de Melians de lys.

¶ Commēt Gauuain partit de la court du Roy Artus pour aller combatre contre Guinguambresil et comment en sen allant il tournoya a lencontre de Melians et plusieurs aultres pour vne requeste que luy fist vne ieune pucelle quil nauoit iamais veue fille de Thybault de tinta guel, ou il emporta le pris contre tous.

c.iii.

dist/ha Perceual faict elle de tous le plus infortune quil te sallue il est mauldit et cil qui pour ton honneur prie/ car pas deserui tu ne las/partant que la fortune Refusa quant en la court du Roy Peschor a ton entree rencontras: la vis tu la lance qui sai= gnoit/ ou te fut si grief ouurir la bouche pour parler ce q̃ tu ne sceuz demāder pour quoy du fer dicelle sang sortoit et aussy le Graal y veis sans demander ne sans en= querre que fust ne de quoy seruoit/ et toutes uois euz tu de ce faire loisir assez. Cellui est tenu malheureux quil tent a belle cho= se voir et quāt la voit il nen tient conte acte= dant encor voir plus belle. Et tel es tu pa ressevx sol lequel de parler trop te tins/ ce que a grant malheur il aduint/ Parce que se demāde tu leusses: le riche Roy qui tant se deult et de grefz porte fust main= tenant gari et sain et ses plaies cōsollidees si tiendroit ses terres en paix ce que ia= mais il ne sera et scez tu bien quil en adui endra du Roy Peschor dont ie parle ses ter res seront degastees et exillees et les pu= celles violees femmes en perdront leurs maris dōt maint orphelin on verra et mout ront plusieurs cheualliers. Et tout ce mal fauldra que par toy leur aduienne.

Apres adressa la damoi= selle sa parolle au Roy en disant. Sire dist elle ie vous prie ne prendre a desplaisir de ce que ie men vois car logis me fault prendre qui est moult loing dicy ne scay se vous auez ouy du chastel orguilleux par= ler cest ou ce soit me fault aller/ en ce cha= steau ie vous aduise y a cinq cens.lxx. che ualliers de prix/ et sachez quil ny a cel= luy que la dedens nait son amye/ femme noble courtoise et belle/ ꞇ ceste nouuelle vo⁹ dis pour estre aduise/ quil ne fault que nul leans voise si ne veult tost bataille auoir

et pour ce qui desire a faire cheuallerie de uant celluy chasteau se rende Car sil la quiert ny fauldra mye. Mais qui voul= droit le pris auoier ie scay le mont le lieu et terre ou ce pris querir il fauldroit/ et pour le donner a entendre au Cheuallier qui losast faire sachez que au plus hault a vng puys duquel vne grant clarte sort et au pres duquel est vne damoiselle assise/ maulgre le sien voulloir tenue. Parquoy ie dis qua celluy feroit grant proesse/ qui en ce lieu pourroit entrer et la pucelle deliurer/ parce q̃ dignement plus de lou= enges acquerroit que iamais Cheualli= er acquist et de ce peult asseure estre se dieu vng tel heur luy donnoit.

¶ Commēt Gauuain Girflot ꞇ Perce ceual ont promis lũg a laultre de aller au mōt deliurer la pucelle assise sur le puys.

Lhystoire nous racom pte que si tost que la damoiselle eust dist tout ce que auez ouy Reciter sans pl⁹ par ler de la court du Roy departit Et puis vit le Cheuallier Gauuain tout debout de uant le Roy assister auqꝉ dist Sire faict il se vostre voulloir si accorde Jay empense leuer le siege du mont ou la damoiselle est. Girflot vng aultre. Cheuallier dit aussi quil yra deuant le Chasteau orguilleux/ et qni scait le mont perilleux sur lequel comme hardy auant que Reuenir se dieu luy aide il montera Et Perceual autant en dit et certifie que iamais en son viuāt deux nuictz en vng hostel ne gerra quil norra destrange passaige parler/ que pas ser il ny aille ne de Cheuallier qui mieulx baille qung aultre ou possible deux que le combat contre celluy ne preigne, et que du sainct Graal il scaura de quoy il sert et ql pourchassera de la lāce saingnant aussi vouldra scauoir la verite que cela signifie

mee estoit en vng pre pres d'une tour entra seul estoit clos de poulis de boys et luy en ce pre descendu dessoubz vng chesne arresta auquel il pendit ses escutz ou tost fut apperceu de ceulx qui au chasteau estoient dont les plus simples et ignorans nen eurent pas grant ioye voiant q le tournay tetarde. Or y auoit en ce chasteau vng bon vieillart diuinateur prudent et saige duql estoit son conseil tenu de chascun fust bien ou mal ne quoy quil en peult aduenir: auql de loing fut Gauuain et ses gens monstre et si tost qel eust gauuain veu en alla Thibault aduertir auquel adit. Saichez Sire que a mon aduis ay des gens du roy Artus veu pquoy se mon conseil croyez sans plus attendre present au tournoy vos prez en prenant au cueur hardiesse. Car vous auez bons cheualliers et des escuyers a habondance prompts aux armes et fort vaillans hommes et aussi des archiers assez lesquelz leurs cheuaulx occire pourront. Partant que vous verrez quilz vouldront venir tournoier: mais iay espoir que ce sera a leur grant perte.

¶Par le conseil que le viellart diuinateur donna; feist Thibault publier q chascun se armast q tournoier vouldroit parquoy tant escuyers que cheualliers diligenterent leurs armes prendre et faire leurs cheuaulx celler: puis les dames et damoiselles aux fenestres de la tour monterent pour mieulx a leur aise le tournoy regarder et lors que en hault furent montees peurent a plain messire Gauuain apperceuoir pres de la tour dedens le pre et leur fut en premier aduis quen ce pre eust deux cheualliers: pource que deux escutz voioient pendus: come il est dit: au chesne: puis dirent aulchûtes: que moult de plaisir elles auront voiant les deux cheualliers et quilz ne sen pouoient cacher. Et les aultres dirent que grandement se merueilloient come ce cheuallier tant auoit de harnoys pour vng homme

seul et que assez y en auroit pour deux bons combatans puis regardans ses deux escus ont dit. Que fera il de deux escus iamais on ne veist cheuallier qui portast deux escus ensemble et pource sera grant merueille se tout seul les deux escus porte. Pendant la deuise des dames et damoiselles se preparerent ceulx qui tournoier esperoient et la fille de Thibault aisnee celle parqui fut le tournoy entrepris pareillement en vne chambre preparee de la tour monta et mena auecques elle sa seur la maisnee fille de Thibault fort cointement proprement vestue et par especial manches serrees et estroictes portoit parquoy les aultres la nomerent la pucelle aux manches petites et auecques les filles de Thibault monta vne noble compaignie de dames et de damoiselles pendant se assembla la multitude des cheualliers pour deuant elles tournoier. mais pardessus tous les aultres faisoit moult beau voir Melians de lys tesmoing la fille de Thibault son amye laquelle aux aultres dames disoit. Certes faict elle mes dames il mest aduis que sur tous les cheualliers que vous voyez ny en a vng si beau q Melians de lys et ne vous en quers mentir q a merueille bon voir le faict pdessus son cheual seoir et vous dis daduantaige q celluy se doibt bien armer auql faict si bon veoir lance et escu porter. et sa seur alors luy respond qung autre cheuallier estoit en la bande pl' beau q luy d quoy fut laisnee tant iree et courroussee q deuant la compaignie se leua pour mectre la main sur sa seur de sitant se venger de ce quelle auoit dit tant en fut au cueur despitee. Mais celles len garderent qui plus prochainnes delle furent tellement q pour ceste foys la contention des deux seurs fut apaisee. Lors le tornoiment comença ou il y eust mainte lance brisee: et maint coup despee frappe et maint cheuallier abbatu. En ce tournoy si vaillamment Melians se porta que nul ne pouoit contre

e iiii.

Auuain de la court du Roy Artus party pour au cōbat contre Guingābresil se trouuer. Premierement en vne lande apperceut trauerser vne bende de cheualliers/ɤ vist vng escuier venant seul apres eulx lequel menoit a sa dextre vng cheual despaigne¿ auoit au col vng escu pendu auquel il demāda. Escuyer dy moy sil te plaist qui sont les Cheualliers qui passent. Sire dist lescuier cest Melians de lys vng cheuallier fort estime. Es tu a luy ce dist gauuain. Lescuier luy respond que non ɤ que le sien maistre a nō Trahedauet lequel nest moins q̄ melians prise. Par ma foy luy a dit gauuai trahedauet cōgnois ie bien / ou va il ne me le celle pas. Sire il va a vng tournoyement dist lescuier que meliās de lys a entrepris contre Thibault de tintaguel/ et sil vous plaist au chasteau passerez. Or doncques se dist Gauuain na este meliās de lys en la maison de thibault nourry. Sire dist lescuier sachez que si a et que le pere de melians tant thibault cōme son hōme ayma q̄ lors q̄ en son lict mortel se veist le sien filz luy recōmāda lequel garde ɤ le nourrist le plus honorablemēt quil peult: si que en la parfin mellians fut amoureux dung sienne fille. Et thibault qui tant fort melliās aymoit le fist cheuallier ordōner leq̄l apres que fut retourne ne pouuoit en nulle maniere delaisser lamour que en la fille de Thibault auoit: tant que la pucelle qui de par luy de ce fut aduertie ɤ cōment si fort il ay moyt luy dist ainsy. Saichez dist elle que vostre amye ne seray iour de ma vie iusques deuant moy tant darmes apes faict et aussi de ioustes que cher vous aura mō amour couste. Car les choses que lon peult facillemēt ɤ a son abandon auoir/ne sont si sades/que celles que lon acquiert a grāt labeur et a grāt peine. Et pource prenez vng

tournoy a mon pere si mon amour voullez auoir. Parce que ie veuil scauoir sās douste se mon amour bien assise seroit se deuers vous ie lauois mise.

Si comme il pleust a la pucelle diuser le tournoy sen treprint melians. Car amour a si grande seigneurie sur ceulx quelle en sa dominatiō tient/ quilz ne seroient riens refusser de ce qui luy plaist commander. Pourtāt vōdis Sire faict lescuyer a Gauuai que courtoisement feriez se au chasteau pour tournoier vous trouuiez partāt que ie croy que bien vous leur pourriez aider. Et Gauuain dit a lescuyer que de ce il ne luy parlast mais pensast de suiuir son maistre/ ce que feist lescuyer sans plus mot dire. Et voiant Gauuain que lescuyer estoit de luy eslōgne/ le petit trot enuers le chasteau sen alla suiuāt ceulx qui furent passez ɤ Thybault qui leans estoit attendant le iour du tournoy assembla tous ses parēs et amys tant les ieusnes comme les vieulx pour aux ioustes lacompagnier et assister ou se trouuerēt tāt de gens de grans et de petiz que noblesse fut a les veoir. Pourtant nauoit Thybault en son conseil priue trouue que contre son seigneur il deust tournoyer et que ce pourroit estre cause de le ruyner ou destruire/parquoy en petite crainte ne stoit mais en grātdoubte/ a cause de quoy seist murer toutes les portes du chasteau si que ne demeura rien de ouuert fors seulement vne poterne en la quelle feist faire vng huis tout de cuiure et force barres de fer pour mectre en trauers/ affin de plˢ ferme et seur estre: et messire Gauuai vers la porte apres le sien harnois venoit et luy estoit contraicte sil ne vouloit retourner p̄ ce lieu passer a cause que aultre voye sēte ne grant chemī ny auoit a plus de sept lieues de la. Et quāt il veist q̄ la porte se

ceſt quon y faict: puis la pucelle luy a dit: Vous y trouuez diſt elle le Cheuallier le plus benign: le plus courtois & debōnaire q̄ oncques fut. Car qui luy auroit plume les bras & les iambes auſſy ſil nē diroit il vng ſeul mot: parquoy vous conſeille celle part aller ou vous pourrez prendre ſes cheuaulx & tout ſon auoir ſans que nul ly vous le puiſſe deffendre. A lincitation de la pucelle eſt leſcuyer dedens le pre entre leql ſi toſt alla vng cheual ferir du tronſon de la lance quil tenoit puis dit a Gauuain: Vaſſal diſt il ie croy que vous eſtes mal ou bien petit de ſens auez: q̄ tout le iour cy eſpiez et nauez aultre choſe faict & mieulx vous fuſt voz eſcutz auoir faict percer & voz lāces briſer et rompre: varlet luy reſpond Gauuain la raiſon pourquoy icy ie demeure ne te appartient ſcauoir: poſſible vng iour le ſcauras tu: mais ie tadvertis pour ceſte heure q̄ ne la te daigneroye dire: et pource remetz toy en voye: & tēva faire ta beſongne: a ſes parolles ſen retourna leſcuyer ſans nul mot dire: car pl⁹ pler neuſt il oſe de crainte quil euſt quāt les propos de Gauuain entendit. Et le tournoy ainſy demeura: ou maint cheuallier gaigna le pris: et ou maintz cheuaulx furent occis et pour ce iour ceulx de dehors lhonneur & le lotz emportent: & remirēt lung & laultre le tournoyement au lendemain ou promirent ſe raſembler.

Ainſy ſe departit la compaignie des Chevaliers pour ceſte nuyct tous au chaſteau entrerēt & par eſpecial ceulx qui en eſtoient yſſus auec leſquelz alla le cheuallier Gauuain qui la route ſuyuit & rēcontra le bon Viellart diuinateur a lentree de la porte du chaſteau lequel auoit le conſeil donne le matin du tournoy cōmencer lequel ſupplia deſtre pour ceſte nuyct auec ques luy loge. Et le diuinateur luy reſpōd q̄ voulētiers il le fera & q̄ ſon hoſt⁹ luy aura toſt faict au chaſteau appeſtir & puis luy diſt que ſe plus auant vouloit hoſtel q̄rir quil ny ſeroit bien a ſon aiſe: mais maltraictie & pourtāt luy ſupplia & requiſt en ſa cōpaignie repoſer. Et lors le cheuallier Gauuain la bonte du Viellart remercia et luy promiſt quauecques luy demeureroit. Et ce dit le bon diuinateur Gauuain en ſon hoſtel enmena: tātoſt dune choſe parlant & tantoſt daultre: et puis luy demāda la cauſe pour laquelle il ne ſe eſtoit ce iour aux armes comme les aultres mōſtre: et Gauuain en bref luy recite q̄ de trahiſon accuſe eſtoit parquoy trouuer luy cōuenoit au lieu aſſigne pour ſon hōneur deffēdre & ptāt craignoit ſil a qlques iouſtes ou tournoy ſe trouuoit quil luy peuſt par malheur infortune aduenir que ſon cōuenāt ne ſcauroit tenir: et pas ne pourroit euiter le blaſme quon luy a mys ſus ce qui redonderoit au vitupere de tous ſes amys: faulte de cōparoir au iour ou il a iure aſſiſter. Adont luy diſt le bon Viellart q̄ tres bon gre il luy ſcauoit de nauoir au tournoy cōparu pour la cauſe q̄ luy a racomptee: & que mieulx le en eſtimoit: & ainſy parlant en la maiſon du Viel preudhōme entrerēt: laquelle choſe toſt fut au chaſteau rapportee: ſi que celles qui de Gauuain ſe gaberēt en bref en firent leur raport accuſant le Viellart de ſa courtoiſie & le blaſmāt de ce que Gauuain auec luy emenel auoit. Et laiſnee fille de Thibault trauaille tant cōme elle peult de nuire a ſa ſeur q̄ tant hait laquelle vers ſō pere vit auql dit. Sire diſt elle certaine ſuis q̄ ce iour rien perdu nauez: mais croy que gain y ayez eu: aſſez plus q̄ ne voꝰ cuidiez: et dire ie vous veuil cōment. Sachez quil eſt en ce chaſteau entre vng cheuallier au moins vng cheuallier fainct il eſtre mais pour vray ce neſt qung marchant: lequel porter apres luy lāces & eſcutz et me

luy dures si q̃ tous ceulx qui contre luy iou
sterēt les a plat par terre abbatus / τ quāt
de la lance assez faict darmes il auoit: si biē
de lespee besongna que chascun dist que
lhonneur sur tous il emporteroit: ne fault
doubter si son amye eust lors liesse τ ioye en
cueur laq̃lle ne peult celer ne taire / mais
dist ainsy: dames faict elle or voyez vo⁹ mer
ueilles de Melians qui les nompareilles
sont de quoy iamais on tint ꝓpos. Regar
dez le meilleur cheuallier du monde cōme
il sest en la iouste porte: se bien verite voul
lez dire cest en beaulte le plus parfaict que
soubz les cieulx Beistes iamais il nen des
plaise a to⁹ les aultres que lon peult voir
au tournoy estre. Et adonc la petite pucel
le dit que elle en veioit vng plus beau et
meilleur que luy: a ses motz la grande se se
ua toute remplie de fureur et de sellonnie
laquelle a sa seur dist. Vous garse faict el
le qui si folle et presumptueuse auez este de
blasmer ce q̃ iay loue pour vne aultre foys
vous apprendre τ aussi pour vous corri
ger cella aurez de par moy. Et en se disant
telle iouee luy dōna: que les doitz ilz fu
rent escriptz long temps dess⁹ sa tendre fa
ce: dequoy les dames qui aupres de la grā
de furent len prindrēt fort a blasmer: qui
les separēt au mieulx quelles peurēt. Et
apres recōmecerent a parler entre elles du
cheuallier Gauuain dont lune dit ainsy:
ie mesbahys dist elle que attent ce cheual
lier qui est dessoubz ce chesne τ pourquoy
tant il differe a ses armes prendre. Et vne
aultre par la apres qui dist quil estoit mar
chant consequēment vne aultre q̃ pl⁹ par tai⁹
ple q̃ les aultres dist q̃ lauoit ꝑ aduēture
la paix iuree pquoy ne doibt a tournoier
entendre: mais luy cōuient son harnoys al
ler vendre. Mais est changeur ce faict la
quarte lequel a empensee changer ses ar
mes a argent aux cheualliers qui indigē
ce en ont τ ne cuidez que ie vous mente q̃
cest vaisselle τ mōnoye qui dedens ses mal

les sur ses cheuaulx est. Voz langues sont
par trop puerses dist la petite et auez tort.
Cuidez vo⁹ que aulchun marchāt porte si
grosse lance cōme luy ie ay ce iourdhuy en
dure dont ne me chault et tant ien dys ne
vous desplaise / que semblāt dung chāgeur
ne porte: mais dung bien vaillāt tournoi
eur. Et les dames dirent ensemble que po
se q̃ a vng tournoieur resemble toutesfoys
sil ne lest il pas: mais il le contrefaict ainsy
cuidant secretement embler les coustumes
et les peiages quon a veu cuillir τ leuer:
cōbien que en ce faisant il cuide estre saige
si nest il qung malheureux sol. Car vng
tour pour son larreci en sera par le col pēdu.

LE cheuallier Gauuain
lequel cōme il est dit des
soubz la tour estoit et en
tendit toutes les parol
es q̃ les dames luy ont
dictes dequoy il porta
grant ennuy. Nonobstant tousiours il a
sa pensee quon la de trahison blasme a cau
se de quoy disoit en son couraige q̃ au lieu
luy conuenoit aller ou iure auoit promis:
aultrement escherroit en blasme τ tout le
sien lignage aussi / τ pourtant quil est en
doubtāce quil ne soit prins ou affolle: ne
sest nullemēt entremis de comparoir a ce
tournoy: cōbien que dy aller en a vng mer
ueilleux desir: τ que il cōgnoist que dheu
re en heure se renforce ledit tournoy. Lors
Melians de lys demāde grosses lances
pour mieulx ferir affin de mōstrer son vou
loir a la pucelle son amye si que le tournoi
ment iusques au soir dura ou moult de faictz
darmes furēt veuz. De ce tournoy ortit vng
escuyer fort τ hault tenant vng tronson de
lance en sa main lequel les dames apper
ceurent dont lune luy a dit Escuyer dist el
le cōme vous estes vo⁹ en ceste presse mis
pour ce tronson de lance recueillir. Et les
cuyer en se soubziāt luy respōd. Et ie voys
dist il icy dessoubz en ce pre: regarder que

brasset alla en luy disant. Sire dist elle de ma seur a. Vo9 me complaingtz laqlle ie ne doys aymer/pour la honte qlle ma ce iour faict. A moy pucelle dist gauuai q men copete il na mye ne quel droict vo9 en puis ie faire. Et adonc thibault qui ia conge auoit pris quant sa fille ainsi parler eust entendu delle approcha q puis luy dist. fille dist il qui vous a comande venir a ce cheuallier vous coplaindre. Et esse vostre fille sire luy dist gauuain: ouy certes luy respond thibault: q pource ne prenez garde a ce que present vous a dit. Vrayement dist messire gauuain bien ingrat ie me monsteroye se sa requeste refusoye: parquoy damoiselle ma mye doulce pucelle q de bonaire q voullez que pour vous ie face alencontre de vostre seur. Sire dist elle tant seullement que demain pour lamour de moy il vous plaise porter voz armes. Or me dictes donc pucelle se iamais ne feistes reqste a cheuallier pour nul besoing: ne vous chaille de tout cella luy dist thibault: et ne veuillez prendre garde a ce que ceste folle vous a dit. Mais est saige q bien emparlee luy dist gauuain: veu que tant est petite q ieusne: q vo9 prometz que son voulloir accopliray: sique demain en faueur delle: armes au tournoy pourteray. et pour vng temps sien cheuallier ie seray. Vostre mercy dist la pucelle: laqlle fut si tres ioyeuse q iusqsaux piedz de gauuai senclina.

Tant la copaignie se despartit et Thibault sa fille remporta deuant luy sur le col de son cheual a quelle il a demande la cause pourquoy elle se estoit de sa seur au cheuallier complaicte. Et elle respod a son pere Sire sachez q grief me estoit de ma seur q soubstenoit: q Melians de lys estoit le plus beau q meilleur de to9. Et iauoie la desoubz au pre veu

le cheuallier hoste a gu erin/ pquoy ne me sceu contenir luy dire que vng plus beau que luy en seroie. Et pource ma seur mapella garce q sotte beccasse/q apres que assez elle meust iniuriee par les tendres cheueulx me print q me souffleta en la ioue p quoy pour delle me venger sachez que voulstiers verroye que le cheuallier Melias abbatist pour les parolles quelle en a dictes present les dames q damoiselles qui ne len tindrent pas a saige q pource se melians vaincu estoit. le sien orgueil abesseroit. Car grad vent tombe a peu de pluye Belle fille luy dist son pere pour lhoneur q ce cheuallier vous veult faire ie vous comande q abandone que en faueur de amytie luy enuoyez aulcunne chose en present soit manches ou ce q verrez estre bo. Et la pucelle luy respond qui simple estoit. Sire dist elle: voullietiers feray ce que dictes: mais mes manches sont si petites que enuoyer ne les osroye parce que ie croy quil ne les priseroit en rie/rien feray bie dist thibault q pource nen aiez souspy. Ainsi parlant thibault a sa fille entre ses bras la tenoit souuent lacollat q baisant: sique deuat la salle du chasteau ont este q quat la plus aisnee fille veit le sien pere ainsi sollatieusement sa seur tenir grade destresse en son cueur eust q puis a dit. Cher seigneur dist elle dont vient ma seur que vous tenez: la pucelle aux petites manches elle sest matin aprestee. Mais vous dist il quesse que vous en voullez faire: pour vostre honeur vous en deussiez taire parce q oultragieusemet luy auez le cheueulx tyrez q bastue dont ce me poise: et me desplaist: que plus ne fustes modeste. Alors ny eust que courtourcer a la fille aisnee de thibault quat ainsi par lentedit. Puis feist Thibault actaindre de ses coffres du satin cramoesy du quel tailler en feist vne paire de manches fort grandes puis sa petite fille appella q luy a adit: fille dist il ie vo9 aduise de

ner grandz cheuaulx en main pour les pe-
aiges & les subsidez esuiter p ceste faicte de
la marchādise quil meine. Duquel pourrez
auoir profit sil estoit prins: parquoy iay ad
uise que deuers luy vous enuoiez & pour
le trouuer tost en lheure: enuoier vous cō-
uiēt en lhostel de Guerin filz a berte: q na
gueres la cimene: ce scay ie bie: car ie lay veu
Et lors quāt Thibault sa fille ainsy ouyt
parler dist que en la maison de guerin n y
uoira: mais luy mesmes yra en psonne. Et
la petite fille voiāt q son sire deliueroit vers
Gauuain aller secretemēt sen est par vng
huys de derriere partāt quelle craint estre
veue: & puis sen alla ou messire gauuain estoit en
lhostel de gueri filz a berte q ii deux filles
moult belles auoit: lesquelles quāt virent
que leur petite dame venoit grand ioye et
grand liesse en eurent: puis luy allerēt au
deuāt en luy donnant les doulx baisers a
sa rencōtre comme pucelles les vnes aux
aultres font / apres la prindrēt par la main
& a lhostel de leur pere la menerent. Mais
gueri & v. ij stez filz bastardz quil auoit: es-
toit ia hors de son logis: quāt la petite fille
de Thibault y arriua pour en court aller:
ainsy ql auoient de coustume: ou a leur sei
gneur esperoient parler: lequel en leur che
min rencōtrerent & apres que guerin leust
sallue luy demanda ou lors il alloit: et il a
guerin respond: que par maniere de consol
lacion il desiroit en sa maison se recreer.
Adonc luy respondit guerin que ce ne luy
pouoit desplaire: puis luy a dit sire ioyeux
ie suis que en mon hostel voullez aller: par
ce que vo9 y pourrez trouuer & veoir le pl9
beau cheuallier qui en la terre soit. Croyez
dist Thibault que pour le voir ny vois ie
pas: mais pour le faire a mon gre prendre
pource que ie scay que cest vng marchant
& que soubz coulleur quil se dist cheuallier
sa & la mainne cheuaulx vendre. Ce nest
honnestement parle: or me pardōnez dist
Guerin. Car cōbien que vostre homme soye

& vous mōsieur soyez / plustost mon hōmai
ge vous quicte & celluy de tous mes suc-
cesseurs vous deffiant a tous cōbatz pre-
mier que aulcun dōmaige ou villennie en
mon hostel vous luy faciez ou que ie luy
souffrisse faire Thibault voiāt ainsy gue
rin p tester se modera & puis luy dist. Sai-
chez dist il guerin que ie nay aussy voulen
te de ce faire ie te prometz pour vray que ia
ton hostel ne ton hoste naura deshonneur
de par moy. Cōbien que fort prie & admo
neste ay este de ce faire. Grād mercis luy
a dist guerin q tant priser vo9 me voullez
de mon bon hoste visiter. Et alors ensem-
ble deuisant sen allerēt a la maison de gue
rin ou gauuain estoit: lequel cōme il veit la
cōpaignie arriuez leur alla faire la reueren
ce ainsy que bien en fut apris: et apres ce: se
sont assis sūg pres de laultre pour deuiser
& commenca la parolle Thibault lequel a
gauuain demāda pourquoy il ne sestoit ce
iour au tournay trouue cōme les aultres.
Et gauuain qui ne luy quiert la verite cel
ler luy a dit quil estoit de trahison repro-
che par vng cheuallier: contre lequel il luy
conuenoit cōbatre ou le iour assigne estoit
en vne court royalle. Adonc luy dist Thi-
bault quil auoit bōne occasiō puis: luy en
quist ou se deuoit le cōbat faire. Sire si luy
respond gauuain deuant le roy descanalid
il me conuient aller deffendre & me semble
soubz correctiō que icy est bien le mien che
min: du bon du cueur luy dist Thibault
vous donneray bonne conduicte qui iusqs
la vous mainera. Et pource quil vo9 con
uiēdra passer p estrāge & bie maigre terre:
viures ie vo9 feray bailler & bōs cheuaulx
pour les porter. Lors gauuain hūblement
Thibault remercia & luy dist que moyen-
nant quil peust viures pour argent recou-
urez que pour luy suffire assez en auroit &
aussy seroit bie loge: a ces motz Thibault
se depart lequel en ret ournant sa veue veit
sa petite fille qui gauuain par la iābe em-

☙Perceual le gallois.　　fueillet. vxxi.

vaillant cheuallier qui pres de luy aborde
que par terre il ne lenuoie si que pour ce
iour quatre destriers au tournoy conque
sta lesquelz il gaigna de sa main: dont le
premier a la petite pucelle enuoia.
☙Le secōd a la femme de son hoste psenta
et les aultres aux filles de guerin le diui-
nateur dōna. Et ce faict se departit le tour
noyment/sique les cheualliers rentrerent
par la porte au chasteau leur rafreschir et
reposer. Et le cheuallier gauuain le loz et
pris du tournoy emporta tant dune partie
que dautre: et nestoit alheure que les iou-
stes cesserent pas encores midy sonne. Et
sachez que au retour du tournoy eust Gau
uain telle suyte de cheualliers: que toutes
les rues en furent remplies. Puis demā-
derent les vns aux aultres quil estoit ne
de quelle contree son nom et quelle part al-
loit. Ainsy les cheualliers et aultre peuple
deuisant Gauuain la petite pucelle rēcon
tra laquelle le vint humblemēt saluer en
luy rendant graces et mercys de lhōneur
qui luy auoit ce iour porte et il luy respond
doulcement que tant comme il sera en vie
ne refusera a luy faire seruice sil est que be
soing elle en hait et ce dit la commanda a
dieu. Puis de Thibault print cōge de son
hoste et de sō hostesse et de ses filles aussy
et de tous les cheualliers et sen part pour
aller au combat quil auoit promis contre
celluy qui lauoit de trahison accuse.

☙Comment Gauuain apres
quil fut pty du tournoy que me
lians cōtre Thibault entrepris
auoit: arriua par cas fortuit en la
court du roy descauallon ou en
grant danger se trouua et cōmēt
fut le combat differe dūg an den-
tre luy et Guingambresil.

Apres que Gauuain
fut du chasteau par
ty ou Thibault ha-
bita: alla le soir en
vne abbaye loger ou
bien fut receu et trai
ctie; par labbe et les
religieulx de la dicte abbaie: et interrogue
ou il alloit lequel respondit au noble abbe
qͥl alloit cōbatre cōtre guigābresil/ et le lēde
main aps auoir son hoste remercie se meist
auecques ses gēs a chemin. Et luy en vng
grant boys aduisa ne scay quelle quantite
de biches paissans au long des latis de
ce boys. Puis appella vng sien escuyer nō
me yuonnet qui menoit le meilleur cheual
quil eust et portoit vne fort grosse lance au
qͥl dist qͥl luy amenast ce cheual et qͥl mō-
tast dessus celluy lequel menoit a dextre.
Adonc yuonnet sans arrester le cheual a sō
seigneur mena et puis sa lance luy bailla.
Et quant Gauuain fust mōte apperceut
vne biche en vng buisson estant/dessus la
quelle si vistemēt courrut que le col a tra-
uers luy pca: pquoy la biche q ferue se sen-
tit vistement hors du buisson saulta: puis
legierement print la cource: laquelle eust
Gauuain biē actaincte ne fust que son de
strier dung pied se desferra sique il luy con
uint ses gens et ses harnois suyuir par ce
que dessoubz luy sentoit le sien cheual clo-
cher: mais ne scauoit de quoy ce fust.
☙Lors commanda a yuonnet descendre
pour regarder que pouoit estre: puis quāt
leust yuonnet visite trouua que desferre
estoit. Lors dist Gauuain que tant aller
il conuenoit que lon peult vng ferreur trou
uer qui tost le destrier referrast.
☙Adonc gauuain et les siens cheuaulche
rent tāt qͥlz dung chasteau virēt sortir vne
grande troupe de gens venant le long du-
ne chausse et venoiēt plusieurs seruiteurs
deuant en menant diuers chiens en lesses
force de veneurs apres: et entre plusieurs

f.i.

main le mating vous leuer: auāt que le cheuallier hoste de guerin de son logis parte/ auquel par amytie ceste paire de manches vous presenterez: luy requerāt quau tournoy les veuille porter. Et la pucelle a son pere respond que sitost que la clarte du iour verra: que pour se faire sera preste et appareillee puis de la ioye qu'elle eust toutes les pucelles ses compaignes prier alla: q̃ le matin ne la laissassent trop longuemēt au lict dormir: mais le sueillassent hardimēt: se son amour auoit voulloiēt quāt le iour verrōt apparestre: et celles luy firent responce qu'ainsi le ferōt. Puis quāt le iour virēt leuer: la firent aorner & vestir. Et apres que fut acoustree: le matin vers Gauuain alla: mais sy matin ny sceut elle venir que ia ne fussent tous leuez & allez la messe ouyr: la quelle leur venue attendit. Et voiant gauuain retourner humblemēt le vint saluer puis luy a dit. Sire dist elle dieu vo⁹ doit estre heureux ce iour & vo⁹ prie en faueur de moy ses manches au tournoy porter: Voullentiers et vous remercye luy dist le cheuallier gruuain. Et sitost apres se firēt les cheualliers armer lesquelz se amassent deuant la ville cōme ilz auoiēt le iour precedent faict: et les damoiselles auecques les dames pareillement remonterēt aux fenestres de la tour pour pl⁹ aplain le tournoy veoir: ainsi que firent au parauāt: qui virent assēblez les routes des cheualliers grās & petis. Si venoit melians de lys plus de deux iectz darct deuant les aultres: lequel quant son amye le veit: de dire ne se sceut contenir aux dames qui pres delles estoient: dames dist elle: voyez vous arriuer la perle de cheuallerie et l'honneur des bons cheualliers.

¶Et quant le cheuallier Gauuain entēdit que les aultres furēt assemblez tāt cōme il peust vng cheual des esperons brocha: sur lequel il estoit mōte: a lencōtre du quel est sitost melias venu qui apperceut qui tant fut damour reforce qu'il ne doubtoit hōme viuant si que a laborder sa lance en deux piesses a mis. Et le cheuallier gauuain sur Melians par sa grande roideur retourne que il luy feist perdre les estriers tāt que par terre le reuersa & ce faict meist la main sur son cheual lequel a quelque escuyer la baille: en le priant qu'a celle ille veuille mener pour laquelle il a tournoye: en luy disāt qui luy enuoye le p̃mier gaing qu'il a ce iour faict lequel il veult que luy presēte. Et lescuyer na attendu: mais est tost sur le cheual monte pour le mener a la pucelle: qui estoit aux fenestres dune tournelle laquelle bien auoit veu melias par terre aller: qui ce voiant tost a sa seur dit: ma seur dist elle maintenant pouuez vous bien voir melians vostre amy gisāt que tant prisiez & hōnories maintenāt pouuez vo⁹ iuger ce que vo⁹ dys hyer est vray car on peult apparantemēt veoir que melians nest le meilleur. Lors sa seur luy dist qu'elle se teust & que se plus luy ouoyt mot sonner que la buffe: teroit biē estroit tāt q̃ le naura pied qui si bien la soustienne que par terre elle ne lenuoie: puis luy a sa petite seur dit: dea ma seur dist elle pour tant se iay verite dicte par raison ne me deuriez battre. Car ce que iay dit auez aussy bien que moy veu et mest aduis que melians encor ne se peult releuer si ny a icy dame q̃ cōme ie fays ne le voie. Lors sa seur tant pree fut que se les dames: qui pres delle estoient ne len eussent gardee elle eust sur la petite couru sus: mais de ce faire len tetirent. Atant virent venir lescuyer lequel le cheual qu'il amenoit a la pucelle presenta qu'il veist a vne fenestre estre: & elle en rēdit la mercy a gauuain & biē pres de cent foys: puis feist le cheual la pucelle prendre et le mener a lescuyrie. Et cellui qui luy a mena sen retourna les graces rendre a son maistre Sire gauuain: lequel sembloit biē estre le superlatif du tournoy. Car ny a si

escuyers en virent deulx montez dessus leurs grans destriers dont lung estoit ieune et fort beau sur tous les aultres moult plaisant leql seul gauuain sallua & puis il le print par la main si luy dist en ceste maniere. Sire maintenant vous retiens par tant vous prie vous en aller dōt ie viens en ma maison ou descēdrez si vous aggree il est assez tēps de loger iay vne seur doulce et affable qui de vous grant ioye fera: et voycy vng escuyer lequel deuant moy vo9 voiez qui bien vous scaura conduire. Puis dist a lescuyer allez dist il legerem̄ent auec q̄s ce bō cheuallier au chasteau a ma seur le mener que de par moy vous sallurez et puis luy dictes que ie luy mande quen faueur de la bonne amour qui entre elle et moy doibt estre & se iamais cheuallier ayma que celluy honnore: le traictant aussi bien ou mieulx quelle traicteroit ma personne: pareillement que tant de ioye & soulas luy monstre quil desplaire ou ennuyer ne se puist: iusques ace que soions to9 dedens le chasteau retournez. Et si tost q̄ bertez comme de bōnairement aura son hoste retenu vo9 reuiēdrez par deuers moy: par ce que le plutost que ie pourray compaignie luy vouldray tenir. Lors par la cōduicte de lescuyer gauuain sen va en vng lieu ou il est hay a mort dequoy ingnorant en estoit. Toutesfois ny est il pas cōgneu parce que iamais ny entra: sique il ny cuide pas y trouuer chose a son contraire. Et puis quant pres du chasteau fut se print a regarder la forteresse et comment assis il estoit et voyt que pres dung bras de mer seoit estāt de grosses tours pare & si tresbiē fortifie que bien luy semble que tel fut comme il commenca pour contre tous effors resister. Apres la ville regarda ou grans nō bre de gens apperceut de plusieurs sortes. Premier y veit les chāges dor & dargent: vers les ruees plainnes de bōs ouuriers de diuers mestiers besongnans comme armuriers/ fourbisseurs/ drapiers/ foullōs & bonnetiers/ et generallement de tout ce q̄ a vsaige dhomme cōuenoit a quoy se amuserēt regarder gauuain & ses gēs lōguem̄t.

Tant allerent auant q̄lz en la court du chasteau arriuerēt ou trouuerēt assez de seruiteurs qui les receurent & qui tost leurs bagues serrerent et lescuyer leql Gauuain conduisoit: seul auec luy en la tour monta ou gauuain iusq̄s en la chābre ou la pucelle p la main mena: & pour de sō messaige acquiter luy dist ainsy. Dame dist il le vostre frere de p moy salut vous mande lequel vous commande & enioingt q̄ le cheuallier qui cy est soit seruy prise et traictie: sique il ne se puist ennuyer: mais tout ainsy et en telle sorte cōme se sa seur vo9 estiez: & que le vostre frere fust luy faciez sans de riens au cōtraire aller: de tout ce quil demandera & que chose on ne luy refuse: mais luy soyez a sō vouloir courtoise doulee & de bonnaire: or en pēsez en telle sorte que honneur vous en puissiez auoir: car quant a moy necessaire est que men retourne deuers monseigneur en ses boys & a tant a dieu ie vous dys. La pucelle a lescuyer respōd que de riē ne se doubte q̄l ne soit assez biē traictie. Et puis dist icelluy soit benist dist elle qui telle compagnie menuoie: car q̄ tel cheuallier me presente ne hait pas dont le remercie. Beau seigneur seez vous icy dist lors la pucelle a Gauuain aupres de moy & me croyez par ce que courtois sy vous voy et que mon frere le me mande loyalle par tout vous seray & feray bonne cōpagnie. Tantost retourna lescuyer & le cheuallier gauuain auecques la pucelle demeure: qui na pas mestier de ce plaidre destre & de se voir aise seul auecques tant belle pucelle si aduenant si benigne et affable et estoit Gauuain si grādem̄t de sens muny et tant biē en amours enseigne que bien pensa adonc rien perdre de demeurer seul auec elle. Lors se prindrent arraisonner et puis damours deuiser et aussi nestoit il propice daultre chose ensemble parler: et eussent a ceste heure les propoz este malseans qui damours neust tenu parolle.

Gauuain voyāt lheure opportune de paruenir ou le sien cueur tēdoit et ou sa pēsee estoit mise: requerir la pucelle damours pl⁹ ne differa en luy promectāt que tāt ql viue: son humble cheuallier sera. Et la pucelle voyant estre si humblemēt par le cheuallier reqse: luy feist octroy de sa demāde.

R nous dict lhystoire q pendāt que gauuain et la pucelle ensemble sesbastoient. Leans vng veneur entra qui fut a to⁹ deux fort nuysible parce que gauuain recōgneust et les trouua entrebaisant et en demenant grant soulas. Et adonc quil apperceut que ensemble ainsy se delectoient ne sceut sa langue refroindre quil a la pucelle en sescriant ne dist fille que mauldicte soyes tu dist le veneur: dieu te confonde et te destruise. Quāt au cheuallier de ce mōde que deussez le pl⁹ hayr: te laisse en ce poīt a toucher en te baisant en te accollant: que tu es malheureuse et folle tu scays bien ce que faire tu doibz quant a deux mains luy deusse traire le cueur du ventre: et de ta bouche luy as tāt faict que pres luy touche: et as iō cueur au sien actrait. Mais mieulx tu eusses exploicte de luy attacher a deux mains: car ainsy faire tu le deusses : se femme deust faire nulbien: en faisant cōme prēt fais ne seras en hōneur famee: et nest vertueuse clamee qui le mal ayme et hait le bien: car elle pert son bon renom: or es tu femme et est certain q le mal tu prens pour le bien. Car celluy qui si est pres de toy ton pere occist et

luy fais feste. Ma raison est donc bien prouee quīt fēme peult son ayse auoir. est lors q plus petit de son honneur luy chault. Et a ses motz de la compaignie se depart auant que gauuain luy sceust vng tant seul mot respondre. La pucelle se voyant par le veneur ainsy iniuriee tel deuil et desplaisir en eust sur le plancher tomba pasmee: et Gauuain qui ainsy la voit la releua de pasmoyson. Et quant a soy fut reuenue luy dist las que ferons nous: mors sommes se dieu ne nous garde: car ce iour finerai ma vie : et vous tout pour la mour de moy: bien scay que maintenant viendra la commune de ceste ville en nombre quasy infiny deuant ceste tour ou nous sommes: par quoy remede ie ny voy/ pour de la mort n⁹ respirer: fors que ceās a armes assez: pour vous armer si vous voullez: contre iceulx en deffence mectre: en mectāt vostre espoir en dieu: considerant qung homme seul par vaillance destruict vng ost / et pour vous en bon espoir mectre dauis ie suis q bien la tour deffēdrez. Et a ses motz celle qui asseuree nestoit maintenant court les armes prendre / pour son amy nouueau: lequel en grande diligēce/aide luy feist a les vestir / tendāt le lieu dung escupee. Et puis quant Gauuain fut arme ne douhta comme au parauant/ mais dune chose eust il deffault cest que point descu ne se treuue. Parquoy vng eschiquier il print duquel le sien escu en feist et lors a la pucelle a dit quelle ne allast aultre escu querre: adōc meist les esches a terre: et puis vient alhuys de la tour pour aulchun garder dy entrer. si eust adonc au coste scaincte la bonne espee. Est alibors la pl⁹ seure et meilleure des autres. Et le veneur qui le congneust si tost a faict vne assemblee des habitans de la ville tant de gēs de mestier que bourgois / le maieur et les escheuins / lesquelz escrie haultement que chascum en armes se meist pour prendre Gauuain le faulx trahistre les

f.ii.

Et gauuain est a la porte qui tant de armes feist que nul ne peult a lencontre de luy durer: τ bien pensoit a la parfin ceste canaille de comune/a force de hoyaulx τ picz la tour auant le vespre abbatre et fault entendre que lhuis de la tout si estroict estoit que de front ny eussent sceu deux homes passer parquoy facillement pouoit vng bon preudomme les garder dy entrer: ou la deffendre longuement: mais ne luy failloit meilleur portier appeller que cil qui y fut.

R ne scauoit de tout cecy rien qui fust leur Seigneur et sire lequel au chasteau lauoit pour loger enuoie: pourtant reuint il le pluftoft q possible luy fut de la chasse ou estoit alle. Et a lheure que le peuple de ceste ville se efforcoit a force de picz τ hoyaulx icelle tour abbatre arriua Guingambresil: qui pas ne scayt quelle aduenture estoit en ce chasteau venue lequel se merueilla fort du grant cry et du martellis que ceste villenaille feist: parce que aduerti nestoit q gauuain dedens la tour soit. Et quant il le sceut pour certain, deffendit que nul ne fust si tres hardy de se mouuoir ne faire effort a lencontre de ceste tour: sicomme il auoit son corps chier. Et les villains luy respondirent: que rien pour luy ilz nen feront ains pluftoft labbatront τ y fust il mesmes dedens. Et quant il veist que sa deffence ny profitoit. Lors sappensa quil yra au deuant du roy pour ceste chose luy reciter τ lamener auecques soy. Et pendant quil en ce propos estoit aduisa le roy de la chasse retourner auquel il dist. Sire dist il en ce iour vous ont faict grant honte: le maire aussi les escheuins: lesquelz puis le matin ont vostre tour assiegee: et disent quilz labbatront: a cause de quoy sy vous nen faictes la iustice ie ne vous en doibz scauoir gre parce que ie auoye gauuain de trahison accuse: ainsy comme bien le scauez τ cest luy en ppre psonne que vous auez huy hebergie et loge auec vostre seur se feroit donc droit τ raison puis que vostre hoste en auez faict quil neust mal ne quelque encombrier. Et le roy a guingambresil respond. Certes non aura il: si toft que la bes seroit τ de ce ql est aduenu moult me ennuye: τ en suis dolent se mes gens le hayent a mort ie ne men doibs pas courroucer: mais de souffrir luy ferre grief pour mon honneur len deffendray pourtant que ceans lay loge.

Ainsy vindrent iusques a la tour: ou ilz trouueret a lentour moult de peuple menant grant noyse a cause de quoy dist le Roy au maieur et aux escheuins que incontinent ilz feissent ceste commune retirer et quilz sen voysent: et ce dit si toft se partit lassemblee. Or est il ainsy quil y auoit vng veneur natyf dicelle ville homme de grant scauoir τ auquel tous ceulx du pays venoient communement son conseil demander qui lors estoit en la place quant le Roy commanda la commune retirer τ parce quil congnoissoit la matiere qui a ceste heure estoit offerte dist au roy Sire dist il la raison est bien pertinente que on vous doibt iustement conseiller pourtant il ne se fault esmerueiller se celluy q vostre pere occist a este ceans assally: car amort fut de tous hay comme bien vous pouez entendre: mais pour autant q vous lauez ceans loge ou il peust estre asseurete a vous q estes prince τ roy seroit mal faict τ mal aduise: se souffriez: quon luy feist moleste: τ vous tourneroit a reproche: parquoy mieulx aduise seroit: que si bon garant luy fussiez que mal il nendurast ne grief. Ainsy qui nen vouldra mentir conclure que Guingambresil qui icy est le doibt quelz occist leur seigneur.

Ou est il sont ilz ou est il ie lay trouue dist le Veneur gauuain le faulx trahistre prouue: en celle tour auec la seur de nostre sire quil ordoie par baisiers trop voluptueux et elle en rien ne cõtredict. Ainsois seuffre ce qui luy plaist. Or donc se mon conseil croiez: facillement nous lyrons prendre et sil est q̃ le puissions rendre a nostre seigneur vif ou mort que grant seruice luy ferons: car le trahistre a bien deseruy qui soit honteusement traictie: pourtãt se vif puis il estoit: trop mieulx il aymeroit que mort de ceste chose tort nauroit: pourtãt que lhõme mort ne doubte: esmouuez donc toute la ville en faisant ce que vous deuez.

A ses paroles se leua: le maieur et les eschuins: pour tost la commune assembler. Lors eussiez veu villains venir portans haches bouges guisarmes: lung tenant vng escu sans armes puis lung vng huys et laultre vng van: criant ban et arriere ban: tant que tout le peuple arriue de toute part: puis la cloche de la cõmune ont sonnee pour mieulx exploicter: acelle fin que nul ny faille/lung porte vng pic/laultre vng flaiel: lung vng haueau: laultre vne masse: et fust pour lymassons combatre: estoit la compaignie en point: et pour mieulx laffaire conduire est a noter q̃ femmes il firent vng beau bruit portans quenoilles pour espees. Ainsy est gauuain tãtost mort se dieu ne prent de luy pitie. La pucelle cõme hardie: sescria contre la commune disant vuydez vuydez villennaille: chiens enraigez folz insensez: que pretendez vous icy faire de dieu soyez vous tous mauldis. Croyez que le cheuallier qui seans est nauez vous pour a mort le mectre. Mais bien croy que aulchuns des vostres y demeureront pour les gaiges. Cuidez vous que ceans soit volle ne par voie reposte entre. Enuoie ma este pour hoste par mon frere qui me mande que autel cõme a luy ie luy feisse se plaisir ie luy voulois faire: et que seul ceans ilentrast. Et vous me reputez villainne se iensuys le sien mandement: et quen faueur de luy ie monstre au cheuallier benigne face pour au lieu dennuy et tristesse: le traictier en liesse et ioye. Et pource quil me vouldra entẽdre entẽde: car mon viuant: a follie ie ny pensay: et toutefuois comme gens folz et temeraires: sans de raison prẽdre le fraiz pour deshonneur me faire et honte vous estes tous venus en armes: icy dessoubz deuant ma chambre sans sçauoir la raison pourquoy. Et ou le cas seroit ainsy que ie me fusse mal portee: sy me deburiez vo[us] premier aduertir que tel scandalle me faire: pource plus me deuil et despite. Non obstant la remonstrãce de la pucelle: ceste effreiee et insensee commune ne desista de son entreprinse tellement que a grans coups de congnies que les aulchuns portoient eust lhuys de la tour en deux mys neust este la resistence de Gauuain qui lors cest si bien deffendu gardãt les portes de la tour a tout lespee quil tenoit: que par la rebellion quil feist alencontre des premiers venans: les aultres tant estõnez furent: que plus pres nosoient approcher: si que vous eussiez veu maintes testes fendues mains bras couppez et espaulles abatues: en telle sorte que pitie estoit a ouyr lung la teste et les bras crier et laultre le col ou gorge plaindre. Et la pucelle a son pouoir diligentoit gecter esches selles et bancs dessus ceste folle commune: tant est yree et courroucee en se exclamant a haulte voix q̃ trestous les fera destruire: auãt q̃ iamais elle meure. Et les villains pres la tour qui ont iure par tous les sainctz q̃ soubz elle ilz labatront silz ne se rendent a ceste heure. A cause dequoy renforcerent Gauuain et la pucelle leur couraige et vertu si que par les pierres q̃ de la main de la pucelle issirẽt ne se ose nul trouuer en bas.

saulver: z le preseruer quil ne meure par
tant que en la court du roy Artus le al-
la de trahison reprocher: z est assez a croire
q a coniecturer quil est en ce lieu comparu
pour se descoulper z deffendre: or pour con
clure a cest affaire ie seroys bien de cest ad
uis quon differast ceste bataille iusques a
vng an; durant lequel temps Gauuain
iroit querir la lãce dõt le fer incessãmẽt sai
gne laquelle en voz mains mettera z ou
auoir ne la pourra: au bout de lan sera tenu
de ce rẽdre a vostre mercy en telle prison q̃
vouldrez: z pce point: se le desirez retenir:
lors q̃ a vo̶ il se rendra: meilleure occasiõ
aurez que maintenãt cest chose vraye.

¶ Quãt le roy eust laduis z ppos du ve-
neur entendu a son cõseil sarresta q a ceste
heure en la tour monta ou sa seur fut auec
Gauuain qui vindrent au deuant de luy:
lors que mõter ilz sentendirẽt z apres pe-
tit de propos Guingãbresil dist a gauuaĩ
telles parolles Sire gauuain vray est q̃ ie
vo̶ ay somme icy venir pour vo̶ deffendre
mais tant ya que ie vo̶ dys que si hardy
vous ne fussiez dentrer en chasteau ny en
place qui appartint a mõseigneur: dõcques
se destourner il vo̶ eust pleu la chose ne fust
aduenue icy: dont il est icy si grant plaist.
Adonc le saige veneur dit. Sire dist il au
dieu plaisit: tout se pourra bien amender:
car qui en vouldroit demander a ceulx qui
ont soultraige faict par vne forme de̶ in̶
stice la cause nen seroit desbuicte ie croy au
iour du iugement ne les pces a plain vui-
der: mais le cas se terminera au plaisir du
Roy qui cy est: et pourtant dys pose qua
nully ne desplaise, que tous deux respite-
tez ou tresues mettrez au cõbast dicy ius-
ques a vng an entier: et Messire gauuaĩ
sen yra apres le serment de luy pris par
le Roy querir la lance de laquelle le fer sai
gne sãs cesser de la quelle il est escript que
tout le royaulme de Logres: dont Orge̶
en fut roy et seigneur a iadis par ceste lan

ce este conquis. Et pource veult le roy que
Gauuain le serment luy face quentre ses
mains il la rẽdra. Certes plustost me lais
seroye ceãs mourir se faict gauuain. ou lã
guir sept ans voire plus que tel serment
voulsisse faire ne que ma foy pource en ple
uisse: ie nay pas demourir tel paour que
mieulx ne aimasse en ceste tour la mort
souffrir et endurer que viure a honte pour
pariurer. Sire gauuain dist le veneur: ia
deshonneur ne vous sera se bien vous me
voullez entendre. Vous iurerez que de la
lance rendre en ferez tout vostre debuoir:
et se apporter ne la pouez: en ceste tour vo̶
remettrez: ainsi du serment serez qcte: la
par tel couuenãt faict Gauuain suis ie cõ
tent le serment faire. Lors feist le Roy ap-
porter vng moult precieux sainctuaire sur
lequel a gauuain iure que toute peine met
tera a chercher la lãce qui saigne. Ainsi est
la Bataille laissee z tresues ẽtre les deux
Cheualliers donnees iusques a vng an:
par le conseil du bon Veneur: dequoy fut
Gauuain fort ioyeulx qui fut en si mortel
danger par les villains de la commune:
mais ains que la tour partir humblemẽt
du Roy print conge. Et puis a la gente pu
celle. Et de ceste heure a dit a tous ses es-
cuyers quilz retournassent en leur terre: z
remenassent ses cheuaulx: fors vng bien
petit palefroy. Et adonc se departirent les
escuiers de leur bon maistre Gauuain; si
fort plourans que se fut pitie a les veoir:
et de les ouyr lamenter. Nous laisserons
icy a parler de Gauuain qui seul sen va
pour la lance qui saigne trouuer et reuien
drons a traictier de Perceual duquel pro
posasmes quant du roy Artus despartit.

¶ Comment Perceual fut cinq ans sans
ouyr messe ne luy souuenir de dieu et com
ment vng iour dung vendredy sainct il se
cõfessa a vng hermite qui estoit son oncle.

Es bōnes et sainctes
coustumes par tēps
delaissees z oublian
ce ou par paresse peu
uēt estre annichilees
et mises a neant/ain
sy que Perceual fist p
aulchunne espace comme ientens vous le
compter. Il est escript en nouftre hystoire
que le long de cinq ans entiers eust telle
ment Perceual sa memoire perdue que de
dieu ne luy souuint pour le prier ne pour sa
saicte croix aozer et que en esglise pour mes
se ouyr ne entra/pource ne delessa il pas a
la cheuallerie exercer et a porter le faict
des dures et perilleuses aduentures lesqŋl
les tant quist q les char cha quassez en a rē
contre tellement que pendant les cinq ans
que de dieu ne luy souuint tant de faictz
darmes feist quil enuoia cinquāte bōs che
ualliers au Roy artus se Rendre prisonni
ers que par sa proesse a conquis ainsi em
ploya le temps que iay dit sans aultre cho
se faire que les estranges aduentures cher
cher. Et apres les cinq ans passez adont
ainsi que par vng desert tout arme cheuaul
choit que trois Cheualliers rencontra et
dix dames auecques eux lesquelles fort
bas furent de leurs chaperons affublees
comme se portassent le deuil q chiminoiēt
toutez nudz piedz z deschaussees. Et quāt
Perceual apperceurent ainsi arme comme
il estoit sen donnerent grāde merueille: les
quelles pour le sauluement de leurs ames
a pied leurs penitences faisoiēt en la remis
sion de leurs pechez. Et lung des troys che
ualliers vers Perceual sadressa auquel il
dist. Amy dist il ne croyez vous en iesuſ
christ qui nous a la nouuelle loy donnee/il
la donna aux crestiēs parquoy dist que ce
nest pas bien faict mais est contre droit q
raison armes porter le iour qui souffrit pas
sion. Et Perceual qui lors en dieu nauoit
nulle pensee pour latēdiation et ennuy q

porte. auoit au cheuallier demande quel
iour present estoit/ quoy le cheuallier re
spond Sire faict il le iugnerez vous cest le
iour du Vendredy sainct cest le Vēdredy re
nomme le iour quelog doibt aozer la croix
et ses pechez plozer/car ce iour fut il en cro
ix pendu que lon Vendit trente deniers/
celluy qui est pur et sans macule et fut par
noz pechez faict homme vray dieu et vray
Roy est celluy que pour filz la Vierge en
fanta qui le conceut du sainct esperit/z par
ainsy fut la dicte lors couuerte dhumanite
et qui fermement ne le croit iamais en fa
ce ne verra dieu eternel en paradis/ et sa
cher que en tel iour quil souffrit en tel iour
ses amys denfer deliura/ Tres saincte
fut icelle mort qui les viuans et les tres
passez sauua de mort a vie ressuscita lesq ŋ
les iuifz par enuie luy firent la mort endu
rer faisant leur mal/et a nous bien quant
en croix le crucifierent se sont damp nes/et
nous saulerent/ Tous ceulx qui ont creā
ce en dieu/ doibuēt ennuit penitence faire
nul hōme qui croit vng seul dieu ne doibt
ce iour armes porter dont mesbahis dont
ainsy arme vous venez/mais vous mes
mes faict Perceual dictes de quel lieu la
belle compagnie vient nous venons luy
respond le cheuallier de voir vng hermite
qui habite en ceste forest lequel est tant sai
ge et tant sainct qui de rien que de bonne
doctrine ne parle et des faictz de diuinite.
Et que y feistes vous dict Perceual que
estes vous allez querant ne quesse que vo9
luy demādastes. quoy sire faict vne desda
mes de noz pecher luy demādasmes conseil
et y fismes confession la plus grāde chose
q nul crestien puisse faire et qui a dieu soit
plus plaisante. Lors que Perceual eust
la parolle du cheuallier et de la dame enten
due se print si tres fort a plorer que toute sa
face fut de larmes arrosee/et puis leur dist
amyc sachez q se la voye tenir peusse vou
lontiers proie au sainct hermite parler.

f.iiii.

Et lluy respõdirẽt/ allez sont ilz par le che
min trape dont no⁹ venons lequel ne scau
rez faillir a tenir si ne vous pourez esgarer
moiennant que bien prenez garde aux rin
ceaulx et branches que nouez auons af
fin que nul du chemin ne deuiast qui le sa
inct hermite vouldroit aller visiter. Et a
tant perceual au sentier qui luy auoit este
enseigne entra gettant des souspirs mer
ueilleux par desplaisance de ses pechez et
son meffaict deliberant de totallement sen
accuser de cueur contrict ainsy plorant ⁊ p̄
testant tant par le voucaige alla quil est a
lhermitaige arriue et auãt que dedens en
trer descendit et se desarma puis athacha
son cheual a vng chaisne et ce faict se presen
ta au sainct hermite lequel estoit en vne
petite chappelle qui seullement auecques
luy auoit vng petit clergeon qui ses neces
sitez luy administroit et chantoient allors
leur seruice puis se mectz Perceual a ge
noulx si fort pleurant que les larmes luy
decoulleroient sur la poictrine par la cõtritiõ
que de sa coulpe auoit. A donc du sainct her
mite saptocha en se gectant a ses piedz les
mains ioinctes et hũblement luy suppli
ant que son plaisir soit de le conseiller com
me cil qui bon besoing en a/ et de souppr en
confession disant que grace point naura
de dieu se premier nest confes: puis dict ain
sy Sire faict il cinq ans y a que ma coulpe
ie ne accusay/ et nay mon createur Receu ⁊
que ne feiz bien pour mon ame/ mais des
maulx ay commis assez. Mon amy luy
dist lhermite dis moy comme tu as ce faict
⁊ ie priray a dieu quil ait de toy pitie. Sire
dist Perceual Sachez que ie fus vng iour
a lhostel du Roy peschor ou ie veis la lance
dont le fer saigne aulong du bois et nede
manday que cestoit et puis apres le sainct
Graal y fut mõstre et ne menqs q̃ ce pouo
it signifier Tellemẽt q̃ oncq̃s puis neus
ioye liesse ne plaisir et ne mest aduenu que
mal et vous confesse que par le deul que ie

ay/ ne mest p̄ lespace des cinq ans de dieu sou
uenu. et pendant ce tẽps ne luy ay pardon
demande et ne pareillemẽt faict chose par
quoy digne ie fusse pour sa grace impetrer
Or dis moy filz faict le preudhomme com
me tu as en non. il respond que on lappelle
Perceual. A ses motz se print lhermite a
souspirer lequel son nepueu recongneust
qui puis luy dit. Sachez dist il que vng pe
che te a este fort nuysible du q̃l tu nez pas
aduerti et fut par ce que ta mere pour la
mour quen toy elle auoit de deuil mourut/
voiant ton partement quant sur vng pont
deuant sa porte cheust pasmee/ ou pour toy
si fort se ennuya que son ame a dieu rẽdue
Et par le peche que as faict test ce aduenu
et ne te a este permis que tu ayes de la lan
ce ne du Graal demande de quoy on sen
seruoit dont ten est grant mal aduenu et
troy de verite que tu neusses pas tant
dicte ne encores ne fusse tu dis si ta bonne
mere neust a dieu requis de te preseruer et
garder/ car tãt fut bonne que dieu sa priere
exaulca. Peche la lãgue te trencha quant
le fer de lance saigner veis que tu ne ten
quis que cestoit/ ne du Graal ne sceuz aus
sy de quoy il sert ne que peult estre. Or ie te
diray troy a certes que cellup qui du Gra
al on sert est mon frere ma seur et la sienne
fut ta mere ⁊ des riches pescheurs le Roy
est cestuy filz/ qui du Graal seruir se faict
Et ne cuide pas quil y ait lux lãproie car
pe saulmon ne quelque aultre poysson qui
soit en ce Graal/ mais tant digne est/⁊ pre
cieux que par la vertu que en luy est seulle
ment en le portant le Roy Peschor soubsti
ent sa vie et le conforte douze ans ce Roy
aise a este qui hors de la chambre nest de p̄
soy issu ou tu la lance ⁊ le Graal veis. Or
puis que tu as repentance/ penitence ie te
veuil de ton peche donner absolution par
quoy amy a moy entens pour satisfaction
de ton peche faire ie te commande sur peine
de inobedience que chascun matin auant

q aller en aultre lieu se tu veulx que profit te viengne que tu a lesglise voises deuotement a dieu sil est que tu soies ou de moustier ou de chapelle pres: ou q̃ en saches nestre loing de toy/et en ce faisant a slongueta ta vie ainsy. regarde quãt la messe voul dras ouyr que de lesglise tu ne partes quelle ne soit dicte et acheuee et par ce point tu pourras a honneur monter/et le tien salut acquerir. fermement te fault en dieu croire laymer se craindre et le seruir. Honorer ton prochai et des poures auoir pitie. Reuerence te fauldra faire a ceulx qui sont maieurs de toy/cest vng seruice a dieu plaisãt pource quil vient dhumilite. se pucelle ayde te demande secoures la et mieulx ten viẽdra/Supporter il te fault aussy femmes vefues et orphelis cest vne charite moult grã de/de par laquelle tu pourras enuers dieu grace auoir/et vella de quoy ie taduise. Or me respons se boulluĩtiers laccompliras et ce tu veulx receuoir grace ie te prie que trois iours entiers ceans auecques moy te tiẽnes et que en penitence prengnes telle viande comme est la miẽne. Et Perceual tout luy octroye en luy disant Oncle tres sainct ia dieu ne me face mercy se vostre enseignemẽt ne garde et feray ce q̃ mauez dist. Ainsy demoura perceual a lermitatage les iours quil eust le seruice ouy luy dõna lhermite la refection qui la feist auecques luy prendre qui estoit de lectus de serseil de cresson de pai dauoie et de pai dorge et la clere eaue de fontaine et son cheual eust de la paille et de sorge vne petite mesure/Et par ainsy reconneut Perceual son createur q̃ par cinq ans ou v̇ie auoit et le receut et lacomunia le iour de pasques en grant honneur ⁊ reuerence. Icy se taist lhystoire de parler de Perceual/et recommencerõs a traicter du bõ cheuallier gauuain.

¶ Cõmẽt gauuai en sa voye trouua vng cheuallier naure qui luy recita les aduentures du pays et Comment il trouua vne pucelle et des parolles quil eurent ensemble et comment il perdit son cheual et depuis le recouura.

Tant cheualcha Gauuain quant il de la tour eschappa ou la commune lassaillit q̃ entre prime et tierce vers vne loge pres dung bois arriua ou veit vng chesnie verdoiant bien feuillu tẽdãt doulx vmbraige/au chesne a veu vng escu pẽdre et aupres veit vne lãce droicte: vers le chesne aller diligente tant que dessoubz il apperceut vng petit cheual de bretaigne et a grande merueille luy vint que ce nestoit chose pareille et que a son aduis bien naduiẽnẽt ensemble lescu et le cheual dont cuida que aulcun seruiteur ou quelque infortune vassal qui pour son honneur et profit allant errant par le pais et fust entre en ceste loge/a tãt soubz le chesne regarde ou veit vne pucelle assise qui moult fut aduenãte et belle qui auoit triste contenãce qui fainctement ne demonstroit par le derompement que de ses cheueulx faisoit et y deuil quã luy veit faire pour vng cheuallier fort naure que souuent baisoit en la bouche. Et lors que Gauuain laprocha le cheuallier blesse apperceut lequel fort deplaisãt estoit et eust vne plaie moult griefue dung coup despee sur la teste et de ses costez en deux lieux couloit le sang habundamẽt par telle facon que le cheuallier pasme estoit de la douleur quil endura mais vng petit fut respite quant messire Gauuain est venu lequel neust sceu iuger quant le cheuallier blesse veist sil estoit mort ou sil fust vif a cause de quoy a la pucelle se enquist comme il estoit/et la pucelle ainsy luy dist Sire faict elle veoir pouez q̃ en ses plaies a grant peril car de la moindre qui y soit est bien assez pour en mourir. Et gauuain respond doulce ampe de seuerissier nya danger quoy fist il. Vous me voullez prendre dist la pucelle et porter a voustre desir sur le col de voustre cheual. C'est verite faict Gauuain et ie le sçauoyes bien faict elle maulgre q̃ cil qui le pesa et pource de porter toy/de cuy der sur tõ cheual me porter/car point ie ne suis de ses bretes dont les cheualliers se gabent quant sur leur cheual les emportẽt allans a leur cheuallerie mais croyez pour tout vray q̃ si vous ne me porterez/et pourtãt se tant vous vallez auec vous bi en me emmenerez. Et le moien vous en di ray. C'est que vous allissiez querir mõ pa lestroy en ce verger et se icy me lamenez tãt vous suiuray ou vous plaira que meschan te et malle fortune en ma compaignie vo' aduienne. Et ce vostre palefroy voys que rir faict Gauuain que pourray ie de mõ cheual faire car certes passer ne pourroit sur ceste place que ie voy. Il est certain dist la pucelle et pource baillez le moy si la pas serez oultre a piedz le cheual bien ie gar de ray tant comme le pourray tenir et de reue nir vous hastez car de ce ne pourroye ma is sen pain ne se voulloit contenir ou ce q̃l chu p force ne me lotast auãt que fussiez re uenu: Verite faict il auez dicte/par quoy se le cheual eschappe ou sil vous est par for ce oste des maintenant vous en tiens quit te et iamais mot nen sonneray.

Tant baille Gauuain son cheual a la pucelle q̃ sen va pensant que tou tes ses armes aueques luy portera/et si le treu ue au verger aulchun q̃ luy veuille deffendre le palefroy amener quil aura noise contre luy et fera tant comme il propose quil lamene ra au retour. Apres a la place passee pour dedens le verger entrer ou il trouua assez belle compaignie de gens qui de le regarder taire ne contenir ne se pouoient qui ainsi dirent que cent diables la pucelle emporte

et ardent, laquelle tant de mal a faict que iamais ne feist bien a homme/et qui onc q̃s cheuallier ne ayma/mais q̃ a plusieurs escuyers q̃ aultres feist la teste uis du corps abbatre de quoy estoit fort grant dommai ge. O que le cheuallier pretendant le pale froy emmener ne sçait que il y est a aduenir se de sa main la touche/certes sil sçauo it les aprouches des grands maulx que brief luy aduiendront ie croy quil ne lap procheroit/pour les peines et pour le tra uail qui luy aduiendront sil lemmeine.

Ainsi parloient ceulx q̃ celles qui Gau uain voyant par ce quilz desirent p̃ leurs parolles retirer gauuain de son voulloir du palefroy emmener mais se desistast de son entreprise: et Gauuain assez entendit les propos de la cõpaignie/pourtãt ne voul lut Gauuain se retirer de sa pensee mais en passant sallua toutes les routes qui la estoient desquelles luy a le sallut este ren du. Et messire gauuain sadresse vers le palefroy auquel a la venue luy tendit la main et puis par le frain le va prendre au sy nauoit le palefroy de frain ne de celle def fault. Or estoit vng grãd cheuallier soubz vng oliuier bien fueillu qui a dist/cheual lier pour neant es a ce palefroy venu gar de de luy tendre le doigt que apres ne tẽ si engne aulchũ grief et pourtãt ie ne te le dis pour te contredire ou deffendre de hors du verger lemmener se tu as tallent de le prẽ dre. Mais de retourner te conseille car se le palefroy tu bailles a celle a qui tu las pro mis/trop grant deffence y trouueras de quoy gueres tu ne te doubtes. Pourtant ne laisseray ie pas a lemener, se dist Gauuaĩ car la pucelle qui se mire dessoubz larbre querir lenuoie/et se de promesse failloie on me pourroit dire q̃ nõmer cheuallier failly q̃ recreu. Et tu en seras mal paye luy a dit le grand cheuallier et te iure que hõme vi uãt ne osa oncq̃s le palefroy prendre ain sy comme faire pretens qui puis ne sen soit par ce que demander luy veulx des nouvelles de ceste terre. Sire ie ne lesueilleroie saict la pucelle que plustost ie ne me laissasse par pieces detrencher car iamais homme tant que luy ne aymera et donc quant ie voy quil repose pour rien ne le dois esueiller/ et aussy bien ie ne feroie se chose par moy aduenoit de quoy apres il se en peult plaindre. Adōc a Gauuain prins sa lance de la quelle moult doulcement le cheuallier blesse en toucha qui le causa esueiller ce que ne print le cheuallier a moleste/ par ce que gauuain si doulcement laitaignit quil ne sen deduoit corrucer mais en eust ioye et grant plaisir parquoy il dist. Sire faict il grant gre et grace ie vous scay et vous en rens cinq cētz mercis de ce que debonairement esueille me auez/. Et pource Sire ie vous conseille que plus auant vous ne passez et men croies sy ferez sens/ mais Jcy auecques nous demeurez. Et pourquoy luy a faict Gauuain. Et ie le vous diray dist le cheuallier puis quil vous plaist de le scauoir. sachez que iamais cheuallier ie ne veis q̄ par ceste voye passast qui est nōmee la bōde de gauoie/ qui puis ien peust retourner fors moy q̄ y ay passe dōt mal cōme voyez men est prins/ tellement que bien me'st aduis que ceste nuict ne passeray pour la grant doulleur que ie porte partant vous dis que ne veuilliez oultre passer mais vous reposer en ce lieu autrement vo⁹ ferez simplesse. Amy luy dist Gauuai croiez que pour retourner ne suis iusques icy venu et me seroit chose a vilenie et a honte reprochable se au lieu entreprins ie nalloie/ Tant pray auant se ie puis/ que ie cōgnoistray la cause pour quoy nul retourner nen peult. ie voy bien dist le cheuallier blesse que vous yres puis que vous lauez entreprins pour le vostre honneur exaulcer mais dune chose si ne vous vient a ennuy vous veuil prier cest que se dieu vo⁹ faict tant de bien du puis ou vo⁹ allez apporter ce

que pourtant oncques homme na encores faict et ne fera comme ie croy que cy il vous plaise de retourner si verrez si mort suis ou vif ou se mieulx me sera ou pis/ et se trouuez que mort ie soye ie vo⁹ requiers en charite que de ceste pucelle vous dōnez en garde tant que aulchun honte ne luy face car ie vous dis que ne croy point que dieu en ait iamais vne formee meilleure ne plus debōnaire Et Gauuain ainsy luy octroye que se fortune ne luy est totallement contraire en le rendant mort ou captif que par ce lieu retournera et a son pouoir en la resconfortant la conseillera.

Ainsy laissa Gauuain le cheuallier et la pucelle et se achemina par plains par vaulx et par les bois/ tant quil veist vng chasteau moult fort dessus vng port de mer assis/ Du coste estoit vng moult beau et fructueux vignoble et par le dessoubz fut vne riuiere du clos laquelle en la mer descēdoit et y arrestoit son cours et ainsy par gauuai le chasteau et le bourg regardant luy print desir dy entrer et quant il fut le pont passe monta tout amont tant que au fort du chasteau entra ou dessoubz le preau dung arbre vne pucelle seulle trouua qui miroit sa tres blanche face et auoit sur son chief vng petit sercle dor en forme dune courōne: et messire Gauuai sapproche a petit pas sur son cheual mōte/ et la pucelle luy escrie en disāt ses motz mesure sire mesure/ allez bellemēt car vo⁹ trop cheualschez follement il ne vous conuient pas haster/ pour les amblez de vostre cheual gaster saige nest qui pour rien semploie. Et Gauuain luy a dit aisy. Pucelle dieu vous doint hōneur/ or me dictes sil vo⁹ plaist de quoy vous fustes appensee quant si tost mauez remembre de dire mesure mesure et si ne scauez pourquoy. Si fais luy respond la pucelle ie scay moult bien que vous pensez. Et coupe se luy feroit ceste herbe sa racine reprẽdre feuillir & flozir sans iamais venir a pourriture. Aussi ma damoiselle faict gauuain sachez se ceste herbe estoit sur les playes de vostre amy syee que bzieuement il gariroit. Et lors la pucelle adioustãt foy a ce que gauuain luy a dit print la gimple q̃ sur la teste auoit pour en faire petis dzappeaulx: car daultre linge neust elle sceu recouurer/& quant la tant belle gimple fust par gauuain en pieces mise et departie en appareillerẽt le cheuallier & ses playes en lierent apres que lherbe fut dessus/et petit apres que le cheuallier eust este appareille se print a aspirer & a soupirer en disãt Dieu benie & saulue celluy par q̃ ma este la parolle rẽdue iay eu grãt peur pour tout certain: fist il de mourir sans confession et scay de vray que mon ame en la possession du diable estoit qui en ce lieu la venoit grãt auãt q̃ de entrer le corpo/pquoy me st prins vng grãt desir de me presenter a vng sainct hermite qui gueres loing dicy ne ha bite pour de parluy receuoir le sacrement de penitence et le sacrement de lautel et ce faict a mourir ne doubteroye/mais ie ne scay pas bien comment vers luy pourroye aller ne sur quel cheual pour me porter mõ ter si que me sauldra icy rendre mon ame hors du corps en dãger et peril destre dãpne/ nest que me veuillez secourir/a celle cause il mest aduis que de ce pourrois bien cheuir se ie pouois le roucin recouurer/de lescuyer que ie vois la venir le trot. Quãt gauuaĩ leust ouy pler si se retourne & voit venãt vng escuyer mal fasconne & de bien estrange figure dont dire vous en vueil la sorte: le cheuelx eust roux & meslez rudes & dzessez contremont. Ainsi q̃ le poil dung sanglier/& estoient les sourcilz telz qui tãt furent longs quilz couurotoient le nez & les ioues: Bouche auoit grande & barbe esparce/ le col court la poictrine haulte lequel merueilleusement gauuain regarda en pensãt

comme le roucin pourroit de luy auoir/et puis a au Cheuallier naure dict/amy faict il ie vous promet q̃ se iauois deulx destriers a dextre ou cheuaulx de prix q̃ plustost vous les donneroie q̃ de recouurer le roucin de lescuyer que ne congnois. Sire dist il ie vous aduise que sy ne vient q̃ pour vous nuyre ou pour aulchun mal procurer sil est qui le vous puist faire. Lors messire gauuain sesmeust contre lescuyer qui venoit si luy demande ou il va qui queroit ne quil demandoit. Et lescuyer ainsy a dict/ vassal fist il que auez vo9 a faire ou ie voi se et pareillement dont ie viens ne quelle voie veulx tenir. Quant gauuain ainsy rebellement parler lentendit de luy sappro cha et luy donna si grant reuers de la mã quil auoit armee que lescuyer enuoya hors de la celle par terre. Et quant releuer il se cuide tout chancellant retomboit bas et se pasme plus de sept fors. Et puis quant il fut releue a gauuaĩ dist. vassal dist il vo9 mauez oultrageusement feru. Et gauuaĩ luy dist il est vray q̃ ie te ay frappe: mais pas ne te faict de dõmaige: mais me poyse de lauoir faict. Adõc lescuier luy respõd vo9 fistes dit il grant follie car bien dire ie vo9 ose q̃ pour la deserte en aurez: vng bras et vne main gastee et affollee pour le peche que vous feistes a me ferir.

En dãt q̃ ceste chose ad uint: reprint force le che uallier naure au corps qui tant debille auoit este qui dist a Gauuain laissez cest escuyer beau sire: car chose ne luy orrez dire ou vo9 deus siez honneur auoir laissez le si ferez grant sens: mais que mamenez sõ roucin & ceste pucelle p̃nez q̃ vous voyez aupres de moy pour la soullager a monter sur sõ palefroy: car plus ie ne veuil icy estre mais me en yray tout beau le pas tant que roucin recouurer ie puisse: ou iespere me confesser:

g.i.

repētu ou que la teste nen ait eu trenchee/ parquoy fais ce quil te plaira mais se hors de ceans te mainnes en fin malle ioye en auras car tu en perdras la teste. Et pourtant ne se arresta Gauuain mais au palefroy vint qui dung coste auoit la teste blanche et de lautre noire auquel il feist la planche passer ce que moult bien faire scauoit parce que souuent passee lauoit ainsi estoit il bien dict apres. Et gauuain le print p la resne q de faict fut toute de soye. Puis a labre vint ou la pucelle se miroit qui son manteau laisse auoit et sa guimple a la terre cheoir pour mieulx deliurer sa face tant belle mirer/ Et Gauuain a lheure luy liure le palefroy a tout la celle puis dist pucelle Venez car ie vous aideray a monter/ Mais ne me laisse dieu ē terre viure faict la pucelle plustost que tu a mō corps atouchasses et si tu auois rien tenu mains nues de ce que a ma chair attouche. ien cuideroi estre honnie aussi trop me seroit mescheu si tu my auoit attouche ie te vouldrois auoir trenche la peau et la chair iusque a los pour ce laisse moy. Vistement mon palefroy car bien sans toy ie monteray q̄ ne quiers ia ton aide auoit se dieu ioye et sancte me doint ie te verray tāt mal sou ffrir que a la mort faillir tu ne peux lōg temps a que ie te lay dist.

LE cheuallier Gauuain escoute tout ce q̄ luy dist la pucelle sās rien respondre puis luy baille sō palefroy et le sien destrier il re prēt. Vers terre apres Gauuain se baisse qui a la pucelle vouloit leuer son manteau pour sur elle mectre. Et la pucelle le regarde/disant a Gauuaī moult de honte/Vassal faict elle q̄ te chault de mon manteau ne de ma guimple/ cuides tu que si simple soye que tu pēses/non suis certes de la moitie ie nay desir ne affection q̄ a moy seruir tu tētre mectes/par ce que tu nas les mains nectes pour tenir chose que ie veste ne q̄ sur ma teste ie porte doibs tu approcher chose qui touche tāt a mon corps cōme a ma face iamais dieu ne me face honneur se ton seruice prēs agre/ mais va quelque part que vouldras car mon corps ne aux habitz natoucheras tu ia de pres/si te suiueray en tout lieux tant que aduenu par moy te sera quelque grant desconuenue de honte ou de villannie perte et de ce suys ie bien certaine. Lors est la pucelle montee qui de puis a Gauuain a dict. Vassal faict elle/or vous mectez en chemin quant il vous aggree et quelque part que vous allez ie vous suiueray soiez seur tant que pour moy honte vous vienne et sera ce iour ce dieu maid. Et messire Gauuain se taist tant qung seul mot il ne respond puis tout honteux monte et sen vont vers le chesne ou le cheuallier blesse auoit laisse auecques la pucelle qui de bon ayde ont grand besoing pour les plaies que au corps eust. Or scauoit le cheuallier gauuain assez bien lart de cyrurgie vne herbe en vne haye veit bonne pour doulleur apaiser aux plaies si lalla cuillir/ẽ ce faict vers le chesne vint ou menoit grand deuil la pucelle/laquelle dist incontinent quelle leust veu beau sire cher dict elle ie cuyde que ce cheuallier est mort car plus ne oyt ne entend/et plus ne le voy remuer. Et messire Gauuain descend si treuue que le cheualliē auoit le poulz flēble ẽ debille mais nauoit pas la bouche froide le nez ne les tēples aussi. Lors print a dire a la pucelle que son amy pas mort nestoit et que le poulz remuez sentoit aussi quil auoit prou de allainne/et sil neust ses plaies mortelles qungne telle herbe yl luy portoit que la doulleur fera cesser si tost que sur luy sera mise que en lasseurāt que de plus precieuse ne de meilleure herbe nest point en ce mon de pour plaie guarir et scacher se elle estoit dedens lescorche dung arbre rompu ou

car arrester iamais ne veuil que ne soye penitent et que mon dieu ne aye receu. Adōc gauuain le roucin prent qui au cheuallier mena lequel quant les yeulx eust ouuertz & que debout il se fut mis: assez bien Gauuain recongneut. Lors vint gauuain a la pucelle laquelle il monta dessus son palefroy breton: tant estoit il doulx et courtois Et ainsy cōme il la montoit: le cheualier son cheual print & monta sus. Puis cōmenca a saillir dessa et dela & gallopoit parmy la lande. Lors messire gauuain laduise si sen esmerueille et soubz rist: & en riant luy dist ainsy. Cheuallier dist il p ma foy cest grād simplesse ce me semble de faire ainsy mon cheual saillir: descendez si me le baillez. Car mal vous en pourroit venir: voz playes sont encores fresches: parquoy les pourriez empirer & le Cheuallier luy respōd gauuain se dist il ne ten chaille: près le roucin se feras sens: car au cheual as tu failly lequel ay a mon veuil choisy: & le menerray comme mien. Cōmēt dist gauuain ie tay faict ce iour si grande courtoisie & ne vins cy que pour ton bien: aurois tu le cueur si treslasche de me rendre le mal pour bien partāt ie te requiers et prie que tu ne mainnes mon cheual. Gauuain respond le cheuallier quelque chose quil en aduienne ie lemeneray quāt et moy & te dys bien que ie vouldrois le cueur tenir de ton ventre entre mes deux mains. Or est il vray ce dist gauuain: le prouerbe quon dist: que souuent pour bien mal aduiēt. Mais vouldroye bien scauoir pour quelle raison tu desires: mō cueur entre tes mains tenir: et aussy pour quoy tu veulx mon cheual emmener: considere que iamais fors que bien ne te desiray et que en mon viuant ne te feis. Si as gauuain dist le cheuallier tu mas veu la ou grāt honte tu me feis. Ne te souuient il de celluy auquel tu tant den nuy as faict quil fut par force cōtraict vng mops auec les chiens menger les mains

derriere le dotz liees. Saches que tu feis grant follie comme maintenāt tu le vois. Regarde si te doibz resioupr: de auoir la damoiselle prise par force: de laquelle en feis ton plaisir. Et toutesuois scauois tu bien quen la terre du roy Artus sont les pucelles asseurees si q̄ soubz sa sauluegarde les tient affin que nul ne les moleste. Voire mais faict gauuain ce que ien feis fut par equite et en gardant iustice laquelle doibt estre preferee pource ne men doibz tu hayr ne quelque mal me procurer. Ie tentens bien Gauuain dist le cheuallier. Prins tu la iustice de moy. Or est ainsy quil ten conuient souffrir ce que ie ten feray. Cest que emmeneray ton cheual puis que ne me puis aultremeut venger: passer te conuient au roucin de lescuyer que as abbatu meilleur eschange nen auras.

¶ Comment gauuain tout courrouce se partit luy et la malle pucelle laq̄lle se moqua de luy & luy dist que bien ioyeuse elle estoit du mal quil luy aduiēdroit de quoy Gauuain a elle se complaignoit.

Ors sen vient le cheuallier: apres son ampe qui cheuauchoit le petit pas Et ce venant la mauluaise pucelle se prit a rite: qui de puis a Gauuain a dict: Vassal fist elle que ferez vous: bien pouez dire maintenant: que le fol musard nest pas mort. Vous cōgnoissez aussy que profit nauez que vous suyue si ay ie en pēse se dieu me gard que iamais par cy ne viendrez que moult voullentiers ne vous suyue. et vouldrois que fussiez sur le beau roucin que vous auez a lescuyer emble: affin quen eussiez plus grande honte.

¶ Adonc monta Gauuain sur le roucin de lescuyer qui fol estoit et de mauluaise sorte et pour la fasson vous descripre gresle auoit le col et la teste longues oreilles et pendātes: et telles les dentz de viel

lesse que vne des leures de la bouche de
deux doibtz ne touchoit a lautre les yeulx
eust courbes et obscurs: les costez durs et
les piedz tors: et le ventre tout desfire: de
coups desperds et si estoit fort gresle ⁊ long
maigre croupe ⁊ tenues eschinnes: la resne
radoubee en mains lieux: et la celle sans
couuerture: estriers et estriuieres courtes.
Sique gauuain ne si ose fier. Et ce regar-
dant la malle pucelle: dit ainsy. Certes bi
en va ceste chose de quoy bien ioyeuse ie suis
Or allez dist elle a gauuai ou bo⁹ vouldrez
car bien raison est que vous suꝑ vn huit ou
quinze iours tous entiers voire trois sep-
mainnes ou vng moys. Vous estes mon-
te cõme il fault et richement en archeuesq̄
ainsi q̄ cheuallier doibt estre: pour nobles
pucelles conduire maintenant esbatre me
veuil a regarder voz malheuretez. Bro-
chez vng peu vostre cheual des esperons si
lessayrez: et ia naiez fraieur ne craicte: car
il est fort et bien abille/pour vous et voz ar
mes porter et du quel aurez grant honeur.
At vous tournoyrez ou que ferez cheua-
lerie. Or allons et ie vous suyuray: si ne
vous laisseray iamais tãt que de par moy
vous soit malencontre venue honte ⁊ ver-
gongne et croyez que ny fauldrez pas. Et
gauuain respond doulce amye vous dires
ce q̄l bo⁹ plaira. Mais a damoyselle mal
siet destre en cest estat maldisante puis
que dix ans elle a passez: doibt estre en hon
neur enseignee/courtoise/humble/et bien
moderee. Cheuallier de malleaduenture
dist la pucelle. De vostre enseignemẽt nay
cure: mais partez et sy vous taisez: car en
la sorte ie vo⁹ voy: sique desiroie vo⁹ veoir.

¶ Comment Gauuain et la pucelle che
uaulcherent iusques a vng port dugne ri
uiere fort parfonde ⁊ fort large ⁊ comment
Les pucelles dung chasteau le regardoiẽt
et cuidoient quil deust estre decõfist du che
uallier q̄ la pucelle veoit venir apres elle.

Ainsi cheuaulcherent
eulx deux iusqs au
soir sãs mot dire gau
uain deuant et elle a-
pres: et ne scayt Gau
uain q̄ du roucí doibt
faire q̄ ne veult pour
nulle riẽ aller: ne dugne place que apeine
se mouuoir: tant sache esperonner ⁊ rude-
ment le poindre. Par forestz gastes ⁊ gran
des landes sen va Gauuain sur le roucin:
tant que a terre ferme arriua pres dune ri
uiere profunde qui tant fut large q̄ la pier
re dugne frõde ne le traict dune arbalestre
neust en vng coup oultre passe. Et parde
la la riuiere y auoit vng chasteau si beau
et si riche: quil nest a homme qui porte vie
scauoir estimer ne parler de place exquise
ne si richement construicte tant en force
que fermeture quẽ commodite dassiete
et dedens icelluy dessoubz vne dure ro-
che estoit vng palais faict ⁊ cõpose de mar
bre. En ce palais y eust fenestres bien cíq
cens qui estoiẽt ouuertes toutes peuplees
de dames et de damoiselles lesqueles: de-
uant elles regardoient les prez ⁊ les ver
giers floris: dont les plus riches furẽt ve
stues de robes de satin blanc: et les cottes
de drap de soye broche dor/les aultres ale
quipollent. Ainsy aux fenestres apparu-
rent les testes hors: toutes ayans les che-
ueulx aussy beaulx ⁊ luysans que la lune
Or la plus mauldicte ⁊ mauluaise de ce
mõde q̄ messire gauuaí menoit vint droit
vers icelle riuiere ou sarresta ⁊ descẽdit de
sa haqnee laq̄lle estoit belle être cẽt: a treu
ue a ceste riuiere vng petit nauire ou bate
au q̄ a la clef ferme estoit: atache au pied de
quelque arbre en ce bateau auoit vng aui
ron ou rame: ⁊ estoit la clef soubz ou a sen
uirõ de larbre: la damoiselle au bateau en
tre qui le cueur eust fier et mauluais et
qũt son palefroy ou comme maites foys
auoit faict laquelle a tost dit a Gauuain

en te aduisant que rien amoy tu ne pourras ou clamer tu puissez droicture: mais quel tribut demandes tu. Sire dist le marinier vous auez abbatu a ce port ung cheuallier du quel doibz le cheual auoir: se tort vous ne men voullez faire; amy dist gauuain ce tribut me seroit a payer trop gref: car a pied aller me fauldroit: vous aurez reproche villaine dist le marinier et serez desloyal estime par les damoiselles qui vous voient se le tribut ne me rendez parce que iamais nul ne fut en ce port abbatu que le cheual ne ma partint: et qui ne me fust deliure et se le cheual ne ay au cheuallier faillir ne puis. Et gauuain alors luy respond allez doncques au cheuallier: et le prenez se vous pouez. Le marinier luy a puis dict ie croy dist il que vous mesmes auriez moult de peine et de affaire a le poursuiuir et le prendre: car encores nest recreu ne las. Et pour ce se tant vous vallez: allez le prendre si la menez et de mon peage vous quitte. Amy se ie descendz a pied dist gauuain me pourraige fier en toy de garder mon cheual icy. Et le marinier luy respond que ouy: loyaulment vous le garderay dist il et voulentiers vous le rendray ie le vous iure et le promestz. Et sur ta foy luy dist gauuain le cheual ie te laisseray.

Ors descendit gauuain de son cheual et le marinier le prent par la resne qui dist que seurement le gardera: et Gauuain sen va lespee toute nue au poing vers celluy quil na mestier que plus on luy face greuance pource que grefue et ennuye fut assez dune plaie quil auoit dessus les rains par laquelle auoit moult de sang perdu. Et quant gauuain leust approche luy dist ainsy a fieble voix. Sire dist il voullez vous lhomme mort occire desirez vous combatre conte le vaincu plus celler ie ne vous puis que tant ay par mes playes perdu de sang que le cueur presque ne me fault et pource a vostre mercy ie me rens. Or leuez vous donques dieu luy dist gauuain et tost apres quil fut leue au marinier le mena: lequel humblement remercie. Puis luy pria gauuain qui luy dist sil ne scauoit que la pucelle estoit deuenue qui lauoit amenee. Et le marinier luy respond, Sire ne vous chaille fist il de la pucelle quelle part elle soit allee que pucelle nest elle pas: mais plustost ung esperit mallin. Sachez quelle a faict a ce port tres cher mainte teste de cheualliers. Pourtant se croire me voullez pour ce iour loger vous viendrez en tel hostel comme est le mien: ce seroit vostre profit de demeurer a ce riuaige qui est vre sauuaige terre dangereuse pour aduentures contraires amener. Lors dist gauuain au notonnier quil en feroit par son conseil quoy qui luy en deust aduenir. Aussy entra gauuain auecques le cheuallier blesse et son cheual dedens le challan et si tost quilz furent a laultre riue passez la maison du marinier trouuerent qui assez pres de leau estoit.

¶ Comment gauuain auec le prisonnier furent grandement receuz et traictiez chez le marinier: et comment ledit marinier comptea plusieurs choses admirables dung chasteau assez prochain du manoir dudit marinier.

Insy amena le marinier son hoste et son prisonnier en son hostel qui tel estoit que ung grat prince eust bien este traicte dedens. Et quant ilz furent tous entrez longuement natendirent que le souper tost ne soit prest: ou en seruit plouuiers/faisans/perdris/et grosse venaison assez: le vin blanc cleret et vermeil ny fut aussy point espergne tant viel que nouueau. Apres souper laueret les mains et se leuerent. Puis Gauuain son hoste remercia du bon traictement quil luy auoit faict

g.iii.

Vassal dist elle descendez: z entrez icy ap
mopa tout voſtre riche rouciŋ qui est auſ
ſy gras comme ung es: et ſi deſancres ce
challan quen malan y puiſſiez entrer: et
malle fortune encontrer comme ainſy ſera
quant ceſt eaue vous aurez paſſee ou poſſi
ble ne vous ſera de ſouy. Lors gauuain a
la malle pucelle la raiſon demanda. Et el
le luy reſpond que ſe il veoit ce quelle voit
q̃ viſtement il ſen fuiroit.

Lors Gauuain ſe re-
tourna et veit ung che
uallier par une lande ve
nir tout arme: adonc il
demande a la pucelle q̃
eſt celluy: lequel ſur ſon
cheual eſt monte que de ces playes ay ga
ry puis me ſembla q̃ tollut. Maintenãt ie
le te diray dist la pucelle. Saches et croy
pour verite que ia ne le te diroie ſe ie pẽſaſ
ſe que fuſt ton proffit: mais pourtant q̃ cer
tainne ſuis quil vient pour la malle aduẽ
ture: ie ne te le celleray pour riens. Ceſt le
nepueu Greoreas q̃l apres toy icy enuoie
q̃ bien te veulx dire pourquoy puis que tu
me las demande: ſon oncle a commãde q̃l
te ſuyue tant quil te ait a la mort mis: et q̃
apres la teſte luy porte pourtant le conseil
le a deſcendre ſe attendre tu ne veulx ta
mort. Entre doncques en ce challan q̃ ſi tẽ
fuys. Certes pour luy ie ne menſuiray re-
ſpond gauuain mais franchemẽt lacten-
deray: ie ne ten diray donc plus rien faict
la pucelle mais ie men tais: pourtant ie
croy que beau bõꝰ fera veoit tournoier de-
uant les pucelles vous regardant a ſes fe
neſtres: qui pour voꝰ toutes y ſont venues
leſquelles fort feront ioyeuſes lors que voꝰ
verront du rouciŋ treſbucher: pour voz pa
rolles dist Gauuain ie ne me eſbahiray
mais ſuis delibere le cheuallier actendre
pour mon cheual ſe ie puis recouurer: de
quoy fort ioyulx en ſeroye.

Tan toſt retourna Gauuain vers la
lande et la teſte du rouciŋ retourne ver
celluy qui par le ſablon venoit des eſperõ
poignant: et Meſſire gauuain lattent q̃
ſi roidement ſe afficha et eſtendit ſur les
eſtriers quil en rompit le ſeneſtre. Ainſi
ne auoit plus ſurquoy ſe ſoubſtenir que ſur
la dextre: et en ceſt eſtat le cheuallier actẽ
dit ſans ſcauoir faire le roucin de la place
mouuoir ne ptir q̃que peine q̃l ſceuſt met
tre. Puis dist aiſp. Dz que laict faict ſur
cheual Cheuallier eſtre quant il veult ar
mes exploicter quant ne peult du cheual
iouyr ne le faire dũg lieu partir. Et adonc
vint le Cheuallier dung coup de ſa lance
gauuain tellement ferir que le fer en leſcu
demeura. Et gauuain qui iamais de fai-
re armes nẽ fut las: le Cheuallier ſi dure-
ment actaignit deſſoubz leſcu ſur la cuiraſ
ce que perdre luy feiſt eſtriers a la celle qui
puis ſur le ſable tomba. Et ſi toſt que gau-
uain veit le Cheuallier par terre tõber: a
ſon cheual a la main mys louant dieu de
ceſte aduenture qui telle ioye en ſon cou-
raige euſt quil comme trany en eſtoit.
Puis vers la pucelle retourne que ia il a-
uoit amenee: mais au bateau ne la trouua
dequoy fut fort eſmerueille penſant quelle
eſtoit deuenue et cõment perdue il auoit.

Ors que penſoit a la
pucelle: veit ung pe-
tit challan ou nacelle
venir que ung nau-
tõnier ou aultremẽt
ung marinier ame-
noit: qui de deuers le
chaſteau venoit et
quant au port il fut venu ſil dist a Gau-
uain. Sire ie vous apporte ſalut de par ſes
damoiſelles Leſquelles de par moy vous
mandent que vous me payez mon tribut
q̃ que point vous ne le reniez: paiez le moy
donc ſil vous plaiſt. Et Gauuain reſpond
humblemẽt dieu benie la treſnoble et bel-
le aſſemblee et toy qui auſſi me ſalluees

Oult pleurent a Gau
uain ses nouuelles telle
ment que quant enten
dues les eust pria o son
hoste luy bailler ses ar
mes et son cheual disant
que se dieu luy est en ai
de que les dames yra au chasteau veoir/en
le remerciant du bon du cueur de sa person
ne et de sa chere qui luy feist/et que arre
ster plus ne pourroit qui ne allast ses grãs
merueilles veoir/le marinier a son pouoir
pria gauuai de demeurer disant que ceste
follie ne entreprint de voulloir cõme il dist
vers le chasteau aller: mais tãt il ne sceut
repugner quil en peult gauuain desmou
uoir partãt luy dist. Sire faict il ie voy que
a moy est peinne perdue vous prier de vo
stre profit ainsy aumoins comme il me sem
ble donques au chasteau vous prez dont
il mennuie mais ie vous y vouldray con
duire car sachez q̃ aultre conducteur ne vo9
y profiteroit en rien aincois pourtant que
vous y meine vng don ie vo9 veuil demã
der. Et quel don luy a faict Gauuain: pre
mier que vo9 le dise faict le marinier vo9
me promecterez loctroier: a vostre voulloir
faict Gauuain ie feray pose que honte ne
deshonneur auoir ie ny puisse. Et cedit cõ
manda le marinier tirer hors le destrier de
Gauuain prest a monter sus et quon luy
apportast ses armes puis feist amener son
cheual sur le q̃l il voulloit monter pour le
cõduire. Et pẽdãt que gauuain se arma pre
paroit et aornoit le marinier de ses habitz
Apres que tout deux furent montez tant
se hasterẽt que tost au pied du chasteau sõt
ven9 ou il trouuerent vng bedeau ou huis
sier seul/assis sur vng trousseau de ionc te
nant en sa main vne masse dargent dore
en plusieurs lieux entrichie de pierres preci
euses le quel dolloit a tout vng coustellet
vng petit baston de fresne. si passerent de
uant luy sans mot dire et quant ilz furent

oultre passez dict le marinier a Gauuain
de cest huissier q̃ vo9 en sẽble seist il q̃ para
illemẽt de sa masse. Bien mest aduis ce fa
ict gauuain que la masse nest pas de bois
mais fort riche a ce que ie voy. Croiez se fa
ict le marinier q̃ moult est riche voiremẽt
mais daultres nouuelles eussiez eu q̃ vo9
semblassent odieuses se ne fust que ie vous
conduis et quil pense que vous supporte/a
insy passerent tous deux tant quil sont au
palais venuz dõt lentree moult haulte estoit
et les portes riches et belles/les gõdz et tou
tes les serreures furent dor fin se no9 dit lhi
stoire vne des portes estoit diuiere biẽ en
taillee par dessus et laultre fut de boys pa
reillement dessus ouure et estoit chascun
ne aornee dor et de pierres pcieuses/le paue
ment du palais fut vert et rouge bleu pers
et ynde et daultres coulleurs moult bien
ouure et bien polly vng lict auoit en ce pa
lais dess9 lequel ny auoit aultre chose que
fin or fors les frenges du ciel qui dargent
estoiẽt. De ce lict se no9 dit le cõpte en plusi
eurs lieux les pẽtes du ciel pendoient gros
ses campanes dor et au pardessus du ciel
aux quattres carres estoit pose vng eschar
boucle rendant merueilleuse clarte Et fut
le challit du lict assis sur quatre petites ro
ues si que seullemẽt a le pousser dũg doist
on leust faict remuer de place a aultre de la
salle tant fut mouuant et fort bien faict.
Que vous diray ie tant estoit se lict Riche
et bien aorne q̃ onques pour Roy ne pour
conte nen fut vng pareil ordonne. Tant le
palais couuert estoit descailles de bien fi
nes perlee/et toute les paroiz de verres trẽ
pe en diuerses coulleurs/si que on eust facil
lemẽt peu voir par dedens tous ceulx qui
au chasteau entroient tant par la porte que
y ailleurs. En ce palais furẽt quatre cens
fenestres closes/et dix ouuertes desquelles
choses fut Gauuain fut esmerueille quant
il fut audedens entre regardant sa et la ce
quil y veoit contenir.

g.iiii.

lequel prisa grandemēt. Et le matin si tost que le iour apparust se leua gauuain ainsy que de coustume il auoit de faire et puis le marinier aussy: et eulx leuez se mirēt aux fenestres dung tour pour cōtēpler la situacion de ceste contree qui fut fort belle a regarder parce q̃ dune veue on eust peu voir bois plains riuieres et chasteaux enuironnez de beaulx vignobles. Et ce voiāt gauuain a son hoste demanda qui seigneur estoit de ceste terre: et dung chasteau lequel de la prochain estoit qui fort luy sembloit magnificque. Lors le marinier luy respōd que rien plus que luy nen scauoit: mais q̃l en estoit vng sergent: et vo9 auez de si grādes rentes si ne scauez qui en est le sire: ie vo9 aduise pour tout vray dist le marinier que ie ne scay et ne le sceuz oncques: dictes moy dōcqs ie vous prie q̃ le chasteau garde et deffend. Sire il y a bonne garde dist le marinier. Leans se peuuent trouuer cinq cens tant arcz que arbalestres nuict et iour prestes de tirer se nul y venoit pour mal faire: iamais ne fineroient de traire ne iamais lassees ne seroiēt tant sont les arcz et arbalestres ingenieusement faictes et cōpassees que pour les retendre ny fault la main mectre: et quant est de la compagnie et mesgnie qui leans est. Sachez que v̄ne royne y a moult haulte femme saige prudente et assez ancienne fort opulente en or et en argent et aultres richesses. Ceste royne atout son tresor vint a ce pays habiter qui feist faire ce beau manoir: tel comme voir vo9 le pouuez. Laquelle amena auec elle vne damoiselle fort gente que tant ayme que pour royne la tient et nomme.
Puis y a vne aultre pucelle si tres plaisante et belle fille tant modeste et de bōne grace que ie ne croy que soubz le ciel y en ayt vne pareille: sachez encor que la salle de ce chasteau est faict par lart de nigromance comme vous orrez sy apres sil vous plaist que ie le vous dye. Ung clerc bon nigromācien: et bien saige en Astrologie la royne auec sa compagnie en ce beau palais amena ou fist vne si grant merueille: que de pareille nauez iamais ouy parler ne homme qui en terre viue. Cheuallier tāt soit grāt et fort en ce palais ne scauroit vne seulle heure viure: qui couart fust ou peu hardy traistre faulsaire ne pariure ou quil eust en luy mauluais vice comme moqueur ou detracteur: tel ny scauroit sain demeurer: mais seruiteurs y a assez: de maintes terres la ven9 qui pour armes seruent leans iusques a cinq cens y en a les vngs barbez les aultres non: cent qui nont ne barbe ne poil: et cent ausquelz la barbe poingt: cent aultres qui raient et rognent leurs barbes chascune sepmaine: se en a cent plus blās que neige et cētqui ont les cheueulx gris. Des dames y a anciēnes qui nont ne mary ne seignēr: mais sont sans cause et a grant tort de leurs terres desheritees: et si a plusieurs orphelines: qui auecques les roynes sont lesquelles a moult grant honneur les tiennēt. Toute ceste cōpagnie va et vient se esbatant auant ce chasteau attēdant ainsy quil mest aduis vne grande follie: parce que ce ne pourroit aduenir. Ilz attendent que leans viēgne vng tant vertueux Cheuallier qui rende aux dames leurs honneurs leurs terres et leurs seigneuries/ et donne aux pucelles marys: les seruiteurs et escuyers que tous les face cheuallicrs. Mais ie croy que plustost on verroit la mer englacee que de touuer tel cheuallier qui en ce palais habitast par ce quil conuient sans fainctise qui soit saige courtois et large sans enuie et sans nul pler beaux hardy franc et loyal: se tel en ce chasteau venoit comme sien le pourroit tenir et rendre aux dames leurs terres. Guerres en paix conuertiroit si mariroit les pucelles les escuyers et seruiteurs amēderoit et les feroit grands deuenir et en la pfin osteroit les enchantemens du palais.

¶ Perceual le gallois.　　Fueillet. xxvi.

cher. Lors les flesches et vires osta Gauuain lesquelles furent son corps qui lauoient naure en maint lieu si que le sang habondamment en issoit/mais aincois q̃ toutes les flesches et les vires eust traictes/d'ung mal rentra tost en ung aultre et de petit danger en grand/car ung villain alheure vint qui d'ung coup de pied ung huis ouurit du quel sortit ung grand lyon affame qui sans arrest et sans demeure/vit cruellemẽt gauuain assaillir par grãd yre et par grant orgueuil/et tout ainsy cõme dedens cire ses ongles en son escu afficha par telle puissance que Gauuain sur les genoulx abat lequel legierement se releue puis meist la main a son espee de laquelle si couraigeusement le lyon frappa q̃ la teste et les deux piedz de deuant d'ung seul coup luy abbatit. Alors fut Gauuai fort ioyeux quant il veit le lyon occis du quel estoient les ongles des piedz demeurez/si se rassist dessus le lict/et son hoste faisant grant chere tantost dedens le palais rentra qui Gauuain trouua sur le lict assis: auquel y dist Sire faict il ie vo⁹ asseure que les merueilles du palais sont faillies pour tousiours/mais par vous qui venu icy estes si que des ieusnes et des vieulx serez honore et serui ceans/que dieu en soit loue.

Tant vindrent escuiers fort bien et richement vestus par hotes et en grandes compagnies si se mectẽt tous a genoulx deuant Gauuain & puis luy dirent. Sire font ilz tous d'une voix noz seruices vous presentons comme a celluy que nous auons tant desire et actendu par trop vous auez demeure au moins ainsy que aduis nous est. Et maintenãt lung d'eux s'approche qui se commence a desarmer: quelquez aultres võt mectre en le

stable son cheual qui estoit dehors/et ainsy quil se desarmoit vne pucelle entre leans a merueille auenant et belle/la quelle en la teste portoit/ung cercle d'or sur les cheueulx qui estoit plus iaune que cire et la chair de la face auoit blanche plus que n'est fin albatre ou neige bien colorees aduenant d'une rougeur naifue et pure. La pucelle fut fort plaisante moult droicte & de fort belle taille aultres pucelles entrerent a pres elle gentes et belles: si reuit vng aultre escuyer portãt vne robbe en ses bras pourpoint de soye et le mãteau le quel estoit fourre dermines/& la robbe de fines martres fust plainne et le drap de pourpre. Et adõc Gauuain se merueille des pucelles quil voit venir/par quoy contenir ne se peult q̃l ne sen allast deuers elles/disant pucelles bien veniez & la premiere en s'enclinant luy dist madame la Royne par nous toutes salut vous mande et nous a commande par expres que pour droit seigneur vo⁹ tenons disant que seruir vous debuons. Et ie qui parle la premiere mon seruice ie vous presente si vous dis q̃ toutes les aultres pour sire et pour seigneur vous clament/lesquelles tant vo⁹ ont desire. Croyez que moult ioyeuses sont de veoir le meilleur cheuallier qui soit sur la terre viuant/Sire sachez que toutes sommes pour vous seruir appareillees et ce dit a genoulx se mirẽt toutes sans en excepter vne cõme celles qui se destinuent a le seruir et honorer. Et gauuain les feist sans acẽdre leuer et puis les assoit qui moult luy plaisoient a regarder tãt pour ce que belles les veit que pour la cause quelles de luy leur prince et leur seigneur faisoyẽt si grande ioye eust ceste fois de l'honneur quil luy ont porte/que son viuant tant n'en receut/puis luy a la premiere dit. Sire madame vo⁹ enuoye ceste robbe pour vous vestir comme celle qui n'est pas vuide de scauoir parce quelle cuide que grant trauail vous auez en ce palais eu/si que

Dant par tout eust Gauuain regarde appella le marinier son hoste auquel a dist/ bel hoste feist il ie ne doy teas nulle chose pourquoy on doibue doubter dy entrer dict ce que vous vouillez entendre quant si fort garder men vouilliez et que me deffediez dy venir sur ce lict me vouldrois asseoir pour vng petit me reposer quoncques si riche ie ne veis. A sire faict le marinier gardez vous bien de lapprocher car sachez se vous lapprochiez q̃ de la pire mort mourriez q̃ iamais cheuallier mourut. Mō hoste q̃ feray ie dōc q̃s luy dist gauuain. Et ie le vous diray beau sire faict le marinier vous souuient il quant de mon hostel vous partistes que ie vous demandoy vng don mais vous ne sceustes que cestoit: or vous veuil du don requerir/ cest que retournez a vostre terre sy conterez a voz amys/et a ceulx de vostre pays que tel palais vous auez veu que nul nen scait vng si tres riche ne scaura homme tant quil viue. Donc diraige que dieu me hait dist Gauuain. Combien que ie croy que ce que me dictes nest que pour mon bien/mais ia pour rien ne laisseroie/que sur ce lict ie ne massisse et que ne veisse les pucelles que arsoit aux fenestres apperceu/cil qui pour mieulx fuir reculle le marinier luy dist icy vous ny en verrez nulles des pucelles dont vous parlez mais de retourner vous conseille ainsy comme sceans vous vinstes par ce que simplesse a vous seroit de cuyder quil en vienne icy et aussy que les puissiez voir/si vo[us] voient elles moult bien par le verre de ses fenestres et pareillement les deux Roynes et les dames de toutes pars qui sont a present en leurs chābres. Par ma foy luy a dist Gauuain sy me serraige sur le lict lequel pourtant ne croy point quil ait este faict que pour y gesir aul

chun grand prince ou haulte dame/ toutesuois sy me iray ie asseoir quoy qui me doit ue aduenir soit bien ou mal. Lors le marinier voiant quil ne peult gauuain garder ne destourber de se asseoir sur le lict non vouillant voir ce que y luy en aduiendra se il sy siet de la sen part/et au depārtir a gauuain dist sire faict il ie vous aduise q̃ moult mennuye et fort me poise de vostre mort/ car oncques cheuallier ne se assist en ce lict qui puis en partist ou en bougeast aulcunemēt/cest le lict par merueille ou nul somme ille ne dort ne repose ne si assiet q̃ vif ou sain sen puist leuer. Dont est grand dōmaige de vous qui la vie y lairrez en gaige sans quelque rachapt ou rancon quāt par amour ne pour menasse ne vous puis dicy emmener ie prie au benoist createur quil ait de voustre ame mercy car mon cueur souffrir ne pourroit que ie vous sceusse veoir mourir/a tant sortit le marinier du palais et Gauuain sur le lict se assist tout arme son escu au col.

Insy que Gauuain fut assis les sangles du lict sitrēt bruit et toutes les campanes sonēt si q̃ du son quelles rēdent ont estonne tout le palais toutes les fenestres se ouurent les grādes merueilles se descourent/et apparēt enchātemēs et p les fenestres vollerēt vires et fleches de p dedēs q̃ plus de cinq cens actaignirent le syre gauuain a lescu quil ne scauoit dont elles vindrent. Cest enchantemēt tel estoit que nul homme ne peult scauoir de quelle part venoient les fleches ne les arcz et arbalestiers qui les traient/ mais assez entendre lon peult que grant bruit faisoient au descendre tant les arcqz que les arbalestres ie croy que homme pour vng marc dor nen vouldroit estre pres a theure/& les fenestres sans demeure se reclouoient sans atou

mot traire/qui ne soit de pris ou de courroux et pour la raison vous en dire rien nen scay car rien nen a dict et demander ne lay ose/ mais bien sachez tout pour certain la premiere fois que a luy vins le trouuay si bien enseigne si bien parlant et si facon que ie ne eusse sceu me souller descouter ses doulces parolles ne de regarder son maintien or est de toute aultre maniere maintenant ie le vous asseure il vouldroit ie croy estre mort car rien ny a q̃ ne luy ẽuie. Niepce faict la royne ne vous en donnez fantaisie assez tost rapaise sera presentement quant me aura venir: si fort courrouce ne sera que lyre ne soit tost perie/et ioye recouuerte et remise. Alors cest la royne esmue pour venir ou gauuain estoit menant laultre royne auec elle qui tant belle estoit et honeste et auecq̃s elles menerent plus de cinquante damoiselles et pl⁹ encores descuyers et si tost que Gauuaĩ veit la Royne venir vers luy qui lautre tenoit p la main le cueur a lheure luy iugea q̃ cestoit du palais la royne dont auoit tãt ouy pler mais biẽ le pouoit deuier a la vesture q̃lle portoit. les cheueulx iusques sur les hanches luy pendoient et les blanches tresses et fust, dune pourpre vestue Quant messire Gauuain laduise ne differa contre elle aller si la sallue et elle luy le plus reueramment quilz peurent: puis la Royne luy prit a dire. Sire dist elle sachez q̃ dame suis de ce palais du q̃l la seigneurie vous donne vous lauez fort bien deserue Or p maniere de deuise dictes moy present sil vous plaist si vous estes de la mesgnie et des gens du bon Roy artus. Sachez respond gauuain que ouy. Et estes vous luy dist la royne le cheuallier a la charrette qui tant de prouesses a faict. dame nenny. Je vous en croy dist la Royne/ et estes vous ie vo⁹ en prie des cheualliers de la Table Rõde qui sont les plus parfaictz du mõde. dame feist il ie noseroie dire que soye des plus prises. Aussy des meilleurs ne me

dis/ et si ne pense estre des pires. Et elle luy a respondu beau sire dire vous oys parolle honeste quant sur vous le pris ne mectez des meilleurs ne de moindres aussy Mais or me dictes du roy loth quantz enfans eust il de sa femme. Dame quatre. or me les nõmez fist la Royne. Sachez dame que Gauuain fut le premier/ et le second fut Aggrauain lorguilleux. Gaheriet et Guerhes furent les aultres deux apres. Et puis la Royne luy a dict/sire faict elle vous en auez dist verite. en cest estat sont ilz nommez que pleust a dieu que tous ensemble fussent presens auecques vous. Or me dictes congneustes vous le Roy brien Dame ouy. Et a il encores nulz filz dist la Royne: deux en a de bien grant renon luy dist gauuain dont lung est yuain le courtois nomme/τ laultre a non yuain aussy qui nest pas son frere germain/pourtant est appelle auoultre qui to⁹ les cheualliers oultraige qui contre luy prẽnent bataille/et sont eux deulx p̃sent en court moult preux moult saiges et courtois. Beau sire dist elle le Roy Artus comment se faict il maintenant: mieulx quil ne feist iour de sa vie luy dist gauuain plus sain plus legier et plus fort. Je le croy bien ce faict la Royne sil a cent ans il ne a plus/ne pl⁹ nen pourroit il auoir. Mais encores veuil de vo⁹ scauoir que tant seullement me disiez delaisir et cõment se contient presentement la bõne Royne. Certes dame dist il cest vne princesse courtoise tant belle tant saige et prudente q̃ dieu ne feist en nul lignage vne si tres notable dame du iour que la fẽme p̃miere de la coste dadã fut faicte ne fut veu dame si parfaicte Comme elle est de ce soiez seure Tout ainsy que le saige maistre les petis enfans endoctrine: ainsy faict celle que ie dis tous chascun enseigne et apprẽt delle toute bonte descent delle tout bien naist et se meut/delle ne se peult nul partir malcontent ou desconseille tant scait que toute cho

auez mestier de repoz. sil vo⁹ plaist vo⁹ le vestires selle vous est bien faicte apoict car garder se fault de froidure apres le chault q̃ est scauãt quãt le pouoir a de ce faire/pource la royne ma maistresse vo⁹ enuoie robbe derminez fourre affin q̃ le froict ne vo⁹ face aulchun grief apres la challeur. Et messire gauuai respond cõme le plus courtois du mõde. Icelluy la Royne preserue qui le ciel et terre forma et vous cõme la mieulx parlant la plus aduenant et courtoise que iour de mon viuant congneus en quelque terre ou soie alle A bon droit doibt la dame estre saige de la quelle est le message si courtois/ celle soit bien qui faict mestier a cheuallier et qui luy duist quant par sa grace et grant bonte ceste robbe mẽuoie icy ie vous requiets que de par moy vous len veuillez remercier. Si feray ie sire en bonne foy faict la pucelle et voluntiers/pendant vo⁹ pourrez reuestir et veoir les estres de ceans/ou pourrez sil vous plaist mõter en ceste tour pour regarder dehors les plains bois et riuieres tant que icy ie retourneray

Lors sen retourne la pucelle et messire Gauuain satourne de robbe et des vestemens que la on luy a apportez puis meist une chesne a sõ col de fin or moult pesante et belle sy luy a prins tallent daller veoir les fenestres de la tour: parquoy luy et son hoste y vont et monterent par une vis qui fut a coste du palais puis quant en la tour sont venus virent le pais dalentour/plus beau que lẽ ne scauret dire. Lors Gauuain ca et la regarde et voit les champs prez et riuieres et tees forestz de bestes plainnes. Dont son hoste en a aduise et luy dist hoste par ma foy ce pais que cy vous voiez moult me plairoit a conuerser pour aller chasser et vener en ses forestz que nous voions. Sire de ce vo⁹

vous pouez bien taire luy dist le marinier partant que dire tay ouy que cil que dieu tant aimera qui le fera de ce chasteau maistre seigneur. et aduoue il est establi et pose que iamais hors de ce palays ne partira so it tout ou droit pource parler ne vous conuient ne de chasser ne de berser/partant que ceans tel seiour ferez que tout vostre viuãt ne partires cest chose vraye. Hoste dist gauuain taisez vous car vo⁹ me feriez desplaisir se pl⁹ telles parolles dictes Se sache dieu que ne pourroie iusques a. viii. iours ceans viure/z si ny a homme viuant qui me garde que ne mẽ parte toutes les fois quil me plaira.

Donc Gauuain et son hoste le marinier de la tour descendirẽt et ne fut Gauuain fort ioyeulx quant dedens le palais ẽtra lequel sest sur le lict rassis a chiere moult dollente z morne. A tant Retourna la pucelle qui auoit deuant este. Quant messire Gauuain la voit si se lieue et vint encontre elle et puis hũble ment la sallue/et celle veit quil eust mue sa contenance et sa parolle dont apperceut a sa semblance quil fust daulchunne chose yre/pourtant parler ne luy en ose. Puis dit sire quant vous plaira madame icy vous viẽdra veoir/par ce que le menger est prest et mengetes sil vo⁹ aggree/ou bas ou hault ou vous vouldrez. Et il respond a la pucelle belle ie nay de menger cure/la malle aduenture maduienne se ie fais ioye ne mengue auãt que aultres nouuelles ie oye dõt ie me puisse resiouir. La pucelle toute esbahie est a la Royne retournee la quelle si tost lapella pour luy demander des nouuelles Belle niepce sedist la Royne du quel sem blant ou contenance auez le cheuallier trou ue q̃ dieu no⁹ a cy amene. Ha dame respõd la pucelle. Toute ay este de deuil comblee du debõnaire cheuallier du q̃l on ne scaut ung bien ie vo9 vouldroie si vous venoit a voulenté venir iusques a ceste fenestre pour m'aduertir que se peult estre d'une pucelle que ie voy et du cheuallier quelle faict qui porte ung escu de quartiers. Voullentiers ie le vous diray faict la Royne qui les aduise. C'est celle que lon puist ardoir qui l'aultre soir vous amena et pourtant d'elle ne vous chaille/par trop est villainne et trop faulce. Et du cheuallier quelle meinne ne vous en doibt aussy challoir c'est celluy ie le dis sās faulte sur tous cheualliers le couraigeux sa proesse n'est mocquerie/car maintz preudhomme a ce port adeuant no9 a mort liurez Dame faict il ie veuil aller parler a ceste damoiselle/se vous le congé men donnez. Sire dist la Royne a dieu ne plaise que pour vostre mal aduenir aulchun congé ie vous donnasse/laisser aller a son affaire ceste damoiselle enuieuse ia se dieu plaist pour la villainne ne ysterez hors de ce palais: iamais vous ne debuez issir se voustre tort ne voullez faire. Certes respond gauuain madame vous m'auez fort esmerueillé ce me seroit mauluais sallaire/se de ce palais ne partoie toutes les foys que ie vouldroie ce seroit trop longue prison. Et alors dist le marinier madame se vo9 me croiez sō plaisir vo9 luy lairrez faire/ne le tenez oultre son veuil il en pourroit de deuil mourir ie le laisseray donc yssir faict la dame par tel party/que se dieu de mort le deffend quil reuiendra enn'uict nous reuoir dedens ce chasteau. Dame faict gauuain ie vous iure/que ie reuiendray se ie puis/mais au partir ie vous demāde ung don que me octroyerez s'il vous plaist c'est que ne me demanderez mō nō deuant sept iours entiers. Puis que le voullez faict la Royne plustost que douoir voustre hainne ie veuil faire a vostre plaisir: si fusse la chose premiere qui en mon voulloir fust venue que de vostre non m'enquerir se requise vous ne m'en eussiez.

C Commēt gauuain armé de toutes armes auec le marinier passerent la riuiere t

comment gauuain deconfist le cheuallier q gardoit le passaige.

DE la tournelle ainsy descēdit gauuai auec le marinier allors vidrēt escuyers qui luy rendēt ses armes pour tost sen armer/ puis ont son cheual tiré hors sur leql tout armé monta et ce faict au port est alle et le marinier auec luy si entrerent dedens ung bateau ou ne cesserent de naiger tant quilz vindrent a l'autre riue/et Gauuain descendu a terre deliberā daller la pucelle & le cheuallier salluer Et quant le cheuallier le veit dict a la pucelle sans mercy am'ye faict il ce cheuallier qui vient cy encōtre no9 armé qui est il le congnoissez vous. La pucelle luy Respond ie vous aduise am'y faict elle que c'est celluy qui par ceste part m'a mena. Et il luy dist se dieu me gard iamais il ne meschapera aussy aultre que luy ne qers. Croiez que i'estoie en grant craincte que ne le peussez recōgnoistre oncqs cheuallier ne de mere ne passa le port de galuoie moiennant que ie lappetceusse qui de puis ailleurs se vantast quil soit en ce pais venu. Et si tost quil eust ce dist sans escrier et sans menasse le destrier point legerement pour Gauuain mectre a mort s'il peult. Lors messire gauuain sadresse vers luy de si grande roideur q̄ du coup qui luy dōna le naura au bras & au costé moult fort mais blessé ne fut a la mort pourtant que le haubert si bon estoit que le fer du tout ne passa et ne luy en entra que deux dois dedens les flans: pourtāt fut p terre enuerse si se releua vistemēt pour mectre la main a l'espee mais tāt eust espādu de sang q̄ pl9 ne se peult soubstenir et p aise vit a gauuaī mercy demāder. Alors Gauuain en print la foy qui au marinier la Rendu lequel latendoit a la riue. Et la pucelle sans mercy estoit de sa haquenee descendue/vers laquelle est gau

h.i.

se vault et que lon doibt faire a chascun/nest venu vers elle pye quil ne sen retournast ioyeulx. Mō ferez vous sire de moy/se luy a respondu la royne. Dame fist il bien vo⁹ en croy/car aincois que ie vous veisse que ie feisse ne me challoit tant dollent et pre ie stoie. Or suis ie present si ioyeulx que ie ne scauroie estre plus. Sire ie vous promets ma foy a faict la royne aux blanches tresses que encores doublerōt voz ioyes et croi stra vostre liesse et ce ne vous fauldra ia mais:or seroit temps de menger parquoy present ie vo⁹ aduise que la viande est toute preste et pource elisez en quel lieu de ce ste maisō il vous plaira repaistre. En ceste salle sil vous plaist ou se voullez vous en viendrez menger en ma chambre lassus. Dame ie ne quiers ia chāger pour nulle chā bre ceste salle se dist gauuaī car on ma dist que iamais cheuallier ny mengea ne sy assist. Non fist la royne qui vif de puis en issist ne q̄ vifz sceust demeurer vng quart dheure tant seullement. Icy veuil fist il doncques repaistre se le congie vous me dō nez: voullentiers ie le vous octroye faict la royne. Et vous dy bien que le premier cheuallier serez qui iamais y aura menge. Atant la royne sen retourne qui laissa a uecques gauuain le nombre de cinquante pucelles qui souperēt auecques luy et fust seruy de tout ce qui luy print a goust. Cent beaulx escuyers se trouuerent a son repas dont les vngz furent vieulx et les aultres ieunes et diceulx y en eust vng nombre a genoulx deuant luy/et les aulcuns de tren cher seruent et les aultres de vin donner. Messire gauuain fist lors asseoir le mari nier au pres de luy. Et vous dis bien que le banquet de ce soupper ne fust pas court/ lequel fust si long quen quatre heures na este faict ou ny eust faulte de clarte de tor ches de grans flambeaulx mais les eschar boucles du lict excedoient toute la lumiere Au soupper eust maintes parolles profe

rees pour resiouir et apres le conuif acheue force esbatemens et dances tellement quil ny eust celluy qui nen fust recreu et fort las tout pour leur nouueau seigñr resiouir atte dant quil allast coucher et voullut ceste nu ict gesir dessus le lict de la merueille ou coucha iusques au lendemain. Et si tost q̄ son leuer on sceut/luy furent apportez de si en riches abillemens que deux escuyers luy vestirent et pendant entra le marinier qui de luy auoit fort grāt soing pareillemēt a son leuer assista clarissāt la belle. La pru dente et bien aduenant la saige et la biē em parlee et puis sen retourna en la chambre de la royne sa tante qui si tost quelle y fut entree luy enquist se son seigneur estoit le ue. Et la pucelle a respondu que ouy et quil y a grant pie ce/ou est il faict la royne niep ce/Dame en la tournelle alla ne scay sil est puis deuallee. Niepce ie veuil a luy aller luy dit la royne et se dieu plaist il naura huy fois que bien soullas et liesse. Tantost la royne se depart/de sa chāmbre ou elle estoit laquelle en pensee a de gauuain en la tour trouue ou quant elle y fut montee le veist aux fenestres auecques le marinier son ho ste a pu̇e qui regardoit vne pucelle venāt de contre valles pres et auec elle vng che uallier qui fut arme de toutes pieces.

E[t] ainsy que vers le pr̄ gauuain la pucelle et le cheuallier arme regardo it aduisa les deux roy nes en la tour tenant lu ne lautre par la main les quelles comme il est dist ont gauuain et le marinier trouue regardāt par les fenestres et puis tost luy prindrēt a dire sire bien so iez vous leue ont faict les roynes tou tes deux et vous doint ce iour auoir ioye celluy tres digne et precieulx qui de sa fille fist sa mere. Alors a gauuaī respondu. Da mes liesse cil vous donne q̄ en terre enuoia son filz pour crestiente exaulcer. Supplier

a tout vng espreuier voloit le cheuallier estoit moult beau plus quon ne scauroit de bouche dire. Et allors que Gauuain lapproche luy dist sire dieu souuerain vous doint ce iour bonne aduenture. Et celluy qui tantost fust prest/de luy reueret le sien sallut/ luy. Respondit bien humblement et puis luy dist toy qui es la fleur de beaulte ie te supplie de me dire comment tu as seul le laissee par della la malle pucelle ou sen alla sa compaigne Sire dist Gauuain vng cheuallier qui vng escu de quartiers porte la menoit quant le rencontray puis ay tant faict que lay conquis puis le menay au matinier quil dist quil le deuoit auoir. certes faict le cheuallier il dist vray / la pucelle ma mye fut/mais amy ne luy sus iamais oncq aymer ne me daigna ne voulut amoy complaire sy ne fist nul iour mon proffit par ce que maulgre son veuil laimoye car vng si en amy luy ostay lequel auec luy la menoit ie soccis et puis ie la pris et de la seruir me penay mais il ny eust si bon seruice q̄ tout aussy tost quelle peult de me laisser quist les moyens et de celluy son amy fist que tu au nautonnier liuras qui nest homme de cueur failly mais est hardi et courageux et sy ne fut ilonc ques tel que son viuant osast venir en lieu ou trouuer me cuidast. Mais or as huy faict telle chose que oncques cheuallier nosa faire et pource que faire losas honneur en ce monde et los as que tu conquis par ta proesse quant au que petilleux saillis moult te vint de grant hardiesse et sachez veritablement que oncques cheuallier nen sortit. Sire faict gauuain donc menti ma la pucelle qui me dist au moins me fist elle a croyre que vne foys y passoit le iour le cheuallier son amy. Le dist elle la regniee faict le cheuallier que noyee fust elle au fondz de la riuiere/que tant elle a de diables au corps de vous dire tant de mensonges elle vous hait il est certain puis q̄ faict noyer vous cuidoit/en ceste riuiere p̄

fonde les faulx ennemis la confondent puis quamender elle ne se veult or puis que cest chose aduenue telle quelle est la faulx laisser mais dune chose ie vous prie moctroyer si vous vient a gre. Cest que me donez vostre foy et la mienne vous plenuiray et se rien demander me voullez ou soit ma ioye ou soit mon deuil que ia pour rien en celleray la verite se ie la scay et vous aussy me la direz et que nen mentiez dung mot de tout ce que vouldray scauoir mais sera la verite quise.

Ulx deux ont faict ceste promesse en la confermant par leurs foy lors messire Gauuain commence a demander premierment Sire faict il vous demāde dune cite que ie voy la/ a qui elle est quel nom elle a. Laultre respond que la cite est sienne qui est dessus le mont et qua nul homme rien nē doibt mais ne latiens seul q̄ dieu/luy disāt sire dist il ceste cite est par tout Georquans nomee. Et vo͡ commēt dist lors gauuain. Siromelans dist le cheuallier. certes sire luy dist gauuain vo͡ estes preulx saige et vaillant souuente foys lay ouy dire. Et seignr̄ de moult grande terre et comēt a nō la pucelle de la quelle bōne nouuelle nest comptee ne loing ne pres come vo͡ portez tesmoignage. Ie vo͡ puis dist le cheuallier bien dire q̄ delle se faict bō garder par ce q̄ trop est maligne et pource a en nō lorguilleuse de logre ou elle fust nee: et en fut petite apportee. Et son amy comme a il nō luy faict gauuain qui a maulgre luy mene en la prison du marinier. Amy respond le cheuallier il est cheuallier Rempli de pīe et pourtant est lorguilleux nōme de la roche a la voie estroicte qui garde les pors de galuoye Et comment a nom le chasteau luy dist gauuain qui tant bel et bon apparoist de par della/ou ceste nuict ay couche et bien et mēge et beu a mon veuil. Lors a ces motz

h.ii.

¶ Perceual le Galloys.

uain venu qui humblemēt la salua/et dist
remontez belle amye qui cy ne demourez
vo⁹ pas auec moy vo⁹ emmeinneray oul-
tre cest eaue ou doibz passer.

AHay faict elle cheual
lier vous peses estre
fort vaillant/ mais
bataille eussiez eu
assez se mō amy ne
fust mal sain des viel
les plais quil a eues
voz bourdes fussent abbatues et neussiez
pas tant pena de. Sil eust telle sancte q̄ vo⁹
mais ie vous prie dictes moy cuidez vous
mieulx que luy valloit pource que abbatu
vous lauez. souuent aduient bien le scauez
que le plus foible abbat le plus fort/ pour-
tant se ce port vo⁹ laissiez et auec moy ve-
nir voulliez vers larbre soubz le quel vng
iour me trouuaste s q̄ que feissiez vne chose
que mō amy q̄ vous en la nef auez mis/ sai
soit pour moy quāt ie voulloie allors pour
tay ie tesmongnier que mieulx vo⁹ vaul-
driez q̄l ne faict. Je ne mē trouuerray plus
vil pour aller dist il iusques la pucelle a ce
ne tardera que vostre voulloit ne se face.
Et elle dist ia a dieu ne plaise que retour-
ner ie vo⁹ en voie/ atant se mireut en che-
min Gauuain deuant et elle apres. Lors
les pucelles du palais auec les dāes vng
bien piteux deuil commencerent Regar-
dant gauuain en aller qui ainsy dirent: las
malheureuses et chetifues pour quoy fus-
mes nous oncques viues quant no⁹ voi
ons celluy aller a son ennuy et a sa mort qui
estre debuoit noustre sire la malle pucelle
lemmainne ou nul cheuallier ne repaire
las que nous sommes courrouces quāt de
celluy estions aymees que dieu enuoye no⁹
auoit celluy qui to⁹ les biens scauoit celluy
en qui ne failloit riens/ ne hardiesse ne pru
dence. Ainsy celles leur deuil faisoiēt pour
leur seigneur qui sen alloit auec lorguil-
leuse pucelle: soubz larbre vindrent en peu

dheure et quant ilz furent la venus Gau
uain la pucelle appella. pucelle dist il or me
dictes se iamais seray q̄tte a vo⁹ q̄ pource
sil vo⁹ plaist q̄ q̄lq̄ chose face aisoc̄ z que vou
stre grace pōre cōmadez q̄ ie vous asseure
q̄ se ie puis laccōplitay. Et la pucelle ain-
sy luy dist voiez dist elle ce que profūd dōt le
reuaige est si tres hault mō amy y soulloit
passer. Je ne scay ou en est le gue a dist gau
uain leaue est profunde que ie doubte et
le riuaige hault partout pquoy biē ny pour
roye passer. vous ny oseriez donc aller dist
la pucelle bien le scay aussy ie ne pensay ia
mais que vous eussiez cueur si vaillant
que vous y osissiez passer pource que cest
le gue perilleux que nul sil nest fort courra
igeux ne se ose essayer dy passer. Lors gau
uain qui cueur eust de lyō des parolles ani
me que la pucelle luy a dist/ se delibere et
ameine iusques a la riue sō cheual/ et voit
leau aual fort profunde moult roide contre
mōt mais la riuiere fust estroicte: quāt mes
sire Gauuain la voit dist quil a faict a son
cheual plus grande riuiere faillir et pense
quil a ouy dire et compter en tant maintz
lieux q̄ cil q̄ du gue perilleux pourroit pa
ser la pfōde eaue auroit le pris. petit apres
prenant courraige de la riuiere sesslongna
pour pl⁹ grāt sault prēdre en arriere q̄ pour
mieulx saillir mais il faillit parce que biē
ne print son sault asy se gecta dedēs le gue
mais tant a le cheual noue que des quatre
piedz il print terre si sest pour saillir affiche
et tant sesforsa quil se meist par della la riue
fort haulte quāt a la riue fut venu tout dro
it sest tenu sur les piedz mais remouoir ne
se pouoit dont conuint a gauuain descendre
q̄ sentoit son cheual tāt vain. Et luy descen
du luy ostala celle pour le ressuyer q̄ quāt
le poictral fust oste/ leaue des costez et des
flans et des iambes aualle en bas / et
quant il veist la celle seiche la Remist et
puis monta sus / et sen va tout le petit
trot/ tant quil vist vng seul cheuallier qui

Siromelans se retourna tout courrouce et de la sen bouloit aller. Et gauuain sen apperceut saduisa de le rappeller et puis luy dist. Sire faict il parlez a moy et de Vostre foy Vous remembrez.

Donc Siromelãs sarreste tournãt la teste de trauers et dist lheure que ie te Veis et la foy que ie te donnay soit mauldicte et abhominee Va ten de ta foy ie te quicte, et Veulx que me rendes la mienne: icy apres ie te cupdoie demander aulcũnes nouuelles mais tu scayz autãt de la lune cõme du chasteau ie le croy. Sire fist il ie iay ieu ennuit et fut au lict de la merueille qui na au monde son semblable et na Veu homme son pareil. Lors luy a dist le cheuallier ie suis faict il tout esbahy des merueilles que tu me cõptes. Et près a soullas a plaisir de tes mensonges escouter ainsi cõme de ouyr Vne fable dicte pour rire, tues Batelieur ien suis seur, et cupdoie que tu fusses cheuallier aussi que tu eusses faict pardella aulchuns faictz darmes, mes pourtant ne scay que tu y sils ne quelle chose y as peu Veoir. Et alors Gauuain luy a dist Sire quant au lict ie massis au palais Vint Vne tourmente ie ne Vous cui de point mentir dont les cordes du lict crierent et sonnerent les campanes qui alentour du lict pendoient et les fenestres qui estoient closes de par elles se ouurirent et se tirerent en mon escu Vires saigettes a grant nombre si sont les ongles demeurez dung lyon moult fier et horrible, qui longuemẽt auoit este enchaine dedens Vne chambre. le lyon me fut amene qui en mon escu saferdit et ficha ses ongles dedens si fort que attacher ne les peult et si Vous cuidez qui ny paire Voiez et regarder icy. Et puis aduint la grace a dieu que la teste ie luy trenchay, et les piedz de deuant ensemble Vous e Voiez a ses ense ignes pourtant dictes qˉl Vous en semble.

Iromelans a ses parolles Vint Vers luy le plustost quil peult et pour liniure quil luy auoit dicte se prosterna deuant luy les mains ioinctes et a genoulx se requerat qui luy Veuille pardonner, et Gauuain luy a respondu que du tout il le clamoit qcte et puis le faict releuer. Lors luy dist Siromelans sachez fist il que iay grant honte de ma follie ie Vous promets que ne mestoit aduis que cheuallier eust pres ou loing qui lhonneur que Vous auez eu deubst auoir mais ie Vous prie que de la Royne tant Veille et chanume dictes se Veue lauez et se point Vous ne luy enquistes qui elle est ne dont elle Vint Certes dist Gauuain Vray est qua elle ie parlay mais ie ne me suis aduise de luy dmander. Et ie le Vous diray dist Siromlans elle est mere du Roy Artus. Et gauuain luy respoud, cõment dist il se pourro cella faire il y a plus de quarante ansque Roy artˉ neust mere. Pourtant luy fist Siromelãs ie Vous asseure que cest elle quã Vterpendragon son pere fut mort il aduint que la Royne ȳnguerue Vint en ce pais laquelle apporta son tresor et depuis fist Vastir le chasteau qui est sur ceste Roche et palais qui tant est beau ainsi que Vous auez ouy dire ou Vous Veistes aussi comme ie croy Vne aultre Royne qui femme fut du Roy loch et mere de celluy q̃ dieu mauldie et a qui malle fortune puist Venir que partout on nõme Gauuain. Ie le cõgnois biẽ faict gauuaĩ mais ie ne sache point qˉl eust mere il y a biẽ Vingtans et plˉ. Si a sire dist Siromelãs, poit doubter il ne Voˉ en fault auec sa mere sen Vit pˉoieca ensaincte dune belle fille qui encores Vit laquelle cõme ie croy ẽ la nõ pareille en beaulte modeste en prudẽce et ẽhõnesteté de la qˉlle ay dist mõ ampe, et ditz de celluy gauuaĩ auquel dieu doint honte et malencôtre que se ie le tenoie icy qui de mes mains ne eschapperoit que ne luy eusse la teste trenchee par ce que ie le hay a mort. Vous ne laimez donc pas côme moy luy fist Gauuai car se ie aimoie dame ou pucelle pour honneur de luy ie la vouldroie mon viuant en reuerence seruir et tout le sien lignaige aussy. Je vous en croy luy dist Siromelans mais tant y a q̃ quant de Gauuai me recorde comme son pere occist le mie que nul bien ie ne luy souhaitte mais prie que mal luy aduienne et aussy pource quil meist a mort ung mien frere ung des preux cheualliers du monde et sachez que mon viuant ne le sceuz rencontrer en place pour a mon plaisir men venger. Or puis que ainsy est il me conuient ailleurs penser, τ pource dvigne chose vous vouldroie bien requerir cest que me faiciez ce seruice que ce chasteau vous retourniez ou a mon amye porterez cest anneau en faueur de moy la quelle veuil que dies q̃ ie me confie en son amour et est ou le mien cueur sarreste et moy aussy quelle aymeroit trop mieulx q̃ gauuain son frere fust mort que mal maduint au bout dung doigt. De par moy doncques la saluerez en luy presentant cest anneau. Lors print gauuain lenneau lequel meist en son doibt si luy dist sire par ma foy amye auez courtoise et saige de grant lignage et bien apprinse franche courtoise et de bonnaire se tant vous ayme comme icy mauez recite. Sire grant bonte me ferez dist Siromelans se maintenant sans differer lanneau a mamye portez que iayme tresparfaictemēt ie croy q̃ gre vous en scaura et sy le bo⁹ guerdonneray, τ pour ce que desires le nom du chasteau scauoir sachez quil est apelle la roche de haultguin ou le faict des belles taictures tant en escarlate quen aultre coulleur / or vous ay ie dist faict Siromelans ce que vous mauez demande sans de rien vous en mentir dung seul mot et se quelque chose voullez de moy

voulsentiers vous le donneray. Hors que vostre côge ne demande luy faict Gauuai Ie le vous octroye dist Siromelans mais que vostre nom premier me dies au moins se le me dire ne vo⁹ desplaist. Et alors Gauuai luy a dist sire fist il se dieu maist iamais mõ nõ ne celeray pource vo⁹ dis q̃ icellup Gauuai ie suis q̃ tant vous auez prins en haine. Gauuain dist Siromelās oses tu dire que cest tu / cellup qui en ce monde a plus grant ennemy ie tiens / sachez que moult me poise et me ennuie q̃ ma intenāt la cuirace nay sur le dos heaume en la teste lescu au col la lance au poing car se comme toy arme ie fusse sachez pour verite que le chief ie te trencheroie τ nest qui ten peult garantir et pource sattendre tu me veulx ie yray tantost prendre mes armes et men viendray a toy combatre et aueques moy amainneray troys ou quatre Cheualliers pour de noustre bataille iuger Ou se tu veulx faire aultrement cest de differer noustre combant iusques a sept iours dicy auquel iour tout arme en ce lieu actendre me viendras / et durāt le temps tu manderas au Roy artus τ a la Royne y comparoir aueques toute son armee / voul.ontiers ie iour actenday / et ce pendant aussi de moy coste les miens cheualliers et hommes de ma terre assembleray pour me compagnier aff.n que lon ne dise que noustre bataille ait este recellee et clandestinne / et aussy bien il aff.ert que de nous deux qui tant aux armes estimez sommes soit le combat publiquement veu / et de gens renommez et preulx. Et par ainsy qui nous vouldra veoir nous verra autant le petit comme le grant Seigneurs dames et damoiselles. Aussy quant lung de nous sera matte par les coups de son aduersaire plus dhonneur au vainqueur sera auoir le iugement de plusieurs qui veu nous auront / que se nul assiste ny auoit.

h.iii.

❡ Perceual le Gallois.

Donc dist Gauuai= a Siromelans que bouilletiers se il luy plaisoit la chose ter= mineroit aultremét que dauoir combat lung a laultre disant que se il luy a rien mesfaict que de bon cu eur lamédera au lotz et au dit de ses amys et de ceulx de Siromelans comme ainsi la raison le veult. Et Siromelans luy a dist ie ne puis entendrect fist il quelle ap= parance y peult auoir que a moy combatre tu ne te oses. Ie tay deux choses deuisees pourtant fais ce que bon te semble se tu o= ses icy me actendras et mes armes yray querir: ou tu manderas en ta terre au Roy artus ce qui est dit lequel tiendra a ceste feste de péthecouste sa court a orquanie: car les nouuelles en ay entendu ou ses gens serót assemblez. Or il ny aq deux iournees pquoy se messaige luy veulx trásmectre fa= ire le peulx facilemét se ne le fais tu nes pas saige ung iour de respit cét mars vault Gauuai respond se dieu me gard vous en auez dist verite que la court est a orquanie & vo⁹ pmectz y enuoier. Gauuai dist Giro melans ie te veuil mener au meilleur port du monde cest eau est si profonde et roy de q homme viuant ny peult passer ne saulter dunne riue a laultre. Et allors gauuain luy a dist ie ny chertheray fist il port ne que pour chose qui pis men aduienne que a la damoiselle fellonne et mauuaise ne tié ne ma promesse et droit a elle men yray. A donc se tire ung petit arriere pour mieulx prendre son sault et puis quant au cheual eust des esperons dóne oultre le gecta a de liure et sans encombrement auoit.

❡ Et quant la mauluaise damoiselle vist gauuai estre fás peril oultre passe laqlle tát la iportune de ses parolles rioteuses & plai nes de mocqrie descédit de sa hacqnee qlle a vng arbre attacha & vint deuers luy tout a pied a laquelle estoit le fellon cueur chan ge en luy disant bien humblement a deux genoulx que mercy luy venoit prer de son mesfaict/ et de loultraige que pour elle il a= uoit souffert. Et puis luy dist amy faict el le ie te veulx dire maintenant pour quoy tát ay este fiere diuerse et orguilleuse vers tous les cheualliers du monde que iay peu voir ne rencótrer et qui mont auec eulx me nee. Sachez pour toute verite que le che= uallier auquel as en present parle qui me a par faictement aymee et moy non luy par quoy mal son amour emploia car il me ai= moit et ie le hayoye par ce que il ma vne fo= is occis celluy qui mon amy estoit puis en me cuidant honneur faire/ a son amour ac= traire me cuida/ mais tout ce rié ne luy val lut p ce que si toust qͤl me eust amenee secre tement de luy me emblay et au cheuallier me donnay que tu mas en ce iour oste du quel ne me chault vne maille. Mais bien de mon amy premier pour lamour du quel apres son trespas ay tant este folle peruer= se et cruelle et de tant de parolles detractoi res remplie lesquelles dire ne me challoit si nauoie esgart a q ie les disoie/ ne q ie alla= se gaber ne mocquer/ mais tout expres ie le faisoie affin de trouuer occasion tát pouo ir vng cheuallier aniner hairrier et despiter quil me voulsist de ma vie deliurer que tát mestoit fort facheuse et griesue que de long téps eusse voullu estre morte. Pour ce vo= tre quiers humblemét que de moy iustice pre nez qui tant ay faict de mal & dennuy a plu sieurs vaillans cheualliers affin q de moy iamais ne soit nouuelle que homme son vi uát ne puist voir. Si que aussy par mó ex emple nulle ne pretéde faire ne dire aulcu= ne honte aux cheualliers. Belle dist gau= uain que me touche/ que ie de vous iustice face ia dieu ne plaise que par moy vo⁹ aiez ennuy: pquoy remótez sans delay si vous en viendrez auecqs moy en ce chasteau des= fus la roche assis voilla le marinier au port

qui nous attend pour passer oultre.
A vostre plaisir ie feray dist la pucelle laquelle sur sa haquenee remonta: puis sont au nautonnier venus qui tost oultre leau les passa.

Ainsy que gauuain & la pucelle cheuauchoient estoiêt les roynes aux fenestres du chasteau et les pucelles aussy: q̃ tãt pour luy auoient de deuil et dennuy porte: pareillement tous les escuyers et seruiteurs du palays: mais quant leurêt apperceu venir fut toute ioye renouuellee. Et adonc sont les deulx roynes du chasteau descendues pour gauuain a la porte attêdre auecques toute la noble cõpagnie des dames et des pucelles qui se prindrêt deulx et deulx par les mains en demenant gran de liesse par les beaulx laiz quelles chantoient en allãt au deuant de luy. Et allors que les deulx roynes le peurent approcher le vindret accoller et baiser puis le feirent desarmer et au cueur eurent grant lyesse de la pucelle que auecques luy auoit amenee: alaquelle en faueur de luy porterent grant honneur et la firent seruir et donner tout ce que mestier luy faisoit. Et quant furent a la salle du palais entrer: a le sire gauuain sa seur prise laq̃lle fist aupres de luy asseoir dessus le lict de la merueille: puis tout secretemêt luy dist si q̃ nul ne le peult entendre damoiselle fist il ie vous apporte vng anneau que vostre amy vous enuoye que iay dela le port trouue lequel de par moy vous sallue: cest vng Cheuallier au quel ainsy au moins cõme il ma dist: vous estes sa vraye amye. Sire dist elle ainsy le cuide: mais se amour y a entre nous cest de loing q̃ sa m̃pe ie suis: iamais entre nous ne nous sommes: par quoy lamytie ne cognois mais il ma la sienne mercy de long temps son amour dõnee si ne vint oncques iusques icy: et nema requise damour seullemẽt que par messaigers: si q̃ ie luy ay octroyee pource celler ie ne le veulx: et sampe aultrement ne suis: ha belle amye il cest vante dist gauuain: q̃ par trop mieulx vouldriez assez: que messire Gauuain fust mort qui est vostre frere germain qui leust mal a vng petit doigt/ Merueilles vous me racõtez faict la pucelle que telle follie vo[us] a dist/ croiez que ne cuidoie mie q̃ l fust si tresmaladuise prou de sens il ne monstre auoir quãt telle chose ma mãdee et ne scait pas que soye nee: mõ frere quil ne veit oncques follemẽt est a luy mesdit ainsi que lx deulx se deuisoient: au lieu des dames & pucelles se vint la vielle royne pres de sa fille asseoir disant ainsy belle fille dist elle q̃ vo[us] semble du cheuallier/ qui est assis pres de vostre fille ma niepce ensemble se sont conseillez ne scay de quoy/ mais fort me plaist: aussi seroit contre droict se la chose a mal ie prenoye: car se luy meust dune honneste te bien grande quãt a la plus belle se tient et a la plus saige qui soit en la salle de ce palais/ que pleust a Dieu quil tant laymast qui la vousist en mariage prendre et tant laymast cõme Paris fist iadis Heleine. Ha dame dist laultre royne: Dieu luy doint tant son cueur en elle mectre: q̃ lz soient ainsi que frere et seur/ ou que tant laymast et elle luy que des deulx ne soit q̃ vne chose. Et ceste parolle disoit la dame souhaitant que ainsy en aduint: et qui la voulsist prendre a femme: mais celle ne cognoist son filz toutesuois sont ilz frere et seur/ lors que lung et lautre scaura que point ny aura daultre amour qui est entre le frere et la seur la mere en debura ioye auoir. Et apres que gauuain eust assez longuement a sa seur clarissant deuise appella vng escuyer lequel aduisa qui luy sembloit a son aduis le plus aduise et discret de tous les aultres & tost apres tous deulx en vne chãbre enterent/ ou quant ilz y furent entrez si

h.iiii.

¶Perceual le gallois.   fueillet.xlviii.

Ant a lescuier q̃ gau=
uain a a orquanie en
uoie diligente q̃l est
a la Cite entre ou le
roy Art⁹ tenoit court
planiere ainsy cõme
il le couuenoit et ceulx
q̃ de loig le virẽt arriuer dirẽt entre eulx q̃
possible il apportoit nouuelles estranges
desquelles possible ne seroit le roy resiouy:
et que entendu le grãt ennuy au quel estoit
que mieulx luy seroit estre encores dont il
estoit party: et aulcuns qui ses parolles es=
couterent dirent que a eulx ne competoit
parler ne deuiser des secretz de la maieste
royalle et que mieulx valloit leur en taire:
et comme le roy estre tristes et se doulloit de
la perte du bon Cheuallier Gauuain le=
quel on ne scait quil est deuenu le meilleur
cheuallier du monde et de qui tout bien leur
venoit par aulmosne et par courtoisie sique
par toute la cite le petit et grant supportoit
Pendant que telles deuises entre eulx de
la court se faisoient: establa lescuier son che
ual et puis sen vint droit au palais ou le
roy Artus trouua accõpaigne de dix roys
de cent ducz et de cent contes et estoit le roy
fort pensif quãt entre tout de barons se voit
et ny est son nepueu gauuain pour laquelle
chose luy estãt en ceste cõsideracion en prit
si triste apprehension que deuant tous tõ
ba pasme lequel fut tantost par les plus
prochains releue. Alors estoit vne dame
nommee Lore en vng verger fort delecta=
ble: laquelle si tost quelle entendist le deuil
que le roy faisoit en la salle: sans targer du
verger yssit laquelle vers la Royne vint
ainsy cõme toute esperdue. Et quãt la roy
ne lapperceut si luy demanda quelle auoit.
Belle seur dist elle dictes moy pourquoy
tant estes effraiee si afflicte si fort trou=
blee ne pourquoy vous desconfortez. Da=
me fist lore naguerez par deuant la porte a
este veu vng escuier venir sur vng cheual
en haste et aincois quil fust descendu tõba
le roy enuers pasme dequoy a este tel deuil
faict que des Barons ie ne scay quãtz cheu
rent a terre cõme luy lesquelz ne peulrent
regarder le deuil que le Roy demenoit.
Quant la royne eust entendu lore comme
le roy fut cheu pasme a lheure demeura pas
mee: de quoy ne deuoit auoir blasme pour
lamour dõt elle laymoit. Lors y eust entre
les dames vne merueilleuse lamentation
et grãt desconfort. Lors lescuier qui auoit
a vng nain son cheual baille pour establer
luy donna puis son mãteau a garder: et ce
fuict sen vint nue teste deuant le roy prese
ter si congneut que triste et desplaisant e=
stoit lequel en telle maniere sallua. Sire
dist il icelluy dieu qui tout fist q̃ tout scait
et voit qui tout peult et qui tout gouuerne
garde et saulue le roy Artus de par le meil
leur cheuallier q̃ oncques sur destrier mon
ta ne qui portast escu ne lãce et qui la dieu
grace a tant vescu que pas ne cuide quon
puist veoir vng cheuallier esprouue cõme
cil est a qui ie suis: dieu le benie et vous ce
luy fist le roy qui dollent estoit et qui tou
tesuois desiroit auoir lectres ou scauoir le
nom du Cheuallier tãt renomme: et pour
ce dist lescuier que tost fut par luy aduerti
du cheuallier quil vouloit dire. Sire dist il
celluy qui vers vous ma transmis: a nom
gauuain filz du roy Loth qui bien dessert
estre loue cõme bien le scay pour certain.
Lors le roy debout se dressa q̃ lescuier acol
le et embrassa: parce que rien ne luy a dist q̃
chose ne soit qui en ce mõde plus luy plaist
et a toute la baronnie tellement que grant
ny eust ne petit qui ne allast le messagier
a se motz accoller: puis lescuyer enquiert
q̃lle chere sõ nepueu faisoit et se en bõne san
te il estoit. Et cõme bien aduise respond q̃
ouy et que bien le scauoit et que tel honneur
a cõquis que oncques cheuallier neust pl⁹
grant parce quil est alle au lieu ou iamais
Cheuallier ne alla qui de puis en sceust re

dist Gauuain a lescuyer: amy dist il a ce q̄ de toy puis cõgnoistre tu me sẽbles assez secret bien aduise prudent et saige et pource te veuil mõ affaire en priue conseil dire, et sil est que ne me descelles grant proffit ten aduiendra. Saches que ie te vueil enuoyer ou haulte ioye te sera faicte. Sire dist lescuyer soyez certain que plustost me feroye la langue hors de la bouche traire q̄ la pl⁹ petite parolle reueller qui vous plaira me dire. Amy dist gauuain doncques yras tu en la court du roy Artus ou gauuain son nepueu tenuoie il ny a pas petit chemin. a la grant cite Dꝛiquame a le roy establi sa court pour a la penthecouste la tenir ou tu yras sans pl⁹ attendre, et quant deuant le roy viendras sachez pour vray q̄ le trouueras fort dollent: mais si tost quil entendra que de par moy tu le sallues grãt liesse et ioye en aura: et ceulx aussy entendront la nouuelle au roy de p̄ moy tu diras qui est mõ sire, et moy son hõe q̄l ne laisse pour nulle chose qui ne se tende le tiers iour aps̄ sa solempnelle feste en ceste prairie deuant le chasteau, et quil ameine quãt et luy toute la cõpaigne qui ce iour sera en sa court venue sans excepter grans ne petis: et le aduiseras que iay vne bataille entreprise alẽcontre dung cheualier qui ne prise ne luy ne moy son lignaige ne ses alliez. Cest le riche Sꝛomelans: qui de pieca me hait a mort. Pareillement tu diras a la royne que treshumꝛement ie luy prie par la foy et la bonne amour q̄ entre elle et moy doibt estre quelle se vueille aussy trouuer accõpaignie de toutes ses dames et damoiselles lesquelles ioyues seront quant de moy elles oyrõt pler. Mais dune chose ie fais doubte cest que bien tu ne soies monte et que cheual tu naies propice qui tost te portast iusques la Lescuyer luy respond que si et quil a cheual fort et bon sur lequel il entend monter. Et ce dict: lescuyer en vne estable gauuain mena de laquelle il feist sortir vng fort bõ cour

tault moult rempli et bien seiourne q̄ bien sembloit estre cheual pour bonne diligence faire lequel tellement le fist lescuier enharnacher q̄ rien q̄ fust ne luy failloit. Et quãt gauuain veit le cheual ainsy biẽ acoustre dist a lescuier. Or va feist il ie requiers a dieu roy des roys que en prospere chemĩ te enuoie conduye et te doint en bref reuenir.

Ors se mect lescuier en voye leq̄l gauuain conuoia iusq̄s a la riuiere qui au marinier commanda quil se hatast de le passer. Ce q̄ tost le marinier fist. Et quant lescuier fut pase deuers la cite de arconie aduisa prendre le chemin demandant par tout son adresse car qui scet demãder sa voie par tout le mõde peult aller. Et apres q̄ gauuain eust le scuier mis en voie sen est au palais retourne et entra en la salle ou il auoit les dames laisseez et ptie des escuiers: ou grãt feste et ioye inestimable faisoient. Et la vielle royne commanda les estuues chauffer et fist faire cinq cens baings pour les escuiers estuuer et baignier. Ausquelz fist a tous a la sortie des bains apporter vne belle robbe de satī broche dor: de diuerses coulleurs et toutes brodees dorfauerie et le par dedãs fourre de armines apres que de ses riches habitz ont este reuestus furent menez a lesglise ou actendirent venir Gauuain lequel a tous lesperon dextre chaussa ceignit lespee et leur donna laccollee: ainsy de cinq cẽs poures escuiers fist cinq cẽs cheualiers nouueaulx.

¶ Comment lescuyer que monseigneur Gauuain auoit enuoye au Roy Artus son oncle attriua a Dꝛicanye, et comment il esiouyt le Roy la royne et toute la court dudit roy Artus des bõnes nouuelles de mõseignr̄ gauuī q̄ lõ cuidoit estre mort.

❡Perceual le gallois.　　　fueillet.xlviii.

Ant a lescuier q̃ gauuain a orquanie enuoie diligente q̃l est a la Cite entre ou le roy Art⁹ tenoit court planiere ainsy cõme il le couenoit ⁊ ceulx q̃ de loĩg le virẽt arriuer dirẽt entre eulx q̃ possible il apportoit nouuelles estranges desquelles possible ne seroit le roy resiouy: ⁊ que entendu le grãt ennuy au quel estoit que mieulx luy seroit estre encores dont il estoit party:⁊ aulcuns qui ses parolles escouterent dirent que a eulx ne competoit parler ne deuiser des secretz de la maieste royalle ⁊ que mieulx valloit leur en taire: ⁊ comme le roy estre tristes ⁊ se douloir de la perte du bon Cheuallier Gauuain lequel on ne scait quil est deuenu le meilleur cheuallier du monde et de qui tout biẽ leur venoit par aulmosne ⁊ par courtoisie sique par toute la cite le petit ⁊ grant supportoit Pendant que telles deuises entre eulx de la court se faisoient:estable lescuier son cheual et puis sen vint droit au palais ou le roy Artus trouua accõpaigne de dix roys de cent ducz et de cent contes et estoit le roy fort pensif quãt entre tout de barons se voit et ny est sõ nepueu gauuain pour laquelle chose luy estãt en ceste cõsideracion en prit si triste apprehension que deuant tous tõba pasme lequel fut tantost par les plus prochains releue. Alors estoit vne dame nommee Lore en vng verger fort delectable:laquelle si tost quelle entendist le deuil que le roy faisoit en la salle:sans targer du verger yssit laquelle vers la Royne vint ainsy cõme toute esperdue. Et quãt la royne lapperceut si luy demanda quelle auoit. Belle seur dist elle dictes moy pourquoy tant estes effraiee si afflicte si fort troublee ne pourquoy vous desconfortez. Dame sist Lore naguerez par deuant la porte a este veu vng escuier venir sur vng cheual en haste et aincois quil fust descendu tõba le roy enuers pasme dequoy a este tel deuil faict que des Barons ie ne scay quãtz cheurent a terre cõme luy lesquelz ne peultent regarder le deuil que le Roy demenoit. Quant la royne eust entendu lore comme le roy fut cheu pasme alheure demeura pasmee:de quoy ne debuoit auoir blasme pour lamour dõt elle laymoit. Lors y eust entre les dames vne merueilleuse lamentation et grãt desconfort. Lors lescuier qui auoit a vng nain son cheual baille pour establer luy donna puis son mãteau a garder ; ⁊ ce fuict sen vint nue teste deuant le roy presenter si congneut que triste ⁊ desplaisant estoit lequel en telle maniere sallua. Sire dist il icelluy dieu qui tout fist q̃ tout scait et voit qui tout peult ⁊ qui tout gouuerne garde et saulue le roy Artus de par le meilleur cheuallier q̃ oncques sut destrier monta ne qui portast escu ne lãce et qui la dieu grace a tant vescu que pas ne cuide quon puist veoir vng cheuallier esprouue cõme cil est a qui ie suis : dieu le benie et vous celuy fist le roy qui dollent estoit et qui toutesuois desiroit auoir lectres ou scauoir le nom du Cheuallier tãt renomme: et pour ce dist lescuier que tost fut par luy aduerti du cheuallier quil vouldroit dire. Sire dist il celluy qui vers vous ma transmis:a nom gauuain fulz du roy Loth qui bien dessert estre loue cõme bien le scay pour certain. Lors le roy debout se dressa q̃ lescuier accolle ⁊ embrasse:parce que rien ne luy a dist q̃ chose ne soit qui en ce mõde plus luy plaist et a toute la baronnie tellement que grant ny eust ne petit qui ne allast le messagier: a se motz accoller: puis lescuyer enquiert q̃lle chere sõ nepueu faisoit ⁊ se en bõne sante il estoit. Et cõme bien aduise respond q̃ ouy et que bien le scauoit ⁊ que tel honneur a cõquis que oncques cheuallier neust pl⁹ grant parce quil est alle au lieu ou iamais Cheuallier ne alla qui depuis en sceust re dist Gauuain a lescuyer: amy dist il ace q de toy puis congnoistre tu me sembles assez secret bien aduise prudent et saige et pource te te veuil mon affaire en priue conseil dire, a sil est que ne me descelles grant proffit ten aduiendra. Saches que ie te veuil enuoyer ou haulte ioye te sera faicte. Sire dist lescuyer soyez certain que plustost me feroye la langue hors de la bouche traire q la plus petite parolle reueller qui vous plaira me dire. Amy dist gauuain doncques yras tu en la court du roy Artus ou gauuain son nepueu tenuoie il ny a pas petit chemin. a la grant cite Dycanye a le roy establye sa court pour a la penthecouste la tenir ou tu yras sans plus attendre, a quant deuant le roy viendras sachez pour vray q le trouueras fort dollent: mais si tost quil entendra que de par moy tu le sallues grant liesse et ioye en aura: a ceulx aussy entendront la nouuelle au roy de p moy tu diras qui est mon sire, a moy son homme qil ne laisse pour nulle chose qui ne se rende le tiers iour aps sa solempnelle feste en ceste prairie deuant le chasteau, a quil ameine quant a luy toute la copagnie qui ce iourt sera en sa court venue sans excepter grans ne petis: a le aduiseras que iay vne bataille entreprise ale contre dung cheualier qui ne prise ne luy ne moy son lignaige ne ses alliez. Cest le riche Stromerans: qui de piera me hait a mort. Pareillemet tu diras a la royne que treshumblement ie luy prie par la foy a la bonne amour q entre elle a moy doibt estre quelle se vueille aussy trouuer accompagnie de toutes ses dames a damoiselles lesquelles ioyuses seront quant de moy elles orront pler. Mais dune chose ie fais doubte cest que bien tu ne soies monte a que cheual tu naies propice qui tost te portast iusques la. Lescuyer luy respond que si a quil a cheual fort a bon sur lequel il entend monter. Et ce dict lescuyer en vne estable gauuain mena de laquelle il feist sortir vng fort vo court

tault moult rempli et bien seiourne q bien sembloit estre cheual pour bonne diligence faire lequel tellement se fist le scuiet enharnacher q rien q fust ne luy failloit. Et quat gauuain veit le cheual ainsy bien acoustre dist a lescuier. Or va feist il ie requiers a Dieu roy des roys que en prospere chemi te enuoie conduye a te doint en bref reuenir.

Ors se mect lescuier en voye leql gauuain conuoia iusqs a la riuiere qui au marinier commanda quil se hatast de le passer. Ce q tost le marinier fist. Et qu̅ant lescuier fut passe deuers la cite de arconie aduisa prendre le chemin demandant par tout son adresse car qui scet demader sa voie par tout le mode peult aller. Et apres q gauuain eust le scuier mis en voie sen est au palais retourne et entra en la salle ou il auoit les dames laisseez a ptie des escuiers: ou grant feste a ioye inestimable faisoient. Et la vielle royne commanda les estuues chauffer a fist faire cinq cens baings pour les escuiers estuuer a baignier. Ausquelz fist a tous la sortie des bains apporter vne belle robbe de satin broche dor: de diuerses couleurs et toutes brodees dorfauerie et le par dedans fourre de armines apres que de ses riches habitz ont este reuestus furent menez a leglise ou actendirent venir Gauuain lequel a tous lesperon dextre chaussa saignit lespee et leur donna laccolee: ainsy de cinq ces poures escuiers fist cinq cens cheualiers nouueaulx.

¶ Comment lescuyer que monseigneur Gauuain auoit enuoye au Roy Artus son oncle arriua a Dicanpe, et comment il esioupt le Roy la royne a toute la court dudit roy Artus des bonnes nouuelles de monseignr gauui q so cuidoit estre mort.

tourner ne reuenir en son pays pour en rapporter des nouuelles:sachez dist lescuier q̃ tant a faict par sa prouesse que les portz de Galuoye a passe que nul oncques ne passa que luy qui son corps ny laissast pour gaige:mais luy tout seul y est passe si bien q̃ oncques lasse ny fut ne oncq̃s ny eust peine ne mal si a lorguilleux du rosier darmes oultre lequel se estoit venu assaillir. Puis a le Gue perilleux sailli ou sest maint cheuallier noye Il a doncques bien ses pas emploiez veu quil a par soy conquis le loz que plusieurs aultres ont a leur pte quis et il en est a sa triumphante gloire eschappe et victorieusement retourne.

Moult delectables furent les parolles de lescuier a ouyr tant p le roy que par la noble baronnie et de to⁹ les assistés d la court parce quil disoit que gauuain a tant de proesses faictes que ilz ne pense pas que le meilleur et le plus vaillant dentre eulx en sceust la disiesme partie faire. Puis lescuier poursuiuãt son propos au roy dist ainsi. Sire fist il de pouoir estre en ma puissance Gauuain assez suffisamment louer nest pas possible:le propoz assez dorne ne la langue diserte ne ay ie allegante ne propice a ce faire/pource que cõme ie croy de toute cheuallerie est la perte cest cellui qui de tout vice est net innocent et immaculle:cest cellui q̃ ne pourroit endurer felonnie ne mechancete cest le consolateur des desolez le pere des orphelins la duresse c le reconfort des femmes vefues. Et pource sire il vous plaira vne requeste q̃ de par moy vo⁹ fais octroyer:cest q̃ueil les dicy a quatre iours cõpartoit vo⁹ c tous les barons seigneurs c escuiers c aultres voz seruiteurs qui sont a vostre feste ven⁹ sans nulz excepter. En vne praie deuant vng chasteau sié ou de present reside c faict

sa demeure. Et la cause pourquoy il vous mande est pour combatre alencontre dung Cheuallier dont est la iournee assignee et camp esleu et doibt ce cheuallier assembler tous les nobles de sa terre les dalz c les damoiselles pour au combat se trouuer c pour au vray du cheuallier vous dire:sachez q̃ vous et gauuain hait a mort et se nomme Siromelans : lequel est yre et dolent pour son pere quil a comme il dit occis. Or vo⁹ aduise que sil peult a son dessus et honneur de la bataille venir que vo⁹ ne vostre nepueu ne trouuastez iamais plus mortel ennemy. Et pource pour la bonne amout q̃ vo⁹ c gauuain vostre nepueu auez il vo⁹ demãde aide et secours et est la cause pour laquelle me a vers vous transmis:considerant q̃ au besoing ne pourroit le bon sãg mentir:et aussi est lamy congneu.

Oncques ne fut court tant resiouye q̃ ceste fut quant le raport de lescuier a este ouy. Il ny eust ne grãt ne petit qui nen demenast lyesse delectable. Et lors a le roy a tous dist quil ne delaisseroit pour lauoir de toutes ses citez et terres q̃ ne se trouuast au lieu ou la bataille se fera par gauuai son nepueu assignee et q̃ auecques luy mainnera toute lassemblee q̃ de present est en sa court laquelle bien contiẽdra vne lieue de long Comprenãt tentes et les pauillons:et ainsi se deliberent tous les barons et aultres de voluntairement le roy accompagnier disant que la chose en ce monde de laquelle ilz ont le plus grant desir est deuoir le bon cheuallier gauuain Lors eussiez veu haulx bois et cornetz accoupler harpes prendre fleutes et tabours psalterions rebectz vielles modulisãt et organisant doulz et armonieux chãs en lays et en virelays tellemẽt que de ceste armonie estoit le palais si doulcement sonorant quil nest qui le puist exprimer/ne quelle en fut la maladie chascun a liesse se adonne aussi bien matiere en auoient parce que nouuelle leur est venue du meilleur cheuallier du monde de quoy amour les semounoit estre en sollatieux plaisir. Quant Keux seneschal ouyt le rapport de lescuyer a deuant tous si courtoisement de gauuain par que bien sembloit quil desirast amyable et le honnorer: toutesfois le hayoit il en son couraige/mais telle est la nature dung ineux quant bladir veult et il oyt son ennemy louer que plus de bien il en dira que scauroient deux aultres faire. Lequel st ainsy seigneurs faict Keux maintenant nostre mal est alege puis que messire gauuain dit louenge a dieu en debuons re eleuant noz mains vers le ciel meillre occasion et raison nous estoit de nous douloir et attrister de sa personne absente et de nous resiouir de la presence de tous aultres: ainsy nous a dieu bien pourueu/ or peult on veoir par le conquest que qui conquiert est preudhome/et seullement pour la doubte que nous auions qil fut meschantement mort nous estions us de liesse remis: et est le prouerbe veritable qui dist/nul ne scait que preudhome ult que alors q lon en a deffault. Dieu faict au roy grant honneur & a nous/ainsi quil me semble: quant nous estions icy sus de quatre mille tous desconfortez et at sa grace q sur nous a faict reluire quant rosperes nouuelles de gauuain auons eu z cueurs sont tous remis en ioye: q nest ne cause entendant que cil est viuant q st le vray sentier dhonneur celluy tant beau nt gent & tant courtois en qui toute ma etude et clemence habonde et celluy qui ous a de tous maulx allegez.

En telles parolles ou semblables louoit Keux le seneschal gauuain deuant toute la compagnie. Et le roy a ceste heure lenuoya ire & racompter les nouuelles a la royne q

moult desconfortee estoit: et luy donna pour laccompagnier lescuier Girflet et lescuier que gauuain ouoit enuoie lesquelz tous ensemble vers la royne allerent laqlle estoit auecques ses damoiselles presque de deuil mortel comblee: moult fort la royne suspiroit destordant les doigs de ses mains en accroissant sa destresse quant vne ieusne pucelle nommee ysenne luy vint adnoncer quelle auoit ouy force dinstrumens musicaulx en la salle du Roy melodieusement sonner et quelle auoit veu le roy mener grant liesse et ioye aussi quil faisoit grant chere & honneur au messaiger qui de la partie de gauuain enuoye estoit et q la cause pourquoy le roy auoit faict les instrumens sonner fut pour les bonnes & prosperes nouuelles q le messaiger apportoit. et dit encores la pucelle a la royne que son cueur luy iugeoit ql le ne orroit que bien de Gauuain parler & que ce seroit briefuement. Et quant la royne eust le rapport de ysenne la pucelle entendu: sans regarder a se parer des habitz desquelz elle se faisoit vestir quant vers le Roy alloit: droit a la salle deualla accompagnee de toutes ses dames & de ses damoiselles si que point nen desailloit vne dont la plus grant partie dicelles nestoint encores assublees voyant la royne ainsy hastee & q auant questre paree ne acoustree sen alloit presenter deuant la Royalle compagnie. Ainsi q la royne venoit audeuant delle rencontra Keux le seneschal girflet & lescuyer de gauuain laquelle quant elle les veit sest vng petit resconfortee du deuil que elle au parauant auoit porte. Lors lescuier apres q reueranment leust salluee luy recita de point en point les nouuelles quil auoit apportees puis dist ainsy. Dame fist il celluy qui de par moy treshumblement vous sallue vous mande et prie par la foy que vous luy debuez & quil vous doibt & par lamour du quel vous laymez que ne laissiez pour nul rien que vous namenez les pucelles les

ste dict p cōmādemēt de quoy fut le peuple tant esmeu q̄ auant q̄l fust la mynuict il ny eust celluy q̄l ne disposast de sō affaire τ fu rēt prestz a ptir aincois q̄ la guette sōnast.

Ors eussiez veu charger chaits chattetes cheuaulx muletz: de tentes: de pauillons: de coffres: τ de bahus a si grant nombre que chose estoit icōparable τ si tost que le bagaige fut chargé partirent les varletz τ vne partie des escuiers pour faire la conduicte. Enuiron l'heure de prime se leua le Roy la royne τ la baronie. Et si tost q̄ tous furēt arriuez τ vestus allerent la messe ouyr en vne esglise fondee de saicte Katherine: ou fut la presse grāde a l'offrir τ les deux τ les dōs fut grans: τ croy q̄ long tēps ny eust pour vne fois tāt ne telle assemblee de roys de ducz/de contes/ et de barons/de dames de damoiselles/τ de pucelles/en vne esglise q̄ lors y furēt veus. Et quāt le seruice fut a theue les oraisons dictes les veutz vouez τ les dons offerts mōta le roy les barons τ tous les cheualliers a cheual ou se virēt en bie hōnorable τ biē famee cōpaigniee. La royne voiāt le roy τ les barons mōtez: que ne actē dict q̄lle τ toutes les aultres dames τ princesses ne fussent aussy mōtees et furēt par vng escuier comptees iusques au nōbre de cinq cēs pucelles sans les dames τ les damoiselles mariees. Desquelles y en auoit plus de deux mille lesquelles en sortāt de la Cite cheuaucherēt deux τ deux pquoy les faisoit pl' beau veoir pas sermōtees dessus leurs belles hacquenees selles et bien enharnachees de drap dor τ veloux τ d'escarlate: τ les testieres de ri che perrure brodee dor sauerie: siq̄ des maisons tant les petis q̄ les grans se mirent aux huys et aux fenestres pour mieulx les veoir τ les cōtēpler: car moult plaisāt faisoit les regarder. Tāt cheuaucherēt τ errerēt q̄ ia estoit nōne passee τ estoiēt les princes descēdus ou veirēt q̄ les tentes et

pauillons furēt tēdus τ estoit dedens vne plaine: on auoit en ce mesmes lieu dresse les tētes de la royne ou peillemēt descēdit τ quāt tō' furēt arriuez on fist le souper du roy sonner qui lon prepara en sa tente ou la royne et tout son train auecq̄s la cōpagnie souppe rent τ aps le soupper sen allerēt repo ser iusques au lēdemai qui fut iour: τ tout ainsi q̄lz furēt leuez τ pparez on fist le ba gaige partir et le chemin prendre vers le port de g. aluoye τ tost apres le suyuit le roy ses gēs τ toutes les dames q̄ errerent par tel exploict qu'aincois qui fust mydi sonne descēdirent dedēs la prayrie soubz le chasteau de la merueille: ou maicte tente de couleurs vertes vermeielles/grises/perses/ de lin fin chanure τ de soye ouuree de diuerses fortes furēt dressees et estendues.

Quāt les trefz ou pauillōs ont to' este tendus τ que le roy auecques sa noblesse fut descendu chascū se print a regarder la situatiō du lieu τ a cōtēpler le chasteau de la roche: τ puis par maniere d'esbat se p menerent deux τ deux trois τ trois le lōg de la pree τ fort se esmerueillerēt regardāt le chasteau qui leur sembloit tāt bien assis τ fortifie q̄ ne debuoit assault tel q̄l fust craidre ne redoubter: tant de artillerie que de machines seruāt a la guerre: au dessoubz de ce chasteau couroit vne grosse riuiere moult profonde τ large τ asses pres les garennes les forestz: les prayries: les fructiers: les vi gnes: et les chāps: q̄ moult loua la baronnie par honnorable estimation. La royne lors estoit es prez dedēs sa tēte auec les dames: τ les gēs du roy furent logez assez ar tiere de la royne entre le bois τ la riuiere. Adonc l'escuier de gauuai q̄ deuāt le bagai ge cheuaulchoit sachāt le roy la royne τ toute la noblesse en la prayrie arriuer le plus q̄ snellement τ legeremt q̄l peult tyra vers la riuiere q̄ tantost auecq̄s vng petit Bate au passa τ tant aual l'eau nasge son cheual estant auec luy que bien tost fut oultre pas se: τ quāt il fut a terre ferme alla a sō seign̄t

t.i.

Perceual le Gallops.

dames ⁊ les damoiselles qui a ceste solem
pnelle feste sõt en court venues auecques
vo9 pour laccõpaignier ou assister a vng
cõbat quil a cõtre vng cheuallier entrepris
Madame en ce faisant vng grant hõneur
luy porterez: vous scauez quil nest amy sil
nest vny: semblant sãs faict ne vault pas
maille/⁊ qui a dũg amy besoing: au besoĩg
scait sil est amy. Lamy ne se scauroit celler
quãt il voit sõ amy greuer/ aussy ne peult
celluy scauoir, sil est veritablement aymé
qui daultruy na besoing ne mestier.

Donc que la royne
eust ouy ainsy lescu
yer parler tant eust
de ioye quelle ne se
peult contenir de las
ser accoller/ et sachez
que les dames ⁊ les
damoiselles qui lors auecques la royne fu
rent ne demenerent moins de liesse ne de
soullas que virent auoir a leur souueraine
pricesse ⁊ ny eust celle q̃ ne allast lescuyer fe
stoier et bien venir pour lhonneur et en la
faueur du bon cheuallier gauuain: ⁊ aussi
parloit lescuyer si saigemẽt: ⁊ si discretemẽt
racõptoit son messaige quil feist a toutes
en petit dheure delaisser leur deuil et leur
ennuy: leq̃l a la royne dist de rechief hono
rable ⁊ saige princesse sachez fist il que mõ
seigneur gauuain vous prie q̃ ne le veuil
lez oublier ⁊ quil vous plaise tant de bien
luy faire que auecques le roy bo9 en veniez
accõpagniee de toutes les dames ⁊ damoi
selles tãt pucelles que mariees: car cest la
chose dequoy il ma plus encharge. Et la
royne luy respond que de ce il ne se veuille
ennuyer: et quelle a empensé de y mener si
belle cõpagnie q̃ iamais na esté ouy auoir
veue en vne place si grãde ⁊ si noble assem
blee de dames. Dult e pl9 dist q̃ pour vẽt
pour pluye pour gresle pour neige pour gel
lee ne pour quelque temps quil sache faire
ne differera au lieu establp de leur trou

uer: et quant la royne eust ce dit print cõ
cuyer sõ cõge delle ⁊ de la noble cõpaignie
et puis tous troys sen retournerent.

A nouuelle fust tã
tost vollee ca ⁊ la
toute la cité quel
scuier auoit de ga
uai apportee si q̃
les citoiens en se
rẽt faire feu de io
ou establirent faire ieux dances et reiou
sance pour eulx inciter a liesse. Et le Rop
qui en son palais auecques les barõs est
cõmãda apporter pour le repas prendre
si tost que son vouloir fut entendu aller
mectre la main au bassain le roy dirlan
et le roy northobellande: ⁊ le roy marc ti
la touaille q̃ de cornuaille estoit seignr pu
le roy Artus sen va seoir en vng lieu la o
il pouoit veoir toute la noblesse q̃ deust lu
assiste: ce iour y eust grãde assemblee pou
le roy artus hõnorer qui lors chose deua
luy ne voit qui ne luy soit delectable et q̃
ne luy tourne a ioye a vne table apart se
sirent les roys les ducz et les contes et
vne aultre les cheualliers de la table ro
de les plus preux ⁊ vaillans de quoy fu
onques hystoire faicte. Et affin que mõ
compte ⁊ mon escript ne soit ennuyeux
vous aduise sans tenir prolixite que ie
vous veuil specifier quant mectz ne que
furent les seignrs a la table seruitz: ma
bien vous dis q̃ oncques viãde de sy hau
prix ne fut si briefuement mengee: ⁊ ne
este a telle assẽblee faict vng si brief repa
le roy de la table leue fist appeller le Cõ
stable ⁊ quãt deuãt luy fut venu luy cõm
da q̃l face tout en lheure le ban ⁊ arriere b
fique il ny eust escuier ne aultre portant
mes q̃ le lendemain ne soit prest ⁊ apparei
lé de prẽdre sõ chemin droit au port de ga
uoie. Et si tost que le connestable eust le d
mandement du roy entendu enuoia vng
herault ⁊ la trompette publier ce que luy

¶ Percieual le Galloys.

gauuain son messaige rēdre leql trouua en la tour accōpaignie des cinq cēs cheualliers nouueaulx vestuz de biē riches robbes fourrees de ermines: lescuier vers luy se tira et puis secretemēt q̄ nul ne le sceut entēdre fors luy seullemēt. Aps q̄ gauuai eust entēdu le rapport de son escuier se mist aux fenestres lequel en tournant sa veue vers la prairie veit tant de trefz de pauillons a de tētes q̄ toute la terre en estoit couuerte a au long des larris des haies et des chemins des loges inombrables faictes pour les viuandiers loger: a aupres de gauuain furent la plus grant part de ses gēs: a aux grandes fenestres de la salle estoiēt les dames les damoiselles appuyees lesquelles fort se esmerueillerent en regardant tant de tentes tēdues a de pauillons dressez pres du bois a de la riuiere. En regardāt ceste chose ne sceurēt q̄ cōsiderer parquoy demeurent toutes pēsiues cōsiderāt entre elles q̄ en cest endroit on ne auoit ses tentes dressees q̄ pour venir le chasteau assaillir de quoy furent moult tristes et desplaisantes.

¶ Cōment ceulx du chasteau furēt esbahis a espouuentez quāt ilz veirēt les têtes a pauillōs du roy Artus auec lost assiz pres dudit chasteau.

Vāt les dames veirent les tentes les loges a les pauillōs tant dolētes a prees furēt que en elles ny auoit nul plaisir. et la mere du roy artus qui auecques les aultres estoit lost aual la pree regarda de quoy fut moult fort espouentee a en eust le cueur vain a triste qui sa fille print p la main alaquelle a dist. Fille faict elle. Or auons nous dieu soit loue vescu en hōneur iusquacy: mais ie voy q̄ brief est le terme q̄ le cōpte de noz vies fauldra rēdre: sachez q̄ sōmes assiegees iamais tāt dhōmes ie ne veis ne tant de cheualliers armez: vees q̄ descus a de targes de hasches

de lāces: a despees: penser ne puis se se sont faces q̄ ie voy aussy en cest ost oncq̄s mais nulles damoiselles pucelles dames ou princesses ostoyer en ce lieu ne veis: atāt se partist de la tour a auec elle la mere de gauuai a la belle Clarissant a sont en la salle venues a adonc q̄ gauuain les veit au deuāt delles portāt le sēblāt facōs a ioyeulx sy prins la vielle royne p la main a laq̄lle demāda pourquoy elle faisoit si malle chere a pour q̄lle chose elle portoit si triste face: elle luy respōd en disant. Sire dist elle vers la riuiere maintes tētes auons veu tēdues si en sōmes fort espdues sy ne scaurions au vray iuger ce cest pour mal ou se cest pour bien q̄ viennēt ceulx q̄ ont les tentes amenees. Et messire Gauuain luy dist dame dist il de riē ne vous esbahissez car bien cōgnois la cōpaignie a le seignr q̄ la cōduit a scay de certain q̄ ilz sont dōt ilz viennē a ou ilz vont. Et adōc dist la vielle royne au roy Artus estoit mere. Sire dist elle puis q̄ ainsy est plus grāt aduātaige en auez puis q̄ congnoissez a scauez pourquoy ilz sont a descendus. Or ay ie le terme actendu q̄ doibs vostre nom scauoir pquoy vous reqūers a vous prie q̄ me le disiez sans targer. Nous sōmes au sixiesme iour pource b ay actendu le terme q̄ le me debuez reueller a soiez seur q̄ iamais ne cesserōt les larmes de mes yeulx tōber tāt q̄ vostre nō auray sceu. Dame dist il ie ne le vous veuil refuser: mais ains q̄ ie le vous dise sil vous plaist vous aduertiray quelz gēs se sont a la prarie logez quilz quierēt quilz cherchent a ou ilz vont. Or le dictes donc fist la royne. Sachez ma dame fist gauuain q̄ celluy qui en ceste prarie a faict dresser son ost a icy faict venir la noble cōpaignie: est le roy Artus lequel ne vient pour le chasteau assieger ains se veult enquerir a scauoir se ie suis mort ou se ie suis vif cest mon oncle et iay nom Gauuain et fut mon pere le Roy Loth.

¶ Quant les dames ont Gauuain entēdu ne sceurēt fors que deuenir tant fu rent de telles nouuelles ioyeuses. Et lors eussiez veu maintz sollacieulx embrassemens plusieurs doulx et delectables baisiers en la recongnoissance de ceste royalle lignee faire les cueurs eurent tãt de ioye et de soullas cõbles q̃ de la grande amour qlz monstrerent ensemble les grosses larmes des yeulx leur tomboient: la vielle royne Anguerue ne se peult saouler de le baiser et de laccoller et celle a qui plus au cueur touche sa fille si nen faict pas moins le cueur luy sault au ventre et boult de la grãde ioye qlle en a. Je vo9 promectz q̃ toutes les pties neurẽt talent de sommeiller de puis lheure quilz nacquirent de mere nont eu plaisir q̃ tãt leur pleust: foy q̃ doy a dieu dist la vielle royne ie suis la mere au roy Art9 voycy ma fille qui est ta mere que humblement tu doibz recongnoistre.

Elle ioye fust entre les deux dames que nul ne le scauroit exprimer: mais pas trop nestoit resiouye Clarissant de ce quelle a ouy et plustost deuil honte et vergõgne de ce quelle auoit dist q̃ Siromelans estoit son amy et aussy q̃ gauuain luy en apporta lãneau auquel en partie recõgneust facilement quelle laymoit dequoy elle print si grãde desplaisance qlle eust voullu estre morte et pource se print elle mesmes a se hair pensant q̃ par son ennuy elle deust rendre lame: toutes les aultres firent ioye fors clarissant tant seullement q̃ tãt fut afflicte et dolente q̃ sans mot dire se retira en sa chãbre ou quãt elle y fut entree regardant le lict sur lequel elle couchoit dess9 tõba toute pasmee. Et quãt fut despasmee sen retourna en augmentãt son deuil et pour sa desplaisãce accroistre se prit a detordre ses mains se tirer les cheueulx et mener si grãt descõfort q̃ chose piteuse seroit a le racõpter. Et gauuain q̃ auecques

les deux roynes estoit demeure: leur dist en ceste maniere dames sil vous plaisoit pour p9 vostre soullas accroistre: le roy Artus vo9 ameneroye: et des aultres princes assez les meilleurs et les plus prisez q̃ iamais sur terre marcherẽt. Et les roynes luy respondirẽt q̃l en face a sa voullente et par le sien cõseil et aduis desiroient faire et eulx regir: et a ceste heure descendit gauuaĩ de la tour et puis cõmanda amener son cheual si dist a trente cheualliers quilz se preparassent pour laccompaignier: lors chascun se meist en ordre le plus richement et honnorablement que ilz peurent et ce faict mõterent sur leurs courtaulx tous les pl9 beaulx et les plus pompeusement en harnachez de lescuirie: et ainsy mõtez põpeusemẽt du chasteau auecques gauuain deualerent prenant leur chemin vers la riuiere ou trouuerent le marinier quil les attendoit pour passer et quãt ilz furent tous entrez firẽt aussy amener leurs cheuaulx dedens le nauire et tant labourerẽt ceulx q̃ eurent charge de gouuerner et de nauiger q̃ en mois dugne heure ilz furẽt tous oultre passez sique de laustre part arriuerent. lors sen ysserent du nauire. Puis sur leur cheuaulx remonterẽt lesquelz tant exploicterent q̃ dedens le pre sont venus ou les tentes du roy Art9 furent posees. Lors Keux le seneschal q̃ de la tente du roy Do: venoit en regardant les trente cheualliers venir auecq̃s leur seignr gauuain le recõgneut: et si tost quil eust apperceu vers le roy vint legierement auquel il dist. Sire dist il ie vo9 veuil present aduertir q̃ a ceste heure ay veu trente cheualliers venir sus de fort beaulx courtaulx montez et apres eulx vient vng Cheuallier tout desarme lequel semble bien estre le sire gauuain et ne croy point q̃ ne soit il. Lors fut le roy si ioyeulx quil se leua tout debout pour hors de sa tente sortir et ce pendant approcherẽt les trente cheualliers auecques gauuain lesquelz

i.ii.

et les seigneurs furent fort esbahis et esmer
ueillez de ce q̃ gauuain leur recite pensant
cõment telle chose pouoit aduenir toutes
uois n'en voulurent l'occasion demander:
mais soy adiousterent a ce q̃ gauuain en a
racõpte. Et puis dit gauuain au roy q̃ luy
cõuenoit venir leans ⁊ q̃ il l'amenast auec
ques luy troys cheualliers si luy plaisoit.
Et la royne aussy acõpaignee de troys pu
celles: a ses motz remõterent sur leurs che
uaulx:⁊ le roy auecques troys escuiers q'l
esleut sans le sceu des barons ne q̃ nul fust
aduerty de son partement s'en alla luy gau
uain et les siens au pauillon ou la Royne
estoit/ou son deuant descendus quant au
pres furent arriuez. Et quãt la royne a en
tendu que le roy vers elle venoit et son ne
pueu amenoit grant ioye en eust en son cou
raige laquelle est au deuant deuẽt venue ve
stue adonc d'une robe de satin cramoisy si
beau et si riche que pieca tel nul ne veist: et
au dess' auoit vestu vng mãteau de pour
pre brode de fin or et enrichy de pierres pre
cieuses: quant le roy de pres apperceut son
nepueu tenant par la main le plus diligẽ
temẽt quelle peult s'en alla gauuain accol
ler:⁊ luy qui tant prudent estoit ⁊ aduise
la remercia tresh'ublement de l'hõneur q'lle
luy monstre et de la feste quelle en faict et
puis en brief luy compta les fortunes qu'il
auoit eues ⁊ sans tenir plus long propoz si
rent la royne monter a cheual ⁊ auecques
elle les troys pl' belles pucelles q'lle sceut
entre les aultres eslire bien richemẽt acou
strees et vestues:⁊ tant se hasterent q̃ tost
sont tous venus aupres de la riuiere ou ilz
virent le nautonnier qui les actendoit au
riuaige lequel breufuiement les passa tant
qu'ilz vindrent a l'aultre riue.
¶ Lors que ceulx du chasteau virẽt gau
uain auecq̃s la royalle cõpagnie venir: en
belle ⁊ hõnorable ordonnance luy vindrẽt
au deuant: les gẽs de l'eglise ⁊ les religieux
marchant des premiers en pcession por

tant croix et banieres fort riches ou se trou
uerent grant nõbre de gens parce q̃ to' les
bourgois du chasteau y cõparurẽt auec la
noblesse du palais q̃ y vindrent en belle or
donnance ⁊ marchoient deuãt les cinq cẽs
cheualliers nouueaulx ⁊ apres les roynes
les dames les damoiselles ⁊ les pucelles:
et auoit la royne faict ioncher les rues de
herbe fresche et de belles fleurs: et le pal
lais tapisser p tout de fort riche tapisserie
tissue de soye et fil d'or pour le roy plus hõ
norablement receuoir. En ceste ordonnã
ce sortirent hors du chasteau si que ceulx q̃
de l'ost venoiẽt les peurent choisir ⁊ quant
ilz furent approchez le roy ⁊ toute sa cõpa
gnie se mirent tous a piedz si fist la royne ⁊
ses pucelles et aussy les prestres et les re
ligieux chãtant retournerent dedãs le cha
steau des premiers les Citoiens et la no
blesse apres lesquelz tous en grãde humili
te et deuotion allerent a l'esglise pour ouyr
le seruice ou le roy dõna a l'offerte trente be
sans d'or ⁊ la royne offrit vne piecce de drap
pourpre et les roynes du chasteau y dõne
rẽt chascũe deux fins rubys ⁊ deulx esme
raudes. Puis quãt le seruice fut du tout a
cheue mõterent en faisant grãt ioye au pa
lais ou telle liesse y fut menee q̃ se la vou
loye descripre on le tiendroit plustost a mẽ
songe ou fable qua chose veritable pour l'ex
cessiue ioye qui y fut: mais l'on peult bien
cõiecturer cõtempler penser ⁊ scauoir: quãt
le roy recõgneust sa mere celle son filz l'aul
tre son frere l'une son oncle ⁊ l'ung sa niepce
q̃ longuemẽt dura la ioye: ce q̃ pour exprim
er ne scauroie. Toutesuoys vo' debuez
scauoir q̃ se ceulx du chasteau ont leur plai
sir ⁊ liesse a souhete q̃ au contraire ceulx
q̃ dela la riuiere sont en l'ost ont dueil tri
stesse ⁊ ennuy tel q̃ de plus grãt ne ouistes
pieca compter: que vous diray ie mainte
nant: vray est q̃ la vielle royne qui de ce
chasteau estoit dame fist a la venue du roy
son filz pendre aux fenestres par dehors

i.iii.

⁌ Perceual le Galloys.

sont tous descēdus deuāt le pauillon du Roy: & si tost q̄ le Roy gauuain apperceut ne se sceut tenir de venir au deuāt de luy. Et quāt ilz se entrerencōtrerēt de ioye eurent tant & de plaisir qua peu ne scauoient pler Gauuain se esforce de reuerer & saluer son oncle treshūblement & son oncle ne ce peult cōtenir de laccoller & faire feste q̄ vous diray ie tāt furent les seigneurs de la court du roy artus de ioye soublevez quāt Gauuain eurēt cōgneu q̄ de puis le plus grant iusques au moindre ny eust celuy quil ne luy allast faire hōneur & laccoller & pareillement a tous ceulx lesquelz estoient aueques luy venus.

Donc que chascū apart ou tous ensemble eust Gauuain cōioux reueere et en liesse receu se print gauuain a parler qui dist ainsy. Sire vo⁹ qui estes la fleur de to⁹ les autres roys terriens celle de par moy vous saulue laquelle a dieu pl⁹ de ioye ne demāde q̄ de vous voir sain & pspere et saches tout certainnemēt q̄ de vous entent estre cōfortee. Cest la mere qui vous porta neuf moys dedens ses flans. Quant le roy gauuain entēdit ainsy de sa mere pler cuida bien q̄ ce fust fantasme ou fable de ce quil dist: pquoy iura q̄ mere neust de puis quarante ans voire ou plus: & estoit fort desplaisant que gauuain fust deuenu fantastique rapporteur & fantasmes ou follies & pareillement sen esmerueillerent les barons et aultres seigneurs de sa court. Et adonc gauuain pria au roy Artus son oncle de luy donner audience & qui luy pleust estre de chascun escoute ce q̄ le roy luy octroya & sitost se approcherent tous les seigneurs de luy pour entendre ce quil vouldroit dire. Et alors Gauuain cōmenca a cōpter mot a mot et de point en point toutes les fortunes qui luy sont suruenues et

cōment et p q̄lle facon et moien il estoit au chasteau de la roche paruenu. Et puis en la fin de son compte print son oncle par la main auquel il dist. Sachez sire que quāt Vterpendragon fut mort vostre mere le port de Galuoie passa laquelle auecques elle amena vne fort noble & belle cōpagnie de dames de damoiselles et de pucelles aueceelle & grant nōbre de cheualliers entre lesquelles dames y vint aussy ma mere laquelle estoit ensaincte dune belle fille q̄ de present a auec elle en cest chasteau laquelle est fort gente & bien prudente damoiselle & fault entendre quelles apporterēt moult grant tresor dor dargent et de riches bagues puis firēt ce chasteau bastir sur ce rocher q̄ est le plus beau de ceste terre cōme ce iour vous pourrez veoir et est si richemt ferme & si bien fortifie q̄ nul ne profiteroit a le assieger acause dēs bōs murs & des doubles fossez qui y sont: boulleuers & bons bastillōs auppres des tours cōstruictz fort biē munies de tout ce quil leur faict mestier. Et devez scauoir q̄ tous les cheualliers q̄ par cy sont passez cuidāt le chasteau visiter & dedēs entrer ont este mal gardonez pce q̄ en ce chasteau a vng pallais & vne salle tant riche & beau: q̄ chose vous seroit difficile a croire se ne le voyez lequel a porte grāt ennuy & grief a plusieurs: car hōme oncq̄s ny entra: q̄ de puis en sceust vif sortir fors moy seullement qui en suis maintenāt la grace de dieu eschappe.

⁋ Quāt le roy entēdit q̄ sa mere en ce chasteau estoit grande ioye en eust a merueilles. Apres se enquist a gauuain du palais et luy pria de dire sa verite pourquoy nul ny osoit entrere: et alors Gauuain luy a dist quen ce palais vng lict auoit q̄ oncq̄s hōme si riche ne veit: mais si tost q̄ aulcun si assiet incontinent il est occis: par les fleches vires & dards qui sur luy se affichēt: et ne scait nul dōt elles viennent ne ou les arcz & les arbalestres sōt q̄ les traiēt le roy

milite cõgneu la bonne repentẽce ⁊ le Soul
loir quil auoit a perſiſter de bien en mieulx
en le recõmandãt a dieu le ſeigna du ſigne
de la croix et puis ſe departirent.

Gauuain retourne de
confeſſe ne y euſt prin
ce ne cheuallier q̃ ne
luy fiſt vng cheual
preſenter / et ſe peult
auſſy bien vanter: q̃
en tout loſt ne ſe trou
ua bõne eſpee que on ne luy apportaſt pour
luy donner ſil euſt voullu ⁊ ceulx qui bons
eſcus auoient et bonnes lances luy porte
rent auſſy deſirant ſe meſtier en auoit ou ſe
a luy plaiſoit qui les voulſiſt prẽdre, ma
is du tout les remerciant diſt quil nen auo
it beſoing. Lors deux de ſes cheuaulx re
garde que yuonnet auoit en garde et cõmã
da quilz fuſſent a ceſte heure ſellez et bi
en enharnaſchez ſi que de rien ne uſſent deſ
fault puis diſt a celluy qui ſes armes gar
doit que preſentement fuſſent apportees: ⁊
cil qui les auoit en garde les apporta incon
tinent. Adonc deux eſcuyers bien aduenãs
et aduiſez en tout honneur deuant luy ſe prẽ
ſenterent pour larmer lũg luy mect greues
et genouillieres ⁊ laultre luy boute ſa cuy
race puis ſes eſperõs dorez luy chauſſerẽt ⁊
conſequamment le armerent de toute pie-
ces. Adõc ſe pſenta triſtan nepueu du Roy
de cornuaille qui luy meiſt la forte piece et
toſt apres le heaulme luy bouſta ſur la teſte
et ce faict leſpee luy ſainignirent q̃ telle eſto
it que de meilleure ne ſe trouuoit deſſus la
terre Et quant Gauuain fuſt arme pour
monſtrer quil auoit le cueur vertueux vit
en la place deuant tous tenãt maniere fort
ioyeulx et ſemblant courtois et begning.
les ſeigneurs ⁊ dames qui ſon entre prinſe
ſauoient quant ainſy le virent prepare et
mis en point pour combatre ny euſt celluy
a qui le cueur ne fremiſt de crainte qui ne
luy meſaduint ou que fortune ne luy fuſt
contraire. La Royne ſachant ceſte choſe ne
mena pas moindre deuil que ſe elle euſt y
du le meilleur de ſes amys. Et ſe elle eſtoit
ennuyee les dames ⁊ damoiſelles et les pu
celles participerent a ſon ennuy et comme
elle ſe adoulluret et attriſterent. Mais ſur
toutes les aultres fut clariſſant ſa ſeur la
plus dolente, qui tant amerement ſe torme
te quelle en pert toute contenance tellemẽt
quelle ſe laiſſa tomber comme paſmee de
uant les piedz de la Royne quant elle fuſt
teleuee en ſouſpirant pleure et lamente et
ſe attriſte ſi durement quoncques pucelle ne
fuſt veue ſi deſolee ne tãt afflicte. amours
luy prie et la ſemont que pour le ſien amy
deuil face / puis viennent daultres par rai
ſon et droit auec nature qui luy premue et
monſtre ainſy quil appartient que loccaſiõ
de ſon deuil doibt eſtre pour ſõ frere qui eſt
de ſon propre ſang yſſu / et ny euſt petit ne
grãt en loſtel qui ne ſe merueillaſt de la ve
oir ainſy porter tant de dollẽce / parce que
fors elle nul la cauſe nen ſcauoit. Et adonc
appella Gauuain deux eſcuyers ceſt aſſa
uoir girflet filz de do et yuain auſquelz Il
diſt Seigneurs fiſt il allez preſent et ſans
demeure par dela vers Siromelans auql
vous ditez de par moy que ie luy mãde ex
preſſement que ie ſuis preſt et appareille
datendre contre luy la bataille par quoy ie
le ſomme et le aduertis de ſe donner en gar
de / et ſi vous eſtiez en eſmoy de le congnoi
ſtre ou de ſcauoir qui il eſt ie voꝰ aduertis
que ceſt le plus beau et le plus a deſtre de
ſa terre / et pource deliberez vous de partir
pour le voſtre meſſaige faire. et alioꝛs chaſ
cũ, deux monta a cheual deſirant accom
plir ce que leur a eſte commande / et peu
dant Gauuain diſt que lon appareillaſt ſõ
cheual / et ſi toſt que on luy euſt amene / le
gerement deſſus mõta ſans mectre le piedz
a leſtrief. Lors qui leuſt veu ſur le deſtri
et contenir bien euſt iuge que ceſtoit le mi
eulx accompli de tous les cheualliers du

i.iiii.

toutes les armes des Cheualliers nouueaulx qui furent fort belles et enrichies en maint lieu de pierres precieuses moult fort reluisantes: sique par leur grãt relllucence et par la clarte des armures rendirent en lost si esminente et radiãte lumiere ql sembloit estre plaĩ midy de quoy ceulx de lost furent tant esbahis quilz ne scauoiẽt q̃ deuenir pensant tous estre a ceste heur p̃dus Allors Keux le seneschal q̃ ceste chose veit sen alla tout esfraie au pauillõ du roy pour de ce au roy laduertir: mais quãt leans fut entre trouua tous ceulx du pauillon en grãt esmoy et en grãt soussy pour le roy lequel ne scauent quil est deuenu moult fort doubtãt quil ne soit tombe en quelque incõuenient dangereulx de quoy si tristes furẽt et desplaisans que debout ne se pouoient soubstenir tant eurent de regret apres celluy du quel ilz tenoiẽt leurs vies leurs hõneurs et leurs biens tant de deuil et de melãcollie porterent quilz ne se scauent a q̃ cõseillier. Vers le seigneur yuain et lucas et Gales se retirent/ mais plus desconfortez les trouuerent quilz nestoient et furent toute ceste nuict en ce deuil et en ceste peine et quant se vint le matin encores leur accreust leur tristesse/ et puis se prindrent a souspirer tant ca et la cõme gens a desconfiture mis/ les vngz serroient leurs bagues et leurs auoir dedens leurs coffres et les faisoient charger et les aultres aux cheuaulx coururent pour les celler et monter sus/ et pour le brief bo' le dire il y eust pour ceste foys tel discorde en lost du roy Artus que oncques si grant ny auoit este veu/ et ny en resta vng qui tãtost ne meist ses armures sur son dotz/ car ilz ne sceuent de qui ilz se doibuent garder ne q̃ les viendra assaillir. Et pource fault croyre q̃ partout lost se demenoit vng grant deuil lequel commenca des ce que le Roy fut party. Pource fut la chose mal partie: car au chasteau rient et chantent et ceulx de lost pleurent et crient

pour vne mesme occasion les vngs se reiouissent de ce q̃lz ont recouuert et les aultres se plaignẽt et attristẽt de ce q̃lz ont p̃du
¶ Petit apres que le roy fut leue il se p̃tit du chasteau a grande cõpagnie de gens de cheualliers de escuiers de dames et de damoiselles lesquelz passerent leau briefuement a force de nauires. Puis quant tous furent oultre passez tantost se amoffe''rent ceulx de lost qui le roy apperceurent reuenir/ mais se gueres il eust demeure, ilz auoient tous delibere de brusler toutes les loges et puis de leur en aller si fort estoiẽt de doubte et de crainte esmeuz: et lors q̃ le roy virent retourner eurent bien autãt de ioye cõme de deuil ilz auoient eu: si que ioyeusement vindrẽt tous audeuãt de luy. Quãd le roy Artus les rencontre liesse en eust en son couraige. Et puis vindrent les pucelles iusques au riuaige audeuãt de la royne ou lors fust ioye recouuerte telle que nul bo' la scauroye dire par quoy ie men tais pour ceste heure parce que point nẽ seroit cteu: le roy doncques a son ost arriue auecques la noblesse quil auoit amenee alla en sa tẽte descendre a la Royne en la sienne fort belle et excellente estoit et ne resta dame damoiselle ne pucelle: qui legerement ne fust descẽdue pour aller aux aultres reciter ce que au chasteau elles veirent et la chiere que on leur a faict. Et quant Gauuain eust le roy son oncle descendu et cõduicta sa tente sen est alle a Leuesque de Carlyon ses pechez confesser. Et quãt il fut entierement confesse et quil eust sa penitence receue leuesque le vint embrasser et puis luy dist et enseigna apres lauoir de son salut admõneste de bonnes et vertueuses doctrines en lasseurant de son affaire et que de rien il ne doubtast. Et messire gauuain receut bien hũblement les remõstrances et les doctrines q̃ le reuerend luy a dit et enseigne de quoy a son pouoir sen remercia. Puis quãt leuesque eust p̃ son hu

transmis car iay bien touiours ouy dire q̄ nul ny a pareil a luy ce que iamais nauoie sceu mais ie le Voy presentement et croy estre toute verite ce que de luy on dist partout parquoy le tiens pour courtois cheuallier considere aussy que en la court du Roy artus na meilleurs cheualliers que vous deux ne que plus ie desirasse a veoir et pource vo⁹ dy de rechief que de luy me tiens fort content et bien autant que se en personne il y fust venu pour le bien que ouy ay de vo⁹ et pource seigneurs qui icy estes ma foy ie vous iure en voz mains que fort ioyeulx ie suis de tant dhonneur que dieu me faict que ie me pourray essayer cōtre le meilleur et plus estime cheuallier qui soit en tout le monde qui est tel qui encores nest a esprouuer mais est tel que lotz ⁊ pris a en toute terre lequel nul ne doubte ne crait par quoy puis croire que cest lhonneur de cheuallerie et pource est il de plusieurs gens ayme. Mais il na nul si cher amy que pl⁹ il ne me ait a ennemy car se a mon desl⁹ puis venir bien luy sera impossible que nul le puist demes mains garātir q̄ sa teste ne me demeure pour gaige aultre ostaige ie nen prendray et puis apres luy tireray le cueur du ventre sil nest si saye que mon glayue en sō corps ne puist entrer. Dieu par sa grace ne se cōsente fist vuain quil soit en riens endoumaige trop mal nous seroit aduenu sil auoit perte ne doumaige car le mōde plus y perdroit que le demeurāt ne vauldroit. vuain faict Siromelans/ ie scay quon prise ce quō ayme mais par le dieu en qui ie croy ie chaschun autāt que moy le haioit gueres viuāt sur terre ne seroit et auroit petite duree assez tost en seriez deliure luy dist vuain toutesuois sire ie ne sache homme viuant q̄ pour pre ne py courroux voulsist telle chose dire de luy qui tant de bien en auroit ouy ⁊ q̄ les puesses toutes y fussent cōme vous auez declare: vuain luy dist Siromelans ie vous tiens pour discret et saige de vousttre

prudente responce pource concludz que bien auez voustre messaige faict pour lequel ceans vo⁹ fustes enuoyez/ ⁊ ne vouldroie pas que prinssiez a desplaisir ne a ennuy chose que vous aye icy dicte mais vous requiers sur tout mauoir pour excuse partāt que ie lay dist par yre q̄ mest au cueur passe long temps laquelle ie vous promectz nistera auant que men soie venge. Or vous appareillez doncques luy feist vuain pour comparoir a la bataille a la quelle sommer vous venons. Alors respond Siromelās que breuement si trouuera et auec luy meinnera toute la noblesse que lon peult veoir a son ost sans y rester petit ne grāt et ce dist donna conge aux deulx escuiers lesquelz sen retournerent en lost du roy artus ou ilz auoient Gauuain laisse. Et les escuyers de Siromelans diligenterent de luy poser le heaulme sur le chief et puis luy apporterent vne espee que lon tenoit a plus grant estime que durandal lespee de rolāt la quelle en lheure luy fust faicte puis luy fut vng cheual amene le plus beau quon eust sceu choisir et estoit noir comme vne taulpe lequel fut tout barde de bardes dacier et de fer sur lequel est Siromelans monte sans dagnier mectre le piedz a lestrief cōme celluy qui grant tallent auoit de rencontrer sō ennemy fort bien se seoit sur son destrier et le faisoit moult fort beau veoir et quant a son aise se fut pose on luy apporta vng escu qui legier estoit a merueilles et puis vne bien grosse lance que si tost il print en sa main la quelle aussy legerement brandoya et demena comme si ce fust vng dart serre ou quelq menu Jauellot/ et adonc quil fust mis en ordre sur son destrier departist son ost en quatre parties en la premiere furent trois mille cheualliers vaillans ⁊ biē estimez/ ⁊ aux trois aultres a chascunne autant Et Siromelans cheuaulchoit au millieu si triumphāment quil sembloit que ce fust vng corps celeste a le veoir tant fort ses armes

monde tant en formosite de corps quen magnanimme contenance.

Gauuain sur son destrier monte neust petit regard de la Royalle assemblee/ ne des dames ne des damoiselles/ñ est a croire q ny eust cellup ne celle qui nen fist quelqne iugement ou qui nen dist quelque parolle a sa louenge. Apres vint ung escuyer qui luy bailla son escu et laultre la lance qui nestoit pas de petit bois. et quant il eust son escu au col pendu et mis la lance en la main se eslongna ung petit de la compagnie pour son cheual esperonner et pour esprouuer se le hornois estoit asseure/pendant firent telle dilligence Girflet et yuain que en petit de temps descendirent en lost de Siromelans qui de Gauuain ne faisoit estime nomplus que du moindre cheuallier de sa terre et ne tenoit propoz de luy fors que de moquerie ou de contempnement. Lors les deux escuiers de la tente de Siromelans approcheret lequel trouuerent moult bien accompagnie de barons et de cheualliers en grant nombre et les gens le mieulx esperonnez que lon scauroit choisir en toutes les ysles de mer lesquelz tous vindrent pour Siromelas aiber & secourir se mestier en eust alencontre du roy Artus & de tous ses alliez. Et se lost des barons & des cheualliers fut grant encores excedale nombre bien deux foisdes dames des damoiselles & des pucelles qui y furent et estoit aussy ceste assemblee plus grande que celle des dames de lost du Roy Artus. Et quant les deux escuyers furent dedens la tente de Siromelas entrez assez tost le cognurent a ce que Gauuain leur auoit dist et estoit assis sur vne coiste de samin tainct en escarlate pour pointec de fil dor et de fil dargent & estoient deux escuyers aupres de luy qui ses armes luy presenterent desquelles, apres le armerent de tous poictz si bien et si honorablement que les barons et les cheualliers iugerent quil ny auoit rien a redire lesqlz furent preset quat on la arme/ et quant ses esperons luy furet chaussez on luy vestit vne bien riche cotte darmes la quelle come dist lhystoire auoit este faicte et brodee a Venise. Il estoit si beau et si bien forme, q bien sembloit que dieu leust faict pour regarder la face auoit blache et vermeille les yeulx vers fort clers et rians larges espaulles et gros os bien fourny de corps en tous lieux iabes & bras pareillement auoit assez bien faict fort longs et gros et pour coclure il estoit des beaulx loultre passe Des Cheualliers alors regnans. Et quant Siromelaus se veit du tout a son plaisir arme et bien en poict commanda apporter les armes a vng sien chaberlan de laquelle chose assez legerement sentremirent aulchuns des escuyers q luy vestirent et len armerent si que piece de ses armes ny arreste quil ne fust bie & asseurement en point.

Tant se adresserēt vers Siromelans Girflet et yuain pour de leur charge se acquiter et quant il vindret deuant luy le plus honorablement q peurent le salluerent et puis luy dirent entierement leur messaige et ce que gauuain de par eulx luy mandoit. Et Siromelans leur demade comme ilz ont nom et qui sont/ et allors Respondit yuain que son nom ne luy pensoit celler disant que yuain on se nomme et laultre est appelle Girflet filz legitime du bon preudhomme do. Adonc dist Siromelans que fort de gauuain se louoit actendu que vers luy les auoit enuoiez & fort ioyeulx de leur venue estoit & ores dhabondant leur dist Seigneurs feist il dune chose vostre maistre ie prise par ce que vo qui estes de si grant pris vous a vers moy

¶ Perceual le gallois.　　fueillet. liiii.

ant iesnes que dieulx ou en force daage esquelz se logerent assez pres de lost et des tentes du Roy Artus lequel auoit faict arrester trête mille hômes pour son ost garder q̃ tous furent cheualliers de pris. Et adonc Gauuain getta sa veue vers le gue par lequel il veit venir vne trouppe de trois mille. Tant de dames de damoiselles que de pucelles/et force de ioueurs dinstrumêtz qui sonnoient deuant elles par grande melodie chansons virelayz et layz. Lors gauuain appella Keux le seneschal a q̃ il dist. Il mest aduis feist il que mon ennemy pourroit bien estre en ceste compaignie. Et Keux luy a respondu qui le pensoit en ceste sorte/τ pendant quilz se deuisoient entra toute ceste flote de dames en vne lande ou la bataille se deuoit faire auquel lieu chaschun qui desirera la veoir la verra a son desir.

Quant gauuain voit les tours de si pres approcher diligentement entendit a faire assembler ses gês ce que feirent ceulx de lautre partie/et ce dict Gauuain sapprocha vers le champ son ennemy si feist aussy Siromelans q̃ vers lost du Roy artus cheuaulcha moult en ordre et fort bien monte estoit son cheual arme dune bien riche et moult belle couuerture dont les coulleurs estoient iausne et Rouge/sa lâce estoit fort Roide et forte/τ se fioit Siromelans en sa force totalement Et adonc sans plus arrester ne sans tenir plus de propoz tous ceulx qui furent pour armes porter prindrent leurs escus aux colz τ mirêt lance en la main en la façon de gens vaillans preux et hardis. Et donc les deux combatans sentreauiserent lung laultre si coucherent leurs lances sur larrestet brocherêt les cheualx desperons lesq̃lz par telle impetuosite se prindrent a courit quil sembloit que la terre deubt fôdre des

soubz leurs piedz/et ce voiant le Roy artus et toute sa compaignie leuerent les mains vers les cieulx faisant a dieu prieres pour le preux Cheuallier Gauuain et ne fault doubter que de lautre part ne fut pas moins faict. Or nous dist lhystoire que les deux cheualliers qui se haient a mort si fierement se actaingnirent que de leurs lances percerent leurs escus doultre en oultre si q̃ tous deux furent au corps naurez et vollerent leurs lances par pieces et puis se rencontrerent de leurs cheuaulx et sentreheurterent par si grant force que combien que le harnois de leurs celles fust bon τ tres bien renforce ne se peurent dessus lors arrester que tous deux ne fussent contrais estre p̃ terre renuersez/tant vindrêt par grant vertu lung laultre vaillamment assaillir/q̃ fut la plus merueilleuse rencôtre de quoy on ait entre les viuâs parle/car tout dung coup furent les cheualliers naurez/τ eulx et leurs cheuaulx tout plat aterrez mais gueres nont este les combatans par terre lesquelz legierement se releuerent mettâs les mains a leurs espees.

Fiere et cruelle fut la bataille des deux cheualliers q̃ si prement chaschêt lung laultre ql sêble a chascune foys q̃ de leurs espees se actaingnêt q̃ en deubt vng mêbre tomber et si vistement sentretrefierent que iamais la gresle du ciel ne descendit si legieremêt/tant eust de coups donnez sur leurs heaulmes et sur leurs escus que tous furent bossuez et froissez souuenteffois les espees deualloient sur les espaulles sur les bras et sur les cuisses si que se les harnois neussent este biê esprouuez il ny eust eu mêbre qui neust este trenche en deux/mais souuent les pieces faisoient des heaulmes et des esc⁹ voller. Quât lung auoit laultre abbatu tantost apres se

¶ Perceual Gallois.

res reluisoient qui furent de pierrerie couuertes de si grant vallue que bien on en eust achepte vng Royaulme de la valleur quelles estoient/et encores auoit sur son heaulme vng cercle de fin or massif enrichi de iaspes et de fins rubis et daultres pierres a grant nombre. Les dames apres luy venoient triuphantement aornees des pl⁹ Riches parures et acoustremens qui leur fut de trouuer possible/et estoient toutes montees sur haquenes de mesmes bien sellees et enharnachees de drap de velours et de soie lesqlles cheuaulchoient deux et deux apres les Barons et les cheualliers ce qui faisoit moult fort beau veoir.

¶ Comment gauuain se combatist contre Siromelans qui lauoit accuse de trahison et comment la bataille demeura par le moyen de Clarissant seur dudit gauuain.

Ainsi vers le gue prit Siromelans et tous ses gens son chemin et les bars et leurs trai la Royneles dames et les damoiselles / de laultre part se appareilloient en moult belle ordre pour de leur coste faire a Gauuain honneur lesquelles se mirent en chemin en grant nombre et alloit Gauuain des premiers faisant son cheual bondir et saillir quil sembloit que tousiours fut en aer. Et adonc vers luy arriuerent Girflet et yuain quil auoit a Siromelans enuoiez, qui luy dirent ainsi Sire font ilz veuillez scauoir que briefuement vostre bataille aurez sans respit de ce ne doubtez par voustre ennemy qui vous mande que de sa foy se veult acquiter. Et moy aussy de la mienne faict gauuain ie requiers au dieu eternel qui men doint a bonneur sortir. Allors Gauuain sans plus delai et Rasseura son escu et regarda partout se de rien il nauoit deffault et se faict vindrent deuers luy iusques au nombre de dix escu

iers portant lances de toutes sortes entre lesquelz. guy oner filz du Roy ydier leql en print vne a son chois laquelle il congneu que gauuain en auoit mis plusieurs cheualliers par terre/par ce quelle luy auoit serui par maintes annees et en maint lieuly/ et estoit ceste lance frengee bien richement par dessoubz le fer toute clouee gros clous dor/et auoit vne foys este donnee a gauuain par vne pucelle en faueur damptie de quoy tropt mieulx il len prisoit Et quant il la tit en sa main treshumblement en loua dieu et le remercia de ce quil voyoit que la bataille ne pouoit demeurer quelle ne se feist. lors vers le gue perilleux regarde et veit apparoit en la plainne quatre ces cheualliers armez puis en voit apres grant nombre qui ne les scauoit estimer tout appareillez et prestz de combatre lesquelz furent en peu dheure venus et arriuez a vn arbre assez pres de lost du Roy art⁹ ou tous se arresterent en moult belle ordre en demonstrat quilz ne craignoient ne redoubtoient la puissance de leurs ennemis. Et quant gauuain les veit arrestez si magnanimement et si audacieusement se contint que lon eust bien dist a le voir que la hardiesse luy accroissoit/et estoit de telle nature que la ou il scauoit estre son tort oncques plus foible couraige dhomme on ne veit et sembloit en estre ia prins ou vaincu. mais au contraire ou il cognoissoit auoit iuste querel plus fort et plus hardy qung lyon estoit/ par ce qui craignoit tousiours faire chose deshonneste ou resprouuee quant il combatoit contre vng homme plain de felonnie contencieux ou orgueilleux estoit adonc plus estoit fier et couraigeux et vers le sim ple doux gracieux et benig. Lors que toutes les bedes et trompes de la gendarmerie de Siromelans furent en vng autour de larbre assemblees y les faisoit moult for beau veoir car la eussiez veu maint cheualiers et maintz vassaulx de grant prouess q̄ des q̄ le midy passoit de plus en plus se reforcoit et accroissoit sa vertu Et pource apres que Sitromelans leust assailli tant de coupz luy aduance et donne q̄ plus ne les peult soubstenir tellemēt q̄ pour se deffen dre ne se scait presque plus remouuoir et ne scauoit aultre chose faire que de son escu se couurir/et Gauuain qui ne se faignoit de grandz coupz luy enuoie et preste. mais sō vraiment nest pas prest ce q̄ ceulx des deux costez pouoient facilement veoir de quoy portoiēt vng merueilleux deuil et ennuy et moult leur desplaisoit Regretant la frā chise de Sitromelans et la grand beaulte q̄ dieu auoit mis en son corps et en sa face qui telle estoit q̄ son viuāt ne fut veu home si beau ne si resplendissāt. Ainsi la plus grā de partie des cheualliers tant dūg ost q̄ de laultre regreterent q̄ la bataille ne se pouo it que par mort terminer mais plus amer plus fort et plus nuisible fut le deuil en lost de Sitromelans que cestuy du roy artus par ceulx q̄ pour leur seigneurs pleurēt gemis sent et lamētēt et les aultres se resiouissent de veoir gauuai prosperer et son lotz alimē ter et ny eust celluy qui bien ne pensast que de son ennemy viēdroit a son dessus sy grāt ioye en eurent les barons et les cheualliers de trop plus grande fust celle des dames et des pucelles qui bien disēt entre elles que gauuai vaincra: mais de clarissāt voꝰ ve uil dire qui ne scait auql se tenir ne pour le quel elle doibt a la victoire desirer ou a cel luy q̄ tant fort laime et pour lequel amour lassault ou pour son frere q̄ tant peult q̄ tāt scait et vault. Raison veult prouuer encon tre elle q̄ bien on peult dung amy Recou urer/et que se son frere perdoit iamais ne le recouureroit luy qui est la fleur de cheual lerie. Et puis amour si la vint poindre pour luy prouuer et la semondre q̄ celluy qui tant la tiēt chiere doibt aymer cōme sa psonne: p ce q̄ tout ce q̄lle veult q̄lle appete et q̄lle de sire luy accorde et q̄ bō luy sēble et que celle

a son cueur pareillement a il le sien: par tel le raison et maniere est Clarissāt damours assaillie a cause de quoy soit droit ou tort ne scait a aultre chose passer son deuil fors que a gemir et plorer et destordre ses mais tāt blanches et ses deliez doigtz tellement est de coste et daultre si fort importunee quel le ne scait q̄ dire ne q̄ faire ou aller ne q̄ de uenir et si inconstante fust sa contenance q̄ son ēnuy ne pouoit plus couurir ne son affe ction celler ainsi ne scauoit que penser. Sō cueur luy dict que celle voit son frere mater ou honnir de son honneur que aussi biē luy cōuiendra mourir et celle voit son amy mort iamais ne prendra resconfort ne ioye en nul iour de sa vie Tāt eust lors clarissāt le cueur empresse que debout soubstenir ne se peult tellement que par terre luy conuit tomber. Et quant elle fust Redressee sen vint deuant le Roy criant cōme vne fute hors mise de son entendement si se laissa tō ber a ses piedz de quoy le Roy fust fort dol lent de la veoir en cest estat tant triste et si fort esplouree si luy demanda quelle auoit Sire dist elle tres clement et tres iuste roy telle est ta grande Renommee que nul de deuant toy ne sen scauroit aller esconduit p quoy te prie me regarder de tō oeil de pitie pour consoller la plus desolee qui soit a p̄st sur la terre. Ie voy mō frere et mon amy combatre maintenāt ensemble parquoy ie vous supplie treshumblement quētant dō neur me veuillez faire que de me donner la bataille si que quant elle sera finee que Si tromelans puisse a mary auoir/lequel mai me parfaictement et aussi luy ay ie mon a mour donnee. Sire ie suis la vostre tresh̄u ble seruante et petite niepce il voꝰ plaira p vostre courtoisie et bonte ne me refuser la requeste q̄ est la premiere q̄ iamais ie voꝰ demāday. Belle niepce luy dist le roy sa chez que ce nest pas en moy: de te ottroier la requeste que tu me demādes. La raison est bien apparente par ce que ie ne puis ne

g.i.

se leuoient/tant sentrechercherent durement de puis lheure que dieu fut ne iusques a lors na este veu pl9 fier combat pour deux cheualliers. Lung nauoit si tost vng coup a sa partie preste q̃ incontinent il ne luy fust rendu/tel maintenant se veoit a honte que bistement son honneur recouuroit/et neust on alors sceu iuger lequel auoit la meilleure partie.

 Jnsy toute la matinee se combatirēt iusquez a tierce et gauuain estoit si discret aux armes et si bien aduise quil necombatoit de coustume fors quant on le venoit assaillir son le frapoit il recouuroit qui plus matoit sa partie q̃ aultrement/et dist le compte que quãt passoit lheure tierce force et vertu luy accroissoit/oncques on ne veit telle bataille si aspre ne si dãgereuse. De puis que tierce fut sonnee la bataille se renforza et si grant assault sen trefont que merueille est que tant ilz peuuent durer. ie ne vous scauroie reciter quel ennuy portoient ceulx dune partie et de laultre qui ainsy les voioient combatre ny eust celluy qui ne desirast que lung gaigne et q̃ lautre perde car chascū aime sa partie quãt lung dist vng tel a le bō laultre dist tel a le meilleur lūg vault moins et laultre vault plus cestoit leur commune deuise que de ca dela se disoit par ceulx qui tous fondoient en larmes/et leur refroidisoit le cueur quãt ainsy les voient greuer. Jl ne conuient point demander se le Roy fut dolent et triste ge vous dis que tel estoit quil ne pouoit a bien petit la bouche remouuoir pour parler de veoir en cest estat son nepueu il ny auoit si long voiage ou boulletiers ne leust voue par telle condicion que la chose tellement tournast que nul des deux ne fust occis et q̃ son nepueu eust lhonneur et que nul deshonneur neust lautre/ moult desiroit quil

en aduint ainsy affin que le blasme ne tōbast sur aulcun diceulx car de telle natu estoit que iamais malice ne chose vicieux naima auarice ne cōuoitise mais pitie courtoisie et clemence. Et alors recommēca bataille des deux cheualliers plus aspre deuant Gauuain en reprenãt ses forces ẽ tant que son ennemy de tout son pouoir uēt lespee au poing pour sur au heaulme taindre de sō espee q̃ en sa main dextre tẽit si vaillāment se deffend que laultre ne peult greuer/parmy les escus sentrefieret lūg tātost bas puis tantost hault et laultre en nul lieu ne se faict de fraper destoc et taille iamais ne ruerēt coup lūg sur laultre qui ne feissent ãlq piesse voller des heaulmes ã des escus tāt estoiēt leurs espee biē trēpees ã trenchant desquelles ne se pergnerent les deux cōbatās de sentre fietter cōme ceulx quilz se hayoient mortellemēt si tres menu ã si souuent se rencōtroiēt q̃ de merueille fut que pieca ne se sont ocīs mais les heaulmes furent si fors et si durs q̃ les espees ne sceurēt oultre passez pour ẽ chair entamer pquoy tant les greuerēt les bosses qui firent a leurs armetz que toute la face auoiēt taicte de sang des coups ẽ bes et meurdrissās q̃ sentre faisoient ã tāt vertueusemēt sestoiēt entreferus q̃l nauoiēt en leurs armes piece q̃l ne fust perceẽ trenchee ou de couppee ou froissee en plꝰ de vingt lieux.

CMoult fut lōgue ceste bataille en la ẽ le toute la matinee se porta fort biē Siromlās en sa viguer et en sa force en son courage ã en sa hardiesse en pre et tout mal talē parquoy fut de merueille cōme lataine si lēguemēt luy dure il ny a si forte si dure creature q̃ pour moidre chose ne deubt estre folas/entendu les grās et pesans coups ã auoit enduré ã souffert/a cause de quoy se meca alheure de nōne soit a mater et deuēner vai. Et adōc redoubla et accreust la forze a gauuain car sa coustume fust telle qu

et veuil que vous seul aiez de son amour la doulceur considerant q̃ vraiement sera haultement mariee et aussy que ie scay pour vray que estes le meilleur cheuallier q̃ soit present dessus la terre. Et Siromelãs luy respond Gauuain seist il dictes vo9 dõc/ie meilleur cheuallier il ny auoit q̃ vostre lozneur seroit si grand: mais lhõneur a pris abaisse/pourtant la mercy a mõ dieu il mest bien aduis q̃ le mié ren̄d deust estre augmẽte quãt prĩt me suis cõbatu au pl9 redoubte cheuallier qui soit en ce mõde viuãt. mais neãtmolemẽt vo9 remercie de ce quil vous a pleu me dire quelle soit ma dame et amye et que amy luy soie et seigneur. Car bien laime et elle aussy moy. Dictes vous saict gauuain sur ma foy se vo9 desdire vo9 voulez de ce dõt icy mauez appelle et pourquoy nous y sommes cõuenus et assemblez a ce q̃ vouldrez ie me accorde aultrement ne le seroie mie mais vozmeritez ie vo9 rẽderoie ainsy que la raison le veult

⁋ Le Roy voiant le partement des deux cheualliers a de la pucelle cest pdeuers eux Retire a cõpagnie de plusieurs nobles ou quant il fut arriue dura le pourparler lon guement mais pour cõcluire gauuain que leur a acertene q̃ se Siromellãs se veult desdire de ce qui luy a mallement impose qui veult bien sauue son honneur quil ait sa seur par mariage a que soit luy plaist a luy haite et par ce poinct la paix sera faicte entre eux deux et ou desdire ne se vouldra de ce de quoy le cueur luy deult sera tenu demain le matin icy retourner portant pareilles armes pour recomencer la bataille et quãt gauuai eust aisy ple chm arest a et iura q̃ aisy seroit faict sãs aultre cõdition y adiouster. et alloꝛs gauuai se retira a son chasteau de la roche aultremẽt dit le chasteau de la merueille pour se reposer a refrechir ou quãt il fut desarme passerẽt la nuict en grãde ioye et liesse en tout soullas et en deduit. Loꝛs les cõpagnies a les bẽdes q̃ Siromelãs auoit amenes se feirẽt legeremẽt desarmer a le Roy art9 seist venir de ses chãbellãs a de ses escuyers pour pareillemẽt a Siromelãs oster les armes le q̃l apres, q̃l fust desarme le feist sur vng beau cheual mõter et puis auecq̃s luy lemena en sa tente pour le festoier et se reposer a clarissant sa petite niepce aussy laquelle eust toute ceste nuict moult grãd a honorable accueil de toutes les dames a des pucelles. le lẽdemai a laubbe du iour cõmãda le roy art9 de faire sa niepce a tourner parer a Richemẽt vestir La q̃elle de ceste heure fust a lesglise menee ou Siromelãs lactẽdoit a lespousa de la main du bon euesq̃ de Coruuaille q̃ seist deuotemẽt loffice a y assysterẽt plusieurs aultres euesq̃s a gẽs desglise desq̃lz ie ne scay le non Et quãt ilz furẽt espousez ne fault doubter se grãde fut la melodie des instrumẽs que loꝛs on seist ioyeusement sõner q̃ tel bruit feirẽt q̃ tout lost en Retentissoit.

⁋ Moult noble a fort reueren̄d fut le seruice q̃ se mati pour les deux mariez on seist mais ainsi q̃ lõ vit a la fin ou q̃ lon yssit de lesglise/arriua gauuain en la court et quãt Keux le seneschal laduisa tãtost alla auenãt de luy q̃ luy demãda sãs demeure pour quoy ceste heure il se estoit arme. et gauuai saigemẽt respõd q̃l estoit ainsy appreste pour Retourner a la bataille en demãdant se le Roy nestoit pas encores leue. A dõc luy a dist le Seneschal que pour neant et en vain il se estoit arme affermãt que la paix estoit bien arrestee a faicte p ce que Siromellois auoit sa seur espousee a q̃ encores estoient a lesglise ou ilz escoutoiẽt le seruice. cõmẽt sist gauuai ma mon oncle telle chose faict qui si pres touche mon deshõneur et ma honte/ quant a celluy qui de traison me accusoit a ma seur maintenant donnee et qui ia tient pour espouse sãs mõ octroy et sans mõ sceu ie vo9 aduise et vo9 asseure que bié pourra dire le Roy que iamais auecques luy ne seray et que iamais ie ne retourneray en

doy desassembler vne bataille qui de trahison est sommee dont Siromelãs que vo9 dictes estre vostre amy a voustre frere accuse/ considere aussy que ma court a este assemblee/parquoy ne vo9 puis ce dõ octroier dont fort me poyse et men desplaist. Encores plus men doibt desplaire dist la pucelle considere que le deuil que ie porte ne me departira iusques a rendre lame et ainsi ie seray quitte de regreter les deux cheualliers les meilleurs que la terre soubstiẽne dõt lũg sans seur demourera et laultre sãs auoir amye. Ie scay bien se luy dist le Roy q̃ vous seriez fort hõnoree se pour seigneur ⁊ pour mari pouiez siromelãs auoir ⁊ moult bien mẽ tiẽdroie alye/⁊ sachez pour tout certain que grandement me desplairoit se du corps luy mesauenoit autant q̃ de cheuallier qui porte vie/car par la foy qua dieu ie doibz oncques ne veis meilleur que luy ne plus beau ne plus aduenant et men voudroie assez bien attendre a tous ceux q̃ lont veu arme et cõbatre si vaillãmẽt. Doncq̃s pour a ton vouloir satiffaire ie te conseille maintenant q̃ dicy tu departes et ailles a ton frere luy prier et luy requerir de mectre fin a la bataille/et q̃ ceste grace te face de te octroier prẽdre Siromelãs a mari et si ta reqste il accorde tu seras cause de mectre plusieurs cueurs hors de deuil et de grand ennuy/et liesse rameneras tant dune partie q̃ de laultre se tant pouais faire que fin fust en ce combat mise. Car ie ne mẽ pourroye entremectre que ne soit contre lhõneur de la couronne: mais se ton frere te veult la requeste octroier il me viẽdra a grã plaisir. Antost la pucelle dollẽte se departit de deuant le Roy/et sans actẽdre alla ou sõ frere contre son amy se combatoit qui monstrabit cõment amour na nulle craincte et que par amours les pl9 couars souuent deuiennent les plus har

dis ce que bien purra la iuste pucelle clarifiast p̃ ceste hystoire/La pucelle poursuiuãt affectiõ a son desir termine le pl9 hũblemẽt q̃ faire elle peult se gecta au piedz de son frere lequel quãt il eust apperceue cõme bien ui se luy demanda quelle queroit. Et elle luy prie ⁊ reqert cõme a celluy q̃ iamais n vsa de cruaulte ne de vẽgeance qui luy plai se a ceste bataille mectre fin si cõme elle auoit le Roy prie et requis. Et il respond doulce seur soiez certaine q̃ vostre pere n ra lieu si ne vo9 sera vostre demãde ottroi q̃ premier il ne se dedise de soultraige q̃ m mis sus/cõbien que ie scay assez a quoy v pretendez car aultre foys mauez vo9 dist quen portiez en vostre cueur/et toutessoi ie ne scay pas la voullẽte du cheuallier c telle pucelle est amye qui de puis a tard se repent partãt que moquee est de celluy quel elle cuide estre aymee. Adonc gauuai adressa sa parolle a Siromelãs auql il di Sire faict il Ie croy q̃ vous auez ouy ce q̃ la pucelle madist pource vo9 prie de me d re vostre aduis: touchant dece quelle ma quis. Que voullez vo9 dist Siromelãs q̃ ie vo9 die la ou la pucelle est tant petit as mee telle assẽblee ny fault faire. Iay ius a pnt cõtre vo9 cõbatu et bien encor me c batteroie/mais se vostre seur me donnez hõneur nen pouez auoir et nen peult est moins prisee laquelle sera douee de ceste te et de toute ma terre. Lors gauuain q̃ iamais pour courroux ne pour yre ne vo lut villãnie a nul cheuallier dire oultrai ne parolle deshõneste/pnt ne sen voullut tremectre craignãt de deshõnester la ren mee diceluy cõtre leql il cõbatoit il mõstr it que luy ny auoit q̃ noblesse dõt pour lu faire hõneur a dict. Beau sire faict il sachez le matin vo9 la meussiez reqse ieusse fait vostre voullẽte mais ie croy q̃ ce auez fait toute expres p ce qũ dist p coustume q̃ ce doibt monter hault degre q̃ de bõne amo veult iouir: parquoy moiẽnant le voullõ de dieu ⁊ q̃ mõ hõneur y soit sauf/ie conse

Cõmẽt gauuai la nuict de sõ deptemẽt souf
frist moult de griefz pluye gresle ⁊ tõnoire.

Auuain tout le iour
cheuau.cha sans ar=
rester ne tãt ne quãt
tout vain sans boire
ne mẽger et aussy ne
luy en souuit/le iour
passe et la nuict vint
q̃ fut fort belle a grãt merueille plus que de
long temps nouoit este Gauuain cheual=
che a la clarte de la lune q̃ fort estoit luisãte
qui ne luy chault de se arrester en nul lieu
ne en nulle place tant quil fera si beau che=
miner si cheuaulche au plus tost quil peult
par ce quil se doubte bien que le Roy le sui=
ue ou que il enuoie apres luy/et ne veult p̃
nulle maniere sil peult qui soit accousuiui
ou ratainct que premier il ne se voie en aul
tre Royaulme ou en plus estrange terre et
loingtainne pour los et pour honneur cõ=
querre/⁊ aussy pour le tẽps qui cler estoit ⁊
beau ne sarrestoit ne sa ne la/mais endroict
minuit ou enuiron luy aduit vne chose qui
fort luy fust cõtraire.car la lune sabscõsa en
vne grosse et obscure nuee si que le ciel ⁊ le
tẽps fut tout couuert dicelle nuee laquel
le estoit toute chergee de gresle et de pluye/
qui chose fut a gauuain fort ennuieuse qui
voit de toutes pars venir es sides esclers ou
espars et oit tonner moult ferme et hault
adõc se print a esperõner plus tost que deuãt
nauoit faict pour esslongner se il pouoit la
pluye et le mal tẽps qui faisoit mais ain
cois q̃l sceust aller gueres auãt cõme dist le
cõpte cõmẽca a faire vng tõnerre si horrible
et grand q̃ iamais on en ouit vng tel. Lors
ne scauoit gauuaĩ q̃ deuenir/car sur luy che=
oit pelle mesle grosse pluie ⁊ fort dure gres
le tãt q̃ ne sceut plus auãt aller. Allors ad=
uisa vng arbre. hault et grand soubz lequel
il descendit puis apuia sa lance a larbre et
se tit la iusq̃s a ce q̃ dieu auta le tẽps chãge
et neust adõc aultre couuerture pour se cou
urir q̃ son escu du q̃l cõtre la grosse gresle re=
sistoit/⁊ dit q̃ de sõ viuãt nauoit veu si dure
mẽt plouuoir ainsy tõner ne fouldre cheoir ⁊
espdoit ou esclairoit p̃ telle sorte q̃ quãt de
la nue estoit p̃tie faisoit si cler q̃ lõ eust bien
veu pl⁹ dire grãde lieue de loĩg. Sãs cesser
dura ce tẽps de puis la minuict iusq̃s a ce q̃
il fust grãt iour il ne fault doubter se allors
le bõ cheuallier gauuai souffrit vne merue
illeuse nuitee laq̃lle prit en patiẽce ⁊ la pas
sa le mieulx q̃ peult cõme celuy q̃ pouoir na
uoit de amẽder le tẽps ⁊ ainsi q̃ le soleil cõmẽ
ca de luire les nuees se deptirẽt ⁊ demeura
le ciel cler ⁊ beau lequel au parauant auo=
it este tãt obscur ⁊ laict. Et celluy q̃ tãt en
ceste nuict auoit de maulx endure/se print
a sõmeiller vng petit sur sõ bras/⁊ si tost q̃l
fut esueille/veit que le soleil ia hault estoit
Lors ne voulut pl⁹ delaier/ains est mõte
⁊ puis sen va p̃ vng sẽtier ou il trouua vne
moult fort plaisãte plaine ou celle part prit
son chemin tout seul mõte sur son destrier/
ne paige adõc luy tint cõpagnie tãt va q̃l
yst de ceste plaine ⁊ est en vne lande entre
q̃ estoit delectable ⁊ belle moult verdoiant
et bien florie assez pres sistuee dune forest
grande et feuillue ou doulcement ceste ma
tinee les beaulx ⁊ plaisãs ouefl d̃ste q̃ fort
a gauuaĩ aggrea/⁊ ainsi ioieulx de se veoir ẽ
ceste plaisante lãde et du chãt mellodieux
q̃ de petis oueseaulx entẽt ne se ennuya de
cheuaulcher iusq̃ a midy. durãt le quel tẽps
ne trouua ne rẽcõtra aulcũe aduẽture fors
q̃ enuirõ lheure de nõne q̃ vit venir sur vne
mulle vne tres gẽte ⁊ gracieuse pucelle fort
richemẽt et noblemẽt acoustree la q̃lle tant
aduenante ⁊ belle estoit q̃ se cẽt lãgues auo
ie dire ne le pourroie ne racõpter la mulle
sur la q̃lle la pucelle mõtee estoit auss
sy noire q̃ meure q̃ sadressa de ceste part ou
gauuaĩ cheuaulchoit ⁊ celle q̃ sur ceste mul
le fust tenoit en sa maĩ dex̃tre vng cor diui=
ere dedẽs le q̃l cõmẽca a sõner vng chãt da
mours qui fort plaisant fust a ouir deuers
la quelle se tira Gauuain pour en appro
cher a son aise puis la sallua ainsy comme

B. iii.

Perceual le Gallois.

ses palais ny en sa terre que premier ne me vienne querir moult loing et en estrãge pais auec trois mille cheualliers bien samez et moult redoubtez et bien aornez a laduenant. A tant sen est retourne gauuain ainsy arme et bien monte comme il estoit venu. Et keux le seneschal de ceste heure est dedens leglise venu lequel gueres na acte du que tost ne dist comment gauuain sen est tãt desplaisãt retourne en disant au Roy par telles ou sẽblables parolles. Ha sire fist il ie vo9 asseure q̃ vostre nepueu vdu auez/ q̃ a vostre court fort iuree pour ce aisy cõment il dist q̃ vo9 auez sa seur a Siromelãs oultre le dict et la promesse p̃ la quelle auoit este dict q̃l ne la deuoit espouser q̃ p̃mier ne se fust desdit de liniure a luy Imposee et pour ce a dict cõsidere q̃ sa seur auec son ẽnemy a uezliuree q̃ pl9 ne vo9 tiẽt a amy ne pour oncle ne pour seigneur. Quãt le Roy eust ses nouuelles entendues si grant deuil eust en son couraige q̃ de sõ aige nẽ eust vng tel ne si grãd a peu qui nist de son sens et to9les barõs de sa court q̃ en p̃drẽt telle tristesse ⁊ tel desplaisir q̃lz eussẽt voullu estre mors aisy bien tost fust liesse en deuil conuertie.

¶ Cõmẽt messire gauuain fort courrouce se despartist de lost du Roy artus pour ce q̃ le Roy art9 auoit donne clarissant sa seur en mariage sans son consentement.

Le bruit du p̃tement de gauuai tellemẽt p̃ tout volla q̃l vint iusq̃s aux oreilles des dames des damoiselles ⁊ des pucelles si q̃ Genisure la Royne et Jnguerue sa cousine en tõberẽt a terre toutes pasmees/ et ce voiãt clarissãt la nouuelle mariee se mauldist ⁊ blasme sa vie pour sõ frere lequel p̃ sa coulpe eust de la court du Roy p̃ty p̃ quoy en demena tel deuil quõ ne la scauoit appaiser. alloɾs ⁊ tout en lheure le Roy cõmãda q̃ lon luy cellast vng cheual/ et quant les cheualliers enten

diret le cõmãdemẽt du Roy ny eust cellu y q̃ tost ne courrust mõter sur son destrier cõsiderãt que le Roy ne feroit pas long seiour. de main en mai le bruit par tout lost court que le Roy sen voulloit partir tellement q̃ les varletz et les escuyers furent si empeschez que rien plus car de ceste heure cõuit aux trois Roynes a Siromelãs et a clarisant mõter a cheual q̃ le Roy auecq̃s luy mena/ tellemẽt q̃l ny eust roy duc marquis baron ne cõte dame damoiselle ne pucelle ne vng seul varlet q̃ apres le Roy artus ne sen allast q̃ ie ne vo9 specifie q̃ le nõbre pourctaire daloguer mõ cõpte/ mais biẽ vous puis dire que lost ny eust ne ris ne ioye ains ne peult hõme plus dollẽt estre q̃stoit toute ceste Royalle ⁊ noble assemblee/ les malliers firẽt mener en dextre pour leurs armes ⁊ leurs esc9 porter riẽs ne les peult resconforter p̃ ce q̃l cuidẽt auoir p̃du lhõneur de la cheuallerie et ne croy point q̃ iamais fust en lhystoire leu auoir veu tãt de barõs ensẽble pour vng seul cheuallier chercher ceulx qui en leur viuãt furẽt les plus puy ⁊ les pl9 vaillãs de la terre/ ⁊ estoiẽt en nõbre des barõs des cheualliers des escuiers pl9 de dix mille sans les dames les damoiselles et les pucelles qui furent en si grãde quãtite q̃ ie ne les scauroys cõpter car ie ne vo9 en veuil mẽtir q̃ to9 ⁊ toutes estoient fort marris ⁊ dolẽs dont plusieurs en eust q̃lz neussẽt sceu dire pourquoy si ne loserent demander. Ainsy le Roy art9 chemine les troys Roynes et to9 les barõs tous fort pẽsifz de ce qui leurs est aduenu desq̃lz maintenãt dellaisseray a parler/ et vo9 diray de gauuai qui sen va par montz par vaulx par bois par plains par prez par landes p̃ bruieres tantost deca tantost dela cheuaulchãt tout le iour entier sans tenir ne chemi ne sẽte ais laissa aller sõ cheual p̃ tout ou il voulloit aller si q̃ riẽ ne lẽ destourna pce qui ne luy chault de luy tant plain dyre ⁊ de courroux pour le tort q̃ le roy luy feist.

lier fut si oultraigeux quil a le sien cor em-
porte feist de si piteusez lamentations que
cestoit pitie a la veoir. En disant ainsi. Las
faict elle suis ie destinee a rencontrer tel-
le fortune / oncques fille de femme nee
ne fut plꝰ que moy malheureuse sy ainsy est
que le mien cor soit perdu qui me seroit le
plus grāt dhōmaige que iamais me pour-
roit aduenir: de ce que tant fort la pucelle
se desolle ne fut Gauuain pas fort ioyeulx
dont de la pitie quil en eust alheure. de son
mēger se leua ꞇ dist que ainsy nemportera
pas le cheuallier le cor q̄ il a a la pucelle oste
quil le vainqra en la bataille. Lors mist le
heaulme en la teste ꞇ ce pendāt son cheual
luy fust par deux escuiers amene dess⁹ le-
quel mōta sans demourance: puis prīt sō
escu ꞇ sa lance: car cure na de seiourner qui
pres le cheuallier sen va a si grant course
que de pres le peult choisir. Et quāt le che-
uallier apperceut que gauuain le suyuoit se
retourna a lencontre de luy disant ainsy.
Vassal fist il q̄ queres vous quainsy vous
hastez apres moy courir dictes le: car ie le
veuil scauoir. Voꝰ le scaurez pour tout cer-
tain dist Gauuain ie le vous promectz ie
suis apres vous retourne pour courtoise-
ment vous prier que point vous néportez
le cor q̄ a la pucelle auez tollu. Vassal luy
dist le Cheuallier sachez q̄ queres de sens
ure eustes quant vostre mēger voꝰ laissa-
tes pour voꝰ en venir apres moy: ꞇ pource
allez chercher ailleurs voustre aduēture sy
ferez saige: car ie voꝰ promectz ꞇ voꝰ iure
q̄ le cor néporterez point. Ne vous esmou-
uez faict Gauuain ꞇ parlez en aultre ma-
niere ie ne treuue nulle raison parquoy a la
pucelle le cor deussiez oster ꞇ voꝰ dis bien q̄
ce nest pas cheuallerie dune chose par for-
ce oster a la pucelle qui deffendre ne se scait
que par son plorer par cōiurer ou par maul-
dire aultre deffence ne scait faire. Et pour-
ce cōme debonnaire ie vous prie que le cor
luy rendez par tel cōuenant que selle vous

a rien meffaict que voulletiers pour elle ie
la menderay. Croyez q̄ rien ie nen feray
dist le cheuallier ꞇ pource vous dis que me
laissiez pour maintenāt en paix: ou aultre-
ment bien voꝰ en pourrez repentir: auant
que la feste desparte. Sachez de vray luy
dist Gauuain puis que par courtoisie ne
voullez le Cor rendre que ia voꝰ ne lempor-
terez se contre moy ne le scauez conquester:
ie voꝰ dis faict le cheuallier que grant fol-
lie vous ferez se cōtre moy voullez bataille
entreprendre: car se quatre telz q̄ voꝰ estes
estoient venus pour me greuer ien pense-
roye a mon hōneur en sortir: pource ne voꝰ
crains tant ne quāt. Je ne scay cōme il en
yra luy dist Gauuai ne a qui le pis en sera
de la bataille ou de sō corps: mais bien vous
dis quoy quil aduienne que maintenant ie
vous deffie. Et quant le cheuallier eust la
parolle de gauuain de defiance entendue:
pendit le cor de la pucelle q̄ auoit a sa main
a la branche dung arbre. Puis se retourne
ꞇ se esloignerēt lūg de lautre assez loig pour
prendre leur course: ꞇ ce faict mirēt leurs
escus au col puis coucherent les lances sur
lattest poignant les cheuaulx des espe-
rons: qui si ligerement les ont lung alen-
contre de lautre portez: quil sembloit q̄ ilz
deussēt la terre soubz leurs piedz pour fen-
dre. Lhystoire nous dist que a ceste heure
Gauuain rencōtra le cheuallier par si grāt
de roideur sur son escu de geulle q̄ la lance
passa oultre le corps plus dune toise: si que
tout mort tomba deuāt les piedz de sō che-
ual. Et quāt gauuain leust veu ainsy par
terre tout mort renuerse: vint mectre la
main a son destrier: ꞇ laissa le cheuallier en
la place: puis veit le cor qui pendoit a vng
chesne lequel il print et le reporte. Et quāt
la pucelle qui tant estoit deconfortee apper-
ceut gauuain retourner se leua moult lege-
rement pour allencontre de luy venir: ꞇ si
tost que gauuain laduisa delle saproche et
la sallue et puis apres le cheual ꞇ le cor luy

bīē il sceut faire/et puis luy dist pucelle sist il cestuy qui les haulx cieulx regist voꝰ doint bonne aduenture et ioye ainsi que vostre cueur desire. Et dieu vous le rēde beau sire dist la pucelle laquelle nestoit a reprendre vous me direz sil vous aggree quel besoing par icy voꝰ maine/car ie vous veuil bien aduiser que de ceste terre est dame ⁊ maistresse vne enuieuse damoiselle qui en la lande aduentureuse a son manoir si crains et doubte merueilleusement quen ses prisōs elle ne vous face mettre. Est elle si peruerse faict Gauuain et si fellonne que voꝰ dictes/ouy pour certain faict la pucelle et sont a elle tous ses beaulx bois ceste lande et toute la terre qui est de moult grande estendue et se nōme ceste lāde la lādeaduē tureuse/ou merueilleuses aduentures vertez auāt que yssir hors pourueu quallīez la droicte voie/ie vous supplie de me dire/ou vous ieustes en ceste nuict par ce quil me semble q̄ pas trop bien traictie ne auez este car a plus de vingt lieues dicy a lenuiron ie ne scay hostel ne manoir fors celluy de la pucelle enuieuse. Certes faict il madamoiselle la verite en auez dicte et bien le vous puis tesmoingner que ie nay pas eu ceste nuict tout mon plaisir ne toutes mes aisaātz ma cōuenu gesir en ceste maniere tout arme en ce bois qui est la derriere et na eu la pluye ne la gresle cesse de sur moy tōber en habūdance. Ie vous en croy dist la pucelle. Bien mestier present vous auriez que voꝰ aussy vostre cheual fussiez a repoz mieulx traictiez pource vous prie et vous requiers que ne veuillez oultre passer auant que vous aiez disgne car trop vous auriez a souffrir auant que vous eussiez ceste grāde lāde passee. Lors gauuaī q̄ bō mestier auoit de ce que la pucelle luy a requis luy dist que du tout il feroit a son vouloir. Et adonc la pucelle mect le cor en sa bouche duquel elle sonna haultement comme celluy qui a la beste prise et ce faict le pendit a son col a vng laz de soie/lors veissiez venir plus de cent tant escuyers comme pucelles lesquelles estoient fort belles et bien richement vestues et ournees. Et si tost q̄ gauuain les veit de son cheual est descēdu qui puis le lia a vng chesne qui pres de la estoit ou aussi sa lance apuia/puis a pendu a vne branche son escu et ce faict osta le heaume de sa teste et sen vint les pucelles honorablemēt salluer: la dame est deuēt luy venue laq̄lle le prīt p̄ la maī ⁊ le mena ou elle auoit faict le disner p̄parer/⁊ puis dist aux sōmelliers q̄l allassēt dresser ⁊ couurir les napes a quoy faire legieremēt ētēdirēt a faire le cōmādemēt de leurs maistresse/puis aduiserēt vng fort bel arbre ⁊ biē feuillu desoubz leq̄l alleret les napes estendre p̄ ce q̄ rendoit vng fort beau ⁊ fort iouef vmbrage ⁊ y eussēt repeu de soubz cēt cheualliers biē a leur aise. Du sas delaier se rendirent gauuaī la dame les escuyers ⁊ les pucelles.

¶ Cōment pendāt le tēps q̄ gauuaī mengeoit arriua vng cheuallier le q̄l osta le cor a la damoiselle q̄ auoit leās gauuaī amene.

Eulx q̄ eurent la charge de dresser les viādes et aporter le menger auoient cōme il ē dist faict estēdre les napes sur la belle herbe lesq̄lz quāt ilz ont eula cōpagniee soubz larbre le disgner actēdre firēt a chm̄ les maī lauer et si tost qui furent assis les seruirent legierēmēt de toꝰ les metz quō leur auoit apprestez. Et aise q̄ a mēger entendoiēt veirēt venir vng cheuallier desꝰ vng beau destrier mōte ⁊ tout arme de pied en chief ⁊ estoit la cotte darmee du cheuallier toute bāche ⁊ portoit vng escu de guelle/ et se venoit le heaulme en la teste et la lāce au poig leq̄l sans descendre sarresta deuāt la pucelle de laq̄lle se approcha sans la salluer ne nul de sa compagniee si que delle pres se tira que le cor luy osta du col/puis se depart et sen alla. Et quant la pucelle veit que le cheual

mps amours par voz armes tant esprouuees
dont grant bien men est aduenu ⁊ a tous
loyaulx cheualliers ⁊ acelle fin que vous
ne ingnorez a scauoir côtre qui vous auez
eue victoire ie vous aduise que Mascarot
auoit en nom le plus orguilleux de ce mō=
de. Je ne scay pas se oncqs de luy auiez ouy
pler ⁊ des oultrages quil faisoit/car nulz
par icy ne passoient qui neussint auecques
luy bataille ⁊ fussent il demye douzaine il
ne les prisoit vng bouton/⁊ nuict ⁊ iour ce
passaige tousiours gardoit ou souuent il
ma faict oultraige q iamais il neust amen
de: mais iay tant vescu dieu mercy que ay
veu son orgueil baisser ⁊ q ien ay este ven=
gee par vostre proesse: mais sachez de vray
et certain q se mon cor eust emporte ⁊ point
ne meust este rendu que iamais au cueur
neusse eu ioye pource quil est de grant va=
leur ⁊ que ie layme ⁊ le tiens chier en lhon
neur du franc cheuallier qui me le dōna p
amours: et est de telle dignite que ia nul q
sur soy le porte naura ne fain ne froit ne soif
en quelque lieu quil voise ne quil vienne.
Lors Gauuain dist par mon serment tel
en doibt on bien cher tenir. Mais laissōs
du cor a parler ma dame: car il est biē tēps
sil vous plaist que de ce lieu ie me departe
mais sachez bien oucque ie soye sil vo⁹ sur=
uient aulchū affaire q ie seray le cheuallier
plus prest a vo⁹ seruir partout. La damoy
selle doulcement len remercie ⁊ puis luy
dist. Sire faict elle Je vous prie en guer=
don ⁊ pour lamour de moy prendre ce petit
anneau que ie vo⁹ donne lequel est de telle
vertu que bien vo⁹ pourra profiter comme
pourrez appceuoir auant quil soit longue
saison ⁊ sachez veritablemēt q tant q vo⁹
le porterez cinq cheualliers ne debuez crai
dre les plus fors qui soient en ce monde et
fussent ilz geās parfaictz: nul diceulx pour
vray le dis ne vous scauroit en rien gre=
uer: mais de tous viendrez au dess⁹. Lors
le print sans faire refus Gauuain: q tant

courtois estoit si len remercia humblemēt/
et se saict fist son destrier amener sur lequel
ysnellement ⁊ legieremēt monta. Lors la
damoiselle print le cheual par la bride qui
a Gauuain dist Sire faict elle ie vous ay
mon anneau donne par tel si ⁊ tel couenāt
Sil est q ie le redemande qua lheure le me
renderez Dame fist il a ce maccorde se vo⁹
le vouldrez querir ie ne seray pas si villain q
si tost ne le vous renuoye. Et ce dist apres
que Gauuain eust pris de la compaignie
conge delibera sen aller.

R sen va gauuain a
son aduēture ⁊ la pu
celle demeure plus
ioyeuse que iamais
ne fut du cheuallier
qui est occis ⁊ de son
cor qlle a recouuert.
Gauuain se remist en la lande dont grāde
fut la renōmee ⁊ dont tant auoit ouy pler:
mais oncques ny estoit entre. Ainsi tout le
iour esperonne sans aulcune fortune en=
contrer. Ainsi q son chemin alloit deuant
luy apperceut venir vng nain bossu et
deffaict parquoy ne croy point que dieu fist
son corps qui tant despit estoit: le nain le
quel fut tant petit vng maigre cheual che
uaulchoit duquel ie crains vous ennuyer
se ie vous dis quel il estoit/ tant mal fassō
ne fut par tout ⁊ toutesuois p amytie vo⁹
en diray a mon pouoir ce q iay peu scauoir
de luy par lhystoire qui le racompte. Tant
estoit lait au vray parler quen tout le mon
de q tant est grant ne trouueroit on creatu
re sy contrefaicte ne si laide: la teste eust lō
gue ⁊ fort ague les cheueulx dressez contre
mont/ainsi côme vng porc herisse les oreil
les larges ⁊ grandes ⁊ les sourcilz roux a
baissez siq les ioues ilz luy couuroient il a=
uoit les yeulx enfoncez en la teste biē qua
tre doigtz du nez ne veuil quon ne mescrie
qui camus fut petit et court ie cuide moy
quen tout le mōde na este veu vng nain

Perceval le Gallois.

rend dont la pucelle gauuain fort remer-
cia: adonc a le cor remis a son col: duquel el-
le faisoit grant ioye: ce pendant est gauuai[n]
descendu lequel apres q[ue]lt eust baille en gar-
de: osta son heaulme du chief. Et alors vin-
drent cinq ou six escuyers autour de luy q[ui]
e[n]tendirent a le seruir [et] prindrent son escu
et sa lance: ny eust cessuy qui boule[n]tiers ne
desirast a luy faire honneur [et] seruice. Puis
les au[l]cuns osterent la bride du cheual [et]
la tacherent pour paistre en lherbe a son sou-
hait: car pour luy aultre menger ny auoit
en ce lieu. Et adonc se remirent tous a me[n]-
ger des viandes q[ue] on leur auoit aportees
qua[n]t [l]outrageux cheualier vint le cor a la
pucelle oster: qui neurent allors cause de
leur ennuyer ou desplaire: mais assez occa-
sion de prendre leur repas en ioye en plai-
sir et en liesse pour le bien q[ue] gauuain leur
a faict: parquoy ny eust celluy quil ne se ef-
forcast de tout son pouoir a le honnorer et a
luy faire feste [et] humblement dieu regracie[n]t
de ce que en ce lieu la amene. Et puis luy
dirent que de leur viuant ne auoie[n]t de nul
cheualier ne daultre si grant bien receu q[ue]
celluy qui leur auoit faict ne q[ue] tant y leur
fust prospere.

Ainsi dirent commune-
ment en prenant ioyeu-
sement leur repas duq[ue]l
ie ne vous descriptz ne
racompte les metz desq[ue]lz
ilz furet seruis pour ob-
uier a prolixite. Mais
ta[n]t mengerent [et] tant beure[n]t co[m]me y leur
pleu[s]t [et] vint apres, [et] ce faict oste[re]nt les na-
pes si q[ue] rien plus en ce lieu ne resta ainsi
qui se conuenoit faire. Apres vne pucelle
vint qui estoit moult plaisante [et] gente: por-
ta[n]t de leau en deux bassins dargent pour
leur donner a lauer. Puis gauuain reprit
son heaulme qui apres a la damoiselle a
dit. Dame fist il sil vous venoit a plaisir
bien me voulsiroye de ceste noble co[m]paignie

departir de ce vous pouez bien faire: [et] vo[us]
deporter dist la pucelle se vne requeste me
accordez: cest que pour ce iour il vous plai-
se auecques nous demeurer en prenant la
pacience de telz biens que dieu nous a do[n]-
nez lesquelz sont vostres comme miens: [et] sa-
chez que rien nous nauons q[u]il ne soit a vo-
stre comand. le iour commence a decliner [et]
long temps que none est sonnee [et] passee [et]
estes a mon aduis fort las de vo[us] estre au-
cheualier combatu qui le pire [et] le plus fe-
lon estoit que iamais bestes en court en-
trer: aussy se vous estiez party si ne trouue-
riez vous hostel ne manoir en tout vostre
chemin ou vous puissiez estre loge au mo-
ins q[u]il ne fust bien mynuict. Par mon chief
dist gauuain pucelle trop me seroit larre-
ster grief croiez que point ne le seroye par
ce que necessairement ay affaire ail-
leurs: pource est abus[ion] de men prier: mais
ains que de ce lieu men voise vostre nom
voulentiers scauroie pourquoy vous pri-
ez le me dire. A vostre desir le feray dist la
pucelle: sachez que par tout suis nommee
pucelle au cor diuyre: ce que pourtant ie
deusse enquerre: ce q[ue] enuers moy vo[us] estes
en q[ue]s toutesfois ie veuil ie scauoir vostre
nom si vo[us] plaist aussy: oncques mon nom
ne fut cele luy fist gauuain: de puis quo[n]
me la demande. sachez que gauuain ay
nom, filz du roy loth: [et] nepueu au bon Roy
Arthus. Quant la damoiselle lentend si e[n]
fut moult fort resiouye. Et dune chose cou-
roucee que pl[us] ne lauoit honnore: mais de
rien ne le cognoissoit parquoy en deust e-
stre excusee. Adonc haultement luy a dit.
Sire dist elle se dieu me gard bien trop
vous estes Gauuain qui sur tous estes
renomme [et] lay bien congneu ce iourdhuy
quant le Cheualier auez vaincu qui trop
auoit vescu longuement: car oncques che-
uallier en ceste lande ne trouua que cruel-
lement ne loccist tant estoit il felon [et] fier
oultrecuide [et] empli dyre. Or est que laut[re]

¶ Perceual le gallois.   Fueillet .lx.

ges pour auoir dessus tous le lotz. Ainsy le promis pour certain. Nain respond Gauuain tu dis vray il est vray que ie le promis mais la promesse nay tenue : parce que tant ay eu daffaires et tant dautres empeschemens que oncques puis ne men remembray : benist soit cil qui te engendra quant tu men as faict souuenir. Lors iura gauuain grand serment que deuant que la nuyt este ou luy a depresent dist le nain que vne seulle nuict ne gerra en ville qui soit ou ilentre. Bien tu feras luy dist le Nain: et ainsy faisant tu auras ton mauluais renom abatu. Si le deuil aussi aduertir quauant quil soit trois iours entiers se bien tu pres la droicte voie que deuant le mont tu seras qui est audessus du chasteau. Le siege de la ne se meult tenant la damoiselle enclose qui nullement nen peult yssir : mais plus a de fiance en toy quen tous les cheuailliers du monde. Car quant y luy fust rapporte que pour elle debuois aller oncques neust au cueur sy grand ioye quelle receust pour ceste foys ie en croy bien luy dist gauuain. Aussi se preuenir y puis et que siege deuant treuue selon ma force et mon pouoir ie tacheray a le leuer. De ce peulx tu estre certain. A tant sen part Gauuain le grand trot: et le nain passe oultre le pas remerciant dieu et les sainctz que si bien ont faict leur besongne. Ainsy lung de laultre selongne.

¶ Comment gauuain allant pour deliurer la damoyselle du puis trouua dedans vng pauillon vng cheuallier mort qui comenca a seignet pour la prnce dudit gauuai et coment le dit gauuai fust suyui p quatre cheualliers et en occist les trois et le quart se redit aluy.

Auuain cheualche en diligece fort ioyeulx de ceste aducture et de lad-uertissement du Nain qui si bien luy a remem-bre ce dont plus il nauoit memoire: et que faire luy couenoit. Mais

il auoit mis en oubly. Et quant il eust long temps erre et a cheuaulcher entendu: en regardant deuant luy veit vng pauillon fort beau et gent dont la pomme de pardessus estoit dor fin moult reluisant que ca et la toute la lande enluminoit se luy sembla : et cil qui tant fut curieulx de senquerir des grandz merueilles laischa la resne a son destrier et vers celle part esperonne: quant pres fust si oyt demener telle clameur et tel deuil quon le peust dune lieue ou plus ouyr qui bien sen donna garde. Lors descent et leans regarde et voit vng cheuallier gisant en vne biere ia tout froit: lequel auoit ce mesme iour este occis: et ne scauoit qui il estoit parquoy le pas sans faire bruit dedens le pauillon entra proposant demander quil pouoit estre de quel lieu ne de quelle terre pour scauoir sil le congnoissoit: mais sil eust sceu pour verite qui cil questoit leans occis ne y fust entre comme ie croy. Aussi eust il faict que saige. Car bien le pourra achapter ains quil soit loing silne se garde. Sitost quil approcha de la biere son pater dist et son aue priant dieu pour le trespasse: mais ny eust pas long temps este que le sang en grande habondance sortist par la playe du mort sique nul ne la apperceu fors que luy qui tantost le veit. Et allors congneut quil estoit dont plus ne sen voullut enquerre : a son cheual vient et remonte si print sa lance et puis sen va: mais pas ne alla loing deux traictz darcz tout au plus comme dist le compte quil ouyt venir la grande course quatre cheualliers bien montez et bien armez de toutes pieces apres luy lesquelz luy ont dist en ceste maniere. Traistre traistre sont ilz demeurez le cheual vous nemenerez pas. tant soyez vous grand barrateulx et pour gaige aurons vostre teste: ce iour sera de vous venge Mascarot qui occis vous auez a mauluais port estes venu : dont vous ne vous en lourez ia. Quant gauuain les a entendus il sarresta pour les attendre ; et adonc que pres de

si laict la bouche estoit si bien fendue q̄ de lōg auoit vng espan ses dentz furēt fort grans τ larges aussi iausnez que moyeulx deufz les leures eust de beuf ou dasne qui furent de telle façon cōme silz eussent este recuites tellement q̄ celle damōt tāt estoit vers le nez retraicte que pres de laultre ne ioingnoit de deux grādz doigtz voire de trois. La barbe auoit cōe vne chieure τ eust le col si gros τ court q̄ poit il nen sembloit auoir et si estoit ie vous promectz bossu tant deuant q̄ derriere τ les bras faictz a la maniere ainsy cōe bien le cōuint. Et ce q̄ mieulx luy aduenoit fut q̄ lauoit haultes espaules bōnes pour seruir les macons du corps des iambes τ des pidz le tout fut aussy bien taille cōme le residu estoit et en toute façon τ figure: et encor plus le defigure son cheual qui rien ne valloit. le Nain alloit le petit pas qui plustost ne pouoit aller a q̄ tout le corps reposoit dedens les arcons de la selle q̄ pas nestoit toute nouuelle ne neufue: mais de plusieurs pieces le cuyr dessire par lun τ aux radoubee en plus de vingt lieux de courroies τ de cordelles. Son cheual brochoit toutesuois qui moult chetif τ maigre estoit q̄ tous les matis des patis sortoit ou il le faisoit paistre. Hōme ny eust q̄ lachetast ou escorchast pour le cuir auoir, car il estoit en verite en plus de trente lieux galleux: le Nain cōme ie le deuise ainsy alloit par le chemin. Et messire gauuain venoit a grant erre de laultre part ia fut tard quāt il apperceut τ luy griefue ce scay ie bien que de plus pres il ne le voit en esperant q̄ luy deust dire quelques nouuelles si les scait. Quant il fut de luy approche fort sesmerueille τ dist pour voir que cest la plus laide figure que iamais nature forma.

¶ Comment messire gauuain fut grandement blasme du Nain contrefaict pource quil nauoit tenue promesse touchant la deliurance du gēte damoiselle.

Ors que gauuain fut pres du Nain aussi pres que de le toucher luy demanda dont il venoit. Et le nain nompas q̄ un muet ne respōdist a Gauuain vng mot. Ains passe oultre sez vistemēt. Et alors gauuain de rechief lapelle vng petit plus hault: τ luy dist nain declare moy tost dont tu viēs τ se ie y pourroye auoir logis se ie y alloye. Dont le vilain dist le nain: en respondant vrement et bien fierement. Gauuain fist il Sachez que n̄ seras pas tout τ as a maincte chose enuis mais tu as ie te dys tant faict que nul ne doibt a toy parler. Ha nain se dist gauuain pourquoy: pourquoy faict le Nain cest legier a cōtenter: trop te scetz vanter follement quāt a la table du roy Arthus te sietz ou tu tiens telle grauite qui semble q̄ sire tu soies des mondains: mais tu es pire de tous les cheuailliers du monde: τ tous sont vrais τ veritables ainsi que cheuallier doibt estre se en reputation veult viure: mais tu es de present deuenu tout aultre que tu nas este en tabandōnāt la route de puis vng an ou enuirō. Ceulx qui mais ne te cōgneurent tesmoignent τ dient tresbien que tu es la perle τ la fleur de toute la cheuallerie: mais tāt as ta vie chāgee que tu es se pire du monde: et empires de iour en iour quant verite ne veulx tenir. Nas tu point present souuenance de ne promesse que tu feis vng an ya τ mes es mis en peine pour mectre en effect se tu affermas τ promis on a pourtant p̃ attendu τ peult on encor bien attendre se la promesse ne veulx rendre τ pourtant v̄ tout tu promis a la court du bon roy Ar̄ en iurant τ en affermant que au puys q̄ sur le mont esclaire tu proys τ deliuerois la damoiselle qui dessus est assise: τ que ta deuise saidroys lespee aux estranges t̄

ly occis trois Cheualliers en quoy estoit tout le confort de ce pays et la bonte: q̃ si bien Bo⁹ auez doublez q̃ iamais ilz nauront tal lent de mouuoir guerre côtre Bo⁹: se q̃ Bouldriers ie seroie se ie sceusse trouuer moyen dy auoir ou pris ou honneur affin que main tenāt ie prisse la Bengeāce de Bostre corps de ceulx q̃ Bous auez occis: car tous trois mes freres estoient: mais bien ie Boy cer tainnemēt q̃ côtre Bo⁹ naurois duree par quoy mon espee Bo⁹ rens Baincu mauez ie le cõfesse a Bostre mercy ie me mectz. Lors gauuain Boiãt le cheuallier lequel se mect en sa mercy courtoisemēt le receust et puis luy dist: amy dist il de toy mercy prendray par icelle condition que ta pensee meteras a faire ce q̃ te diray. Et le cheuallier luy re spond qua son plaisir se cõtiendroit et que de bõ cueur il feroit tout ce quil Bouldroit cõ mander. Lors dist gauuain se tu Beulx Bi ure et de danger eschapper/pr̃stemēt me dõ neras la foy que tu nauras côbat côtre hõ me soit grand ou petit auāt q̃ sauoir deffie par ton messaige ou de par toy côe ce iour Bers moy as faict qa deshõneur te redõde et a tous ceulx qui ainsi le font. Et auec ce tenir prison te côuiendra et rendre a celle q̃ iay rencôtre Bng matin. Cest la pucelle au cor dyuoire: pour laquelle occis puis aps Mascaron de panthaleon lequel fut si mal gracieulx q̃ le cor du col luy osta et lequel q̃ pour fol me tint quant luy requis quil me redist le cor: mais prestement me dist que grãd follie emprinse auoye. Et de quoy ne me chault pas trop. Adonc ie me offris de bon cueur a reparer liniure ou tout q̃ la pu celle eust Bers luy faict: ce moienãt qil fust ainsi et de tout ce ne Boulut rien faire/mer ueilles dõcques na este se le cor a force con quis et que tant feis qua la pucelle le rẽdis a qui il estoit. Et quāt gauuain eust le ser ment du cheuallier seq̃l se rend luy establit priso tenir en la maison de la pucelle. Lors le cheuallier se pēsant q̃ estoit ceste damoi

selle laq̃lle le haioit a mort a gauuai a dist doulcemēt. Sire dist il ie Bous requiers et prie q̃ pluftost le chief me couppez q̃ men uoiera tel meschief p ce q̃ sur toutes p̃sones: est celle q̃ pl⁹ me Beult mal: a cause q̃ souuē tessois luy ay faict de lennuy assez. Ainsi doncques il Bous plaira: en aultre lieu ma priso ordõner: car se ou dictes la tenoie la pu celle me feroit pēdre noyer ou ardoir en ung feu. Sil est ainsi cõme tu dis dist gauuain trop cruel seroie se te mettoie en sa prison. Puis q̃ lest que a la mort te hait. Trop peu de recõfort aurois en moy et trop peu de merci. Aultremẽt en disposeray: mais ains q̃ ie y aduise ou pense ie te prie que tu me diez qui tu es et quel est ton nom. Sire faict il ie Bous aduise que lon ma pelle Clarion de la haulte forestz fontaine: aupres de la fontaine clere damours dont le grauier est dor/ou me suis long tēps pourmene en la gardant: tant que nully: ny passoit quil ne fust cõclut q̃ lauroit en ce lieu bataille auãt que den faire depart: ma foy faict gauuain iay ouy tant maintesfoys de toy parler en plusieurs lieux ou tu nestois: qui me faict dire que tu es lung des cheualliers de ce mõde des meilleurs que la terre porte par quoy maintenāt delibere que telle mercy de toy auray: que tout quitte tu ten yras moiennant que tu me dõneras la foy que en quelque lieu q̃ tu soyes soit perilleulx ou aultremẽt/et ie te mãde ou ie seray que tost aps tu ty tendras/aultremẽt ne tien dras prisõ fors auec cil q̃l te plaira: mais q̃ mal ny ayes ne hõte: en me suiuant ou ie Bouldray. sire respõ le cheuallier de tresbõ cueur le Bo⁹ octroye puis q̃ la chose a plai sir Bo⁹ Bient: mais que moult ie desire sil Bous plaist Boustre nom scauoir. Et p luy dist pour Berite q̃ gauuain il auoit en nom Adõc le cheuallier luy dist q̃ plusieurs fois il auoit ouy parler de sa haulte renõmee et q̃ par tout ou il alloit le loz en emportoit et le pris dequoy estoit en couraige ioyeulx

¶ Perceual le Gallois.

luy furent: leur demanda courtoisement/ quilz vont querāt & dont ilz sont. Et ceulx qui tant sont furieux ne luy ont responce donnee mais ont sans nulle deffiãce leurs lances tous quatre ensemble couchees: desquelles ferirent gauuain sans arrester sur son escu lequel estoit si trespuissãt quen rien ne leut endōmaige: mais de ce coup q̃ lont attainct leurs lances briserent par pieces. et allors gauuain reculla pour raprocher de plus grand course. Puis retourna sa lance au poing dess⁹ les quatre cheualliers delaq̃lle en attaingnit vng quil enuoya ius du cheual/le corps a terre & lame hors par ainsy nestoit plus en craincte que plus luy feist grief ou ennuy. Les aultres vindrent en auant ausquelz ny eust q̃ courroucer chascun leuant lespee au poing: qui saillierent preusemēt en lataignãt souuētesfoys sur lescu & sur le heaulme durement & felōnemēt/ si que q̃ lors leust veu/ eust dist quilz martellerent aussy d̃u sur luy cōme sur vne enclume: et allors gauuain print couraige tenãt en son poig lespee traicte en se deffendãt vaillãment tellement que les troys ensemble ne luy sçauiēt faire greuãce: souuent luy eussiez vo⁹ veu traire puis vng estoc: puis vne taille cestoit merueille de le veoir remouuant lespee tresclere: et frapant sur eulx de puissance lesquelz luy sont moult fort nuisans lassaillãt deuãt et derriere/ tãt quilne scait par quelle maniere ilse puist contre troys deffendre: toutesuois tresbien leur rendoit ce q̃ deux emprūpte & accroist: mais vne chose fort luy nuist Cest que lors declinoit le iour/ parquoy diminuoit sa force/ ainsy quil de coustume auoit. Cōme iay dess⁹ recite cest q̃ accroissoit tousiours sa force de puis q̃ midy approchoit/ & sytost q̃l estoit passe/ peu a peu se diminuoit iusq̃s au lendemain matin q̃ se reforcoit tout ainsi q̃ le soleil augmēte & mōte pource luy fut lors besoig q̃ le iour fust a cōmēcer: se dieu cōsentir si vouloit. Mais

puis q̃ faire ne se peult la fortune fault attendre/ si se deffend au mieulx q̃l peult si vaillāmēt les chastie q̃ de lespee quil q̃ poing tient a vng deux tel coup luy dō q̃ la teste volla par terre/ ainsy ne cōuiēt mãder se gauuain allors fut ioyeulx vo q̃l auoit desc͂ōfit la moitie de ses ennemi parquoy na pas autant daffaire comme auoit eu pauant. Les deux aultres vi dirent ensemble de ceste chose fort dollēt dont nont vouloir qui se repose. Ainsi tr aspremēt le rassaillent/ & dient q̃ tout au tremēt yra q̃ gauuain ne pense/ & que po malheureux se tiennēt silz nen viennent leurs dess⁹/ pposant q̃ pour eulx vēger luy abaterōt la teste. Lors recōmēca la b taille en venãt ruer sur gauuai p les deu cheualliers prez/ q̃ asses vigoureulx le tr uerent. Sur luy fierent a toute puissãce que le feu de son heaulme faisoient souu ̃tesfois saillir. O dieu q̃ ce fut grād dōma ge q̃ gauuain neust auecques luy aulch amy pour luy aider car bien mestier il en uoit parce q̃ sabaissoit sa force/ mais tãt p q̃l nen a point pquoy a ce entēdre luy fau de biē se garder & deffendre de ses deulx mieulx q̃l pourra. Cōsiderant q̃l y mourra sil nen peult venir au dess⁹/ allors luy ve siez reuenir vre vigueur & hardiesse/ allor vint les deux assaillir par vne si grand a dasse/ q̃ lung en fiert pmy la croix du chi par si grāde puissance/ q̃ le pourfendit iusques au col: q̃ pour traiter paix a gauuai sur la terre demoura mort.

¶ Or na gauuain pl⁹ de rien craincte vo iant q̃ des trois est deliure: car pas ne croit qung seul emporte de luy se q̃ quatre non sceu. Sil pretend cōtre luy cōbatre corps a corps baston a baston: mais il en yra aultremēt: q̃ ne le cuide ne propose. Parce q̃ le quart nestudie qua pēser commēt il pourra faire finer ceste bataille/ pquoy de gauuai sapprocha en luy pñtant son espee: & dist q̃ se rend a mercy/ vo⁹ auez faict il a gauuain

Perceual le Gallois.

de ce q̃ dieu luy auoit ce bien faict de se trouuer esprouué contre ung si vaillant et preulx cheuallier comme luy. Et puis luy afferma et iura de rechef q̃ iamais en son viuant ne seroit la foy ne le couenant enfraict q̃ promis luy auoit/mais q̃ bien et fermement le tiẽdra. A ces parolles se desparterent lung de laultre et sen alla chascũ chercher sa fortune.

¶ Comment gauuain se mist en voye en delaissant clarion et comment il arriua de plaine nuict en ung chastel ou il ne trouua homme ne femme iusqz ad ce quil eust repeu puis sapparut a luy ung cheualier auql il coquist et vainquist.

Our maintenãt ie vo[us] laisseray a parler de Clarion ou il alla ne quil deuint. Et de gauuain ie vo[us] diray/qui tant chemina en la lande quung petit chemin veit quil tourna a dextre dedens la forest: or estoit il la sur la nuict: a cause de quoy se pensa quil suiuroit ce petit chemin pour scauoir sil trouuera aulchun hostel pour estre logé ceste nuict. Lors en ce sentier est entré et tant alla q̃ le iour se asconça tellemẽt qui luy couint longuemẽt cheuaulcher au cler de la lune et tant erra q̃ l appceut en vne profunde vallee vng manoir assez grãd et large qui fermé estoit de fossez et a pont leuis par deuãt: lors gauuain en celle part vient le q̃l trouua la porte ouuerte et lentree a tout son deuis: par quoy nactendit dy entrer: sitost quil passa oultre le pont et au manoir entra. Incõtinent tomba la porte: si que bien petit sen faillist quelle ne eschorcha la croupe de son cheual et eust ce faict sil neust au saillir eschappé. Or est gauuain mal arriué et trop pl[us] mal q̃l ne le pense/ car il a a ide a aussi bon besoing q̃ l eust oncqz iour de sa vie: par tout regarda sus et ius pour scauoir se quelcũ il veist q̃ luy reuellast q̃lq̃ chose de ceste maisõ et de l estre et se merueille dont se vient quapres luy se ferme la porte. Puis vient iusques

al huis de la salle sa lãce apuié au lõg du mur: et se faict il se meist a pied lescu au col l espee au poig: mais quãt a la salle est entry n y a trouué homme ne femme: regardãt de ça et de la veit a vng bout de ceste salle vne table assez bien posée et par dess[us] la nape mise belle et blãche/ et dessus auoit force cierges tous allumez: la table bien garnie estoit de viãdes et a foisõ/ et quãt il eust tãt regardé se icõtinent se prent a dire a soi mesmes en soubz riãt/ie voy faict il la nape mise ie cuide au moins le cueur me iuge puis q̃ le mãger est tout prestz q̃ escuiers ou cheualliers dames ou q̃lq̃s damoiselles doibuẽt icy venir pour repaistre ainsy q̃ l chãt pourray trouuer ce crop qui a mon plera: et alloirs Gauuain s arresta en attẽdãt sans pl[us] mot dire. Et quãt lõguemẽt eust esté en ceste salle il ne voit psonne q̃ viengne vers luy di sãt pl[us] ny arrestera. Puis regardãt vng huis ouuert dist q̃ leãs apellera pour scauoir so luy respõdroit et se poit la dedẽs y a escuier seruãt ou pucelle. Aloirs vint al huis puis appelle lõguemẽt mais nul ne dist mot: et quãt il veit q̃ nul ne vient pour hucher ne pour appeller cõclud q̃ pl[us] n appellera: a ce huys puis reprit sa voye vers l huys de la salle tout droit ou sõ cheual auoit laissé q̃ l vouldroit mener leans /mais quãt a l huys vit il trouua q̃ sõ cheual pl[us] ny estoit et que luy auoit destourné dõt il ne fut pas fort ioyeulx et aussi n estoit de merueille et ce voyant se prit a dire. Ma foy feist il oncqs de l oeil: ie ne veis telle chose aduenir ie cuide de que chante ie suis: cest huys ne semble estre hanté de gens/ et s ay a dire le cheual quãt mené auoye. Gauuain n est pas bien a son aise du destrier quõ luy a osté ne se scait a q̃ l faict vouer: mõ dieu feyt il dõt vient ceci: puis se seigne de la main dextre et se dist or voise cõme il pourra bonne chere me conuient faire quant ie suis en si bon hostel et assez de viãde preste ie ay le mien cheual perdu se dieu m aist sen pourray recouurer ung aultre en quelque lieu s il me vient a point.

¶A ses postes sans delay rētre a la salle puis a oste son heaulme τ lespee apres que le tout mist dessꝰ vng lict. Allors se retourne et apperceut deulx beaulx bacins dargent tous plains deau chaulde pour lauer les mains. il se laua τ puis sassist a la table ou lors moult luy pleust la viande quil y trouua. Si cōme au menger se seoit: par grand fierte ouyt vng huis ouurir duquel veit puis yssir vng cheuallier hault τ fourny et bien garny de toutes armes leql vint vers luy tout pre/en disant assez haultemēt vassal vassal par ql cōge mengez voꝰ ma viande ainsy ie voꝰ deffendz dy plus toucher/τ pourtant q̄ voꝰ estes sciz a la table sans cōge prendre sachez quon voꝰ le rendera si biē q̄ ne voꝰ en lourez: et voꝰ dys que voꝰ en perdrez le chief auāt q̄ dicy parte/et par ce moyen le menger voꝰ sera assez chier vendu. Dictes voꝰ donc franc cheuallier a faict gauuain q̄ le regarde ie voꝰ ꝑmectz bien de certain quen riē ie nay cuide mesprendre pce qua mon viuāt ne veis: a cheuallier plaindre viande: τ est la raison et le droit se mestier en a quil en ait sans reffuser ou q̄ ce soit/mais luy en doibt on presenter ains quil en parle ou en demāde τ sil en treuue quilen preigne ainsy cōme iay cuide faire. Mais pas ie ne scay voz coustumes pquoy se vers voꝰ ay meffaict voullētiers ie lamenderay/si voꝰ plaist me le cōmāder:mais quē lamende ny ait honte. Tout ce que tu dys riē ne vault a respondu le cheuallier. La mende est telle qui conuient qua moy maintenāt te combates/ou soit a tort ou soit adroict ta teste auray/car elle est miēne/aultre amende ie nen prendray:car telle est lusaige τ la coustume de ceans. Allors gauuain luy respondist/que poit ne se cōsētiroit a vsaige si oultraigeulx disant ainsy: cheuallier fist il cest biē adroit et a raisō de garder les bōnes coustumes: mais les malles cōuiēt oster τ les abatre ou elles sont τ pource te dis se ie puis q̄ ma teste nauras tu point/ou ie ne me scauray deffendre. Lors se leua de ceste table pour du heaulme se saisir quil auoit dessꝰ le lict mis aueccqs son espee pesante quil saignist assez vistemēt: si sen vient vers le cheualleer q̄ ia auoit lespee au poing adonc cōmēca la bataille des deulx cheualliers et a piece frapās si grandz coupz lung sur laultre quil sēbloit a chascune fois q̄l en deust vng mēbre voller: lōguemēt dura la meslee entre eulx deulx q̄ fust en oultrāce: sās se greuer ne lung ne iaultre/τ pourtāt telle en vint la fin q̄ gauuain vainquist sa ꝑtie lequel tout oultre vers luy vint en se mectant en sa mercy. Lors arriua vne pucelle si gēte τ de si grād beaulte que mon entente mettoie pour la racōpter ou descripre q̄ dict ne saurois en trois iours. Quant la pucelle gauuaī voit/viēt a luy a face moullie q̄ deuāt luy se a genouilla/τ dist franc cheuallier mercy/ne veuilles mō amy occire pour dieu ie te requiers ce don/par cōuenāt que ten rendray vng guerdō q̄ bō te sera. Gauuain la damoiselle voit q̄ si tresfort pleure τ le cheuallier dautre part mercy luy prie τ puis se rend: parquoy grand pite en aprins. Puis dist pucelle or ne plorez τ ce que voullez et quil veult luy dōne par cōdicion que son viuant ou q̄ ce soit/se cheuallier vient deuers luy τ y luy demāde a loger q̄ doulcement le traictera en tout honneur et en bonte/τ luy dōnera de ses biens telz quilz seront en son manoir: τ ainsy q̄l verra bon estre sil en est de par luy requis. Et fault q̄ le cōuenant iure sil veult vers moy mercy auoir. Je voꝰ ꝑmectz dist la pucelle q̄ le iurera biē le scay. Car en ce ny cōtient que hōneur q̄l prise plꝰ q̄ nulle chose/ mais ie q̄ puis lasse dolēte tous maulx faire luy faisoie pource q̄ tousiours luy ay dist q̄ ta mamour nauroit entiere ne ꝑfaictemēt lay meroye sil ne faisoit par mort gesir tous ceulx qui dedens ce manoir viēdroient: dont fort estoit dollent desplaisant marry

l. ii.

⁂ Perceual lo Galloys.

et pze:mais pour la mour dont il maymoit son viuant il ne meust refuse chose des quoy leusse requis: mais mon commandement faisoit: si eust il faict tout aultremēt moult voullētiers sil eust ose. Car ains ql maymast par amours: ne fut trouue en ce pays vng Cheuallier si esprouue en tout bien comme cil estoit & se que suis seure sil osast voulletiers se retourneroit & se remettroit a bien faire. En la maniere que iay dist pla la pucelle a gauuain laquelle doulcement luy crie mercy pour dieu & qui luy rēde son amy:& ie qui commāde voullētiers sans delay fera. Croyez que le v9 rendetay faict gauuain par tel couenāt q maintenant a este dist. Ie prie a dieu dist la puc. lle que par sa grace vous le rende.

Ors que Gauuain eust le sērment receu du Cheualier selon le cōpromis vers luy vindrent ioyeulsement quattre escuyers sort biē en point qui lūg & laultre ont desarme/& puis de manteau vestu lōt. Et adonc les deux cheualliers se sont dessus vng lict assis coste a coste ainsy cōme amys. La pucelle q la estoit/moult se efforca de faire honneur a gauuain & a le seruir en exaulsant de sa proesse. Puis luy dist sire sachez que mieulx il v9 est aduenu quoncques naduint a cheuallier ceās que retenu il fust permis en yssir autant mort que vif: et quant aulchun auecques luy y amenoit la sienne amye pareillemēt leur couenoit tous deulx en cest hostel demoures sās en sortir iour d leur vie. Ainsy failloit quen mes destrois vesquist celuy qui y entroit: ou vint Car ainsy le voulloie: et vous diray pourquoy cestoit. Bien y a quatre moys passez q ie malloye pour esbatre toute seulle dess9 ma mulle Si erre tant par aduenture ca & la par hault & par bas q ie men vins en vng destour enuiron dicy vne lieue. Au pied du ne toche fort dure vers gesit mort vng escu

yer qui p armes tout de nouueau auoit illec est occis ie marrestay dont feiz follie trop grāde ie le v9 dys bien. Car tout ainsy que ientendoye a lescuier que ie gardoie sans q de rien ie me doubtasse: ie veis venir deuāt ma veue vng cheuallier de grād renom q lon nōmoit Greoreas; qui longuement mauoit priee/mais octroie ne luy auoye ne la mienne amour accordee/p.ce ql mestoit cōtre mon cueur/et q plustost ie suffe morte q de luy donner mon amour. Lors le cheualier q iay dist ma mulle p le frain vint prēdre. Et quant eust ce faict il me dist que lors le sien desir auoit: puis quil me tenoit a son pouoir & se voulloye estre samye: q ioyeulx seroit a tousiours. Et pour certain il maymoitt trop mieulx q la sienne psonne. Et ie q alloys le cōgnus luy dys. Sire Greoreas gardez q vo9 ne me saciez tout ce que vostre cueur vouldroit. Se force en ce lieu vo9 auez: ne me deuez pource efforcer ie scay biē quil ya long temps q mauez p amours aymee: et aussi mauez saict prier/moult souuēt. mais de laccorder me suis tousiours mise en de lay: pource quēcores ie nay veu chose pourquoy le doiue faire: ne pourquoy duisse receuoir vostre amour: se ne dys ie m.e: quē vous ny ayt assez prouesse mais encores pas ne maffiert daimer aulchun ne v9 deplaise. Pour ce v9 demande respit iusques a vng an: & lan passe ie maccorde auoir vostre amour aussy que v9 ayez la miēne: dieu scait biē que ne le disoye fors q pour en estre eschapee. Lors le traistre ma regardee. Si dist ia dieu bien ne me doint: se de respit point v9 auez/quāt ie v9 ay a mon soubhait/se pour plet ie v9 laissoie sort eslōgneroit ma besōgne. Lors me print sans vergōgne auoir: et me dist ql mesforcera. Puis au roy q a grād pouoir mē allay plaidre quant ie peuz eschapper mais petit en fut quāt iustice nen voullut faire: lors men teuins en cest estat dolēte morne courroucee a ce che uallier q̃ p̃e mauoit lõguemẽt mẽ allay abõc luy dõnay mamour p̃ tel si q̃ ce q̃ diroye feroit et luy q̃ ioyeulx fut/ ce q̃l me pleuft me foctroya/ ie luy dis q̃ fil bouilloit mamour auoir q̃lcõuiẽdroit qua moy fust du tout en pñāt auecqs moy/ bien & mal sil aduenoit q̃ aulchun vassal entrast seās pour y loger luy conuenoit sans differer a luy cõbatre p̃ effort tant q̃ vif il eust prins ou mort ce q̃l a faict sans contredict en ceste salle lõguemẽt cuidant q̃ veritablemẽt q̃ celuy vint pour men venger. Attendant se par la deuise a puis maint cheualliers occis. Certes dame ie boꝰ promectz dist gauuaĩ il ny a raison/ car par lesgard de la iustice le roy feist le vassal iuger de son forfaict & ce sachez q̃ aincois quil eschapast eust il assez honte cõme celluy quon feist entre ses piedz menger: mains spees vng moys entier pain et eaue tant seullement. Est il ainsi sire comment le veistes boꝰ dist la pucelle: ouy dist il/sachez que fuz cil qui luy encherga ceste peine pour son forfaict. Dictes vous sire faict la pucelle & cõment auez boꝰ a nom. Dame ie suis nõme gauuain: nepueu au noble roy Arthus. Quāt elle ouyt ceste parolle cõme courtoise & enseignee luy dist benoiste soit lheure q̃ vous vinstes en ce manoir/ mon cueur chose ne desiroit fors q̃ boꝰ y tenir vng iour tant que hõneur vous y peusse faire plaisir courtoisie & liesse/ ie nauois daultre chose enuie pour le seruice q̃ me feistes en la court du roy ou me veistes assez folle et trop indiscrete cõmẽ celle qui sa parolle ne scait arrenger ne alleguer telle quil est decent et cõuenable auoir/ deuāt si tresnoble & honnorable compaignie ou p̃ vostre bonte prinstes pitie de moy/ quant vous me supportastes & boꝰ pleust de porter le parler pour moy/ & tant feistes que meistes mon affaire a chief pource boꝰ ay me & aymeray tout mon viuant/ & de cest hostel auecques la terre qui en despẽd boꝰ establis & constitue le maistre & le seigneur

sans que iamais icy pretende proclamer aulchun droit. Maitz le tout en voz mais delaisse & remetz. A ces motz entrerent en ceste salle vigt pucelles qui fort belles fussent si bien parees & vestues eussent este: lesquelles toutes se prosternerent deuant les piedz de gauuain luy cryant bien humblement mercy/ en luy declairant que toutes par enuie seans estoient emprisonnees et puis vne dicelles print la parolle pour les aultres qui ainsi dist. Sire faict elle sachez que toutes sommes extraictes de noble lignee & veismes auecques noz amys ceans lesquelz tous par mort y sont demeurez: mais dieu aidant auons tant attendu que nous pouons icelluy veoir vaincu qui tous les a occis leq̃l de ce lieu le seigneur soulloit estre. Or maintenant en auez boꝰ la seigneurie partāt que vous en estes vainqueur: et ainsi en vous demeure nostre vie & nostre mort. Et pource treshumblemẽt boꝰ venons requerir au nom de dieu & de charite que tant pour nous vous plaise faire que de ceans soions iectees & en noz libertez remises. Car trop auons vescu en peine en soussy & en pourete cõme celles q̃ dicy yssir ne pouons/ & sachez que si grande inhumanite on nous y faict quil nest viuant qui le creust: car nostre labeur sans cessẽ estoit sique il ne nous fust possible iamais reposer vne nuict entiere & quāt par foys il aduenoit que nous ne auions au bout de la sepmainne assez douuraige faict au gre de la dame: il cõuenoit que sans prẽdre de nous mercy fussions par trois fois battues descourgees et de dures verges aussy nuees que vostre main sique le sang en sortoit de toutes les parties de nostre corps et quelque chose que nous eussions bien sceu deligenter ne faire il ne nous estoit baille pour pitance que pain et eau encores pas la moitie de nostre saoul. Et pource sire nous voz humbles seruantes et subgectes boꝰ venons par pitie requerir

L. iii.

que vostre plaisir soit nous occire ou de ceste calamite deliurer: car ny a celle qui mieulx ne aymast la mort endurer q̄ tousiours viure en telle misere et peine. Quant gauuain les eust entendues en print en son cueur grande c̄passion et pitie qui en se retournant vers la dame luy dist. Dame fist il se iamais me voullez seruice ou plaisir faire ie vo⁹ supplie dōner a ses poures pucelles dolentes leur liberte et cōge si que de main matin elles puissent retourner en leur pays: et en leur terres. Sire dist elle puis que me en priez tresuoullentiers octroiroye vostre requeste ie de cest hostel suis ie dame. Mais vo⁹ en estes le seigneur et ny pretens plus aulchun droit par quoy il est en vo⁹ et non a moy de donner aux pucelles leur liberte ou de les retenir. Dame dist il dōcq̄s leurs dōne cōge liberallemēt moiennant vostre assentement. Sire dist elle bien le veuil: et du bon du cueur ie lo ctroye: et me plaist en faueur de vo⁹ que demain chascune tienne son chemin ou bon luy semblera aller.

Dant gauuain eust la dame ainsy ouy parler y luy en sceut fort bō gre: puis dist aux pucelles que le matin elles pouoiēt aller ou il leur plaira et que la faculte en auoiēt. De quoy les pucelles luy en rendirent plus de cinq cēs mercys. Adonc vindrēt dix escuiers q̄ les napes tindrent en leurs mains pour sur les tables mettre apres vindrent deux aultres qui apporterent a lauer: et si tost q̄ gauuain et le cheuallier cōquis et la dame eurent laue. ilz se mirent a la table et a vne aultre table fist gauuai asseoir les dix pucelles si q̄ il les pouoit toutes veoir qui curieusement entendit a les faire bien traicter et seruir. Et quant tous et toutes eurent par loysir et ioyeusement menge on

fist les lictz dresser pour la nuict reposer quant il leur plaira. Et quant le matin veit Gauuain le iour esclairer se leua puis quāt il fut vestu et appareille deualla en la salle ou ia les pucelles y trouua lesq̄les luy dōnerēt toutes ensemble treshūblement le bon iour. Auxquelles dist pucelles faict il ie prie a dieu vo⁹ donner autant d'hō neur q̄ pour moy ie vouldrois auoir. Adōc entra la damoiselle en la salle q̄ Gauuain sallua et elle luy: lequel puis luy requist de luy faire donner ses armes et elle luy dist. Cōment dist elle Sire q̄ voullez vo⁹ faire: a vo⁹ cest hostel et ceste terre appartient et en estes seignr̄ et sire il est de necessite et est bien conuenable q̄ vo⁹ y faciez residence affin de le tenir regir gouuerner et garder. Certes dame luy dist Gauuain ie ne pourroye car pour nulle chose ie ne me vouldrois patiuter. Parquoy vo⁹ prie de ce poīt ne vo⁹ molester ne ennuyer. Et ie vo⁹ promectz q̄ se ie puis a chief venir de la besongne q̄ ie quiers/ et il aduient q̄ de moy vo⁹ ayez mestier ou de mon ayde affaire q̄ par le premier messaige quil vous plaira me transmectre que si tost pour vo⁹ secourir ie viendray et ne vo⁹ fauldray iour de ma vie Et a ses parolles feist la dame les armes de gauuain apporter: lequel quāt il fut arme demāda amener son destrier: et ce faict demāda vng don a la dame. Laquelle luy enquist q̄ cestoit et q̄ iamays chose ne luy scauroit demander quelle luy voulsist refuser. Et il luy pria que aux pucelles fussēt les hacquenees rendueez telles quelles estoient: quant leans furēt amenees et apz̄ elles sen yroient en leurs terres: ce que la dame octroya de bonne voullente. Et adōc leur furent les palefroys ou hacquenees rendues. Lors gauuain a cheual monta et pareillement les pucelles qui se trouuerēt bien heureuses quāt virēt q̄ de leans peurēt partir. Et gauuain qui fort ioyeulx estoit de ceste belle cōpaignie print conge et puis sen alla, mais auant que dehors issist, fist toutes les pucelles premierement partir par ce qͥl se doubte et craint que se il les dellaissoit q̃ on ne les boulsist retenir pour ce les enmena deuant soy en faisant grant ioye et grant feste iusques a ce quilz trouuerent trois chemins fourchez aupres dune lande ou en ce lieu print conge des pucelles lesql̃les le remercient humblement de tant dhonneur et de plaisir qui leur a faict.

¶ Comment gauuain apres auoir deliure les pucelles se mist en chemin τ tant erra quil vint chez le Roy peschor τ apres auoir repeu luy fust apportee lespee rompue pour la ressouder ce quil ne peult faire.

Auuain toute la matinee cheualcha iusq̃s a midi dedens la grãde forest obscure par vallees et par montaignes tantost auant tãtost arriere tant quil vint pres dugne Riuiere moult creuse fort large et alloit fort roide laquelle Gauuain regarda le long du riuage pour scauoir se il pourroit veoir port ne pont ou nauire pour passer et aussy tousiours costoiant le fleuue cheualcha esperant quelque passaige trouuer, τ allors se prit a Rememorer de la lance qui gecte sang laquelle il debuoit aller querir. Mais ne scait ou ne quelle terre la present fortune amene qui fort se trouua ennuie par ce que trop il pense auoir demeure et nait a aller la lance chercher pquoy en grand peinne et en grãt ennuy estoit en pensant comment il pourroit sa fiance et sa promesse tenir. daultrepart estoit en ballãce de ce quil debuoit donner secours a la damoiselle qui amõt esclaire estoit assiegee. ainsy ne scait de quel coste aller ne que il doibt faire: ne a qui il peult demander chemin voie ne sentier. Lors proposa tãt aller quil trouueroit cheuallier ou damoiselle qui luy sache dire ou nouuelle racompter de sa besongne

ou de ce q̃ la affaire. Adonc se eslongna vng petit de ceste riuiere et sen vint aupres dune roche sur la quelle il monta, τ quant il fust tout au plus hault cheualcha plus de quinze iours quil ne trouua fors terre plainne de quoy ne fust pas fort ioyeulx a cause que nulluy ne trouuoit contre lequel il se peult esprouuer et quil ne peult sõ boulloir accomplir ne venir achief de sa besongne. et estant en ce pesement choisit a lissue dugne forest vne tout fort belle et haulte ou il alla et luy sembla la forteresse fort plaisãte et richement bastie de quoy moult se resconforta. Tant vint quil va deuãt la porte et de ualla dessus vng pont leuis ou de son cheual descendit puis vindrent vers luy iusques a cent escuiers qui se offritẽt a son seruice donnerent son cheual en garde a quelq̃ varlet descuirie. Lors les escuiers menerẽt Gauuain en vne chambre si belle et si manifique que de ce temps na este veue ou ilz le desarmerẽt. τ ce faict luy apporterẽt vne robe de samin fourree de martes qui prit, τ la vestit et puis sont en la salle mõtez ou il trouuerent vng bien honorable preudhomme la tout chanu de vieillesse seant dessus vng lict qui merueilleusemẽt fut aorne de riche vesternes car sa robe seullemẽt estoit estimee a plꝰ de cẽt mars dor le chappeau auoit de fin drap de pourpre tout couuert de pierres precieuses et de perles et audessus vng cercle dor aorne de iaspes et de serdines les meilleures que lon pourroit veoir. Bie sembloit q̃ celluy fust riche τ opulent en biens et en auoit. mais il auoit este tant de plaie que dũg lieu ne pouoit remouuoir, moult de gẽs auoit en sa court et fort honorables desquelz il se seruoit. et allors q̃ gauuain veist ou le riche hõme se sceoit bien humblement le sallua et luy a tost le preudhomme le salut rendu qui sans actendre le fist de coste luy asseoir qui de puis luy enquist dont il estoit ne de quelle terre: a quoy guetes ne actendit Gauuain que de tout ne le

f. iiii.

¶ Perceual le Gallois.

fist certain et q̃l ne leñ aduisast puis de plusieurs choses se deuiserent cõme ceulx qui de loisir estoient et que a leur aise le peurẽt faire/et pendant quil furent a leur deuise les escuiers le mẽger appresterẽt/puis tost apres on apporta leau et le bassin pour lauer et les seruiettes ou touailles pour les mains essuyer.

Ors que peschor et gauuain eurẽt laue se assirent ou les napes furent mises sur vne table de cipres ẽ ceste salle peut tãt de flambeaulx et de chandelles que mieulx sembloit quil fust iour que nuict et eulx estãt a la table assis yssit vng ieusne escuyer dugne chambre si reluisãt en beaulte que qui le veist aŋ leust plustost iuge estre ange que creature terrestre onques homme si tres beau ne veit lequel portoit vne blanche lance de laquelle saignoit le fer sans cesse qui passa deuãt la compagnie apres sortit diceile mesmes chambre vne pucelle fort belie et gente laquelle portoit en sa maĩ vng petit tailloueur dargent laquelle passa deuant la table au veu des assistens cõme cil qui la lance porte auoit faict. Et de puis vindrent deux beaulx ieusnes escuyers portãt chascun vng chandelier en leurs mains plains de chandelles allumeez de quoy estoit le Sire gauuaĩ fort esmerueille et fort couuoiteux de sçauoir qui ilz estoient et quen ce lieu querir alloient. gauuain estant en ceste pensee aduisa venir apres vne bien gracieuse pucelle honneste reuerente et belle qui en pleurant se desconforte qui haultement entre ses mains portoit le Graal tout a descouuert de quoy Gauuain fust pl9 fort esmerueille que parauant nauoit este et especial pour quoy la pucelle si fort en pleurant se lamentoit ne ou elle va ne quelle porte et que de pleurer ne se lasse et elle passe y desuãt la table et puis en vne chambre entra et si tost quentree elle fust vindrent quatre escuiers lesquelz porterent vne biere apres le Graal couuerte dung poille Royal et au dedẽs auoit vng corps. Et estoit par dess9 le poille vne espee rõpue en croix/les quatre qui la biere portent parmy la salle sont passez sans que nul de leans les atraisonnassent ne qui leur dissent aulcun mot mais gauuain qui ceste merueille voit a grant tallant et desir de se enquerir que ce estoit ne que signifie ceste chose/et puis ceulx qui ceste biere ont porte Rentrerent en vne aultre chambre sans gueres en passãt arrester. Et si tost apres reuient celluy qui la lance qui saigne portoit puis celle qui le taillouer dargent tenoit/pareillemẽt ceulx qui les chandelliers portoient et celle qui le Graal auoit/et reuindrent aussy les quatre portant celle biere si que par trois fois y deuant la table passerent apertement par deuant toute la noblesse et puis rentrerent dont ilz estoient issus ce que veit Gauuaĩ plainnemẽt auecques les aultres de quoy se donna grant merueille. Lors en soy dist et pense sans doubtance cest le Graal et la lance quil debuoit querir. Lors sapproche pl9 pres du preudhomme auql il enq̃st et demanda que du graal et de ceste lance q̃ cestoit et pourquoy la pucelle pleure et apres il demanda pourquoy on porte ainsi la biere a laquelle cause le sire prie qui luy plaise luy en dire la signifiance et pourquoy ceste espee en croix estoit dessus la biere mise. Et allors le preudhomme luy a dist que du tout le fera certain sil est digne de le sçauoir. Lors a le sire appelle quatre escuyers et leur dist. Allez feist il sy maportez ma bõne espee. Et ilz incõtinẽt la vont querir la quelle estoit mise en deux pieces. Puis tost a leur seigneur baille ainsi rõpue cõme le estoit et luy auoit este enuoiee en dõ dugne sienne niepce par bien grande especialite. Lors prent le preudhomme ceste espee la quelle a gauuain bailla et luy dist que tāt il se trauaille et prine que il face les deux pieces ensemble resioindre et se ainsy il le peult faire quil pourra du tout scauoir la signifiance de ce qui luy a demande et dont il a si grant desir. Et adonc Gauuai met les pieces de lespee lune pres de laultre lesquelles a tout les dentz il resioingnit en telle sorte que ceulx qui le veirent ont cuidé qelle fust entierement refaicte. Lors dist le preudhomme a Gauuain quil print lespee par la poincte et quil tirast fermement alencontre de laultre piece et se elle ne se desioingnoit que il scauoit du graal et de la lance et des aultres choses aussy tout ce qui luy a demāde. Et adonc prent gauuain lespee et en tirant feist les pieces dēsemble separer du premier traict q̄ la main y mist. Et alors luy a dist le Sire vo⁹ nauez faict il pas escoes assez darmes faict pour estre digne a scauoir la verite de ce q̄ mauez demāde car cil q̄ le vray en scaura aura le pris et los par dessus tous les cheualliers de ce monde/ possible bien pourra estre que vo⁹ mesmes aurez ce los conquis et que par ainsy scaurez ce que tant a scauoir desirez.

Etoutes les parolles que le preudhomme a a Gauuai dictes ne luy respondit aulcune parolle mais ne laissa a bien noter toutes les choses quil entendit et tant profundement il pensa quil sedormit dessus la table duquel vo⁹ compteray telle chose de quoy fort esmerueillez serez que ce pourtant ne tiens pour fable mais chose par la diuine prouidence aduenue. Car quāt Gauuain fust endourmi fut dung si grant dormir assomme que toute la nuict il demeura sans se reueiller. Et le mati cuidāt encores en ce chasteau estre se trouua dedens vng mares et veit ses armes aupres deluy et son cheual a vng arbre attache. Quant en ce mares se trouua moult fut esbahy et pensif de quoy fort luy poise et se hait quant des aduentures quil a veues na rien sceu scauoir ne entēdre dōt de deuil quil en eust se print a suer et fremir et ais si desplaisant et ẏre reprint ses armes et puis sen vint a son cheual lequel estoit a cest arbre a resne sur lequel il monta et puis sen alla tout pensif la teste baissee et petit apres se redressa et dist combien se faict il que la chose a laquelle ie pense ne me vie gne a plaisir toutesuois syne la cōuiēt il la isser soit bonne ou malle aultre chose aussy nen puis faire et me fault ailleurs exploicter si que ie puisse mectre a fin ce q̄ de pieca ay promis. Et en ce disant se print gauuain a entrer dedens vne grande forest ou tout le iour il cheualcha le grant gallot sās arrester ains quil en puist dehors issir tellement quil luy conuiēt en ceste forest gesir ou il osta la bride a son cheual et luy meist vng cheuestre pour mieulx a son aise paistre de lherbe q̄l peult trouuer car pour ceste nuict daultre menger ne fut repeu/ et il dessoubz vng fou se coucha ou gueres ne dormist de quoy ne se fault esbahir. Et quāt se vit vers le matin que le iour sa clarte rendit. Remōta dessus son cheual puis prent sa lance et se acheminne le long du iour sans nulle chose rencontrer ne perceuoir de quoy le deust faire aulcun compte. Et enuiron lheure de nonne de la forest yssit et entra en terre pleine. Lors oyt vng cor hault soner q̄ merueilleusemēt luy plaist si veit de la forest sortir vng veneur dassez bel aige qui auoit le lōg du iour chasse dedens le boucaige/se sen retournoit a son hostel portant vng cheureul dessus la croppe de son cheual q̄l auoit ceste matinee en la forest pris. Quant le veneur qui honneste personne estoit veist gauuain venir si luy vint audeuant lequel courtoisement sallua auquel gauuain qui bien enseigne estoit luy rendit son salut le plus honnorablement quil peust. Et adōc le veneur

luy adict que fort ioyeulx estoit de sy honne
ste rencontre et que se son bon plaisir estoit
de prendre la patience a son hostel que bien
pour ceste nuict herberge et loge y seroit et
que de ce humblement luy prioit de quoy
gauuain humblemēt le remercie et dist puys
qui luy veult faire tant dhōneur et de bien
que auecques luy voulstoties yra/ et le ve
neur luy dist quil y sera le bien venu et que
moult ioyeulx il est de ce q̄ luy a pleu accor
der de y aller pource que me semblez honno
rable et bon preudhomme. Et ainsy sen
allerent kūg coste à coste de laultre deuisāt
de choses communes. Et allors pria gau-
uain au veneur qui luy dist son nom car
il desire scauoir. Sire faict le veneur sa-
chez que suis galahet de bonneuent apel
le. Et vo⁹ comment est aussy vostre nom.
Et y luy a respondu que gauuain estoit nō
me. Et quāt galahet le non entendit tout
le cueur luy tressault de ioye si luy dist sire
se dieu maist croyez que ie ne voulsisse pour
nulle chose que ie ne vous eusse encontre ⁊
mieulx me plaist ceste rēcontre que riens
quil me peult aduenir car de vous ay tant
de bien ouy racompter que tout mon desir
estoit de vo⁹ veoir. Aisy plāt dune chose ⁊
daultre tāt ilz cheuauchēt quilz sōt en ung
beau manoir arriuez assez fort et moult bi
en aise ⁊ bien garny de bastillons de murs
et de profondz fossez et bien muni de fortes
tours/ et quant eurent le pōt leuis passe en
vne belle court peruindrent/ou le sire sonna
son cor haultement. Lors saillirent isnelle-
mēt des seruiteurs iusquez a dix qui les sei
gneurs ayderent a descendre puis sirēt les
cheuaulx establer. Et adonc galahet print
gauuain par la main ⁊ le mena en vne fort
belle chābre ou tost le vindrēt aulcuns ser-
uiteurs desarmer et puis luy aporterent
vng manteau de samin verd fourre de ar-
mes. Atāt sortit dune aultre chambre vne
fort belle dame laquelle si tost q̄ gauuai la
veit entrer humblemēt la sallua et elle luy et

estoit la dame accompaignee de quatre bel
les pucelles lesquelles apres elle venoient
sentretenant par les mains deux a deux q̄
gauuain sallua aussy/ et apres gauuain ga
lahet et la dame se assirēt sur vng lict ou
deuiserēt de plusieurs choses pendant q̄
le menger on aprestoit. Et allors sont ve-
nus quatre seruiteurs qui les tables dresse
rent et mirent les napes et apres que la no
blesse eust laue se mirēt a table ou il furent
hōnorablemēt seruis tāt de bon vin q̄ de vi
andes exq̄ses. Et apres le cōuif acheue ⁊ q̄
tous furēt leuez Galahet se print a deman
der a gauuai en q̄lle terre il pretēdoit aller
et se cest chose quil ne se doibue celler il luy
supplie de luy dire.
¶Quant gauuain entendit q̄ le bon hom
metāt desire a scauoir en quelle part il desi
re aller Cōsiderāt q̄l est hōme de bien et de
fiance ⁊ q̄ poit nest de malle sorte luy respō
dit q̄ voullentiers luy diroit. Amy faict il
il y a bien quinze moys entiers q̄ le Roy ar
tus a Carlion estoit lequel tenoit haulte
court et faisoit feste solempnelle dung sien
amy auit a lheure de midy q̄ le Roy estoit
a table auecques la bardinie que vne pucel
le en la court entra q̄ plusieurs nouuelles
racompta et puis dist se aulchun desiroit le
pris et le loz auoir pardessus tous en ce mō
de quil allast au pin de mont esclaire/ ou
vne damoiselle estoit assiegee/ et se le siege
leuer et oster il pouoit il se pourroit assez et
en tous lieux vanter que sur tous les che-
ualliers conquerās il auroit lhōneur ⁊ les
louēges Immortelles/ et auec meriteroit
saindre lespee aux estranges Renges. Si
te dist galahet sachez q̄ la pucelle disoit ve
rite ⁊ est le chasteau de mōt esclaire si pres
dicy q̄ demai vo⁹ y pourrez estre auāt quil
fust nōne moienāt q̄ le droit chemi vo⁹ tinī
siez mars biē vo⁹ diz q̄ chose nest facile a fa
ire que dedens le chasteau entrer lequel est
assis sur vne roche dure telle que ̄ tout le
mōde ny a si haulte ne si belle ⁊ si nia q̄gnē

seulle voie estroicte par la quelle on puist au chasteau môter a ny pourroit aller qũg cheual ala foys et au pied de ceste voie tout en bas y sourt une fort belle et clere fôtaine nommee la fontaine du laurier/ auprès de laquelle y sôt trois cheuallierstât nuict que iour qui tant ont le païs destruict que pl⁹ ny croist q̃ peu de chose a ne peuêt ceulx damont le chasteau auoir viures ne aultre chose a cause des trois cheualliers que rudement les tiẽnent assiegez ou ia longuement ont este. Et la cause vous en veuil dire la verite est telle. Il aduit en quelque saison que lung de ses trois cheualliers reqst la damoiselle damours luy affermant que dutout son cueur il aymoit/ la pucelle luy rendit responce que elle le remercioit mais que point ne vouloit ne desiroit amy auoir. Et quant il veist quil estoit ainsy refuse luy dist que de luy se gardast et quen despit de son refus que quelque chose quil aduint/ son chasteau luy assiegeroit et q̃ iamais nê partiroit auant quilen eust faict a son plaisir. De puis ôt tousiours les trois cheualliers este auprès de ceste fontainne et au pied de la Roche sans en partir ne nuict ne iour que tant ont a ceulx du chasteau nuy q̃ nul le riens ny va ne vient/ quãt aduient parauêture que quelchũ veult au chasteau môter il conuient quil ait la bataille contre les trois et par ainsy nê peult nul eschapper q̃ ny soit occis/ mais ains quela bataille se face ilz ont de coustume haultement ung cor sôner a celle fin que ceulx qui en ce chasteau sont tant desconfortez et dollens puissêt regarder le conflict sachant que par ce leur deuil et leur tristesse en accroistra voiant la decôfiture de ceulx qui leur veullent aider ou donner secours. En telle mĩere se contiennent les trois cheualliers q̃ freres sont qui clamer et nommer se font partout les cheualliers de la lande gaste.

Lors que galahet eust ce dist Gauuai fort se esmerueilla et puis a dist que celluy seroit ung grand bien qui les cheualliers

oster pourroit et ceulx du chasteau deliureroit de leurs mains qui tant peruerses et cruelles sont/ mais puis fist il que de se près du chasteau ie suis venu ia dieu ne me face grace que ie ne voise veoir que cest a que ie ne combate côtre les cheuallieres q̃ dictes estre tât cruelz et peruers. Ha pour dieu luy faict galahet ne veuillez telle chose dire mais de ceste follie vous garder de la bataille contre eulx entreprendre car sil aduient q̃ vous y aiez debat iamais vif nen rechaperez ce que ne vouldroie quil vous aduit pour tout lauoir de ce môde a mieulx aimeroie que le chasteau fust en cendre que pour y vouloir aller ung si grand mal vous en print/ mais sil vous plaisoit attendre iusques a trois iours, dicy tant seullement des cheualliers vous bailleroie bons et eslis en cest affaire lesquelz vous aideroient a ceste chose traire ainsy que vous la desirez. Certes se luy respond Gauuai vo⁹ me tenez a petit saige vo⁹ sçauez biê q̃ se iauoie compagnie et il aduenoit que les trois cheualliers fussent vaicus que le loz a moy nen seroit et pource vous remercie de voustre offre laquelle pourtant ie refuse et quãt dicy ie partiray ie ne quiers aulchũ compaignon auecques moy amener car ai de ne demande fors que de dieu tant seullement. Tout seul y ray et aussy tout seul y entreprins y aller. Lors que galahet louit ainsy deliberer et que cestoit chose arrestee q̃ côpagnie il ne vouloit ne luy desira plus parler mais feist apporter la collatiô de dragees et de plusieurs aultres côfitures auec lipocras et viŋ delicast/ et puis quant les lictz furêt dressez se allerêt tous reposez mais ains que chascũ se couchast le preudhôme ung don a gauuain demãda et il dist q̃ luy octroioit moiennant que en ce son hôneur fust saulue,q̃ ny sceust auoir reproche. Et sur ses promesses sans aultre chose dire sen allerent coucher: et quant se vint le matin que chascum veist le iour esclarer et la lueur du soleil raier; bien tost si se

℄ Perceual le Gallois.

leua gauuain et si tost quil fut prepare et habille en la salle descendit ou ia y trouua galahet lequel propose de laller esueiller/ & apres quilz se furent entredonnez le bõ iour dist galahet Sire faict il cellup dieu qui forma le monde Vous gard et ioye Vous enuoie de tout ce que Vous desirez bien. Voy que aller Vous en Voullez et pource se aulchune chose de ceans Vous plaist le tout est a Voustre habandon. La Voustre mercy faict gauuain ie Vous supplie que mes armes me faciez apporter et se iesus me gard sachez que tout prest suis Vous faire p ouir du don q mauez demande Sire faict galahet sachez que moult desire auecques Vous aller pour Vous cõduire le chemin qui difficille est a tenir & aussy pour regarder la iouste et le combat affin que se au dessus en Venez ie puisse de la chose tesmoingner et le Vray en dire. Certes luy dist gauuain ce don ne Vous Veuil refuser moiennant q̃ me promectez que ia aide ne my ferez & ne me Viendrez secourir. Et Cil luy creance et promect. Et ce dict lung et lautre se armerent et puis montereẽt a cheual & apres le conge prins sen allerent eulx deux ensemble/ et tant exploicterent quil Vindrẽt pres de mont esclaire enuiron le traict dung archier a deux fois. et allors Veist gauuain le pauillon des trois cheualliers tẽdu pres de la fontaine et pource demanda a galahet se cestoit le tref ou pauillõ quil queroit ou les trois cheualliers se tiennẽt qui tout le pais desertoient et galahet respond que op. Ie Vous prie dont faict Gauuain que plus auant Vous ne Veniehet que me attẽdez en ce lieu. Galahet dist quil le fera.

Auuain par galahet aduerti que les trois freres cheualliers estoient dedens le pauillon desirant ardãment encontre eulx se combattre de si pres les approche quilz lõt aperceu. Lors sonnerent Vng cor tellement que tout le chasteau firẽt retentir/ au son duquel se assẽbla grãt nõbre de gẽs q̃ se Vindrent mettre et apuier aux creneaulx de la muraille du chasteau lesquelz sont tousiours attendant & desirãt auoir leur deliurance. Alors monstrerent les trois cheualliers auãt que gauuain Vit a eulx/ & puis sans le escriet ne sans mot dire coururẽt Vistement dessus luy et lataignerent sur son escu que les lances Vollerẽt par troncons mais en rien il ne se greuerẽt ains passerẽt oultre et gauuai sain et sauf demeure sur son cheual sans se effraier. Et adonc se retourne Vers eulx de tel couraige que de la lance quil tenoit en porta Vng di ceulx par terre si que son escu ne son haubert ne le peult garder quil ne fust perce doultre en oultre et demeura mort sur la terre. Alors eust gauuain moins dennemis que par auant car du tiers estoit ia deliure. Et quant les deux aultres eurent ce Veu ne fault doubter se Vergõne ilz eurent pquoy p grãt yre & fureur mirẽt la main a leur espees desg̃ines tellemẽt en ont gauuai assaillp quil sembloit que sans demeure le deussẽt deciqueter et mettre en pieces mais de folie se trauaillent de leur espees & firẽt maillent dessus gauuain mais bien leur Rend legierement ce quil luy prestent et croy que cest deux coups pour Vng Car trop mieulx que eulx fut aux armes apris: souuẽt les fiert de sõ espee la q̃lle asprement trenchẽt et couppe si que p piesses leurs decouppe leurs heaulmes et leurs escus tellement q̃ au retirer estoit parfois toute sanglante et souuent aussy firent les deux cheualliers a gauuain grand ennuy tellement que par les coups qui luy gecterent ne luy laisserẽt son escu de quatre doigtz entier et luy ont le heaulme tellement en la teste enfonce que le sang du nez luy sortoit en telle sorte que toutes ses armes estoient tainctes en rouge Longuement dura ce conflict dune batail-

⊏Perceual le gallois.   Fueillet.lxviii.

le nompareille car vng contre deux comba‑
toit/ mais pource ne se estonna gauuain q̃
si durement les requiert et fiert chaudement
que fort leur feist le couraige diminuer siq̃l
ne sceurent ou leur saulter et gauuain qui
de pres les poursuit en actaignit vng de tel
le sorte que la teste enuoia par terre/ qui si
doulcement et vistement fust de colle/ que
bien petit ne sentit lespee et laultre qui le fa
ict regarde en entre en si grant mal tallent
que tout vif cuidoit forcener si prent son es‑
pee a deux mains quil haulsa par si tres
grand yre proposant de gauuain greuer quil
sembloit quil le deubst pourfendre doultre
en oultre. Mais gauuain qui bien se scait gar
der fist vng sault pour le coup de lespee eui‑
ter laquelle par si grand force entra en terre
q̃ quant le cheuallier la cuida arracher telle‑
ment se estordit que deux pieces elle se rom
pit de quoy eust le cheuallier grãd angoisse
et grãd despit car moult se veoit empire.

⊏Quãt le tiers de trois cheualliers vist
ainsi sõ espee mise en deux pieces de quoy fort
estoit affoibly deuers gauuai se retire auq̃l
haultement y luy prie que pour dieu le pren
gne a mercy. Et celluy en qui ny eust oncq̃s
cruaulte debonnaire luy octroie par tel con
uenant quil sera son cõmãdement. Et le che
uallier luy dist q̃ a ce ny auroit nulle faul
tee et q̃l estoit prest luy obeir a toutes cho
ses qui luy plairoit commãder. Et alloirs q̃
ceulx qui estoiet aux creneaulx de mont es‑
claire eurent ce veu que les trois freres sõt
vaincus grand ioye et grãd plaisir en eurent
Et a tant au donion monterent ou la pucel
le et leurs dame estoit a laquelle ont toute
la verite comptee. Et quant la nouuelle en‑
tendit cõmanda que chm̃ en ordre se meist et
quelle au pied du rocher voulloit aller ou la
bataille auoit este pour veoir et honorer le
meilleur cheuallier du monde qui les a get
tez et ostez de telle et si grãde tribulatiõ/ et a
donc feist vng cor sonner pour toute la cõ‑
mune assẽblez. Lors eussiez veu enseller bi

en deux mille cheuaulx et fut si grãd ioye
par la ville faicte quon ne le scauroit expli‑
quer/et croy q̃ iamais homme viuãt ne des‑
cẽdit de ce chasteau et si grant bruit de gẽs
ne a telle cõpagnie cõme ceste pucelle feist:
et estoit la pucelle si bien pourtraicte τ dũg
si beau tainct quen ceste terre nauoit sa sem
blable en beaulte ne en contenance en doul
ceur et en bonne grace si que le pris et le loz
auoit en tous les lieux ou elle alloit. Ainsi
cheuaulcha auecques la cõmune tãt quau
pied du mont sont venus. Et galahet q̃ au‑
sy ceste bataille auoit veue ne fust pas mois
ioyeulx que ceulx de mont esclaire furent le
quel a gauuain vint le plustost quil peust
auquel dist Sire ie voy venir celle q̃ ce cha
steau et le pais dalletour doibt tenir pour
recongnoistre q̃ estes son seigneur et son sire
q̃ si longuemẽt võ a attẽdu pour estre en sa
liurãce mise laquelle ie vous dis est ma ni
epce et bien ie scay que de võ vouldra sa ter
re tenir et pource ie conseille que nous al‑
lions dedens le chasteau auec elle. Certes
dist gauuain moult me aggree de faire ain
sy q̃ lauez dist. Car de lõg temps ay eu grãd
desir dy aller. Lors monterent sans plus ar
rester τ menerẽt le cheuallier vaincu auec
ques eulx tenir prison lesquelz en montant
ont la damoiselle rencontree. Et quant gau
uain de pres laprocha descẽdit de pied/et ce
par elle voiant en feist ainsy qui vers luy
vint et puis humblement sentre saulueret
Et ce faict Gauuain rendit a la pucelle le
cheuallier que cõquis auoit en luy suppli‑
ant quelle ne le veuille faire occire. et la pu
celle luy respond puis que son bon plaisir
estoit que le cheuallier nauroit laidure ne
desplaisir villanie blasme ne hõte. Et puis
luy dist sire faict elle sil ne võ griefue hũble
mẽt võ prie τ reqere de voulloir au chaste
au mõter pour veoir la cõmune q̃ võ attẽt
desirant võ remercier du grãd bien q̃ nous
auez faict. Et gauuaĩ dist q̃ bien le voulloit
Adoncq̃s mõta gauuai a mõt ou il trouua

m.i.

la commune fort humiliee a luy faire honneur et plaisir et qui moult se penne de le seruir et de luy monstrer chose aggreable. Lors la damoiselle q̃ tāt resiouye estoit moult grād honneur et reuerence monstra a son oncle le seigneur galahet leql nauoit veu puis vng an passe eust a la penthecouste, et puis elle luy demanda sil ne scauoit cõment le cheuallier auoit en nom qui tant dhōneur et de biē luy auoit faict/niepce dist galahet se ie vous di soye que nō/croiez que ie vo⁹ mētyroie pour ce vous dis q̃ cest gauuain filz du tres sai ge et bon Roy Loth. Quant la damoiselle lentent en eust grande liesse et ioye et en de uisant tant allerēt que dedens le chasteau paruirent qui fort plaisant estoit et beau et trouuerent la ville toute tendue de riche tapisserie: n̄y auoit si petite rue que ptout aornee ne soit. Or peult gauuain dire sans doubte que moult luy est bien aduenu: quāt furent au chasteau entrez Gauuain a dist quō luy aporte lespee quil est venu querre pour laquelle cōquester estoit de sa terre par ti ou luy fust dist q̃ quāt du chasteau il au roit le siege leue que on, la luy debuoit deli urer et pource la veult il auoir puis que p̄ mise luy a este. La damoiselle qui a entēdu la parolle que gauuain a dist luy Respon dit ainsi. Sire faict elle ie scay q̃ lespee vo⁹ deuez auoir cōme tresbien est partout sceu mais vous nauez pas veu encores en quel le maniere et en quelle guise auoir la pour rez. Sachez ou ceste espee est mise vous me neray moult voulentiers / y a biē cent ans passez quō la mist au lieu ou elle est / dieu concedera si luy plaist que auoit la pourrez sans meschef. Dame dist gauuai soiez seu re quelque chose qui men aduienne ie veuil ou lespee est aler. Adonc la pucelle voiant gauuain tant encouraige de ceste espee auo ior le meine ou elle scauoit quelle estoit con tre son voulloir est assez triste parce quelle craint quil nen puist sans mort retourner.

¶ Vng iardin eust deuant la tour tout alē tour ferme de murs fort haultz, sachez que au mellieu de ce iardin auoit vne croute ou cisterne moult en terre profondement cauee desus laquelle cisterne auoit vne porte biē forte qui bien auoit este cent ans sans ou urir et pl⁹. Dedēs laquelle estoit lespee aux estranges renges. Et gauuain auecq̄s vne fort belle grāde compagnie de gens vers celle croute ou cisterne sen vint qui alors si bien luy aduint q̃ a sa venue trouua la por te ouuerte de quoy vous dis que il ny a cel luy qui ioyeulx ne soit de ceste aduenture: adonc se asseura la pucelle laquelle eust ce ste esperance de veoir ce que tant elle desi roit. Quant Gauuain veist la porte ou uerte sachez que bien agre luy vint. Lors aualla par vng degre tant que au fondz de la cisterne entra tenant lespee toute nue au poing deliberant de se deffendre se quelcū luy veult faire grief mais de tout ce nauoit il garde/ et quāt fut bien auant alle si gran de clarte apperceut quōques si grande na uoit veue mais pource ne luy mua le cueur ains est plus auant entre si que il deualle par quelque petite vis secrete dedens vne fort belle chambre nō de telle facon bastie comme les aultres chambres sont ains e stoiēt les voultes toutes de fin or les parois toutes dargēt oncques si beau lieu ne si ri che ne trouua gauuain ou quil fust: a pour vo⁹ dire dont telle clarte procedoit scauoir debuez que en ceste chambre y auoit de di uerses manieres de pierres precieuses ata chees de lieux en lieux qui rendoient gran de relucence et oultre plus y auoit vng pil lier doror il y eust vne escharboucle affi chee qui fort la chambre enluminoit que bi en sembloit que les rais du soleil y passas set: puis approcha de ce pillier auql veist pendre vne espee merueilleuse de la quel le ne vous scauroie descripre la sorte ne sa grand beaulte ne valleur et bonte: et estoi ent telz motz en ceste espee honorablement escriptz. ¶ Cheuallier toy q̃ vas querant par tout prouesses et louëges, soy l'espee aux estranges renges a ce pillier icy pendant se tu en toy te fies tant prendre la peulx sans esconduire. Et gauuain qui bien scauoit lire tendit la main de laquelle en a l'espee descendue que si tost a son coste saingnit que tant fut lie et ioyeulx que plus fort ne scauroit il estre maintenant se mect a la voye pour de la cisterne yssir hors ou ceulx le attendoient qui sont en doubte que dedens ne soit tenu et quant le veirent retourne sain et sauf sans mal auoir et que l'espee aux estranges renges aporte grande liesse et grand reconfort en eurent car iamais ilz ne cuidoient veoir l'heure que de la cisterne yssist. La damoiselle a qui moult l'aduenture plaisoit au cueur en eust grande liesse, laqlle s'en vint a gauuain qui amont l'amena puis le feist desarmer. Lors commencerent les cheualliers et tout le populaire a faire vne si grande feste que c'estoit vne chose inestimable tant il fust de ioye menee par instrumens par ieux et par plaisantes dances et pour au bref parler il n'y a homme q sceust racompter la liesse et la resiouissance quen ce chasteau fut faicte et non sans bonne cause le grand bien que par gauuain ont recouuert. Et allors la pucelle q moult se pouoit de gauuain honnorer et festoier le print p la main et l'emena vng petit a part pour mieulx a son priue l'entretenir. Adonc gauuain luy demanda son nom, et elle luy dist que attendu l'auoit longue espace mais que a dieu grace si bien auoit fait que de sa promesse ilz estoit absoulz. Dame feist Gauuain se iay par long temps demeure Sachez q moult m'en a poise et ne l'ay pas faict voulontiers pquoy se en riens vous ay meffaict il vous plaira de me le pardonner. Sire faict elle par la foy que ie doy a dieu, a ceste chose ne tiendra que la vostre amye ne soye, et n'y a chose en ce monde que pour vous ne feisse mais que mon honneur y soit sauf. Et Gauuain qui fort bien sentent du bon du cueur la remercie puis luy a dist dame sist il se ie ne vous pensoie ennuyer a mon po-

uoir ie vous priroie me dire se vous le scauez de ceste espee aux estranges renges q en ce lieu la aportee ne comment elle y a este. elle luy respond croiez sire q la verite vous en diray et aussy ne sse pas a vous q ie me deusse taire ne le celler Car parfaictement scay et voy que digne estes de le scauoir, et pource ie le vous diray.

Ainsi comme bien ouy d'ce auez Ioseph d'arismatie qui moult bon cheuallier estoit vint en ce pais long temps apres la mort nostre seigneur Iesu crist lequel les iuifz mirent a mort en vne croix. ce ioseph qui print icy port ceste espee auecques luy aporta, laquelle en premier auoit este a iudas macabeus et le bon preudhomme ioseph vouluit en la fin l'espee en ce chasteau transmettre qui fort bien commanda et deist q mise fust dedens ceste cisterne et que ie mais ne fust, a se ne faicte a coste de cheuallier se plus il n'estoit estime des aultres en courtoisie et en bonte dhonneur et de cheuallerie en toutes vertus et promesse. Lors l'espee sans plus laissee fust et en ceste cisterne portee et si tost que celluy qui la porta en yssit hors a la porte a pres luy fermee qui moult estoit puissante et forte et depuis y sont venus plusieurs cheualliers cuidant y entrer mais iamais n'y sceurent rien faire et s'en retournerent les vngs forcenez ou hors du sens ne onques homme de mere ny vint qui en yssist a son honneur ne q iamais y pfitast. et si ay tousiours ouy dire q nul l'espee n'e porteroit s'il n'estoit le meilleur cheuallier de tout le monde mais vous s'en auez aportee. Et se sachez que l'espee a telle vertu et est de telle dignite q ce nulla portoit en bataille et il auoit bonne querelle q le chief a son ennemy osteroit et aussy selle estoit mauuaise matte et vaincu se trouueroit. Certes pour ceste condition ne vault pas l'espee moins luy dist gauuain pource ne doibt elle pdre son pris

m.ii.

¶ Perceual le Gallois.

ains plus len prise et en vault mieulx.
Ainsy parlerent longuement ensemble si
que il fut heure de menger et apres le men=
ger a le repas pour celle nuict prins seiour
na gauuain a mot esclaire ou il se fist pen
ser a garir de ses naurenres et playes. Et
apres les .viii. Iours passez que gauuain
gisoit dessus vng lict se prit a penser a ceste
lance qlauoit veue de la quelle en sort le
sag/puis en ceste heure se remebra de la sia
se et de la promesse quil auoit faicte a La=
uallon plus dung an a passe ou il debuoit
la lance rendre ou y luy couenoit deffendre
so honneur de la trahison que on luy mectoit
sus. Et apres quileust asseg log temps en
ceste pesee demeure du lict se leua et sen vit
a la salle ou ia il trouua la damoiselle leuee
a laquelle apres quil eust sallue luy pria de
commader faire aporter ses armes a luy a=
mener son cheual. Et allors luy dist la pu=
celle sire fuict elle que vouller vous faire
ie vous requiers de me le dire. Dame dist
il sachez que a mon affaire mei, vult aller
car vne besongne ay emprise q pour rien ne
la puis laisser et ou ie la delaisseroie a tous
iours me seroit reproche et a tous mes amys
aussy et pource rien ne vauldroit me prier
que ie demeurasse car pour rien ie ne le fe=
roye. Pourtat vous regers dist la pucelle de
resider auecqs nous ou aultremet le chaste=
au demeureroit esgare a sans secours qui en
nulluy na esperance fors que Dieu a en vo
lequel auez de peril oste de dager a de grad
ballance: et se si tost vous le laissiez oste ne se
roit hors de craicte pource vous prie demeu
ret et si maintiendrez se pais qui vostre est
car conquis lauez aussy en voz mains men
demetz. ainsy le prioit la pucelle qui a mont
esclaire demeure que son veuille chastcau
a toute la terre tiengne et que sire et seign=
eur en soyt. Et gauuain luy respond q il ne
luy estoit possible de quoy grad mal luy en fa
isoit. Adonc la pucelle qui voit que detour
net ne sen pourroit que du chastcau ne sen
aille luy fist aporter nouuelles armes pour

larmer et allors quil fust arme a prie quo
luy aportast lespee aux estrages Renges
quil auoit conquise. Lors celluy qui lauoit
en garde luy bailla laquelle il sainguist et
voiant son cheualcelle monta sus sans pl
arrester et apres que au col eust son escu pe
du prit coge de la pucelle et de tous les ha
bitans et subgectz du chasteau. Et par espe
cial de galafet le veneur qui si bie lauoit co
duict et enseigne et puis sen alla.

¶ Comet apres coge prins de la pucelle de
mont esclaire gauuain cheuaulcha y plusi
eurs iournees puys rencontra vng che
uallier le quel luy voulloit mal de mort et
cobatiret ensemble et fust le dit cheuailier
vaincu.

R sen va gauuai sas
arrester desirant me
ctre a execution son
entreprise lequl laissa
la pucelle a mont es
claire et les habitas
menas grad deuil du
regret qlz auoiet apres luy. il cheualcha bi
en quize iours entiers quil ne trouua ne e
cotra chose de quoy en doibue tenir recit ne
former compte et estoit tant triste q rie pl
pensat a craignat ql ne vit a teps a la bata
ille au iour quil auoit creace et promis. Or
aduint que vng matin apres qui se fut le
ue dung hermitaige ou il auoit couche a ql
eust ses armes prinses et puis monte a che
ual: entra en vne grade forest ou il ne veoit
chose q luy plaise mais fort luy enuye a des
plaist. Apres paruit a vne motaigne fort
haulte et roide laquelle legeremet monta et
apres trouua vne fort belle lade fort grade
et moult bien floriee ou il aperceut vng che
uallier vers leql se tira et puis luy a dema
de ou il alloit ainsy seullet et le cheuallier
luy respod orgueilleusemet ql ne auoit affai
re et que mieulx vaulsist ql se teust que de
luy faire aulchune noise disat ainsy vassal say
ict il q te peust il chaloir ou voise. le vous pri
luy dist Gauuain que ne soiez si mal cont

tois ne si villain de ne me dire ce q̃ demãde car ce nest pour mal ne pour desplaisir. Cro iez luy dist le cheuallier q̃ pour neãt icy vo9 musez car de par moy nen sçaurez riẽ qui ie suis pour ceste fois. mais bien ie vous dis que ie veuil voustre nõ sçauoir et quelle af faire vous auez et apres sans rien differer ce q̃ me demandez vous sçaurez. Lors gau uain qui iamais ne desira son nõ celler luy dist sans plus actendre quil estoit Gau uain nommé nepueu au Roy Arth9. Et par ma foy luy dist le Cheuallier cest gau uain que tant ie chathoie mais ie lay trou ué la dieu grace et pource vous veuil ie auiser que presentement vous deffie & sa chez que ce iourdhuy me vengeray de la mort de mon pere et que iay grande vou lente de vous faire honte ou iniure & trop quen ce dieu me aidera car ma q̃relle est bonne et iuste. Et alors se esloignierent to9 deux ung petit et vindrent lung contre lau tre par si grande force & roideur que a la pre miere rẽcõtre fendirẽt leurs escusen deux et les lances en pieces vollerent. apres mi rent la main a leurs espees desquelles sen trefferirent de lours et pesans coups sur les heaulmes et ailleurs, et se ploia chm̃ si biẽ & si vaillammẽt q̃ de pieca on ne veit deux cheualliers mieulx assortis, ne mieulx ba taillans lung cõtre laultre, & ny eust cellui q̃moult ne desirast faire ennuy ou hõte a sa ptie. Et alors q̃ le cheuallier qui pl9 estoit las q̃ gauuain luy dist ainsy bien me plaist fist il que no9 mections pour maintenant a noustre bataille treues, et la raisõ vo9 en di ray. Si ie vo9 occis ou vo9 moy, vostre loz ne augmẽtera, ne seroit nul de no9 creu p ce q̃ nulluy ne no9 voit ne assiste a noustre ba taille. pource loue & fort biẽ me plaist q̃ pour pñt la respitons soubz telle cõdition que ie vo9 diray. cest q̃ toutes fois q̃ en court vo9 trouueray noustre bataille acheuerõs & la mecterõ a fin, & de ce me baillerez voustre fi ance & moy a vo9 la miẽne. Et gauuaĩ luy respõd que ainsi le veult, si luy pmest & luy

asseure & pl9 luy dist. Cheuallier dist il si le iour vo9 voullez eslire & le lieu aussi ordõ ner ie vo9 donneray ma foy et vo9 afferme ray my trouuer: mais ie veuil vostre nom sçauoir dont vo9 estes ne de q̃l pais. Je vo9 aduertis dist le cheuallier q̃ ie suis nõmé di guadaire, mais vo9 q̃lle part voullez aller ie voys dist Gauuain en quelq̃ affaire ou iay bataille a vuider deuãt le roy descaual lon, & ie crai̇̃z merueilleusemẽt q̃ trop ie ne aye seiourné. Des leste passé ie dõnay gai ge de my rendre auant que lan fust reuollu pource me veuil ie mectre a voie et men vo is a dieu vous commant. Et le cheuallier pareillement a dieu le commanda. Lors gauuaĩ tãt cheualcha p ses iournees suyuãt icelle lande q̃l arriua a Cauallon ou il des cẽdit assez pres de la tourt, & ce faict aisi p ar me cõme il estoit mõta ou il sceut q̃ le roy de Cauallõ estoit b̃, il le alla saluer & luy dist sire dist il sachez q̃ ie suis icy venu pour ma fiance et ma creance acquiter. et vous dis bien que iay esté pie dñs quer et vng estẽ a chercher le Graal et la lãce et p ce que ne ay peu finer ie me viens en ce chasteau ren dre ainsy cõme il estoit promis et aussy que faire le doy.

Et adõc q̃ guingambresil eust gauuaĩ apperceu & entẽdu ce quil a dist au Roy sail lit sur piedz et puis se mect deuant le Roy auquel il dist sire faict il puis q̃ Gauuain est retourné ie veuil cõme la raison le per me et q̃ vo9 me ottroiez la bataille car plus ne la vouldroie ne sçauroie dessyper. Je me enquerray luy feit le Roy q̃ cest q̃ les barõs en dirõt et biẽ sçay que pour vous ne pour luy ne vouldront differer a en dire la verité Et adõc se retira le Roy a la chambre de sõ conseil auecques ses barons et pẽdãt quen tre eulx oppinoiẽt arriua en court vng che uallier q̃ feist amener deux destriers lesq̃lz estoiẽt to9 bardez de acier & faisoit apporter apres luy deux grosses lãces et vng escu p deux varletz lequel neust pas petit regard des assistens quant en la court il fust entré et si tost que Gauuaī aperceut si luy a dict gauuaī faict il ie te semons de la fiance. Et allors sortit le Roy de son cōseil auquel compta le cheuallier son affaire puis dist a gauuain qui luy tint le conuenant & la promesse qui luy auoit en la lande faicte depuis trois iours deuant vne pucelle puis vīt de laultre part Guinguambresil qui le rappelle et luy demande a se acquiter de sa foy et de sa promesse cest que la lance qui saingne luy rende ou que encontre luy se combatre. Et diguadaire pareillement le somme luy tenir ce qui luy a promis cest que si tost que en court il le trouueroit ilz acheueroient la bataille et que a luy se combatroit Et ainsy les deux contestans vaulloient auoir le iugemēt du roy & des seigneurs de la court

Antost pour le iugement faire fist le roy apa* retirer tous les haulx barons de sa te[rre] pour enquerir et enchercher se mist sire Gauuain tout seul combatra contre les deux ensemble ou chm̄ aparsoy/ et ainsy en ensuiuant le cōmandement du Roy allerent les barōs en la chābre du conseil ou apres plusieurs choses allonguees et dictes vng diceux oppina et dist que gauuaī se debuoit cōbatre cōtre les deux ensēble mais les aultres plus moderez dirent que chose nestoit raisonable Et laultre tenāt son oppiniō leur preuue par ses raisons le cōtraire Il q̄ cōtre les deux il se doibt cōbatre pour ce qil doibt tenir sa foy a guigambresil et a lautre auquel il promist que si tost q̄ en court y le trouueroit que a luy se deuroit combatre Et allors fust arreste que gauuain se cōbateroit cōtre les deux ensēble ce qui a este au roy relate p cellui q̄ tint le pty et ceste pmiere upiniō Et adōc assist le roy son iugemēt & dist a guigābresil q̄l pēsāt de se faire armer Et si tost vidrēt deux varlez q̄ luy aportèrent les armes q̄ luy vestirēt sās

arrest. Quāt arme fust de chief en chief: son escu print q̄ meist au col auql y estoit vng lipard pourtraict/ & diguādaire daultre part fust arme moult richemēt/ q̄ fort plaisoit a toutes les gēs qui la estoiēt assēblez & se allerēt aux fenestres de la tour pour les cheualliers Regarder quāt ilz serōt a leur cōbat Et nous recite lhystoire qil y auoit en ce chasteau vng escuyer leql estoit parent de gauuain iusques a cousin germain q̄ si tost qil sceust le iugemēt du Roy de Cauallon en alla le Roy arthus aduertir p ce q̄ luy ne ses amys ne scauoient la bataille qil auoit entreprinse cōtre deux hōmes de si hault pris cōme les deux cheualliers estoiēt q̄ ce iour se debuoiēt allecōtre de luy cōbatre de quoy ne plaisoit guetes a lescuyer mais en portoit tel deuil q̄ plus grand nauoit iamais eu et ainsy a toute sa dolleance pt pour de ses nouuelles en aduertir le Roy arthus et ses amys & pour faire meilleure dilligēce print vng cheual le plus beiste et le plus legier quil peust trouuer. Et ainsy qil cheuaulchoit le plus apertement qil sceust faire / enuiron a vne lieue de Cauallon dedens vng val rēcontra Keux le seneschal qui sur vng grand destrier estoit. cil q̄ son chemin vers la court du Roy artus tenoit. hūblemēt Keux salua: et Keux qui biē lescuier recōgnust fist son cheual arrester et puis a lescuyer demāde qui seigneur estoit du chasteau q̄ deuant luy veoit. sire faict lescuyer se dieu me gard Il est au Roy descauallō: et ne croy point q̄ dicy a rōme ny a vng si beau chasteau ne si fort ne mieux assis ou ce iourduy se faict vne bataille dūg cheuallier cōtre deux autres. ce nest pas chose biē ptie se luy dist Keuy et nest la bataille aduenant pquoy biē affiert a celluy q̄ est seul prēdre pour sa part dieu en son aide quāt il est si hardy cheuallier Or me dictes ie vous en prie qui ceulx sont qui ont la bataille entreprise cōtre vng seul. Sire faict lescuyer lūg est diguadaire q̄ moult est fier & orguilleux & est lautre qui

⁋Perceual le gallois. fueillet.lxx.

guābre sil q̄ lō tiēt fort puis cheuallier. par ma foy luy respond le seneschal ie congnois les deux que vo⁹ dictes: τ croy que celluy qui est seul est tombe en mauluaises mais et quilz luy donneront prou daffaire: mais qui est il ie vo⁹ requiers: sachez sire dist lescuier q̄ cest gauuai filz au roy loth. Mais ou va tu luy a dist Keux. Et ie men vois dist lescuier: son oncle le roy Arthus querir pour lamener a son besoing. Or va donc se luy a dist Keux. Car il nest pas fort loing dicy: que dieu te doit tāt exploicter q̄ auecques toy amener le puisses.

Eux la nouuelle entendant de ce que lescuyer luy a dict plus de cent souspirs en getta τ puis sans plus en ce lieu seiourner auec lescuier sen retourne qui les nouuelles de Gauuai alloit dire de quoy il estoit fort pre. Tant allerent que venus sont en lost du roy Arth⁹ qui nauoit cesse de le chercher de puis que Gauuain cōbatist contre Sitomelans le quel auecq̄s luy auoit fort belle cōpaignie τ si tost que lescuier le veit luy alla racompter τ declaire cōment son nepueu Gauuain auoit entrepris se cōbatre a cauallō cōtre deux cheualliers quil luy nōme. Lors que le roy ces nouuelles entendit de pre et de maltalent en tressue. Puis demanda quāt ce seroit. Et adonc luy dist lescuier q̄ presentemēt se deuoit faire la bataille par quoy nest pl⁹ mestier de seiourner qui luy vouldra secours dōner/car quant il en partit il dist les auoir veux si prestz que plus ne restoit que a donner dedens. Lors le roy Arthus ne se scauoit cōment contenir tant il eust de pre τ de courroux τ de ceste heure seist publier par tout son ost quil ny eust cheuallier qui vistemēt ne sa prestast pour le suiuir ou il alloit. Et si tost que le māde mēt fut entendu ny eust cellui qui demeu rast a se armer et mettre en ordre pour le roy leur seigneur suyuir. Allors que yuain entendit lentreprinse du cheuallier Gauuai ne luy pleust gueres la nouuelle: pour ce cōmanda que vistement luy fust son cheual amene. Sur lequel en lheure mōta q̄ tant voullut diligenter q̄ dedens Cauallon peruint auāt q̄ lost y arriuast qui pour chose quil aduit ne se garda de se presenter deuant le roy. Et quant le roy eust aduise luy dist ainsy. Sire sachez q̄ ie suis au Roy Arthus lequel menuoie ceste part: et y vient pour aulchun affaire auquel on a dist que faire voullez cōbatre se vaillant cheuallier gauuain cōtre deux aultres que scauez et pource vous mande τ vo⁹ prie et tous les barons de sa court q̄ faciez mectre tresues ou respit en ceste bataille. Et allors le roy descauallon mande aux cheualliers qui le camp gardoient quilz retardassēt le cōbat

A tant veit le roy descauallon le roy arthus arriuer lequel descendit pour luy aller audeuant τ pour humblement le recepuoit auecques toutes sa gent q̄ bien en ordre les feit mettre: affin de le plus hōnorer τ priser. Ainsy cōme bien il sceust faire. Et aps q̄ le roy arth⁹ eust reuete se retirent les siens vers les barons du roy Arthus pour leur faire la recreāce τ pour en ioye les recepuoir. Ainsy se peine τ se trauaille le roy descauallon et entend de toute sa vertu a hōnorer le roy arth⁹ parce quil est preudhō me trouue. Lequel bien sen trouuera guerdōne. ains que meure le roy arthus. Lors q̄ gauuain entendit q̄ la estoit le roy arch⁹ venu en eust telle liesse τ ioye q̄ ne scauoit q̄ deuenir considerant q̄ si bien scaura faire q̄ ceste bataille fera en paix cōmuer. dōt pour le greuer τ luy nuire estoient ia: diguādaire: et Guingābresil aprestez. Et a pres q̄ le roy arth⁹ τ ses barons furent descendus cōmanda entrer au conseil: ou ilz feist appeller guingābresil τ Diguādaire. Et aps plusieurs matieres debatues fut accorde pour la paix traicter q̄ les deux

m. iiii.

¶ Perceual le Galloys.

parties de gauuain prēdroient les niepces du roy arthus en mariage,/ɋ les espousa le uesque de la cite de Cauallon dequoy to⁹ les Bards tāt de coste q̄ daultre en eurent grant ioye et leur Bint a moult grād plai∣sir/si en firent ceulx de la cite ⁊ du pays a lenuiron grāde liesse ⁊ maintz ioyeulx es∣batemēs.

¶ Ainsy fut faicte celle paix cōme i'ay des∣sus racompte parquoy diguadaire ⁊ guin gambresil prindrent chaschun leur femme qui moult furent courtoises ⁊ belles ⁊ aus∣sy de fort hault paraige. Et se firēt les no∣pces a cauallon ou il eust belle assēblee tāt de prelatz q̄ de Barons q̄ le roy y auoit man∣dez sique en toute lisle de la mer de bretain∣gne ne resta cheuallier q̄ ny Bint: ce q̄ fort pleust au roy Arth⁹ quāt tous y les Beist assemblez:⁊ est a considerer quē si grāde noblesse ny auoit petite richesse/car oncq̄s en Bng iour homme si grande nen a Beu ne de si grāde ouy pler. Et repceut le roy Ar∣thus deuāt sa Baronnie les hōmaiges de ses deulx nouueaulx nepueux ⁊ feist aus∣sy son hōmaige le roy de Cauallon en pre∣sence de la noblesse au roy arth⁹: dequoy fu∣rent tous fort ioyeulx. Et ny eust ce iour cheuallier q̄ ne recōgneust tenir sa terre du Roy arth⁹ ce que tous liberallemēt feirent en luy rendāt foy ⁊ hommaige. Fors Bng seul: qui nōme estoit Brun de brālant leq̄l ne daigna chose pour le roy arthus faire. Ains sen retourna orgueilleusement a la maniere dung temeraire ou dung grād fol presumptueulx:car bien il Beit quē toute la grande Bretainne a Londres ⁊ a lēn∣uiron quil ny eust celluy quil ne recōgnust estre hōme ⁊ q̄ hōmaige ne deust au roy ar∣thus ⁊ q̄ a son Boulloir il ne feist de quoy il fut fort resiouy excepte de Brun de brālāt duquel il eust moult grād despit pourquoy iura q̄ pour tout lauoir de Frāce ⁊ de Nor∣mendie ne delaisseroit quil ne luy feist gre∣uance ⁊ que Bng ennuy ne luy face ains q̄

lon ait les bles soyez. Et allorsa par tou∣tes ses terres enuoye mandement quil ny eust Baron ne cheuallier q̄ ne se rende par deuers luy pour aller Brun de brālāt as∣sieger qui tant luy feist de honte:q̄ de caual∣lon se partist sans dagnier recōgnoistre son hōmaige cōme les aultres auoient faict. Et quant le mandemēt du roy Arth⁹ fut entendu sachez quil ny eust ny roy/ny con∣te/marquis/Baron/ne cheuallier q̄ ne se trou∣uast en sa court au iour quifust signisie des∣quelz ie Bous diray les noms:mais que la matiere si offre.

¶ Cōmēt le roy arthus fist assembler les roys ⁊ cheualliers a luy subiectz pour al∣ler cōbatre cōtre Brun de branlant lequel fust assiege dedens son chastel.

V iour dugne pēthecou∣ste que le roy arth⁹ feist denoncer a ses Bards de cōparoir a cauallon ou il Boulloit sa court tenir Et quāt il les Beit asse∣blez leur dist que quāt la feste sera celebree ⁊ faicte que il yra Brun de branlant assieger qui tāt luy auoit faict honte que a hōme ne le Boulut recongnoi∣stre. Or cōparurent a ce iour plusieurs Ba∣rons de diuerses terres : desquelz Bous Beuil dire les noms. Premierement y fut le Roy mars/et apres le Roy loth dorqua∣nie ⁊ si estoit Siromelās/ le roy Canadat de gornoise/et le roy Merangin dirlande/ le roy ydier ⁊ Caraboc/⁊ le roy gaudon de Belinne/⁊ y fut le Roy Manadoc/et loth aussy de leōnois/tous preudhōmes ⁊ Bail lans cheualliers/et affin que ie ne soublie y comparut aussy le roy de cauallon/q̄ saige ⁊ moult courtois estoit. Et apres les dess⁹ nōmez y fut gauuai yuain:⁊ sō pere le roy Vrian:le roy q̄nables le Cōnestable desier ⁊ guerochec aux armes bises q̄ telle deuise

portoit z y fut son frere agrauain lorgueil‑
leux aux dures mais q̃ estoit filz de Loth
roy dorquanie. Puis Tristan qui iamais
ne rist/et y fut Tors le filz ares Saigre‑
mors le desree l'amy de sore la pucelle. Le
seignr de la blāche lande. Et plusieurs aul
tres desquelz ie nay les noms retenus. Le
roy Joyaul ceste belle assemblee fut si io‑
yeux que plus ne le scauroit estre. Et se il
vo9 plaisoit escouter boulletiers ie vo9 di‑
ray les noms des dames z des damoisel‑
les qui ce iour auecques la royne furēt. Et
premierement y estoit la pucelle de mont
esclaire zblāche flour de beau repaire z les
trois pucelles des cleres fontainees/psen‑
ne de Charahes/la damoiselle guinier qui
eust la mamelle dor qui estoit seur au Roy
cador z fille au roy de cornouaille qui puis
fut femme a Caraboc/z tāt y en eust daul
tres que ie ne quiers dire les noms: mais
men passe a cause de briefuete: z veuil reue
nir a ma matiere principalle. Ainsy le roy
Joyant tous les barons en sa court assem‑
blez: a eulx se plaingnit de ce que Brun de
braulant luy a faict de quoy furēt les roys
z tous ses barons fort desplaisans z mar
ris et luy dirent que nen demoura nul que
tous ne voysent Brun assaillir sil ne vou
loit a mercy venir.

Ainsy dirent z promi
rent au roy Arthus
tous les barōs haul
temēt que ilz luy ai
derōt a brun de brau
lant assieger q̃ estoi
ent en grant nombre
tant roys ducz contes q̃ cheualliers. Et le
lendemain apres q̃ le roy z toute sō noblesse
se furent leuez dist z iura que il yroit a tout
son ost celluy assieger qui tant le desprisa
z a cōtempne quil ne veult son hōmaige re
cognoistre ne de luy tenir z que sil peult le
chastira de son orgueil z oultrecuidance.
Le mati apres que le bagaige fut party le

Roy cōmāda a chaschun se diligēter z que
grand desir auoit mectre a fin son entrepri
se. Lors veissiez honnorable multitude de
gens armes deliberez obeir aux bons plai
sirs du roy iusques a y laisser leurs vies.
Quāt lost fut du tout assemble tāt exploi
cterent quilz arriuerent enuiron le vespre
deuant la Cite de braulant qui fort estoit
antique: mais moult belle z forte dedens
laq̃lle y auoit grāde multitude de cheual‑
liers mais archers z plusieurs autres tāt
sergens q̃ soudoiers/deuāt les murs dicel
le cite y auoit de moult profondz fosses qui
auoient de largeur plus de vingt toises: z
estoit ceste cite si bien fermee que nul ny po
uoit entrer ne yssir que par les portes: z fut
aussi biē munie z garnie de ce q̃ leur estoit
mestier. Oncques on nen veit cite en si bel
le assiete: car elle estoit toute enuirōnee de
beau vignobles/de prez/de terres laboura
bles z de bois z de riuieres a suffisance/en
cores y auoit au pied dune tour vng beau
bras de mer par lequel ceulx de la cite re
couuroient plusieurs munitiōs z viures.
Moult paroit la Cite fort riche dont les
murs furēt si treshaulx q̃ le traict dung ar
cher neust attaict iusq̃s a la sōmite z neust
on sceu faire machine ou engin qui atou
chast au plus bas creneaulx. Le roy assit
son ost deuant braulant accōpaignie de sa
noblesse ou on peult veoir mains paullōs
de soye: mains beaulx trefz et maintes bel
les tentes: les cinq cens cheualliers nou
ueaulx que gauuain auoit faict au chaste
au de la merueille estoient en ceste compa‑
gnie: z allors q̃ chaschū fut loge ou il peust
tant de banieres z enseignes y furent des‑
playees: z de tant de sortes que cestoit vne
chose innumerable: et croy pour certain q̃
oncques hōme nen veit autant en vne pla
ce. Merueilles aussi estoit a regarder les
plains/les vallees/et les montaignes/de
loges z de trefz remplies ce que ne deuoit
gueres plaire a Brun: car il peult bien pē

fer que la ne sõt pour son profit lequel auoit mis dedens sa cite tous ses hõmes et ses amys pour luy aider ⁊ furent en nõbre plꝰ de sept cens cheualliers ⁊ de archers et de souldoiers a grãde quantite bien vaillans moult fiers ⁊ hardis/qui la Cite fort bien tenoient cõtre le roy ⁊ tout son ost/⁊ disent que bien se deffendront cõtre: deux ans ou trois. Et si tost q̃ le roy eust faict sõ cãp dresser se armerẽt toꝰ les cheualliers. Et ceulx qui damours furent mespris ⁊ qui desiroient paruenir a hõneur par leurs armes: partirent vne grãde troupe: sans laduis ne le sceu du roy pour se embler ⁊ faire vne course deuant la cite ⁊ ne finerent desperonner tant qua la porte sont venus/ou le Cõbel qui vault a dire le camp ont maintenu. Et sitost q̃ ceulx de dedens la cite les eurẽt apperceus saulterent dehors pour les enuehir qui estoient en nõbre bien trois cens Cheualliers:⁊ si tost que les vngs furent pres des aultres mirent les lances aux arrestz tous entallentez de se bien entreferir ⁊ cõbatre: et ceulx de la partie du roy arthꝰ mõstrerent a ceste fois q̃ grand desir ilz ont de monstrer leur proesses/q̃ voꝰ iray ie dire en ceste rencõtre y eust tant de haubers faulcez descutz fendus ⁊ de heaulmes brisez et abbatꝰ q̃ cestoit chose admirable. Lors on eust veu tant de cheualliers ⁊ de cheuaulx tuez par terre quil conuint marcher ⁊ passer dessus les mors qui en grande quantite estoient/⁊ apres le cõbat des lances mirent les mains aux espees desquelles firẽt les royaulx moult grãde ⁊ piteuse occision sique a ce destour eurent le meilleur contre ceulx de dedẽs la cite pquoy se mirent les gens de brun a fuyr ⁊ les aultres apres tellemẽt q̃ plusieurs en occirẽt auãt q̃ fust aux plus foibles la cite pour refuge ⁊ pour garant ⁊ y furent prins prisonniers cinquãte cheualliers et quarante destriers amenez que gaigne rent ceulx de lost au roy arthꝰ.

Aptes ce destour fini et que les portes de la cite furẽt fermees se retirent les nouueaulx cheualliers et aultres gens de lost du roy/et sitost que le roy les eust apperceus vint alencõtre deulx qui a grand ioye les receut ⁊ puis manda aux medecins myres et cirurgiens de sa court q̃ les naurez fussent bien pẽsez ⁊ tost garis ⁊ que de ce curieusement sentremettent et voullentiers et liberallement a son cõmandemẽt obeirẽt dont les cheualliers en eurent bon mestier ⁊ grande necessite. Et aps cõmanda le roy aller les mors q̃rir lesquelz tãt dune partie q̃ de laultre il fist hõnorablemẽt inhumer et en terre selon le lieu ⁊ le temps de lors. Et adonc chaschun son amy regretoit le doidt en la biere mis. Et pour celle nuict ny eust aultre chose faicte. Et quãt se vit le matin q̃ chaschun fut leue ⁊ appareille le roy cõmanda q̃ les mãgonneaulx qui vault adire les pionniers fussent prest de ce quilz ont affaire: car il veult brun de branlant assaillir: ⁊ si tost q̃ son mandement fut entendu allerent les pionniers adresser les machisnes ⁊ engis et aultres choses necessaires a inuader murs tours chasteaulx ⁊ citez: qui biẽ pẽserent en brief temps la cite ruiner se ceulx de dedẽs ne deliberẽt rendre la cite au bon plaisir du roy Arthus mais ceulx de la cite escouraigez de les receuoir ne les doubtent ne craignent/mais bien se deffendent a coups de traictz d̃ pierres ⁊ de picz agus sique ne les peurent endõmaigier les ennemys tout le long du iour pour chose q̃ cõtre eulx sachent faire. Lors le roy voiant que ceulx qui sont aux engins ⁊ aux machines nont sceu greuer ne mal faire a la cite considere aussy q̃ le iour fort estoit decline/ ⁊ q̃ la nuict approchoit fist chaschun retirer a sõ repaire ⁊ nestoit possible aussy pẽ

¶ Perceual le gallois.　　fueillet.lxxii.

sant la nuict gueres de chose faire qui portast prouffit pource q̃ tãt fut obscure et brune. Adonc le roy tout triste et courrouce de ce que ses gens nont profite allencontre de la cite manda ses barons pour se conseiller cõment il pourroit la cite prendre et quant ilz furent tous venus leur print le Roy a dire. Seigneurs fist il ie vous ay icy mandez pour de par vous auoir conseil comme voyez q̃ mestier en ay pre q̃ il me semble que la cite que nous auons assiegee est imprenable ou difficille a prendre/considere q̃ le est bien fortifiee et de haulx murs bastie tellemẽt que nuisance ne nous a este possible faire cõme bien auez veu a ceulx de dedens: et mest bien aduis q̃lz ne sont en vouloir de la cite rendre: ains se garnissent et deffendent a leur pouoir moult durement. Ainsy parloit le roy a ses barons qui leur conseil demande sur son affaire et sur ce quil propose. Alors parla premierement le Roy ditlande en ceste maniere. Sire dist il come present vo9 auez allegue la cite est fort bien munie et garnie de toutes choses deffensables: et est si forte et biẽ peuplee de gens q̃ se tous les cheualliers qui sont entre cy et rõme estoient deuant ne la prendroient par force: ains ilz seroiẽt plus de sept ans auãt qui pouoir profiter parquoy il est conuenable auoir conseil pour regarder par quel moyen on les pourra affamer et aultre remede ie ny vois/ et me semble quil seroit bõ faire ainsy q̃ ie vous diray. Et premierement du coste deuers la mer seroit conuenable garder le port a grosse puissance de gens ou la cite vous ne prẽdrez possible de vostre viuant, car trop est forte pardeca et la mer les clost pardela par ou leur vient pain et viãde/ et si lest que le port soit tellement garde que viures par ce lieu ne leur viengnent vous les verrez tantost matez si que a vo9 leur conuiendra rendre.

¶ Par le roy la deliberation du roy ditlan de ouye dist que a son conseil se tiendroit et iura iamais ne partir de la place ou il est q̃ premier la cite ne soit prise ou a luy rẽdue/ et des ceste heure departit son ost en trois parties en guise de trois chasteaulx fermez dont la premiere partie fut assise deuers la mer de laquelle eust gauuain la cõduicte et eust ceste ptie en nom le chasteau de langarde/ et lautre eust en nom pameriss/ qui estoit deuers la riuiere que garda Girflet le filz Do/ et le tiers q̃ fut de lautre coste garda Tors le filz Ares. Et ainsy furent ses trois parties en forme de chasteaulx ou de bastillons bien ordonnes et mises es mains de seurs et de bons cheualliers. Et ceulx qui resterent au camp et a lost du roy souuentefois ceulx de la cite assaillent de tout leur pouoir et les aultres se deffendent vaillanment tellement q̃l fut ĩpossible a ceulx de lost leur faire gueres de nuisance ne de moleste.

R nous dict le conte que depuis q̃ le Roy eust ainsy assiege la cite q̃ par lespace de sept ans fut son ost deuant ains q̃ la pouoir prendre pquoy est a considerer q̃ plusieurs assaulx il furent durant le tẽps dõnez maintes enuahies et maintes allarmes ou on veit faire plusieurs prouesses et maictz haultz faictz de cheuallerie. Et auoit le roy arthus ceste chose que durant les sept annees q̃ son ost fut deuãt la cite de brãlãt q̃ si tost que le caresme aprochoit/ faisoit son armee retirer/ et ses gens reposer autant q̃ le caresme duroit/ excepte ceulx des trois beses ou chasteaulx dessus nõmez lesquelz ne bougerent pour nul temps et huit iours apres que les pasques estoient passees se retiroit auec son ost deuant la cite de brantant ou il tenoit le siege tout leste tellement que en la parfin fut le pays si nettement destruict quon ny trouuoit ne ble ne fruict de quoy furent ceulx de la cite merueilleusement estonnez considerant que plus longuement ne scauroient la cite contre le Roy tenir: mais leans auoit deux pucelles fort saiges belles et plaisantes dont lune eust en nom Lore de Branlant. Et laultre ysenne de Carahais toutes deux fort courtoises & bien aduisees. Et quant les viures a la cite falloient ou quilz en estoient en necessite ou en destroict, les deux pucelles q̃ en la tour faisoient leur seiour le plus souuent montoient aux fenestres des murs dicelle tour dessoubz laquelle estoit ung pre/auquel venoient aulchunesfoys Gauuain & vuain demander aux pucelles se de rien elles nauoient mestier de quoy ilz les puissent secourir. Et elles disoient leurs estroictes necessitez en remonstrāt q̃ viures leur estoient difficilles a trouuer & q̃ elles aprochoient venir en miserable extremite de fain: & pour ce allerent les deux bons cheualliers declarer au roy Arthus la misere & la poureté des deux pucelles: si que le roy qui de clemence estoit rempli leur enuoioit pain vin & viādes a suffisāce pour soustenir leur griefues & miserables destresses/ & enuoioit le roy en si grande habondance q̃ ceulx de la cite resisterent trois ans dauantaige contre lost du roy q̃lz neussent faict & ne leur eust este possible d' tāt la cite tenir se elles ne fussent: tellement q̃ le roy a puis deffēdu q̃ desormais il ny eust cheuallier ny autre si hardy en tout son ost pour priere ne pour requeste quon luy sceust faire q̃ viāde leur enuoiast: sur peine de pdre le chief: & par ainsi nul quel qui fust ne leur en osa plus donner ne enuoier. Lors dist le roy dresser les engins et les machinnes au long des murs de la cite & comanda bien expressement q̃ si bien on gardast les portes q̃ nul ny sceust entrer ne yssir q̃ y force ne q̃ viures on souffrist leans entrer. Long temps endurerent ceulx de la cite grāde misere & necessite par faulte de viures tellement quilz furent deux

iours sans menger de viāde quelle quelle soit. Et adōc monta messire vuain sur ung cheual & vint deuant icelle tour ou il trouua les deux pucelles merueilleusement lamentant & se plaignāt aux quelles demāda la cause de leur doleance & lamentation Et la pucelle lore nommee leur a respōdu q̃ la cause de leurs pleurs & gemissemens estoit pour la fain quelles enduroient. Et quant vuain entendit la responce de la pucelle telle douleur en eust au cueur quil ne sceust respondre ung seul mot: ains broche le cheual des esperons, & sen va le plustost quil peult en lost ou il scauoit q̃ le roy estoit & si tost quil fut deuant son pauillon vent descendit a pied & puis quant dedēs est entre se agenouilla deuant luy en luy criant mercy. Lors le leua le roy par la main puis luy a dist/vuain faict il ie vous prie dictes moy que vous auez a vous desconforter. Car sil y a homme a ma court quil vous ait de riē offense iamais ie ne seray ioyeulx tant quil vo9 lait amende a voustre vouloir & plaisir. Et se don me voullez requerre soit en terre ou aultre auoir quoy que ce soit ie vous promectz que ia nen serez escōduict. Treshumblement vous remercie faict vuain et sachez q̃ aultre chose ne vous requiers fors quil vous plaise enuoyer a menger aux deux pucelles qui de fain perissent dedens la cite de branlant lesquelles ne mengerent il y a pl9 de quatre iours Et allors le Roy luy respond que voullentiers il le feroit/ & letout en faueur de luy/ & que se ung aultre len prioit que a sa requeste nentendroit.

Donc que le roy eust la requeste a vuain accordee appella Keux son seneschal auq̃l il dist. Seneschal dist il, allez et si faictes chercher des viures la charge dung sommier/ force pain/ et vin en boucaulx et de de toutes viandes belles: et tost apres les enuoies aulx deux pucelles pour lesquelles me a maintenāt messire vuain requis. Alors ne se monstre Keux le seneschal villain: mais plus benīg et courtois que iamais nauoit faict: qui estoit totallemēt cōtre sa nature et coustume car si tost q̄ le roy luy eust faict son cōmandement dist chercher ca et la par tout lost du roy le meilleur et le pl̄ fort sommier que lon sceust trouuer pour fais soustenir et porter: et quant le cheual luy fut amene le fist cherger de pain a grans sacz et vin en boucaulx chair fresche q̄ sallee venaison et tant dautres viures q̄ veritablemēt pl̄ y en auoit que trois cheuaulx ne eussent sceu porter vne lieue loīg sique quant le cheual fut charge a bien petit pouoit il leuer les piedz et mesbahis que on ne luy rompit leschine en le chargeant. Ainsy fut mene le cheual charge allant le petit pas esperant le mectre et faire entrer dedēs la ville: mais sitost quil arriua pres des portes a cause du trop pesant fais quil portoit se laissa tomber tout mort en terre: et luy creua le ventre deuant ceulx q̄ le menoient: lesquelz quāt ainsy le veirent tomber sen retournerēt le plustost quilleur a este possible: pource ne furent les viures perdus: car quāt ceulx de la cite: ce virent sōt tost acourus ou le cheual estoit cheust lesquelz en demenant grand ioye porterēt les viures dedens la cite desquelz se supportèrent assez bien pendant qui durerent. ainsy receurent le present quon leur enuoya Lionnel Brun de bransant qui vaillant et preux cheuallier estoit hardy couraigeulx et fier pour quelq̄ chose q̄ en la ville aduīt ne print trop grand esbahissement. Mais cōsiderant que ceulx de lost ne attendoint de iour en iour aultre chose fors q̄ luy et la cite rēdist au bō plaisir du roy arth⁹. Et aussi quil pēsoit, q̄ de riēs il ne doubtoient: mais se reposoient sans craincte et sans doubte de dens leurs tentes: saduisa vng iour faire

vne partie de sa gent par vng bien matin armer et ce faict fist la maistresse porte ouurir pour ceulx quil amenoit vssir q̄ estoiēt en nōbre trois cens vaillans cōpaignons et bien en ordre qui sen allerent auecques luy iusques aulx tentes et aux pauillons de leurs ennemys lesquelz furent tous a ceste heure endormis comme gens qui de rien nauoient craincte aussi tost quilz sont arriuez ne pretendirēt a aulchun occire ne mal faire: car ainsy lauoit aduise le cheuallier Brun: mais trop mieulx aymẽt entēdre a chercher a menger: et quant ilz eurent des viures aduisez ou ilz les peurent trouuer gueres ne seiournerēt a en charger plusieurs sommiers auāt q̄ ceulx de lost sussēt esueillez ou armes sique tant et si bien exploicta Brun et ses gens quilz feirent les viures quilz auoient chargez en la cite entrés: et brun estoit sur le derriere affin de obuier a ceulx qui suyuir les pourroient.

Alors que brun eust les viures quil emporte du cāp du Roy leuez ne fault doubter se grand cry et grand bruyt fut en tout lost chaschun le plus diligēment qʼl peust pēsoit a se armer et les autres sans armures coururent aps sur leurs destriers cōme gens maladuisees et esperdus. Quāt gauuain ceste nouuelle eust entendue: sans arrester mōta sur son destrier q̄ tant estoit couraigeulx et anime qʼl ne luy souuint prendre de toutes ses armures fors seullement son escu et sa lāce au poīg leql sen va esperonnāt et brochāt vers le cry qʼl auoit ouy pour la demander q̄ cestoit. Et ainsy q̄ hors des tentes sortit aduisa ceulx qui auecques leur gaing sen alterent sans auoir incōuenient: q̄ gauuain en lheure suruint dont il ne dist pas trop grā sens: car y luy cuida perdre la vie cōme vous orre⁹ cy apres. Lors q̄ brun apperceut

n.i.

Gauuain venir le plustost quil peult & le plus droit fist la teste de son cheual deuers luy tourner & puis aussi vistemēt qūg carreau darbalastre descend hardimēt & virilemēt a luy accourut passant parmy la presse des cheuaulx/mais quā ce vint au rencōtrer gauuain premieremēt Brun actaignit dessus lescu leql perca & la cuirasse iusques a la chair toutesfois neust il au corps aulchun grief/fors bien petit. Et adonc Brun qui cueur auoit de cheuallier: refiert gauuain sans point faillir sur la penne de lescu par hault de telle force & par telle vertu tellemēt q luy pca lespaulle doultre en oultre tellemēt q la lāce appesoit plº dugne toise de long hors du corps/& ce faict le laissa Brun en la place par terre renuerse lequel sen retourna vers la cite & voiant que ses gens furent tous entrez fist les portes apres luy fermer. Et alors les pmiers cheualliers q virent de lost tous assemblemēt se retirēt ou gauuain estoit pſat en la terre estendu & pasme de la grād destresse/ dequoy en menerent vng meruuilleux dueil/& quant ilz eurent aduise sa naurure ne luy oserent tirer la lance hors/mais la couperent ou sierent par les deux boutz et puis lemporterent a son pauillon a hauly crys & grands plaintis. Et quāt le roy en tendit ses nouuelles ne fault doubter quel dueil & quelle tristesse il en eust q telz furent qui luy cōuint cheoir en terre comme pasme sique il neust sceu vne parolle profeter. Puis quā a soy fut reuenu a faict mander tous ses medecins mires & cirurgiens qui fist a son nepueu venir pour scauoir se la playe est remediable. Adonc q les medecins auecques le roy entrerent au pauillō de gauuain auāt q voulloir a luy toucher le feirent cōfesser/& ce faict luy tirerent le troncon de la lance hors du corps puis luy osterent tout le sang de la playe & lestuuerent de vin blanc. Quāt bien leurent nectoyee par tout la cherchere̅t tenterēt & son

Perceual le Gallois.

derent: & apres dirent au roy que la playe estoit curable: & q en elle il ny auoit peril de mort: et que Dieu aidāt ilz auoiēt empese de le rendre en briefue espace gary & sain: dequoy le roy fust fort ioyeulx quāt leur raport a entendu. Alors les medecins & cirurgiens du Roy qui saiges estoiēt prindrēt a Gauuain diligentemēt penser a leur pouoir tellemēt quen petit de temps son mal venoit a garison. Mais ne fut du tout sane ou gary quil ne fust trois moys & demy passez pendant lequel temps fist le roy approcher ses machines & ses enguins de la cite affin que il peult la ruyner et destruire par lesquelz sans cesser faisoit getter grosses pierres dures a grand foyson.

¶ Cōment gauuain se partist de soy & du roy artus sans auoir pris conge ne du Roy ne daultre & comment le roy en personne le suyuist et lattaignit & fist promectre audit Gauuain brief retourner ce q ledit Gauuain nentendoit faire.

Ar vng matin q Gauuain se gisoit en son pauillon luy pit voulloir de faire leuer ses pōs de deuāt. Et ainsi qlestoit a garder les passis pour se desennuyer & pour pēdre recreatiō veit venir vng sien vallet q amenoit vng sien cheual de abreuer leql il appella & le fist descēdre & apres qlfut vi uant luy venu & la reuerence faicte: luy comanda Gauuain le aller celler le plus legierement qlpourra. Ce que le vallet feist cōe son seigneur la deuise: & a ceste heure cōmāda gauuain a vng sien chābrelā luy pparer ses habillemēs & tout ce qlcōuient pour armer: q fist deuāt luy apporter & le vestit legieremēt. Et si tost cōe il fust armé vint au cheual q le vallet luy auoit amene sur leql il monta & puis print sa lance & escu lequel a son col pendit: & puis ce faict tout en lheure de lost se partit le plus secretement quil peult et le plus coiement

Mais il fut par Keulx le seneschal apperceu lequel legierement en vint au roy les nouuelles dire/en luy asseurant qͥl auoit son nepueu perdu ⁊ q̃ a son aduis il estoit si bien gary qͥl ne sentoit plus de douleur a sa playe/⁊ il auoit veu passer tout a trauers de lost cheuaulchant le grand trot ou guiot tout arme la lance au poing ⁊ lescu au col. Puis dist ecores le seneschal qͥl croit pour verite q̃ gauuain sen va pour aduenture chercher: mais il est en craincte que se iladuient qͥl se cõbate contre aulchun ou qͥl souffre quelque pesãt fais q̃ sa playe renouuelle ⁊ empire en telle sorte q̃ le Roy ne le verra iamais: car ia si tost ne scaura sa playe eschauffez quelle ne cresue ou euure/⁊ p̃ ainsy en pourra la mort encourir/par ce q̃ la chair est encores trop ieusne ⁊ tendre. Quant le roy eust toutes les raisons de Keulx entendues ne volut aulchunnemẽt targer/mais de ceste heure cõmenca a brocher des esperons pour aller apres gauuaĩ son nepueu/si que en petit despasse eust passe tous les tretz les pauillons ⁊ les loges de son ost/et tant et si bien diligenta q̃ dedens vne plaine son nepueu gauuain rataignit. Et si tost qͥl fut pres de luy si luy a dist. Beau nepueu dist il arrestez voʲ: car scauoir veuil ou voʲ voulez aller: ainsi arme comme voʲ estes. Sire dist il ne croyez pas q̃ ie soyes arme pour cõbatre ne pour q̃rir quelque aduenture/ains men vois desduire ⁊ esbatre icy pres pour veoir les vers prez/les riuieres et les petiz bois feuillus ⁊ verdoians/parce que iay le corps tout engourdy et moullu destre couche ⁊ ie desire essaier se ie scauray armes porter sil en sourdoit aulchun besoing ne doubtez q̃ pas ne iray loing/car ia ie ne pense menger auant q̃ soye retourne. De ce suis moult fort ioyeulx luy dist le roy: car bien me plaist q̃ en vous esbatant vous preniez voz desduis/mais ie voʲ prie de ne faire icy long seiour. Sire dist Gauuain ne doubtez pas q̃ tost

men iray apres vous. Atãt sen retourne le roy tout le pas en son ost ⁊ laissa Messire gauuain q̃ sen va le lõg dugne belle prarie.
¶ Tant erra gauuain ceste matinee: qͥl trouua vne riuiere qui large estoit et profonde/mais estoit si belle q̃ merueille q̃ fort luy pluſt parce que tant clere la veioit/⁊ quãt il fut oultre passe tant cheuaulcha quil entra en vne lande bien florie que iour de son viuant nen auoit veu vne si belle si grãde ne si tresplaisante, car on y eust peu trouuer de toutes les herbes q̃ lon scauroit nõmer: parmy la lãde tant alla q̃ vers vng petit bois sadressa qui moult estoit beau ⁊ plaisant bien feuillu et biẽ fort rame/⁊ fort fleuri a laduenant/⁊ encores q̃ mieulx consonoit fut q̃ le temps estoit cler ⁊ nect/⁊ q̃ le bois fut si rempli de oyseaulx ⁊ de petis oyseillons chãtans q̃ a les ouyr armoniser et moduliser leurs doulx chans ny eust eu si triste q̃ ne si trouuast resiouy/et parce le passa gauuain fort delectablemẽt/⁊ quant il fut le bois oultre passe commenca faire estrader et pennader son cheual pour se essayer se bien il se trouueroit en destour si p̃ aduenture cõuenoit quil si meslast/⁊ quãt bien il se fust essaie et esperonne dist a soy mesmes q̃ plus sa playe il ne craignoit ⁊ q̃ il se sentoit assez bien gary ⁊ renforce pour se trouuer en quelq̃ tournoiment ou bataille se le cas aduenoit quil sy deubst rẽcõtrer et ainsy plus ne sesbahit de sa playe si luy cõuient armes porter. En ceste sorte ploit gauuain a soy mesmes qui grandement se resiouist: mais sa playe est encores tendre ce que bien nentent ne le pense. Apres ceste plaine passee rentra en vng petit bois/et cõsequãmẽt en vng aultre ⁊ puis au quart q̃ tous passa sans rencõtrer aulchunne chose. Toutesuois a il bien empense iamais en lost ne retourner q̃ premier il naist quelque aduenture trouuee: ainsy pensif de ce qͥl desiroit trouuer cheuaulcha tout le petit trot iusques a ce quil veit vng pauillõ tendu

du dedēs vne grande lande aupres dugne fontainne lequel estoit fort riche et beau parce que toutes les pentes furent de fine soye taincte de diuerses coulleurs & richement brode a fleurs a rinceaulx & a petis oyseaulx rehaulsez de fin or: & dargent: et au dess° de la pōme du pauillō y auoit vng aigle dor honnorablement reluisant. Merueilleusement de belle guise trouua Gauuaiŋ ce pauillō faict/& y estoit force ramee bien verte alentour & au patdedēs force de herbes & de belles fleurs. Quāt gauuain leust bien par tout regarde. Aupres dung chesne sen alla ou il atacha son cheual:& ya sa lance apupyee & apres son escu a vne brāche pendit:& ce faict sans targer dedens le pauillon entra le heaulme lace en la teste et ses armures dess° le corps/& quāt il fut dedens entre aduisa vng fort beau lict tout couuert d̄ samī brode sur leq̄l gisoit vne gratieuse pucelle q̄ si formellemēt belle estoit q̄ pour ce tēps neust este trouue la pareille/ car si bien lauoit nature faicte q̄ sur elle ny fut veu chose q̄ peust desplaire. Quāt en entrant leust gauuain regardee moult se esmerueilla de sa beaulte & plus q̄ de toutes les pucelles q̄ de son viuāt auoit veues/& puis en se approchant delle luy dist courtoisemēt/dame dist il celluy qui tout le firmamēt regist & gouuerne vo° garde de mal & dennuy:et la pucelle ne luy respondit aulchun mot/et quāt gauuain eust vng petit pense considera q̄ rien nauoit la pucelle respondu parce quil auoit appellee dame: pquoy hūblement la ressallua en disant. Pucelle fist il dieu vo° gard qui tāt vo° a faict gente et belle. Sire dist elle celluy qui fist soir & matin doint honneur au cheuallier Gauuain: puis a vo° qui estes icy. Honnorable & saige pucelle dist gauuain ie vous supplie de me dire pourquoy voustre salut tendez au cheualier gauuain plustost q̄ ne faictes a moy. Sire dist elle en bonne foy tout ainsy respons ie a mon pere comme ie vous ay faict et pareillement a mon frere qui tous deux sont pieux cheualliers. Pucelle tresparfaicte dist Gauuain voullentiers la raison en scauroye pourquoy lauez acoustume. Beau sire ie le vo° diray: sans en mētir aulchunnemēt. Bien ya trois ans ou mieulx passez cōme ie pense a mon aduis q̄ de Gauuain ay ouy parler & tant de bien de luy ouy dire que par le raport quoy en faict plus ya en luy de prouesse de courtoisie & de largesse quil ny a a cheuallier viuāt/ pource luy rens ie le salut: ainsi que a mon pere ne a aultruy. Frāche pucelle dist gauuain saichez que a nully ne fust oncq̄s mon nom celle quāt ma este demāde. Donc vo° prie dist la pucelle q̄ present le me veuillez dire: car iay desir de le scauoir. Ie vous dits faict il q̄ ie suis gauuain. Gauuain dist elle ie ne croy pas ql soit ainsy. Si suis certes luy dist gauuain: sire doncques desarmez vo° la face puis ie verray sans couuerture vostre vis et vostre figure. Et allors osta gauuain le heaulme et puis quāt la pucelle leust bien regarde luy dist. Sire dist elle. Attendez moy vng bien petit tāt q̄ de ma chambre ie soye retournee & puis ie vous scaurea dire se vo° estes gauuain ou non. Et quant en sa chābre fust entree appella vne damoiselle sarrasinne qui au parauāt auoit este fille de chābre a la Royne Chambres: la quelle auoit pourtraict subtillemēt en brodeure la semblāce & la figure de Gauuain en vng tabeau en telle sorte cōme il sarmoit ou desarmoit laquelle figure estoit si bien faicte & si pprement q̄ homme neust sceu faillir a le recongnoistre qui ceste pourtaicture eust veue: tāt biē et parfaictemēt luy resembloit. Et quant la pucelle eust limaige a sō plaisir veue vers gauuain est retournee lequel se estoit desarme et vestu dung fort beau manteau. Et apres que biē leust regarde et contemple sa contenance luy dist que veritablemēt il estoit Gauuain. Lors le courut em brasser & luy baisoit les yeulx & la face par grand amour & puis luy dist. Sire la pucelle côme voyez du tout se mect a vostre bandon & de son corps vous faict present tout par amours & en honneur si vous plaist a le recepuoir. Et alors la saysit gauuain ds le baiser en luy octroyât son plaisir: & puis se meiret a deuiser du ieu damours sans villennie & aps sentreiouerent en ensuiuât le doulx parler que le nom de pucelle perdist et fut amye & damoiselle: mais aincois que gauuain delle se departist luy nôma & assigna le terme et le iour auql il la viêdra qrir pour auecqs luy la emener. Puis prit côge & cest arme & sen retourna grâd allure.

Si tost apres q̃ Gauuain fust du pauillon party ariua le roy de lys qui pere estoit de la damoiselle et quant au pauillon fust entre dist a sa fille. Pucelle dist il le roy q̃ aux cieulx gouuerne vo⁹ doint en sancte maintenir: et alors la damoiselle baissa la teste & ne luy dist mot. Et puis le pere luy redist. Ma belle fille dieu vo⁹ gard/mon pere celluy vous benie: & vous tienne en prosperite voustre fille suis pour certain: mais pucelle ne suis ie pas. Ha fille qui adonc ce faict. Messire Gauuain respond elle lequel sen va & nagueres est dicy party lequel a eu mon pucellaige & pieca vous auoye dict quil auroit tel estoit mon veuil tout aussi tost que le verroye. Et si tost que le pere eust ses nouuelles entendues se meist en voye pour apres gauuain aller qui suiuit aux esclos et au trac de son cheual & tant durement esperonna que pres dung bois en vne plainne Gauuain sen allant rataignist qui sen va pensant a sa mye. Et quât le roy leust approche haultement luy escria en telles paroles: traistre dist il plus auant ne pouez aller & sachez q̃ chier vous feray côparer mô frere q̃ vo⁹ auez occis & puis telle honte ma-

uez faict que ma fisle auez despucellee: petit aggrea ceste parolle a Gauuain que le roy de lys luy a dicte. Puis pensant quil responderа luy a dist en ceste maniere. Sire dist il: il mest aduis q̃ bien vous pourriez plus courtoisemêt parler: car en ma vie hôte ne deshonneur ne vous feis & sil estoit q̃ vous en eusse faict ie suis tout prest en ceste place de suffisammêt lamender a vostre dire mon honneur sauf ou ainsy q̃ voz amys & les miens le vouldront aduiser/ mais de ce que traistre me appellez ie men veuil côtre vo⁹ deffendre. Attant sans aultre propoz tenir les escutz mirent deuât le pis et apres q̃ les lances eurent a longees acoururent lung côtre lautre si fieremêt q̃ de ceste courcee le roy de lys rompit sa lance sur gauuain en le rencôtrant sur lescu/ mais si bien gauuain le requiert par telle vre & par si grand force q̃ lescu & le haubert yca si tres auant qui le naura mortellement tât vigoreusemêt la taingnit/si q̃ auecques le coup le porta iust de son cheual par terre: lequel en ce lieu le laissa pour sen retourner au chemin quil auoit entrepris.

En ceste sorte demeura le roy de lys q̃ vaillant cheuallier estoit. Et apres rentra au pauillon vng cheuallier nomme Bradelys qui frere estoit de la damoiselle qui en la salluant luy dist. Pucelle dist il dieu vo⁹ octroye hôneur & bien. Et celle rien ne luy respond. Puis y luy dist ma belle seur dieu mette ioye a vostre cueur. Celle respôd chier freres sire voustre seur suis ie vrayemêt mais bien ie vo⁹ dis pour tout vray q̃ pucelle ne suis ie pas. Que dictes vo⁹ fist il ma seur ie vous dis dist elle verite prouuee. Et ma gauuain mô pucelaige oste. Et adonc que Brandelys eust sa seur entendue fust si estonne & dolent q̃ plus ne sceut au pauillon arrester il sen alla aps gauuain le pl⁹ legiremêt qil peust/ & tant roidement cheuaulcha

que tost eust le bruellet ou petit bois passe
et puis en my la lāde entra ou son pere trou
ua abbatu auquel il a demande apres q̄ le
sang luy eust beu des flans decouurit quil
auoit en ce point naure. Beau filz faict il
iay rencōtre gauuain il ny a pas long tēps
q̄ ma en ce lieu abbatu pource baillez moy
mon cheual car ie veulx prēst mōter. Pere
dist le filz nō feray: aps le traistre me pray
pour la honte de ma seur et vostre mort vē
ger. Atant se part a la grāde course parmy
la lande hault et bas sique a lissue dugne
bruiere attaingnit messire gauuain q̄ tost
haultement luy escrie par telles parolles:
traistre faict il demoutez car ceste heure ne
prez plus auant: mais la mort mon oncle
comparrez que vo[us] occistes a grant tort et
puis auez mō pere ce iour a la mort naure:
et ma seur despucelle dont mieulx vo[us] sust
ne lauoir vostre viuant beue: car mourir
vo[us] en cōuiēdra. Il me semble frāc cheua
lier respond gauuain q̄ vo[us] deussiez pl[us] hō
nestement ou plus prudentement parler
car se ie vous ay faict nul dōmaige: ie suis
tout prest de lamender au loz de tous noz
bons amys: mais q̄ ny perde mon hōneur
mais quāt a la trahison q̄ vous me mettez
sus ie m'en veulx contre vous deffendre.
Tantost sans aultre plēst ont les heaul=
mes et les escutz asseurez et les laces aloi=
gnees/et de leurs trenchans esperons vōt
leurs cheuaulx si fort poingnant lesquelz
sont promptz et bien legiers qui courent de
si grād roideur q̄ fremir font toute la lāde et
des pierres le feu voller chascun vint la
lance baissee dont ilz se sont si virellement
entrefer[us] quilz ont pourfendu leurs escus
et passa le fer de leurs lances si auant quil
perca oultre les haubers si sont les lances
troncōnees sique les pieces dedens leurs
armures demeurerent: mais ne se atteste
rent les cheuaulx ne les cheualliers q̄ sus
furent ne se remueret ne ploieret: ains si du
rement sentrerencōtrerent en trespassant
des corps et des escus assemble q̄ lung por
te laultre aual y la terre par dess[us] la croup=
pe du cheual: tellemēt q̄ tous deulx en tom
bant se escorcherēt les genoulx et partie du
visaige. Allors furēt bien estōnez se voyā=
gesir sur la terre tellemēt quil leur estoit ad
uis q̄ iamais nen deussent leuer: mais si
bien esuertuez se sont q̄ aulx mieulx quilz
peurent se releuerēt et se deserrerent des trō
cons des lances qui a leurs armures estoi
ent adherez. Puis mirent la main aux es
pees incontinent sans delayer. Lhystoire
nous recite q̄ Brandelys estoit fort beau p
sōnaige sique il excedoit en grandeur gau
uain de demy pied: chaschun tenant en la
main son espee sentrerencōtrēt dru et souuē
et moult durēt sentrefierēt: sur les heaul
mes relusans q̄ par tout les ont pourfen
dus et nont gueres tire de coups q̄ ny eust
ou marque ou enseigne. Tant se donnerēt
de collees lung a laultre si tressouuent q̄
deuindrēt recreuz et latz.

Si fieremēt se cōbati
rent quilz en sōt pres
q̄ hors de alaine pour
le grād trauail et la=
beur quil ont souffert
tellement q̄ la vielle
playe de Gauuain
cest rompue et ouuerte qui tout le saing luy
remplist de sang si que iusques sur la terre
rauoit dequoy il fust fort estonne et esbahy
car bien scait q̄ se la bataille plus maintient
que mourir y luy cōuiendra. Et Brandelys
voit quil a la chair entiere et sainne: mais
des coups est tant estōne quil a emprunte
et dōne qua merueille fust vain et las: au=
quel de puis a gauuain dict. Amy faict il: il
me semble que la bataille est de no[us] deulx
bien partie parquoy me semble q̄ longue=
ment nous pourrios estre sans nous mat=
ter: or est ainsy q̄ tous deux sōmes fort re
creuz pource bon seroit pour le prst de cest
estout no[us] desparir. Certes faict Bran

delys ainsy ne me puis cõtēter : car p Boste
orgueil et a grand tort : auez mon oncle et
mon pere occis et puis ma sœur despucellas
stes quant lauez ce matin trouuee : mais bi
en me accorde que soit la bataille differee
iusques a vne aultre foys par tel conuenāt
que ie vous diray qui tel est que apres que
dicy nous serons departis en quelque lieu
que vous pourray trouuer que encōtre moy
vous combatrez tout ainsy quād ōc vous
serez soit tout arme ou desarme en lestat cō
me vo⁹ serez. Et gauuain tout luy accorda
ainsy cōme il a deuise et luy promist et crean
ça : et puis luy dist. He Roy feist il que tu as
de hardiesse et de viguent en ton couraige
considere que tu nas laage suffisant pour de
stout maintenir parquoy conclus que tu se
ras dores en auant pl⁹ vertueux pour bien
te deffendre et aultruy assaillir.

Ainsy fust des deux cheual
liers la bataille Respitee
et sentrefiancerent et iu
rerent que bien le conue
nāt tiendrōt ainsy comme
il a este deuise a la semon
ce de Brādelys et a tāt se sont deptis et sur
leurs cheuaulx remonterent. Messire Gau
uain tant erra quen vng bois vint qui tost
passa et quant il fut hors a liesse dessoubz
vng chesne descendit ou sur lherbe se desar
ma et puis de couppa vng grand lambeau
de sa cotte darmes de quoy il a sa plaie ben
dee qui ouuerte et creuee estoit tellement q̃
la retancha et puis remonta tout en lheure.
Et brandelys sen est alle vers son pere quil
auoit laisse naure lequel deuant luy descen
dit mais ia le trouua mort et froit de quoy
ne mena petit deuil et voiāt qui ny a reme
de le chergea dessus le col de son cheual pu
is deuant luy la emporte tant quil vint a
vne abbaie q̃ estoit en vne prayrie assez
pres dung̃ belle et grant forest ou il le
feist enterrer et honorablement ses fune
railles faire ainsy comme bien appartenoit.

Icy me t̃ire a parler de brandelys et de sa
seur tant belle et gente qui demeure en sain
cte denfant du faict de gauuain q̃ tant droit
son chemin a prins deuers le siege de bran
lant qui fort estoit malade et saing le quel
quāt en son tref fut venu se coucha assez ri
stemēt Lors que la nouuelle par lost a este
entendue de la venue de gauuain et com
ment il estoit malsain le Roy feist briefue
ment venir ses medecins et les cirurgiens
pour sa plaie reuisiter q̃ sont esbahis se trou
uerent quāt la chair ont veu destrompue et
de puis peu de temps creuee de quoy le roy
eust grand fraieur mais si bien fust adoube
et panse quen la parfin se trouua sain mais
ne fust auant demy an durant lequel tēps
le feist le roy a Paucast seiourner ou il eust
ce quil demanda et qua luy faisoit mestier
tant quil fust de tout bien guari.

Rest il assez de chascun
sceu quel fust le Roy ar
thus et commēt il seiour
na p lespace de sept ans
tenant le siege deuant la
cite de branlant ou il ad
uint maincte aduenture que ie ne pretens
racōpter par ce que trop y mectroie / mais
bien ie vous dis que la cite fust affamee et
Brun de branlant se rendit au Roy arthus
a sa mercy Et ainsy fust le siege departi ou
le Roy feist de riches dons a Roys a barōs
et a contes et a toute sa noblesse generalle
ment qui a lost assiste auoit et ce faict chas
cun en son pais se retira ou en la terre dont
il estoit natif Tant les cheualliers de la ta
ble Ronde que les aultres qui tous sen alle
rēt a repos et a leur seiour lesquelz par si lō
gue espace auoiēt le siege tenu sās en leuer
Quant le Roy eust son ost departy a Quili
ny sen est alle a vne siēne Cite moult gran
de ou auecques luy mena Brun de branlāt
lequel le remist en sa liberte et franchise et
luy donna Quiliny qui du Roy le tint a hō
maige par ainsy demeura son homme leq̃l

n.iiii.

de sa maison le retint ou tant de seruice et de guerdõ luy rẽdit q̃ en est encores memoire. et la pucelle loze sa seur fust amye a Keuy le Seneschal du Roy lesquelz auecques luy a Quilinp seiournerent en demenant ioyeuse vie.

¶ Comment le Roy carados de Vaigue arriua en la court du roy art[us] pour luy demander femme & comment le Roy art[us] luy accorda sa niepce ysene & lespousa. Et cõment. Eliautes lẽchanteur la deceut & geust charnellement par plusieurs nuictz auec elle.

Endant que le Roy a Quilinp estoit vit vng cheuallier en court fort beau et moult bien forme qui Carados de Vaique estoit nomme Roy et seigneur. dicelle terre ieusne estoit & fort bien a destre mais de femme nauoit il point a cause de quoy vit au Roy femme luy demander considerant que bien il en a mestier. Ce de par luy femme il auoit et dist q̃ aincois seroit il vingt ans sans estre marie que premier femme ne luy donnast celluy qui pardessus les aultres Roys auoit les los et le pris. Et quãt le Roy eust sõ vouloir entendu gueres ne attendit que sa ni epcene luy dõna la belle ysene de carahais. Au iour nomme du mariage mãda le roy tous ses barons et ceulx qui bien seruir le sçauent et qui dons peuent desseruir. A ce iour vindrent dames damoiselles et pucelles a si grand nõbre q̃ ne le sçauroie racompter tant si trouuerent aussy de cheualliers desquiers de chastellains de veneurs et de sergens ensemble que toute la terre en trembloit qui tous si grand ioye demainnẽt que lon ny orroit dieu tonner. Et me seroit impossible de vo[us] nommer ceulx qui a ce mariage furẽt quilz y mengerẽt ne quil beurẽt.

¶ Ce fust par vng mardy matin que dieu par son hault vouloir eust ceste heure destinee q̃ la belle ysenne espousa qui tant estoit prudẽte et saige & si estoit de moult bel estre et de fort belle cõtenance. Quãt le Roy la veit atournee la print par la mai et femme na a lesglise ou fust le mariage faict dõt plusieurs ont este ioyeulx. & quãt la messe fust chantee le Roy auecques sa gent yssit dehors & la Royne a lespousee dedens sa chãbre amenee. Le messire Keux fist sonner vne assiete pour donner a lauer/ et quant le Roy eust de leau pris se assist & toute sa noblesse apres selon son lieu et son degre. & ne vo[us] veuil tenir ppoz des mectz q̃z furẽt seruis car ilz en eurent habundammẽt de plusieurs sortes et bien exquis. Quant bien ont menge et bien beu se logerẽt parmy les prez ou plusieurs esbatements feurent mais a ce ne me veuil arrester. Auttre chose vo[us] conuiẽt dire que tel dueil a reciter me faict que tous mes mẽbres en fremissent/ et biẽ vouldroie que iamais ne fust la chose aduenue/ car si fort ne seroient blasmees les dames que a grant tort on blasme.

Or nous dict lhystoire que en court y auoit vng cheuallier qui si grand enchãteur estoit q̃ iamais on ne veit son pareil ne qui tant de choses sceust par lart de nigromãcie faire/ et eust en nom Eliautes qui le long du iour regarda la tant gracieuse et belle espousee si que il nen pouoit sa pensee oster et de faict dist en son courraige quil mourra se delle ne iouist. Et ainsy q̃ follemẽt pensoit pposa vser de ses charmes. par telle maniere quil dist que tant par son amour se schauffera q̃ delle a son plaisir ioutra/ et de faict tãt la poursuiuit quil a a son amour esprise et eschauffee et tellemẽt par nigromãce et par son barat tentee et par ses aiutacions qua son seigneur fust desloialle quant auec elle cuida coucher. Car si biẽ ne se sceut garder qua la premiere nupct q̃l pẽ sa estre auecqs psonne couche ieust aupres dunegrande leuriere tellement lenchâteur le decoit que poict il ne sen apperceut et sa chez pour toute verite que carados cuida estre auecques psenne gisant et que bonne pucelle fust/ et lenchanteur toute la nuict ieust auec la belle espousee/ et en laultre nuict ensuiuant feist lenchanteur aupres de carados gesir une truye et il la nuict en grâd soullas entre ses bras iouist de psonne Et a la tierce nuict le feist auec une iumêt coucher et lenchanteur a son loisir feist a son plaisir de la dame et croy q̃ de celle nuictee demoura lespousee en saincte que oncques de ceste deceuance ne sest homme ne femme apperceu. Apres les nopces celebrees se retirent les barrons et la noblesse qui la estoit bñ ou furent de grandes dons departis Et carados auecques sa gent en sa terre amena sa femme ou repairerent a grâd ioye et lenchêteur sen retourna mais present ne scaurez comme il en aduit/ Une aultre fois vous le diray quantlheure viendra cy pres

Dant Carados a apperceu que sa femme psonne auoit conceu q̃ qui fust pere de lenfât moult en a este Resiouy puis quât a terme fust venue que sa portee deust mectre ius par ung beau filz a este deliuree de quoy tât ceulx de locontree en furent grandement resiouis et en firêt les feus de ioye Et nul ne scauoit au vray dire quel soullas Carados en eust qui haultement baptiser le feist et pource qͥl auoit tant chier luy a faict son non imposer: des nourrices eust a foyson/ puis quât sept ans furent passez pour mieulx valloir et entendre: maistre on luy bailla pour apprêdre qui tant a appris en trois ans q̃ sur tous les aultres eust le pris. Lenfant estoit fort debônaire et des quil fust au dixiesme an au Roy Carados son pere retourna auquel treshumblement a dist que se le

sien plaisir estoit moult voullentiers a la court du Roy art⁹ sô oncle vroit pour appredre cheuallerie auec les cheualliers qui y sont Quant carados eust sa voullête sceue luy et la Royne sa fême Richement la tournerêt. Et quât ilz leurent atourne sans arrester du Roy son pere conge prent lequel luy bailla ung saige et bien enseigne escuyer pour le conduire et gouuerner et des varletz autât que mestier luy en faisoit toutes gens honnestes vaillâs et hardis. Et quât ses sommiers furent chârgez de grandz tresors et de riches vestemens vers la royne sa mere sen alla pour conge prendre/ laquelle pour lamour q̃ en luy auoit le conduit iusques a la mer ou en luy disant a dieu y eust mains gros souspirs et larmes gettees. Et le ieusne carados ne voulut plus seiourner/ si sembarqua luy et ses gens si bien leur vit le vent a gre que en bref temps au port de hantonne arriuerent/ mais ie ne veuil oublier vo⁹ dire q̃ quât la royne veit sô filz departis q̃ tant comme elle peust a loeil le suiuit et quant la veue en eust perdue se voullut du port departir la quelle depuis tant cheuaulcha par voies et par sentes auecqs sa compagnie qui grande estoit quelle arriua a la cite de nantes qui a son seigneur et a elle appartenoit ou lôg temps seiourna/ mais le tour viendra que si longue demeure y sera que trop luy pourra ennuier côme cy apres vous orrez reciter. La Royne a nâtes auecques sa gêt arriuee moult regretta son filz Carados lequel estoit au port de anthône qui de puis si bien par mer nauiga et erra quil est en engleterre arriue a la grâd cite de cardueil ou il a la court trouue. De ie ne me veuil arrester a reciter la grâde ioye quô luy a faict quât il est en court arriue ou le roy art⁹ luy vint au deuât en luy môstrât que fort ioyeulx estoit de sa venue: car trop long temps seroit a le choucher par escript.

Ainsy dôcques estoit le roy a Carduei

vne cite de son royaulme qestoit en la marche de galles vne contree bien assise enuironnee de grandes forestz et plaisantes & fructueses riuieres. Et ny ouoit lors auecques le roy que sa priuee mesniee qui se delectoit a la Venerie & pfois a prendre ses esbatemens sur la riuiere et depuis que son petit nepueu carados fust en court arriue souuentesfois le Roy le menoit auecques luy aux champs pour le aprendre a Vener chasser a bercoier et a tirer & comēt il debuoit les bestes & les opseaulx prēdre et laisser allez ses leuriers en quel temps et en quelle maniere Et puis lendoctrina et dist quil conuenoit ql fust courtois et raisonnable et prudent aux ieu des eschez et des tables et en tous aultres deduis aussy esquelz chm gētil hōme doibt estre introduict Et puis luy dist quil appartenoit que les dames les damoiselles et les pucelles il hōnorast & q pour les pucelles fust chāpiō en to⁹ estours se de sō aide elles ont mestier et q biē gardast de les oublier. Et pareillemēt luy enseigna a hōnorer et a supporter tout poure cheuallier/ & q bien se gardast de se accointer de tout hōme losenger fellon moqueur et flateur et q aux bōs soit reuerend et secourable. Car cōme dist le prouerbe de mauluais accostemēt ne iouyra nul lōguemēt. Et puis luy dist q quant il seroit cheuallier q iamais de ses faictz ne se vantast et que au besoing soit le mieulx faisant et a lostel le mois vantant. Car cil quil sa proesse esuente sa bonte abat et desaugmēte. Aussy luy enseigna le Roy quil ait a aprēdre prouesse sens mesure et belle maniere et q p telles vertus hōneur & pris en acqrra & en sera aime de grād & de petit.

¶Cōmēt le Roy art⁹ alla chasser au bois & cōmēt en retournāt de la chasse se delibera de faire celebrer court planiere a la penthecouste pour faire carados sō nepueu cheualier auec plusieurs aultres.

Carados fust bien ententif a escouter et retenir ce q le Roy son oncle luy a dist et enseigne et si bien meist en effect toutes ses tradiciōs que ains quil eust. v iij. ans passez a pl⁹ apris q ne fist on ques ieusne escuier de son aage en la maisō du roy Art⁹. Moult layma messire Gauuain et puain les bons cheualliers et le tindrent chier tous les seigneurs et dames de la court et certes ce nestoit sans cause. Car tresbien y le meritoit. Or auoit le roy este plusieurs ans apres le siege de Brālāt ql nauoit coustōme portee ne tenue court planiere ne porte armes en la guerre ains en ses terres se deduisoit auecques sa priuee mesniee. Vng iour aduint que le roy estoit alle chasser auecques sa cheuallerie & ses veneurs prindrent force de gibier et de venaison et en repassant a leur retour parmy le Bois ou fort se degoysoiēt les petis oysillons/ entra le roy en vne moult grāde pēsee de quoy ne se doubterēt aulchūs de sa cōpagnie ne du Roy ne se donnerent garde mais ensemble galloperent tousiours deuāt gaignāt chemin vers la cite si que en peu dheure le Roy eslongnierēt assez et le petit pas les suiuoit Et ainsy que Gauuain sen apperceut qui daduēture se retourna et veit qil estoit ia fort loing tout seul pensant par le chemin le chief vers le bas encline sarresta biē legierement et sachez que moult il se esmerueilla de veoit le Roy aisy pensif. Alors se prit a faire signe a ses cōpaignōs de demeurer lesqlz quāt le Roy ont apperceu estre seul & loing deux se sont to⁹ ensemble arrestez/ et quāt le roy les eust attains Gauuain de luy sapprocha & puis luy dist. Sire dist il ie vo⁹ prie ne no⁹ reputer a villēnie de ce q no⁹ vo⁹ auōs seul laissez car point nē fusmes ad uertis. Pareillemēt ie vo⁹ supplie q ce biē me faciez me dire pourquoy vo⁹ estes tāt pēsif cōsidere q voz amys auecqs vo⁹ auez & q biē ſcauez que tous ſōmes preſtz a vous obeir et auſſy meſt il aduis que plus de ennemis nauez en ce monde q̄ bien ne les aiez abatus tous cōfōdus ou tous matez. Allors le roy en ſoubzriāt ſe approcha de Gauuain et luy meiſt la main ſur leſpaule et puis il diſt beau nepueu ſeiſt il ſachez q̄ mon penſer ne vous celleray Je penſoie q̄ jay ia paſſe maincte annee que ie nay court planiere tenue parquoy me ſuis aduiſe a ceſte penthecouſte la tenir ſi belle et ſi noble quō en pourra apres parler par tous les climatz de ce monde en grand honneur et en bōte et ne dōnay iamais a feſte dōs telz q̄ ie veulx a ceſte faire. Et ſi vous diray daduātaige q̄ ie veuil a ce iour faire mō nepueu Caradós Cheuallier. Certes faict Gauuain tres chier ſire voſtre pēſee eſt fort honneſte mais auſſy fort noble et biē liberalle. Ceſte nuict paſſerent Et quāt ceſt venu le matin le Roy deliura ſes poſtes et herauly pour partout aller ſignifier quil voulloit a ceſte penthecouſte Court planiere tenir et pource manba a chm̄ de y comparoir et que a Cardueil ſe deuoit tenir quant ca et la fuſt le mandemēt entendu ny euſt celluy qui deſiraſt y faillir mais tant de gens et de tous eſtatz y comparurēt q̄ nē ſcauroie dire le nōbre en deux iours entiers ſi ie les voulloie cōpter et auſſy fol eſt qui ſencōbre de quoy ne peult ſcauoir le nōbre.

Du moys de may fuſt faicte ceſte feſte que dieu euſt le iour appreſte ſi beau quō ne le ſcauroit dicte auquel alla le Roy la meſſe ouir et entre les ſeigneurs de ſa baronnie y fuſt Caradós regarde de moult grāde beaulte et de pfaict maintien lequel eſtoit auecques cinquātes ieuſnes eſcuyers q̄ le Roy feiſt en lhonneur de luy tous cheuallíers ce iour filz de barons de contes et aultres grans ſeigneurs tous courtois et bien enſeignez leſquel on fiſt lauer et bagnier cōme allors eſtoit la couſtume Genieure la notable Royne ſe monſtra ce iour liberalle laquelle enuoya a caradós et a ſes cōpaignōs fines chemiſe et richement ouurees et leur enuoya de telles robes q̄ les puiſſās Roys en euſſēt eſte biē reueſtus et pareillemēt leur enuoia des mante aulx fort beaulx et riches tous fourrez de martres ſubellines brodes deſtoilles dor par deſſus. Lhyſtoire nous recite q̄ quant Caradós fuſt de ſes riches veſtemens aorne et pare que ſi plaiſant appareſſoit q̄ biē eſtoit a chm̄ aduis q̄ nature nauoit en luy Rien oublie ne obmis car choſe neſtoit en ſō corps q̄l deuſt ennuyer ou deſplaire. Et quāt ſe vit a les faire cheuallíers Gauuain chauſſa a Caradós le ſperon deytre et meſſire Yuain le ſeneſtre et le Roy luy ſaingnit leſpee et puis luy donna la colée en luy diſant q̄ dieu le face preudhomme et cheualleur. Et puis ce faict. Cent des plus priſez cheuallíers de la court ont aux aultres cinquantes eſcuiers chauſſe les eſperons ſainctes leurs eſpees et puis leur donnerent les colees ainſy furent faiz cheuallíers leſquelz ſen allerent enſemble a leſgliſe pour ouir le diuin ſeruice que Celebra larcheueſque de cātorbie et feiſt lofficé de la meſſe du Saint eſprit. Et ne fault doubter q̄ lofferte fuſt grande et riche ou y offrit mainte perſone Ce iour porta le Roy couronne qui valloit vng moult grant treſor. Quāt le diuin ſeruice fut acheue et diſt le roy de ſa nobleſſe accompagnie ſen retirēt en la ſalle en grād ioye et grande lieſſe ou les ſerges et eſcuiers appareillerēt toutes les tables et les napes ſur leſquelles mirēt ſel et pai ou y fuſt le buffet ſi riche q̄ lōg choſe eſt ineſtimable. Et tandis q̄ les tables on dreſſoit ſe pourmenoit le roy auecques ſa baronnie et les nouueaulx cheuallíers auant la ſalle / et Alſors yſſit hors dugne chambre Keuy le Seneſchal lequel tout nud teſte au Roy ſen vient tenant le baſcin tout appareille en sa main luy demāder/si son bon plaisir estoit de lauer. Neuy faict le Roy ne vous hastez car vous sauez long temps y a que quant court planiere ay tenue que iamais ne voullus menger ains que nouuelles ou merueilles ne fussent deuers moy venues et escores ne veuil coustume laisser ne abolir. Ainsi quensemble y parlerent fust aduisé ung cheuallier venir parmi la porte qui cheuauchoit a moult grād haste et sen venoit chantant une chancon bien doulcemēt et auoit dessus le bonnet ung cercle ou pendoit ung chapeau de fleurs et estoit vestu de satin vert fourré de ermines et auoit une espee saicte dōt puis eust la teste couppee et en estoient les Renges ou sainture de fine soie batue en or et force pies semees pardessus le quel sen vint deuant le Roy q̄ treshumblement sallua en ceste maniere. Sire dist il ie vous salue comme le meilleur et le pl[9] hault Roy qui pour ce iour sur terre regne et sachez que vous viens ung don requerir lequel sil vous plaist me octroyerez. amy faict le Roy ie le vo[9] accorde mais que le don vo[9] maiez dist moienant q̄ soit raisonnable Roy faict il ie ne q̄rs personne decepuoir et le don que ie vous demāde est seullement collee pour colle ou aultrement pour une collee Recepuoir pour une aultre collee rendre. Comment entendez vous cella faict le Roy ie le veulx scauoir sire ie vo[9] apprēdray dist le cheuallier cest espee deuant vostre royalle maieste et deuant toute la compagniee a ung cheuallier bailleray sil men peult a ung coup la teste trencher et q̄ ce decoup ie garisse la collee luy rendray. A mō dieu se luy a dist Reuy ceste chose ne ferois ie pas pour tout lauoir quil soit au monde et pour fol le cheuallier tiendroie qui ceste chose entreprendroit. Et alors le cheuallier dist sire/faict il dung dō vous ay requis et si men auiez esconduit il seroit dist par tout le monde que ie auroie failly a vostre grand feste a ung dō de vo[9] impetrer duquel ie vous en fist la requeste et pource vous prie ne me le refuser quant ne pouez acquerir blasme. Lors lespee a du fourreau traicte en la presentant ca et la de quoy le roy soit se dehaite et si en sont tant les grands que les petis esbahis en pensāt en leur cueur quel honneur on peult auoir de ferir et luy couper la teste. Adonc ne si peult contenir carados le nouueau cheuallier quil ne se vint presenter pour satiffaire a la requeste du cheuallier et si tost q̄ eust aproche mist le manteau ius q̄ prent lespee quil tenoit. Et le cheuallier luy demanda estes vo[9] dist il pour ung des meilleurs q̄ leu/non faict carados mais pour ung des plus folz. Alors le cheuallier le col estend lequel la chouche sur ung bloc/de quoy le Roy fust fort dollent et tous les barōs de sa court et a petit de chose tint q̄ puaīs ne luy court lespee hors des mains oster/adonc carados en sō estre prise persistāt haulsa lespee quil tenoit de laquelle en donna au cheuallier telle collee q̄ le coulla iusq̄s au doigtz et sen est la teste vollee plus loing que ne la ce nest longue et le corps comme sil fust dist de si pres la teste suiuit que nul ne se donna de garde que la teste ne fust reunye bien ioincte et bien adetee. Et adōc saillist le cheuallier en place qui dist au Roy. Sire faict il maintenant me debuez mon droict rēdre et pource q̄ collee ay receuee en vostre court tant estimee Raison est quelle soit rendue et de ce vous en fais le iuge mais ie veuil bien le terme attēdre du iourdhuy iusques a ung an court planiere vous tiendrez. Et alors sans faire lōg seiour le Roy tous ses barons inuita de retourner au bout de lan au iour assigne par le cheuallier que la collee il debura rendre. Et ainsi que le cheuallier fust remonte dist a carados. Carados fist il vous mauez deuant le roy grant collee donnee mais ie vous semons que dhuy en ung an vous aurez la mienne et a tant se part et sen va. Et le roy en si grant yre de meura que nul ne le vous scauroit dire pensant comment carados pourroit esuiter sa mort de cest affaire et en print vng deuil si tres grand q̃ nul ne sen scauroit retraire. et vo9 prometz quil ny eust cheualliers ne dames qui tout ne fondent en larmes du regret et de la craincte quil ont de carados certainnement tost furẽt les ris et les ieus en pleurs et en cris conuertis. O que malheureux est qui par sa couppe ou par vne folle plaisance mect tant de monde en doulleur et en peine et en la fin le plaisir seul est en cest tourmes conuerti. O effemine ꝗ plus q̃ entaige enchanteur cõmẽt as tu ose entreprendre vng si criminel delict par le ꝗl tant se en ensuiura de perte dõmaige a ton ꝓpre sang et a celle que tant tu as aimee. Quãt le cheuallier enchãteur q̃ nul ne cõgnoissoit sen fust retourne se mist le roy et les barõs a table ou ne fust propos tenu q̃ de ceste matiere en gectant souuẽt grand souspirs mais Carados nen prent soussy disant quil en actendra la fortune.

Pur carados furẽt maintes larmes gectees a Cardueil ou les barõs se doibuẽt trouuer a laultre an le iour de la penthecouste et fust ceste nouuelle ouye p Carados Roy de Vaigne et par sa femme la Belle ysenne qui de lennuy de leur enfant en eurẽt au cueur grã tristesse laquelle ne dellaisserẽt tout le lõg de lãnee et le ieusne Carados actendant q̃ cest an fust reuollu et accomply ne voullut en la court du Roy son oncle seiourner/ mais nous dict le compte quil feist de tant cheualleureux faictz que cheuallier viuãt en terre ne a tant faict en peu despace si q̃ par tout en fust si grãde la rẽnomee q̃ chm reputoit ses euures estre plustost faictes diuinemẽt q̃ corporellement Et quant veit q̃ le terme approchoit q̃ la court se debuoit rassembler se retira droit a cardueil/ou se trouuerent tous ceulx et celles qui pour y venir furent inuitez pour lauenture regarder mais ny cõparurent a ceste fois le Roy Carados ne sa femme par ce quil ny osent venir pour la craincte et la doulleur quil ont de leur enfãt lesquelz gueres neurẽt de ioye pendãt q̃ la court si tenoit/ et ne se sceuent a aultre saint vouer fors q̃ a dieu pour le ꝗl prier firent de belles et grãdes aulmosnes affin de leur enfant preseruer et garder de la mort.

℃ Cõmẽt le cheuallier enchanteur ꝗ pere estoit de carados vit au bout de lã saignãt vaulloit coupper le chef du dict Carados son filz.

Quant a cardueil fust la court vng iour de la penthecouste assẽblee les processions faictes et les messes aux esglises chãtees Et aussy q̃ lõ voulloit dõner leaue au Roy pour aller mẽger arriua le cheuallier en la salle cõme au parauant auoit faict son espee saincte que bien sembloit estre delibere et prest de faire son exploict leꝗl dist au Roy de plai sault tost apres quil eust sallue Sire faict il si vous plaist vo9 ferez icy carados cõparoir aisse cõme il a este dict il ya maintenãt vng an et en ce disant aduisa Carados auꝗl a dist carados faict il metz icy la teste Car tu scez q̃ y mis la miẽne parquoy y dois la tiẽne mettre et par ainsy tu cõgnoistras cõme ie scay despee ferir en te rendant vne collee. Alors Carados pl9 natẽt si sen vient et sault en auant puis mest sa teste sur le bloc et dist au cheuallier tenez feist il vous me voiez faictes du pis q̃ vous pourrez. Adõc se escria le Roy au cheuallier en disãt. Cheuallier faict il ie vo9 prie que vo9 monstrez estre courtois/mettez Carados a rancon. Et a quoy dist le cheuallier. ie vo9 dõneray faict le Roy voullũtiers toute la vaisselle q̃ vo9 trouuerez en ma court qͦcques ly ait apportee/tãt soit a moy cõe aaultruy/auecq̃s tout le harnois de carados q̃ est mō nepueu legitime Et il dist q̃ point ne la prēdra mais q̃ luy ostera la teste. Encores luy dist le Roy ie vo⁹ dōneray to⁹ les tresors tant en pierrerie que aultre chose q̃ prit sont en ceste terre en engleterre et en bretaigne et par toutes mes seigneuries. Certes dist le cheuallier poit ie nē veuil mais ie luy osteray le chief et alors haulce son espee pour le ferir dequoy le Roy en eust grand deuil. Et carados luy dist par pre pourquoy ne frapez vous beau sire de deux mors me faictes mourir q̃ tant vo⁹ metez a frapper il sēble q̃ couart soiez: adonc est la Royne hors de sa chābre yssue auec les dames et les pucelles pour luy prier de pitie en auoir puys luy dist. Je vous requiers frāc cheuallier faict elle qua Carados vo⁹ ne touchez. Car vng trop grand peche seroit et doumaige sil estoit en ce point occis/ pour dieu aiez de luy merci et ie vous prometz q̃ quāt sa mort luy aurez pardonee q̃ bon guerdon recepuerez Croiez conseil ie vo⁹ en prie et se iamais voullez qlq̃ biē pour dieu me faire ie vo⁹ reqrs de faire cestuy pour moy et clamez quite mon nepueu de la collee que pretendes luy rendre. Vo⁹ voyez tāt de damoiselles et de si hōnestes pucelles q̃ de ce faire vo⁹ reqrēt. Dame respōd le cheuallier pour toutes les femes de ce monde ie ne luy vouldrois pdoner pour ce veuil q̃ y pde la vie. Se vo⁹ ne losez regarder cachez vo⁹ dedēs vostre chābre a dōc se retira la royne la teste baissee et les dames en sa chābre ou grād deuil et plaincte menerent pour carados q̃l nōt sceu deliurer.

¶ Cōmēt le roy arth⁹ auec ses cheualliers dames et damoiselles furent en grande tristesse pour la craincte de la mort du ieune carados et commēt le cheuallier enchāteur declara au dict carados q̃l estoit son filz.

LE Roy et tous les cheualliers en prindrent si tres grand courroux quil ne sceurent que deuenir et ne croyent pas que homme charnel ne veit iamais tel deuil mener. Lors sest remis carados voulūtairement sur le bloc/ sō col estēdu au plaisir du cheuallier. et cil a lespee haulcee q̃ du plat fiert tāt seullemēt et puis a dist Carados dist il or te lieue/ car ce seroit trop grād oultraige se ta uoie occis et dōmaige/ mais apart veuil parler a toy. Et quāt ilz furēt arriere mis luy a dict en ceste maniere. Scez tu sa ict il pourquoy ie ne tay occis cest pourtāt q̃ ie suis tō pere et tu es mō filz naturel. Certes dist carados ien deffēderay ma mere en soubtenāt q̃ iamais ne fust vostre amye et q̃ iamais auec elle ne geustes p quoy vo⁹ pe de vo⁹ tai re. Et alors le cheuallier a relate a carados depoit en poit cōme la chose estoit allee et cōmēt auecq̃s sa mere geust par trois nuictz mais carados q̃ ce ne creust voulut au cheuallier tēcer quāt si estrāge chose et si nouuelle luy cōptoit de quoy tant triste et tant doliēt estoit que plusieurs fois le dementit et dist q̃l en seroit desdire. Mais de chose q̃l sache dire de rien ne chault au cheuallier q̃ sans aultre propos tenir remōta dess⁹ son cheual puis prit conge et sen retourne q̃ dellaissa la court en ioye voiāt carados deliure. Alors fist lreux les Grailles ou lassiete soner pour le Roy et les barons lauer et eux mettre a table ou y cōuierēt les dames damoiselles et les pucelles fort reiouis de lauenture de Carados. Et quāt a table furent tous assis seruis furent de metz precieux et delectables lesquelz ie ne vous specifie a cause de breuiete et craīte de allōger mō compte/ quant les barons furent leuez apres la ioyeuse repeu sen allerent tous pour ceste nuict reposer et lendemain apres la messe chm̄ vint au Roy demāder son conge mais auāt leur departemēt le Roy les remunera en beaulx dons cōme cheuaulx bagues ioyaulx or et argent et bons opseaulx. Lors ne fūt nul si pouure en court que riche il ne sen retournast. Chascun a sa contree sen retourna ioyeusemēt et le Roy a sopriue demeure auecques la cheuallerie se deduisant ioyeusement. Et carados sen va en bretaingne ou pieca ny auoit este et tant diligenta quil arriua a nantes ou il trouua le Roy son pere a seiour auec la belle ysene sa mere. Quāt le Roy sceut quil fut venu tout le cueur luy tressault de ioye et puis luy alla alencōtre lequel ne se sceut cōtenir de lacoller incontinēt et puis luy dist biē Venu soyes vo⁹ faict il beau filz maintenant ie cr oy fer mement q̃ dieu me aime quāt ie vo⁹ voy. dictes vo⁹ sire faict Carados/ faictes vous de moy si grand ioye se vous dis ie que point ne croy que pour vray vostre filz ie soie. Que vous nestes mon filz/ dist le pere: non pour vray faict Carados et ie vo⁹ en diray la Raison sans vous en mentir dung seul mot. Ealors le tira a part ɀ puis luy commēca a dire comme fust sa mere enchantee par vng faulx et traitre enchanteur qui la nuit q̃ eust sa mere espousee luy embla tout secretemēt/ et puis meist au lict en sa place en de lieu delle vne leuriere et lenchanteur toute la nuit iouist de la ieusne espousee ainsi cōme luy mesmes dist. Et pource faict le ieusne Carados ne cuidez pas que ce soit fable puis vo⁹ feist auecques vne truye a la secōde nuict gesir/ et apres a la tierce nuict aupres dugne iumēt geustes si que ne vo⁹ en apperceustes et lenchāteur allors faisoit de ma mere ce qui luy pleust. Et madict quen icelle nuict fust pour vray en saincte de moy pource ne vous tiens pas a pere: mais toutesuois elle est ma mere: et ce vous dis bien pour tout vray quil ny a homme en ce monde que plus aime ne qui ie quiere plus honnorer que vous. Quāt le Roy son pere leust bien escoute tāt de douleur et de tristesse au cueur en a pris que tous les mēbres luy fremissent. Adonc vint la Royne a son filz carados si tost comme elle eust ouy parler laquelle ne se sceut contenir si tost comme elle veist de le baiser et lacoller. A la quelle carados dist. Dame faict il Je ne me puis

garder de vous baiser courtoisement partāt que vous estes ma mere comme biē le scay pourtant ne vous doyie tant aymer ne tenir chiere que pensez ɀ ie vous en diray la cause la q̃lle trop me naure au cueur. Meste ie suis bien aduerti que en la maniere dugne femme ipudique et depraueе auez mespris enuers le Roy mon bon seigneur et le vostre et sans plus en dire il vous souuient assez de lheure quant ce fust. Sur ce propos sest le Roy approche leq̃l a dist dame faict il ie me esbahis comme vous estestant osee de vous monstrer deuant ma face entendu voustre grand meffaict et la faulte q̃ vers moy auez faicte Je vous prie que legierement vo⁹ ostez de ma presence ou tost ie vo⁹ feray marrie car plus endurer ne scauroie.

Tant sans mot dire sen est la dame en allee arriere de la personne du Roy toute cōfuse et desplaisante et sortit dehors du palais pour sō yre et sa fureur esuiter. Et pour son deuil secretement courir qui si fort le naure et esguillonne. Le Roy apres que la Royne fust absente demāda a son filz Carados conseil quil pourroit de sa mere faire et de ce quil en aduisera ne len vouldra en rien desdire. Adōc Carados luy Respond Sire faict il croiez que pour tout le mōde ne vouldroie estre en lieu ne en place ou a ma presēce on feist a ma mere desplaisir ne quelque grief pource quelle ma engendre mais affin que cest enchanteur qui si mallement la deceue n'aist pouoir de parler a elle ne de latoucher ou y prēdre ses plaisirs Je seroie bien de cest aduis que vo⁹ faciez faire vne tour fort haulte et assez estroicte ou sera dedēs enfermee et ainsi le faulx enchanteur nen fera plus a son plaisir.

Quant le Roy eust le conseil de Carados entendu: commanda diligentement faire batir ceste tour ou il ne espergna or ny argent affin de la faire expedier.

o.ii.

¶ Cōment Cador filz du Roy de cornuaille auec sa seur guymier se mirent a chemi pour venir a la court & planiere feste du roy artus & comment allardin cōquist la dicte guymier contre le dict Cador.

A pres q̄ la tour fust bastie bien close & bien fermee y fist le Roy la Royne enclore & la nōma la tour perriere q̄ encores de prēsent est ainsy appellee et quant Cador veit que sa mere estoit enfermee delibera de sen aller a la court du Roy artus qui en ce temps estoit la court la plus honnoree et la plus prisee de tout le mōde. Et ainsy Cador quil ne quiert reposer mais aux armes traualiller affin de viure en bōne reputacion & de acquerir hōneur et pris tant erra et tāt fist par ses iournees quil est en engleterre entre et trouua le Roy a Carlion ou il auoit mande se trouuer tous ses barons a la feste de la penthecouste a laquelle il voulloit tenir court planiere & que tous ceulx & celles qui de luy tenoient tant de ca q̄ de la la mer recōgneussent a ce iour leur hōmaige. Et quāt par ses hōmes fust le mādemēt entēdu ny eust cellui qui faillist a y cōparoit & si trouua Cador de cornuaille qui auecques luy sa seur la belle Guimier amena qui de si grande beaulte estoit rēplie q̄ se nature eust mis .vii. ans a la former ne leust sceu plus belle pourtraire laquelle cōe ie vo9 ay dist estoit seur vnique de Cador et par ce que leur pere estoit mort de puis vng an q̄ Roy fust de cornuaille et duquel furent les successeurs vindrent vers le Roy Artus pour leur hommaige recongnoistre de ceste terre de cornuaille & fault entendre que quant de cornuaille ptirent quilz nestoient que eulx deulx seullement car et ce tēps alloiēt par les chemis les pucelles plus seurement q̄ lles ne font a prēst & ainsy quilz furēt acheminez pour a carlion venir virēt par vne val lee yssir vng cheuallier tout arme et auoit Cador pareillement ses armes vestues excepte le heaulme q̄l portoit dess9 son espaulle a cause de la grande challeur quil faisoit. Quāt le cheuallier les apperceut son cheual brocha de si pres q̄ bien tost les a approchez & quāt la pucelle eust choisie il cōgneut bien que cestoit celle qui damours escōdupt lauoit. Mais encores ne vo9 ay dist cōment ceste chose aduint. Car ie ne puis tāt compter ensemble lung dire apres lautre conuiēt. Le cheuallier duquel maintenāt veuil parler fust Alardin du lac nomme qui estoit la sienne cōtree & tant auoit ceste pucelle aymee que requise lauoit a son pere ainsi quil fust mort et a sa mere par ce q̄l la voulloit prendre a femme et la faire dame de sa terre: mais iamais de luy ne voulust par ce que point ne luy plaisoit non pas pource quil fust vaillant homme et grand terrien mais son cueur ne si scauoit adonner cōbien q̄ souuentefois persista a la prier et requerir par plusieurs manieres mais iamais ne si voullut consentir. Et allors quil eust Cardor et la pucelle approchez dist en telle maniere Cador faict il demourez et me liurez vostre seur car puis que a tel point ie suis venu plus auant ne lemmenerez et se ne la voullez laisser contre vous me vouldray essayer, & pource se vo9 estes saige pēsez de vostre teste armer. Quāt cador leust entendu luy respond courtoisement Ie vo9 prie que voz menasses soient plus doulces Car ie vous dis certainnement que pour autant dor que vous pesez ma seur ne vo9 laisseroie emmener et pource ne me tenez si lache que iamais le peusse souffrir. A ces motz a sa teste armee et puis vng petit se eslongnerent lung de laultre et quant leur lāces eurent saisies haultement sentre defierent. Et puis par si grande force se rencontrerent que les lances briserent en pieces et de ce coup furent tous deux a terre portez ius de leurs cheuaulx moult tristes et esbahis: mais l'infortune a par ceste fois cador rencontree car ainsy quil fust tenuer se le cheual sur luy tomba qui la iambe luy a atrauers brisee si q̃ la doulleur et angoisse quil en a souffert demeure quelque petit pasme et alardin laduisa par fellonnie luy a dist. Cador feist il or sachez q̃ maintenãt sera vostre belle seur noustre et quil cõuiẽdra que a moy et a mes compagnõs soit offerte et pource grande follie feistes quant vous me lauez refusee et que a me la bailler mescõduites car si alors me leussiez donee elle eust iouy de mõ amour et eust este ma fẽme espousee or est il ainsy aduenu que autremẽt est la chose allee, et quãt il eust ce dist de la pucelle saprocha qui legierement a saisie la fille il emena p̃ force. ie ne vous scauroie assez au lõg racompter q̃l deuilla la pucelle menoit/ car tel estoit q̃ iamais si grãt ne fust ouy Ador sur la terre demeure ainsy a folle et blece q̃l estoit si desplaisant de sa fortune que plus de cent fois desira estre mort tãt auoit de regret de viure qui plus triste et dollent estoit de sa seur que par force on a emmenee que de l'angoisse q̃l souffrit considerant aussy quil ne pourroit a sa seur secourir ne a sa blessure subuenir se dieu ny remedie. Et la pucelle daultre part se fiert se bat et se esgratigne souuent se pasme brait et crie q̃ cestoit pitie a la veoir et disoit/ o Royne eternelle mere de dieu et le resconfort des desollez helas helas et q̃ feray ie mõ affaire te recommãde doulce vierge saincte marie hellas que dira ma mere quant ceste nouuelle elle orra ie croy que si tost quelle le scaura q̃ le cueur en deuil petira. or luy a la mort mõ pere oste et daultre part moy et mõ frere luy a tollu mõ aduersaire/ certes cil nest pas cheuallier q̃ par force femme cõuoicte/ ains faict trop grande villenie. Et ainsy que la pucelle se lamentoit est Carados arriue q̃ a la court du Roy

arthus alloit en deuallant parmy ung tertre dessus sõ cheual tout arme mõte entẽdit de la pucelle les escrimens si la choysie, de bien loing et cong̃neut assez tost aussy que de secours eust bon besoing/ et alors le cheual brocha pour legieremẽt delle approcher. Et quant la pucelle le veit piteusemẽt luy prit a dire/ ha franc cheuallier pour dieu regardez la pucelle qui prit vostre aide requiert vers ce cheuallier forcene q̃ mõ frere a nauxe a mort et suis orpheline de pere et voiez qua force il memmainne et scay bie q̃ de moy a son plaisir fera se ie ne eschappe de ses mains et sachez que cil qui de luy me deliureroit quil auroit mõ amour acquise/ et pource vaillant cheuallier ie vous prie que de moy vous prenez pitie. Et adonc que Carados eust la requeste de la pucelle entendue prenant compassion dicelle vint vers alardin qui la menoit auquel il dist vassal faict il laissez ceste pucelle qui oultre sõ gre emmenez. Laisser dist alardin ie croy q̃ me tenez a fol q̃ dieu me enuoye malle meschãce se ia ie la laisse pour vous, ie croy q̃ pas ne queres vostre paix quãt ses parolles vous me dictes de la pucelle nauez q̃ faire et pource allez vostre chemin. Carados adonc luy respond ce nauiẽdroit pour tout le monde q̃ la pucelle vous laissasse puis q̃ secours ma demãde et pource vous signifie quainsy vous ne lemmenerez et alors vint saisit la bride du cheual de alardin dune main et de laultre tenoit sa lance. Et alardin fiert de lespee sur la main de la quelle il portoit sa lance la quelle presque luy couppa mais le coup tõba sur la lance qui trõcõna en deux parties et Carados tel coup luy donne du demeurãt parmy la teste qui lenuoia ius de la selle de son cheual les iambes au hault. Lors luy dist Carados vassal vassal faict il vous mõstres bien estre villain de nous tourner ainsy le doz et a ses motz est du cheual descendu et puys cõmẽca leur meslee Grand coups se donnerent des espees et se fierent

o.iiij.

preusement si que il se dechiqueterent tous leurs escus chm̄ en faict du mieulx quil peult lung lautre Sistement requiert quāt lung a frape lautre maille si soudain que ce fust merueille moult fust fiere ceste bataille laquelle longuement dura tant a chm̄ si bien ouure que aincois que lestour fust failly ie Bo⁹ dis et pour tout certain que si bien eschatelleret leurs escus quil ny en demeura dentier pourseullemēt Une main couurir q̄ ny eust piece en leurs haubers q̄l ne fust froissee ou couppee ou q̄ de Rouge sāg ne soit taincte. Et apres quil eurent ung petit reprins leurs alleine Recōmēceret le secōd assault plus cruel et fier quauparauāt ou sentredonnerent de grād coups sur la teste et sur les espaulles et p̄ tout ou assener peurent si que la terre estoit toute de leur sang taincte et en deuint lherbe toute Bermeille en ceste forte et cruelle bataille ny eust haubert q̄ demaille en fust et decouppe en plusieurs pars par ou le cler sang en yssoit. Lors reprint Carados sa force qui tel coup a dōne a alardin que se alardī ne se fust gauche et couuert il eust este faict de sa Bie mais bien a gauchy le coup q̄ lespee tournae nla main de carados/ et sil neust ce faict la teste luy eust iusques es dentz fendue. Toutefuois si bien ne se sceust alardi gaucher ne couurir que Carados ne luy ait emporte toute la dextre partie du heaulme.

Ouers alardin fust la perte quāt il se Boit adecouuert car pl⁹ tie en la teste ne luy demeura fors la coif fe seullement. Et si Bous dis bien que se ceste chose ne fust aduenue q̄ Alardin neust este le pire/aussy Baillāmēt en cest estour se maintint et aussy hardimēt que Rien ne luy est a reprocher Quāt ainsy adescouuert se Beit ne fault doubter sil en fust courroucee t a tousiours de se Bēger enuie parquoy

Bit a grāde rādōnee Bistemēt sur Carados ferir et si rudement q̄ lespee en deux pieces brisa/de quoy Carados ne fust desplaisant car bien il a maintenāt du meilleur. Allardin Boiant son espee brisee assez cōgneut q̄ plus alencontre de Carados ne pourroit resister parquoy se Bint humblemēt rēdre a la mercy de Carados disant ainsy sire faict il a Bous ie me rens cōme au meilleur qui iamais sur cheual monta en Bostre mercy ie me mectz pour ou Bous plaira prison tenir mais sil ne Bous Biēt a malgre ie Bous prie Bostre nō me dire qui si Baillāmēt Baincu mauez. iay faict dist il en nō carados nepueu du noble Roy arth⁹. Et Bo⁹ cōmēt Bo⁹ faicte Bo⁹ nōmer. Sire ie ne len Beuil celler sachez quō me nōme Allardin Seigneur de la contree du lac. La pucelle auoie encontree qui desdaigne mauoit damours laquelle desiroie faire dame de ma terre a cause de quoy par ce quelle refuse mauoit ay eu maincte guerre a son pere et puis lay a son frere tollue a croiez q̄ la recouroie se pnt ne fusse maincte mais surmōte mauez aux armes p̄ quoy ne my fault plus penser. Allors Carados luy a dist allez faict il tout a ceste heure a la pucelle Bo⁹ rendez aultre prisō ne Bous demande. Sire faict Alardin puis que me la uez cōmādē Boullontiers ie my renderay.

Ha carados dist la pucelle iamais le couraige nauroie de luy pardonner son oultraige sepremieremēt mō frere q̄ tāt me aymoit ne me Rendoit sain et guari. Et apres ce ne cuidez pas que a mary le Boulsisse prendre. Aincois moy mesmes me occiroie. Pucelle luy dist allardin Bostre frere Bous renderay sain et sauf ie le Bous prometz moiennant que present soit Bif. Allors Remonterent tous trois et tant allerent que ilz ariuerent ou Cador estoit ou la iouste auoit este faicte qui illec gisoit alenuers et iamais nen fust relleue quil ne luy eust donne secours Et si tost q̄ pres de luy Bindrent le chargerent sus son cheual bien doulcement

Et puis de la se departirent. Et voiant ca
rados que Cador ne se pouoit seul sur son
cheual soubstenir le chargea deuant luy
pour esuiter de le greuer & pour plus seure
ment le porter: la pucelle tel dueil pour son
frere demaine que cestoit pour se esmerueil
ler. Si bien ensemble diligenterent q̃ vng
pauillon apperceurent aupres dugne ri
uiere tendu qui moult estoit fort riche et
beau tant y auoit or & argent que se decla
rer le voulloye ie croy q̃ ne serois pas creu &
faisoit fort beau veoir les prez verdoians
alentour & la belle riuiere clere qui dung co
ste lauironnoit tant pleust ce pauillon a ca
rados que se fust merueille tant luy sem
bloit plaisant & riche & dabondant y auoit
aupres du pauillon vng petit bois ou tãt
de oyseaulx estoient doulcemẽt chantans
q̃ se sembloit chose celeste. A dieu dist carados
roy des cieulx q̃ tãt beau faict estre en cest
estre & croy que de dieu est ayme cil qui en
est seigneur & maistre. Et ainsi q̃ ses motz
disoit entre ouyt dancer vne dance de pucel
les trop bien chantãs pour le regret de leurs
amys. Et encores plus grand merueilles
ouyt dont il estoit fort resiouy et ou plus a
mys son entente. Car a lissue du pauillon
auoit deux ymages faictes par enchante
mẽt lesq̃lles dor & dargent estoiẽt dont lune
lhuis du pauillon fermoit & puis lautre le
defermoit & ny auoit aultre portier & enco
res daultre mestier seruoient: car lune te
noit vne harpe de laq̃lle doulcement iouoit
& laultre vng dard en sa main tenoit du
quel ny auoit si viste qui dedens entrast q̃
de se dard ne le ferist. Et celle qui tenoit la
harpe vne coustume auoit que quãt leans
vne pucelle entroit qui auoit este desloree
la harpe se desacordoit & se rompoit la mai
stresse corde. Le pauillon ionche estoit de
belle herbe fresche & de ionc de fleurs q̃ get
tent bonne odeur & qui la coulleur rafrai
chissent & de faict tant y auoit en ce pauil
lon de beaulte quil nest homme qui le saiche

dire Carados le deduit entent que font le
ans toutes & tous: ceulx qui au pauillon
estoient tant les cheuailliers q̃ les dames
generallement tous chantoiẽt. Et les var
letz et les pucelles se sollacioient par les
prez. Lors a Carados demãde a Alardin
se point scauoit a qui ce beau pauillõ estoit
Sire se respond Alardin de cil suis son p̃
chain voisin: car sire suis du pauillon & du
pays qui est alenuiron & sachez q̃ ceulx que
au pauillon auez ouy chanter que tous sõt
mes hõmes & tiennent de moy & quant le
ans entre serez vo⁹ verrez mes grandes
richesses & aussy y verrez ma seur a q̃ dieu
doint honneur & ioye: car autant layme q̃
mon corps.

Lors sortirent hors
du pauillon petis et
grãdz hões & femes
pour a leur seigneur
honneur faire: & sitost
q̃ le mallade ont ad
uise incõtinent vers
luy coururent pour le descẽdre & fust la seur
de alardin la premiere. Puis sont au pa
uillon porte ou tost y fust reconforte. Car si
tost cõe il eust ouye la melodie de la harpe.
Ne le tenez pas pour mesõge: mais pour
verite que ses espritz furent tous resueillez
de ce cador fort se esmerueille q̃ si grãd ioye
eust de la doulceur de larmonie de ceste har
pe q̃ point de douleur ne sẽtoit. Atãt a Alar
din sa seur appellee la pucelle du pauillon
& ne lay aultrement ouy nommer. Doulce
seur dist il ie vo⁹ prie q̃ des cheuailliers qui
cy sont vous en pensiez cõme de moy. En
cores vous prie de rechief de la pucelle que
voyez auoir bonne sollicitude & q̃ par espe
cial que si bien vostre entente mettez a ga
rir le cheuallier blesse quil mempuist estre
apres de mieulx: car ie suis cause de son mal
et de la doulleur quil en porte. Il ne fault
doubter cõment la pucelle du pauillon sem
ploye a faire ce q̃ son frere luy a encharge.

o. iiii.

Perceual le Galloys.

¶ L'histoire nous dist q̃ de Cador si bien pē-
sa q̃ en huict iours le rendit sain z haistie.
Et saichez q̃ la cause pourquoy la pucelle
du pauillon si bien et briefuement Cador
pensa fust par les prieres de la pucelle qui
myer que tant honnora z sceut p son doulx
parler si bien attraire a elle quelle en feist
ses vertus monstrer: grand ioye firent ces
huict iours sique rien ne leur ennuya, a se-
iourner leans. Si promirent leur roy Cara-
dos alardin z Cador q̃ tout leur viuant se
roient amys et copaignons ensemble. Et
feist alardin droit z rescōpēse a guimper de
ce que fortfaict luy auoit z cōclurent tous
diiŋ voulloit qlz sen prōt trestous ensēble.

¶ Cōment apres que cador fut gary luy
et sa copaignie se mirent au chemin pour
aller en la court du roy Arthus ou le Roy
Cadolant z le roy Rys auoient entrepris
vng tournoy lung contre lautre.

E lendemain sans
plus demeurer quāt
bien furēt tous a tout
nez proposerent a la
court du roy arthus
aller: et ainsy au par-
tir densemble Ca-
dor z alardin z les deux pucelles prindrēt
le chemin a dextre z catabos se mect a la se-
nestre. Et la pucelle du pauillon ioyeusemẽt
en chemināt cador entretenoit en luy racō-
tant de plusieurs aduentures. Et catados
de grand valleur sen alloit fort plaisamẽt
lequel pour cause de la challeur qui faisoit
estoit tout desublé: duquel estoit fort le cu-
eur de Guimier espris z nen osoit faire sē-
blant mais moult laymoit secretemēt: car
ce nest chose raisonable que pucelle soit si
osee de dire a vng hōme premier lamour
du quel elle layme. Le roy Arthus tenoit
allors sa court a carlion ou y vindrent mai-
tes psonnes tant de prochainne q̃ de loing-
tainne terre/ et pour au vray vous dire

tant y furent de cheualliers de dames et
de damoiselles et de pucelles q̃ long temps
nen furēt tant veues pour vng iour en vne
copaignie assēblez. Pendāt quon tenoit cel
le court fut vng merueilleux tournoymēt
entrepris par le roy cadolant et par le Roy
Rys. Cadolant estoit roy dirlande z Rys
de valeu. En la lande pres de Carlion qui
de beau bois estoit enclose. Et ainsy que le
tournoy se appr estoit arriuerēt alardi z ca-
dos: lesquelz vindrent fort bien apointet
quant ceste lande approcherēt descendirēt
en vng bois entre deux charmes ou illec
destrousserent leurs armes z les estendi-
rent sur deux tapis z puis penserent z en-
tendirēt a eulx armer ce q̃ assez briefuemẽt
firent et quant ilz furent aprestez monte-
rent legerement sur leurs cheuaulx z prin-
drent tous es poingtz leurs lances: mais
dire vous veulx des escus que chaschun a
son col auoit. Et premieremēt portoit Ca-
rados vng escu dor: qui merueilleusement
reluisoit z auparsedens de cest escu furent
deux lyonceaulx rampans: de sinople: et
Alardin portoit vng escu de gueules et au
pardedens y auoit vne aigle dargent pour-
traict a la semblance de voller: et Cador
auoit vng escu de sinople tout lassé dor.
Ainsy armez que ie vous dys cheuaulche-
rent tāt que du camp sont approchez ou le
tournoymēt on assembloit/ et les deux pu-
celles ensemble se mirent z se arresterent
en quelque destour ou leur fut faicte vne
loge de ramees. Quant les trois cheual-
liers des pucelles se departirent laisserent
auecques elles deux Cheualliers pour
les acompaignier et assez descuyers et de
varletz lesquelz de leur mesnye estoient to9
hommes au Cheuallier Alardin. Allors
sen allerent rondement les trois Cheual-
liers ensemble et tant esperonnerent quilz
apperceurent le dōion du chasteau. lors regar-
derēt auāt q̃ daller plus auāt q̃ Alardin pre-
mier prroit voir se la iouste se feroit. et aise

que Alardin eust le lieu du tournoy apper-
ceu regarda ou luy & ses compaignos se pour-
roient plus apertement monstrer quant en
lestour viendroient pour iouster. Et ainsi
quil estoit en ce propos de regarder ou ilz se
pourroient mectre aduisa a vne fenestre de
la tour vne fort plaisante pucelle qui par
sa grande beaulte plus ceste tour enlumi-
noit que chose qui fust en ce monde & quât
en regardant en bas veit Alardin sur son
cheual qui deuant la tour sarrestoit ne luy
a pas ses yeulx prestez: mais les y a habâ-
donez: côme vous sauez q pucelles sont cu-
rieuses de se enqrir des nouuelles se voul-
lut a Alardin arraisôner auquel a dist. Si
re dist elle dieu vous gard. Et alardin regar-
de en hault si luy respond courtoisemêt. Pu-
celle dist il celluy qui tout le monde a faict
vous octroye bône destinee & vous prie, de
ne penser sur moy a mal ne vous esbahyr
de ce que suis icy venu. Sire dist la pucel-
le sachez q merueilleusement conuoicte sca-
uoir côment vous faictes appeller pource
plaise vous me le dire & ie vous prometz q ie le
celleray si bien q de par vous nen seray repro-
chee aussi vueil q me disies pour quoy tant
auez icy este. Pucelle dist Alardin le tout
vous diray pour certain sans vous en men-
tir dung seul point: car ie croy que pour vo-
stre accointance il ne men viendra aulchû
mal. Alardin du lac ay en nom & ne viês
icy que pour tournoyer seullement: mais
mon ppos est tel, quen ce tournoy ie veulx
aller sans estre côgneu se ie puis. Declai-
ter vous ay mon vouloir: côme le mauiez de-
mande & pource belle ie vous prie quil vous
plaise de me aduertir se vous scauez q messi-
re Gauuain & Yuain ne seront point a ce
tournoyment: ouy certes dist la pucelle ilz
sy trouueront: car ie souy dire arsoir & croy
quil ne lairont pour rien q a ce tournoy ne
se treuuent. Alardin fust lors fort ioyeulx
quât par la pucelle entend q si vaillans et
preux se debuent a la iouste trouuer et de

la ioye quil en eust faisoit son cheual pour-
saillir si hault quil sembloit qui vollast: ce
q tant pleust a la pucelle q le cueur au ven-
tre luy dâce tât est ia la pucelle de lamour
du cheuallier esprinse quelle ne scait tenir
maniere tâtost pallist tantost tressue & sou-
uent luy mue la coulleur regardât le beau
cheuallier auquel elle a donne son cueur et
octroye par bône amour: & pour secretemêt
faire ceste chose ascauoir a Alardin par si-
gne: luy dôna la manche de sa cotte q nous
appellons mancherôs de quoy il feist vng
côfanon ou bauerolle a sa lance.

Dant la pucelle eust
a alardin son mâch-
ton par amour dône
lappella et puis luy
dist Sire faict elle il
ne mest plus possi-
ble vous celler mon
couraige: mais se dieu maist vous vueil
bien dire pnsellement & en brief que vous
estes vng des cheualliers de ce monde du-
quel plustost me accointeroye voulentiers
& pource vous aduertiray le moyen & la cau-
se de ce tournoymêt. Sachez q le roy Qua-
doalant & le roy Rys sont tous deux de môn
amour espris & tachent lung & lautre pour
ampe mauoir: mais encor nest le têps ve-
nu q ie me soye deliberee den aymer lung
diceulx: car mô viuât ie nen voullu mais
bien vous dys q ie vous ayme plus q hôme
qui soit sur la terre, & pource vous prie et
requiers q de vous ie me puisse alencôtre
deulx clamer, toutesuois ie ne vueil qlsoit
apperceu de nul q ie vous aye ce iourdhuy
veu. Les deux roys q ie vous ay dist me
cuident auoir par orgueil & pource ont en-
trepris lung contre lautre le tournoy faire
deuant le roy pres de ceste tour proposant
que au meilleur ie vouldray tourner mon
couraige & que celluy mon seigneur sera:
mais si leur orgueil abbatu estoit iauroie
mon cueur esclarcy et tresioyeuse me tiens

stoye parce que deulx ne veuïlle point. Et
allors a alardin veu que les cheualliers sõt
en place pource a dist a la pucelle. Pucelle
dist il ne vous chaille iay entendu vostre
vouloir ien feray a vostre desir sil plaist a
dieu me secourir mais auãt q̃ dicy departe
vouillétiers vostre nom sçauroye au mois
sil vous plaist me le dire. Sire on mapelle
Guingenor consanguine du roy Arthus
car ma mere estoit sa niepce q̃ de monsieur
Gauuain fust seur: a mon pere eust nom
Sitomelant lequel ma mere Clarissant
espousa/pour laquelle fust le grãd destour
faict alencontre de mon pere a de mon on-
cle: bela que de mon estre vous sçauroie di
re: ie prie a dieu le roy celeste q̃ le temps ad
uenir ie puisse a vous plus aloisir parler:
pucelle luy dist Alardin ie suis tout vostre
ce sachez. Atant Alardin se depart q̃ si tost
vng homme apperceut fort puissant et de
grand affaire. Et bien sembloit quil vou-
sist la premiere entreprise faire/ a la premie
re iouste de lestour lequel estoit triumphã-
ment arme a noblement accõpaignie a pas
sa par deuant la pucelle en luy signifiãt qͥl
fera sa iouste pmiere. Ce noble a riche psõ
naige estoit Roy de rys leq̃l auoit sa retrai
cte a de tout son bernaige dedens lenclos
de la tour: a de lautre part pres de la lande
le roy Quadoalant dirlande auoit ordonne
son recept. Et estoit icelle lande ou son re-
cept a mis enuironnee de hault fossez et
fort profondz/ a y auoit vne fort belle a sum
ptueuse entree.

COmme ie vous ay
dessus predit le Roy
de rys delibera a fai
te la premiere iouste
parquoy se meist en
ordre et en estat de-
uãt le chasteau pour
actendre le premier quil vouldroit contre
luy venir. Lors alardin legierement le de
strier poingt qui tost saduance a portoit en
sa lance le mancheron q̃ luy auoit donne la
pucelle. Ainsy lung a lautre sentrerencon-
trant actaingnit le roy de Rys sy roidemẽt
que sa lãce enuoye par pieces a Alardin le
referut a rencõtra par telle sorte que le Roy
de Rys ne se sceust si biẽ garder q̃ luy a son
blanc lyoncel ne fussent en vng monceau
reuercez le lyõcel q̃ võ9 ay dist estoit le che
ual du roy de Rys ainsy nõme. le roy de rys
fort vaillant estoit. Mais alardin fort le
poursuyt qui luy liure de grans assaulx et
fault entẽdre q̃ le roy d̃ rys auoit plusieurs
gens auecques luy qui fort penerẽt a le re-
leuer a monter: et alardin vint deuers luy
tenant son espee en sa main de laquelle luy
donna si grand coup dess9 le heaulme que
tout plat la a terre abbatu. Et adonc se ad
uancerent vingtz cheualliers du cõroy du
roy de rys qui par force le remõterẽt: puis
allerent alardin poursuyuir: ou fust la ba
taill mal partie quãt il cõuient qung che
uallier se cõbate cõtre vigt: a toutesuoieis
ne peuuent ilz de aulchune chose Alardin
greuer a ne fust que en ce lieu suruint vng
moult grãd secours ia neussent le roy leur
seigneur remonte. Mais ains q̃ pl9 auant
procede ie vo9 vueil icy reciter des cheual
liers de la table ronde qui en ce tournoy as
sistent lesquelz furent a ceste foys de la par
tie du roy Quadoalant aulchun nõbre a de
laultre ne sçay cõbien et ceulx de la part du
roy Quadoalant furent. Premierement le
cheuallier Gauuai: messire vuain Keux
le seneschal lucans le bouteillier a des aul
tres trop plus dassez que ie ne vous sçau-
roye nõbrer. Et de la ptie au roy de rys de
galles y eust. Premieremẽt le roy destre-
galles a y fust vuier le fitz nu: et daultres
cheualliers plusieurs. Mais alardin qui
la est suruenu leur seruit bien dung bon se
cours duquel pourtant nen ont aulchune
cõgnoissance. A ce destour en eust assez de
mehainnies et de blecez: mais a ceste heu
re recomence lestour alencõtre de Alardin

qui ce iour fust si prospere quil y acquist hō-
neur et pris. chascū le cherche ca et la: mais
bien leur rend ce quil emprunte: ainsy q̄ le-
stoit en la presse aduisa son compaignon ca-
dor venir. Et le premier qui le receut fust
le roy de Rys le riche, souldoier q̄ vers luy
ia iouste querant puis si durement sentre-
firent que a la premiere rencontre le Roy
de rys sa lance brisa sur Cador. Et cador si
bien le refiert q̄ de ce coup leur cōuint a to9
deux aller par terre cheuaulx et tout a rys
semont cador de se rendre: mais voulente
ne luy en prent. Lors a chascū lespee trai-
cte desquelles rudemēt sembatirent. Adōc
Sagremor arriua fort bien et richement
arme lequel auecq9 luy menoit vne moult
belle compaignie qui vers Cador sadressa
la lāce baissee si que luy et les siens a grād
randouble vindrent inuader et assaillir en
lescriant sans arrest: mais de toute leur
puissance ne le sceurent du cheual mou-
uoir tant bien et vaillamment se contint.
Lors print lespee entre ses mains dequoy
il feist grandes prouesses: entour luy fierēt
de toutes pars le roy de rys et ses alliez qui
feirēt vng tel chapellis sur luy et si dur mar-
tellis que chaschun le cuide pourfendre:
lung faict beaucoup et laultre moins: que
voulez vous que ie vous dye le plus hardy
q̄ fust dollent et toutesuois tant firent les
alliez du Roy de Rys que leur seigneur
ont remonte. Cador regarde alardin par
vne grande affection. Et moult tarde a
Quadoalant quil ne les viengne tost ai-
der. Et quāt se vint a liurer le second as-
sault ny a celluy de la partie a Rys quil ne
tremble. Allors se recommenca le combat
plus fort et plus fier que deuāt. Et les pu-
celles de la tour furent fort esmerueillees
de regarder ceste bataille et encores plus
des armes quelles voient a Alardin et a
cador faire / lesquelz leur sont incōgneus.
Mais Guigenor la pucelle a qui a Alar-
din parle en auoit bonne congnoissance:

car a ce matin veu lauoit lequel fort beau y
luy sēbla et maintenāt bien lapceoit: mais
ne luy peult pour le p̄nt aultre chose dōner
q̄ le regard de ses yeulx sa bouche pour par-
ler et son cueur a penser a luy. Et alardin
de laultre part luy dōna ce iour maintes
ouaillades. aussy y estoit en ceste tour vne
pucelle sur laquelle cador iecta souuent sa
veue car meruilleusemēt luy plaisoit et la
pucelle q̄ de ce se appceust fust tost du dard
damours frappee sique ne pouoit sa veue
de dess9 luy oster parce que elle le veoit vail-
lammēt assaillir et deffendre et aussy pour
ce q̄ fort beau et plaisant estoit: mais pour-
tant point ne le cōgnoist et ne scait pour q̄l-
le cause est au tournoy venu ne en faueur
de qui: de quoy en est en grād peine parce q̄
bien elle le vouldroit scauoir et souuētefois
se efforca a demāder q̄ il estoit quant elle le
voit de si bel affaire et propose en elle mes-
mes q̄ iamais ioye naura iusq̄s a ce quelle
pourra son nom scauoir. Et celle pucelle q̄
ie dys estoit seur au preux Quahardy cou-
sine germaine a carados et peillemēt a gau-
uain, et estoit nee de Bretaingne laq̄lle fust
yuain nōmee. Lors vint a la belle guige-
nor pour de cador pler a elle: disant aise p̄u-
dente damoiselle dist elle voyez vous ses
deux cheualliers merueilleux pmy ceste
presse cōbatre et leurs hardiesses employer
ie croy q̄ iamais deux aultres vo9 ne vei-
stes pour le s⁊lz on deust vng si grād dueil
mener cōe on deburoit pour ceulx icy faire
Jo vo9 prie faict elle regardez p especial cōe
celluy est beau et bien adroit et cōme gētemēt
se cōtient cil q̄ a lescu de sinople a liste dor:
cest celluy a q̄ mon cueur se tient. Certes
se respond Guigenor il me semble preux et
vaillāt. Mais cil qui lescu de gueulle por-
te ou est vng aigle dor dedens: dictes moy
ce quil vous en semble meilleur combatāt
que luy ne voy. Ainsy disoit chaschūne du
sien: mais nosent dire leurs pensees au mo-
ins la plus sainne partie.

Insy que les pucelles sont ainsy plant est le roy Quadoa‍lant au tournoy arri‍ue accompaigne de Keux le seneschal ⁊ sous dys que aussi est auecques luy venu le vaillant ⁊ preux cheuallier Perceual ⁊ la plus belle compa‍gnie q̄ oncques hōme veist en court de roy mener pour tournoyer. Et quāt se vit a las‍sembler il sembloit que la terre tremblast. Lors eussiez veu lances briser escus per‍cer ⁊ grans coups des espees ferir: lung cheoir laultre se releuer. Les pl⁹ fors gre‍uer au plus flebes: par terre gesir Cheual‍liers et cheuaulx fuyr sans conduicte. De‍puis que dieu alla sur terre ne fust vng pa‍reil tournoymēt. Celluy qui ne se scait def‍fendre y est le tresmal venu: les pires nōt pas du meilleur ⁊ vous dys bien que les couars nosent de ce lieu approcher. Le bon roy Quadoalant dirlande ne se contiēt en paresseux / car le p̄mier quil rencontra sai‍chez quil neust pas laduantaige a terre al‍lenuers labatit ce fust le cheuallier ybers. Messire Keux le seneschal si contint aus‍sy vaillamment: la premiere cource q̄l feist bien rencōtra bille pareille ce fust agrauai‍lor gueilleux: se lung fust fier si estoit lau‍tre moult sont tous deux fellons et fiers plains de mesdire ⁊ de reproches par telle vertu se ferirent que chascun deualla par terre du releuer ie nen dys riē: car riē nen treuue par escript. Adōc se meist perceual en la pre‍sse lequel a vng seul poindre en a‍batit trois desquelz ay les noms retenu. Le p̄mier eluget abatit: et apres cors le filz a Rest ⁊ le tiers fut ypier le filz nu. Si bi‍en feist chascun de ceste partie ou croy que tous furent fort a louer. Mais trop seroye longuement ains que abatans et abatus vous eusse tous mis par escript. Moult furent de grans bontez chascun ⁊ de che‍

uallerie remplis. Sachez q̄ les deux cōpa‍gnons qui tant ont este au destour nyont eu gueres de repos. Sur tous les aultres eurent le pris aussy le doibuēt bien auoir / quāt par force ne par vigueur oncques les riches souldoyers / Saigremor Seduier ne tous les aultres cheualliers ne sceurent si bien trauailler q̄ au roy de rys peussent rē‍dre le lydcel son cheual / mais maulgre eux fust le roy prins ⁊ retenu. Mais si tost est venu secours que le roy de rys a remonte Ie ne vo⁹ scauroye racōpter la grand dou‍leur ⁊ la grād destresse ⁊ de ce tournoy la prouesse. Adonc Alardin ⁊ Cador eurent Saigremor abatu quāt le remōta Vlesseris lors se efforca le roy de rys pour sur les deux cōpaignons venir. Mais y est venu Perceual qui par si grād force rencontra le roy de rys que par terre lemporta tout plat estendu dequoy eurent les siēs grād dueil. Et quāt il eust par terre mis vint Perce‍ual a vng aultre duquel en faict cōme du roy ⁊ vous dys bien q̄ de puis ne rencōtra hōme a la prarie quil ne le meist hors de la celle. Alardin moult bien se contente de ve‍oir perceual ainsy faire. Lequel pendant q̄l faisoit ses cources tant cheualleureuses trā‍mist vng destrier quil auoit conquis par ca‍dor son cōpaignon a la pucelle Guingenor Mais ains q̄ de lestour partist y a maits grands coups departy.

Ors vint Cador soubz la fenestre ou estre scauoit la pu‍celle laquelle hūble‍ment sallua; ⁊ puis luy dist pucelle dist il cil q̄ vo⁹ feist nai‍stre vous benie ⁊ vous gard dennuy ⁊ vo‍stre belle compaignie de par ce vaillāt che‍ualier quau tournoy si biē voyez faire cil q̄ porte lescu de geulle ⁊ qui faict de grandes merueilles: cest celluy a qui vous donnas‍tes ce matin la manche tant gente vous

faict de ce cheual present quil a en ce tournoy conquis dessus lequel le roy de rys abatit. Cest le premier gaing pour tout iray qhuy fust faict par cheuallier. Sire luy respond la pucelle. Cellluy qui le monde forma & crea toute creature luy ennoye bonne aduenture come au cheuallier que ie sache a qui ie vouldroye plus de bien: ie suis assez acertenee quil ya plus de prouesse en luy quen tous les cheualliers du tournoy dequoy ie suis fort resiouye: et voy en luy plus de bonte quil ne ma este recite. & vous dys a ce qui men semble: q bien digne est, dauoir amye & croyez quil ny fauldra pas: car ia il a cest chose seure. Sil vo⁹ plaist de present le remercirez & dyrez q ie luy mande q suis a son comandement & seray tant que vine soye. Mais sire ie vo⁹ prie ce don me faire voullez q prit saiche vostre nom & si vo⁹ estes allie a cil qui le cheual menuoye. Pucelle ie vo⁹ dictz sás faulte q suis cador de cornuaille compaigno de cellup q vo⁹ ayme, & atant de vous conge prens, car tard mest que lestour ne soye. Alors la belle ydai dona a cador vne lance a penon de soye luy priant q pour lamour delle au tournoy vueille trauaillier. Puis luy a dist sire prenez ceste lance & cy mamenez le cheuallier q perceual ie voy venir sur son destrier lequel va vers le tournoyment. Cest vng home de hardiesse qui Guigambresil est appelle & est vng de voz ennemys. Cador ne voulut seiourner pour esprouuer sa hardiesse: par tel air vers luy cheuaulche qui le descheuaulcha du cheual. Lors bien feist le comandement a la pucelle sans targer qui tost a force vueille ou non vueille lenuoia prisonnier a la pucelle: oncques pource ne retourna ains sen retourna en lestour en tenant en sa main la lance q luy donna la pucelle ydain. Le pmier quau tournoy attaict a terre lenuoya a lenuers: lequel trāsmist apres lautre a la pucelle ydain & consequement mēt six ou sept dequoy la pucelle eust grād

ioye qui le tour a dist mainte foys que bien a la lance employee qlle auoit a cador donnee dequoy souuēt a Guingenor sen vanta laquelle so amy noublie qui tāt auecques cador feist de cheuallerie q la moitie ne la tierce ptie ne scauroye en vng iour reciter.

Atāt est venu le roy de rys destregalle auecques sa compaignie vers lequel a alardin vne lance traicte forte & roide & de si grande puissāce ql feist perdre au roy son cheual. Apres arriuerent ses gens q si fieremēt se cotindrent q le roy sur lestrief remōterent. Alors poignent trois cheualliers messire grifles le filz Do/lucain & messire mador pour se iecter en la meslee ou se trouua perceual Qua Doalant & cador q biē les receurent & si tres vaillāment q tous les enuoirēt par terre q vo⁹ diray ie telle fust la puesse des cheualliers nouueaulx q le roy ont dauecqs ses gens tolla: atant se reforcerēt les cheualliers de ceste bēde q le roy voulurēt rescourre: mais Perceual vint en la presse le ql separa la meslee & a la presse departie. Lors Alardin du roy saproche le ql sampe regardoit auquel il dist Sire sachez q mal vo⁹ va se tost amoy ne vous rendez. Mais cil se cuide bien deffendre & escapper maulgre Alardin ce q luy est trop difficille. Car sa gent a trop loing de luy: adonc retournerent ses gens et Perceual dedens se mesle Qua doalant & cador. Et quā Alardin veit q ses amys furent les plus fors vint vers le roy auquel entre sa gent tel coup luy donne de lespee dess⁹ son heaulme ql chiet tout pasme a terre. Et quāt il se fust releue a la mercy de Alardin se meist. Et alardin qui fust courtois dess⁹ son cheual le remonte p tel couuenāt qui luy promect & fiance quil sen yra rendre a sampe qui est a la fenestre de la tour. Ainsy de lestour sen partit: pour

p.i.

entretenir sa pmesse. Lors a le roy de rys sa voye accueillie droit vers la fenestre de la tour ou la pucelle auoit son estre q̃ fraischemẽt la salluee disant quẽ sa prison se rẽd: ⁊ elle le receut humblemẽt. Mais alardi au lieu demeure auecques ceulx q̃ ne sont point chier parce q̃l desirent de seur venger de lennuy q̃ leur auoit faict, si furent deux cheualliers de la partie au roy de rys lesq̃lz sur luy ont leurs espees traictes et quant alardin les a veuz. Si tresvaillammẽt se deffend q̃ au pmier a tel coup donne q̃ luy entema la ceruelle ⁊ lautre en sa mercy se rend. Que vous diray ie au chief de cõpte vain quist alardi le destour des deux vassaulx q̃ sassaillerẽt. Si q̃ se rendirent de par luy a son amye la pucelle ⁊ elle benignement les receptoit: par ce point fust le tournoymẽt de vers le roy de rys desconfist.

¶ Quãt le roy Quadoalãt dirlãde veist q̃ le roy de rys estoit cõqs ⁊ vaicu se meist luy ⁊ ses gẽs a la retraicte ⁊ a la fuyte vers la lande. Atant est venu carados q̃ tost de des lestour se fiert/q̃ ses puez ne recognoist mais cõme couuoiteux de la cõquerre autant q̃ se cheual le peust porter va pour rescõforter les fuians, voire par icelle maniere q̃ enuiron le frõc de deuant Quadoalãt rue par terre puis abbatit sire mador et apres Girflet le filz do, les trois abbat au premier poindre. Lors se veult Keux le seneschal a luy ioindre leq̃l carados bien congneust car bien lauoit veu autre fois vray est q̃ Keux estoit hardy mais il fust p trop mesdisant siq̃ par son fol vantemẽt luy mescheoit assez de fois ⁊ ainsy luy aduint a ceste heure q̃ cõtre carados iousta: mais a terre fust abbatu, si que il se heurta si durement que le bras luy est desuoye. Lors carados vers luy reuint q̃ tant le batit q̃l sen lasse. Puis luy a dist Keux faict il vo9 pensez p trop estre saige on cognoist cõmẽt il en va il ny a pas trois ans passez q̃ deuant mõ oncle a Cardueil moult durement me folliastes, ⁊ en faisant voz tailleries me dictes le vostre plaisir de quoy mieulx vous en cõuiẽt taire, car p trop grãd follie feistes laq̃lle de puis augmenta quãt amoy voul lustes cõbatre, ⁊ pource suis attallẽte vo9 faire icy pdre la vie. Ainsy luy disoit carados ⁊ cil q̃ nest pas a sõ aise luy dist q̃ a luy voulletiers se rend. Et carados en print la fiãce par tel couuenãt q̃ sans terme ⁊ sãs cõtredict a la belle guimier sen yroit rẽdre la q̃lle au bois estoit soubz la fueillee. Atant a Keux tant cheuaulche q̃l a la pucelle trouuee a laquelle il sest rẽdu de par Carados son amy leq̃l elle doulcement le receut. Et quant eust cõgneu que cestoit le seneschal grãdemẽt en fust resiouye pource q̃ repute ⁊ tenu estoit pour ung medisant.

¶ Moult fust ce tournoymẽt fier ou carados poit ne sõmeille, mais il fist des armes q̃ poict ne doibuent estre cellees, en ce lieu se trouua Brandelis auecq̃ plusieurs cheualliers bien vaillãs ⁊ biẽ estimez, par quoy ne fust de merueille se alions le tournoy se efforce: mais carados eust pl9 grand force en luy ⁊ pl9 de hardiesse q̃ nulz q̃ fussent au tournoy. Et vo9 dys biẽ qua ce destour les a si tresbiẽ affoiblis q̃ par ses vertueuses armes vaillammẽt fist tourner le dotz au riche roy Quadoalant ⁊ a toute sa cõpaignie. Fors ⁊ excepte alardin ⁊ cador le preulx pceual le gallois des trois le cheuallier le pl9 noble, ⁊ quãt a ceulx q̃ tindrẽt la partie du roy de rys ny eust celluy q̃l ne fust pris a force. Et messire perceual print Eliget ⁊ Tors le filz Arest lesq̃lz a alardi mena. Et cador cõe iay dist auoit Saigremor saisy leq̃l voulsist ou nõ auoit enuoye a sa mye de ses trois q̃ vo9 ay nõme auoit chm le sien en sa possession: ⁊ mena Alardin le sien a Gingenor ⁊ cador le sien a ydain. Mais point nauoit le bon preulx et vaillãt cheuallier Perceual le gallois damye illecques enprint, pource vo9 diray cõmẽt il en aduint. Bien auez naguetes entendu q̃ Keuy le seneschal s'est rendu a la mercy de la belle Guimier a laquelle l'enuoya carados. Et apres quelle l'eust repceu luy demanda des nouuelles du tournoyment et c'est enquise qui estoit le cheuallier lequel plus de los & pris y auoit acquis. Et le seneschal luy respōd q̃ par dess' tous les aultres Carados en auoit l'hōneur emporte & q̃ nul ne se estoit si biē aux armes porte deuant le roy Arthus q̃ luy. Et quāt la pucelle l'eust entendu parler a merueilles a este resiouye & eust de son amy grād liesse: quāt tel raport elle en entent laquelle moult se talēte de le veoir & pourtant delibera de se mectre pour aller ou le tournoy se faisoit ne voullut auecqus elle mener que la pucelle du pauillon qui tant fust auenāt & belle: & puis a Keuy demande se le tournoyment estoit loing. Et Keuy faict responce que non: mais quil cōuient quelle se diligēte. Atant le seneschal laisserent en leur loge, & tant ont alle quelle vindrēt en la lāde ou le tournoy se faisoit: et quant cōgneurēt q̃ elles le pouoiēt a leur aise veoir se arrestērent dessoubz quelq̃ belle vmbre ou regardērent a leur desir q̃ feirēt lors les cheualliers.

¶ Or maintenāt vueil cōpter de Perceual qui tost eust les pucelles aperceues lequel s'en vint par deuers elles & auecques luy mena son prisonnier qui dōna a la pucelle du pauillon & puis se print a elles a raisonner & en parlāt a la pucelle du pauillon luy dist ainsy. Pucelle a faict perceual il vo' plaira si vo' agree me dire quelle aduenture en ses bocaiges vo' conduict. Sire dist elle seullement pour le deduict de ce tournoyment veoir sōmes nous en ce lieu venues. Et ainsy q̃ perceual estoit en propos auecques les pucelles arriua lucain le courtois boutillier leq̃l se agenouilla deuāt la belle guynier & puis luy dist pucelle dist il, ie vo' sallue de la part de vostre amy lequel a vostre mercy m'a transmis. C'est le vaillant cheuallier q̃ les trois lyons ram-

pās a son escu porte & aultrmēt ne vo' scay dire q̃ il est: car son nom ne luy ay demande. aussi ne me la il poit dist: mais de par luy a vostre mercy ie me mectz. Et la pucelle la repceu le plus gracieusemēt quelle peust puis le feist auss delle asseoir en faueur de celluy qui la pris. Et ce pendāt s'est Perceual accointe en amytie de la damoiselle du pauillō a laquelle fist Cliget son prisonnier rendre: & par ainsy eust lucans cōpaignie & auec q̃ ie cōseillier lesq̃lz fort se esmerueillēt de la beaulte des deulx pucelles. Et atāt sont venus les bons cheualliers Alardin & cador vers les pucelles q̃ fort esmerueillerent quāt auecq̃s elles ilz trouerent lucans & cliget a leur prison & encores pl' de Keuy le seneschal: & quāt ilz les eurent bien viēgnees se voullurēt au tournoy retraire. Et perceual q̃ de son amour a faict dō a son amye la pucelle du pauillon luy enuoya pour ce iour vingt cheualliers prins au destour: & Carados en transmist bien autāt a la belle Guimier. Icy vo' lairay a parler des pucelles & vous parleray des barons qui se partirent delles.

S i tost que Perceual alardin & cador furēt des pucelles partis brocherent les cheuaulx, & puis au tournoyment entrerēt lesquelz trouuerent aultrement leurs compaignons quilz ne laisserēt ou les fors les foibles plaierent & abatirent. Le roy de rys & ses gēs qui se estoient talies chasserent Quadoalāt a grād force: mais point n'en doibuent los auoir. Car tout ce voisoit carados luy et messire Brādelis lesq̃lz ce iour tant d'armes feirent q̃ nul ne les scauroit blasmer. Or y auoit faict trop long seiour a si trouuer messire Gauuain lequel quant il veit ses compaignons fuyr commence a noircyr de duel ce que plus ne pourroit souffrir que tost au tournoyment ne voise, et estoit messire Yvain avecques luy qui moult vaillant estoit et preux, et sachez que les piniers quilz actaignirent les porterent ius des chevaulx par terre, et aussy bien le maintindrent les chevalliers que les suyvirent, car chascun le sien abbatit que rencontra a son chemin. Et allors dit Carados Yvain envahir lequel par terre le porta devant les piedz de missire Gauvain et puis revient dessus Gauvain qui par pres le festist en son escu que peu ne sen fault quil ne laist par terre mort abbatu. Lors a Perceval advise lequel dit sur luy et le fiert, mais Perceval bien le receut comme celluy que de rien ne doubtoit. Se lung a boute si faict laultre, mais ie vous dys sans nulle doubte que si bien ne se sceurent tenir que tous deux ne tombent en terre, chevalliers et chevaulx ensemble. Mais sitost furent remontez, lung remonta Brandelis et laultre messire Gauvain Perceval fust moult remply dyre de Carados qui labastist, tant le poursuyvit ca et la que une aultre iouste refirent ou par si grand vertu sen treferirent que eulx et leurs chevaulx furent par terre portez et cheurent tous en ung monceau. Mais ny eust celluy qui tost ne remonte tant sont fors hardys et vaillans et quant ilz furent remontez ne fault doubter quelles armes de leurs espees feirent et quelz coups furent par elles despartis. Et croyez que merveilleusement se fussent grevez se les aultres ne les eussent departis, mais Carados ne tant ne quant ne se veult pource reposer lequel sans cesse par tout cherche le plus hardy pour rencontrer qui le iour feist maincte question ou de solution neust poit: de si pres les va poursuyvant qu'iles a tous tournez en fuyte ce qui fort poise a Quadoalant. Messire Brandelis les chasse qui prou conquist en les chassant, car tel coup donna a Cador qui le porta ius du cheval et sy ne fust venu secours de Brandelis eust este retenu, car allors vint Perceval qui luy osta Cador des mains. Et Brandelis veit que

Perceval luy avoit Cador rescous: par telle yre Perceval fiert que ius du cheval labatit. Et Perceval sur luy refiert sique a terre vindrent tous deux. Et se fussent faictz de de grans maulx se Carados ny fust arrive accompagnie de plusieurs chevalliers lesquelz a chaschun redirent leurs destriers: moult a este Perceval dolent qui tant a este abbatu lequel eust grand tallent de sen venger, se lors il en eust eu la puissance. Adonc print la lance en la main et vient a Carados grans coups departoit. Quant Carados le veit venir de le recepvoir se pourvoye. Et lors quil se sont rencontrer de telz coups se sont entreferus que on ne congnoist au iouster le pire ne le meilleur des deux combatans et quant ilz se veulent requerre lung treuve laultre en peu despasse sique si bien ne se sceurent aux estriers tenir que tous deux ne allassent sur lherbe a la renverse. De quoy Perceval eust grand yre, lors meist la main a son espee en esperant de se venger du desplaisir quon luy a faict. Mais Carados point ne le doubte lequel a son espee traicte et adonc quilz furent approchez se recommenca la meslee entre eux deux trop cruelle et fiere: car tant a ceste foys se grevèrent quilz ont leurs escus detrenchez et tout destrompu leurs heaulmes: tant furent eux deux las de ferir que plus soustenir ne se peuvent, et croyez quil y en eust eu lung des deux occis dequoy eust este grand dommaige se alardy ne fust survenu et Cador les heaulmes eclinez. et quant Carados les eust veuz il nen fut pas si asseure. Mais ains quilz partent de ce lieu les chevalliers que nomme vous ay les departirent. Et Carados qui couraigeux estoit ne se voullut pource reposer et fort se opposoit quil de Perceval ne se vengeast: lequel souvent fiert puis est feru si tost quon luy donne il le rend.

¶ Ie ne scay que plus vous en disse ne que plus long compte vous face pour de la prouesse de Carados vous compter: mais tant vous

dys quil renuersa la puissance de Quadoa-
lant et de tous ceulx de son couroy et de ce ne
vous vueil mentir ql enuoia plusieurs pour
ce iour a son amye la belle Guimier dont
ien scay des aulcuns les noms. Le pre-
mier fut Keux le seneschal Girfles et ga-
les le chault: Lucain le boutillier courtois et
des aultres plus de quarante desquelz ne
me vueil entremectre pour le present de
leurs noms nommer. Car trop long temps
y mecteroye et aussy telz nommer pourroye
quilz en seroient mal renommez: mais se mon
hystoire nest faulse il y en eust des plus vail-
lans de la court du roy Arthus moult eust
carados de vertu qui conquist se iour si grand
pris des cheualliers qla vaincu et du Roy
qlmeist a la fuyte. A messire gauuain trop
ennuye voyant ainsy les choses de sa par-
tie mal aller et dist quil en a prou souffert
quant il voit ses cheualliers perdre deuant
luy et ne les secourt. Adonc aduisa Cara-
dos sur leql legierement acourt qui ce iour
auoit au tournoy bien veu et congneu aux
grands prouesses qly feist parquoy de iou-
ster lennuya. Puis iousterent trois fois ou
quatre que lung neust pouoir laultre aba-
tre parce q en eulx y eust grand force Qua-
doalant se renforca tant ont luy et les siens
bien ouure et vous diray comme il aduint: sur
Carados vint Perceual messire yuain et
puis gauuain qui tous trois se vueillent com-
batre de se venger de Carados: mais pas
ne sceurent sa prouesse tous trois sur luy
vindrent de si grande force q si tost lont par
terre mis et carados legierement sest main
tenant en piedz dresse lequel vers Perce-
ual sadresse: et bien voit que perdu a son
cheual leql Perceual occis auoit dessoubz
luy en se deffendant dequoy pourtant il nen
peult mais : car de trop pres estoit chasse:
allors vindrent tous trois a luy en le adui
sant quil se rende et q plus deuers eulx ne
face deffence et ce dirent parce q tant en luy
virent de bien q pour leur vaillant ne le

vouldroient blesser. Et estoit celluy q plus
le enhortoit de se rendre q messire gauuain
leql encores ne congnoist (ne scait q il est q
ainsy qla au tournoy veu faire les armes
merueilleuses: mais pour aduisemt quon
luy feist ne se voullut carados rendre et dist
q a son pouoir se deffendra et luy mouuoit
de noble couraige quant il entreprenoit de se
deffendre luy seul contre trois cheualliers
les plus estimez de tout le monde. Moult lon-
guement se deffendit et leur a rendu dur as-
sault si bien sest vers eulx deffendu q tout
leurs escus a fendu/ si vaillamment ses coups
depart quilz ne les peuuent endurer et tou-
tesuois ny eust il sceu resister qlny eust este
mort ou pris ne fust q quaxardy et le preux
ydier ne leussent secouru: et y vindrent aussy
coats a brandelis tous quatre cheualliers
francs lesqlz quant carados ont veu le secou-
rurent vaillamment et de rechief pour le rescou-
re vindrent. c. cheualliers bien fermes tena-
ply du roy de rys lesqlz tous direnr q mieulx
leur valloit habandonner q carados laisser
emprisonner/ et q moienant q le peussent rescou-
urer qlz auroient assez exploicte et sans luy ne
stoit aulcune chose deulx /et ainsy tous delibe-
rez de secourir carados vindrent tous tenans les
pee en la main, au lieu ou ilz sceurent qlestoit
desqlz brandelis feist la poincte qlvint vers
messire gauuain lespee toute nue traicte en
disant Sire dist il ce prisonier vous suis venu
deliurer pource pl9 auant ne lamenerez ou
aincois y aura follie. Certes dist gauuain
ia ne vous sera rendu mais chier vendu
vous sera le cheuallier q voulez rescourer:
¶ A ceste heure chm si virilement et y si grand
de fureur se efforce a monstrer se quil scait
aux armes faire que a lassemblee bien sem-
bloit q la terre treblast. Lors veissiez tant
de cheualliers abbatre tant de piedz et de
mains tant de coups despees donner escus
percer fausser haubers que cestoit pitie de
ce veoir lung estoit naure laultre mort et a
brief dire le plus fort et le plus vaillant

p.iii.

estoit craintif ou estonne. Pour carados est telle chose entreprise que auāt q̄ la feste se departe il y en aura de dolēs : mais tāt sous dys de Quadoalant que quil y gaigne il y a perte. Car carados luy ont tollu tout a force deuāt sa face : dequoy fust gauuain fort pres de le veoir aisy y force emener que il ⁊ ses gens reprindrent leur force tellement q̄ a force de coups quilz ont departis ilz recouurent Carados : ⁊ bien sachez pour verite q̄ carados nōmeemēt comme preudhōme biē se aidoit lequel de chose du monde iamais ne se effraia ne eust peur le quel auecq̄s son secours bien resueilla ses ennemys au taillant de son espee : si que to⁹ les a espouētez : ainsy est par force eschappe dequoy furēt messire gauuain ⁊ yuain fort prez si fut Perceual le gallois cōsiderans q̄ carados leur eschappoit ⁊ que a to⁹ trois auoit leur cheuaulx occis si que il leur conuenoit apied cōbatre/De tout ce ne sçait riē cadoz ne alardin qui daultre part font merueilles de ca de la lesquelz allors se partirent du lieu ou ilz ont tant este quil y ont cōqueste hōneur ⁊ fameuse louēge ⁊ y ont moult de cheualliers pris lesquelz aux pucelles enuoierent. Lung cest de laultre de party chaschun desirant le premier venir la ou ilz voient la plus grande presse. Allors vindrent sur carados courir lequel ne congneurent pour lheure parce q̄ perdu eust sō escu ⁊ en auoit vng aultre recouuert pareillement estoit il desmonte de son acoustume cheual ⁊ auoit vng destrier de honguerie recouuert q̄ son tenoit seur ⁊ fort bon. Chaschun sur luy tout droit se lance en venant la lance baissee ⁊ il a la sienne alongnee si que tresourement ⁊ tellemēt sentreferirēt au rencōtre q̄ cadoz fust si mallemēt party q̄l tomba a terre estendu les iambes ⁊ les bras cōtremōt q̄ tout le monde luy dōnast ne se fust seul du lieu leuer : dequoy Alardī eust grād yre a q̄ moult poise de son cōpaignon q̄l voit au sablon trauailler : lequel en

soy dist q̄ petit sa vaillāce prisera se maintenant nen prent vengeāce. Or estoit alardī sur vng puissant destrier mōte tenāt vne puissante lāce lequel carados recōgneust : mais pour icelle congnoissance ne laissa vers luy aller : car telle est la coustume du tournoy q̄ soy ne porte lung a laultre si que pour parēte ne pour cōgnoissāce ne doibuē chaschun ou il peult ferir : lors sen viennent par grād cōtraire tellemēt q̄ de ceste rencōtre fust tant lung q̄ taultre porte ius de sō cheual : lesquelz gueres ne arresterēt a se releuer sur les piedz puis ont mis les mais aux espees tant q̄lz se sont iusques au cler sāg couller entamez la chair ⁊ les os ⁊ fust carados lors le mieulx estime q̄ entre ses mains Alardin tenoit quāt messire Gauuain ariua leq̄l durement sembatit cōtre carados q̄ bien le cuydoit auoir pris a ceste foys : mais nō aura pour vray encores : car tant de hardiesse eust en luy q̄ probablemēt se deffend. messire gauuain le requiert leq̄l bien pense de le prendre : qui tel coup de lespee luy dōne sur le heaulme q̄l le rēdit tout estōne : ⁊ Alardin si bien le fiert q̄ le requiert de lautre part q̄ peu sen fault q̄l nest tombe pour les coups quil auoit receuz. Lors vit messire Brādelis leq̄l il suruint a bōne heure qui fort a Carados seruit ⁊ Alardin va poursuyuāt de lespee q̄ en la main tient de laquelle tel coup luy dōne sur le heaulme qui le feist bien fort chāceller : vng aultre coup refiert apres si que petit sen fault qua terre il ne labatit/⁊ le tiers si bien emploiea que froisse a tout son heaulme/⁊ de laultre leust abatu se il eust assene a plain : mais carabos luy a le coup destourne ⁊ aduint q̄ le coup tomba sur gauuain. Lors gauuain refiert carados ainsy q̄l se voulloit tourner si que par terre labatit. Lors carados sans delayer tua sur messire gauuai par telle fureur q̄ tresbien luy a paye ce qui luy a p̄ste.

¶ Lors cōmenca vne meslee plus fiere q̄ pas na este que lon ne pourra departir tāt q̃ assez se seront batus. les plus fors deux tost lassez furent: car sans faindre sentrefie rent la ou il peuuẽt attaindre on y cõgnoist ou breche ou merche et de moult grand coups sentregecterent quãt lũg sauace laul tre boute a la grande force de leur bras firẽt des armes merueilleuses si que de leur sãg moult espandẽt onques mais messire gau uain ne fust son viuant si failli q̃ neust onc ques tãt de trauail mais de scauoir a grãd enuie dont est venu ce cheuallier qui si bien sest cõtre luy tenu et nõ pas tenu seullemẽt mais quil a durement greue desir a de son non scauoir car oncq̃s mais pour vng seul homme ne fust si mallement mene si pene ne si trauaille de ses compaignons nul na tent chm̃ pense de se deffendre ou mourir ou se rendre a mercy.

Eulx qui lors furent de la part au Roy Rys eurẽt le pris q̃ le hault los mais Carados nõ meement du tournoy le pris eporta nul des aultres tant ny ouura Cõme Carados feist le iour mais la nuict approcha fort obscure laquelle feist le depar tement du tournoimẽt qui a este le pl9 grãd et ou plus de nobles et de preux cheuallie rs comparurent que iamais on en veist pour vne iournee assemblez toutesuois ne fust le depart du tournoy sans grãd coups donner les vngs aux aultres mais le pire party en to9 poĩtz en ont et en furent les pl9 foibles ceulx du Roy Quadoalant/ ainsy q̃ lõ sonoit la retrecte q̃ chm̃ se deptoit mes sire gauuaĩ se prit fort a Regarder carados et ne scait que de luy iuger fors que il scait bien que pour ce iour il est cellup qui pl9 de pesses a faict mais pas il ne scait qui il est ce que fort desire a scauoir et pour ce faire de luy sapproche q̃ dist aisy. sire cheuallier dist il ie vous prie me dire dont vous estes q̃ cõ mẽt vo9 auez en nõ. Et carados rien ne res põd Car pas ne veult q̃ le cõgnoisse. Puis recommence messire Gauuain et luy dist. Cheuallier faict il ie vo9 prie humblemẽt quil vous plaise vostre nom me dire car se vous me escondissez tenu vous sera a re proche. Adonc luy dist carados son non puis luy dist sachez faict il que ie suis De bretaingne mais puis que mõ nõ vous ay dist le vostre aussy quierie scauoir Certes faict Gauuain ia ne le vous celleray quãt vous plaist me le demander sachez q̃ gau uain ay en nom. Gauuain faict Carados Bien le scauoie mais de vo9 voulloie le cou raige essaier et esprouuer vostre prouesse Cõme le renon en auez/ et cõme de vous ycelle en bõne renõmee volle. Quãt Gau uain eust carados entendu grandement se esmerueilla si luy a dist Amy faict il la bel le ysenne qui est niepce du Roy artus la cõ gnoissez vous ie vous prie. Ouy biẽ faict il ie la cõgnois comme celle qui est ma me re. Ha carados a dist Gauuain a ceste heu re ie vous cõgnois et scay que vous et moy sõmes cousins. Et a ses parolles iecteret chm̃ leurs escus par terre puis delacerent leurs heaulmes et sencourutent entre bai ser par plusieurs fois et p̃ biẽ grãd amour/ Brief telle ioie eurẽt a ceste fois q̃l ne se pu rẽt cõtenir de larmoier. Il pleurẽt par ce q̃l se sont greuez et se reiouissent par ce quil se sont trouuez et recõgnus. Ainsy se cõioient q̃ se resconfortẽt plaisammẽt eulx deux les quelz au parauãt se firẽt de grãdz ennuys Et de tant quilz sentremeffirent de tant eu rent ilz ioye greigneur.

¶ Quant carados eust este recongnu ne fault doubter quelle liesse fust partout de menee et principallement quant Alardin et Cador ses compaignons en eurent con gnoissance lesquelz fort ilz se merueillerẽt de ce que tout le iour ilz ne lont recongneu mais la chose en ce point aduint par ce que Carados se estoit desguise de ses armes et ne voulloit estre cõgneu affin que nul ne le

p. iiii.

doubtast sa puissance a monstrer sur luy se greigneur ou plus grande leust et lors fust enuironne de tant de cheualliers pour le ioir et le Reuerer que grand noblesse fust et aussy ilz vindrent pour scauoir qui estoit cil qui tant les auoit naurez et toute iour greuer pour les aultres soullaiger & supporter. Qua doaslat dugne part vit Et le roy tps tatoftse depart. Et pour la grand ioye quil en ont firent partir et cesser le tournoiment si vous dis que au departement que de ce tournoyment feirent que le Roy Arth⁹ donna pour femme a Alardin la belle guingenor. Et la belle ydain a cador et a la pucelle du pauillon par le conseil de Alardin & y son assentement la dõna a Perceual. Or sõt ses trois assenez et affin que la chose ne soit mal partie et que nul ne se malcontête fust ordonne que Carados auroit la prudente Guinier pour son amye Or ne vous puys racompter quelle solempnite et quelle feste fust a ses mariages faicte il fault que vous le suppliez. Car iay a aultre chose affaire. Quant le tournoiment fust fine chascun a son gain departy & par especial entre Alardin et cador et leur compaignon carados. Ainsy sont vnis emsemble comme vo⁹ ay dist et compte et sentrefiancerent et promirent quatousiours mais seront amys puis quant se furent entrebaisez prindrent conge du Roy arthus mais tant de bonte scait en eulx q⁹ que conge pour riê ne leur veult dõner et les fist auecqs luy seiourner en grãd ioye et en grand deduit ou il demeurerent par lespasse dung an ou plus.

¶ Comment apres que ysenne fust enfermee en la tour par le commandemêt du roy carados son espoux Eliaures lenchanteur continua tous iours daller visiter et hâter la dicte ysenne et comment le dict Roy carados en fust aduerti puys euopa en la court du Roy arthus querir son filz carados le ql surprint le dict enchanteur en la dicte tour auec sa mere ysenne.

LE Roy artus côe no⁹ dist lhystoire fust par lõgue espace a seiour mais icy me tairay a parler de luy et vo⁹ veuil dire de sa niepce la belle ysenne mere au vaillant carados de la quelle me conuient compter chose qui moult me desplaist Car celluy nest bon ne courtois qui sur vne dame mesdit qui iamais follie ne feist et se quelchune follie faict ce nest pas a dire q toutes les aultrtes folloiêt ne que telles côme celle soient/toutes femmes ne sont semblables se vne faict mal trente font bien. mais sur toutes rien il me griefue ce que dugne me conuient dire. Mais vne chose me conforte cest ce quelque blasme ien dis au commencement de mõ compte que la fin en sera honeste et bonne. Par vne seulle qui tant se blasme abatera cest la prudente et belle guinier de la quelle pñt ne veulx toucher mais cy apres en toucheray quant le tẽps viendra et le lieu. Pour a mon compte reuenir et pour ensuiuir ma matiere il vous souiêt ou doibt assez souuenir Commêt madame ysenne a a Nãtes este enclose en vne haulte tour. Mais tant depuis a lentour alla Eliaures cest enchanteur qui pere estoit de carados Comme celluy qui sapercceust q pour luy ysenne enclose fust qui telle chose ou des roy ne prisa. Et tant pour la grand amour que auecques elle auoit que par ce que tant il scait dart trouua maniere dauoir en ceste tour entree/comme ie vo⁹ ay dist/tant sceut Eliaures dart de nigromancie que rien ne luy fust impossible ou il se voulloit pour mal faire appliquer & pour ceste fois auoit plus grãd cause de esprouuer son art que iamais parquoy nest merueille se appliqua a faire ce quil feist a fin de son amye sollacier a quoy tant bien dilligenta que en la tour se meist auec elle dont puis luy auint malement car par le sien enchantement faisoit

Perceual le gallois. fueillet. lxxxix.

en ceste tour herpeurs herper vielleurs vieller les iongleurs ou bastelleurs iouer et ioueurs de souplesses tomber cestoit la vie quil menoit toutes les fois quil y venoit. Et souuent prenoit au Roy carados voullente daller par ses aultres citez et par my sa terre desduire. Et quant lenchanteur scauoit quil se estoit de Nantes retire sen alloit auecques la belle ysenne en la tour sollacier ainsy que mauez ouy dire laquelle chose feirent par longue espace de temps tant q̃ les voysins se esmerueillerent chascunne nuict qui tel deduit en ceste tour faisoit. Et si tost quilz sen furent apperceus diligentement le Roy en aduertirent a son retour mais ce a este a son priue et le plus secretement quil ont peu. Quant le Roy eust ceste nouuelle entẽdue ne fault doubter que grand deuil en mena car si profundement son cueur souspiroit q̃ on leust facillement ouy dassez loing. Longuement faict guecter la tour et alentour mectre bon guet mais tãt ny a sceu exploicter quil y peust lenchanteur surprendre. Et pour la ioye et le deduict que en icelle tour on faisoit chascune nuict par iõgleriees et par aultres esbatemens fust elle nommee Boffois, et est encores Boffois en la contree appellee.

¶ Le roy ouit de ses oreilles les merueilles et le grand deduit que Eliaures lenchãteur en la tour faisoit ce que fort souuent luy desplaist. Lors se aduisa de voulloir a son filz Carados parler et pensa se il luy transmecteroit vng messaige ce quil fist sans aultre conseil prendre et faict le messaiger partir et quant il se fust mis en voie passa les mers tant que en petit de temps en engleterre ariua en la court du roy artus ou quant il eust apres Carados demande sceut quil estoit en la court. Lequel quant il eust apperceu le sallua de par son pere et puis luy a depoinct en poinct recite le grand besoing qui son pere arguoit parquoy il auoit mande et quant carados eust bien le messaiger entẽdu prit cõge de la court et desclaira au Roy de chief en chief ce que son pere luy mãdoit et le besoig quil auoit de luy. Et le Roy luy donna conge par tel conuenant que quant il aura la besongne mis a fin quen la court il retourneroit. Quant alardin et cardor sceurent que carados de la court sen partoit voullurent auecques luy aller lesquelz prindrent pareillement leur conge. Lors feist le Roy son tresor ouurir et la mis en leur habãdon qui tãt leur a faict donner de ce q̃lz desireret a en prẽdre. Et ce faict se meirent en voie et messire Gauuain les conuoia et le cheuallier yuai pareillement tant quil vindrent au chemi ou carados trouua Alardin et la pucelle menant la belle et bien aduenant Guinier et en ce lieu trouuerent chascun̄ leur voie plaine pour en leur païs les mener. Et quant se vint au departir na este sans larmes espãdre tous de leurs cheuaulx descendirent et puis sans faire longue attente lung de laultre prindrẽt conge et quant se sont entre baisez dessus leurs cheuaulx Remonteret. Et sachez que Gauuain et yuain ont tant conuoie Carados que il lembarqueret en mer en vne nef puissante et forte lesqlz pour luy demeurerent en grãt desconfort et en grande pensee de son partement et quant de luy ont conge pris sen retournerent en la court auec le Roy seiournerent.

Ador Reuint a cornouaille a compaignie de la belle yuain sõ amye et de guinier sa belle seur la quelle ne voullut carados en bretaigne mener mais a desir quelle auecques son frere qui tant laime se tienne affin quelle ne sapercoiue ne se doubte de sa mere et que les nouuelles a elle nen paruinsent telles quelle ne trouueroit pas belles. Mais bien voz dis que quelque part que Carados voyse si sera il tousiours a cornouaille au cueur et a la pensee de son amye mais au cueur auront ilz grande pẽe auant que iamais se reuoient. Quant carados est de la mer issu bien vestu et bien atourne tant cheuaulcha que il est a Nantes arriue ou le Roy son seigneur trouua en grand tristesse mais quant veit Carados arriue il en eust assez de liesse & le receut honnorablement. Et apres quil eurent repeu le Roy feist a Carados ses complainctes de sa mere et luy a toute seuurte et la chose racompteca tout ainsy quil en est et comme elle est allee. Et adonc que carados eust le Roy entendu tant pourchasse et tant feist par son aguettement que Eliaures lenchâteur surprint en la tour auecques sa mere auquel vous dis bien qui luy feist assez de honte & de laidure Car quant il fust deuant le Roy le feist tout parforce coucher auecques vne lisse et charnellement la cognoistre et apres auecqs vne truye pour de luy haultement se venger et puis luy feist vne iument saillir. Et quant auecques la lisse chaulde choucha il engendra vng leurier qui fust appelle Guinalot: et en la truye vng grand sanglier que lon feist courtam nommer/& en la iument vng destrier que lon nomma lotiagort lesquelz furent tous freres a Carados et filz de son pere vous dis bien que carados fust tant pre que peu sen fault quil ne faict lenchanteur pendre ou escorcher mais quant il eust considere que cest son pere conscience le remort ne luy faire que ceste honte sâs le toucher au corps pour luy mal faire: telle en print le Roy la vengeâce côme ma uez ouy côpter et puis le laisserêt aler. Eliaures lenchanteur fust fort dollent de la hôte quoy luy a faicte mais biê voꝰ dis que qͥque chose quon luy ait faict iamais necessa tât quil vint en la tour ou la Royne estoit a laquelle durement se complaignist de la moleste q̃ son filz luy a faict de quoy la Royne en eust tel dueil quil ne la pouoit apaiser de plorer et de souspirer: et puis a dist mon chier amy faict elle tout voꝰ tres ses auez biê pdu se par vous nest tel conseil pris que bien vous en puissez venger. Dame feist il

se seroit peche par trop grand et trop grande cruaulte seroie se mon filz ie vouloie occire. Dictes vous faict la Royne que voꝰ auez de luy pitie et il na eu pitie de vous bien lasche voꝰ pourrez monstrer se voꝰ ne prenez la vengeance car se ainsy vous ne le faictes tost aurons perdu nostre ioye & ne scaurons tellement faire que tousiours ne vous face ennuy et pource pensez de honnir Celluy qui vous a faict telle honte. Doꝰ auriez bien le cueur failly se de luy vous prenez pitie. Certes faict il ie suis son pere parquoy ie nauroie le couraige de le vouloir faire mourir mais pour a vostre gre satisfaire bien le feray viure en languer en grand tourment et en grand peine moiennât que voꝰ en voullez entremectre. Et elle respond que preste estoit de faire ce qui luy plaira pour le honnir et endommaiger.

¶ Atant sen part Eliaures lenchanteur errâment et puis luy aporta vng serpent enchante comme biê sçauoit faire par sa nigromance & puis loeure luy enseigna quelle feroit de la couleuure et quât il eust la serpente a la Royne mostree lenferma dedês vne armaire & quant il lay eust enclose a la Royne son penser declara. Dame faict il p ce serpent serez vengee et ie vous en diray comment. Mais aincois que sachez la chose ie vous veuil bien aduiser de natoucher a ceste armaire car cil q̃ y atouchera approchera de sa douleur. Or quât quelque iour aduiendra que vostre filz viêdra a voꝰ pour icy se deduire et sollacier. Si tost vous conuiêdra dresser faisant semblât de voꝰ vouloir pignier. Puis luy dites que vostre pigne de ceste armaire ataigne. Et quant latmaire aura ouuerte. Lors verrez la serpêt venir qui dessus luy se lancera et tellemêt a son bras se lassera quil ny aura si bon amy qui iusques a deux ans et demy luy puist ceste serpente oster. Moult fust ioyeuse la Royne de ce conseil disant que pis auroit carados a languir que de mourir hastiuemêt et puis dist que non obstant que sa mere soit ne laissera de sa mort pourchasser et de faire ce q̃ luy a dist Et ainsi se depart Eliaures lenchanteur de la tour Petit apres print a carados voulloir de aller sa mere veoir/mais se pour verite eust sceu le mal qui luy peult aduenir ny fust de son viuant entre. en la tour le petit pas monta les degrez contremont et quant eust sa mere aperceue aise luy dist/dame faict il celluy q̃ crea ciel et terre vo⁹ accroisse vostre sancte. Et la royne luy Respond beau filz faict elle le hault dieu vous benie Croiez q̃ pas ne me doubte que ceans vo⁹ deussiez venir ie ne vo⁹ ay de pieca veu et mauez de si pres surprinse q̃ ie suis toute escheuellee par ce q̃ pignier me voulloie dung pigne qui me fust de Rome aporte lequel est dedens ceste armaire ie vo⁹ prie de me laporter/q̃ puis aupres de moy sil vous plaist vous deuiserez car fort vostre seiour desire pour vne espace en ceste tour et moult me tourne a grand ennuy de tãt seullette demeurer. Lors que Carados eust le commandement de sa mere ou si tost sen est deuers larmoire alle q̃ quant ouuerte fust meist vng bras dedens puis la serpent q̃ la estoit gecte les dentz et au bras se prent et alentour se tient et se lasse Et carados arriere sault cuidant de la malice du serpẽt escapper son bras commenca a scourte affin que de son bras se deharde mais de plus en plus la serpent se adhere et se prent Lors carados commence a taidre a pallier et a muer couleur a suer et a tressaillir de lãgoisse quil en auoit mais ne scait a qui conseil prendre/sa mere y fault legierement aise cõme selle ne sceust mie la verite de cest affaire. adonc par couuerture a plourer se prẽt et se debat et se destort souuent en regretant la mort puis disoit ainsy. Las faict elle poure dolẽte or tiẽs ie la mort bien aduerse quãt elle tant me laisse viure hellas q̃ q̃ a ce mal faict de leans mectre la serpẽt et pourquoy cest elle entremise de mõ filz predre q̃ moy

laisser vers moy se deubst elle lacer la couleuure de malle nature car de viure ne me chãult point. Beau filz allez vous cõfesser et vous deschargez des pechez que côtre vostre pere auez faict q̃ de moy qui suis vostre mere pour loffence cõmise par vo⁹ deuers nous dieu maintenãt la vengeance en prẽt pource souffrer en pacience en requerant a dieu mercy. Ainsy le sermonnoit la dame q̃ Carados mot ne luy sonne et en son cueur souspire q̃ croit estre vray ce quelle luy dist mais si grãde angoisse souffroit q̃ ne le croioit creature humaine.

⁋ Cõmẽt lẽchãteur fust vẽge de carados son filz par ce q̃ vne serpent se ajardit au bras du dict carados et le tourmẽta grãd tẽps.

Quant le Roy la nouuelle scait grãd doulleur en eust et destresse p̃ quoy p̃ legierement venu et a bien petit sen fallust que la Royne ne meist a mort. Lors vindrent aulcuns de ses gẽs q̃ la retirerẽt en vne chambre pour la fureur du Roy esuiter. Carados est en grãd angoisse de la serpent qui le succe et mort de quoy a le Roy si grãd deuil que ie ne scay quil ne se pasme souuent sa vie blasme et despite et sãs cesse sõ cueur souspire ses cheueulx q̃ sa barbe arrache que cestoit pitie de le veoir. Lors commanda quõ lemporte car plus ne se peult soustenir et pl⁹ en affermant iura que sil peult lenchãteur tenir q̃ mourir en doulleur le fera. carados prindrẽt en leurs bras viii. cheualliers du mois q̃ hors de la tour le porterent puis luy atournerent q̃ apparillerẽt vne chauche fort belle et riche ou dessus le meirent. Mais point de repos ny a eu car ne peult trouuer place bõne ou vng ti en il peust reposer car de pl⁹ fort en pl⁹ fort se lice q̃ adhere la serpet a sõ bras q̃ estraictãgoisseusemẽt Le roy voiãt ceste doulleur a carados endurer enuoia chercher p̃ toutes a terre mites medicins et cirurgiens les meilleurs que lon pourra trouuer quil comanda diligentement amener pour scauoir se nul scauroit par sa science la serpent oster. Mais quant tous essaiez se sont et quilz ont faict du mieulx quilz peurent iamais ne le sceurent oster si que plus a toucher ny osent. Adonc se prent le Roy fort a se merueiller quant il voit quil ne scait de Carados faire comment il pourra faire traire ceste serpent qui tant la tere et fort le greue. Estant en ce grand pensement saduisa enuoier vng messaige en egleterre en france & en tous quartiers signifier generallement a tous ceulx qui se congnoissent en medicine en pierres en racinnes ou en herbes en coniuremens et en charmes qua luy viengnent hastiuement en certifiant que celluy qui pourra carados du serpent deliurer que riche len fera & tant de son auoir luy donnera q̃ plus il nen vouldra emporter ne prendre. Quant partout fust le mandement entendu assez il sont venus de mites de medicins et aultres gens mais ne les grandz ne les petis ny sceurent aulcunne chose mettre parquoy la serpent se desliast tant est de peruerse nature.

¶ Comment ysenne mere de carados le ieune se resiouist de lafflictio de son filz et comment le Roy arthus en fust informe et du dueil quil en fist.

LA Royne estoit dedens sa chambre qui mainne grand ioye & liesse en ce remembrant de la grãd hote et grãd contrariete que son filz luy auoit faict faire, puis dist ainsy. Ha garson faict elle il est bien veu maintenant apertement comme dieu de toy prent vengeance de ce que tu as a ton pere et a ta mere tant faict dennuy la penitence present tu en feras et a douleur vseras ta vie et en fin la mort te fauldra endurer. La Royne ainsy se resiouissoit souuentesfois en ceste tour comme bien plusieurs gens ouyrent lesquelz comme tristes & dolens de ceste chose le allerent au Roy annoncer qui si triste et si dollent en fust que se il neust craict tomber a lindignation du roy arthus il eust la Royne desheritee et mise hors de son royaulme ou faict de male mort mourir, mais par ce quelle estoit sa niepce souuent se refraingnit de ce faire. Ainsy come on scait que renommee par tout se part et volle et plustost du mal q̃ du bien tant fust parle de ceste chose ca et la q̃ les nouuelles en vindrent iusques a louie du Roy arthus si que il sceut toute leuure de lenchanteur et comment estoit carados de la couleuure trauaille q̃ estoit en son bras lacee, & y fust tant quon ne la pouoit oster par charmes ne par medicine. Le Roy estoit soubz vng pomier en vng sien bois quant la nouuelle ouit tel deuil en eust et si grãd pre quil ne scauoit que deuenir puis si grand angoisse au cueur luy toucha quil se laissa sur vne souche choir a terre presq̃ pasme, & quant a soy fust reuenu se commenca a repentir quant Carados son nepueu chier il laissa de sa court partir, puis dist ainsy. ie suis faict il bien malheureux de lauoir laisse en aller quauecques luy ne men allay ou que Gauuain ny enuoye q̃ le remenast ou vuain Et vous dis bien pour verite se dieu psperite me donne que en vne ville ne gerray que vne nuit tant seullement que auray veu Carados mon nepueu. Adonc ne voullut le Roy arthus attendre mais sa voie legierement accueille lequel en brief temps fust en mer entre ou trouua le vent fort contraire quant ilz y furent entrez si que par la tourmente quil y faisoit furent si rudement destourbez que au lieu de aller en bretaigne ilz arriuerent en normandie en vng haure outreport nomme ou ilz yssirent de la mer mais ny voullurent seiourner et tant cheualcha & ceulx de sa compagnie quilz arriuerent en Bretaigne.

¶Perceual le Gallois   fueillet. xci.

¶Comment le roy arth⁹ se meist sur mer pour venir visiter son nepueu le ieune caradox et cõment il eust vent contraire.

Tant vous lairay icy a parler du Roy: et de Cador vous compteray qui en cornuaille estoit lequel ainsy que bruit partout volle et court entendit de caradox les piteuses nouuelles qui point ne hait et sceust aussy ceste besõgne Guimier sa bonne amye laquelle ne peust durer quãt ce piteux raport eust ouy que toust a terre ne se laissast tomber toute pasmee si que elle ne se peult releuer tant grand doulleur au cueur luy touche et deuint aussi palle et froide que bien sembloit q̃lle fust morte. Et quant de pamoison Reuint estoit ainsy cõme celle qui pl⁹ neust de sens/puis se cõmence a se escrier et a si chauldement plorer q̃ cestoit pitie de la veoir/apres maulditlheure et le iour auquel iamais fust engendree. puis dist ainsy. A mon vray dieu faict elle sil est que mõ amy tu me ostes iamais ie ne veuil estre viue hellas vray dieu ie te supplie q̃ ce bien me veuillez permectre que encores vne fois ie le voie auant q̃ la mort le saisisse et par ainsy la miẽne foy q̃ moult est forte bonne et grãde seroit enuers toy redoublee. Et encores dict: a faict elle maudicte mort pourquoy te adressez tu aux preu hõmes. Helas pourquoy desires tu mon amy sapsit faulce cruelle me veulx tu oster mes plaisirs me veulx tu ma ioye tolir me veulx tu de celluy banir q̃ est le support de mon ame. Alors a ses cheueulx se prent a deux mains les tire et arrache tous les destõpt et les deschire et puis rechiet pasmee a terre tant a le cueur triste et dollent Et quant fust Reuenue a elle ses poings destort et ses doigtz tire/ puis a basse voix se plaict ainsy disant. Mort faict elle cest a grãd tort quauy vos ne voullez faire paix et q̃ les mauluais faictes viure/ mort mort

les bons naymez vous pas car quant ilz sõt en leur hault poict si tost vous les allez surprendre: helas pourquoy voullez vous prẽdre mon amy se ainsy le faictes pour dieu pẽsez de mõ corps traire la vie q̃ tant me trauaille si meurt faictes quauecq̃s luy voise ainsy vous me ferez raison car sil est que mon amy meurt confort valloir rien ny pourroit Grand bien seroit donc se me sẽble que no⁹ mourions tous deux ensemble car qui vit apres son amy tout son viuant demeure en peine et a ses motz recheust pasmee et quãt elle fust reuenue ne cesse de ses mains destordre et tous ses cheueulx attacher si piteusement se contint quõ ne le scauroit racõpter puis se reprint a exclamer. Vray dieu faict elle a vous me rens et que par vostre sanctifie non veuillez ce diable arriere mectre qui toult a mon amy le viure: ha serpente faulce vipere du bras caradox te despẽs du bras mon amy te deslace et si ten viens au miel acer helas mõ doulx frere cador menez moy deuers Carabos scauoir se le pourroye veoir ais quil fust mort et puis mourroie auecques luy a plus grand ioye.

¶Cõmẽt guimier lamie de carabos sceust lestat du dict caradox et le tourment q̃ souffroit par la serpẽte a cõment elle se mist en voye pour le venir visiter

En telle dolleur a detresse comme ie vous ay dist a cõpte et pl⁹ q̃ cõpter ne pourroie/ durant lespace de cinq iours elle pour son amy faict ses regretz et cador tel deuil en demaine quil nest homme qui resconforter le puist et apres toutes choses considerees feist vne nef sappareiller et pour celluy qui tant il ayme seist esquiper en haulte mer et sa seur guimier auec luy a si bien errerent eulx deulx quilz arriuerent en bretaingne puis tant allerent de iournees qua Nantes ilz sont paruenus. La nouuelle qui tẽtost volle cest tant dilatee et môtee q̃ carados oyt cõpter q̃ le Roy arth⁹ de bretaigne le vient veoir a grãd compaignie. Et Cador vient de Cornou aille accõpagnie de la belle guimier que pl⁹ aymoit q̃ ne puis dire. lesq̃lz to⁹ vont le veoir pour le rescõforter/mais quãt carados sceut leur venue luy tourna a grãd descõfort p quoy feist tous ceulx qui auec luy estoient retirer sique nul auec luy ne demeura de dés la chambre ou il gisoit ou apres a dieu parla par contraire ses parolles disant.

¶ O beau sire dieu q̃ tant on me tiẽt pour vil a ceste heure ie le voy et le cõgnoys biẽ/ pour la chose q̃ celler ie cuidoie. O et q̃ cel le me contempnera que tãt ay chiere quant ma face regardera que tãt est palle et la ser pent qui ainsy me lie. selle me hait elle aura droict car q̃ la verite vouldra dire ie ne suis digne ne de vallue parquoy elle deust estre mamie. tel ne fus ne ia ne seray: que deuiẽ deray ie Sire dieu? Cõmẽt pourray ie tant durer ne commẽt pourray ie endurer que la plus belle creature que iamais nature for ma sans fallace et sans mesonge verra ma grand mal aduenture. Lors ie suis trop en grand destresse ꞇ tormente trop durement car ce que ie veuil ne veuil mie. Voullon tiers mamie verroie a ioye et en prosperite mais ie scay bien pour tout certain que si tost q̃lle maura veu q̃lle me ayra ẽ grãd des pit tenu et pource ne peux ie souffrir quelle me puisse veoir en face. Mais ie scay bien q̃ ie feray se dieu maist. quoy/ie mẽ fuiray/ las quesse que iay dist bonne amour le me contredict que ie ne face ceste faulte de mẽ fuir pour mamie selle me veoit en ce po ure point et elle maime de bon cueur ia ne mẽ aura en despit. Le commun dist en son prouerbe/cil qui bien aime tard oublie ma is aultre chose me contrarie cest que lon dist communement tant as tant vaulx et tant on taime. Hellas ie suis cil qui na riens ne rien ne vaulx ainsy men va.

¶ Carados toute la iournee auoit la face tournee vers laparoy pour la grand doul leur quil souffroit et aussy estoit tant pour son mal atriste que quant veoit aulchun vers luy venir il se retournoit le visaige en faisant semblant de dormir. Et quant vint enuiron le soir le Roy carados en sa cham bre vint et vng messaiger que cador enuo ia. Quant carados veit le messaiger sa pen see voullut celer pour ceste heure car lhom me saige couure ce quil scait tãt que le tẽps soit req̃s de le descouurir ꞇ aussy dict on vul gairemẽt que celluy q̃ follie pẽse ne la doibt ia mectre en despece. non feist carados pour ceste heure. le messaiger vint droit au lict pu is dist ainsy Sire fait il vostre compaignõ Cador est pardeca la mer venu et auecq̃s luy la belle Guimier sa seur qui plus vous aime quelle mesmes lesquelz de par moy salut vous mandent et aussy vous signifi ent que aidant nostre seigneur que demai en dedens le midy ilz seront icy et vous dis bien que Cador vous aime si parfaictemẽt quil vouldroit auoir son pois dor dõne vos tre tout ce quil a vaillant et que fussiez sain et prospere pource vous prie prendre bon cu eur Car iay en dieu ceste fiance que vous reuiendrez en conualescence et en bonne p̃ sperite. Las mon amy dist Carados sca uez vous que mamie vient. Ien suis certa in faict le messaiger. O que biẽ soit elle ve nue et mon bon compaignon Cador. He las que moult il me desplaist: que ne puis aller alencontre. Et a tãt laissa le parler et en regardant sa doulleur toute la face luy vint palle ꞇ quant il se remembre de sa mie membre na sur soy quil ne treble. Amour si pres du cueur le naure quil demeura cõ me pasme Car amour est de telle force qui lung pour laultre en veult mourir: quant amour est ferme et non faincte/ aussy en es toit Carados qui tant la belle Guimier aymoit que sõ mal ne luy fust si grief que la vehemence et lardeur de son amour ne excẽ bast. On dist aussy que la bonne et vraye amour n'est iamais sans craincte ce que bien gardoit Carados car sa mye aimoit et craingnoit: tant et de si bon cueur l'aime q̃ plus grand desir a de la veoir que toutes les choses de ce mo̅de: et d'aultre part est en craincte de la veoir par ce que qua̅t elle verra ainsy laict et desface que de plus l'aimer se deshaicte.

Tant seiourna en ceste craicte que toute sa pensee tourne a sen vouloir fuir et qu'en l'estat auquel il est n'oseroit sa mye attendre. Lors le messaiger appella auquel il dist: amy faict il vous m'auez tout assoulage des nouuelles que m'auez apo̅rtees de la damoiselle. Mais iay grand doubte considerant que ne suis en sancte que qua̅t elle ainsy vif que ie suis aura la serpe̅te veu qui sera si tres pres de moy ie ne scay quil en pourra estre. Et pource tant hay au mo̅de estre que mieulx mort que vif m'aimeroye. Et adressa Carados sa parolle au roy. Sire faict il ie vo⁹ prie faire du messaiger pe̅ser/ quil soyt traicte a son aise et icy menuoiez sil vo⁹ plaist le varlet que auecq̃s moy d'engleterre amenay. Amy faict le Roy ie le vo⁹ voys enuoyer/ et ceans vo⁹ tie̅dra co̅pagnie et no⁹ prons leans menger. alors le Roy s'en retourne et auecq̃s luy le messaiger amena. et qua̅t ilz eure̅t la refectio̅ pris se na...ere̅t tous reposer. Et enuoiere̅t le varlet predict a Carados q̃ trop estoit de sa pen see agraue/a dormir pas il n'entendit et ainsy que bie̅ se doubtoit que tous en cest hostel furent endormis le varlet appella puis luy a dist: amy faict il ie ne veulx que tu te sueruueilles se de toy veulx pre̅die conseil car en toy ay tant de fiance q̃ ie feray la plus gra̅d part de ce q̃ tu me bouldras dire. Et pource quant mo̅ conseil ie te auray descouuert ie veulx que secrettement tu le tie̅gnes si q̃ iamais de par toy ne soit descouuert. Cy pres y a une chapelle ou est ung deuost hermite et bie̅ serua̅t dieu et qui est moult de saicte vie vers le quel meruelleusement aller ie desire: et veuil que se soit ceste nuict car

iay fiance que apres ses sainctes prieres q̃ la serpent ne sera plus dessus mon bras demeure ne mon corps plus ne affligera: mais s'en conuiendra aller hors et telle coustume a le preudhomme que iamais hors de son hermitaige ne va pour quelque besoing quil en ait. Or pour te dire mon vouloir tout maintenant ie veulx que a ceste heure querir tu voises le tresor que ie te feist d'engleterre raporter. Sire faict le varlet ie suis tout prest a obeir a vostre commandement et tout ce quil vous plaira feray: et alors diligentement aporta le varlet ce que Carados luy a dist. Et quant ilz furent appareillez en ung verger secretement descendire̅t lequel fort ferme estoit de haultes murailles et n'y auoit poi̅t d'huis a cest endroit parquoy leur conuint la muraille pertuiser et la derompre a petis coups affin q̃l ne fussent ouis et quant le pertuis eure̅t faict lu̅g apres l'aultre passerent et tant ont toute la nuict par une petite voie dedens ung bois cheminé quilz sont en l'hermitaige paruenuz ou le bon pere hermite estoit. Et combien que carados a grand labeur et a gra̅d peine au bois cheminast sa̅s sçauoir de son aduenture sil ne fust il pour mille besant d'or retourne pour la grand honte et craincte q̃l auoit de se monstrer a sa mye et quant il furent au profond du boucaige trouuere̅t cest hermitaige du quel ie ne scay le no̅ ne de l'hermite aussy. Carados sen vint la tout droit qui puis est en la chapelle entre ou le bon preudhomme trouua qui tost vint au deuant de luy et le sallua hautement et carados luy re̅dit son salut/ puis alla son orai son faire ou il n'y fust pas longuement a cau se de la greuance q̃ le serpent luy faisoit/ et a pres sassist sur ung petit siege que la trouua car moult trauaille il estoit et fort luy doleurent les iambes et les piedz par ce q̃l n'auoit acoustume d'aller en aulchu̅ lieu sans monture et il estoit venu de nantes a gra̅d trauail et labeur.

q.ii.

¶ Cōmēt carados se mist en chemin pour aller a vng hermitaige au quel il paruint & declara a lermite son cas et a luy se confessa et y feist sa demourance pour vng temps luy et vng sien secret seruiteur.

Carados estāt en la chapelle de lhermitaige, se prit lhermite a luy se arreshōner pmier en luy demādant son nō puis luy enquist de qlleterre il estoit et que en ce lieu querir alloit. Et carados a lhermite se nōma et cōsequētemēt toute sō aduēture luy dist et cōpta et apres se voullut confesser, et puis quant fust bien confesse luy a recite la grande doulleur que par la couleuure portoit: & consequēmēt luy dist toute leuure & comment par le barat et deception de son pere sestoit a luy venue la serpēt & a sō bras adheree ce quil feist par le conseil de sa mere. Et ainsi en se humiliāt requist a lhermite de ses pechez pardon en se rēdāt coupable de la honte que lon auoit a ses pere et mere faict et puis disoit que a bō droit et a iuste cause ceste chose de la serpēte souffroit et que plus griefue peine auoit il bien merite pour son offense et oultre pl[us] luy dist que la cause principalle pour la quelle il se estoit en cest hermitaige retire fust, par ce ql ne desiroit iamais de ses amys estre veu ne prēdre ioye ne deduit iusques a ce ql pour certain scauroit que sa penitēce aura faicte de peine et honte que ses pere et mere ont p son conseil et par sa couppe souffert, et puis en souspirāt et en pleurāt se print a dire que le pire de tout le monde estoit ne que iamais par terre allast. Lors lhermite voiant sa repentance son obsolution luy dōna apres quil y eust sa penitence enioincte. Et adōc luy requist Carados que pour dieu il ne veuille a nul son nō dire ne declarer sil viēt aulchun qui luy demande ou qui le quiere en ce boucaige et quil ne face sēblāt de la voir en son viuāt lieu. Carados longuemēt en ce lieu seiourna auec le bon hermite ou luy plaisoit la saicte vie, ce faisant & le sainct hermite luy dōna a māger de telle viande quil auoit mais carados faisoit aultres viādes pour luy chercher par ce quil ne peut viure de austere vie cōme lhermite apris auoit. Cest hermite eust vng seruiteur en sa penitēce qui estoit loing de gens le quel luy alloit ses necessitez qrir. Et carados vng en auoit aussi qui pareillement cherchoit ce que faisoit son recept a son seigneur mestier, et faisoit Carados trois iours de la sepmainne abstinence ce moult longuement feist secretement en cest hermitaige lequel estoit en vng grād bois a plus de douze lieues de nantes et a bien quatre lieues de nul villaige ou de maison.

¶ Cōment le Roy arth[us] arriua asses pres de nātes ou estoit le Roy carados esperāt le visiter & le ieune Carados pour les consoler et diminuer leur ennuy quil auoiēt pour le serpēt q trauailloit le dict ieune carados.

Icy lairay de carados q est en cest hermitaige auec le saict hermite endurant aspre vie et dure. Et vo[us] cōpteray du Roy Arthus son oncle, qui pour carados auoit les mers passees accōpaigne de moult de gēs de sa mesnie le qlēnuy pour son nepueu portoit. Et quāt le roy Carados sceut q le roy arth[us] venoit en eust grād ioye et grande liesse. Or auoit le Roy arth[us] vng messaige au roy carados trāsmis p le qlil luy mādoit q vers luy venoit ē bretaigne pour le veoir luy & sō amy pour ce ql auoit ouy de Carados lencōbremēt & de la serpēt q a sō bras se estoit adheree dōt il auoit deuil & tristesse. le messaiger enuiron le point du iour a nantes vint asses trauaille et fort las ou ia le Roy trouua esueil le plat de pre & de courroux rēpli: et quāt le messaiger eust le Roy apperceu le vint humblement salluer et puis la lectre luy presēta de par le Roy Arth[us] enuoiee. Et apres que la lectre eust leue cōmāde a to[us] ceulx de sa court de estre prest & apareillez de le aller cō

agnier ou il souloit audeuant du roy al-
er. Et pendant que son train en ordre se me-
toit desira premier q̃ monter a cheual visiter
e dollent carados lequel cuidoit quil se dor
ist et luy souloit dire la nouuelle de la le-
tre quil auoit du Roy arthꝰ receue et quã-
nt a lhuis de la chambre en heurtãt doul-
cement apelle et quãt veist que nul ne dist
ot cõme cil qui par grãd amour laimoit
e plus en plꝰ hucher ne sentremist par ce
q̃l cuidoit quil dormist. Et alors vint a che
al mõter et tant de gens de haulte estasse
uecques luy que ie ne scay le compte pour
leur seigneur faire a grand ioye honneur et
euerence et humblement le requerir car toꝰ
ses hõmes estoient et ny auoit nul tant de
ta q̃ dela la mer q̃ sa terre de luy ne tint.
insy tous alencontre du Roy arthꝰ alle-
rent et apres quil eurent vng tertre deual-
le et puis vng mont monte leur prince sou
erain aduiserent et lors que les deux roys
e approcherent sentre ambrasserent en pleu
ant et en riãt et ce aduient assez souuẽt car
quãt on voit son amy venir pendant quõ a
aulchũ amy alors croist lenuye et le dueil
et pour lamour que luy on a accroist la li-
esse et la ioye. Et amy tous deux a ri-
re et a pleurer se prindrent mais se il eus-
ent le surplus sceu encores dolloreusement
leur assent car nul nestoit aduerti de la fui
te de carados et nẽ scauoit aussy rien Gui-
mier ne Cador son frere qui tous a nantes
venoient pour le visiter. Et nous dist lhy-
stoire que par vng matin y arriuerent ou a
grande ioye et a liesse y furent receuz. Ma
is trop y ont este deceuz Car pas ny est cel
luy q̃lz q̃rent et quant ilz furent arriuez la
premiere chose de la quelle se sont enquis a
este de demander cõment carados se faisoit
et en quel lieu estoit son repaire. Alors en
sa chambre les menerent de laquelle trouue-
rent lhuis ferme Car cõme il est dist par der
riere sen estoit alle et feist au partir lhuis
estroictement serrer.

¶ Premierement la belle guimier vit a lhu
is haultement appeller. Disãt ses motz amy
faict elle ouurez vostre lhuis affin que vo-
stre ampe vous voie, ouurez dõc, et puis en
trera celle qui tãt voꝰ veoir desire. Et quãt
elle voit que nul ne respond dist de rechief:
ouurez faict elle villenie est de se celer quãt
on oit sa mie appeller. pource ouurez vostre
huys doulx amy mon cueur auez mis en
douleur pour le mal voꝰ enduires et croiez
que puis que lay sceu ie neuz nul iour ioye
ne liesse. Et quant voit que cest huis on ne
euure et que son amy ne peult veoir en qui
elle a tant de fiance: plus hault cõmenca a
crier disant ainsi/ amy faict elle pour quelle
cause mauez vous si grand ennuy faict q̃
de vous contre moy celer. O mõ vray dieu
Roy eternel penser ne puis q̃ ce peust estre
ie scay bien q̃ sil estoit vif et q̃ a son huis me
ouist heurter q̃ pour rien il ne laisseroit q̃ si
tost il ne me vint veoir Certes ie cuide q̃l
soit mort. Puis se retourna vers son frere en
disant beau frere faict elle est cest huis si tres
fort q̃ voꝰ ne le scauriez derompre. Et adõc
feirent ferrements aporter par lesquelz on fa
ict ouuerture et quant leans furent entrez
ou partout virent a descouuert si ny ont ca-
rados trouue/ par tout ca et la regarderent
et voiant que poict ny estoit dedens le ver
ger descendirent duquel lhuys trouuerent
ouuert. Lors commencerent par tout le ver
ger a chercher qui cest hostel enuironnoit/
mais quãt dit eurẽt de lieu de roffe et daul
tre requisite tout lenuirõ ny trouuerẽt aultre
chose fors le pertuis y ou il estoit yssu. lors
vont ca et la le grãt mais se de le trouuer ont
besoing plꝰ loing le cõuiẽdra chercher: moult
sont pres quil ne le treuuent et merueilleuse
mẽt sont essabys. Alors dist la belle guimi
er/ ha faict elle mõ bõ amy helas ou voullez
voꝰ fuir certez il est mal aduenu car ie croy
q̃ voꝰ enfuiez assi q̃ voꝰ mourriez sans moy/
voustre suite ny vauldra riẽ de ce tenez voꝰ
pour certaĩ ia nauray en ce mõde vne heu
re apꝰ voꝰ de seiour pource ne me cuidez fair
e se mõ dueil abaisser voulliez voꝰ debuertez

q. iii.

le petit pas allet se quelque bien me desiriez faire/quant la serpent vous eust surpris me mander en ce lieu venir/ou briefuement fusse venue pour ma part de vostre aduersite auoir. Car cest vne chose certainne que vng fardeau greifue moins que deux lasse pourquoy feuz ie oncqs nee quāt mon amy cest mis en voie pour me fuir et esloignier on me debueroit faire abysmer ou viue ardoir dedens vng feu parce que ie scay certainemēt quāt vne chose ne le faict fuir fors quil ne pourroit endurer ne souffrir deuant luy me plaindre ou pleurer pource nest icy demeure. Or sen va donc celluy qui le mien cueur emporte parquoy silmeurt morte ie suis: car sans cueur viure ie ne puis/donc q̄ sil mouroit ie mourrois et nous auroit dieu bien aide.

E vous requiers a tous me dire vo9 qui dictes en ce monde aimer se telle amour auez en femme veu cōme la belle guimier a este/a croy pour vray que me direz que non quant bien par tout vous aurez regarde car telle faict daimer maniere que lhomme naime que pour ses dons ou pour quelque gardon en auoir Ce nest pas amour de nature et telle aussy naimera homme si ce nest par sa grād beaulte parquoy dis quelle est desloyaille y ce q̄ selle en voit vng plus beau tost aura faict nouuel amy et puis vne aultre lhome seullemēt pour son seruice aimera et quant le seruice deffault pareillemēt lamour fauldra/et ainsy ie concludz que ce nest pas amour certaine qui si tost commēce et tost finne car quil bien ayme il doibt entendre du bien et du mal grace rendre et se doibt chascun sur toute rien garder quilny ait en amour orgueuil or Donequeз ie recōmāde a dieu tous loyaulx amans et que les aultres puissent en enfer bouillir. Du carados ne comande mie ne la belle Guimier aussy ny doibuent estre re-

commādez par ce q̄ lon ne scauroit chose en vraie/et loyalle amour demāder q̄ en eulx ne soit. Ainsy lung pleure/et lautre sen fuist et cil qui fuist en douleur est pour celluy q̄ apres demeure Et cil qui demeure seruitue de celluy qui sen va et fuist et vous dis bien que pour la suite iamais le cueur nen partira Carados a cil de Guimier et Guimier a cil de carados. Le roy arthus entra a Nātes ou plusieurs cueurs y eust afflictz/et desollez: mais aincois quil y fust venu par deuers luy vit vng messaige q̄ y a dist q̄ Carados sen est fouy et quō ne scait ou le chercher pour le trouuer ne q̄lle part il est alle Quāt le roy la nouuelle entēt sachez quil ny a en luy nul esbat sil auoit dueil lors luy augmente par dieu faict il telle douleur ay et si grāde y eq̄ ie ny scay cōmēt sans per lentendemēt en pourray la vehemence vaitre q̄ pourray ie querir a Nātes quāt mon nepueu ie ny verray car pour auttre chose ny alloie tāt seullemēt q̄ pour le voir/et pour ce dist au messaiger q̄l gardast de le deceuoir/et q̄ la verite luy dist. Le messaiger luy respōd quil ne luy raporroit mensonge et q̄ vray estoit ce quil deist. Ainsy tout triste et courrouce entra le roy a Nantes ou carados ne trouua mais bien son amye guimier si dollēte et tāt espleuree q̄ sēbloit quō la deust porter en terre la q̄lle souuēt la mort desiroit que bien fust aduis que son desir ne stoit de plus en terre viure et sachez quant le roy artus fust a nantes attriue doumt q̄ son nepueu ny a point trouue ne si est voulsir arrester et print conclusion luy et ses amys de se aprester pour aler Carados querir et chercher et ceste cōclusiō prinse home ne demeura en la terre qui tant par les plaines que par les vallees par les chasteaulx par les terres et par les bois ne cherchast Carados et furent en lhermitaige ou il estoit mais iamais ne se apperceurent quil y soit tant de luy sest bien dōne en garde/et affin q̄ ne fust surpris vne chappe affublee auoit q̄ estoit assez grande et la dessoubz vne robe blanche enchapperonne par dess⁹ τ fust p tout si bien desguise qu'oncques nul ne le sceut congnoistre si que pour ceste fois eschappa par sa subtille deceuuance: que bo⁹ diray ie pl⁹/ Il n'y eust Roy/Duc/ne cōte/cheuallier/escuyer/ne sergent que par tout le royaulme de Bretaingne τ par toute la terre ne le queroit τ ne stoit qui puist trouuer ne nouuelleour cōbiē q̄ sache penser. Sō oncle grād dueil en demaine parce qu'il ne le peult recouurer si que se delibera enuoyer faire par tout circuyt le mainne: touraine: aniou τ poitou: normendie: france: bourgogne: et τ toutes les terres de deca la mer; mais ia mais parler n'en ouyrent. Et dabondāt de la la mer le feist chercher tant en engleterre/ qu'en escosse/ et oncques nouuelles n'en eurent. Le roy Arthus cōsiderant que nul ne le peult recouurer tel en luy τ tel dueil en print qu'il en cuida mourir. Gauuain puain τ tous les aultres de la court τ de la maison du roy ne sceuent que dire ne que penser sur ceste chose tant sont tristes dolens τ esperdus. Long temps que le roy τ toute sa noblesse demeurerent en vne ville nōmee Quaradeguach a ce iour en demenāt leur grand dueil. Puis voyant q̄ pour leur dueil ne leur estoit possible carados recouurer le dueil laisserent τ sen partent τ par la contree se separerent τ se despartent cōme ceulx qui plus ne sceuent a telle chose remedier ne qui saire.

¶ Comment apres que cador eust par diuerses regions τ pays cherche carados et ne le peust trouuer tant qu'il fust retourne asses pres de l'hermitage ou quel il trouua ledit carados.

Ansy furēt deux ans ou plus ains q̄ de carados nouuelles entendissent mais quant a Cador ie vo⁹ dys q'l a par maites terres q̄s et tousiours de sa seur accōpaignie τ apres que par toute Bretaingne τ ailleurs l'eurent cherche sen retournerēt a cornouaille τ quant ilz furent illecques arriuez ne voulut Cador se lasser de carados chercher par quoy delibera sa seur a Cornouaille laisser. Et ce faict circuit engleterre/ irlāde/ Gueldres/ no thouellande/ τ escosse/ τ de la rapassee en espaigne et puis en Bretaigne reuint/ mais quant partout il eust este ny cōq̄sta aucgunne chose fors seullement peine τ trauail τ y a passe deux q̄l ans n'eust vng seul iour de repos τ encores dist bien et iure que pariurement vers luy ne sera ne sa foy ne luy mentira et que tant yra qu'il le trouuera ou qu'il soit: mais vous ouyrez comment y le demādoit. Pour dieu disoit il bonnes gens auez vous point veu vng homme qui porte vne serpent a son bras liee et pidue Lors chascun qui demandee l'ouit ne scait aultre chose dire fors se recommander a dieu que tel homme n'auoient point veu passer ny estre en leur terre. Ainsy et par telle maniere demandoit ca et la Cador son compaignon Carados lequel souuentesfois ne viuoit que de petites herbes comma l'hermite luy auoit acoustume et apris et souuent par le bois alloient les herbes cherchant tant pour prendre recreatiō que pour leur saincte vie entretenir et nourrir: mais sans cesser le serpent succoit le sang de Carados si estroictement qu'il ne scauoit ne pouoit nullement durer τ estoit si empire si amergri τ si abbatu que cador l'eust peu a plain veoir sans en nulle facon le recongnoistre au moins q̄ ne fust a grād peinne: et ne pouoit de foiblesse Carados presque plus aller. cōme iay icy par deuant dist. Carados en l'espesseur d'ung grād bocaige dedens vng hermitage loge ou de moult bonnes gens y auoit qui la le seruice faisoient a dieu en vne belle petite eglise laquelle estoit assise assez pres d'une clere fontaine: et assez pres d'ugne vallee ou gueres de gens ne repetēt. Beau fust le lieu

q.iiii.

et delectable & ou dieu bien seruy estoit, en cest hermitage menoit carados vie austere quil auoit ainsy destine tant que sa vie fust finee & ne auoit de iour en iour a autre chose regret que a la mort laquelle souuent desiroit & tant estoit le sainct hermite de bonne nature: que quant carados faisoit a la chappelle apres le seruice ses secretes prieres: que il venoit entendre a ce quilz doibuent prendre pour la refection & le plus souuent apres alloient a la fontainne boire et quant Carados repeu auoit on veoit la pueur se serpent a descouuert sucer le sang et la chair ronger du noble Carados: sique plus natendoit carados aultre confort que de la mort. Or sauoit comme il est dist Cador cherche par maincte terre tellemet quil ne scauoit plus en quelle part aller. Et tant aduint par cas de fortune quil arriua en cest hermitaige ou Carados repairoit et estoit ia toute nuict quat il y estra. Parquoy requst a estre loge disant que oultre ne scauroit pour ceste heure passer. Et quant le sainct hermite leust entendu et sa priete oupe benignement le receut et le logea. Puis luy donnerent a menger de ce quilz eurent: et apres le menger leur demanda se point ilz auoient vng homme veu lequel a son bras vne serpent liee et attachee portoit. Alors lung diceulx luy respons. Beau sire dist il, il hante en se bois la dedens et demain ceans le verrez ou il viendra la messe ouyr. Lors se print Cador a resiouyr puis demanda quil estoit & on luy respond grand et noir: et il dist que verite fust: et que grand il souloit bien estre en saucte: mais ne scauoit se le mal tant empire lauoit que petit il fust deuenu. Cador apres souper pour le trauail quil auoit eu se coucha en lieu ordonne: tel que peurent ceulx de cest estre luy appareillier et donner. Mais de repos ny eust il point: cartant est ennuye que le matin ou le iour ne vient que ceste nuict luy en duta bien cent. Et quant cador veit le iour adiourner: ne demeura gueres a se leuer pour se donner garde de la venue de son amy Carados: et carados quil ne sen donnoit garde vint le mati au moustier ou a lesglise pour dieu aorer ainsy quil auoit de coustume: ou cador sitost lapperceut lequel de soeil ne le perdit et ainsy quil vit Carados en son oraison plus ne voullut differer deuers luy venir auquel il dist/ frere frere faict il qui vous a cest hermitaige enseigne: maitesfois trauaille me suis pour vous chercher en mainte terre: il ya bien deux ans passez que ne veis mon bon amy. Certes celluy pas ne vous ayme qui vous a mis en cest habit et pareillement de telz draps vestu. Carados auoit deux costes vestues botes chaussees vng chapperon comme les hermites portent affuble. Et quant Cador leust ainsy vestu regarde: ne se peult contenir de pleurer de la grad pitie quil en a & dualtre part en demena dedens son cueur fort haulte ioye parce quil veoit quil a acouure son chemin: car vng veu faict auoit que iamais ne cesseroit de chercher tant que retrouue lauroit.

Hystoire nous dist que quant carados son compaignon cador veit que qui luy eust tout lauoir de ce monde donne quil neust sceu soner vng seul mot: mais de son chapperon sembrucha baissant la teste contre terre.

¶ Commet cador troua carados en lhermitaige et comment ilz deuiserent longuement ensemble et dist carados a cador la cause de son departemet.

Perceual le Gallois. feuillet .xcv.

Cador voiant que carados c'estoit ainsy a terre psterne de luy s'aproche: et puis le lieue en le baisant: leql apres luy dist: amy faict il en grand detresse auez moult longuement este par la serpent qui ainsy vous dissipe et congela chair et qui tout le sang vous succe. Or je vo9 prie ne me celler vostre infortune et de moy ne vous cacher: nous sommes icy en l'eglise ou ne fault q de verite parler et pour ce ne differez a me dire pourquoy vo9 estes retire en ce lieu en vo9 banissant de vostre terre ou tous voz bons amys habandonne auez. Et vouldroye aussy sur toutes choses scauoir pourquoy vostre bonne amye Guinier vo9 delaissez tant afflicte et desconfortee de vostre absence. Lors prent carados a pleurer quant p'ler de guinier oit: et respond en telle maniere. Certes sire dist il je doubtoye q par trop. Silma teneist quant elle me auroit en ceste infortune veu: et si elle en fust vers moy plus dure c'est la raison pourquoy men suis suy et de mes amys absente: car mieulx aymasse estre en terre qu'elle meust en cest estat veu q ne seroit pour moy dommage pour ce q pl9 ne vault en rien ma vie. Alors eussiez veu lung et laultre fort pleurer et doloreusement souspirer qu'il n'y ait si dur cueur que pitie n'eust point de les veoir: merueilleusement se desconfortoit cador pour la pitie de Carados: mais quant pour le accoller il sa vouloit de luy approcher Carados ne le voullut souffrir ainsy q pour telle chose il se debatit et leur parler fust si hault que les preudhommes y accourent pour scauoir que se pouroit estre en la parfin Cador requist a carados de retourner auecques luy et de laisser cest hermitaige: mais pour amour ne pour pitie pour dieu ne pour sa digne mere pour apostre ne pour martyr ne se voullut carados de ce lieu departir.

¶ Quant cador voit qu'il ne luy est possible faire Carados consentir de s'en retourner auecques luy delibera de le laisser. Puis quant aultre chose ne peult faire: aussy se appesa de aultre chose pourchasser. A tant dist au sainct hermite qui luy recommandoit en luy priant que bien il entendist a luy administrer son viure et tout ce que mestier luy seroit et que pour ung don qui luy donneroit il en seroit doublement recompense et tres agreable guerdon en auroit et tost apres de carados print congé qu'il la delaisse et prent son chemin droit a Nantes ou la mere de carados trouua par laqlle tant estoit de la serpente trauaillee et afflige. Et quant cador par deuers elle fust venu: apres qu'il eust sallue merueilleusement la reprent et argue que de son filz ne prent pitie que si longuement le laisse en douleur viure. Puis luy redist et dist il: il ny a h'me ny si pure qui lie d'ye publiquement que par vostre meschant vouloir et par vostre damnable pourchas q la serpent ait pris la d'ssip chr vous en blasme et desprise. Par quoy dame vo9 q en estes la mere luy deburiez m'onstrer vng signe d'amour maternel en le deliurant de ceste chose: ce q bien vous feres si vous plaist et ce faisant pour tez vostre loy d'honneur recouurer. La mere peult licitement matter ou batre son enfant pour le chastier: mais quant elle l'aura battu ne luy doibt souffrir mal auoir ains doit penser de le recouurir et apres le chastiement la manifeste et conseiller vouloir mect. Du dame aussy cador entent qui pour carados la parolle porte et fist semblant d'en estre dolente puis dist a Cador: amy faict elle pour quoy me d'ys tu telle chose. Di me le ne me veuil celler pour carados ce le vous d'ys auquel vous estes tant cruelle et bien me semble que vne mere est trop dure et felonne quant voit que son enfant endure et elle s'en peult garantir qu'elle n'en prent compassion

¶ Perceual le Gallois.

la dieu ne vueille consentir pourtant que
carados en meure. Or dys moy doncques
faict la dame est encores carados vif: ouy
il est vif ma dame: oncques mais nouys
telle chose dist la royne quant me dictes q̃l
est en vie ie cuidoie en verite q̃l fust mort
dont fort me blasmoye. Trop villain blas-
me me seroit me tiendroit on pour cruel-
le quant de mon enfant ouy dire autroye q̃
seroit en peine et martyre et ie le pouoye
soullaiger que ne̾tẽdisse a le guarir pour
ce demain icy reuenez ie vous diray pour
certai se le mal le fera mourir ou se iamais
en garira. Et allors cador se retira puis
au lendemain quant il veist quil fust tẽps
daller a la royne alla parler laquelle si tost
quelle le veit lemmena en une chappelle
q̃ fust dedẽs ce manoir ou ny entra queulx
deux seullement. Et adonc se print la da-
me a dire cador dist elle quant est de mon
enfant sachez q̃ pour luy souffre mon cueur
ung grief martyre pource que ien ay pi-
tie iay tant faict tant exploicte que iay
sceu cõme il garira. Et ne vo' fault pour-
ce cuider que la chose se peust si chauldemẽt
trouuer par laquelle il pourroit garir mais
bien ie vous diray que cest. Sachez faict el
le qui pourroit une telle pucelle trouuer q̃
par esgallite fust en noblesse en beaulte
semblable q̃ autant carados aymast cõ-
me elle ou que son ppre corps puis q̃ lon
print deux cuuettes ne trop grãdees ne trop
petites que lune fust de laict pleinne et
apres laultre de vin aigre tout seroit ain
si faict que carados entrast tout nud en la
cueue ou le vin aigre seroit. Et la pucelle
ou en auroit le laict mis si que sa destre ma
melle fust sur le bort dicelle cuue puis q̃l
le côiurast la couleuure en luy disãt que sõ
amy laissast q̃lle la print par la mamel
le adonc quant la serpẽte la pucelle orroit
quiainsy la cõiureroit qui ce vin aigre au-
roit senty en voyant le laict daultre part:
de sortir trop luy tardera se la pucelle doul

ce tendre luy bouttoit sa mãmelle tendṛ
 allors q̃ la serpẽte ystroit facillement
pourroit occire ung hõme qui auroit lespu
traicte: ains quelle se peust a la pucelle trat
te: moyennant que ferir losast ainsy la ft
roit mourir. Et vous dys bien q̃ aultremẽt
ne peult mon filz Carados estre deliureẽ
pource se vo' scauez ce qui est dist trouua
vo' n'e pourrez que lesprouuer.

¶ Cõmẽt cador pourchassa enuers la ro
ne ysienne de scauoir le moyen de chasser la
serpente du bras de carados comment il
dit carados fut par le moyen de samye gua
mier guary.

A Dame a ce conseil dõ
ne: mais pas ne dist q̃
Eliaures lenchanteu
luy auoit apris auoi
en ceste nuict este quã
elle feist cador retirer
que couchez estoient ẽ
semble a grand ioye agra nõ delict: ou la
dame dist a Eliaures lenchanteur telles
parolles le plus doulcement quelle peult
iay mon amy dist elle moult grand peur q̃
mon ame q̃lle ne soit en enfer dãnee pour
la destresse tant cruelle que nous faisons
nostre filz souffrir qui ainsi vist en honte
en langueur: de quoy ie suis la principalle
cause pource vous prie que pitie en preniez
et que vo' me enseigniez telle chose q̃l puit
de la couleuure garir qui si cruellemẽt las
flige tourmẽte. Adõc luy enseigna la ma
niere quentendu auez luy dist que se cara
dos eust encores attendu trois moys sans
estre secouru que iamais nen fust reschap
pe. Or vous ay ie assez aduisez ou le cõ
seil a este pris q̃ la dame a cador enseigna
lequel quant il eust lenseignement de la da
me entendu print delle congie et vers cara
dos son cõpaignon sen est alle pour le recõ
forter auquel il dist amy faict il: desormais
ioye demenez bonnes nouuelles vo' apor
te pour vostre sancte recouurer pource tes

nez vous icy tant que ie seray de retour car ie vueil quelque chose aller querre: a vostre amye ma seur me conseiller laquelle côme bien ie scay ne differera pour vo9 plus tost son corps a mort exposer que vostre sâte ne recouurez. Atant de luy sen part Cador lequel carados auecques les bons hômes laissa ausquelz pria de le biê garder a penser si que nulle chose ne luy faille en promectant que a son retour bon guerdon leur en rendroit. Et il luy dirent humblemêt que ce ny auroit contredict quil neust tout a son desir ce que pour luy ilz pourront recouurer. Et aps ce dist cador dauecqs eulx se despartit a print son chemin pour errâmêt aller en Cornouaille ou illecques la belle guimier trouua doloreusement ennuyee a afflicte laquelle quât son frere veit a grâd enuie d scauoir a la verite des nouuelles de son amy carados: a quât cador leust salluee luy a en ceste maniere dict. Doulce seur dist il iay trouue la chose laquelle en ce mô de vous aymez le plus: trouue dist elle vo9 mocquez. Non fays certes ma bo. ne seur croyez q de vous ne me mocque: car iay carados trouue le vostre amy dedens b. ix bois ou de herbes et de racines vist et ne peult trouuer medecinne pour se garir fors que par vous. Côment par moy dist elle. Lors luy côpta la maniere a côment le serpent peruers pourra de son amy oster moyennant q tant pener vo9 vueillez pour luy de luy aider par vostre secours. Certes dist elle ie feray tant ce qua moy sera possible a mon corps pour le sien mettray: car il me souuient bien encor q son corps a mis pour le mien. Puis sans aultre propos tenir: et sans plus faire long seiour. Le lendemain au point du iour sen allerent vers ung port de mer: ou en vne nef se sont mis dedens laquelle oultre passerent toute Bretaigne a cosequâmêt tant errerent quilz paruindrent en lhermitaige ou Carados estoit. On doibt bien telz amys aymer q

pour leurs amys se sont mis en grand peine a en grand trauail: si quant vne amye faict tel bail a son amy côme de son corps. Ie croy que dieu misericors ne feroit se biê ne les voulloit guerdonner a par especial a celluy qui sabandonne pour son amy a tel torment exposer de se laisser duremêt tourmenter: a sichose forte a femme de voulloir pour son amy mort souffrir cosidere q ce sexe est de coustume a voire naturellemêt assez fragille foible a tendre: mais ceste nauoit de toutce rien en soy. Ains y auoit en elle plus grâd bien q ie ne vo9 scaurope descripre. Ainsi apres prou de trauail a labeur tant pour amours q pour loyaulte de côpaignie venus en lhermitaige sont ou quant ilz y furent apperceuz receus y ont este haultemêt selon le lieu a le possible des personnes. Le sainct hermite a leur entree les mena premier dieu en la chappelle aorer a puis le lieu ca a la leur a monstre pour leur reposer se bô leur sêble. Et quant carados veit guimier son amye tât gracieuse telle ioye en eust qil ne scait quil face si que de ioye cômêca a plorer et en plorant ioye mener: honte lenseigne a se cacher a bonne amour le bien semôdre de faire ioye a son amye ceste secours ou il sacôd: et ainsi print Carados pour ses amours couraige tellement q al'encôtre de guimier es piedz se dressa a vous dys biê q moult estoit grâd a maigre fort deffaict et passe en forme dhermite habille: porte le stroict chappeton sur la teste: a grosses botes aux iâbes chaussees moult sembloit estre de grand laideur tât auoit la face maigre a defaicte a estoit la barbe si grand que iusques a la saicture attaignoit meslee de noire taincture a les cheueulx fort longs a bien fort meslez pendans iusques au millieu du doz et le corps auoit si tressec q pl9 ny auoit que la peau a les os. Car tant la uoit le serpent succe: que la ce a son bras portoit si que tout ce que mectoit Carados en son corps pour nourriture: la couleuvre em portoit la substãce tellemẽt q̃ au loing aller rendit carados tout deffaict & difforme. Le compte noꝰ dist q̃ quãt carados eust son ampe Guimier depres approchee q̃ tant fust de ioye en vng mouuemẽt espris q̃ plꝰ ne se remẽbra de mal ne de douleur quil eust pourquoy ne pourroit estre sceu de p moy le plaisir & la ioye que il firent et demenerent ensemble ne tous ceulx qui iamais ioye virent dem ener entre deulx amans ne le scauroient en leur viuãt suffisãment descripre. Et bien vous dys q̃ pour son defface visaige pour sa barbe ne pour ses lõgs cheueulx ne la tint la doulce & amyable Guimier a villete ains laccolloit estroict & moult doulcemẽt le baisoit. Mais en vain me trauailleroie a en descripre quelq̃ chose: de ce quentre les amãs fust faict quãt la moytie nen compteroye de la ioye & de la douleur qui entre eulx deulx est par amour car ilz ont ioye se me semble. Et ensẽble moult grand douleur de lennuy & du duel cõtraire que lung cõuient pour lautre auoir souffrir et porter. Et ne fault doubter q̃ carados forment se deniet de son ampe qui ainsy veult son corps a martyre liurer pour le deliurer de la serpente. Et apres quil se furent reuetrez et doulcement entracollez & baisez dist guimier a carados. Amp dist elle ne doubtez q̃ pour vostre aide suis icy venue & mõ corps pour le vostre mectray ne reste plus q̃ la chose a tourner. Ce ne peult faict carados aduenir trop mieulx ayme tout seul mourir que pour moy icy mourussiez. Doulx amy faict guimier par la foy que doybs a dieu le roy celeste iamais souffrir ie ne pourroye de voꝰ veoir en ce lieu mourir moyennãt q̃ garir voꝰ peusse plustost cõme voꝰ le mourroye: trop seroit mõ cueur doloreux se ie demouroye: apres voꝰ pour ce se vous mourez ie mourray: car viure apres voꝰ ne pourroye. Daultre part a luy vient cador qui ainsy dist: amy faict il voicy ma seur q̃ preste est de mourir pour vous & pource faictes tant pour nous & pour voꝰ garantir de mort que present vueillez consentir q̃ lune de ses cuues tout nud entrer & en laultre entrera vne ampe qui le serpẽt coniurera et quãt vers elle sortira en saultant la teste luy couppetay aisy voꝰ en deliureray & demourrez sain & haitie: guimier redist a Carados faictes dist elle ce q̃ mon frere vous conseille: non feray dist il si serez faict elle : mieulx vueil mourir dist il: voꝰ ny mourrez se maist dieu grieux faict elle & iamais tiẽ pour vous ne feray ie voꝰ ce ne faictes pour moy. Ampe dist il or en faictes donc a vostre plaisir: la pareillemẽt pourchassez: mais bien saichez certainnemẽt se pour me garir voꝰ mourez quapres voꝰ mourir me fauldra: car trop herroye la vie auoir par la mort de ma doulce ampe.

Dant cador la raison entent: que carados a ouy deliberetelegicemẽt entendit a faire deulx cuues apoter lesquelles les a faict emplir lune de laict & laultre de vin aigre en celle de laict fist sa seur entrer toute nue sans riens excepter qui sur le bort de la cuue sa mamelle meist. Et puis fist laultre asseoir a trois piez pres de laultre qui estoit de vin aigre emplie en laquelle entra carados iusques au col: si que la serpent estoit dedens le vin aigre plonge lequel tant a la serpent greue le vin aigre que peu sen fault q̃ ne depart et la pucelle qui est de laultre part estoit cõme il est dict en la cuue laquelle la serpent en ceste maniere coniure. Serpent faict elle regarde mes mamelles: que tant sont tendrettes et belles: et puis aduise ma poictrine: qui plus blanche est que fleur despine: apres vise cõme se vin aigre & cõme carados est maigre il ny a plus en luy q̃ prendre de luy te pars tu feras biẽ: sors de la te prens a moy. Je te coniure serpent trop ville de dieu qui te fist mort feist du bras mon amy te départe. Dieu te adhereza a ma mammelle: car plus grasse & plus tendre suis que n'est Carados mon amy. De laultre part le bon Hermite la messa du sainct esprit chanté par devotion, & vindrent en procession au lieu ou la pucelle estoit qui la serpent coniure & appelle aupres de laquelle feirent reale te oraison en priant a dieu qu'il luy plaise ceste serpent destruire si que a lung ny a laultre ne nuyse.

A serpent qui de laultre part estoit a ce que l'on dit oyant le sainct & la pucelle qui l'appelle et qui le coniure et qui plus ne treuve que succer a carados: ne luy chault de le laisser pourquoy tout au coup feist ung sault et saulta a la dextre mammelle de la pucelle qu'au laict est: mais aupres delle estoit son frere tenant son espée en la main: qui si bien la serpent attainegnit a plain q̃ la teste luy a couppée & sa seur au coup avoit le chief de sa mammelle sur le bort de la cuue q̃ la serpent eust engoullée si que avecques la teste serpentine couppa cador a sa seur le bout de sa mammelle. La serpent a terre tomba: cados si bien envahist q̃ par pieces la de trenchée parquoy en fust alors son compagnon vengé. A tant est le baillant carados hors de la cuue fort triste & courroucé de ce q̃ guimier estoit a la mammelle blecée. Et daultre part fort joyeulx fust quant il se veist de la Guivre c'est adire couleuvre delivre. Et si tost q̃ des cuves furent yssus si grand liesse fust entre les deux amans de menée q̃ c'estoit plaisir de les voir sans cesse ne se pouvoient saouller de baiser & accoller lung laultre & souventesfois les grosses larmes leur tomboient des yeulx pour la grand joye de ceste chose advenue. Adonc on ceste reuestus no pas q̃ carados reprint

ses vestemens de hermite: mais quauparavant il avoit delaissés & apres quilz furent reuestus. La premiere chose quilz ont faicte a esté de penser de la pucelle qui co- me il a esté dict estoit blecée a la mammelle. Or y avoit ung moult sainct home en cest hermitage qui fait de medecine sçavoit lequel telle emplastre dessus son mal apliqua que petit de temps apres se trouva toute sanée et saillie. Et daultre part osta par medecines tout le venin que la serpente avoit sur Carados respandu. Si que tant bien deulx pensa qu'il les garist en une sepmaine. Hors que ne fust possible de refaire ung aultre chief ou bout a la mammelle. Croyez que poisa Carados quant voit qu'il se peult a sa medeuiser. Aussy n'avoit Guimier moins de soulas quant elle tient Carados son amy entre ses bras lesquelz ensemble par amytié & divinité qui vault a dire par fiançailles se sollaçoient sans mal penser ne sans toucher de villennie. Alors se fist Carados taire pignet & laver lequel estoit de formelle beaulté & fust de puis si bien traicté & pensé q̃ la esté presque tout remply & refaict en dedans ung moys si que de riens plus ne se sentoit de la douleur que la serpente luy avoit causée la quelle par le support & aide de sa bonne amye en avoit esté délivré. O nobles dames qui dictes aymer je vous prie de prendre exemple a ceste notable pucelle laquelle n'a craint la mort endurer pour son amy saulver du mal que luy avoit une aultre dame procuré q̃ le pensoit faire mourir en langueur: o que tant est la pucelle a louer qui repare la faulte d'ugne aultre de son sexe: pource mes dames myrez vous a ceste hystoire & soyez reparatrices du deshonneur des aultres. Je puis bien dire q̃ moult de maulx sont par femmes advenus: mais aussy puis je bien certifier que plusieurs ont les faultes des aultres reparées et recouvertes cõme la bonne Guimier a faict de laquelle est bien deu perpetuelle memoire

ce faire: comme ie vous ay dessus compté ca-
rados a esté de son bras fayt par le medica-
ment du sainct hermite, mais tant sçavoit
la serpent desployer qui nen sceust les cica-
trices oster & luy estoient les os & les nerfz
merveilleusement enflez tellement q̃ bien
sembloit que son bras fust deux foys autant
plus gros q̃ laultre: lequel toutjours ainsi
demeure: mais il nen estoit point moins
fort. Et pource fust il depuis appellé Ca-
rados Briefbras. Et pendãt le tẽps quilz fu-
rent a cest hermitaige a leur raffraischir & re-
fuire leur alloit cabor des viures chercher
par le pays a la cuirté de ceste terre, & apres
se devisoient en ce lieu a grand liesse, & y fu-
rent si longuement q̃ les nouvelles luy fu-
rent en ce boys adnoncees.

¶ Comment le roy carados cadar & Gui-
mier lesquelz il trouua chez lhermite et
apres grande joye faicte sen retournerent
a Cornouaille ou ilz furent receuz a grãd
de liesse tant des grans q̃ des petis.

Le roy carados ne som-
meille quant la nouuel-
le a entendu: ains va ça
et la par les boys cher-
cher ce que tant il desi-
re trouuer: qui tant er-
ra que par cas dadven-
ture que a lhermitaige perurnt ou carados
Briefbras seiourne: lequel pour luy point
ne se destourna: mais de si loing come il a
veu legierement vint audeuant pour hum-
blement le saluer. Lors le roy lembrasse et
accolle qui tant joeulx est de le veoir qui ne
sçait quil dict ou quil face. Pareillement to9
ceulx de la compaignie du roy pour carados
menerent une grãd joye lesquelz aussi fu-
rent fort resiouys quant en ce lieu Cador
& la belle Guimier trouuerent si grand si-
gne damour leur monstrerent q̃ ne le vous
sçauroye reciter aussi ne me veulx a ce po-
int attester. Le roy carados qui eust la cõ-
paignie trouuee & qui de leur aduẽture ne

voullut plus en ce lieu demeurer: mais cõ-
manda chascun se appareiller pour avec-
ques luy sen aller. Et adoncque chun fust
preparé se sont a la voye mis apres que du
sainct hermite des freres ilz eurent pris
congé: mais bien vous dys que pour les
seruices & bons plaisirs que faict a Cara-
dos avoient le roy leur donna grandes ri-
chesses & tant de terre a leur donna que
cest encores hui plus riche eglise & puis-
sant monastere qui soit en tout ce pays.
Tant allerent le roy et sa cõpaignie quilz
a Quimpercorentin arriuerent, puissante
ville riche & grande ou seiournerent par ql
quetemps. L'hystoire nous recite qu il ny eust
duc bar, cõte en plus, normẽdie & en bre-
taigne, au maisne, en aniou, en poytou
qui eust ceste nouuelle ont ouye qui nen fust
si fort resiouy quung tant seul neust sceu de-
meurer en bourt: en ville, nen manoir: si
na esté malade ou par cõtraincte enfer-
ma quil puist iamais ioye avoir tant que
Carados aura veu. Telle presse y eust a
le veoir seoir, q̃ a peine estoit vng quart
dheure assis. Car a chascun baron qui la
vint conuenoit carados leuer, tant quil en
estoit si trestas quil fallut q̃l se retiraste pour
vng petit de repos prendre. Le roy moult
grãd honneur portoit a Cador, & a sa seur
Guimier qui puis delibera les emmener
a Nantes parce que carados voulloit aus-
sy veoir sa mere laquelle estoit par son cõ-
seil emprisonnee en la tour ou longuement
avoit esté: mais tost son filz vers elle se hu-
milie quil en faict tirer dehors, a laquelle
cria mercy du grand mal qui luy fist faire
dequoy luy demanda pardon ce quelle de
bonne voulente luy octroya: et feist tant ca
rados que depuis na esté enclose: ains va
a pied et a cheual ça et la par tout ou bõ luy
semble. Et depuis neust aultre amy que le
roy Carados son espoulx lesquelz par lon-
gue espace se sont tins ensemble amyable-
ment, & pardonne les vngs aulx aultres.

Pres que Carados briefbras eust faict sa mere desprisonner et remise en la grace du Roy son mary se print a Boullente deuers le roy Arthus aller de quoy fust le roy carados en grand pensemēt: toutesuois ne differa Carados briefbras de partir tellement que en brief temps a la mer passee z est en engleterre arriue: mais pas ne alla gueres loing le roy Arthus chercher. Car ia scauoit que carados trouue estoit z de la serpēt deliure: et que recouuert sa sancte auoit parquoy le Benoit a toute diligēce Beoir. et quāt il sceut que la mer fust passe en eust au cueur grāde liesse qui de le Beoir a telle enuie q̄ dist q̄ iamais ne finera daller tāt quil aura trouue. Tant allerent puis lung puis laultre quen allant ilz se rencōtrerent: z puis quāt se furent cōgneuz autant quilz peurent les cheuaulx poignirent pour plus legieremēt sentreuenir z ne fault doubter que grande a este la liesse z la ioye au rencontrer. Ainsi donc telle feste font a lassembler que pieta nauoit si haulte z si ioyeuse este. Lors eussiez Beu Benir tant les Bngs q̄ les aultres autour de carados qui tant furēt reconfortez de le Beoir q̄ de grās ioye to⁹ pleuroient. Et allors augmenta leur liesse: car quāt dugne chose on a en descōfort este z que lheure Bient quon la peult a son plaisir tenir ou Beoir adonc est ce q̄ icelle ioye z liesse accroist z que plus grāde est q̄ auparauant na este. Or ne Bueil ie employer mō teps aparolles mltiplier/pource de leur ioye aultre chose ne Bous diray: mais bien Bous dys que Carados z sa compaignie assez longuemēt en engleterre seiournerent auecques le Roy Arthus auquel temps les Cheualliers preuly z hardis alloient aduentures querre. Et bien Bous dys que Carados assez z souuent en trouua ou esprouua sa hardiesse: sique pendant quil estoit en engleterre escheut le roy Carados malade lequel desiroit carados briefbras de son royaulme heriter pource le māda auant sa mort Benir Bers luy pour de ce don le saisir ce que Boluntairement ratiffia son oncle le Roy Arthus qui sen a Bestu et saisy: mais lors dist carados briefbras quil auoit Bne parolle a dire au roy carados duquel il saprocha disant ainsy. Sire dist il ie Bous ay de pieca aduerti z bien le scauez q̄ pas Bostre filz ie nestoiz de quoy fort dolēt suis pouc Bray de ce que Bous nestes mon pere pource Bous dys sur toute riē que ie nay Boulēte dauoir daultruy terre/ne daultruy auoir ne ia terre ne quiers tenir/si par prouesse ne la conquiers. Telz propos tenoit carados: mais pour quelque chose q̄ sceust alleguer pour le roy escōduire il conuint que la terre en hoirrie il repceust en la presence du roy Arthus: et de ce iour mourust le roy Carados lequel honnorablemēt lenterrerent du quel porta carados moult grand dueil tout au long dugne quarantaine: car a lentree du Karesme trespassa le roy de Bretaigne. Et adōc fist le roy Arth⁹ partout banir z publier que sa court il Bouldra tenir le iour de lascension a Nantes: ou illec tāt de gens se assemblerent q̄ nen scauroye le nombre dire si ie ne me Boulloie encombrer.

Dant il a este entendu que le roy Arth⁹ Beult sō nepueu couronner chascū y Biēt de toutes pars pour a leur price faire seruice: cheualliers dames z pucelles si trouuerent aussy a grās nombre. Il ne se fault enquerir se la belle Guimier seur de Cador de cornouaille y fust q̄ Carados pour nulle chose ne Beult sans elle couronne auoir: lung est amy et laultre amye. Et si a lung pour lautre mis

t.ii.

son corps en mortelle aduenture pource est bien droicture et raison q̃ aussy ayent leur ioye ensemble. Et puis quant le iour fust venu que le roy auoit assigne a estre caradbos richemẽt aorne de drap dor: ɼ de drap de soye brode ɼ figure haultement. Et vous dys bien quil estoit beau ɼ si aduenant q̃ a tout le mõde il plaisoit. Et guimier est entre les dames qui toutes entendent a la parer ɼ fust de pareilz draps vestue q̃ caradbos son amy portoit: ɼ par dessus vng sort riche manteau auoit de drap dargent brode ɼ aorne de pierres precieuses ɼ portoit a la coustrement du chief de telle nature q̃ q̃cõques sur soy les auoit q̃ de nul ne pourroit estre hay mais ayme tresparfaictemẽt. Le Roy son oncle la mena au moutier par vng des costez ɼ de laultre messire Gauuain cõduisoit la doulce pucelle q̃ tãt estoit courtoise ɼ belle q̃ qui la veoit bien luy sembloit que faicte fust pour cueur embler. Et quant ilz furent a leglise les espousa vng bien notable euesque qui la messe chanta en grande deuotion: ɼ vo⁹ promectz que ceulx qui les veirent ensemble dirent nauoit veu en leur aige deulx personnes si bien resemblans en cõtenãce ɼ ensemblãt se dirent plus lors tout pour vray que dieu feist lung pour laultre auoit. Cõme il est dist espousez furent. Puis cõsacrerent caradbos roy ɼ la prudẽte guimier royne. Et apres posa le roy vne couronne sur le chief de la ieune mariee: ou assez de pierres precieuses y eust ɼ par especial y auoit grande quãtite de onychez cest vne pierre ainsy appellee: moult precieuse ɼ de grand pris et vient dung des fleuues de paradis terrestre. Et pareillement couronna le roy Arthus Caradbos son nepueu de si tres riche couronne que iamais telle ne fust veue ne ou tant il y eust de pierres precieuses cõme esmeraulbes: saphirs: rubis: iagõces: cirsolites: berilz: escharboucles: toutes de grande dignite. Quant leuãgille leue fust

le credo dist ɼ lossertoire allerent tous a lofrende ou tant de gens y ont offert que ceulx qui lossende receurent furent tous las a les loger et a la serrer. Et apres que le seruice fust acheue ɼ les messes par tout chantees: sen retournerent a la court pour menger ou furent honnorablemẽt seruis. Quant ilz eurent menge ɼ beu les vngs a behourdre et a iouster se esmeurent ɼ les aultres se acueillirẽt a bacheler qui vault adire dãcer ɼ les autres a iouer aux eschez et aulx tables et a plusieurs esbatemens que ie ne scauroye deuiser. Et ainsy se passa le iour en ieus et en esbatemens: et croy que aulx deulx amãs moult ennuya que le iour si long estoit pour le deduict quil actendoient la nuict auoir. Et apres longuement actendu paruindrent au ieu desire. Or y eust chaschun ce quil veult tant que lung de laultre ne se deult.

¶ Comment apres que le mariage de caradbos ɼ de la belle Guimier fust acõply le roy Arthus se partit de Nantes pour aller en engleterre et emmena Caradbos auecques luy pour exercer tousiours les armes de quoy grand mal luy faisoit de laisser sa bonne ɼ loyalle amye la belle Guimier.

E mariage vo⁹ ay dist de Guimier la tant belle ɼ saige et du roy caradbos briefbras et pareillemẽt vous ay dist le coũnemẽt des deulx et en quelle facon il furent couronnez ou furent allors distribuez de bien riches dons: a ceulx qui a ceste feste vindrẽt que le roy Caradbos donna et vous promectz que si grans furent les dons que celluy qui y eust le moindre ou le pire en fust riche tout son viuant. Ie ne say plus que vous en die ceste feste si grande fust que par lespace de huict iours eust duree puis chascun sest en son pays retraict ou auoit sa demeure mais auant q̄ le roy arth⁹ se soit de nātes meu grād piece seiourna auecques son nepueu et auecq̄s sa niepce lesq̄lz aps se deliberā oultre la mer passer: et quant Carados amena qui moult enuis se depart de la dame sa bonne ayme que autant layme q̄ son corps et petit sen fault qui ne demeure: mais si bien le roy arthus le chastie en luy disant q̄ pour sa ialousie il delaissoit a maīctenir cheuallerie a quāt la remonstrance de son oncle le roy Arthus entēdit ne boulust a Nantes seiourner: mais sen alla auecques le roy lesquelz en petit despace peruindrent en engleterre ou par la terre ca et la allerent a leur aduenture querre pour acquerir pris a honneur a les tournoimens maintenir: sique en ung moult bon pauuiennent ou Carados roy de Bretaingne merueilles y feist endroit soy a ou grandement son lotz a son honneur augmenta.

¶ Comment le roy arthus tint court planiere a carlion ou il delibera aller chasser en la forest ou il trouuerent ung merueilleux sanglier lequel ne peurent prendre.

Le roy Arth⁹ en engleterre arriue, tint court planiere a carlion a une feste de la scension laqūlle court fust riche et bien plātureuse et ou mainte gent y auoit: pour icelle feste celebrer et le roy honorer: et quāt se uint apres disgner le roy et ses barōs appella et les feist ensemble benir a puis quāt furent cōgregez leur dist en ceste maniere. Seigneurs dist il a ceste pēthecouste ie bouldroye telle court tenir q̄ lon pourra en mainct lieu dire que iamais pour court que ie tinse ie nen ay si riche tenue. Et pource bous prie demain au

bois bous trouuer ou ie bous desire tous beoir bercer chasser tirer a y seray au poict du iour: si tost q̄ nous aurons messe ouye. Quāt fust la nouuelle entēdue cil ny eust quil nen eust grand ioye. Lors a leurs logis sen allerent ou se coucherent a dormirent tant que le guet au matin sonna. Et allors se leuerent et apres la messe ouye en la forest sen sont allez: ou ilz trouuerent ung sanglier qui moult fust grād, et de grāde maniere a fort sembloit estre hideux lequel tout le long du iour ilz chasserent tāt quil commenca a anuicter: mais quelque chose quilz sachent faire ne le peurent en rien greuer et fust le senglier si fallacieux pour les tricher a decepuoit que dedēs une eaue se ficha: en ung maretz ou il se souille et ou il se euentraille et se beaultre. Ni ne bous scay ie que de ce senglier cōpter quāt ceulx qui apres luy trauaillent ny peuuēt en rien profiter pource quil est nuict dugne part a lautre que fort espart ou escler q̄ leur uint a lanuictement. Les a faict de ce bois fuyr: puis si fort tonnoit bentoit plouuoit si tresdurement q̄ nul des guectes ne boioit fors qualors que lescler benoit qui beoir les faisoit toutes pars: et bous dys bien q̄ pour laduersite escheuer eussent boullu estre en la cite.

¶ Comme present bous ay compte le roy a tous ses barons moult desiroient estre a Carlion pour le mauluais temps quil faisoit aussy mieulx y eussent este: mais Carados se desuoia lequel a tenu aultre boye tant quung Cheuallier apperceut tout seul monte sur ung destrier le Cheuallier fut grand et beau qui lors estoit dedens ung boys et entour luy eust tant doyseaulx chantans par si grand armonie que tous ceulx q̄ scaiuent chāter eussēt boullu estre en ce lieu pour ouyr leur chāt si plaisant et demenoiēt ung si grād bruit tel deduict a grād melodie quonc q̄s carados en sa uie ne oyst doiseaulx telle liesse Une clarte sur luy

r.iii.

luisoit. Cōme se le soleil y fust & croyez que pas ne plouuoit ou il estoit: mais tousiours auoit beau temps: sique la clarte enlumine toute la voye par ou il passe. Carados qui alloit apres le Cheuallier se merueilla tant de sa beaulte que de son bel estre, de la clarte & des oyseaulx quil auoit autour de luy veuz. Lors son cheual cōmence a brocher pensant le cheuallier actaindroit mais oncqs tāt ne se sceut diligenter quil puist de pres laccōsuyuir & ia estoit pres de minuict: point ne fault doubter sil ennuye a carados quil naconsuyt celluy quil suyt a telle angoisse: & quāt il ne le peult actaindre ennuye est q̄ dessus luy ne pleut et ne fault doubter sil sennuye: car sur luy ne cheict q̄ pluye. Tant ont entre eulx ainsy erre quil ont trouue vng beau manoir la porte ouuerte &fort beau lieu & y auoit vng moult grand feu: le cheuallier en la court entre et carados tātost ap̄s. La salle estoit fort belle & nette a laquelle auoit assez gēs. Alors saillerent les seruiteurs quāt virent leur seigneur venir pour le cheual prēdre & son estrief tenir & puys quāt il fust de scēdu le reuerent & luy font grās ioye: & de carados se merueillent q̄ cōe leur seignr ne descend: et adōc le cheuallier lappella assez doulcement en le suppliant quil descende. Dictes cheuallier or mentendez se dist carados: car sans targer vous dys que icy ne veulx descendre q̄ premier vous ne mayez dist quil vo⁹ estes & cōmēt vous auez en nom. Amy dist le cheuallier sachez q̄ Alardin suis nōmē mon pere eust nom Guiginalach & ie alardin dist du lac: & si est ceste maison mienne: & pource que mon nom auez voullu scauoir iay desir de scauoir le vostre. Vous nen serez ia escōnduit iay en nom carados briesbras lequel a la serpent tenu deulx ans entiers & pl⁹ encor & suis nepueu au roy arthus. Quāt alardin leust entēdu entre ses bras le descendit que oncques a lestrief ne toucha puis vindrent

seruiteurs assez qui son destrier allerent prendre et qui a laiser entendirent. Les deulx cōpaignons sentracollent a moult grand ioye & soulas & font lung pour laultre grād feste & furēt alors si rauis du plaisir quilz ont de leur estre ensemble trouuez qua peine peulēt ilz parler. Alardin a premier parle qui carados embrasse & accolle disant ainsy franc cheuallier cōpaignon et amy longuement auez este detenu considere que nestes venu en lieu ou ie vous eusse peu veoir & dieu ma tant ce iour pourueu que venu suis a mon desir: mais ie croy si neust si bien pleu icy ne vous fussiez recte. Puis de rechief le vint accoller en luy disant parfaict amy ie suis certain q̄ dieu vous a icy trāsmis en mon hostel de quoy si tresioyeulx ie suis q̄ plus fort ne le scauroye estre: & sachez pourtāt que ce lieu nest pas de carlion fort pres: car il ny a hōme en ce mōde qui en sceust en deux iours venir & sil vo⁹ plaist y prēdre seiour lōg tēps y serez auec moy & croyez pour toute verite q̄ le lieu est fort delectable cōme vous pourrez de main veoir. Et alors le print par la main et le mena hault en vne chābre ou il fust de ses habitz mouillez deuestu & puis dung beau manteau affuble. Leans y auoit vng grād feu & le menger tout appreste ou la vindrent cheuallliers & dames de moult grād beaulte a foyson tous & toutes faisant grād chere a Carados: la belle Guingenoyr estoit la dame de cest hostel & la fēme de alardin laquelle si tost quelle entendit la venue de carados sortist de sa chābre bien richement vestue & ornee pour Carados pl⁹ honorablement festoyer & receuoir. Ie ne vous auroye en vng iour recite ne par moy ne seroient escriptes les parolles qui y furent dictes. La ioye quō luy a faicte ie vo⁹ dys que parfaicte a este: rien ny eust dimp̄fection: que aussy ne scauroye racompter: mais tant vous dys:q̄ a reciter ne resta rie͂ de tout quoncqs iamais ilz feirēt de puis la pmiere heure qlz se sont veus. Et apres plusieurs devis se laverent et se mirent a table/ou quant ilz furent assis ont este honorablemēt servis des mectz a grāde quantite et fort bien appareillez et apres le menger et la collation de boire prinse sen allerent tous et toutes reposer et dormir/ou ilz y furent iusques au iour. Carados dedens cest hostel seiourna toute la sepmaine. / De quoy le Roy arthus mena grād deuil esperāt de lauoir pdu. Lors avoit Alardin vng escu dont la Boucle fust de fin or et croy que nestoit en tout le mōde son pareil car il valoit vng grand tresor ouure estoit moult richement. Or estoit lor de ceste Boucle de tel le dignite ou nature que vng hōme q eust perdu loreille ou le nez que moiennant que la boucle dessus on touchast que icontinēt se reprenoit et reioingnoit si que il ne apparessoit en rien quil y eust eu incision.

Lors appella alardi carados auquel dist ainsy Amy faict il sachez que tant vo aymē et si parfaictement que ie souffriroie travail et grande pte pour vostre valleur augmētē on dict q la belle Guimier voustre fēme courtoise et saige na point de bout ou de chief a sa mammelle et que cadoz son frere luy trencha quant vous vengea de la couleuure. Pour ce pnez le chief de ceste Boucle et le metez sur la mammelle sans aultre chose faire et vous verrez que lor si prendra et aussy bien a la mammelle se ioindra tout ainsy que se nature luy auoit mis z ad here/et adonc lescu luy presēta lequel estoit de fin or a vne bende dasur qui estoit a travers/puis dist ainsy. Carados dist il doulx amy sachez que ce pais ny a ouurier q sceust vne telle boucle faire pour quelque peine ql y meist: et de tāt que lor vault mieulx que argēt si vault mieulx lor de ceste boucle que nul aultre or/ et si est de telle nature que se

vng cheuallier auoit de son nez trencheē te vne moytie et q de lor il y meist autāt il sy prendroit incontinent et iamais il ne tōberoit et ne le pourroit nul oster. Sy laurez se il vo plaist sire car de bon cueur ie le vo dōne. Alors carados print la boucle en le remerciāt cinq cens fois. Et de rechief luy dist alard il. Carodos faict il mon amy bien pourrez sans encombrier de guimier garir la māmelle.

Quant Carados eust prins la boucle z apres quil eust de son compaignon alardin le conge eu a la court du Roy arthus son oncle sen retourna lequel tout desplaisant trouua parce quil craingnoit quil ne fust en aulchun lieu mallement enserre et pource lauoit il faict chercher par toute la terre. Et quant le Roy sceut quil estoit arriue de lamour du quel il aymoit voullut venir alencōtre de luy puis lacolla a luy feist fort grād feste car le cuidoit avoir perdu. Et sachez la trouua Carados sa fēme la belle Guimier laquelle il auoit mandee pour estre a ceste feste et pour la grād Court qui y debuoit estre. et quāt carados sa fēme eust veue apres quil se furent entre saluez la print p la main z la mena en vne chābre a leur priue/ou quant ilz y furent entrez luy demāda a mōstrer la māmelle de la quelle le mameron ou bout perdu auoit quant de la Serpent elle auoit respire et gary. Et elle legierement luy mōstre Et quāt carados eust la māmelle regardee print le pōmeau de la boucle que luy auoit alardin dōnee z le pose sur le lieu tout soueuement de la māmelle ou la nauureure estoit et si tost q lor y fust mis se adhera et se ioingnit a la mammelle si que le bout en tel semblant demeura cōme au parauāt auoit este. Et quant Carados ceste chose veist grandemēt il sen resiouist: et en eust en son cueur grād liesse: puis dist a Guimier. mamie et madame faict il durāt z pendant le temps que nul que vo et moy ne scaura q vo aurez māmelles, dor

r.iiii.

enfionts pour mamie Vous tiendray: mais Vne chose Vous dis bien se nul fors nous deux le scauroit que Vous auriez mô cueur courrouce pource que Vous auriez trepasse ma Voullente et mon commandement.

¶ Sire faict guimier dictes moy en quelle guise ne en quelle facon ie mê pourray garder doulce amye ie le Vous diray. parmy le pis ou bout de Voustre mamelle dung guible Vous faisserez ou litez que Vo9 mesmes prendrez ne ie nentes que pucelle ne damoiselle ia Vous aide ne au coucher ne a leuer a faisser quelque priuee que de Vo9 soit ꝗ puis quât se Viêdra la nuict moimesmes Vo9 desfesseray a grand ioye et a grand liesse et quât se Viendra le matin moimesmes Vo9 refesseray. Et quât la royne guimier leust entendu luy en rendit mille mercis en luy promectant quelle feroit comme ilz sauoit enseigner.

Ome ie ay icy dess9 dist le Roy arthus auoit par tout son empire son mandement enuoie a to9 ses barons et a tous ses cheualliers de se rêdre a carlion a la pêthe couste auquel iour il entêdoit tenir court planiere ou ne faillirêt iceulx seigneurs mais toute la noblesse de son empire se y trouua ou tant y eust de barôs de cheualliers desciuers de dames de damoiselles et de pucelles que ne Vo9 en scauroie le nombre dire. Apres la procession faicte ꝗ la messe oupe môterent tous en la salle qui fust ꝓque toute pleine de la noblesse ꝗ Vo9 ay dist et en attendât le conuifz le Roy qui tout plain de Vonte estoit se alla seoir au maistre dos ou coste de la salle ainsi que de coustûe auoit. Alors Keux le seneschal sortit dune Chambre qui Vers le Roy Vint auquel y dist Sire faict il quant Vous plaira ie feray le Graille ou le timbre sonner pour lauer car le menger est apreste Keux faict le Royne me par les enrores de cela Vous scauez assez ma coustume ꝗ quât ma court planiere tiens que iamais ie ne mengeray que premier ne me soit aulcunne nouuelle Venue ou quelque merueille. Et ainsy que ses parolles y disoit est leans en la court entre Vng cheuallier sur Vng grâd cheual monte tout dessuble et lespee saincte et estoit Vestu dune fort Belle et riche escarlate et a son col pendoit Vng cor diuiere Vende a grandes Vendes dor couuertes de pierres precieuses moult fort Vertueuses et fort Vonnes Et quant le cheuallier fust a pied descendu legierement est Vers le Roy Venu lequel dist to9 oiât haultemêt. Sire roy faict il ce cor Vous presête lequel est benoist nomme que riche est dor et encor est pl9 riche daultre chose car se Vo9 mectez de leau de fontaie dedês ou ꝗlque aultre eau clere ꝗ saine si tost que mis Vous ly aurez elle deuiendra le meilleur Vin le plus cler que iamais Vous Veustes. en ce monde et sachez que tous ceulx qui ceans sont y pourront Voire pres apres lung laultre et si auront du Vin assez. Par celluy dieu quil ne fure faict Keux ce present est de grande Vallue. Adonc luy dist le cheuallier se maist dieu faict il Vel Amy ia nul cheuallier ny Veura qui aura triche son amye ou que sa mie lait triche que le Vi sur luy ne respande. Ostez faict Keux le seneschal car ie Vous dis ꝗ de ce en prise moins le Voustre cor. Adonc le Roy deuant toute sa gent feist maintenant le cor emplir. Lors ne se peult la royne gaineure tenir que oiât toute la court ne die ses parolles au roy Si tre le roy faict elle gardez Vo9 de en ce cor Voire car ie Vous dis a mô aduis que cest aulchun enchantement pour a gens de Vien faire honte Et croy pour Vray de certain ꝗ nul saige homme ny doibt Voire car tost il pourroit decepuoir autant soy mesmes que lautruy et patuenir a grand honte et a grâd ennup. Le Roy a la Royne respond dame faict il soy que ie doy a noblesse: au cor ie Vue uray le premier voiant tous ceulx qui sont presens. Quant la Royne ceste parolle entent moult fort luy poise mais faignant de nestre marrie luy respōdist une parolle cortoise en riant or maintenant requiers a dieu fist elle que se iamais luy filz priera qͥl aimast ou quil tenist chiere que ce vous essaies en ce cor que vous puissez estre mouillie. Atant le roy a le cor prins auquel il cuida boire mais le vi tout a ung fais sur luy espandit tellement que la Royne sen apperceut de quoy elle eust fort grand vergonne / Et adonc le seneschal qui iamais ne se contint de parler et de se railler dist au Roy. Si se faict il ie croy que ce cor nest pas bon Le Roy voiant ceste aduenture grand honte en eust si que tout rouge il en deuint / mais pour celer son maltalent et affin que nul ne sen apperceut se couurit de son manteau ou le vin estoit tombe puis dist a Keux seneschal faict il doulx amy de grād follie me tremis quāt oultre le vouloir de la Royne me suis entremis en ce cor boire car bien scay qͥlle men haira et pour nulle rien ie ne voul droie en sa haine estre. Et croy de uray q̄ le hault dieu ne la hait pas quant sa priere a exaulsee cōme presēt vo⁹ auez veu, et affin que seul ie ne soie mocque: tenez le cor et beuez apres moy par la foy que vous debuez et que vo⁹ me promistes quant mon hōme vous deuinstes. Atant le roy le cor luy tēt ⁊ Keux le prēt tout courrouce ⁊ pres qui pres de sa bouche le mect mais le vi sur luy espādist de quoy tous ceulx qui leās furent se prindrent a rire lesquelz de ce apres len gaberent. Et le roy mesmes moult sen rist et en riāt a dist a Keux: seneschal faict il or sōmes nous deux maintenāt esgaulx mais iay espoir q̄ cor ennuict serons plus se me vouillez croire or soit fantasme ou verite il ny a ceans cheuallier a qui le cor ie ne face esprouuer et essaier. Or faictes donc quil y paire luy respōd Keux / le cor bailleray ou me dites mais il me semble que bien aparti

ent que premier il soit baille a monseigneur voustre nepueu gauuain. Baillez luy dōques faict le Roy. Et Keux luy porte de ceste heure luy mectant le cor en la main tout plain de vin tres precieux. Et puis luy a dit en riant Sire gauuain ne usez pas icy de semblant mais beuuez a la bonne foy telle que vous debuez au Roy car en ce poinct le vous commāde. Puis quil plaist a monseigneur mon oncle faict Gauuain: sachez Keux que my essaire scauoir se poit y pourray boire. Atant meist le cor en sa bouche ⁊ si tost comme y luy a touche le vin sur luy espant et verse. Sire or le cor me baillez luy faict Keux se prenant a rire. Et alors deca dela par le palays ny eust celluy quil ne se rist. Et apres fust cōme il me semble le cor a messire yuain tendu lequel assez pres du Roy seoit qui luy dist Sire yuain or y perra cōme il vous escherra du cor. Trop mieulx quil ne vous en est pris faict yuain ie beu ray au cor pour voir se valloit y peult loyaulte. Alors en hault le cor leua ou boire cuida mais il y fault / et sur luy le vin verse et espāt sur une robe de velous pers / que de Constantinoble on luy enuoia. Et vo⁹ dis bien quant est du cor que en toute la table Ronde il ny eust si vaillant cheuallier quil ne se essaiast a y boire.

¶ Comment le Cor fust essaye par le Roy arthus et tous les Cheualliers de la table ronde et Comment sur chascun deulx le vin sespendit fors sur cara dos.

¶ Perceual le Gallops.

Ant fust le cor de sūg a laultre porte quil eschut entre les mains de carados. Et sachez que quāt il le tit grādement se doubta et par especial acause q̄ sa femme estoit presēte laquelle au pres de la Royne seoit/qui fort bien sen donnoit en garde et qui bien veoit que pour elle il craingnoit a boire. Et ainsi q̄lle lapperceust luy dist beuuez faict elle seurement beau sire. et il boit sans attendre mais tant ne quāt ne espandist Et alors a guimier il se prit a dire dame faict il ie vous mercie car oncques ame a son seigneur ne feist vng honneur si tres grand comme vous mauez presentement faict. Pourtant ne demeura le cor que par tout le palais on ne le porte ou chaschun depuis se essaia de renc/ mais bien ie vous puis tesmoingnier que il ny eust celluy de tous les cheualliers Carados excepte q̄l ne fust par le cor mouille de quoy ilz eurent tous grand deuil. La Royne en fust aussi dollente/si furent plusieurs aultres dames et Guimier en eust grand liesse/ pourtant en fust elle haye et toutes enuie luy porterent ꞇ dres lors tant lapriudrēt a hayne et a luy vouloir mal quelles la desirerēt q̄lle fust morte atant sonna le tibre et les instrumens pour lauer et puis a table se sont mis ou richement furent seruis par loisir et bien lōguement car des meitz y auoit a faison telz que a court de Roy appartient.

¶ Quant la court eust trois iours dure le Roy artus feist de grands dōs a ses cheualliers tant en or en argent en bagues que en cheuaulx a celle fin que chaschun a son pais sen retourne de la terre dont ilz sont. Et demeura le Roy priueement auec les cheualliers et dames de sa meisgniee/ mais carados retenu a qui pourtant Guimier renvoia a son pais le plustost q̄l peust. Et croy quil feist comme homme saige car bien sca-

uoit que la Royne dessus Guimier mortel le hainne auoit/ pour la parolle honnorable que luy auoit dicte. Et puis le roy longuement et en paix pour se sollacier a carliō seiourna ou il passa tout son yuer.

¶ Comment le Roy arthus prenoit son deduict es chasses des boys auec ses cheualliers et priuez et en retournāt declara a gauuain et aultres ses princes quil vouloit tenir court la plus riche que il eust de son viuant tenue.

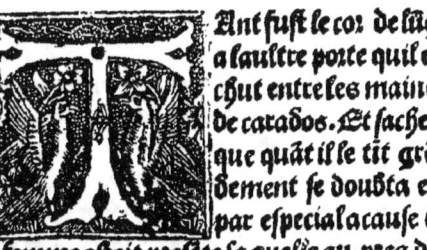

E fust en may au tēps nouueau q̄ doulcement chantent les oysillons que le Roy arthus estoit au bois alle et auecq̄s luy auoit mene de ses plus priuez la plus grāde et la plus saine partie parce que iamais il ne aima a estre seul ce quil debuoit aussi faire a cause de sa noblesse ꞇ de sa grā de seigneurie: Et a lors que au bois estoit auecques ses priuez comme il est dist pour archeoir ou de larc traire et quant se vint devers le vespre se retira ioyeusement dessus vne belle haquenee et cheuaulchoient deuāt luy ses cheualliers parlant et deuisant les vngs aux aultres. Le roy arthus apres vestu dune chape de verd qui fort bien et noblement luy seoit et estoit en vne grande pensee entre si que tout embronche estoit la teste baissee en auant pour le penser qui le rendoit de toute aultre chose oublieux et pource que ainsi se retarde le prīt gauuai a regarder quil feist ses compaignons arrester et attendit tant que le Roy deuers luy vint duquel il se a costa quant il vint pres auquel il dist. Sire faict il sil vous plaist dictes nous pourquoy vous estes tant pensif Sachez beau nepueu faict le Roy que quāt veu mauez ie pensoie quil nest Roy duc cōpte ne marq̄s qui oncques de ses hommes ait autant de seruice prins comme iay faict des miens et pource vouldroie bien auiser

a leur en faire resconp̃se ẽ amie raison
et droit le veult que ie leur rende leur desser-
tes des grands paines quilz ont souffertes
pour moy dont ie suis a honneur pource m'est
il present aduis que petit ma richesse saul-
droit se ie laissoie par ma paresse les serui-
ces a merir ou retribuer aux preux hommes
qui ch̃er tenir me sont par tout a honorer
et pource vous dis que a ceste penthecou-
ste veuil tenir greigneur et plus grande feste
que ie n'ay en mon viuant tenu et tout dõ-
ner et honneur faire que bien dagier a cha-
scum plaire et chascum ioyeulx s'en pra. Et
Gauuain le premier respond deuant les aul-
tres cheualliers benoist soit voustre penle-
ment faict il sire ou entre vous estes car il
est bon et honorable et n'y a prince en ce mõ-
de viuant qui iamais pl⁹ noblement pensast
Et adonc le roy demanda ou son seroit qu'il
tint icelle court. Et tous conclurent et furẽt
daduis qui la deuoit a quaradigant tenir
disant que en tout son empire n'y a pl⁹ beau
lieu ne si belles salles qu'en ceste place qui
est en la marche de galles et de la terre de
bretaigne. Quant le Roy eust ceste conclu-
sion ouye luy et toute sa compaignie s'en est
ioyeusement venu. Et en icelle nuict mesme
met a le roy arthus commande que mãde soit
au lendemain aux barons et aux cheual-
liers de son empire et par toute la regiõ q̃ a
Quaradigant a la penthecouste se rendent
O dieu que de lointains pais de bons che-
ualliers y allerent et se assemblerent a ce-
ste court il y en est venu: dit lande de hobel-
de et descosse. Ceulx de galles et ceulx de
galuoie de logres de scauallon les bretons ñ
les norrois les danois et ceulx dorquanie
oncq̃s si grande cheuerie a quaradigãt n'y ẽtra

¶ E iour de la feste honou-
ree a pres que le seruice
diuin fust acheué et ac-
cõply ou le Roy auoit co-
ronne portee les cheual-
liers et les barons a son

palais ioyeusement l'amenerent ou ex'pam-
ment feist keux le seneschal le graille son-
ner pour donner a lauer, et apres que le roy
eust laué s'en alla seoir en la place et au lieu
Royal si que tous le peurent apertemẽt ve-
oir qui la dedens sont pour menger, et furent
se tout assis a part les douze vingtz cheual-
liers de la table ronde trois moins. Et puis
apres a la seconde se sont les douze pers as-
sis. Et quant ilz furent tous assis keux le
seneschal alla querre de ceste heure le pre-
mier mectz duquel ioyeusement p̃tout ain-
si que le Roy estoit a soy menger regarda
vers la table ronde comme celluy qui de tout
garde se prenoit Et ainsi que par tout regar-
doit aduisa vng lieu vague, et vuide d'ung
cheuallier vaillant et preux si en eust en
son cueur doulseur si que les larmes du cu-
eur prouenans luy monterent si tost aux y-
eulx en souspirant amerement quant du che-
ualier luy souuint. Lors prĩt vng cousté-
au qui ioinet le filz au Roy vdier tenoit
lequel descuier a lors le seruoit Et quant le
Roy eust le cousteau saisy estant trouble de
sa pensee en pensant dedens vng pain le fi-
cha qui deuant luy estoit a table et son front
sur son poing apuia comme celluy qui est en
grand tristesse et en grand ennuy. Et telle-
ment se'ntroublia pour son penser quil laissa
sa main sur le cousteau couller et deuailler
iusques au trenchãt de la lumielle tellemẽt
quil fust vng petit nauré, puis quãt veist
le sang se remembra et a soy reuint parquoy
maintenant le cousteau laissa, et sa main de
la nape enuellopa, affectant que nulz ceste
blessure voient qui parmy la salle menge-
oient. Puis rembrõcha son chief deuers le
bas, et rentre au penser de Rechief et se
print greuement a larmoier. Et quant mes-
sire gauuain le voit ainsy embroche vers luy
legierement alla, pensant que il luy estoit
souuenu aulchune pensee de quelque dõ-
maige qu'il auoit eu au temps passé sãs
en dire mot, et a grand follie tenoient

ce que le Roy feist tous ceulx qui en la sal-
le estoient. Et quant gauuain fust appro-
che seant quancor pensoit le Roy si que le
chief leuer ne peult le print gauuain a la pel-
ler/et quāt le roy leust entēdu vng bien petit
son chief leua. et messire gauuain luy dist Si
re sire se dieu mait dist il/il nest ne beau ne
aduenant que vous ayez en present vre ne-
marrisson ne que vous soiez tant pensif vo-
iant tant de nobles barons comme icy po-
nez choisir considere que moult vous debue
roit plaire leur compaignie et leur soullas.
Gauuain dist le Roy voullez vous q̄ vo-
die pourquoy ie suis ainsy pensif. Ouy sire
faict gauuain ie vous en prie/gauuain dist
le Roy ie vo? afferme que vous le dirap vo-
lontiers oiant toute la compagnie. Sachez
que a vous ie pensoie et a maint aultre que
ie Roy et par especial mon penser estoit a la
fellonnie dont tu es plain et asenuie et a la
trahison aperte qui couuerte a este lōg tēps
Atant se taist et plus ne dist. Et lors se prit
Gauuain a rougir dire et dangoisse q'il en
eust/ny eust celluy en tout le palais q̄ osast
vng mot sonner mais tous se dōnent grād
merueille de ce que le Roy si villainement
a ainsi gauuain homme et clame oyant to?
en le nōmant traitre moult en furēt vers
luy prez Et adonc Gauuain qui plus ne se
peult contenir luy Respondit en ceste sorte
Sire dist il ce mot est trop villain pour vo-
stre honneur et pource vous remembrez de
ce que present auez dist oiant tous ceulx q̄
ceans sont. Gauuain faict le Roy ie ne lay
dist pour neant ie lay dist et dis encores et
bien en peult vuain la verite scauoir q̄ tout
autel de luy pensoye quant tāt pēsif na gue-
res estoie et plus fort dis que ceans il ne re-
ste vng homme que ie naccuse de trahison et
de moult grande fellonnie. Lors saillirent
en piedz ne scay quantz a se lieue la noise au
palais. Et premier parla Lors le filz ares.
Seigneurs faict il ie vo? coniure tous par
voz sermēs que vous cōtenez auecq̄s moy

enuers le Roy arthus/ ainsy q̄ faire le des-
uez nauez ouy comme tous de trahison no?
appelle cest vne querelle trop laide.

Q̄nt cors eust dist ce
quil voulut dire tout
ainsy a messire vuain
dist. La dieu dist mes-
sire gauuain comme
a grand ioye a este ce-
ste court mandee/ si so-
lequamment assemblee qui fault qu'a grād
deuil se departe. Ces motz bien entendit le
Roy et puis se prit a souspirer qui dist gau-
uain faict il ie nay que la verite dicte. Ver-
tu sire dist Gauuain faictes nous scauoir
en quelle guise ne en quelle maniere q̄ nous
sommes fellons et traictres pour nous get-
ter hors de lerreur ou mes compaignons et
moy mis auez en nous clamant trahistres
et fellons. Le roy respond puis que le vou-
lez scauoir ie le vo? diray. Or entendez vo?
scauez bien pour certain que la oultre re-
gne vne maniere de gens qui grādz citez
et chasteaux firent et fortes villes bien fer-
mees or le grand chasteau orgueilleux se-
merent ilz encontre no? et quant vo? m'en
ostes parler vous ne m'y laissastes aller et
de puis quant allez y feustes ce ne fust pas
bien v___ate en ce lieu perdis tāt de mes
gens quencore est mō cueur dolēt le pl?
grand nombre y fust occis et plusieurs au-
tres prins y furent desquelz fust vng mien
compaignon que trois ans ont en prison te-
nu de quoy vng bien grād deuil ie porte car
en ma vie ne? grigneur amy lequel est pl?
preux quon ne pense et beau de corps et de
figure et pour conseil dōner moult saige. or
naguerez quant la noblesse fust ceans assi-
se ou menger ie veis le lieu du cheuallier q̄
vuide estoit et sans seigneur dont au cueur
en eus telle doulleur que contenir ne me sca-
uoie quāt nul ne veis en son lieu seoit. Et
pource vous ay ie clamez tous ensemble de
trahison. Et cil eust non girflez le filz a do.

le preux et vaillant chevallier passe a bien trois ans entiers quen une tour est en prison de quoy vous estes tous coupables quant voustre compaignon laissez / trois ans sans luy donner secours sans le querir ne le chercher / et ie qui vous en ay blasmez encor suis plus traistre prouue quant come vous le lay laisse pource ne menray iamais feste ne iamais ioye ie ne auray/ tāt que en effaict me seray mis pour veoir se retirer le pourray et pour scauoir sil est mort ou vif. Or lay ie tant en mon cueur esprins que pour rien quil me doibue aduenir ne lairay q̄ne laille querre / ou il me coustera moult chier se recouurer ie ne le puis bien en apert ie vous dis que Roy q̄ si preu bhomme pert / par mauluaistie & par paresse ne doibt pas en haultesse entrer. Et ne doibt ung iour viure ql ne deliure le preu bhomme quant il este pour luy encombre ou en la prison detenu. Dians vous tous en fais ung veu que de ce iour ie ne gerray en nul lieu q̄ une nuict tant que ie scauray sil est mort ou se vault ie le pourray. Alors Respondirent tous comunement en ceste maniere. Sire de ceste trahison q̄ vous nous auez accusez en la sorte que vous la prenez vous auez bon droict et raison quāt par long temps sauons laisse sans lauoir requis ne cherche et scauons bien quil est au chasteau orguilleux. Par la foy q̄ vous doy a tous faict le Roy demain ie mouray entre les mains des ennemis se ie ne le recouure par science quant par force rien valloir ny peult. Dictes vous sire faict gauuain / croiez de moy que ie vous dis que les chemins sōt perilleux dicy au chasteau orguilleux et y a bien quinze iournees voire les plus grādes que lon scauroit trouuer ne faire il ne vous en fault point mētir / plus vous dis quant la vous serez vous aurez chascum iour bataille bien fiere perilleuse et forte ung contre ung ou cent contre cent de hardis et fors combatans. Et pource seroit bon de

vous conseiller pour scauoir quelle gens voullez prēdre pour auecques vo9 emmener. Seigneurs dist le Roy mengez tout a voustre loisir et puis apres sans delaier par vostre cōseil regarderay lesquelz auecques moy maineray aussy lesquelz ie lairseray pour garder ma terre et ma gent. Alors māgerēt en liesse au palais les grāds & les petis. Aussy tost que seroy veist que le temps fust de se leuer commanda les napes oster et apres quelles furent ostees lauerent les mains et puis se leuerent.

Quant chun fust yssu de table saillirent en piedz cōme il me semble pl9 de troys mille cheualliers qui tous treshumblement au Roy requieret que son plaisir fust de les mener auecques soy et q̄ moult voullentiers ilz yront. Seigneurs faict le roy sachez que ceulx y merray & non aultres que les barons aduiseront / et aux aultres cōmanderay de garder mō royaulme en paix. Adonc cōmença le premier a parler le Roy Brien qui fort estoit saige et discret. Sire faict il ie suis de cest aduis q̄ ia nest mestier ne besoing de si loing grand harnois mener et vauldroit mieulx y mener ung petit de gens moienāt quilz fussēt gens esleus et bien renōmez souuēt grāds nōbres sert dencombre / pource se mon conseil tenez en brief temps des prisons aurez girflet que chier nous tenons / menez de voz gens les meilleurs si vous sera plus grād hōneur se par eulx voz ennemis mattez q̄ se vo9 y en meniez grād nombre / et croy ne cores dieu aidāt q̄ tel cherra en ung estour quil vous fera ce iour quiter girflet le preu et le vaillant : pourtant sil vous plaist eslisez ceulx que voullez auec vous amener & ceulx que voullez dellaisser : mais ientens ce Respond le Roy que vous aul-

f.ii.

tres y aduisez car a vo° mon conseil satent. Adonc respond le roy ydier. Sire fa-
ict il nul ne vous doibt chose conseiller selon que au mieulx comme il pourra et mal-
heur ait qui vo° donnera conseil ou vo° naiez honneur. Je scay bien quil en y a plusieurs q̃
vouldroient auec vous aller sil vous plai-
soit quil y allassent mais pas ne loue que tant de gens y voisent pource le roy brien
croiez qui vous a bon conseil donne. Certes
faict messire gauuain cellui pour saige ne
tiendroie qui le conseilleroit aultrement.
puis chaschun a dist au bon vouloir du roy
en soit et mener peult ceulx qui luy plaira
et laissera icy les aultres. Cest bien parle
leur dist le roy/pource retirez vous pour
le present en voz receptez et vous apparail-
lez de venir a ma compaignie et a ceulx q̃
ie vouldray quil viennent auecques moy
leur enuoiray ung confanon de soye. Et apres
que il eust ce dist sen allerent les barons a
leur hostelz ou diligentement satourneret
et le roy a chaschun presenta ung cofanon
et puis leur dist que le matin sans delaier
fussent prest a monter a cheual.

¶ Or sus vous tenir prolixte de compte le
lendemain au soleil leuant furent tous les
cheualliers montez ainsi que le roy lauoit co-
mande/et vindrent tous ensemble deuant
le palais ceulx qui eurent leur confanons
desquelz les noms ie vous diray: premie-
rement y fust gauuain le roy ydier gosa-
ins keu et lucai le bouteiller et cor le
baillant cheuallier saigremor et maboa-
gien auecques le filz au roy brien et ydier
le filz nud/fe fait hardy le compte de senglain
et galegantin le gallois et carados bref-
bras/le bon taulart de rougemont/lequel
fust le quinziesme lesquelz tous armez de-
uant la salle se presenterent/et ainsi que
la attendoient arriua le roy arthus tout
arme qui gueres a monter nattendit. Je
vo° dy bien pour verite que iamais homme

ne fust plus richement arme ne sera ain-
si quil me semble. Et ainsi que la royne
veist que le roy estoit monte le conduit
iusques a lissue du palais ou congie print
et puis sen retourna/Et adonc que le roy
se veist entre ses barons quil auoit esleus et
que aperceut que tous furent bien prepa-
rez et mis en point leur dist quil se missent
en voie. Et quant trois lieues sont allez se
arresterent en ung pre ou la se departirent
grand nombre de gens a grand regret qui
iusques en ce lieu auoient le roy conduit
et accompaigne lesquelz en la cite se reti-
rent et le roy auecques les quinze esleus
que quant et luy menoit trepasserent tout
le pais forest maretz landes et plainnes: et
moult faisoit mal cheuaulcher par auchun
lieu ou ilz allerent. Ung iour fust le roy
sans menger ne scay pourquoy/ et ainsi
quil sort dune grande forest en une lan-
de de genestz entra ou le souleil y luysoit
moult chault et fort ardant et la lande es-
toit haulte et grande/tellement a le roy le
chault matte auecques ce quil eust trop
ieusne qui luy print vouloir de prendre re-
pos sil peust quelque beau lieu trouuer: tant
ont en auant cheualche que ung grand ar-
bre aduiserent soubz lequel se sont arrestz
et la auoit assez pres une fort belle et cler
fontainne et pour la grand challeur et tra-
uail quil auoient souffert osterent tous les
vrs heaulmes et a la fontaine se lauerent
ou voullontiers eussent mengé se viande
trouuez ilz peussent mais a ceste heure neu-
rent dequoy pourlaquelle chose furent fort
desplaisans a cause et pour lamour du roy
qui fust vain et luy faict grand mal de ieu-
ner. Lors gauuain en ung val de ceste
lande regarde auquel une maison aduisa
que a keux le seneschal monstra laquel-
le estoit close de paille/et quant le senes-
chal la veist dist que a son aduis en ce li-
eu des gens y auoit et que la il voulloit al-
ler pour scauoir se trouuer ou rencontrer

pourroit auoir chūs viures/ et a tant sen part et va deuers la maisonnette ou seulement ny trouua q̃ vne vielle femme mais de tout ce quil y queroit ny trouua chose quelcõq̃ car en ce lieu ny auoit pain ne paste farinne chair sallee ne fresche: mais bien luy dist que a plus de vingtz lieues a lenuiron de ceste lande ny auoit hostel qui de ce lieu pas loing nestoit sequel auoit faict clorre et bastir le seigneur de meliolant ou il seiourno it moult souuent en priue auec ses muetes et disoit que bien heberge y seroint aussi q̃ de cest arbre soubz lequel ilz se estoient arrestez facilement pourroient icelle maison veoir. Quant le Seneschal eust la pouure vielle entendue sen est alle vers ou elle luy auoit le manoir monstre/ et quāt il fust de cest arbre approche le manoir veist lequel estoit enuironne de riuiers de bois de prez de moulis destācz de vergiers et y auoit au dessus vne fort belle tour qui forte plaisante et belle estoit a lors brocha son cheual des esperons et faict tant q̃ en petit de temps est de pres arriue et quāt il fust oultre la chausee passe les potis et le riche pont trouua deuant la tour est venu ou ne trouua a qui parler. Et quant veist que nulluy ny treuue dedens vne salle est entre q̃ moult estoit longue et large: et veist en vne cheminee vng fort beau feu et grand allume ou il ny a hõme ne femme apperceu fors. Vng seul nain qui rotissoit vng paon moult gras lequel estoit enhaste en vne broche de pommier vers lequel vint le seneschal mais le nain faict semblant luy feist/ mais ne laissa le seneschal de se arraisoner a luy auquel il dist: nain faict il dis moy ie te prie y a il cy homme que toy. Et le nain ne daigna respondre de quoy fust le seneschal sy yre que se il neust craint honte il le ust tout a ceste heure occis mais il voit bien et scait pour vray quon len pourroit a droit blasmer mauluais nain faict il contrefaict ne pleras tu aultrement ie ne voy en ceste maison fors que

toy et le paon que tu rostis que iauray pour moy au disner et si en donneray se ie puis au Roy qui bon besoing en a. Par icelluy dieu qui tout voit faict le nain ia nen mengerez et vous dis quil vous meschera se tost de ceans ne partez. Tais toy faict Keux faulx nain enfle me veulx tu le paon contredire se iamais ten ois parler par la paretz te getteray si que le cerueau ie te feray du chief voller. se maist dieu se luy dist le nain qui fust rempli de fellonnie ia du paon vous ne mengerez ne aultruy nen departirez et bien vous loue que du manoir vuidez ou bien sachez sans nulle faulte que villainnement chasse en serez. Ceste parolle a Keux durement pesa si que plus il nē peust souffrir Lors alla le nain du pied ferir si durement qui le faict saillir iusque au pillier de la cheminee. Lors que le nain se sentit Ainsi durement traicter se print a haulte voix crier car de ce coup il cuidoit estre mort. Adonc oit le Seneschal ouurir vng huis assez hastiuement: duquel vng cheuallier yssit dehors fort hardi fort grand et fort fier et beau et aduenant et nauoit encores trente ans passez La robe auoit de samist blanc/ fourree dermines pour le chault de quoy fort bien pare estoit et fust a laduenant bien chausse et si auoit vne saincture saincte a membres dor qui bien valloit vne grande richesse qui fort esbahist le seneschal Keux.

Insy est le cheuallier hors dune chãbre yssu qui bien sembloit homme estre mari et tenoit vng laz de soie verd par lequel il menoit vng leurier apres luy et quant il veist le nain sanglot a dist sans gueres arrester/ vous qui estes icy monte faict il en ceste salle tout arme pensez vous que me contente ne que ioyeulx ie soie de ce que ainsy auez mō nain naure. Et le seneschal luy Respond que en tout le monde ny en auoit vng quil fust aussy fier ne aussy fellon que luy ne de sa orgueilleuse manie re encores considere que si petit estoit. Et le cheuallier luy a dist quil auoit mal ouy parler a lors le seneschal dist/ Voullez vous faict il supporter vng tel villain en son malice/ Vous semblez estre bien ennuyeux iay vng meschāt nain feru lequel icy vng paon rotissoit den parler si tres fierement. Adōc simplement respōd le cheuallier. Sire faict il vo⁹ ne dictes pas bien mais toutesuois ie vo⁹ prie Vostre nō me dire Et keux respōd pardieu beau sire ie le vous diray Voulontiers car a meilleurs cheualliers q̄ vo⁹ ie lay dist et tāt maintes fois sachez de vray que keux ie suis. Certes ie vo⁹ en doy bien croire faict le cheuallier Car vray est a vostre parler simplement vo⁹ notamment congnoistre le nain le paon vo⁹ refusa mais pourtāt nest pas la coustume de ma maison dauclhūne viande esconduire a nul hōme qui la demande du paon aurez vo⁹ vostre part se dieu maide tout maintenant. alors le paon print a plain poing quillieue bien legierement du quel de toute sa vertu sen a feru le seneschal dung si grand et se pesant coup que petit sen fault que occis ne la et bien vo⁹ dis quil assena au col si que cheoir le feist sur le plancher plat estendu. lors le paon se ront et creua tellement que la challeur luy coulla par my les mailles du haubert si que depuis la marche y apparust au col tout le temps de sa vie: adonc ietta le cheuallier le paon a ses deux grans leuriers et dist. sire keux leuez sus cest voustre part que auez eue pource ostez vo⁹ de deuant moy car de vous veoir trop dollent suis Lors arriuerent deux seruiteurs bien armez qui keux ont gette de la salle. adonc sen retourne et monta. Puis apres retourne en la lande ou le Roy estoit. Et quant ses cōpaignons le veirent venir luy demāderēt sil nauoit rien trouue de ce que present alloit querre: et keux leur respōdit que nō & que illec trop malle terre auoit pour trouuer a menger. Et plus leur dist a mis faict il veillez scauoir que moult loing no⁹ fault che uaulcher ains q̄ puissiōs hostel trouuer ou il y ait petit ne grād a menger Cōme len ma dist et compte. Et gauuain alors luy respōd toutesuois faict il cil qui a vo⁹ parla dist de menger si cōme vo⁹ sans viande ne veist il pas en ceste grande lande et penible. Non pour certain luy respōd keux mais cest vng veneur si orguilleux que heberger ne nous vouldra pour quelque chose quon luy die. Le roy dist dōt est il villain mais ie seroie de oppiniō que y deuers luy voise Gauuain. beau nepueu faict le Roy allez & no⁹ vo⁹ actenderōs icy. Et gauuain monte maintnāt le quel ne se iourna tant quil vint au recept du cheuallier et quāt le cheuallier le voit merueilleuse ioye luy feist/ puis luy enquist comment auoit a non/ & y luy respōd que Gauuain on le nommoit & apres luy compta la necessite de viures quil auoient et comment le Roy nestoit loig de ce lieu et q̄ pour ce iour il vouldroit auecques luy heberger. et quāt le cheuallier lentent luy dist que moult y luy plaisoit et que tost allast au Roy dire quil vienne quant y luy plaira/ puis a tāt gauuai dilligēte q̄ le roy en lhostel amena.

¶ Pour honorer le Roy arthus feist le cheuallier vng grand appareil et le receust en humble reuerence et a grand hōneur/ puis amont en la tour le mena ou encores estoient les leuriers lesqlz la chair du paon mengeoient et quāt le Roy les cust aduisez dist en se reiou issant/ y ma foy faict il ses deux leuries sōt mieulx disgnez que no⁹ nauōs ce iour este et le cheuallier en soubrist ce q̄ keux entēt/ mais biē se garda de parler. la tāt sont en la salle entrez et quant il furent desarmez on a le menger appreste & quant Il ont este assis le seruice eurent beau &

plātureuẏ et aprés la refection se chouchet-
rent tous en bōs lictz/et aẏāt le matin
fust venu et que tous furēt esueillez le dis-
ner leur appareilla leur hoste en grāde quā
tite ce que de bonne voullente feist et puis
quant ilz furent assis ioẏeusemēt ont este
seruis de plusieurs metz et de si bons que
ennuẏ seroit de vous les nommer vng a
vng. Et vous dis bien que les seruiteurs
du cheuallier en faisāt le seruice ne se espar-
gnerent a rire secretement de laruēture du
neschal/ẏ le nain ne sen peult celer ainçoẏs
commenca a parler ẏ neust pas par eulx
este sceu se le nain ne leust rameutu car pl⁹
que nul il le celoit et le cheuallier pareille-
ment pour lasseure que vous aẏ dist que
clairemēt apparaissoit disoit on que keux
fust tigneux de quoẏ toute iour eust grād
honte quant il veoit que tous ensemble le
gaboient ses compaigns tant quil sen al-
lerēt coucher/ et le matin a lesclater se leua
le roẏ sans seiour et tous ses cheualliers
aussẏ lesquelz se sont tantost armez. Lors
a le Roẏ son hoste mercie du bon racueil
qui luẏ a faict et Adonc luẏ pria le Roẏ
que son nom ẏ luẏ plaise dire et ẏ luẏ res-
pond que on le nommoit ẏdier le bel ẏ que
de ce lieu le seigneur estoit. Puis au roẏ re-
quist qui luẏ pleust auecques luẏ le mener
Et le Roẏ dist quil ne pouoit ẏ mener fors
ceulẏ quil auoit pour le compaigner iette
hors de son païs. Et aprés ce dict print cō-
ge du cheuallier lequel en son hostel sen re-
tourne: et le Roẏ auecques ses barons sen
alla son chemin tenant ou il auoit faicte sō
entreprinse lequel. et tous ses alliez errer-
ent le long du iour sans menger car possi-
ble ne leurs fust trouuer hostel ou il pensēt
disner ne ou se sceussent heberger Ains a
cheualcher les conuint iusquau veger des
sepultures ou on treuue les aduentures la
auec les reclus mengerent dont ẏ en auoit
cent ou plus.

¶ Comment le Roẏ arthus aprés este
pr̄y du verger aux sepultures enuoẏa gau-
uain pour chercher ou ilz pourroient lo-
ger et repaistre et les merueilles que gau-
uain trouua et annonça au Roẏ arthus le
quel ẏ alla sieġnent.

As fort il ne me plaist a
dire les merueilles du
cimitiere qui en le ver-
ger sont si grandes. Car
hōme ne sache en terre
viuant tant soit terrien
riche ou poure que iamais peust cuider ne
croire quil ẏ eust parolle veritable quāt ie
declareraẏ pour quoẏ fust faict et establẏ ẏ
dont les sepultures estoient ne quelle vie
ou vsaige ẏ tenoiēt les reclus ce q̄ trop lon-
guemēt le metteroie a vous le dire pource
me tairaẏ tātq̄ le lieu vēgōra auq̄l me rō-
uiendra le dire. Mais bi̇ē vous dis q̄ quāt
le roẏ eust vng iour au verger seiourne au
lēdemain q̄l fust partẏ a tāt erre q̄l est ve-
nu en vne si tres belle terre q̄l nest possible
aultre si riche trouuer assez ẏ eust de prez
de vigiers plantez de diuers arbres. Et par
la forest estoit ornee lherbe si verde ẏ si drue
que iusques au ventre des cheuaulx leur
aduenoit et attaignoit sus vne route des-
fouslee sembatirēt ẏ vont le lōg dung ves-
pre ou lherbe trouuerēt batue et cheute / en
terre ẏ le petẏ pas des cheuaulẏ. et estoit le
marchis de ceste route biē vng grād traict
darc de large ẏ virēt aussi huns des gēs du
roẏ a leur aduis biē cent personaiges q̄ par
illec passoiēt. Et allors dist gauuain au roẏ
bel oncle faict il or suiuez moẏ ẏ ceste route
auecq̄s voustre gēt ie mē ẏraẏ pmierement
ẏ deuāt pour demāder se n⁹ pourrōs ho-
stel trouuer ou n⁹ puissiōs ceste nuict he-
berger cōe scauez q̄ besoing n⁹ en est mais
garder que pas ne laissiez ceste route quoẏ
q̄ vo⁹ en die. A tāt sen va gauuain poin-
gnāt tousiours suiuant icelle route moult
tost ẏ moult legieremēt mais pas neust lō-

f. iii.

ment cheuaulchē quilz apperceut a plainne terre les gens a cheual qui suiuoit et en approchant veist quilz estoient bien cent cheualliers lesquelz se esbatoient et behourdoient sur le tertre, adonc se cōmēca a haster vng val descent et puis rēmōta mais oncques homme ny trouua. lors par dessoubz vng chasteau voit que piéca nauoit veu si beau et puis quant la route tenoit vers la cheuauche et va tout droit si que au chasteau les veist entrer lesquelz il suiuit erramment. Et apres q̄ le tertre eust auallé vint en vng plain lequel au pied dung pont estoit a la main dextre. la entre quatre oliuiers auoit vne fontaine belle & clere & assez pres deux damoiselles toutes deux de pourpre vestues chascunne iuste q̄ fault a dire cruche dor portoit ou leur eaue puisee auoient. Lors messire gauuain tout hault leur dist pucelles dieu vous benie, mais luy respondirent en disant Sire noustre sauueur vous gard. Pucelles faict il ie vous prie me dire que cest que voz cruches portez. Sire font elles ce nest que eau que nous portōs aux bons cheualliers que seruons: et daultre eau ne lauent leurs mains. Certes faict messire Gauuain seigneurs de grand bōté auez. Lune dist par ma loyaulte oncques cheuallier plus beau ne veis voyez le la q̄ au chasteau entre. Adonc sans aultre chose dire aux pucelles sen est gauuain au chasteau alle lequel plus beau luy sembla que iamais nauoit chasteau veu/ premierement furent les Rues toutes encourtinees de riches courtines fort artificieusement ouuertes dont moult sen esmerueilla et encores des pallais tant beaulx & tant riches quil voit a lenuirō tous fais de diuerses façōs
¶ De long en long par my les rues veit alors messire Gauuain maintes tables de changeurs ou sur tapis de diuerses couleurs a veu vaisselle a grād nōbre ou quātité dor et dargent cōme coupes hanapz escuelles si belles que cestoit merueille: tāt

de monnoie y auoit q̄ tout esbahy en estoit tous les hostelz voit vers et gris si riches quō ne faultroit dire et veit les huis a plain ouuers ou hōmē viuāt il ne treuue. Et a lors se print a penser quil sont leur seigneur conuoler au petit chasteau par honneur qui en la ville fust entré auecques la route que oüy auez. droit au petit chasteau sen va gauuain ou quant il y fust paruenu entra en vne fort belle salle longue et large ou il trouua les touailles dessus les tables mises & croy que oncq̄s Roy duc ny cōte ne mengea sur tables ne sur napes si bien ouurees et estoit le pain sur la table la vaisselle et le vin au buffet mais il ny voit homme viuāt/ apres que ca et la eust regarde veit en vne loge par deuant la salle plus de cent hures de sēgler mises dedēs des platz dargent et la pouldre de poiure y dess9 de quoy gauuain tant sen esmerueilla quil sen prit a signer de la croix/ puis voiant q̄l ne treuue a qui parler dist a soy mesmes que plus ne vouloit en ce lieu seiourner pourquoy se retira et quant il vint au pied du pōt y pensa les pucelles trouuer q̄l y auoit trouuees quant leurs iustes ou cruches y puiserēt mais pl9 veues ne ly es a de quoy demeura fort pensif car il cuidoit se y les eust retrouuees que elles luy eussēt cōpte de point en point et de chief en chief ou les cheualliers allez estoient que leans ou il veu entrer parquoy moult se repēt & luy poise q̄ plus longuement a elles ne parla/ et quant il voit quil ne les treuue se mect a pēser quil doibt faire. or dist a soymesmes q̄ se de ce lieu se part que possible ny scaura iamais retourner & bien vouldroit que le roy & ses cōpaignons fussent auecques luy et que ilz eussēt veu la situation et la façō de ce chasteau. Et daultre part il craint et est en doubte que se plus en ce lieu demeure que le Roy se pourra bien fouruoier si que il ne puist au chemin quil a prins venir. mais de ses deux le meilleur prēt t aduise que pour le mieulx il sen doibt aler contre du Roy aller et a peine auoit il mis la main a la resne qlapperceut le roy et ses copaigngs et alors se prent a haster et quāt eust la beste approchee luy dist le roy beau nepueu dist il: naurons no9 meshuy hostel ou heberger no9 puissiōs car certes bon besoing nous en est et pource Beau sire dictes moy q cest q trouue bo9 auez Vous sçauez que tāt ay ieusne q ien suis tout las et tout vain. Sire dist gauuain ne vous guementez ne souffiez: car a menger assez aurez et hostel si bien a plaisir quōcques en iour de Vostre vie tel ne eustes cōme ie croy que vous pour ceste fois aurez. Il ne fault que lauer les mains. Alors dist Keux le seneschal ces motz faict il ne sōt villais et des metz q bous dictes que nous trouuerons leans ay esperance den seruir le roy a table Sire Keux se luy dist gauuain Vo9 ne croiriez en tout le mōde la merueille q lay trouuee. Et adonc leur la laduēture cōptee tout ainsi cōme il la trouua. Et puis ce dict les a droict au chasteau menez. Et quant dedens les rues furēt des richesses q̄lz y ont beues sen sont to9 fort esmerueillez. Adōc dist Keux vng mot courtois Chasteau faict il q garder vo9 peult iamais il ne vo9 doibt laisser. Lors au petit chasteau montèrēt ou quāt ilz furent de leurs cheuaulx descendus dedens ceste grāde salle entrerent: mais hōme viuant ny trouuerent de quoy merueilles en ont eu et quāt veirent que a nulli ne sçauent a qui parler deliberent de oster leurs heaulmes: mais vng mal y eust car leans ne trouuerent fein ny auoyne pour leurs cheuaulx si direntque grand mal seroit si les laissoient ainsi ieuner. Lors dist le roy qu apres souper partiroient se ainsi estoit par eulx aduise: et sen itont aulx prez gesir qui sont moult verdz et bien feuillus: et en la façon q le roy deuise tous a son conseil se accorderent. Et adonc attacherent leurs Cheuaulx par les

freins aulx cornes des cerfz et de dains q en bas trouuerēt: et ce faict lauerent leurs mains a deulx bassins dargēt bien riches Le roy se assist premieremēt et cōsequāmēt tous les aultres. Et Keux a le premier mectz mis deuant le roy sans arrester. Et vous dys pour verite que a tous il donna chascun sa huée de sanglier. Puis dist ainsi mengez dist il: car peu en a cellui qui ne aura assez le meger ne ma rien cousté pour ce en aurez vous largement et Vous dys bien pour verite que se noz destriers peussent hures de sanglier menger quil y en a a suffisance et plus Vous dys que cest hostel nest pas desgarny: car iay veu leans de beaulx lictz en vne chābre et bien couuers. Et adonc regarda gauuain par vng huys q ouuert estoit ou vng escu veit a vne cheuille pendant et auoit vng tronçon dugne grosse lance parmy test escu ou y estoit vng fort riche gonfanon: et si tost qleust aduise tout le sang luy bouit et esmeult au vētre. Lors sans mot dire le pl9 tost quil peult de la table se leua ou il gecta vng cousteau quil tenoit en la main et vient a son cheual lequel bien estoit a sangle et son chief aps et de son heaulme arme et ce faict en vng banc aupres du roy se assist et son escu meist coste a coste de luy De quoy le Roy moult fort se esmerueilla. Puis lung a laultre demanderent que pouoit messire gauuain auoir/ et ny a cellui qui bien ne voulsist certain estre pourquoy si tost arme sestoit chascun pense a la vite q son cerueau luy soit esmeu pource q ieusne si longuemēt auoit ou po9 la grand chaleur quil eust en la teste/et defaict quāt tous les barons eurent bien pense il ne sçauent q dire: car ilz nont veu ne ouy chose pourquoy armer il se deust si nen sçauent que deuiner.

¶ Le roy q aussi sen esmerueille luy a dict tout bas en secret beau nepueu faict il. Je vous prie ne me celer pourquoy le menger vous laissez/ vo9 nous en faictes merueil-

f.iiii.

lier, & aussi de quoy si tost sans mot sonner vo9 estes armé, auez vo9 aultre chose que bien: non certes luy respond gauuain: mais ie vo9 prie vo9 haster de menger de autãt que vo9 me aymez & me tenez chier: cõmēt se dist le roy sans vo9 qui auez cõme nous ieusne croiez q̃ ia ne megeroye: nul bien ne me seroit le mēger: Vous auez tort se mest aduis q̃ cõme nous mēger vo9 ne voullez Et alors gauuain luy respond. Sire dist il pour chose qui soit en ce monde tant soit precieuse & riche ie ne mengeroye: car ie hay le lieu de cẽs & moult me poise quãt iamais y ay le pied mis: pource vo9 prie Sire pour dieu vo9 haster de mēger. Adõc le roy sans arrester iure oyant tous bien haultement. Dieu eternel qui est sans fin que iamais il ne mengera q̃ premier il ne saiche a la verite pourquoy il a son chief armé. Sire dist gauuain ie seroye donc mal aduise se la raison ne vous disoye et pource, ie la vo9 diray sans en mentir dune parolle. Vous sauez q̃ il y a dix ans q̃ vostre ost estoit fort et grand deuãt la cite de Branlant ou y auoit auecques vo9 maint roy maint duc maint conte & maint barõ. Et dedens la ville pl9 de dix mille cheualliers qui moult furent hardis & preulx que leur seigneur y auoit mys & qui de la cite la seigneurie tenoit. Or pour vng iour aduint pendãt q̃ teniez vostre siege q̃ quelque escarmouche se feist par vng matin ou ie neuz loisir de me armer: & pource q̃ le cry ouy grãd tout en lheu re sur vng cheual sailly desarmé & droict au cry q̃ leue estoit ie men vins poignãt grãd allure & nauoye de toutes mes armes fors mon escu tant seullement & vne lance assez puissante. Ainsi hors des têtes yssy & peu apres deuãt moy apperceus Brun de Brã lant q̃ retournoit auecques leur gaing q̃ ilz ammenoiẽt & ia pres de la cite estoit & plusieurs des siens entrez: & ce voiãt apres allay dont ie feis grand follie: car apetit ne tint q̃ la vie ie ny perdys & y fus dune lã

ce naure en lespaulle si que emporte en fus pour mort dequoy tous ceulx de lost en menerent grand dueil & quãt ceste nouuelle sceustes voz myres me enuoyastes pour la plaie saner & garir pour laquelle me conuint plus de quatre moys gesir: ainsi que a garison ie paruinse. Or ainsi q̃ par vng matin me gisoye en mon pauillon assez pensif: pour veoir le temps & la clarte les pons de deuãt du pauillon feis leuer & veis vng mien varlet venir lequel mon destrier cheuauchoit ie lappellay & vint a moy. Lors luy cõmanday sans delay vne selle tantost y mettre & se pendant legierement ie mes stis. Puis feis premierement mes armes aporter. Lors ie me armay & montay dessr mon cheual & atant men partis de lost. Et quant ceste nouuelle ouystes erramment sistes apres moy et a force de poindre me cõsuyuistes & puis moult doulcement me distes: que en lost ie men retournasse: & tãt vous dys que par ma priere ie vo9 feis retourner chier sire. Et ie allay puis trois iours entiers q̃ ne trouuay ou heberger ne qui a mẽger me dõnast: au quart iour vng matin erroye a dextre ouy pres dung chemin vne cloche en vng hermitaige ou de bon couraige y allay pour le diuin seruice ouyr. Et quant le sainct hõme eust la messe chãtee me apporta succre et beurre & du pain dorge noir assez & croy se de plus blãc en eust eu q̃ voulentiers le me donnast et aussi tost que ie euz menge conge ie prins du sainct hermite & en mon chemin ie rentray: & voz dys bien q̃ ce matin faisoit si tres cler et si beau q̃ de mon viuant vng si beau iour ie ne veis. Lors estoit la forest verdoiant bien feuillue moult plaisante & belle: ou les oysillons melodieusement leur ramaige chantoient. Et croyez q̃ en passant par ceste forest si grand odeur des fleurs prouenant vint mõ cueur saisyr que ie men trouuay plus ioyeulx & mieulx a moy: & ce sachez pour tout certain q̃ oncques hõme viuant vng si beau boucaige ne veist estant pres de cest hermitaige. Pour la messe que ouy auoye bonne enuie me print de ma vie changer & croy que nul ne men eust sceu garder se le vouloir meust longuement dure: mais tost fus en aultre pensee: par vng destourbier quil maduint ainsy q̃ me orrez reciter: en ce penser q̃ lors me vint ie fus tout iusques a midy & en ceste mesme heure du iour me vint deuant les yeulx serir vne merueilleuse splendeur. Lors vng peu auant regarday & veis a dextre vng pauillon qui de facon si riche estoit que iamais il nen fust trouue qui si richement soit ouure corde de soye & de fil dor y eust pour les girons ou fiches qui lors fichez furent en terre & les pentes abbatues a cause de la challeur qui faisoit : & lhuis dont le trefz fust ferme estoit tout ouuert & batu en or. Et pour souuraige remirer & veoir de ce pauillon maprochay duqel sans targer lhuys ouuris & ce faict la dedans resgarde ou ie y veis trois lictz si bien appareillez & agences q̃ rien ne leur failloit doinature: blans draps y eust & couictes poinctes richemẽt faictes en lung vne couuerte auoit quõcq̃s hõme meilleure ne veist & estoit de pourpre alexandrine ou par dessus gisoit vne pucelle moult coincte belle & aduenant et aussy tost q̃ ie la veis aduisay de mon cheual descendre et la resne sans delaier puis mon escu oste & ma lance et puis au pauillon entray & vo9 dys bien q̃ rien ne fust de la richesse qui dehors estoit aupris de celle de par dedens & par tout fust le pauillon ionche & pare de belles fleurs & herbe fresche nouuelle. et adonc deuant le lict me assis ou celle ieust que dis vous ay: & ne croy point q̃ hõme de mere ne scauroit declarer ne dire les beautez dont elle estoit plaine sa facon ne sa gracieuse contenãce. Et pour en parler a la verite rien neust de messeãt en elle: tant la veis aduenant & belle q̃ de son amour menflamay mon chief desar-

may maintenãt & fust tantost ma voulente changee que ie auoye en cest hermitaige eu moult longuement ie regarday celle qui doulcement dormoit: mais esueiller ie ne losoye tant craingnoye a la trauailler: et toutes fois ie la baisay si souef que ne lesueillay: fors quelle dist sans les yeulx ouurir beau sire laissez moy dormir.

Cellui mot sarresta gauuain sans acheuer son compte ains vers le roy les mains tendist & dist sire pour dieu: car trop seroye trauaille se tout le cõpte ie acheuoye & possible vous ennuyroie quant le cocq aincois chanteroit que ie vous eusse tout cõpte: mais vous dys que vous aurez encores ce iour moult de courroux & grãd ennuy. Lors dist beau nepueu dist il de pariure me debuez garder pas ne mauez cõpte encores: pourquoy auez le chief arme & lay iure q̃ ie ne mengeroye auant q̃ la verite en sceusse. Et messire Gauuain luy respond sire dist il puis quil vo9 plaist tout le cõpte vous sera dist: mais ie croy q̃ mal en viendra. Deuant le lict de la pucelle fus grand piece sans me mouuoir: & tãt estoye damour espris que de lacoller ne me peux cõtenir & de la baiser doulcement et alors elle se esueilla par le baiser que luy donnay lors les yeulx ouurit & me regarde et dist qui estes vous aupres de moy mon stere nestes cõme le croy ne mon oncle aussy: et ie luy dys non pucelle mais vostre amy Et elle tantost respondit qiamais amy eu nauoit q̃ cil seroit grãd follie q̃ damours la requerroit & q̃ plus grãd bien luy debuoit venir se dieu consentir si vouloit: puis dist Sire fuyez dicy & prenez pitie de vous mesmes: car tost detrenche vous serez se bien tost ne vo9 en allez par les deux meilleurs Cheualliers que lon scauroit choisir sur terre qui sont mes freres lesquelz present doibuent reuenir: et y viendra aussy mon pere q̃ est de telle vertu quoncques de plus fort en terre homme ne veist leql ire sera non sans cause quant en ce pauillon vous trou-uera: vela ainsy que mesconduict celle que mon cueur desiroit: tant la priay et la reqs que mon nom il luy couint dire: et quant elle me ouyt nõmer me dist iay bien entẽdu parler de gauuai le nepueu du roy: mais ie croy quilnest de petit estat quil sarrestast tant que mon pere et mes deux freres fus-sent venus en ce repaire. Lesquelz fort res-ioups seroient se ilz pouoiẽt le heberger: re-uerer honnorer et festoier pource que tãt est renõme. Et apres quelle meust ce dist po-elle sus en tel destroict q̃ desarmer il me co-uint. Puis mallay coucher aupres delle cõ-me pour faire mon delit les yeulx luy bai-se et le visaige quelle plus blanc que lys a-uoit et depuis seis si grand oultraige q̃ a force la despucellay quelque deffence quelle sceut faire ne quelque pleurs ne lamenta-tiõs quelle gestast par maniere de se deffẽ-dre: mais pour pleurer ne la laissay dont el-le en feist ung dueil si grand quoncques de mon viuant ne veis faire ne meuer dueil semblable sique souuẽt elle se pasma: mais resconforter ne la pouoye pour rien que ie luy sceusse dire dont moult ire et desplai-sat en sus. Entre mes bras pasmee estoit et pendant que son dueil faisoit la vint ung cheuallier arme si beau et grand merueille estoit qui en se esclant dist ainse ma seur q̃ est auecques vous ce cheual est a homme estrange qui faict mon pauillon destopre-cella ne pouez vous nyer. Lors sa pucelle sescria disant vray dieu qui mostera ce che-uallier qui ma honie: frere celer ne le voꝯ dueil iamais nul iour ne me verrez q̃ nen ayez honte et douleur en ce monde ny a cõ-tree ou honnoree soye nul iour: ha beau fre-re ou est alle le bien qui destine mestoit la grand amour ce iourdhuy partira de vous et de la vostre seur: et quant le cheuallier lẽ-

tent pensez quil nen fust resioup. Lors son espee a traicte de laquelle le pauillon des-trencha par telle partie q̃ tellement lhuys creust que tout a cheual aupardedens en-tra. Or croiez que sus si surpris quoncques ne sceus q̃ ie luy dys, parauant que le tout auoye: dont honteux sus bien me recors: mais Sire ie vous prie mengez car se plus me faictes cõpter en grand ennuy monter pourra. Et le roy dist tout cõpterez ou par-iure me sauldroit estre. Sire faict messire gauuai le cheuallier son espee en ses mais tenoit lequel vint vers moy fierement le-quel assez orguilleusement dist Sire dieu cõment occiray ie ce mauluais homme quãt ie scay que tout est nud et desarme a tous-iours reproche en seray: lors dist mauluais homme enuieulx quel malheureux et mes-chant estes vous: ie luy respondis que ie estoye vostre nepueu gauuain: mais le che-uallier ne mẽ croyt aincois ia iour de sa vie messire Gauuain ne fera tant doultraige ne parlez plus et pourtant que lauez pensé/ meschaine voꝯ en puist venir/estes voꝯ dist il Cheuallier certes non: mais meschant vassal: car qui oeuure de villain faict vil-lain est par droicte raison voꝯ auez villan-nie faicte quãt voꝯ par force honie auez la meilleure et la plus honeste q̃ iamais sust de femme nee et tollu pour vray luy auez le grãd bien quelle deust auoir: merueille est q̃ tant estes vis: et que occis ne voꝯ ay pieca; et aces motz il se approcha pour me ferir. Puis sarresta et me dist que armer men al-lasse: car pre faict il me pourroit transpor-ter si fort que desarme voꝯ occiroye. Et bien vous dys quãt ie le veis vers moy si dure-ment marry que ie mermay sans contredi-re: et quant arme sus ie men vins iusques deuant la damoyselle et luy dys; am pe cour toise vostre frere ne me croit pas pour quel que chose que luy die que Gauuain suis nepueu au roy Arthus sil ny a il homme en ce monde q̃ pour le present ayme plus loy-

aultrement vous dys et octroye que ia mary
que moy naurez silb[us] plaist en estre coste-
te. Pource dictes moy vre aduis: car tout
prest suis vo[us] fiancer et pour dieu priez vo-
stre frere que tant tarde q[ue] vostre pere icy
viengne et ferez son voulloir et elle faigemt
respond: moult debonnairemēt a son frere:
frere dist elle ie vous prie que vous aiez de
luy mercy: et en vne abbaye me rendez et
puis que suis au monde deshonnestee: et
il respond seur rien ie nen feray ains certes
ie vous mariray/ia ne demourra pour ce
glouton qui guerres na a viure.

Eau sire ainsy me despri-
soit le cheuallier et certes
il auoit la raison de me
blasmer telles iniures.
Lors sa seur po[ur] moy luy
respond beau frere dist el-
le ie vous prie se vous voulez que quelque
iour doibue amy ou seigneur auoir. Le sire
gauuain vous requiers a mary: car nier ne
puis que mon viuant feisse follie auec hō-
me fors auec luy de quoy suis assez vergō-
dee/ or scay ie bien que cy apres vo[us] aultres
la follie me reprocherez parquoy ie ne le
veulx chāger: car bien empirer men pour-
roit. Sire ainsy me voullut louer la belle q[ue]
mon cueur ayma: et quant son frere lenten-
dist par bien grand ire a respondu. Pute
dist il vostre cueur est mue. Pource ne fust
iamais mal dict voulloir de femme est tost
change: mais bien vous dys q[ue] se gauuain
nestoit q[ue] de mes deux mains loccirove: lors
saprocha et me ferit si fort qua petit q[ue] ne tō-
bay: et me dist faulx garcon mōtez et croiez
se plus atrestez maintenant vous occiray.
Bel oncle or oyez q[ue] ie feis/ a mō cheual ie
puis montay et luy priay moult doulcemēt
pour dieu quil men laissast aller: mais es-
couter ne me voullut aincois me dist ie vo[us]
deffie si mortel ennemy nauez q[ue] moy ie vo[us]
certifie. Tout maintenant sans contredict
nous preparasmes pour iouster: et vo[us] puis

bien dire pour vray que si durement me fe-
rist que du coup mabatit par terre: mais
si rudement lataignis e[n] parmy lescu des
dens le corps quen my la place tōba mort.
Trop fus dolent quāt ie le veis a dōc et
cōmenca le dueil si tresgrād et si tresamer q[ue]
la damoiselle faisoit pour son frere q[ui] gisoit
mort que cestoit pitie de la veoir puis fust
si longuement pasmee q[ue] cuiday quelle tres-
passast. Or sachez q[ue] la leuay et puis ie
larrousay deaue froide: et entre mes deulx
bras la prins si souef que mal ne luy feis
mais pour chose q[ue] sceusse faire onques ne
la peus respirer. Ne demeura pas lon-
guemēt ainsy quen ce torment estoie q[ue]ung
cheuallier arme reuint qui tenoit vne gros-
se lance regrettāt Melians de lys: et em pla-
rant ainsy disoit. Beau filz cil qui vous a
occis ma dōne vng mauluais conforte ia
pl[us] viure ne querroye se ie ne men estoye vē-
ge: aupres du mort plus narresta ains vēt
auant et me regarde. Et dist vassal occis
auez mon filz, et mauez ma tente brisee: et
croy que ma fille qui tant est de toutes gēs
aymee auez aussi despucellee. Croyez que
pas il ne magree quentre voz bras la te-
nez. La damoiselle a soy reuint maintenāt
quant son pere oy et de chief en chief luy cō-
pta cōment estoit laffaire alle. Et quant
eust entēdu de dueil tout le cueur luy noir-
cist. Or oiez que dist le preudhōme ains q[ue]
me voulsist atoucher a armer tost me cō-
māda: et maint offre le luy offris: mais onc-
ques ne men veult ouyr: quant ie dys que
gauuain estoye et sa fille a femme prendroie il
ne le me daigna octroier mais tout debout
me deffia et me courut sus de ceste heure: q[ue]
vous en pray ie mentir tout autel que du
frere feis il me cōuint faire du pere ainsy
par mō peche loccis de quoy ay dueil a mō
cueur. Et alors le dueil augmenta de ma
belle et tresdoulce amye: si que elle cheut en
pasmaiso ne onques ne sen sceus respirer:
pourtāt pl[us] q[ue] mon cueur laymoye: encores

ne me puis tenir de plorer quant il m'en sou-
uient. Sire pour abreger le compte: poignant sur
ung courant destrier reuint ung cheuallier
armé moult grand & fort & bien a destre le-
quel ung si grand dueil menoit certes qu'il
me faisoit pytie s'en ploroit regretoit son fre-
re qu'auoye occis & puis son pere. Sire dieu
dist il huy matin ceans tous sains les laiß-
say & maintenant mors ie les treuue. Beau si-
re dieu ou est alle cil qui tel domaige m'a
faict/& a ces parolles les mors laisse & dist
que iamais n'auroit ioye tant que venge il en
seroit. Sire ie m'estoye appuye dessus ung
lict tout desplaisant: dessoubz ma coute ung
oriller: ou celle que fort aymoye tenoye en-
tre mes bras pasmee: q me sembloit tirer
a fin. Lors vint le cheuallier auant pres et
plain de maltalent lequel legierement me
dist. Vassal ne me cellez present qui m'a se
grand domaige faict: oncques homme n'en
eust ung tel: et celle qui deuant vous gist
est aussy a mon aduis morte: dictes comme
trouuez les auez & comme estes ceans entre.
Se scauez qui les a occis dictes le moy sans
plus attendre & ce resconfort me sera & dieu
vous en scaura bon gre quant la verité m'au-
rez dicte. Se m'aist dieu quant ie l'euz ouy a
peu que mon cueur ne fendit: ie sentis si gran-
de douleur q sans demeure me pasmay: onc-
ques en nul iour de ma vie ie ne m'estois
trouue pasmé. quant le cheuallier me regar-
da s'esmerueilla estrangement: & apres me
meist a raison quant a moy ie fus reuenu &
me demanda qui i'estoye qui demenoye si
grand dueil. Et sans attendre ie luy dys q
fus le plus grand ennemy qu'il eust en la
crestiente pource qu'en verité i'auoye son fre-
re occis n'y eust long temps par grand pe-
che: & puis son pere. Alors me demanda co-
ment: trop auez eu de hardiesse faict il: di-
cy apres leur mort demeurer/ mis vous
estes en bree tort. Se m'aist dieu ie ne scau-
roye croire qu'aiez facte ceste follie. Dictes
moy qui les a occis. Alors luy dys & luy co-

ptay: ainsy comme occis les auoye. Lors sa
seur que te noys pasmee se reuint & parla a
luy: et toute la verité luy compta.

¶Sire ores mercy luy criay: & cent hom-
ages luy offris: & qu'en l'honneur des trespas-
sez: cent religieulx fonderoye & autant de re-
ligieuses: & que affranchir le luy feroye cent
hommes tretous a ung iour & apres luy dys
q sa seur a mariage ie prendroye: & cil saige-
ment me respond/ ie suis faict il le dernier
venu: mais se ie fusse le premier venu icy
comme mon frere: encor fust il vif & mon pe-
re: car ie leur eusse faict priere que ma seur
n'eussent refusé vous donner pour la pren-
dre a femme: frere & pere m'auez occis: mais
soit a droit ou soit a tort pacification ne seroie
car a tousiours en seroie reproché parquoy
trop mieulx ayme mourir que honte languir
en ce siecle. A ce mot armer me somma & ie
m'armay sans arrester par ce que ne l'osay
refuser. Puis ie montay sur mon cheual
moult tost & legierement. Et croyez q ie le
doubtoye parce q preudhomme le vois & sai-
ge ie le vous promectz. Emmy la lande a
une part ung peu a l'escart se tira: & alors de
luy m'eslonguay moult triste & moult des-
plaisant: & puis nous meismes pour iou-
ster: & si durement nous recontrasmes q nous
portasmes ius par terre/ & puis au tren-
chant des espees nous departismes de grands
coups: mais a la fin sans point mentir: plus
que ne luy feis me greua/ & conquis & mat
te m'auoit se ne me fusse lors enqs dire tost
de demander son nom. & il me dist sans de-
ceuoir qu'il auoit en nom ydier brandelis
& que lyes fust nommé son pere: & melias eust
en nom son frere. Puis me dist se m'auez
occis faict il les trois meilleurs auriez con-
quis que l'on trouuast en nulle terre: mais
il en yra aultrement se dieu me veult ce tout
aider/ si les vengeray se ie puis: mais ie
scay veritablement que la bataille longue-
ment ne peult durer entre nous deux & co-
ment que l'ung y demeure/ et maintenant

luy respondis sire ne faisons pas ainsy: car s'il est que conquis maiez: a grãd peine en serez vous creu/ fort est a croire en ceste terre q'ung homme seul matter me puist: mieulx seroit de faire autrement cest que suffisons deuant telz gens qui sans mentir en pourroient porter tesmoignaige ⁊ q'en vostre court fust la bataille a ung iour qu'il souldroit nõmer. Et apres qu'il m'eust entẽdu: la tresue en ce poict m'octroia: par ung conuenant q'il me dist: que au premier lieu qu'il me verroit ⁊ que sans armes me trouuast q̃ desarme me cõbatroye ou tout arme se ie l'estoye. Ainsy le pleuuismes ensemble par la foy q'a vous ie doybs qui estes mon oncle et mon sire. De puis ne ouys de luy pler en lieu ou me sceusse trouuer. Or quant vous me veistes leuer du menger ou estoye assis parce que ie veis ung escu en ceste chambre pareil a cellui que brandelis portoit quãt la bataille seist ⁊ est encores cest escu a vne cheuille pendu en ceste chãbre cy deuant: et de ce lieu bien puis veoir vng mien confanon pendant au tronçon dugne lance que ie rompis en cest escu: et pource sire il m'est aduis q̃ brandelis en ce pays repaire: considere que ie voy son escu leans/ et vela certes la vraye raison parquoy me suis du menger leue craignant que desarme ne fusse pris: et vous dys bien que ie le crains: car oncqs si bon cheuallier ne veis pour vng pesant estour souffrir.

¶ Comment gauuain nepueu du roy Arthus/ apres qu'il eust cõpte la verite a son oncle luy pria que tost ilz departissent de ce lieu pour la crainte qu'il auoit que brãdelis ne le trouuast en celle place ou ilz estoient: ce que le roy ne vouslut accepter/ de quoy grand mal luy en cuyda venir.

Sire la verite vous ay dicte pourquoy present ay mon chief arme: car tãt la bataille redoubte que pour tout le tresor de vostre terre desarme ie ne souldrois estre en lieu ou ie sceusse qu'il fust: et pource sire ie vous prie que tost mẽgez ⁊ dicy nous partons: possible trop mal me prendroit s'il me fault par trop seiourner. Et alors le roy luy respond. Beau nepueu dist il allez vous asseoir tout asseure ⁊ sans doubte auoir: le Cheuallier pas ne viendra et si vous dys fil y venoit que quelque chose pour ma priere feroit et pource allez menger beau sire. Et gauuain luy respond ainsy pour chose que me sceussiez dire a ceste heure ne mẽgeroye. A vus est dõc de vous en plus prier dist le roy car vostre opinion est raisonnable attendu que soit la vuez offense/ pource tenez vous sur voz gardes.

¶ Alors le roy ⁊ les aultres se prindrent a menger. Et pendant qu'ilz estoient a table virent vng brachet venir: brachet cest a dire vng petit braque ou chien qui par l'huys dugne chambre yssit lequel vint tout droict vers la table ⁊ trainnoit ce chien vng lyen de soye verde a vng collier dor trois attache ou mainctes pierres precieuses y estoient qui fort le collier enrichirent/ ce brachet fust blanc comme vng cigne ou cõme vne hermine fort fine/ ⁊ beau estoit a merueille si que le Roy prenoit vng tresgrand plaisir a le regarder: ce brachet va et la au tour de la table les Cheuallers abayer alloit parce qu'il ne les cõgnoissoit pas. Alors Keux dist au roy. Sire dist il voulentiers ce brachet retiendroye pour auecques moy emmener se le don vous en plaisoit me faire ⁊ parce poit auroit mon chien ou an compaignon. Le roy respond prenez le donc Seneschal et si l'emmenez. Et Keux lors legieremẽt apres le brachet

Perceual le Galloys.

sen va desirant le prendre: mais il senfuyt grande asseure vers la chambre dont il estoit sorty. Et le roy dist au seneschal passes dist il vistement et tant diligentez que le puissiez prendre: ains quen la chambre puist entrer. Lors se hasta le seneschal courant apres le cuidant prendre: mais le brachet ny veult entendre. Ains dedens une chambre senfuist laquelle estoit fort belle et grande et de si pres keux le poursuiuoit que souuent le touchoit aulx tallons: mais il nen peult a chief venir: toutesfois voulentiers le tiedroit si qlseist: sil eust peu dess le lyen marcher: le brachet va de chambre en chambre tellement que iusques a la tierce oultre passa. Puis est en vng iardin entre ou il y auoit de beaulx arbres: et vo9 dys bien que si grãd nõbre de gẽs dedens ce iardin furet q assez y en eust pour vne cite peupler: lesqlz en plusieurs lieux du vger se deuisoiẽt en grand liesse et en ioye: les vngs a sallir se esbatoiẽt et les aultres a luicter et les aul chũs aux eschetz et aux tables iouoient: bien vo9 dys q tãt des vngs q des aultres si grãd nõbre estoient q oncqs pour vne ioyeuse assemblee tãt de gẽs ensemble on ne veist. Et dist lhystoire q ilz celebroiẽt et so lempnisoient la feste dung sainct qui en ce iour a la contree estoit: cõme ilz auoient de coustume celebret: car tous les cheualliers et dames et pucelles de la subiection de Brandelis a ce iour y estoient venus en grand triumphe et grand honneur.

¶ Comment Keux le seneschal du roy arthus apres quil fust entre au iardin ou estoient tous les cheualliers: fust prins et mene a brandelis qui estoit le seigneur du chasteau: auquel il dist que le roy Arthus et Gauuain estoient dedens la grand salle dudit seigneur assis a table pour prendre leur refection.

Essoubz lõbre dung olyvier qui dedens ce iardin estoit se desarmoit vng cheuallier fort grand et belle stature autour duquel assisterem pour le honnorer et le seruir les meilleurs et les plus prisez qui en ce iardin furent: tant estoit keux apres le brachet affecte que il le pourchassa de si pres q le brachet sen alla entre les iãbes du cheuallier cati et a refuge: et ce faict se print apres keux abaier. Alors le seneschal sarresta sans pl9 auant oser aller lequel fort cõmenca a craindre. Adonc le cheuallier que lon desarmoit commenca a dire: ie croy dist il que ceans soit entre quelque homme estrange qui soit: et ce dict: vers la salle regarda ou keux apperceut tout en paix sãs se cõtenir cõ cil qui est aux escoutes. A ceste heure commanda le Cheuallier a sa gent que vistement lalassent prẽdre et que lamenassent a luy: lequelz sans arrester le cõmandemẽt de leur seigneur feirent. Et si tost que le cheuallier eust keux veu assez tost le cõgneust si luy dist. Sire keux dist il: vous soyez le tresbien venu comme vng de mes bons amys: ou est vostre sire le roy: il est ans a dist keux lequel est seant a la table auecques maint cheuallier prise et estime lesquelz nont encores menge. Et ny est pas Gauuain faict le Cheuallier/ de ce voul droye estre certain: ouy se dist keux il y est. Quãt ceste parolle entẽdist q gauuain en la cõpaignie du roy arthus estoit si grãd ioye en eust en son cueur quil semble que au ventre luy volle. Lors se refist arma des pieces desquelles la desarme estoit. Mais tel desir auoit de trouver cellup qui occis son peres aussi son propre frere auoit/ quil ne sceust auoir la patience de se laisse acheuer darmer/ si que il cõuint a ceulx qui autour de luy estoient luy iecter vng manteau court sur les espaulles. Tãt fust par sa grand ioye haste que y luy pendoit vne des iambieres aual la iãbe parce q̃ delacee estoit a demy lequel ne souffrit la relacer lors sen va devers la grand salle a ses gẽs apres luy le suyvent a si grãt presse que ce stoit pour estre esbahy. Et quãt le chevallier fust a la chambre entre cõme celluy q̃ ioyeulx semblãt portoit sen vit le roy haultement saluer a tost apres a ses gens commãda des chãdelles aporter: car ia le iour obscur estoit se q̃lz ont faict legierement. puis feist aultres metz aporter. Si que le Roy fust honnorablement a plantureusement servy. Le chevallier qui fort ioyeulx estoit de la p̃sence du roy luy dist ais̃e. Sire faict il ie suis grandement a vo⁹ oblige que cest honneur vo⁹ mauez faict venir en mon hostel loger dont humblement vo⁹ remercie a suis ioyeulx q̃ ce petit servise vous puis faire: car oncques en mon vivant ne vous servis: mais saichez bien en verite q̃ le vostre ie veuil bien estre a au cõmandement de vostre noble cõpaignie Gauuain excepte seullement: lequel encores ie ne voy: a ces motz a la salle entrerent ceulx qui aporterent les cierges a les chandelles en ceste salle ou po⁹ ceste heure fort obscur y faisoit. Et adonc q̃ la clarte y fust: les gens du chevallier q̃ tant du roy avoiẽt ouy parler fort se prindrent a le regarder: a en telle presse sont pour le veoir que lon ne scavoit ou siege prẽdre: sique de la presse qui leãs estoit ne apparessoit q̃ les testes a estoit la salle si grande que passe a cinq cens ans navoit este emplie. Le chevallier en sa main vng baton portoit du q̃l souventesfoys dessus ses gens frappoit pour la presse departir qui tant p̃s estoit de ce que il navoit encores Gauuain veu q̃ tout le sang au corps luy fremissoit.

¶ Et alors q̃ messire gauuain veist le chevallier ainsy eschauffe a sa gẽt departir ne se voullut plus celer: mais si tost sen alla a cheual monter. Adonc le veist premieremt le Chevallier qui trop yre a courrouce fust quãt il voit quil nest desarme/ adõc de courroux q̃l en eust tout fieremt a par despit le baton quil tenoit en terre iecta. Et quant il eust vng peu pense sa veue contre mont leua a puis devers gauuain sen vint auquel il dist gauuain dist il: or me tenez le convenant qui promis a este le iour q̃ mon pere occistes: a meliant de lys mõ frere dequoy encor si dolent suis q̃ ie ne le scauroye exprimer/ ie croy q̃ assez vous en souuient: car ce fust lors q̃ entre nous deux eusmes la bataille laquelle si longuement dura que par vostre moyen nous despartismes par ainsy que vostre foy me fust donnee a promise q̃ en lestat que ie vous trouveroye apres ou gens y eust pour de nostre estour tesmoigner que contre vous ie me combatroye. Et pource dictes se le cõuenãt tenir voullez a bien saichez que moult me poise quen cest estat trouve vo⁹ ay: car bien voulsisse vo⁹ avoir rencõtre sans armes: a ne fust ausse q̃ ma faulte q̃ ainsy vo⁹ mestes eschappe quant lors q̃ le cõbat nous feismes bie vo⁹ eusse a mon voulloir occis: pourtãt vous dys q̃ tant duremẽt ie vous hay q̃ ma vie mest desplaisãte tant que ie men seray vẽge. Et quant gauuain eust tout entendu dite ce quil a au chevallier pleu p̃poser luy dist que prest estoit le cõvenant tenir a que tout ainsy cõme il allegue luy avoit il promis. Adõc envoia le chevallier querir grãde quantite de chandelles que il feist a ses gẽs tenir pour esclairer. Parce que a ceste heure ny eust aultre clarte que des estoilles et pource assez a faict de lumiere venir Et alors le chevallier sen alla sur vne forme asseoir ou il se feist diligentement armer. Car saichez que moult la bataille desire plus que nulle chose qui soit au mõde.

t.ii.

Et quant il fust de toutes pieces arme se presenta deuant le roy auquel a dist. Sire faict il menegez a Voustre ayse a lopsir & de rien vous esmaiez de ce q̃ me voiez armer en la maniere dung fier cheuallier: Vostre nepueu est de laultre part lequel ie scay estre vaillãt & preulx & bon cheuallier se maist dieu: ie ne scay si vous a cõpte cõment est nostre pre montee qui si fiere est quil fault q̃ lung des deux en meure auant q̃ soions departis & eust este le matin fort a croire q̃ lung si pres fust de sa fin. Or quãt le roy se veist ainsy atalente de cõbatre les larmes luy vindrent aulx yeulx. Et adonc que le cheuallier veist le roy larmoyer luy dist ainsy. Sire dist il a ceste heure vo° prise moys que ne faisoye de ce quauez icy pleure vous ressemblez au chien qui crie auãt quil ait le coup sentu. Croiez que homme iamais ne veis quil pleurast quãt ne scait parquoy. Le roy respons courtoisement: de tout ce q̃ vous plaist me dire ie ne men marris Brãdelis. Car bien voy q̃ vo° estes pre: mais esbahir ne vo° deuuez se iay pleure en voz prices: car possible nest recouurer vng hõme de puis q̃ il est mort: mou[l]st seroit grãd le descõfort & seroit par trop grand dõmaige se lung de vous deux y mouroit iay entendu q̃ plusieurs biens vous a mon nepueu offers nõ petis: mais de grãd vallue pour ce vous prie vo° accorder au loz de voz parens & bons amys: & pour luy vous feray hõmaige & vous baille en hostaige mes hõmes tout cõmunement pour paix et pour accord auoir: & se ace il vo° plaist consentir deux abbayes fonderay que ie garniray de preudhõmes lesquelz a tousiours ferõt prieres pour les trespassez & nõmement pour voz pere & frere: & mest aduis q̃ cest pour le meilleur. Sire dist le cheuallier ia dieu a mon besoing pardon ne me face se paix ie fais a gauuain qui occist mon pere & mon frere. Atant deuant le Roy sen part pour monter a cheual. Puis a son col vng escu prent si feist vne lance aporter & sur les estriers sa ficha: & par grand cueur quant il fust a son desir monte & appareille Gauuain appella en disant gauuain dist il ie croy q̃ assez vous scauez cõme cest hostel est en ma seigneurie; mais bien vo° vueil aduertir que pource ne pẽsiez que ie y veille oultraige faire que dõmageable vo° soit car aduantaige ne desire auoir: ains ie vo° prie & vous semons quen cest hostel vous plaise prendre telle part & lieu quil vous plaira & ie iray ou il vous plaira. Messire Gauuain lescouta mais de son lieu ne se vouillut muer: fors que seullemnet q̃ vng petit en sus se tira si feist pareillement Brãdelis. Adonc eussiez veu les gens estre totcois sans vng seul mot sonner & la clarte si grande y estoit que plus cler y faisoit que se il eust este plain midy. adonc sapprochẽt lung de laultre & font vne iouste si forte et dure que de ceste & premiere rencontre se sẽ dirent & percerent les escus sique les fers parmy passerent: mais ne saulcerent les haulbers toutesuois de telle puissance sentrehasterent que apres que leurs lãces eurent tronconnees & rompues tomberẽt hommes et cheuaulx tous par terre: mais ny ont gueres arreste que si tost se releuerent sur piedz emmy le pauement. Puis mirẽt les mains aux espees desquelles se donnetent de grans coups dessus leurs heaulmes que moult parfond les embarreterent: dequoy le roy & ceulx qui les regardent en eurent grand angoisse & grand craincte: mais ceulx qui par trop sentrahaiẽt ne se pergnent au ferir: bien certifier ie vo° puis quoncques ne fust si grãd meslee pour vng iour de deux cheualliers: a chaschun coup que frapperent lung sur laultre ont faict le feu des heaulmes saillir et pareillement ne se faignent par tout ou les escus attaignent desquelz en font les grãs pieces voller. De ce premier assault ne se voullusrent laisser ne donner tresues iusqs a tant qlz tous sanglans ont este. Mais le chault mallement les griefue si qui lesconduint desserrer pour reprẽdre ung peu leurs alaines pource se tirerent ung petit en arriere.

¶ Si cruel a ce premier assault este que tous ceulx qui pñt furent a qui aymer les debuoient grãd pytie a tristesse en eurẽt les quelz pour eulx vers dieu firent priere que nul deulx en cest estour ne meure. Et le roy si dolent estoit q̃ ne les scauoit regarder a vo⁹ dis bien quonẽqs iour de sa vie neust de son nepueu si grãd peur. Or y auoit au chief de la maistresse table ung huys procedant dugne chãbre par lequel a ceste heure yssit une damoiselle si belle de corps et de visaige quen tout le monde sa pareille nauoit laquelle vestue estoit dugne chiere pourpre vermeille tissue a petis lionceaulx a nauoit pas plus de vingt ans. Si tost cõme en la salle vint de sa beaulte to⁹ sesbahirent les cheualliers q̃ la estoiẽt a si tost quelle fust entree sur le chief dugne table sapuya regardãt les deux cheualliers lesquelz se voulloient occire. Et ia estoient ensemble reuenus par tel orgueil a par tel yre q̃ pour la verite vo⁹ en dire de si grãs coups sentredonnerent sur leurs escus a leurs heaulmes q̃ ilz les ont tout derõpuz amis en pieces sique le sang de tous costez leurs deualloit par les mailles iusques des sus le pauemẽt/ mais pas ne furent esgallement armez: car Gauuain receut tant de coups sur le heaulme que tellemẽt fust destompu q̃ les pieces par terre tomberent sique plus en son chief nen eust. Et nauoit aultre chose pour secourir fors de si petit de son escu qui luy estoit demeure dequoy au mieulx q̃ luy estoit possible se couuroit. Et son ennemy le requiert q̃ souuẽt le fiert a menu de son espee preusement: mais si tost quil a ung coup preste legieremẽt luy est rendu a pource q̃ mal a Gauuain alloit parce que point de heaulme nauoit se tint de son ennemy pres tellement que es

longnier ne sen veult. Souuent ferir bouter mailler on les voioit angoisseusement a ne tachent aultre chose faire q̃ de sempiter a greuer: moult est chaschun preux a vaillant a fust cest estat assez esgal: mais Gauuain na point de heaulme ce que fort luy greue et ennuie: a une fois quil se esloignia luy a Brãdelis ung coup gecte moult fort moult pesant a moult grief sur la teste quil soubstint au mieulx quil peult sur la pene de sõ escu: tellemẽt q̃ se il eust a plain atainct ie vous dys bien sans nulle faulte que la bataille fust finee a leust sans nul respit occis puis dist ainsy tenez faict il ce coup pour mon pere vo⁹ donne a apres cestuy pour mon frere. Alors eussiez veu courir a deualler le sang cõme dung ruisseau du chief a monseigneur gauuain sique to⁹ les yeulx y luy aueugloit. Ariere traire se cuida: mais Brãdelis poit ne se laisse ains le fiert menu a souuent: a gauuain au mieulx quil peult luy rend par dur estour: mais tant fust lasse voulsist ou non a fort naure quil ne scait plus que faire puisse. Adonc sen court la damoiselle en sa chãbre legierement ou gueres ny a seiourne a a sõ retour ung enfant seullement aporta vestu dung samit verd lequel quant elle fust entree le meist sur le chief de la table ou premierement sestoit apuyee: a dist le compte quoncques si belle creature ne fust veue, q̃ cest enfant entẽdu laige q̃l auoit qui estoit a mon aduis de cinq ans a non plus a bien monstroit par son riche vestement q̃ moult fust chier a noblemẽt tenu. Or saichez que ceulx q̃ se cõbatoient de tout leur pouoir entendirent de leurs corps occire a greuer de quoy ceulx qui les regardoient furent fort dolens a marris: moult estoit lung a laultre vaillant: mais alors vains a fort las. Gauuain voyant quil estoit si naure que le sang les yeulx luy aueugloit recula ung petit arriere cuidant ung petit son sang toucher et dicelluy son beau visaige

f. iii.

essuyer: mais ne peust en nulle maniere tant souuet le fiert τ recherche brandelis q̃ a aultre chose ne pretent q̃ a loccire τ le mater. Adōc print la belle lenfant leql deuant elle tenoit τ auq'l bie doulcement a dist/ Beau filz allez hastiuement au grād cheuallier de dela qui est voz oncle se sachez du quel ie suis la seur germainne τ bien croyez en verite q̃ pour nulle chose il ne occise ne matte v̄re pere encontre leql il se cōbast. et alors le petit enfant droict a la bataille alla auquel au partir luy dist sa mere ses parolles. Beau filz dist elle allez aulx piedz de voz oncle τ le baise τ luy priez q̃ v̄re pere il ne vueille occire. Et lenfāt sans pl[9] arrester: cōme sa mere luy auoit enseignie au piedz de son oncle vint τ les baisa τ dist ainsy. Cher oncle par moy vous māde ma mere q̃ occire ne vueillez mon pere bel oncle pour lhōneur de dieu octroyez luy ceste requeste ou aultrement cōuiēdra q̃ de douleur meure se v̄re fōps v[9] lauez occis. Et quāt le roy veist cest enfant ainsy parler si grāde pitie en print que de lucruoyer ne se sceut cōtenir: nō feirēt ceulx qui lors dedens la salle furēt pour la douleur quil eurent quāt la requeste de cest enfant ouyrēt: mais brādelis nen tint grād cōpte leql rigoreusemēt luy respond cōme v̄ ig hōme plain de yre τ de vergongne disāt ses parolles suys toy dicy filz de putain: et quant il eust ce dist luy dōna vng tel coup de pied q̃l enuoya bien loing de luy si que en tōbant parmy la place sescorcha la tendre peau du nefz τ du visaige dōt le sang habondāment sortoit τ cheust sur le paue pasme. Adōc se leua le roy de la table leql a cest enfant releue τ pris leql plus de dix foys luy baisa les yeulx τ le visaige: τ tellement en fust par partie pris q̃ de pleurer ne se peult contenir: τ ne scauoit moyen trouuer de lenfant appaiser pour quelq̃ chose quō luy sceust dōnet τ layma le roy dugne si grād amour q̃l ce differa le baiser pour le sang dont estoit

Perceual le Galloys.

couuert τ ia disoit q̃ cest enfant pour restaurer successeur de gauuain tiendroit lequel iamais il nespere voir sain.

C Cōment lenfant filz de gauuain τ nepueu de brandelis fust enuoye par sa mere entre lesdictz deux cheualliers pour y mettre paix ce quil ne peust mais fust par ledit brandelis son oncle reboute τ laidange dont le roy Arth[9] τ tous ses barons furēt fort desplaisans.

Ore dist le Roy a brandelis noble cheualier sairt il ce petit enfant regardez comme il est beau τ mouli pour son aige aduise/ oncq̃s iour de voz viuāt si grāde villennie ne me feistes cōme de le voulloir tuer τ ne luy deussiez refuser la requeste q̃l vous a faicte: car nul oultraige pour icelle ne vous dist ains v[9] en prioit par amour: bien cruel v[9] demonstrez estre τ voit on assez que v[9] ny a pytie clemēce ne doulceur quant a si belle creature auez si grād laidure faicte si que a bien petit sen a fally q̃ ne layez du coup occis: mais puis q̃ si cruel v[9] estes ie me re soubz q̃ desormais sera lenfant pour le miel rescōfort. Et alors luy dist brandelis Sire dist il vous ne vous mōtrez si courtois cōme de v[9] ay ouyr cōpter trop menez grād dueil τ grād yre pour le corps dung seul cheuallier dequoy ne v[9] deussiez esmaier par tant vous dist q̃ ce vous vient de lache cueur τ de mauuaistie q̃l v[9] tient. Pendant q̃ Brādelis parla osta gauuain le sang quil auoit au visaige q̃ moult a certes luy nuysoit τ tandis cōme il reposa vng peu sestācha de saigner. Le roy Arth[9] q̃ saige estoit tenoit Brādelis a parolle pour gauuain fuite rescreschir: parquoy la force τ la hardiesse a gauuain doubla τ puis q̃ minuict approcha vne coustume telle auoit q̃ sa force en tout luy doubloit laquelle iusques a midy luy droit. Et alors que sa force fust reuenue et le Roy et sa mie veoit q les grãs hõmes qui le regardent tel honte en eust que iamais il na eu si grande adonc requiert p grand vigueur son compaignon en lassaillant et brãdelis ne luy fault pas mais luy dist / grand honneur auez quant vous me venez rassaillir. Lors leur eussiez vous veu de grand coups et orgueilleux ferir de leurs espees quilz tenoient et bien sachez que pour petit ne sembatoient. Lors brandelis vng coup gecta duquel il cuide Gauuain en la teste ferir et cil qui bien se sceut couurir luy tẽt ce quileust de lescu q brandelis par si grand force actainct que p le meilieu le coupe et le fent. Or il ne fault doubter se lors fust gauuain fort dollent lequel puis asprement le regert que tel coup sur le heaulme luy gecta que au descendre trencha tous les las si que le heaulume p my la salle volla tellemẽt que le chief a brãdelis demeura nud et descouuert aps ains quil sen aperceoiue luy aduãca vng aultre coup audessus de la vetaille tellemẽt que vne grãde plaie luy feist. Or resõt ilz esgalement par tel moien que on ne scait lequel estre pour le meilleur: par grand orgueil & par grand pre lung sur laultre frappe et se vquiert mouſt souuent tellement quen petit de temps eu plusieurs lieux sentrenauterent de quoy prindrẽt grand pitie ceulx qui furent pris a lestour et voulũtiers les departissent sil osassent ou sil eussent peu: adõc si bien eussiez veu se porter et se aider le gentil cheuallier qui tant de foys auoit offert aulmones bienfaictz et droiz a son ennemy qui recepuoir ne les daigna mais a ceste heure est si bien recherche quil ne scait quel lieu regarder pour y prendre refuge. Et Gauuain le reuint d'ung tel coup ferir que tout chancellant le renuersa. Et quant la damoiselle le voit a lenfãt vint que le Roy tenoit lequel luy a des mains tollu Puis sen court le plus tost

quelle peult vers les deux cheualliers combatant et se meist au millieu de la meslee ains quilz sen sceussent garder tellemẽt qua gueres ne fit qlle na faict lenfant occire. Au quel elle dist mon enfant priez vostre pere que de vostre mere ait mercy & en telle maniere quil ne mecte mon frere a mort. Oncques lenfant vng seul mot ne respond mais vers les espees regarda en cõmençãt bien fort a rire: de quoy ne se contenterent plusieurs de ceste cõpaignie mais le Roy durement pleuroit: Lors se retira vng petit arriere messire Gauuain voulletiers et brandelis q fust greue luy recourt sus par grand fureur et petit sen fault que ne se naura dõmageablemẽt par ce que point gauuai'n ne se garda adonc / celle qui lenfant entre ses mains tenoit au millieu deulx se meist le pl' tost quelle peult et leur a dist. Se mais't Dieu faict elle or y perra maintenant lequel de vous deux loccira car aincois que de par moy soit oste sera par pieces decouppe. les cheualliers lors setre esmouuoiẽt de leurs espees mais aultre mal ne se faisoient par ce que lũg ne peult a laultre aduenir pour lenfant quilz craignoiẽt frapper et attaindre et aussi pour celle qui le tenoit: sãs cesse cest enfãt rioit cõtre la clarte des espees lequel quant son oncle veoit allẽcontre de Gauuain venir encontre le coup par grãd air se dressoit & ia nestoit lespee si trenchãt que voulentiers il ne la punt et ainsy cõme sil veist vng mirouer sen approchoit a la lueur et de ce se rioit cest enfãt et ioye en faisoit adonc regardoit vers sa mere a la qlle la lueur des espees au doyg monstroit puis retiroit sa main a soy. Et sachez bien en verite que maint hõe feist en ceste nuict pleurer. Adonc se prennẽt a escrier par tout la salle a vne voix. Sire Roy sont ilz vela bataille departir et tous nous te serons aidant et bien aduis nous est que nul homme ne la deuroit plus souffrir.

t. iiii.

¶ Perceual le Gallois.

¶ Côment la paix se feist entre messire Gauuain et Brandelis par la supplicatiõ du Roy arthus et ses prices et le petit enffant estant entre eulx.

Tant se leua le Roy de son siege et plus legierement quil peult courut vers les deux cheuualliers et tous ses alliez aussy pour la bataille dessembler. Lors dist le Roy a Brandelis Sire cheuallier faictz il ie vous prie en lhonneur de dieu et de tous ses sainct que maintenant ne vous soit a desdaing loffre que ie vous ay offerte prenez la ie vous en supplie a sur mon honneur ie vous promectz que tãt dauenement y mectray que võ9 en deurez contenter/car voustre home ie vouldray estre/ a lors se escrient tous a vne voix sire Brandelis fõt ilz ce ne deues võ9 refuser le roy võ9 faict vng moult bel off.e. Et brãdelis Rien ne respond mais assez consent quil se taist. Ainsy fust la paix pourparlee a ceste Bataille acheuee/et fust de ce Brandelis bien aduise dune parolle qld dist au roy plus que de nulle q lauoit pieca dicte. Sire faict il ce nest pas droit/que võ9 mõ home deuenez ains vous feray icy homaige/et vers moy en ostaige serõt tous les pers de la table Ronde; et ientens ceste couenance qua liance tous me feront.

¶ Aultres biẽfaictz pour satiffactiõ le roy luy nõma/côme de de fonder deux monasteres vng de religieux et laultre de nonnains et que Brandelis pourroit de sa maison cent serfz affranchir a luy dist que le tout ce il feroit de son auoir et encores plus ce mestier en estoit: de quoy Brandelis humblement le Roy remercia auquel de ceste heute il feist homaige lequel benignement le receust et luy promect toute sa vie côpaignie foy a amour. adonc amenerent Gauuain deuant brandelis lequel tant cest humilie qua ses piedz il se agenouilla a luy pria bien

doulcement que son maltallant luy pardõne. Et a lors le leua brandelis par la main au quel il dist Sire gauuain mon maltalant ie vous pardõne a desorenauãt seray voustre amy de moult bon couraige quelque chose que par cy deuant vous me aiez faicte. Si est assez a croire et a considerer q les deux cheuallieres furẽt lors sort foibles et petit vertueux car tant auoient de sang perdu qua grand peine se soubstenoiẽt. ainsy comme ie võ9 ay dist fust la bataille ceste nuict deptie de quoy furent mais cueurs en paix mis: et apres que ceste paix fust accordee a faicte/en vne chambre bien paree ont les naurez menez laqlle chambre fust moult grande et belle et estoit toute paicte a oz a asur/comme troye fust prise a cõmẽt paris heleine rauist et generallement toute lhystoire de ceste destruction que moult il faisoit bel veoir en ceste chãbre deux lictz auoit couuers de deux riches couuertures et võ9 dis bien pour petite que herbe en ceste saison neust de quoy ne fust ceste chambre ionchee. Et quant les barons furẽt couchez õ a luma quatre cierges qui en telle lieu furent posez que mal a la veue ne leur feirent. Adonc les regarderent les medicis et cirurgiens qui leur dirent que de rien ils neussent souffy et que pou ne toient leurs plaies mortelles et que en dedẽns quinze iours au plus ilz les rendroient sains a deliures. Oncques telle ioye võ9 ne veistes puis celle heure que feustes nez côme faict de leur garison le Roy et toute sa noblesse. Au seigneur Brandelis compta le Roy ou il pretent aller/et comment son intention fust telle de deliurer girflet des prisons ou il estoit au chasteau nomme orgueilleux. Lors brãdelis luy dist chier sire sauez võ9 quil y soit sans faille. Bien certain suis luy faict le Roy qui fust en la Bataille pris. Si re faict Brandelis ie vous aduise que si tost que Gauuain pourra errer et moy aussi qu en voustre compaignie yray et tãt vous dis que nul ne vous pourroit tant q̃ moy valloir pour girflet des prisons retirer. Et le Roy respon̄d maintenāt que moult voulentiers latendroict tant que bien aider se pourroit.

Dens le chasteau ou ilz furent quinze iours entiers seiournerēt ou ne leur fust la venaison les oyseillons et le poisson espargniez mais de tout eurent en abundance et chascum a sa voullente. Et vous dis bien que le roy se ptoit enuis de brandelis car moult voulentiers escoutoit les comptes qui luy recitoit du riche chasteau orgueilleux: et luy disoit brandelis Sire faict il nous meinerons auecques nous varletz escuiers & sergens et mon pauillon qui est grand ie seray quant et nous porter et si feray de mes muettes ou oyseaulx de proie et des chiēs mener p garcons desqlz ay assez car moult de forestz a allenuiron ou nous pourrons aller chasser quant vous plaira et de larc traire et prendre y saurons venaison et force doyseaulx de toutes sortes. Gauuain les propos escoutoit mais poinct il ny eust son entente tant fort il pensoit a samie qui certes ne loublia pas laqlle a toutes les heures qui luy plaisoit estoit a son seruice preste/ aussy luy donnoit son petit filz moult grād ioye & moult de plaisir. Se gauuain voulsist en ce lieu longuement seiourner esmerueiller il ne sen fault car il y estoit bien ayse/ aussy cil q a ce quil veult aduis nest qua grand tort se deult. Tout iuste au bout de la quinzaine faict le Roy son cas atourner qui plus de seiourner na cure. Tout ont sur les sommiers trousse/ & meinnent escuiers et sergens telz comme ilz les voulluret mener si que plus ne restoit que a partir. Le Roy par vng mardy matin accompaignie de sa noblesse de ce chasteau partist & se mi

rent tous au chemin. Brādelis ne demeura pas ains quant et le Roy sen ptit. Sept grands iournees apres errerēt en passant par maītes forestz/ et puis sont en vng plain venus duquel ilz peurent perceuoir le riche orgueilleux. Aupres dung petit boys doluiers eurent ia tendu en vng pre ceulx qui deuant furent venus les tentes & les pauillons du roy ou ilz dresserent force loges. le roy arthus illec descent accompaignie de sa noblesse apres se feirent desarmer et notez que nul nosoit auant aller q̃ voulsist faire au chasteau guerre. Mais pas long temps en ce lieu ne seiournerent que au chasteau ont vng cor sonne si grād quōcques nul grigneur ne veist car bien six lieues a letour fust le son de ce cor ouy/ & si tost que sonner souuet le Roy commence a demāder a brādelis se point scauoit pour quoy le cor sonne auoit. Et y luy dist sans atarger que ia en toute la cōtree estoit sceu que le chasteau fust de cest ost enuitonne/ et que de ceste heure seroient mis et pēdus trois mille escus aux murs du chasteau. Et ainsy comme brandelis ceste chose au Roy comptoit voient a dextre venir et aporter a la muraille plus de trois mille cōfanons ou lances confaneez faictes de diuerses facons et illecques autant descus auoit aux creneaulx par dehors pendus. Apres ce veirent cheualliers sur destriers et sur palefrois des forestz tout a plat issir et a grand route vers le chasteau venir ou ilz entrerent et voullentiers les regarderent le Roy et tous les siens aussy. Or ne vous veuil ie la facon du chasteau deuiser car trop y mectroie se toute la vous descripuoie. Mais bien vous dis que homme en terre viuant ne veist oncques de si haultz murs tant de dōios de tours & de maisons en vng chasteau. Lors fust au pauillon le mēger apreste ou le Roy se alla asseoir par grand ioye et deduit: par les pauillons dient tous q̃ pour le Roy se vouldra trauail ler a mōstrer sa cheuallerie que pour certain ne fauldra pas tantost a trouuer les moyens. Pour vray vous dis qua ce moment se desduirent assez ioyeusemēt en parlant de ce beau chasteau pēdant, que le roy a son mēger estoit et aussi tost quil fust assis Lucain bouteillier du Roy dist en ceste maniere. Sire faict il ie vous prie et requiers me octroier et donner la premiere iouste du matī car a cause de mō office me appartient: et le Roy luy respōd/ia faict il ne Refuseray la premiere requeste qui ma este en ce pais demandee et pource de bon cueur vous loctroie. Quant du menger furent leuez tout maintenant ont commande leurs armes tantost aporter: et apres que deuant eux les virent/les feirent a leurs escuyers vestir pour regarder se nulle Riens il ny failloit. Et quant partout les eurent regardees incontinent serrer les feirent. Et par esbatement chaschum au roy disoit motz ioyeulx en luy requeratāt par de nuict quil assist a chaschū sō iour pour hors de crainte les gecter/et le Roy dist que nō sera mais en ceste paour les tiēdra 'et que ainsy il luy vient a gre/quāt assez se furēt esbatus par ioyeux propos lheure de choucher approcha ou ilz allerent sās targer: et le matin si tost que le iour virent esclarer se leuerent et sen allerent en vne chappelle qui hors de ce bois en vng pre estoit. Et en ce lieu furent enterrez les estrangiers et ceulx qui en ce pais auoient este occis/& si tost que la messe fust dicte qui fust du sainct esprit chātee sen sont les barons retournez pour disgner et quant ilz eurēt tous leur refection ioyeusemēt prins adonc/se dresserēt les escuiers pour le bouteillier aider a armer lequel vestirent pardessus ses armes dugne riche coste darmes de pourpre brodee de fin or puis luy ont son cheual amene et aporte son fort escu et quant il fust appareille et bien ioyeusement monte sa lance prēt et son escu puis legieremēt sa cheuaul che deuers le chasteau orgueilleux et entra au pre de la bataille qui vng lieu ordonne estoit pour combatre a tous ceulx qui bataille queroient.

Or vous fault il entendre q aux quatre quartes de ce pre furent quatre oliuiers plantez qui du camp la diuise faisoient et monstreret. Et estoit vng tel edict faict que celluy qui le premier trespasse les bournes des quatre oliuiers estoit pour recreu iuge & tenu depuis qest au camp entre. Quant Lucain en ce pre fust entre queres natendit longuement q moult fieremēt voit venir hors du chasteau vng cheuallier qui sur vng grand cheual seoit de toutes armes biē arme/qui au pre sen vient grād alleure ou en ce lieu sō atarger/les lances sur les arrestz meirent puis brocheret des esperōs si est lung vers laultre venu lesquelz en leurs escus grand coups se donnerent. Le cheuallier premieremēt si durement Lucain ferust que sa lance en pieces volla. Mais biē sceust le bouteillier recouurer lequel par si grand force la rencontre que ius de son cheual emmy pre la porte/& quant il le veist abatu le destri prīt & sen retourna et laultre au pre tout quoy laissa apied desgarni de montuere/et il sen vint ioyeusement au pauillon en diligence. Alors dist messire Brandelis Certes faict il ce siege fust failly bouteillier se le cheuallier eussiez prins et iamais plus ny eust eu trauail pour celluy qui tant noꝰ a pene recouurer/car si bien aduenu vous estoit que vous auiez vng de leurs meilleurs cheualliers abatu. Et a dōc voꝰ deusiez plaissier et efforcer par grand force et par grand vertu affin que leussiez retenu car par luy nous fust demeure le cheuallier girflet tout quicte. Quant le bouteillier eust brandelis entendu sachez que pas il nē fust resioup. Au pauillon plus ne seiourne et tost pēse de retourner & quāt le roy veist qu'il estoit party tant maintes fois le rappella/mais ia pource il ne laissa a retourner dedens le pre/mais quant il y fust ariue ny a trouue cil q'il cerchoit ains veist hors de la porte du chastel ung cheuallier yssir tout arme moult grand et fort beau/qui au pre vint a grand alleure & quāt le boutaillier la veu/la la par grand vertu ferit si durement que la lāce par pieces enuoia/et le cheuallier le rencōtre si fieremēt parmy lescu et dedens le bras que contre terre le versa et quant le boutailler fust releue et que le fer cuida de sō bras oster. lors l'alla le cheuallier rudemēt heurter & il tout naure au mieulx qu'il peult se deffend mais par ce q enferre estoit ne fust pas de grā de deffence parquoy tout maintenant sās plus attendre au cheuallier lespee tendit q alors luy alla aider car il saingnoit habondamment et de la pitie quil en eust ung lābeau de sa coste darmes couppa duquel il y enuellopa sa plaie/& sitost quelle fust estanchee dedens le chasteau lemmena/de quoy le Roy ne fust pas fort ioyeulx. Adonc dist messire gauuain que se le bouteillier nestoit a mort naure que de sa prinse gueres ne luy en estoit disant que par icelluy pourroit girflet qui par quatre ans prisōnier auoit este scauoir de leur nouuelles parquoy pl' ioyeulx en seroit cōme celluy auquel en dō ne bon espoir de sa deliurance & puis disoit que le boutaillier estoit preux et vaillant cheuallier mais bien il eschiet a la fois que le meilleur a terre chiet et est naure pource nen doibt estre blasme. Et messire brandelis a dist sachez fist il que le boutaillier abatit vng des leurs qui tant est preux q gueres nen ont de meilleur et si sont sans les souldoyer trois mille cheuallier leans lesquelz ne sōt iamais a ce iour. Le Roy vng grand hōneur portoit se sachez au seigneur de lis mais vng petit marry estoit du bouteillier quil entēt comme y luy semble blas

mer pour celluy qui au pre laissa si luy fust aduis en son cueur que par luy auoit este pris. Alors brandelis du Roy s'aproche auquel il pria et requist que la iouste du lendemain luy fust octroiee/mais le Roy pas ne luy octroie. Ains luy respond par telles paroles. ie vous dis faict il brandelis que en nulle maniere ceste priere ne vous accorderoie se courroucer ne me peūez car se y du ie vous auoie trop mal aduenu me seroit/par ce q'en ce pais auroie mon conseil perdu. Ha sire se dist brandelis a ce ne deūez vous penser ia se dieu plaist ne m'aduiēdra Et bien me semble que le premier don de quoy ie vo' requiers ne me deuez pas refuser mais de bon vouloir octroier pource vo' prie de rechief que la bataille me octroiez ains que daultre en soyez requis. Et le Roy dist a vostre gre ie feray puis que le voullez.

Lors vont au pauillon menger ongues ne furent ioyeulx quant plus de bouteillier ny veirent ains au chasteau orgailleux estoit ou sitost qu'il y entra en la chābre mesmes le menerent ou longuement auoit este le bon cheuallier girflet en prison lequel depuis quil fust emprisonne neust autant de plaisir et de ioye que quant il a le preux bouteillier veu et alors qui leust en ceste chambre recōgneu sans targer lalla accoller. Et puis apres luy demanda des nouuelles par telles paroles. Dictes moy dist il doulx amy en qll'eterre vous fustes pris. Adonc lucā luy a racompte la verite de chief en chief & comment le Roy assiege auoit le chasteau ou maintenant sont detenus et dist quil auoit proteste iamais ne sen retourner tant quil aura des prisons deliure. Et quāt girflet leust entendu en a au cuer grande liesse/puis dist ainsy Sire lucan feist il il auroy

Perceval le Gallois.

Ung moult affectueulx desir des nouuelles vous demander des bons cheualliers de la table Ronde qui sont les plus preux de ce siecle bien quatre ans a q̃ ie ny fus si ne ouis oncques depuis parler beau sire comme se font ilz / ores sont ilz viuans et en sancte. Et le bouteillier luy respond soy q̃ doy a dieu faict il sire ilz ne sont pas tretous vi uans ains y en a daulcuns diceulx y mors depuis que ceans fustes mis mais en leur lieu y sont venus des aultres tous fort esti mez et qui par armes ont moult de los ac quis. Ha dieu faict girflet come est main tenant la court changee et toute la noble mes gniee. Beau sire faict le bouteillier bien voꝰ aduise que moult y a de bons cheualliers et qui grand desir ont de vous veoir et ia mais ne retourneront que de ce lieu ne voꝰ aient hors gecte. A ces motz ceulx qui auo ient des cheualliers la garde leur apporte rent a menger/puis mengerent ioyeusemẽt par loisir en diuisant de plusieurs choses. A grand ioye et a grand deduict ont toute ceste nuict passee qui adoncq ne fust pas fort longue car enuiron la sainct iehan estoit les plus courtes nuictz de lannee a vous adui se que en ceste nuict tant de plaisir ensẽble pri drent qlz se sont tous deux merueillez quãt le iour veirent esclarer / car moult doulce ment leur plaisoient les deuises que ensem ble ilz eurent. Tant belle fust la matinee que chascun en auoit grand ioye. Et quãt fust heure de leuer le Roy qui ieust au pa uillon se lieue et toute sa noblesse / et puis quant ilz furent leuez pour la premiere oeu ure allerent en la chapelle messe ouir puis fust le menger appreste ou s'assirent commu nement et bien ioyeusement mengerent et pendant quau menger estoient a ung cham berlan apporte ung haulbert aussy blãc qũg cigne que dessus ung tapis a mis et ung aultre a puis apporte les greues et les ge nouillieres q̃ chaussa le seigneur de l'isle quãt prime au chasteau fust sonee se feist de tou

tes pieces armer puis vestit une cotte dar mes de velours iaune drapee glisee de blã et ce faict le Roy en personne luy lassa la ventaille et Gauuain luy posa le heaul me sur le chief / et puis apres le Roy p͞pre luy sainct l'espee des meilleures que iama is furent trempees. Ce tout eust esquier moult riches apres quil fust bien appareil le et arme on luy amena son destrier sur le quel legierement monta / maintenãt a prie son escu et puis sa lance ou fust ung consa nd fort riche et alors fiert des esperons et vint au pre de la bataille ou si tost quil y fust arriue veist ung cheuallier tout arme venir dessus ung cheual couratgeux qui au pre vint l'escu au col puis aussy tost q̃z se sont veus lung contre laultre legieremẽt poingnirent si que par si grand force s'entre fierent. que les lances allerent par pieces / a ceste premiere rencontre a le seigneur Brã delis assene le cheuallier que ie vous dis par my son escu par grãd force mais poit en dõmaige ne la toutesuoys si rudement s'entre heurterent qui leur conuint par terre aller / pourtant ny ieurent longuement ains legierement se releuerent et si tost quilz fu rent sur bout mirent les mains a leurs es pees desquelles de grãd coups se donnerẽt dessus les reluisans heaulmes : q̃ eust lors veu les deux cheualliers combatre n'eust pas este de dire. q̃ le pire estoit moult vail lant mais ia estoit le cheualier du chaste au fort naure / car Bradelis estoit fort a mer ueille q̃ de si pres le requeroit q̃ ne le laisso it reposer si q̃ a force de le haster veille ou nõ il le reuersa & puis se remect a genoulx mais ains q̃ redresser se peult luy feist brã delis la prison fiãcer / puis le feist sur son che ual monter si l'emmena au pauillon.

¶ Le Roy et toute la noblesse quant eurẽt Bradelis apperceu retourner auecques ung prisonnier pour luy faire honneur luy alle rent a l'encontre plus dung traict d'arc / et voiant y Bradelis le grand signe damour que le Roy & les barons luy portent/a pied descendit pour plus humblement leur en rendre grace/et ce faict au Roy rendit le prisonnier quil emmena quat et quat luy. Et quant ilz eurent le cheuallier naure au pauillon mene le Roy feist faire vne ramee bien souefue et bien freschement de branches feuillus couuerte ou ilz feirent le chlr/ coucher qde repos auoit assez besoing/ et apres vindrēt les barons brandelis desarmer & puis lont faict bien richement vestir. Moult feirent tout le iour grand ioye et quant vint enuirō le soir sen allerent a la fraicheur esbatre dessoubz lombre dung oliuier ou allentour du Roy se assirent les vaillans cheualliers de pris. Et tost apres les guectes du chasteau entendirent sōner qui toute la nuict sesbatoient a iouer dinstrumens a quoy le Roy print grand plaisir a les ouir si que souuentefois il faisoit au cheualliers fille ce faire pour les escouter sonner et dire leur armonieulx chants ou mottetz. aupres du seigneur delis se seist Keux q les guettes escoutoit/a donc ne se peult cōtenir pour q̄ que chose quil aduienne quil nē dist le sien aduis. Seigneur faict il ie croy la iouste estre pour demain oubliee car le Roy ne la ordōnee ce iour a compaignon ne per/semble bien q̄ nul de la demāder na cure. Keux faict le Roy ie vo9 loctroie/sire faict Keux croiez de vray que mieulx le matin aimeroie vng bon gras poussin alaigret que vostre bataille ne feroie et pourtant ie ne la refuse et en mon debuoir me mectray quāt il vous plaist q̄ ie la face. Celle nuict passerent ainsy et le matin apres lesclairement du iour aincois que prime fust sonnee ouit le Roy messe auecqs ses barons et si tost q̄lz eurēt disgne se feist le seneschal armer puis est monte et lescu print & atāt du pauillon partist/mais si tost nest au pre venu quil veist vng cheuallier arme yssir du chasteau q̄celle part venoit et si tost quaupres fust entre tout maintenāt sentreferirēt si q̄ de ce coup tous deulx en terre trebuchetēt

puis a coup se releuerēt & de leurs espees de lourdes et pesātes colees lung a laultre se donent. Le cheuallier legierement va ke ux ferir desi grāt pre q̄ mallemēt le greua Et Keux qui baillamēt se deffēd vng grāt coup luy redōna parmy la pēne de lescu mais si mal luy est aduenu que sōespe en tr̄oy bāt brisa/puis le cheuallier se hasta quant son espee rompue apperceut que a force de le poursuiuir Keux par force emmena hors les bornes qui au quatre oliuiers tenoient et estoiēt aux quatres du pre. Lors le saisit le cheuallier & vint ou son cheual estoit sur leql̄ legierement monta: puis est au cheual Keux alle lequel il print sans delaier/si se mena quant et quant luy et Keux emmi le pre Reuint et dist vous mauez faict ilse cāp deliure. mais le cheuallier seblāt ne seist de lentendre ne de le poinct entendre
¶ Assez lōg tēps fust Keux au pre & puis quant il eust biē actēdu au pauillon sen retourna lequel ne cuide estre deceu mais pē se auoir du cāp le pris. adōc quāt les barons virent Keux retourner dirent au Roy sire sont il pour dieu allōs a lē cōtre de Keux affin q̄ le puissiōs gaber par trop seroit bō de sen rire. Le Roy loctroie puis ilz vont & tout premierement luncite de parler le bon Roy arth9. Keux faict il venez vo9 de loing dictes se auez eu affaire/et Keux qui fust assez tost prst de dire mal sest arreste & dist sire dist il laissez moy en paixie ne me puis pas de gaudir et vo9 dis bien q̄ iey mō cōpaignon vaincu mais il ma tollu mō cheual. Et toutesuois est le cāp mien & lhōneur ie le vo9 asseure car sansdoubte il sen est fuy Lors luy dist Cors le filz ares sans rire a uez vo9 poinct daide mestier. Et puis gauuain luy dist apres Seneschal estes vous blesse/& adōqs luy dist yuai sire Keux baillez moy voustre escu biē lestour maintenu auez car ie vo9 veis de merueilleux coups y ferir / & ce dist Keux lescu luy baille et yuai a son colle pent. ch̄m a sō pouoir sen gaudist ce que Keux assez biē lentēt le qla

Perceual le Galloys.

puis dist a yuain. Sire faict il ie prie a dieu quil vous doit demain autant gaigner cõme iay ce iour faict au pre. Voullentiers la iouste et lescu ie prens dist yuain. De ce que mon escu voullez porter a faict Keux vng bien grãd honneur vous me faictes. croiez que ie le vo⁹ deseruiray le temps aduenir se dieu maist. Mais ceulx qui ces motz oient dire de rire ne se peuuẽt contenir. Et ainsy tout gabãnt ꝯ se gaudissant sont au pauillon mene desarmer: ou Brandelis luy print a dire. Sire Keux faict il se dieu maist il mest a mon semblant aduis que vous passastes le premier les bornes des quatre oliuiers et celluy ꝗ premier les passe tient au chasteau pour vaincu. Keux luy respond ce peult bien estre mais foy ꝗ doy au createur ie vo⁹ dis bien quautãt magree ꝗ vo⁹ y auez eu lentree cõme lissue. Atant sonnerẽt les cloches des esglises du chasteau ꝗ si grãd bruit et noise font ꝗ lon ny eust ouy dieu tonner. Et quant le Roy eust ce son entendu si tost senquist et demãda la cause de si grand sonnerie. A adõc Brãdelis respond sire faict il ie vo⁹ diray Il est au iourdhuy samedi or puis ꝗlest nõne passee ne fera nul rien au chasteau car bien vo⁹ dis que ce lieu est plus honeree la mere de dieu et reueree que nul lieu de xpiente et ce font ilz a lhõneur delle car bien sachez ꝗ maintenãt sen vrõt vo⁹ au moustier tãt les cheualliers ꝗ les dames les bourgois et les aultres gens to⁹ ꝯ toutes richemẽt parez qui vont pour escouter les Vespres en lhõneur de la dame sacree mere de dieu: ꝯ ainsy dres le samedy iusques au lundy apres tierce son t au chasteau toutes les messes en ceste façõ sõnees. Et ce faict leur labeur cõmẽcẽt autant les grãs ꝗ les petis. encores dabõdãt vo⁹ dis ꝗ ce pẽdant ꝗ ce tẽps dura bataille vous naurez a eulx, pource pourrez vous demain sil vous plaist aller chasser en la forest Et quãt le roy leust octroie sen alletent le repos prẽdre iusq̃s au lẽdemain ꝗ fust iour/ꝯ quant la messe eurẽt oüye

de bẽs Une forest entrerent pour y venner le long dung iour. Et a lors que la forest furẽt messire gauuai sen alla aps deux chiẽs ꝗ oit iapper ꝗ vng grãd cerf auoiẽt des aultres pty ꝗl chassoiẽt/ tãt aps ce cerf coururet ꝗ dedẽs vne grãt lande enterent ou les chiẽs tãt le cerf poursuiuirẽt ꝗ le recurẽt ꝯ le materẽt adõc quãt il fust plat abatu. Tost le vint gauuain mettre a mort puis le scorcha et gecta aux chiẽs les entrailles/ apres print le train de derriere qui puis derriere luy troussa et ce faict du lieu se depart. et les chiẽs se mirent deuãt ꝗ fort biẽ le pais scauoiẽt puis Gauuai les suit grãt alleure/ et ainsy ꝗ les chiẽs suiuoit assez pres de luy a ouy auchũ crier bien durement et tout droit au cry quil entent sen alla moult legieremẽt par my vne sente assez obscure si a tant son cheual haste ꝗl vit iusq̃s a vne fermeture ou maison la pl⁹ belle quoncques en son viuant veist en nulle terre ou il entrast/ assise en vne lãde estoit si belle ꝗ par souhait ne p diuise ne pourroit hõme trouuer. Le saeust tous ꝯ belles salles ꝯ tres biẽ fermees a lẽtour. Sur le fossé ꝗ grãd estoit au chief du pont vng pin auoit/ ꝯ dessoubz ce pin se sceoit vng cheuallier qui fust arme qui plus grand ꝯ le plus fier estoit quoncques Cheuallier ne fust veu ne cõgnu en aulchũ ne terre lequel vestu de pourpre sust assy quãt messire gauuai le voit au plus tost quil peult vers luy vint. Mais le chr̃ ne se meust ains estoit la teste baissee cõe celluy ꝗ fort pensast. Et tãt pl⁹ gauuai le regarde tãt pl⁹ de sa grãdeur se merueille ꝯ si tost ꝗl aprocha moult courtoisemẽt luy a dist. Sire chr̃ dieu vo⁹ gard: et cil ne respõd bas ne hault: la tierce foys le salua/ ꝯ cil vng seul mot ne luy sõne Lors se meist gauuain deuãt luy tout droict mais cil ne le voit ꝯ ne loit. ha dieu faict messire gauuai ꝗ lhõme de tes mains formas ꝯ ꝗ as cest homme forme le plus beau ꝗ iamais ie veis cõe peult il estre ꝗl soit muet ꝯ quil ne voit goutte. certes se ieusse cõpaignonie le menasse se ie peusse tout droict au roy arth' mon oncle qui bon gre me scauroit ie croy: adonc cest Gauuain appesse que le cheuallier au Roy portera dessus son cheual quant et luy et quant sera trop trauaille ap's luy il yra apied. Sa Venaison soubz larbre meist tout maintenant sans plus actendre. Alors sur son arcõ se pent ⁊ puis le prent par les aisselles et le vng petit soufleue et luy meist la main au bandre Et alors le grand cheuallier sur les piedz saillist et tramêt: Vassal faict il entes a moy ne scay q̃ pitt ne te occisde mõ poing car tolla mas mõ penser/ Et croy se ieusse mõ espee ia fust de ton sang pollue pource te loue de fuir et me laisser icy dormir. Atant sest soubz larbre rassis q̃ si tost fust aussy pensif ql estoit quãt il le trouua. Lors retroussa sa Venaison le cheuallier gauuain et puis ce faict il sen retourne laissãt le ch'l'r pe͂ser Maispas neust demie lieue alle quil rencontra en son chemin vne moult belle coite damoiselle dess' vng palefroy mõtee le pl' beau q̃ pieca fust veu et estoit la housse de ce palefroy le poitral la resne et croupiere toute batue en or/ ⁊ eust la robe a ladtrenãt en sa main vng fouet tenoit dont la poingnee dor ⁊ diuire estoit et les cordons tous de fil dor et de soie de quoy souuent en fiert le palefroy: et passe ceste damoiselle par deuant messire gauuain sans vng tout seul mot luy sõner le palefroy si fort alloit que moult grãd merueille en auoit gauuain lequel quãt il veist q̃ celle a luy poict ne par loit apres alla si luy a dist arrestez vo' vng bien petit et elle arrester ne se veult aincois pl' daller sefforca. Et messire gauuai q̃ la suit se vint approcher aupres delle et luy a dist estez estez et me dictes ou vous allez. Sire faict elle darrester ne ay ie cure, au moins a ceste heure et pource laissez moy aller/ car ie vous dis en verite que iay occis vng ch'l'r le meilleur q̃ fust sur la terre Et cõment luy a dist Gauuain lauez vo' de voz mains occis. ouy sire pour tout certain car terme dõne luy auoie de me rẽdre a luy a midy et pource q̃ luy ay mety ie lay sur terre trouue mort et nauoit sõ pareil au mõde. Et me actẽdoit pres dvng tour icy deuant ien suis certainne. Certes domoiselle il est vif pour vray le bo' dis ⁊ tesmoigne. Et na tenu qua bie͂ petit q̃ nagueres ne ma de sõ poig feru et pource tant ne vo' hastez. Beau sire estes vo' bien certai/ sil estoit vif ou pensif. Je vo' dis que ouy damoiselle. or sachez dõc franc cheuallier q̃ pl' nay de targer mestier a tãt le gicrement sen part le palefroy durcme͂t chassant. Et messire gauuai le regarde auquel a lors moult luy pesa que poict ne luy a la verite du cheuallier demãde et de q̃l pais il estoit ou il alloit dõt il venoit. partãt sestmis en sõ chemi deuers le chasteau orguilleux lequl fust assez resiouy quãt il peult apperceuoir. Et adonc q̃ du pauillõ approcha veist to' les Barons hors du boys yss' ⁊ q̃ de luy moult grãd paour auoient par quoy furent fort ioyeulx et resiouis quãt le veirent Et gauuai sans pl' atarger est au pauillõ descẽdu. Et ny a pas este lõg tẽps q̃ tout leur a cõpte et dist du cheuallier q̃ il a trouue si dollent ⁊ si tres pensif ⁊ dist quõcques si grãd cheualli et il nauoit veu ne aussy fier. et quãt le seigneur de li soit si dist au roy Sire faict il sachez bie͂ q̃ ce ch'l'r est celluy souldoyer tãt riche q̃ la riche mesgniee maitient et q̃ tãt est puy vtueulx ⁊ saige: celle damoiselle tãt ayme q̃ pucelle ⁊ dame la clame ⁊ ch'm dist q̃ l en mourra sa son plaisir ne iouist delle: ilest certain q̃ dieu a dõne ⁊ dõne de grãd force ⁊ de hardiesse mais tant est de lu pucelle espris q̃ sans la voir il ne peult viure.

¶ Ainsi que ce deuis estoiẽt veirẽt vne grande poulciere p deuãt la forest leuer ⁊ ap's si tost apceurẽt passer pl' de vingt mille personnes/ et croy quil ny eust en la ville cheuallier bourgeoys ne serget varlet femme ne petit enfant q̃ daller eust en soy puissance qui nalast vers ceste forest en si tres grande multitude quil estoit ia pres de la

B.ii.

nuict ains quilz fussent tretous yss'. lors a enquis et demande le Roy toute la verite en quel besoing ne en quel affaire ses gens vont/ & le seigneur de lis respond qlz vont tous alencontre de leur seigneur pour lhonorer et reuerer lequel oncques en iour de sa vie ne peult leans sa mye mener par ce que iamais né eust laisance ne le pouoir et vous dis bien pour verite que chascun de ses souldoyers fera trois nouueaulx cheualliers en faueur & en lhonneur de luy. Une ioye fust si tres grande en ceste nuict dedens le chasteau que ne le scauroie exprimer tant y eust de luminaire de cyre aux murs et au tour des moustiers sur les arbres et sur les clochers qui semble a ceulx qui sont de hors que le chasteau soit en feu enflambe. grand bruit feirent menestriers de cors tabours fleuttes & trompes a iouer & et mener doulx plaisir iusques a la minuict semploierent. A tant sen alla le Roy coucher et au matin quil fust leue au seigneur puain octroia pour lescu que Keux luy donna la iouste come y la requist. Et si tost come il eust disne se feist de ses armes armer puis est legierement monte et print son escu et sa lance et apres sans plus delaier son cheual arrester ne voullut auant quaupre fust paruenu. Lors veist yssir hors du chasteau ung cheuallier moult bien arme/ lequel si tost le destrier poinct/ et messire yuai laduisa qui en brief eust la lance croisee de laquelle si rudement le cheualier rencontra quil a emmy le pre porte/ puis luy courut sus a lespee dont il en fiert sans menasser sique quant leuer il se cuida le fist a terre renuerser & le maistria rudement et cil entend a se deffendre mais la deffence peu luy vault car y luy feist voulsist ou non prison promectre et fiancer/ puis au pauillon lemena ou tost au Roy Arthus le rend. Tel a este le gain ce iour mais pour vous aduertir qui fust cil qui vint du chasteau cestoit ung nouueau cheuallier qui pas des souldoyez ne fust/ et quant ilz leurent desarme

le roy q le vist de ieusne aage luy dist doulx amy dont estes vous ne de ql pais. Sire faict il dirlande suis et tant vous dis q par sept ans ay descuier serui la mie au riche souldoier et si suis filz au saige compte Blandigant/ et me feist mon sire yer cheuallier pour lamour et en faueur de samie/et pour rescompense de mon seruice me octroya et donna la iouste pour ce iour/ mais pour rien ne leust octroie se ma dame ne len priast & mait cheualliers a leds lesqlz gueres de grené eurét. Amy faict messire gauuain dictes moy se point vous scauez qui fera demain la bataille. Sire ie scay pour verite q demain ioustera pmier mon sire le riche souldoier et vous en diray la maniere/ leans ont ung establissement q aumatin se lieuét les pucelles les damoiselles & les dames & sen viénent aux murs regarder pour veoir se nul verrot des voustres et celle q le premier aduise le cheuallier estant au present va le sien amy armer incontinent sans atarger/ or est ainsy q ma dame toutes les ma tin a rsoir et si leur comanda q pour lamour delle nulle ne voulsist pmier q sa personne aux murailles monter ne au pre regarder pource bié pourra estre aise de la iouste que vous ay dist. a donc sest leue de ceste heure messire gauuai en estát & vit au roy si luy reqst la iouste mais il escondmict Et luy a dist le roy ainsy beau nepueu dist il la iousterez vous a demai car ie veulx/ ma pso nne excepte q vous ioustiez tout le dernier/ pource laissez aller tout les pmiers tout ung a ung vos compaignos. sire puis q me suis semose estrange hoste me seroit se la iouste ne moctroiez. ia dieu plus donneur ne me face quát vous me aurez faict refus se iamais en ceste contree arreste ne iour ny heure. Le Roy luy dist donc lautez vous. Sire faict il voustre mercy. Ceste nuict ainsy se passa et le len demain a saiourner si tost que le iour fust perceu/ messire Gauuain se leua/ puis esueilla messire yuain lequel legierement feist leuer puis sen allerent priuement des duire hors a la rousee parlant dugne chose et puis daultre Et estoit ceste matinee si clere et si pure et si belle q ce fust pour se merueillier et en ceste rousee lauerent leurs mains les yeulx et le visaige puis au pauillon se retirent/ou se firent vestir de leur saies et de leurs manteaulx et pendant quil entedirent a regarder les armes de Gauuain Le Roy se leua / et tost apres allerent la messe ouir que le Roy feist du sainct esprit celebrer. Et quant la messe fust chantee au pauillon sont retournez. Et apres disgner sans actendre a faict Gauuain ses armes apporter.

Donc que Gauuain se voullut armer sest dessouz vng paille au pauillon assis ou ny eust cheuallier q deuãt luy ne comparust et assistast tout nue teste/pendant le temps on larma/et le Roy mesmes luy aidoit de bon cueur pour lamour quil auoit en luy/et tost apres quil fust arme on luy amena son destrier dessus lequel legierement monta. Eschalibor sa bonne espee luy donna le bon Roy arth[9] lequel en personne luy saingnit/et alors Gauuain sa lãce et son escu prent et sen vint au pre grand alleure. mais lõguement ny eust este q au chasteau on feist vng cor clerement sonner au dessus de la maistresse tour lequel si haultement sonna q toute la terre en fremist pl[9] dugne grãde lieue a lenuiron tant fort et parfaictement resõna. Adonc dist messire brãdelis au roy/sire faict il sachez que briefuemẽt verres le riche souldoier venir tout arme a cheual. Car iamais le cor lon ne sonne iusques a tãt quil se veult armer sy ap bien au son entendu que maintenant il a ses esperons chaussees alors le second coup sonna et cil leur dist quadonc auoit les iãbes et les cuisses lacees. Et puis sans targer lõguement sõna le cor vne aultre fois et si haultemẽt q tout le palais en retẽtit/adõc dist

le sire de lis quil auoit le haulbert vestu et le reluisãt heaulme lasce. Et toust apres resonna le cor si clerement que tout a plaion leust peu de deux lieues ouir: a ceste heure dist Brãdelis que lors estoit le riche souldoyer et mõte et pl[9] ne sõneroit le cor/Tout maintenãt vit parmy les Rues du chasteau le Riche souldoyer ou le suiuirent grãde quãtite de gẽs assez esmeus qui bien les ouirẽt mouuoir ceulx du pauillõ sans par iceulx estre veus lesquelz iusques a la porte le conduirent a grãd haste/hors de son chasteau se gecta. Alors veissiez si grãd peuple aux murailles monter pour les deux cheualliers regarder q de tous costez estoient les murs et les portaulx de gens templis de quoy merueiller ne sen fault. Le souldoyer vint au pre fierement ou messire Gauuain latendoit et quant dassez pres saperceurent ont leurs rudes lances empoignees/et mectent en auant leurs blasons/puis brocherẽt des esperons les cheuaulx pour plustost aller q a lasembler ne faillirẽt si rudemẽt sur les escus sentreferir que leurs lãces mirẽt par pieces/puis tellement se rencontrerẽt q'l semble quilz se deussẽt oultrer si que de ceste rencontre si rudemẽt sentreheurterẽt des cheuaulx des corps et des escus q leur cõuint heurtẽt ou nõ tous deux en mi le pre tõber les cheuaulx dessoubz eulx versez. Mais tant ont en eulx les cheualliers de force et de hardiesse que legieremẽt en piedz se releuerent. Et quãt leurs espees eurent traictes moult fierement entreuẽ se sont. Lors eussiez veu dure meslee mouuoir entre les deux cheualliers q de si grãd coups sur les heaulmes se dõnẽt q tous les ont estonnez et froissez. Le Roy a grand paour de gauuain et ceulx du chasteau pour leur seigneur font aussy mainctes pireres suppliant a dieu quil puist prosperer de le stour retorner. Les cheualliers pas ne ses pargnẽt de se requerir a chercher aux bõs trẽchãt de leur espee des q lles a lug tãt laultre feru que presques ont toutes leurs vt[9]

B.iii.

perdues. Et ce que plus leur nuist est quil feist ce iour si grand chault que de puis ceste heure ne auparauant ne fust vne challeur si aspre ne si forte qui si fort en leur harnois les estouffe quil nont presque plus de vigueur. Gauuai qui reprint force en soy rassault le riche souldoyer a grãd coups ou se peult actaindre et laultre vigoreusemẽt refiert par telle facon quõ ne scait le meilleur choisir. Tãt dura la bataille ainsy que le eure de midy passa adõcques se prit le riche souldoyer a se renger & lasser parce q̃ ne ch pouoit la grãt challeur pl⁹ endurer ne souffrir et peu sen fault que tõber ne se laisse en terre a cause dune grand soif qui le print. Lors messire Gauuain qui ce veist de tãt plus de le greuer se hasta sique du coup q̃ luy donna se print le souldoyer a chanceller & gauuain si rudement le heurte que tous deux tomberent au pre/ mais gauuain assez legierement resaillit sur piedz premier qui dist/ Vassal rendez vous pris/ ainçois que vous faciez occire: mais tant estoit le souldoier estourdi qlne sceut vng seul mot sonner. Et si tost comme il parla dist. Qui esse faict il qui me occira/ puis dist or est mamie morte pourquoy ne me chault qil me occise.

¶ Adonc moult se esmerueilla Gauuain quil veult dire lequel maintenant le tire par le nez/ & quant il veist que poict ne parloit si luy dist/ sire cheuallier rẽdez vo⁹. Et laultre dist or est elle morte la sus celle qui fust la meilleure du mõde que tant p̃ bonne amour ie aymoie. Quant messire Gauuain entent quil ne respondoit aultrement a ce dont il la raisonna sest aduise de coupper les las de son heaulme et puis ius du chief luy osta affin de luy faire prendre laier car bien pensoit que la grand challeur le debilitoit. Mais pour quelque chose quil feist oncques ne le sceust faire parler ne pour bouter ne pour crier ne pour ferir; pourtãt ne le voulloit occire ne aussy le laisser comme recreu et vaincu: car il sapense sil occist que tout sans contredict a perdu; aussy sil va au pauillon aide querir a ses compaignons pour le souldoyer comme prisonnier emporter/ il crainct quant il sera arriere que a son retour le souldoyer ne retrouue et q̃ alle sen soit et suy/ et en estãt en ce pensement: ne scait qui luy est bon de faire toutesuois entierement du chief le desarma et ce faict aupres de luy se assist/ puis a eschalibor son espee au fourreau mise et lespee du souldoyer print. Et quant a soy fust reuenu et il voit gauuain pres de luy/ en le regardant son nom luy demanda. Et Gauuain si tost luy dist aussy. Et quant le riche soubdoier entẽdit que cestoit messire Gauuain luy dist ainsy: sire faict il ie suis certain que cil estes de tout le mõde auquel plus de prouesse habonde a tãt se taist plus ne parla. Lors messire gauuain le regarde et luy a dist ie vous requiers faict il que pour chose q̃ moiez dire ne veuilliez prendre fantasie. Et sil vo⁹ plaist auecques moy venir au pauillon au roy parler voullentiers voustre foy receuera. Et cil respond iay vne amye laquelle pl⁹ ayme que moy se morte est pour elle mourray si tost quen oiray la nouuelle si vous requiers par voustre noblesse par charite et courtoisie que mamie viue me rendez par tel conuenant que adroit ne a tort ne fera chose desormais contre vous homme quil soit au chasteau orguilleux. Et sil vous plaist ceste chose faire pour moy que present ie vous vouldroie dire par la foy vous fiancerai faire tout au voulloir du roy et si nauray ia cheuallier que ne luy face sa foy au roy fiancer. Mais se mamie le scauoit bien en pourroit de deuil mourir laquelle ne croiroit iamais que par vous eusse este conquis. Et pource ie vo⁹ supplie que se le bien me voullez faire du quel ie vous requiers que leans en la maistresse tout vous plaise auecques moy venir si me ferez honneur ou deuant manpe vous agenoillerez et luy direz qua elle vous rendez prisonnier et quauprez ie vo9 ay conquis ainsi la vie rendrez a moy. et a ma bonne ampe et si la chose faire ne voullez ie vo9 requiers de moy occire. Alors gauuain se remembra du penser ou il trouua quāt rencontra la damoiselle q luy a dist q mort estoit en la forest dessoubz la tour et scait que de si grand amour layme celle quelle mourroit si tost quelle scauroit ql seroit hōny ou vaincu. Pource a soymesmes aduise q trop grand cruaulte seroit se lung faisoit pour laultre occire. Lors luy a dict franc Cheuallier leans auecques vo9 men iray dedens le chasteau orgueilleux ou bien trahir vous me pourriez: mais se ie y deuoye mourir certes ne vo9 ne vostre ampe vie ne mēbres ne perdrez. Et cil doulcement luy respond/ vostre suis Sire ligemēt autant que dieu me dōnera vie. Puis tent la main et la foy luy en dōne et luy affie quaubon plaisir du roy fera. Et gauuain en recoit la promesse: tout maintenant eulx deulx monterent sur leurs cheuaulx puis dedens le chasteau sen vont. Le roy arthus qui voit q le riche souldoyer son nepueu emmaine a peu q de dire et de dueil il ne fend et dist/ bien doy estre dolent quāt Gauuain est prisonnier puis au moins ainsy quil mest aduis de quoy grandement mesmerueille: car bien il sembloit a nous tous q le souldoier conquis auoit et dessoubz luy mis tout a force onquemais si malle fortune naduint a nulle creature: parce q auant cestuy fust releue nous disions quil estoit vaincu et oultre/ tel courroux en a le Roy pris que plus ne se peult regarder: ais sen va sur vng lict gesir ou de son māteau le chief se couurit.

¶ Cōmēt le grād cheuallier du chastel orguilleux sen retourna a son chastel auec messire gauuain pour sampe cōsoler et aps sen vindrēt aux testes por īformer le roy arthus de la victoire de gauuain cōtre les cheuallier.

E quāt ceulx du chasteau virent leur seigneur venir leql gauuain amenoit pensāt quil eust conquis luy vindrent erramment a lencontre. Puis a sampe sen allerent qui pour son amy tel dueil demenoit q presque en estoit au mourir: a laquelle on dist quil venoit et q par le frain amenoit messire Gauuain tout conquis: a ces parolles sont venus deuant la porte ou descendirent. Et messire gauuain de ceste heure a la damoiselle se rend en disant dame mon espee tenez: car pour tout vray vo9 certifie q par ses armes ma conquis le bon Cheuallier vostre amy. Oncques si grand ioye ne veistes de puis lheure q fustes nez q la damoiselle luy feist alaquelle a presentemēt son amy le souldoyer dist dame faict il prenez auecques vous cent cheualliers et vo9 en allez faire la hault les chābres atourner et parer: car tātost nous y en prēs seiourner: et demain nous prēs a vo9 priuee compaignie sans y mener q petit de gens. Jay ce iour beaucoup trauaille pour ce ne vous esmerueillez se ie me veulx la hault au chasteau priuement reposer. Celle respōd bien auez dist: car le chasteau est de bien grand delict. Adonc est la damoiselle montee au chasteau sans point arrester. Et fault entēdre q le souldoyer luy feist aller pour craicte quelle nētēdist parler cōe il auoit este matte: mais si tost q de la damoiselle il se fust deliure fust par tout le chasteau sceu comme il estoit aduenu. Puis feist Girflet le filz Do amener et deliurer le boutillier: car il vouloit de sa proumesse se acqter cōme il auoit este dist et quant messire Gauuain les veist a Girflet le filz Do sen va q plus de cent fois le acolla de la grād ioye quil en eust. Puis sur vng banc aupres de luy se seist ou longuement se deuiserent et quant les deux cheualliers qui se sont

v.iiii.

ʀbatus furent defarmez vindrent quatre sergeans lesquelz riches robes leur apporterēt q̃ puis les vestirent sans attēdre aps firent quatre chevaulx venir dessus lesquelz legierement monterent τ en passāt parmy les rues du chasteau au pavillon sen allerent: mais nul ny alla que les quatre τ meitent les deux prisonniers devant τ gauuain τ le souldoyer vindrent apres τ tant approcherent q̃ messire vuain les congneut lequel si tost en alla le roy advertir en luy disant. Sire faict il se dieu maist voyez cy messire Gauain venir τ aupres de luy main a main chevaulche Girflet τ vostre boutillier τ vng aultre grand chevallier: oncq̃s le roy ne respōdit ne se resiouist tant ne quant ne de son lict ne se leva. Et tost apres le roy encores en son dueil estāt a ses barons dist: seigneurs dist il contenez vous bien saigement de ce vous vueil bien advertir: car ie croy quon nous vient cōpter que de ce lieu nous en allons: mais ie suis bien de cest advis q̃ nous les retenions prisonniers: car dicy ie ne partiray avant q̃ me soye essaie se mes amys quites recouureray. Et cilz respondent moult bien dictes. Et les quatre ont tant exploicte q̃ sont apied au pavillon descendus tost en fust la nouuelle sceue laquelle iusques au Roy paruint τ si grand ioye de Girflet feist que iamais ne la feist si grande. Ainsi tost fust son grand courroux en liesse et en plaisir mue. Alors le souldoyer au Roy compta cōment messire gauuain le conq̃st τ oultre τ cōmēt luy rēdist la vie a luy τ a sa mye pareillemēt τ luy en dist toute la verite: apres luy rendit son espee en luy promettant τ fiancāt sa foy de luy rendre tout son vivant obeissance. Adonc vng chevallier le souldoyer appella auquel il dist q̃ ceulx du chasteau a la chappelle viennent pour faire au roy Arth' hōmaige. Lors eussiez veu tātost apres grand nōbre de peuple arriver venans du chasteau orgueilleux to'

de ornemēs vest' a acoustrez qui se rendirent a la chappelle. Et quāt le roy les veist moult leur contenance τ leur modeste prisa car a son advis navoit en son vivant veu chevalliers pl' courtois: τ apres q̃ tous furent en la chappelle entrez le roy en receut les hōmaiges qui fust vne des grādes conquestes q̃ iamais il feist pour vng iour et cōme lhystoire nous racōpte depuis grādement luy seruirent. Apres q̃ le Roy eust les hōmaiges receuz sen allerent au chasteau ou le roy quize iours seiourna a grād ioye τ a grand liesse cōme celluy qui le principal chief en estoit τ de la terre: mesmemt ou le souldoyer luy feist querre tout ce qui luy vint a plaisir. Et apres la quinzainne passee vers bretaingne print le roy sa droicte voye en laquelle fust longuement par ses gens conuoie τ quāt assez leurent conduict en leur manoir sen retournerēt: fors q̃ se riche souldoier luy huytiesme de ses chevalliers q̃ du roy partir ne se veullent.

Ⱦant ont par leur iournees erre quilz vindrent au chasteau de lys ou en premier ny eurēt pas grād ioye car telles nouuelles ilz ouyrent q̃ pas ne les trouuerēt belles dōt moult grād dueil la gent faisoient lesquelz tous sen estoient a cheual yssus pour chercher τ pour demāder ce q̃ tantost me orrez cōpter. Si cōme le roy fust descendu τ venu en la salle luy ont quatre dames cōpte la chose cōe elle est allee / qui telle estoit q̃ son beau petit nepueu duquel nagueres avoit eu si grand ioye avoit este par ie ne scay quelles gens emble lequel estoit le matin hors de la ville alle aueccq̃s les aultres enfans esbatre ou par le chemin passerent aulchuns chevalliers lesquelz quant lenfant si beau virent y prindrent si tresgrande envie quilz lemporterēt quant et eulx si ne sceuent quelz gens ilz sont & toutesfois le peuple en faict ung grand dueil le long de la Ville & ne cest nul faict de le chercher : mais nont trouue qui leur enseigne. Quant le roy la nouuelle entend: par trop dolent en a este si fust messire Brandelis. Si ont communement empris que tout le pays chercheront. Et dist le roy que le premier yroit. Et moy apres dist Yuain. Et messire Bradelis redist come cil q̄ grād dueil en eust & toute sa puissance y menera pour lenfant chercher & trauoir. Lors dist le riche souldoier q̄ cent cheualliers y menera ou deux cens ce mestier en est : tant q̄l soit trouue: & bien vo⁹ dys quil en faisoit grād dueil & moult luy desplaisoit q̄ le Roy tant estoit dolent. Apres quant nous aurōs soupe sera de lenfant plus a plain deuise se dist messire Brandelis. Sire vo⁹ nen serez ce dist faict Keux: car bien daduis suis q̄ me gerōs auant que plus on parle de lenfant: alors le roy se soubriāt de ce q̄ Keux a dist print ozier Girflet & Yuain lesquelz il mena auecq̄s luy pour lamye de messire gauuain reconforter q̄ de pleurer cōtinuellemēt ne cesse/des aultres y alla assez que ie nay pas nōmez icy desquelz estoit le riche souldoier & quāt ilz vindrent deuant elle le roy luy dist madame & ma doulce amye prenez en vo⁹ consolation & vo⁹ desistez de plorer: car bien est vray q̄ tous sommes atalentez de mon nepueu chercher & si ne cesserons daller iusques a ce q̄ laions trouue. Adonc respond la damoiselle. Sire par to⁹ les sainctz du monde plus auoye dennuy pour vous q̄ pour lenfant auquel la mere suis: car iauoye bien ouy dire q̄ trop de tristesse en auiez: & bien vo⁹ dys q̄ trop fier & cruel seroit a qui tel enfant mal feroit & ne le doibt cuider hōme saige : mais de le chercher bien vo⁹ pric & vng grand hōneur me serez: mieulx auez dist luy faict le roy que nous tous ie le certifie. Alors en la salle retournerent ou apres menger ont deuise q̄ le lendemain ilz querront l. filz de mōsei-

gneur gauuain. Tous se presenterent dy aller fors Keux q̄ celler ne se peult: mais oyant a tous dist q̄ ia les piedz ny portera et pource sire roy ie vo⁹ cōmāde a Dieu, cure nay de chercher enfant & pource se quelque chose voullez en Bretaigne mander pesez de me le cōmander. Et messire gauuain respond soy que ie doy au createur sire Keux auec vous iray mal maduiendroit & seroye ennuieulx se ie alloye en q̄ste denfant: a ses deux oncles le cōmande: car auecques vo⁹ en Bretaigne iray quoy q̄l men puist si aps aduenir. Et le roy respōd ie loctroye: mais par la foy que me deuez chier nepueu ie veulx que auecques vo⁹ Girflet emmenez leq̄l encores de la prison se deult & pour ce na besoing que de repos. De par moy la royne vo⁹ sallurez & de ma part vo⁹ luy direz q̄ du iourdhuy en vn q̄ moys me verra en la lande des quattre fors: aux quattre puis des trois seurs ou ie luy prie q̄ la sō pauillon face tendre & que dedens vng moys y serōs moy & le riche souldoier q̄ bien cent Cheualliers menera qui grād desir a de la royne veoir/ et pource que bien se garnisse de toutes choses quelle scaura faire mestier a honneur ou pour Cheualliers honnorablement receuoir pource face par les forestz chasser acelle fin quassez il soit trouue a menger: & demain le matin partyrons sans aulchun delay pour aller mon nepueu chercher et en ce pays naura lieu ou de tous costez ne soit quis: et apres ce dist sen allerent tous pour ceste nuict reposer & le lendemain matin se leuerent pour lenfant par le pays querir comme entrepris auoit este.

¶ Commēt apres que le roy Arth⁹ & le riche souldoyer auec leur compaignie se furent mis en queste pour le petit filz de messire gauuain trouuer & missire Gauuain Keux & Girflet sen vindrent en la grande Bretaigne vers la royne.

Perceual le Gallois.

Issire gauuain feist sa gent moult triumphament & richemēt atourner lequel ne bouloit plus a lys seiourner & puis sont sur les cheuaulx montez lequel sa mye poinct ne oublia ne le bō cheuallier Girflet: & luy tint aussy compaignie Keux le seneschal & plusieurs aultres cheualliers: et le premier cheuaulchoit le bon Girflet coste a coste samye monseigneur Gauuain lequel fort se penoit a luy faire seruice. Et si estoit la damoiselle si bien ornee q̄ ne croy pas que de plꝰ belle sceust nature former laquelle fust sur ung si beau palefroy & si bien aornee montee que se la Berite en Boulloye descripre ie scay bien q̄ ie nen seroye creu. Par leurs iournees tāt errerēt quen petit de temps approcherent de la court ou la royne a seiour estoit: et fust par ung ieudi quilz arriuerent au chasteau de forbeaulx ou la Royne pour lors estoit: et la uoit le roy a Girflet donē lequel de prison benoit. Je ne me veuil cy arrester a la grād ioye racompter que la Royne leur a faict quāt ilz arriuerent: mais si tost comme on luy compta la nouuelle de la damoiselle amye de Gauuain. Adonc cuissiez veu par les chambres les dames & les pucelles parer de tāt de sortes que cestoit noblesse a ce veoir. Lune faisoit son chief tresser laultre lacet sa belle cotte: lune demandoit suis ie bien: ouy dist laultre plus ny fault rien: cōment men est il pris faict lungne. Vous estes mieulx, se mest aduis dist laultre et si estes mieulx coloree que damoiselle de la court. Ainsy les ouyssiez parler & pour conclure a chaschune nestoit de rien fors que de son corps parer & aorner. Et quāt elles furent parees deuant la grand salle descendent ou la royne & ses damoiselles allerent alencontre de celle qui tant estoit de beaulte paree laquelle fust a grand honneur et a grand ioye repceue & quant les dames la uiserent si gente & en beaulte si parfaicte moult en ont ensemble parle. Puis la royne lemmena en sa chambre ou fort la honnoree en faueur du seigneur Gauuain a qui elle estoit amye. Et depuis quen ceste terre fust la nouuelle ouye de la benue de la damoiselle par chaschun iour venoient leans cheualliers dames damoiselles & pucelles pour la bienuener & honnorer si que la court fust toute pleine de seigneurie ou moult y fust ioye & chere lye menee. Ainsy comme ie vous ay dist & compte fust la damoiselle en court repceue & honnoree: et bien reueremment seruie tant par les Cheualliers que les damoiselles & les pucelles. Et eust en nom la damoiselle que ie dys amye de gauuain Guualozete. Par tout Bretaigne fust sceu cōment le roy auoit son entreprise acheuee touchant la deliuranca de girflet & comment & par quel moyen la uoit le roy recouuert. Aussy quil reuenoit en Bretaigne au iour quil auoit establyon trouuer se debuoit en la lande des quatre fors en quel lieu il feist son pauillon & plusieurs aultres la royne appareiller & dresser ainsy que mande luy auoit: ou elle mesmes alla & dist que poīct nen partira auāt que le Roy y soit arriue: et fust la royne accompaignee de moult de Cheualliers des cuyers & de sergens de damoiselles & de pucelles laquelle comme il est dist le roy acteoit a la lande des quatre fors: ou a merueilles y auoit beau seiour: & pendant que la royne en ce lieu seiourna feist par ses veneurs prendre moult de bestes sauluaiges car assez y en auoit en ses forestz & en ses bocaiges.

En ce iour comme ie vous ay dist ung iour aduint enuiron heure de nōne que la royne aux tables iouoit a lencontre du nepueu du roy brien assez pres dou estoit gauuain assis & ou estoient plusieurs cheualliers qui le ieu delectablemēt regardoient ainsy que ia commencoit a auesprer virent vng cheuallier tout arme venir honorablement sur vng destrier monte lequel par deuant eulx passa sans sonner ne dire vng seul mot a nul de ceste compaignie: dequoy en fust la royne courroucee disant que bien petit la prise le cheuallier quant vers elle ne se tourna ne q̃ ne la daigne saluer moult voulentiers son nom sçauroit ⁊ fort bien le vouldroit congnoistre. Lors dist a Keux le seneschal. Keux dist elle montez a cheual ⁊ faictes que me lamenez: voullentiers dist il. Puis se feist legierement armer: car voulentairement faisoit le commandement de la royne. Puis sans attendre est sur son destrier monte: ⁊ courut aps grand alleure qui de son entreprinse n'est asseure tant q̃ depres le cheuallier approcha auq̃l il dist/ vassal estes vous la dist il/ follie feistes de passer deuant le pauillon sans saluer la royne ne sa noblesse/ venez a elle vistement. Et le cheuallier luy a dist. Beau sire dist il se sachez q̃ par orgueil ie ne l'ay faict: mais pour vng grãd besoing que i'ay a cause du-q̃l ne m'est de retourner possible et Keux respond ie vous aduise que ce que vous dictes rien ne vault: mais se ne retournez quãt ⁊ moy sans delaier vostre cheual ie feritay de ma lance a trauers le corps. Lors s'arresta le cheuallier lequel courtoisement respondist. Dou' mauriez faict il trop a villanne et rauaille: car il ne m'est possible a pied aller ⁊ aussy me faict le cheual grand besoing a cause que moult loing il me conuient errer pour vne chose qui trop pres me touche ⁊ pource vous requiers beau sire q̃ vous alliez a la royne dire que quãt retourneray arriere que voullentiers a elle parleray se dieu me garde d'estre occis et que si en puisse reuenir ⁊ me mectray en sa mercy de ce que ne l'ay salluee: mais Keux de ce qu'il dist n'a cure ains vint vers le cheuallier pour le ferir: ⁊ quãt il voit que de vers luy venoit la bride a son destrier lascha

et si grand coup luy donna au iouster que par dessoubz la croupe du cheual a faict a Keux faire la tournevoille si que luy conuint a terre si grãd du coul ⁊ du heaulme ferir qu'a peu que le col ne luy rompt. Et cil q̃ plus ne veult actendre vint au cheual de Keux (ie prẽt ⁊ Keux se redresse sur piedz lequel au pauillon sans monture s'en reuit dequoy furet pl' de cent cheualliers moult ioyeulx qui vng seul mot n'en osent sonner. Adonc luy eussiez ouy compter vne mensonge qu'il trouua quoncques n'auoit este pensee. Dame dist il ce cheuallier est trop orgueilleux ce sachez ⁊ a de vous tel blasme dist qu'oncques plus grand ne fust ouy. Et mis sire gauuain rospõd/ foy que ie doy au createur oncques preudhomme de dame ne mesdist ⁊ pource cella deffucez ⁊ laissez le cheuallier ester: car ce vostre destrier emmaine ne deuez dire villenie. Lors dist la royne allez y donc sire Gauuain ⁊ faictes que l'amenez/ dame faict il moult voullentiers. Lors se feist diligemment son destrier amener dessus lequel est tout desarme monte ⁊ n'auoit aultre chose vestu fors vng court manteau. En sa main vne lance print lequel errãment suyst le cheuallier q̃ de tost aller ne se fainct: mais tant va Gauuain qui l'attainct lequel frãchement le salua: ⁊ cil voullentiers s'arresta quãt missire gauuain opt. Puis luy dist Gauuain sire dist il. Ie vous prie ⁊ la royne le vous commande laquelle congnoissez estre si grande terrienne q̃ present vers elle veigniez si ferez cõe homme saige. Et le cheuallier luy a dist: ie ne puis sire se maist dieu: mais dictes moy s'il vo' agree cõment vous estes appelle: sire dist il i'ay nom gauuain: gauuai faict il ie vo' asseure que se retourner pouoye que plus voullentiers le feroye pour vous q̃ pour homme viuant foy q̃ doy a faict pierre de rôme: mais ce que i'ay entrepris a faire ne puis laisser pour nulle chose que voullez q̃ plus vo' en die: car acheuer ne se q eust fors seullement moy en personne mais quant ie pense assez ie croy q̃ fort bien vous la cheueriez se prẽdre en voullies le labeur Sire si luy a dict gauuain franchemẽt: bo9 requiers et prie q̃ vous retournez en arriere et bo9 en venez a la royne: car pour paultonnier orgueilleux/pour felon et pour oultraigeux vous faict le seneschal tenir q̃ na gueres vint devers vous moult au paullson vous a laydange: mais maint baron len ont blasme: cil respõd de luy ne me chault ne de rien que de moy saiche dire: mais por vous bien ie vous asseure q̃ feray ce q̃ l'bo9 plaira: mais cil est q̃ ie men retourne mon affaire demeurera si en mon lieu vous ne la faictes. Lors respond missire gauuain au cheuallier q̃ courtois il trouua duquel tant estoit Keux mesdisant. Beau sire dist il ie vous asseure loyaulment q̃ ie bo9 en aduanceray a mon pouoir et ny eust il en ce monde q̃ moy si feray ie vostre messaige en telle sorte q̃ ia dõmaige ny aurez si dieu me sauue ma sancte. Et cil luy a lors respõdu grand seurete et grand fiance ay ce saichez a vostre personne. Atant sont tous deulx retournez et laissa le cheuallier le cheual de Keux aller qui plus auant ne le daigna mener ñen eust aussy gauuain cure ains legierement retournerent en cheuaulchant lung pres de laultre. Ja fust le soleil resconce quant au pauillon arriuerent. Et ainsy quilz eurent les premiers passez a iecte le cheuallier vng cry fort hault ainsy disant. Ha sire gauuain ie suis mort a grand tort et a grand peche suis occis en vostre conduicte: mais se dieu plaist ennuit serez ce que mauez en cõtenãt. Pource vous prie de ceste heure prendre mes armes et bo9 armez si montez dessus mon cheual lequel droictement vous menera ou besoing me failloit aller et croyez que ia ny fauldra. Lors gecte vng plait et se prit a dire. O sire dieu pour quoy mont il occis quen mon viuãt ne leur meffeis en rien. Missire gauuain le regarde dequoy estrãgement se merueille de quil se plaignoit ainsy cõsidere quil nauoit veu ne ouy que aulchun leust feru ne boute. Lors le cheuallier chiet en la place tout pasme dessus le col de son destrier et habondãment cõmenca a saigner: car il estoit par my le corps naure cõme le demonstroit le fer dung iauelot fort trenchant qui par dehors luy appareffoit. Et missire gauuain plearãt dist /sire bien ma honny cil q̃ vous a icy occis. Adonc le cheuallier deuant toy tomba mort si que depuis vng seul mot ne parla et ne fust oncques homme aduise de luy demander son nom ne de quelle terre estoit ne en quel lieu pretẽdoit aller: autour de luy sassembla moult de gens qui doloreusement le plaignent: mais ne sceuent quil a occis toutesfois soit a tort ou a droit le blasme en ont sur le seneschal mis chascun maintient quil a occis: mais Keux mesment moult le plaict cõme aperterã par son dueil le monstroit ce nonobstant ia missire gauuain si durement heurter sez petit sen fault quil ne la tout chancellant abbatu: alors vindrent les cheualliers les quelz se meirent entredeux et sans iceulx eust eu le seneschal grand ennuy par gauuain se on ne luy eust de ses mains tollu. Adonc gauuain luy print devãt tous a dire: encores en serez vous pugny de sa mort traistre et meschant prouue: car bien certain ie suis et asseure que par voz mains laue occis: et Keux se mest legierement au plus tost q̃ il peult entre les gens quonc vng seul mot ne respondit a ce que dire il ouy. Le cheuallier mort a missire gauuain prins le q̃l tout droit au pauillon de la royne le feist porter tout en plorant puis luy a dist. Dame faict le cheuallier veez q̃ vous deuoit estre amene lequel sans contredit a vous venoit. Lors dist la Royne moult suis de present dolẽte: dame dist il ie bo9 en tens le corps. Atant font le cheuallier desarmer lequel tãt des barons que des che uàlliers eust grãd regard & quant p̃ tout il eurẽt aduise son corps ont plaict & sa belle façon & disẽt tous/o dieu puissant, dont estoit ne ce corps qui tant de beaulte auoit & oncques nul deulx ne le cõgneut ne sceut de qʼ le terre estoit mais en bont bng grãd dueil menãt missire gauuai de ceste heure ses armes prent & sen arma & puis sur le cheual mõta q̃ le cheuallier cheuaulchoit qui mort estoit au pauilon. Adonc luy demanda la royne en pleurãt. Beau nepueu faict elle & q̃ boullez bo⁹ faire ie bous prie ne me le celler: mais dictes le moy sans targer: ie ne le bous sçauroie dame dire: moymesmes ne le sçay pas: mais bien bo⁹ aduise sans faillir ceste chose me cõuient fournir au cheuallier se mourir p̃ debuoye & luy tenir le conuenãt/ne bous en sçaurois dire aultre chose fors q̃ le cheual porter ny doibt & ne sçay ou ny en quel terre pource dame faictes bo⁹ enquerir qui a le cheuallier occis sique quãt ie reuiendray ie le sache: car mon biuant iop̃e natu̇ray tãt q̃ ie lẽ auray bẽge: atant print conge & sen part q̃ ne beult en nulle maniere demeurer pour prière quon luy saiche faire si lẽ prierent plusieurs bãtos auec la royne & auec les pucelles mais neust de telles nouuelles cure parquoy demeurent tous en grand douleur pour lamour du cheuallier Gauuain par ce q̃ nul ne pourroit penser ne dire en quel pays il doibt aller: ains sen part au dur et au fort et ceulx ont le mort au pauillon retenu.

¶ Cõment apres q̃ le cheuallier que gauuain menoit pour p̃ser a la royne eust este occis au cõduict de gauuain ledit gauuaĩ se arma des armes dudit deffunct comme plus auoit promis & sen alla au conduict du cheual dudit deffunct.

Celle nuict q̃ gauuain du pauillon partist cõme lhystoire nous tesmoigne fust fort nebuleuse & obscure car moult durement il tõna et plust & feist bng si grãd bent q̃ les arbres brisoiẽt & choit fouldre espessemẽt & si subitemẽt espartoit q̃ merueilles fust q̃ missire gauuain ny laissa la bie mais ie bous dis que tous lieux fust tousiours loial & le garda sa loyaulte decõbrier icelle nuict/grãd dueil menerẽt tous ceulx q̃ aymerent gauuain & bo⁹ dys bien en berite que toute la nuict erra le gentil cheuallier cõme le cheual le porta tãt quen bne chapelle bint laquelle dedens bng bois estoit. Or a cause de lorage q̃ l faisoit du tounoirre & du grãd escler lequel de toutes pars benoit bint a lhuis q̃ l trouua ouuert & beist lautel a descouuert si q̃ dessus rien ny auoit fors bng chandellier seulemẽt de fin or/moult grãd & bien faict & dessus eust bng cierge ardãt q̃ rẽdoit bne clarte grãde quãt missire gauuain le boit se cõmenca a pour penser que leans se reposeroit tãt q̃ le bent soit abaisse & le tẽps bng peu apaise. Lors leans acheual entra & regarde a mont & aual & sus & ius par la chappelle adonc bne petite fenestre beist qui derriere lautel estoit/& boit par icelle benir bne main q̃ tant hideuse & noire fust quõcq̃ s ne beist si merueilleuse q̃ le cierge a ceste heure estainct puis bint bne boix la q̃lle piteusemẽt se plaignoit et si haultemẽt se luy semble q̃ toute la chappelle en trẽble & feist le cheual si treshault tressaillir que peu sen fault q̃ l ne tomba p̃ terre a la renuerce. Lors Gauuain de la croix se seigna si yssit hors de la chapelle et ia estoit le mauluais temps passe si q̃ plus ne bẽtoit ne plouuoit: ains deuint la nuict pure et clere & il sen ba a grand alleure pẽsant et laissant aller le cheual du noble et baillant Cheuallier qui fust occis en sa compaigniee qui moult plaignoit. Et souuentesfois luy souuint des aduentures quil trouua que nul ne doibt les racõpter ne dire et grãd p̃te a cil qui les dist que cest du sacre du saict Graal pource grand mal faict & peche cil qui de les boulloir compter

A.i.

sentrement aultrement qʹl doibuent aller.
Missire gauuain cheuaulcha le lōg de la
nuict sans cesser en pre en paour et en dueil
tant que le matin le iour beist esclarcir.
Puis regarda la terre dont il sesmerueilla
quez vne nuict il eust passé Bretaigne et
toute la contree / en vne grand forest puis
entra qui dires le matin luy dura le lōg du
iour iusques au vespre. Si quāt il fust de
hors yssu beist quil estoit assez pres de la
mer/celle part lauoit aporté le bon cheual
sur lequel il seoit. Or estoit gauuai moult
fort las/car veille toute nuict auoit ⁊ sans
cesser tout le iour trauaillé. Puis estoit
mouille ⁊ mal peu: aussy nauoit pieca beu
ne mēge pource pesāmēt cheuaulcha ⁊ de
dormir tel tallent auoit qua peine se peult
soubstenir. Adonc le cheual tire au frain
puis vng petit la main luy lache ⁊ le laisse
a son gre aller. Apres la si ligerement por
te qua la mer vint a lanuictant ⁊ ne peult
plus auāt aller dont il en deuiēt fort pēsif
⁊ le cheual sestadresse a vne chaussee quil
veist deuāt luy ⁊ si sen alloit la dedēs moult
loing en la mer ou le bon destrier vouloit
entrer si tost quil en approcha ⁊ le long de
la chaufee qui large nestoit furent beaulx
pins ciprez ⁊ lauriers plantez si q̄ toute la
chaussee estoit toute couuerte par dessus
des branches ⁊ des rinceaulx des arbres
qui pendoiēt ⁊ par dessoubz y eust vne plai
ne faicte darainne et de pierres dure ou
moult il faict hideux entrer pource q̄ pas
cler ny faisoit. Lors missire Gauuain se
baisse ⁊ puis regarde contre val/si veist
moult loing vne clarte ainsy cōme dūg feu
esprins ou sen vouloit tout droict aller le
cheual mais gauuain ne le seuffre pour la
mer q̄ louoit tourmēter ⁊ si fort aux arbres
heurter: ⁊ le vent si fort frappe aux bran
ches q̄ peu sen fault q̄ tout ne froisse/pour
le tourmēt que ainsi ouoit redoubte missire
gauuain entrer ⁊ dist quil attendra le ma
tin ains quil entre en ceste chaussee: mais

bien vo⁹ dys q̄ le cheual si hault saillot et
demenoit vng tel tēpeste quil ne le peult
en paix tenir si que p̄ luy faict le frain des
mains yssir ⁊ vueille gauuain ou non sail
lit dedens ⁊ le bon cheuallier courtois a sō
plaisir aller le laisse ⁊ tout le frain luy ha
bandōne ⁊ puis des esperōs le poinct grās
coups menu ⁊ bien souuēt ⁊ il legierement
sen va q̄ iusq̄s a minuict cheuaulcha quel-
ques ne trouua la clarte: mais p̄ la cuide
bien trouuer pource daller tost sefforca.
℄Cōment gauuain pour sa promesse ac
cōplir se myst en voye en la cōduicte du che
ual du cheuallier occis ⁊ cōmēt il arriua ou
lieu dont les cheuallier occis estoit seignr̄.

Tant alla gauuain le
long de la chaussee q̄
droict en vne salle vit
laq̄lle estoit fort grā
de ⁊ large: car elle cō
tenoit pl⁹ dung geit
darc en longueur et
de large a lequipollēt: ou merueille y trou
ua de gēs q̄ tous hōnorablemēt le receurēt
si tost cōe il fust descēdu: puis luy dirēt sire
la vr̄e bien venue soit hōnoree ⁊ beniste q̄
tant par no⁹ a este desiree. Atāt lont iusq̄s
a vng feu mene ⁊ quant il eurent desarme
vint vng escuier q̄ vng manteau luy apor
ta lequel luy a affuble ⁊ quant vng peu il
eust este au feu assis ⁊ ilz eurent regarde sa
face ne sceuent q̄ de luy penser ⁊ puis lung
a laultre se cōseille: dieu q̄ est il ce nest pas
cil par no⁹ tant desire: ⁊ puis tāt cest de luy
la gent tant esbahie q̄ vng seul nest auecqs
luy demeure en aussy petit de temps cōme
vng oueil clot ⁊ euure dequoy gauuai fort
se esmerueille: ⁊ moult luy poise de la gent
q̄ vng tant seul nest auecqs luy demeu-
re ⁊ ne scait q̄ penser de ce quil les veist ain
sy ensemble cōseiller: si ne sen doibt aulcū
donner merueille sil a en soy paour ⁊ grāt
doubte. Lors parmy la salle regarde cōme
dolent ⁊ effraie ⁊ non sans bōne cause /si a

veu assez tost vne biere fort grāde & si tost cōe il aduisa poᷓ la grādeur dōt elle estoit se print a signer du signe de la croix: sur la biere auoit par hōneur vng grād samy rouge & par dessᵘ vne croix faicte dorfauerie q̄ toute la biere couuroit, & aulx quatre quarres dicelle y auoit quatre gros cierges allumez assis sur quatre chandeliers qui valloiēt vng moult grād tresor: car au plus petit y cōtenoit bien vingt marcz dor/ & si auoit quatre encensiers de fin or, & fort bien ouurez q̄ aux quatre chandeliers pēdoient & furent tous remplis densens leq̄l moult cleremēt ardoit & gectoit vne si grād odeur quōcques nul meilleur nen sentit. Sur lequel samit q̄ ie voᵘ ay dist auoit la moitie dugne espee rōpue du coste deuers le plōbeau & estoit tout droict sur le pis du trespasse: missire Gauuain ce voiāt sembriocha de fraieur & par grād pre pce q̄ tout seul la estoit demeure: de la biere moult sest bahit & du cheuallier q̄ y ē̄ mais il ne treuue a q̄parler & en ce desconfortāt ainsi dist Beau sire dieu & ou pourray ie aller. Et cōme il alloit ce disāt vng dueil opt meruilleux & grand: enuiron lhuis de ceste salle. Adonc dresse son chief & voit leans entrer premieremēt vne grande croix dargēt plei ne de pierres precieuses moult vertueuses & bonnes. La croix estoit de fin or doree/ q̄ vng grand cheuallier soubstenoit lequel assez charge en fust & audessus auoit vng gonfanon dung fin linge de cōstātinoble. Apres la croix vit vne processiō de chanoi nes q̄ toᵘ reuestus estoiēt de riches chappes lesquelz autour de la biere sarrengerēt & cōmecerēt maintenāt haultemēt vigil les de mors & pendāt le tēps quilz chante rent quatre petis enfans ēcencerent autour de la biere & du corps. Quāt le seruice fust chāte sen retournerēt les chanoines & reffirēt poser les quatre encensiers ou pris auoient este & demeura la salle encores de gens rēplie q̄ tous vng tel dueil demenoi

ent quōcques nul si grād vous ne veistes de puis lheure q̄ fustes nez missire gauuaī feist priere a dieu q̄ de malēcōtre le garde. Apres le dueil qua faict icelle gent aupres de ceste biere en vng mouuemēt tretous sefuanouirent dequoy gauuain fort sesmer ueille & ne scait autre chose faire q̄ du signe de la croix se munit. Lors sur vng banc sas sist assez pēsif: car moult debout auoit este & ainsy q̄ sur sa main le chief apuye auoit il entendit vng grād tumulte venir: alors se print a regarder & voit leās en la salle entrer force de serges & de varletz dont les pre miers tenoiēt blāches nappes & doubliers plus blanches quōc ques ne fust lys que sur les tables estendirent.
¶ Atant est sorty dugne chābre vng Che uallier grād & mēbru qui bien semble estre hault hōme & saige & estoit assez ancien & fust moult richemēt vestu: portant courōne dor au chief & en sa dextre main portoit au doigt le plus petit vng anneau ou estoit vn fort beau rubis/ & si voᵘ dys pour tout certain quen toute la crestiente nestoit vng plᵘ preudhōme ne plᵘ courtois q̄ luy. tost apres qlfust entre les escuyers luy dōnerent a lauer & apres commanda a lauer Missire gauuain & ce faict par la maīn le print assez doulcemēt & puis le feist aussi de luy asseoir ou fort pensa de lhonnorer et luy faire seruice. Et aps sans plᵘ a targer q̄ le roy fust assis toutes les tables de mēgs remplies & le pain dessus pose: est venu le graal q̄ seruoit sans q̄ nul hōme viuant le tint & moult vistemēt les seruoit souuent allāt & souuēt reuenāt: par deuāt tous les cheualliers & saichez q̄ le bouteillier moult richement de vin les sert en coupes dor dargēt. Et va ainsy le graal reuient,si ne scait nul quile tient/moult le regarde gau uain dafection. Le graal de sept metz entiers les a moult richement seruis si tost qung des metz est oste il en raporte vng aultre en grans platz tant dor que dargēt
A.ii.

¶ Perceual le Galloys.

de quoy Gauuain fort se esbahit voiant le Graal aller & venir & se ne scait ne peult penser qͥl deuient: ie voͦ9 dys bien q̃ pas ne mengea seurement pource qͥl ne voit aultre seruiteur q̃ le graal seruit. Quāt du premier mectz ont gouste tātost ont eu vin a plaisir & nest pas lung si tost oste quaussy tost laultre ny est mis. Tous les mectz q̃ puis leur dōna ie nen veuil maintenāt parler & suffist assez q̃ le graal les a aggreablement seruis. Quāt menge eurent par loisir si cōmāda le roy oster: & bien voͦ9 puis dire pour vray q̃ si tost cōme il eust ce dist il ny eust ne grād ne petit qͥl ne sestranouyst maintenāt: & le sire pareillemēt ne scait qͥl peult estre deuenu de quoy Gauuain fort sesbahist de ceste chose q̃ luy aduint: & tant pre est & angoisseux de ceste merueille qͥl a veu quen nulle guise ne scauoit cōmēt il se deust contenir ne quil peult aussy deuenir: luy estāt ainsy estonne feist sa priere a dieu q̃ luy plaise de chātemēt le garder & de tout mauluais encōbrier: mais il est en telle doutance quil se laissa cheoir de fraieur: pourtāt reprint assez tost sa vigeur & sa force luy redoubla toute depuis q̃ la minuict passa. Adonc a redresse la face. Puis regarda pmy la salle ca & la a mōt & a val, mais chose du monde il ny voit fors luy seullemēt & la biere & vne lāce bien entiere dont le fer fust blanc cōme neige & estoit ceste lāce posee deuāt le cheuallier dedens vng orcueil ou bacholle dargent ou aultremēt vne petite cuue ou grand bassin: & deulx cierges deuāt ardoient moult grans qui rendoint merueilleuse clarte: aual la lance & le riche orcueil ou bassin couroit du sang sortāt du fer de la lāce les gouttes qui toutes en cest orcueil cheoient & si nen scauoit tant tōber quil peussent cest orcueil ou bassin emplir par vng tuyau fort riche & grād qui estoit faict dugne esmeraude le sang q̃ en lorcueil cheoit hors de la salle sen couroit tout par engin & par esgars: mais pas il ne voit en

quel lieu il tomboit ne en quelle maniere. Atāt a sa face tournee missire gauuain ce voiāt, puis a soymesmes pēse & dist q̃ iour de son vivāt ne veit telle merueille cōme de veoir ceste lance saigner cōsidere q̃ de bois estoit. Et ainsy q̃ ceste chose contemploit lhuis dugne chābre veist ouurir du quel il veit yssir hors le seigneur tenāt vne espee faicte & trempee de fin acier: & sachez veritablemēt q̃ cest celle q̃ auoit au cheuallier este qui gisoit dedēs ceste biere: mais maintenāt ie nen diray la cause. Adonc mist le roy missire gauuain a raison & le feist leuer du lieu ou il seoit. Puis lemena iusques a la biere ou douloreusement regrette le mort qui dedēs gisoit par telle maniere. Gentil corps hōnore dist il pour qui fust ce regne gaste dieu doit quencor soyez venge: si q̃ le peuple on puist resiouyr & la terre en soit repeuplee q̃ p ceste espee est deserte toute destruicte & exilee: lors la traict hors du fourreau: mais sachez quelle estoit brisee & nen tenoit q̃ la moitie: puis en plorāt par grād pitie au cheuallier gauuain la tent: laqlle sans attendre print, lautre moitie q̃ sen failloit, estoit desso9 le pis du mort. q̃ le roy print entre ses mains: & puis dist en ceste maniere. Beau sire cheuallier dist il cest espee dieu plaist par voͦ9 souldee sera: mettez ses deux pieces ensemble: se lung acier a laultre prent saichez pour vray & de certain et point nen fault doubter que vous estes le meilleur cheuallier de ce monde. Lors Gauuain a prins les deulx parties de ceste espee & les mect iugne pres de laultre mais tant assembler ne les peult qui les saiche faire resoulder de quoy le Roy eust grand douleur, lequel ceste espee reprent qui puis vne partie dicelle coucha dessus le corps en telle maniere & en tel enδroit cōme elle estoit auparauāt, & restitua laultre moitie dequoy fort p̃ luy ennuya quāt elle nestoit ressouldee: en vne main la emportee, & puis de lautre main a prins son hoste

missire gauuain leql en vne chambre emme‐
na ou assez de cheualliers a trouue & daul‐
tres gens a grãde mrltitude ou leans desꝰ
vng lict sasiret : ou maintenãt le Roy dist a
gauuain. Sel amy dist il : ie voꝰ prie de ne
voꝰ ennuyer de nulle chose q̃ voꝰ die/le be‐
soing pourquoy cy venez nest pnt encores
acheue moult voꝰ cõuient encores plꝰ val‐
loier : mais bien sachez en vite q̃ se dieu tant
vostre prouesse augmẽtoit dores en auant
q̃ ceans voꝰ puissiez retourner/ bien voꝰ
pourriez le besoig acheuer & si resoulderiez
lespee : car ie voꝰ dys pour tout certain que
nul ne peult loeuure acheuer sil ne scait res‐
soulder lespee. Et saichez sire q̃ cil q̃ auoit
entreprins la reioindre est en vostre pays de‐
meure ne scay q̃l y a retenu : mais attendu
lauons long tẽps : & croy q̃ par grand har‐
diesse voꝰ estes en cest hostel venu pource
se quelq̃ richesse ou aultre chose voullez a‐
uoir q̃ nous aions en ceste terre certes voꝰ
laures voulentiers ia ne vous sera refuse &
de tout ce que voꝰ auez veu a vre plaisir de‐
mandez beau sire il vous sera donne que
ia ne vous en mentirons.
¶ Cõmẽt gauuai se essaya a ressõder les‐
pee tõpue ce q̃ ne peult faire & cõmẽt il sen‐
qst au roy pourquoy ne a q̃lle cause la lance
seignoit incessãmẽt ce q̃ le roy luy accorda.

V ous auez assez
entẽdu cõment missi‐
re Gauuain auoit
toute la nuict veille
& le iour fort trauail‐
le pquoy il eust grãd
tallent de dormir et
encores plꝰ grãd desir auoit ouyr de la mer‐
ueille si se efforca d veiller & luy demãda, de
ce dõt il fust en ballãce : ainsi disãt. sire leãs
veis vne lãce nagueres amplemẽt saigner
si voꝰ prie en lhonneur de dieu q̃ me dictes
la verite dõt le sang vient en si grãde habõdan
ce q̃ de la poicte du fer yst & du cheuallier q̃
gist mort dedens la salle en ceste biere : & la

maniere de ceste espee cõmẽt elle reuiendra
& cõme le corps sera vege : car moult desire
a le scauoir se la chose a dire ne voꝰ griefue.
Alors luy rñdit le roy & voꝰ le scaurez doulx
amy puis q̃l voꝰ plaist de voꝰ enquerre en
ce lieu sans plus a targer /on cẽs nul nosa
encherchet ne enquerir ce q̃ voꝰ mauez de‐
mande : mais de par moy ne voꝰ sera celle
& la verite vous en diray.
¶ De la lance premieremẽt ie voꝰ cõpte‐
ray & de la grãd angoisse grãd douleur &
grand honneur q̃ en aduint si cõe dieu leust
estably dõt tous nous sõmes sauf & garis
de peche. Ceste saincte & sacree lance de la‐
quelle le filz de dieu eust le coste iusq̃s au
cueur perce le iour qui fust en la croix pẽdu
& eust en nom lõgis cellu q̃ le serist : mais
puis en vit a tel mercy q̃ son ame en a este
apres sauluee/& de ce iour a ceste lance de‐
puis incessãmẽt saigne & durablemẽt sai‐
gnera dicy au iour du iugemẽt : car ainsi la
dieu ordonne : par ce sang rachaptez serons
des peines denfer & gectez : mais vng aul‐
tre noꝰ a tollu nre pouoir ce qui fust faict p
ceste espee laq̃lle auoit iadis este a Iudas
macabeꝰ/oncq̃s si mauluais coup ne fust
faict de nulle espee ne plꝰ nuisible : car par
elle a este mis a destructiõ maint duc/maĩt
conte/& maint baron / mainte dame / main
te damoiselle / & mainte pucelle. Bien auez
aultre fois ouy pler de la grãde destructiõ
pquoy noꝰ sõmes cy venus & cõment le roy
aulme de logres & de toute la cõtree fust p
le coup de ceste espee destruict si ne voꝰ cele‐
ray pas q̃ fust cil qui pdit la vie & q̃ fust cil
qui le ferist. Adonc cõmẽca le roy a pleurer
& puis doulcemẽt racõpter laduenture que
bien scauoit & ainsi q̃ leust cõmence : il ap‐
ceut gauuain dormir si ne le voullut pas es‐
ueiller : ains le laissa reposer & se desista de
de son cõpte. Gauuain qui trop auoit au
parauant veille dormit tout le long de la
nuict sans se sueiller ne tant ne quant iusq̃s
ques au matin q̃l se trouua pres de la mer

A.iii.

¶ Perceual le Gallops.

deſſoubz vng arbre verd: ſes armes & ſon cheual veit aupres de luy ſur vng rocher: merueilleuſemẽt ſeſbahit de ce quil ſe trou- ua ainſy & quant autour de luy regarde ſi ny voit maiſon ne chaſteau ſalle tournelle ne donion. Puis diſt mal faict icy ſeiour- ner. Alors print ſes armes dont ſen arma ſans plus attendre et puis legierement monta: & auſſy toſt quil fuſt monte diſt a ſoymeſmes: ie me doybz bien malheureux reputer quãt perdu ay par mon dormir les grandes merueilles a ouyr q̃ le bon roy me racõptoit ne fault doubter ſe gauuain fuſt dolent de ce q̃l nauoit la verite enquis de cil q̃l debuoit le pays peupler. Ha dieu diſt il: ſi doulcement me racõptoit le gentil roy le preux & le ſaige & le courtois les grandes merueilles que ſcauoir deſiroie & ne le ſceu parce q̃ mendormis. Apres diſt q̃ tant il ſe penera au lx armes: & tant limportunera ſe iamais le peult retrouuer q̃ par luy en- tẽdre pourra toute la facon & la maniere cõ- me le graal le ſeruice ainſy quil a veu celle nuict en la ſalle ou il auoit eſte. Plus diſt q̃ iamais en bretaigne nentrera iuſques a ce quil paruiendra en tel lieu dont mieulx en vauldroit. Atant a grand exploict ſen re- tourne: & cheuaulcha par la contree: la pl' belle q̃ iamais regarder on ne ſcauoit ne voit terre ſi bien garnie de prairies de eaues de terres & de bois: & ſy auoit eſte le royaul- me au parauãt deſtruict: mais ſeullemẽt puis la minuict du ſoir paſſee auoit dieu rendu aux eaues leurs cours ſi furent les bois en verdure parce q̃ habondamment ſai- gnoit la lance q̃ peupler debuoit le royaul- me: mais plus nattenda: parce que aultre choſe ne demanda. Et toutes gens q̃ le vo- ioient paſſer le beniſſoient & diſoient tous a haulte voix a gauuain par ceſte manie- re. Sire font ilz tu nous as occis & garis. Garis parce q̃ demande tu as de la lance la verite et parce nous ont eſte rendus les grãds biens q̃ perdu nous auions des fo-

reſtz & des prairies & des eaues la peſcherie dequoy tu doibz eſtre ioyeulx: & de laultre part courroucer non ſeullement courroucer mais hair tu te doibz quãt tu nentendis a ouyr du graal dequoy il ſeruoit & la grã̃d ioye quil en debuoit aduenir. Laquelle on ne pourroit exprimer ne dire ainſy le peu- ple luy diſoit par tous les lieux ou il paſſe & le bon cheuallier erra par le pays ou aux armes longuement ſe pena & bien vo9 dys certainemẽt q̃ aincois quil vouſiſt en bre- taigne retourner ne meſt loiſible racõpter les batailles quil a cheua ne les merueil- les quil trouua: ne parler du cheuallier q̃ cheut au pauillon occis quil eſtoit ne de q̃l pays ne de la venue du roy de par moy nen orrez rien dire ne monſeigñr brandelis qui fuſt de ſon nepueu dolent le filz Gauuain q̃ lont perdu leq̃l nauoit en terre ſon pareil auſſy ne vo9 veuil racõpter q̃ lembla ne q̃ le tollut ne de celluy q̃ le nourriſt & cõmẽt y luy enſeigna armes porter & eſtre a che- ual ne de la pucelle Enuoiſie q̃ de ſa meſ- nie le retint quãt ſeul au chemin le trouua prinſt ne puis dire la fin: mais des ſimpleſ- ſes quil faiſoit & de enfances quil diſoit icy endroit dire morrez aumoins ſil vo9 plaiſt meſcouſter.

¶ Cõment apres que gauuain pour ſon dormir faillist a ouyr cõpter au roy les cau ſes pour leſquelles le graal ſapparoiſſoit ſe reputoit malheureux & propoſa de tant faire quil peuſt ſcauoir ce a quoy il auoit failly.

Vous a eſte main- tenant diſt cõme la pucelle Enuoiſie a- uoit le filz de Gau- uain de ſa meſgnie retenu apres quelle leuſt par vng iour en vng chemin trouue. Or aduint ainſy que par vng matin au moys de may que la da moiſelle et luy ſeullement en vne lande

par maniere de recreation cheuaulchoient
enuiron lheure de tierce et de midy aper-
ceurent vng cheuallier arme sur vng puis
sant cheual passer parmy ceste lande & a
grande dilligence aller par deuant eulx a
lors la pucelle le petit escuier appella & luy
dist. Beau doulx amy faict elle allez vers
le cheuallier que voiez & faictes que sachez
son nom comment quil soit vueille ou non
dont il vient et ou il va. se tant faictes moult
bien aurez faict: ma dame et se il se deffend:
ferez le dist elle hardiment: comment faict
il mostrez le moy. Boulletiers le feray dist
elle. Regardez en cest estat vers luy poi-
gnez et en ceste focon alongniez vostre lan-
ce que tenez par bien grand force et de laul
tre main vostre escu le quel elle luy bail-
la par les boucles et lenfant si tost lacolla
et dist ie le tiendray moult bien et pour rien
ne le laisseray car ie scay se ie le perdoie que
iamais pl' ie ne auroie. La damoiselle sen
soubzrit et dist bien auez dist amy. A tant
des esperons heurta le cheual et tant dili-
gente quil attaignit le cheuallier le quel ne
luy voullut son nom dire et lenfant si grad coup
le fiert qil a au iouster abatu & a terre mort
estendu/mais le cheuallier la feru si dure-
ment parmy lescu de celle lance quil porta
que bien vne toise oultre luy passa laquelle
rompit dedens lescu et puis luy dist sim
plement au pres de luy venu. Dame dictes
faict il vostre nom tout a force veuillez
ou non vous me le direz a ceste heure. Et
cil vng mot ne luy sonna/et quant il voit
quil ne dist mot tout maintenant est des-
cendu puis regarde le cheuallier car oncqs
mais mort nauoit veu. Et le cheuallier ne
pouoit dire vng mot dont nestoit merueil
le quat il auoit perdu la vie. Lors luy dist
lenfant leuez vous beau sire et auec moy
venez a madame si parlerons a elle & vou-
stre non luy dirons/ mais cil respondre ne
luy peult/ et quant il voit quil ne dist mot
il cuida quil fust endormy parquoy le leua

vng petit & moult doulcement luy pria que
pour dieu y luy veille dire son nom puis le
laissa assez dormir/ et tant fust las de le soub
stenir quil luy conuit a terre le coucher ain
sy comme il auoit trouue/ quil pour ses ar-
mes moult pesoit. Lors se print la pucelle
a sesmerueillier de lenfant qui demeuroit
tant adonc en estant se dressa et veist le ieu
ne escuyer estre en la lande sans remuer le
quel ia remonte estoit/ et disoit au mort vo'
dormez trop pas ne mauez voustre nom
dist donc ce me poise car madame me blas
mera quant poinct ne scaura voustre nom
¶ Comment le filz de gauuain le quel a-
uoit este emble comme cy deuant auez ouy
se tenoit auec la pucelle enuoysie et fust p
elle enuoye tout arme & a cheual monte po'
scauoir le nom dung cheuallier trespassat
et comment le dict cheuallier fust par lenf
fant mis a mort a la premiere iouste.

Tant sen retourne et
le mort laisse. Va de
uers la damoiselle/
Et quant elle le vo-
it retourner luy dist
ainsy. Doulx amy
faict elle auez vous
sceu comme le cheuallier a nom/ et il Res
pond da me nenny et nay sceu scauoir qui
il est mais tant lay trouue orgueilleux quil
na voullu a moy parler ne pour moy ne se
veult nomer ie lay a la terre abbatu & en sur
son escu endormy/ et sen va son destrier fui
ant: ne vous en chaille faict la pucelle quat
son nom il ne vous veult dire/ mais beau
sire de moy approchez si osterons le troncon
de lance le quel est dedens vostre escu Lors
le tire par grand vertu a son si que tantost
le troncon arracha et puis le sien escu rega
de/ et quant il voit quil est perce en a vng
si grand deuil comence que merueille en a
uoit la pucelle/ puis luy dist/ estes vo' na
ure doulx amy ne le cellez pas/ non faict il
Dame mais ie suis par trop desconfor-

te car cil que cest escu ma donne sur toute rien me cõmanda que le Voulsisse chier tenir, et mes armes et mon destrier or est perce comme voiez si que on peult bien par my veoir ia par trop mallemẽt garde cy endroit son commandement/ certes aussi bien me disoit que iamais rien ie ne vauldroie si ie naimoie le mestier qui a cheuallier appartient. Lors faict tel deuil que ne le scauroie dire/ alors la pucelle luy dist. Pour dieu ie vo⁹ requiers beau sire q̃ cessez voustre desconfort/ et en la foy ie vous prometz qu'vng meilleur ie vous donneray. Par ma foy faict il ie ne scay mais quant vo⁹ me laurez dõne/ lors en scauray la verite. La damoiselle se rioit des simples et infãtines paroles de lenfant/ et lenseignoit en tout ce quil debuoit faire. Et quãt se vint environ lã nuictemẽt virẽt passer vng cheuallier tout arme monte dessus vng grand destrier/ et lors que la damoiselle lapperceut a tãtost au ieusne escuyer dist/ bel amy faict elle allez a ce cheuallier que voiez et lamener icy a moy Vuollẽtiers dame se dist il. Or prenez donrques voustre escu faict elle et cy apres vng meilleur ie vous donneray. dame auant que vous me leuissiez quis pourroit estre le mien vse/ si il est ainsy habandonne a ceulx qui percer le vouldront atant a le destrier broche et se partit de la pucelle/ mais tant estoit de son escu marri et craintif qui ne fust de rechief pce que deuant luy il doubta de le mectre aicois alla sans escu porter iouster contre le cheuallier que nagueres ie vous ay dist/ lequel pour luy ne daigna a sa dame venir parquoy le vint si fierement ferir que mort a terre le porta mais ains quil eust este occis/ tomba lenfant sur la terre pasme dung coup que le cheuallier luy auoit donne dessus le haulbert iusques au nud si que il auoit vng petit naure. La damoiselle ce voiãt qui fort laimoit vers luy vint et le releua et le feist sur son destrier remõter et quãt elle veist saigner

si luy ennuia grandement/ puis bien doulcement luy a dist que poinct il ne se desconforte et que bien de la plaie le gatira. Et si luy dist amy faict elle/ or vo⁹ gardez au sy chier cõme vous aimez que iamais vo⁹ naillez iouster contre aulchun soit grãd ou petit q̃ vo⁹ ne portiez voustre escu. Car se vo⁹ eussiez le vtre pris si mal ne vo⁹ fust e⁹ uenu. et cil respõ q̃ le eussiez mary p foy dame dist il mõ escu eust este p pieces et sẽdu ou aultre ptuis y auroit si le cheuallier leu² feru/ et tant le pourroit on pertuiser q̃ point ne vauldroit vng denier. Ma dame vous mauez dist que ie gueriray ce q̃ ie crois mais mon escu ne scauriez vous garir. Adonc se print la pucelle a soubrire/ et puis luy promis quelle luy donneroit vng escu meilleur quõch'es le sie fust. mais ne mest maintenant loisible de vo⁹ cõpter la maniere et cõment cest escu qui dor et dasur estoit fust le iour des nopces du Roy Damb²ual tire de son tresor.

¶Or estoit ainsy cest escu destine que cel luy qui le gaigneroit/ tãt puy et si fort deuoit estre et si bien sceust iouster a droit qu'il eust le pouoir de adiouster lescu au bras le bars au corps, q̃ lors auroit cest escu mais nul aultrement ne lauroit tãt fust il plain de hardiesse. Et ce ieusne escuier tãt feist q̃ le cõquist e le gaigna/, et vo⁹ dis bien q̃ p⁹ fust plaingt lescu que le Roy auquel il le bras rompu le iour que contre luy a iouste. Mais icy arrester ne me veuil pour ceste aduenture reciter ne les aultres quil acheua/ et cõme deliura la salle ne le ra<ste>ssemẽt du plãcher ou de trencher on le vouloit quãt dessus le pont il matta ceulx qui furent mõtez a mont/ pareillemẽt ie ne me veuil arrester a vous reciter les prouesses quil fist aux degres quãt il fust desarme dont le peuple se merueilla. Et commente pourquoy le Roy regarda a la chãb²e aux lions sauluaiges dont depuis fust lyon cel appelle.

Apres toutes ses choses faictes la damoiselle se mena auecques elle par la terre et tant chemina quen ung pauillon pres dug que descendirent et se hostellerent ou trouuerent force sergens et varletz qui ioyeusement les receurent et vous dis veritablement que lioncel se meist aupres de ce gue ou de grades batailles feist et ou maintz cheualliers conqst qui ne mectz en mon escript. Ung iour aduint ainsy que lioncel enuiron lheure de midy au que tout arme estoit sur so destrier monte assez ennuye de ce quil ne veist nul cheuallier passer, apres quil eust long temps actendu veist par ung chemin ung cheuallier venir droict au gue tout pensisle chief enclin sur son cheual car ia furent cinq mois passez quil nauoit en son pais este, et quant du gue fust approche comme passer il cuida lioncel le vint empecher: par quoy maintenant sans respit leur conuint ensemble iouster, qui sentreferirent se me semble sur les escus si fort et si rudement de leurs lances tellement que tort ou droit, enuiron le gue sabatirent mais vistement se releuerent, puis a chascun lespee traicte si fort meslee commencent si tres dure si tres cruelle quoncques on ne veist a creature sentir telz coups ne si mortelz comme chascun faict de sa part. Et a celle fin que la matiere soit par les auditeurs les noms des cheualliers vouldroie dire. Dont le premier et le plus ieusne estoit lioncel nomme et laultre Gauuain pource par vous sera entendu comment le pere et le filz ensemble se combatirent. Quant longuement se furent combatus messire Gauuain sarreste pour regarder celluy qui contre luy combatoit par ce que si ieune luy sembla aussi a dist, amy tenez vous ung petit en paix a mon aduis moult semblez estre ieune et voy que vous

estes si preux q bien vallez auoir louege entre les meilleurs cheualliers du monde, et pource veuil ie voustre nom scauoir, parquoy vous prie p courtoisie ne me le celler sil vous plaist. Et atant lioncel respond: par la foy que ie doy a noblesse dist il Sire comme vous plaira mappellez car de mon nom ne scay aultre chose que ie vous diray. Sachez que au chasteau de lys ou iay este nourri chascun le nepueu son oncle mappelloit, et le faisoit le seigneur a tous ainsy dire, mais bien souuent ouy dire a ma mere que lon nosoit nommer mon pere en ce chasteau pour ung grand dommaige quil auoit a mon lignaige faict. Adonc entendit et congneut messire Gauuain que cestoit son filz veritablement dequoy il eust grande ioye et liesse et par especial quant si beau si preux et si hardy le voit. Alors son espee estuia et luy dist Sire a vous ie me rens pris. Et cil respond q il occira au moins que point a luy il naura paix sil ne se rend a la mercy de la pucelle qui est au pauillon. Moult voullentiers luy dist Gauuain. A tant se mectent a la voie, puis au pauillon sont venus ou seiournoit la damoiselle et si tost que Gauuain la veist humblement a elle se rend. Adonc se print la damoiselle a le regarder et quant assez leust remire luy dist en ceste maniere. Sire faict elle vous ne me semblez pas estre trop las ne trop grene parquoy ne croy que vous soiez oultre a mon aduis de la bataille. Dame vous dictes la verite mais en voustre commandement me metz et en voustre seruice. Et la pucelle luy a dist. Or beau sire faict elle puis que mon prisonnier vous estes desire ie de vostre nom scauoir, dame voulontiers le diray. Sachez pour toute verite q gauuain suis nepueu au Roy arth. Et alors que lioncel ouit Gauuain nommer dist ainsy certes iay maintesfois entendu dire a ma mere que Gauuain eust a nom mon pere et scay de vray pour tout certain quil estoit ainsy appelle. La dame luy a dist adonc: be te car cil que cest escu ma donne sur toute riens me commanda que le voulsisse chier tenir, et mes armes et mon destrier or est perce comme voiez sique on peult bien par my veoir iay par trop mallement garde cy endroit son commandement/certes aussy bien me disoit que iamais rien ie ne vauldroie si ie naimoie le mestier qui a chevallier appartient. Lors faict tel deuil que ne le scauroie dire/alors la pucelle luy dist. Pour dieu ie vous requiers beau sire que cessez voustre desconfort/et en la foy ie vous prometz que ung meilleur ie vous donneray. Par ma foy faict il ie ne scay mais quant vous me laurez donne/lors en scauray la verite. La damoiselle se rioit des simples et infantines paroles de lenfant/et lenseignoit en tout ce quil devoit faire. Et quant se vint environ lan nuictement virent passer ung chevallier tout arme monte dessus ung grand destrier/et lors que la damoiselle lapperceut a tantost au ieusne escuyer dist/bel amy faict elle allez a ce chevallier que voiez et lamenet icy a moy voullentiers dame se dist il. Or prenez donques voustre escu faict elle et cy apres ung meilleur ie vous donneray. dame avant que vous me leuissiez quis pourroit estre le mien vse/si il est ainsy habandonne a ceulx qui petcer le vouldroient atant a le destrier broche et se partit de la pucelle/mais tant estoit de son escu marri et craintif qui ne fust de rechief pce que devant luy il doubta de le mectre aincois alla sans escu porter iouster contre le chevallier que naguetes ie vous ay dist/lequel pour luy ne daigna a sa dame venir parquoy le vint si fierement ferir que mort a terre le porta mais ains quil eust este occis/tomba lenfant sur la terre pasme dung coup que le chevalier luy avoit donne dessus le haulbert iusques au nud si que il avoit ung petit navure. La damoiselle ce voiant qui fort laimoit vers luy vint et le releva et le feist sur son destrier remonter et quant elle veist saigner

si luy ennuia grandement/puis bien doulcement luy a dist que poinct il ne se desconforte et que bien de la plaie le gatira. Et si luy dist amy faict elle/or vous gardez ausy chier comme vous aimez que iamais vous naillez iouster contre aulchun soit grand ou petit que vous ne portiez voustre escu. Car se vous eussiez le vostre pris si mal ne vous fust auenu, et cil respondi qeussiez mary pour soy dame dist il mon escu eust este par pieces et fendu ou aultre ptuis y auroit si le chevallier leust feru/et tant le pourroit on pertuiser que point ne vauldroit ung denier. Ma dame vous matiez dist que ie gueriray ce que ie crois mais mon escu ne scauriez vous garir. Adonc se print la pucelle a soubrire/et puis luy promis quelle luy donnera ung escu meilleur quoncques le sien ne fust. mais ne mest maintenant loisible de vous compter la maniere et comment cest escu qui dor et dasur estoit fust le iour des nopces du Roy Dambrenal tire de son tresor.

Or estoit ainsy cest escu destine que cilluy qui le gaigneroit/tant puys et si fort devoit estre et si bien sceust iouster a droit eust le pouoir de adiouster lescu au bras le bars au corps que lors auroit cest escu mais nul aultrement ne lauroit tant fust il plain de hardiesse. Et ce ieusne escuier tant feist que le conquist et le gaigna/et vous dis bien qui plus fust plaingt lescu que le Roy auquel il ale bras rompu le iour que contre luy a iouste. Mais icy arrester ne me veuil pour ceste aduenture reciter ne les aultres quil acheua/et comme deliura la salle ne lentassement du plancher ou de trencher on le vouloit quant dessus le pont il matta ceulx qui furent montez a mont/pareillement ie ne me veuil arrester a vous reciter les prouesses quil fist aux degres quant il fust desarme dont le peuple se merueilla. Et comment pourquoy le Roy regarda a la chambre aux lions sauluaiges dont depuis fust lyons cel appelle.

Aptes toutes ses choses faictes la damoiselle lē mena auecques elle par sa terre et tant chemina quen vng pauillon pres dūg gue descendirent et se hostellerent ou trouuerent force sergens et varletz qui ioyeusement les receurēt et vous dis veritablemēt que lioncel se meist aupres de ce gue ou de grādes batailles feist et ou maintz cheualliers cōquist q ie ne mectz en mō escript. Vng iour aduint ainsy que lioncel enuiron lheure de mydi au gue tout arme estoit sur sō destrier mōte assez ennuye de ce quil ne veist nul cheuallier passer/et apres quil eust long temps actendu veist par vng chemin vng cheuallier venir droict au gue tout pēsif le chief enclin sur son cheual car ia furēt cinq mois passez quil nauoit en son pais este/et quāt du gue fust approche comme passer il cuida lioncel le vint empechet: par quoy maintenant sans respit leur conuint ensemble iouster/qui sentreferirent se me semble sur les escus si fort et si rudemēt de leurs lances tellement que tot ou droit/en uiron le gue sabatirent mais vistement se releuerent / puis a chascun lespee traicte et si fort meslee cōmencent si tres dure si tres cruelle quonques on ne veist a creature se tir telz coups ne si mortelz comme chascun faict de sa part. Et a celle fin que la matiere soit par les auditeurs les noms des cheualliers vouldroie dire. Dont le premier et le plus ieusne estoit lioncel nomme et laultre Gauuain pource par vous sera entendu comment le pere et le filz ensemble se combatirent. Quant longuement se furent cōbatus messire Gauuain sarreste pour regarder celluy qui contre luy combatoit par ce que si ieune luy sembla auql a dist/amy tenez vous vng petit en paix a mō aduis moult semblez estre ieune et voy que vous

estes si preux q̄ biē vallez auoir louēge entre les meilleurs cheualliers du monde/et pource veuil le voustre nō scauoir/parquoy vous prie p courtoisie ne me le celler sil vous plaist. Et atant lioncel respond: par la foy que ie doy a noblesse dist il Sire cōme vous plaira mapellez car de mō nom ne scay aultre chose que ie vous diray. Sachez que au chasteau de lys ou iay este nourri chascun le nepueu son oncle mappelloit/et le faisoit le seigneur a tous ainsy dire/mais bien souuent ouy dire a ma mere que lon nosoit nōmer mō pere en ce chasteau pour vng grād dommaige quil auoit a mon lignaige faict Adonc entēdit et congneut messire Gauuain que cestoit son filz veritablemēt dequoy il eust grande ioye et liesse et par especial quant si beau si preux et si hardy le voit. Alors son espee estuia et luy dist Sire a vous ie me rens pris. Et cil respond ql occira au moins que point a luy il naura paix sil ne se rend a la mercy de la pucelle qui est au pauillon. Moult voulentiers luy dist Gauuain. A tant se mectent a la voie/puis au pauillon sont venus ou seiournoit la damoiselle et si tost que Gauuain la veist humblement a elle se rend. Adonc se prīt la damoiselle a le regarder et quant assez leust remire luy dist en ceste maniere. Sire faict elle vous ne me semblez pas estre trop las ne trop greue parquoy ne croy que vous soiez oultre a mon aduis de la bataille. Dame vous dictes la verite mais en voustre commandement me metz et en voustre seruice. Et la pucelle luy a dist. Or beau sire faict elle puis que mon prisonier vous estes desire ie de vous scauoir / dame voulentiers le diray. sachez pour toute verite q̄ gauuain suis nepueu au Roy arthus. Et alors que lioncel ouit Gauuain nōmer dist ainsy certes iay maintesfois entendu dire a ma mere que Gauuain eust a nom mon pere et scay de vray pour tout certain quil estoit ainsy appelle. La dame luy a dist adonc: be

¶ Perceual le Gallois.

Je ne sache en tout le monde prince quelque terrien ne puissant quil soit quine voustiene a moult grand honneur et a estime. Lors les comande a desarmer affin de regarder leurs semblaces. Et si tost que desarmez les veist si leur a incontinent dist quoncques mais deux hommes vivans navoit aussy seblables veuez de corps de face ne de toute aultre figure. Alors dist messire gauuai. Dame dist il ne tenez a villenie se ie vous dys lestre de ce ieune escuyer et pourquoy nous voiez semblables.

¶ Lors luy a laffaire compte de sa mere et coe il la trouua et comment il fust engendre et que ses deux oncles occis et de ladventure a la verite. Si grande fust la ioye ceste nuict au pauillon comme lon scauroit exprimer parquoy ne vous en veuil faire ung compte superflu. Et le matin si tost que le iour apparust messire gauuai se leua leql come voꝰ ouy auez son filz auecques la pucelle trouue. Et lemmena auecques luy en bretaingne ou il delibera sen retourner.

N ce temps auoit le Roy arthus a carlion quatre mois seiourne durat leql teps auoit este messire gauuai en mait pais et conuerse ains quen court il voulsist venir. Si voꝰ puis en verite dire que tous pour luy ung grand deuil demenoient par chascū iour par ce quil cuidoient quil fust mort ou en prison detenu: pource ne pourroit estre escripte la grāde ioye qui luy fust faicte quant en la court a carlion entra ou tant vindrent de gens autour de luy que peu sen fault quil ne lestaingnirent tant y estoit grande la presse. Lors fust le roy a son menger quāt on luy dist que gauuain son nepueu venoit: maintenant suis ie certain faict le roy q dieu maime et ne me veult delaisser quant il ma

Gauuain renuoye/et ce dist sortit de sa table laissa son menger et pareillement toꝰ les aultres pour la ioye quilz eurent a sa venue. Lors veissiez par la maison venir dames et damoiselles descendre auecques la Royne aller alencontre de gauuain. Et si tost que le Roy le recontra tāt eust de ioye que de pleurer ne se peult cōtenir / apres que le Roy leust receu par plusieurs embrassemens vint la Royne les dames les damoiselles et les pucelles le biē venier lesquelles de luy ne partirent auant luy auoir donne innumerables baisiers. Et quāt il fust dedens la salle entre maintenant vindrent les escuyers le desarmer qui a aultre chose nentendirent que a luy faire seruice et lors quilz leurēt desarme laisserent ses armes en ce lieu pour a plus grand chose entendre. A tāt est vng homme venu qui la conueu ny estoit qui les armes print et le destrier et ce faict sans atarger sen retourna si que nul ne sen appercoit fors gauuain qui fort bien le veist qui moult grāt yre au cueur en a et fort du cheual luy pesa: mais ne luy daigna contredire combien quil en soit moult dollēt car ne fust pas lespee mesmes que cest homme ne luy ait emportee lequel sen alla grand alleure sās que nul se apperceust quil deuint ne quel chemin ou voie il print. Se le loisir mestoit de racompter la grāde ioye q̄ au roy doubla lōguemēt my fauldroit arrester y especial quant Gauuai luy dist et recita la verite cōment et en quelle terre il auoit este et ql y auoit veu / et aussy qlle liesse il eust quant y luy declara q̄ le ieusne hōme estoit quil auoit auecques luy amene et commit il le trouua et en quel lieu. Alors q̄ lioncel eust este en court cōgneu ne fault doubter comment il fust de toꝰ et toutes a grād ioye et a liesse receu ny eust celluy qui ne le cōognist / et luy feist feste pour le preudhōme qui engēdre lauoit. Et fust de ce iour messire yuain esleu pour enseigner lioncel

¶ Perceual le Gallops   fueillet. cxv8i.

pour ce luy commanda le Roy que bien a son nepueu monstrast bōs enseignemēs & que toute chose il laissast pour lē doctriner et de ce faire grandement len pria. Alors leur compta gauuain franchemēt les merueilles que la salle il trouua dont fort esmerueillier les feist & du graal qui sy seruoit sans qhōme viuāt le soubstit et de la lance qui saignoit/ et de la biere & de lespee seur dist apres. Et en quelle maniere auoit par son dormir perdu les grandes merueilles a ouir et quant il leur eust tout cōpte si a demande et enquis ou estoit guerches son frere et le preux pdier le filz nud. Et le roy respōd q̄ pmy la terre lestoiēt al le chercher auec maint aultre chrrs lesqlz depuis ung an entier nont eu ioye pour lē nuy de luy. Se lors fust messire gauuain las il ne sen fault esmerueillier. Et quant parle eurēt assez chascun a son hostel sen alla pour se dormit et soy aiser.

¶ Comment le Roy arthus en une nuict non ayāt le pouoir de dormir & reposer se leua de son lict et alla auec deux de ses chā berlans sur le riuaige de la mer pour passer temps et se raffreschir et comment il veist arriuer pres de luy ung chalant au quel auoit ung cheuallier mort richement acoustre et de la plus belle stature que le Roy eust onques veu.

Icy fine & fault le cōpte de lescu et cōmēce du chalant qui au lac de morgant arriua. Icelle nuict que maintenant ay dist grandemēt pleust et partit et tonna enuiron le premier somme et vous dis veritablemēt que laer pour la chaleur tant estoit obtenebre que le Roy ne pouoit dormir ne reposer pquoy a faict deux chamberlans deuant son lict venir ausquelz une robe de chambre demanda la quelle il vestit et estoit icelle robe descarlate fourree dermies puis chaussa une chausses estiualles fourrees a ce faict feist deux grandz cierges allumer et sen alla en une loge qui sur la mer estoit pour contempler et veoir le temps/ et de ceste loge lon pouuoit par une poterne en la mer aualler: en ceste loge que iay dist y auoit une fenestre faicte de marbre en la quelle le roy sapuya pour loraige quil auoit ouy faire regarder mais la nuict deuint clere & pure laquelle au parauant auoit obscure este. Gueres neust le Roy en ceste fenestre este quil aduisa une clarte bien loing en la mer q̄ fort bien a une estoille ressembloit et luy estoit aduis que vers luy venoit dont grādemēt sen esmerueille. Quāt ainsy legierement la voit a luy venir & puis voiant quelle aprocha demanda aux deux chamberlās se rien voyoiēt en celle mer. Si dirent q̄ une grāde clarte appceuoiēt qui fort de la loge approchoit. Vous auez dist vray faict le Roy mais ie ne scay que sen sera tant vint pres deux ceste lumiere quilz perceurent que cestoit ung chalant lequel estoit par dessus encourtine & tendu dung̃ Riche pourpre mais homme viuant ilz ny virēt fors ung cigne qui deuant venoit lequel le challant attrainoit & auoit ung anneau dor au col ou une chaie dargēt estoit fermee oultre p ung subtil artifice et laultre chief dicelle chaine fust au challant ql amenoit fermee lequel soubz la loge arriua de quoy a este le Roy fort pensif.

¶ Adōc commenca le cigne a crier qui en la mer estoit dequoy le Roy grandemēt se merueilla lequel sitost commanda aux chā berlans de deffermer la poterne et apres le commandement du Roy accomply droictement sen alla ou le challant voit encourtine et ne scauoit homme viuāt qui dedens le challant estoit. Et quant le Roy fust de pres approche dedens sans actendre il entra et voit au deux chefz deux cierges ardans qui si grādz iamais veu ne auoit pu

Perceual le Galloys.

is se baissa soubz la courtine si que au milieu de ce challant alla ou il veist ung chier paille ouuert et par dessoubz eust ung beau lict ou se gisoit ung cheuallier mort estendu lequel estoit parmy le corps naure enuiron le tendron de la poictrine / et fust le corps couuert dung riche couuertoir de termines iusques au troncon dune lace qui hors apparessoit dequoy eust le Roy grãd douleur quant il le veist/et bien luy sembla en son viuant nauoir veu ung si beau corps de chrtr/puis va auãt sans plꝰ targer et luy osta le couuertoir pour sa grãd beaulte remirer. Et auoit le cheuallier ung saie de studig fin samist batu en or me sparty dargent et de pourpre/et quant le roy leust par tout regarde/a dist ainsi a dieu faict il onques ne veis en mon viuant ung si beau personnaige ne si richement atourne ie croy que moult aime estoit/quant en se siecle il viuoit/ et bien apert qleust mignõne amye pour les tãt riches ioyaulx ql porte/ grand dommaige est quant occis est homme de si belle facture/puis dist apres quãt il veist sa saincture et son aulmoniere que si belle ne si riche nauoit veu/ et par especial pour la grande beaulte que en laumosniere veist sen approcha et si la prit ⁊ pour voir les lectres qui dedens sont tout maintenant il a ouuerte/puis prit les lectres et si les desploia et les plut de chief en chief/desquelles la teneur en orrez en substance dire.

A ces lectres estoit premierement le Roy sallue/⁊ puis disoient. roy ce corps qui cy gist fust Roy et ains quil fust mort te requist que tu le laissasse ester sans remuer dedens ta salle/encores en lescripture auoit que pareille honte et aussy grande cõme Gueresches eust au verger ait tãtost et sans delaier cil qui luy ostera ou tirera le troncõ de lance quil a dedẽs le corps/ce luy ne te fiert la personne qui dedẽs e corps la feru ⁊ en pareil lieu droictement du propre fer. Et oultre plus en la lectre estoit. Roy mectez le corps en voustre salle lequel est embasme richemẽt ou plus dũ an estre y pourra sãs que nul ung seul mot en dise se le troncon ne luy est oste aincois que lan soit reuollu que vous pourrez faire enterrer et iamais plus vo°né orrez parler et sera par ce moien sceu comme en voustre court il aura este venge/et aussy quel homme il fust ne de quel pais et comme a tort il fust occis. A tant ploya le Roy la lectre ⁊ la remeist en laumosniere quil auoit pris au chief du paille ou le bon cheuallier mort gist. et ce faict les deux chamberlãs le corps prindrent et sont en la salle porte le mirent en lieu assez eminent ou en telle sorte et maniere latournerent comme ilz sauoient au challant trouue / adonc prohiba le Roy et deffendit aux deulx chamberlãs que iamais par euix ne fust sceu quilz en leur viuant laient veu: apres q le corps fut en la salle mis en la forme q mauez ouy reciter le roy sen retourna au fenestres de la mer apuier pour et a loccasion du cigne quil y auoit ouy crier et haultement braire en batant souuenteffoys ses aelles en la mer lequel le challãt trainnoit apres luy a toute sa chaine dargẽt laquelle au col luy tenoit et estoit au challant soudee. et apres que le cigne eust la clarte des deux cierges estaïnct en inclinant la teste cõme il vouloit prendre du Roy conge sen alla son challant trainnant criant et menõt grãd douleur/dequoy le Roy sest fort esmerueille lequel apres ceste chose par luy veue et contemplee en sõ lict sen retourna gesir ou ne sceut oncques reposer ceste nuict iusques au matin quil ung petit sendormit. Et quant se vit a laiourner/des cheualliers de la court le premier Gauuain se leua comme de coustume auoit pour la messe ouyr/⁊ se ist appeller ses amys & côpaignons cheualliers pour auecqs luy le roy a lesglise côpaigner Et apres q̃ le Roy fust apres son leuer appareille sen alla le diuin seruice ouir/ et au retour de la messe sen entrerent tous apres le Roy en la salle ou pmieremẽt Gauuaĩ le corps aduisa dont il sen donna grãde merueille et to9 ceulx qui auecqs luy estoiẽt et quãt ilz ont vng petit seiourne aduis leur a este q̃l dormoit. Et quãt gauuain eust ce lieu approche ou le corps veit dessoubz le paille qui dess9 vng lict estendu gisoit/ et aps quil eust hault & bas reuire aduisa le troncon q̃l auoit par my le corps mis: adonc biẽ sapẽsa q̃l en fust occis. Et alors le Roy en se signãt dist. O vray dieu faict il q̃ peult estre q̃ a ce chr̃r occis/ et aps q̃l eust la couuerture ostee/ leur dist ainsy/ seigneurs faict iloncqs iour de ma vie si beau chr̃r ne veis et ne croy que cristiente vng y en ait de si belle facture ne si ioyeulx a mõ aduis q̃l fust quãt il estoit en vie/ biẽ pert aussy que moult aime estoit par les ioyaulx qui sont si riches que lon peult autour de luy veoir & semble assez quil fust de noble & de hault parentaige voiez ses mains & ses beaulx doigtz ses bras si long si fors et plaines les belles iãbes et les beaulx piedz et le corps si tres bien taille et pareillemẽt sa vesture iamais son pareil on ne veist. Lors print maintenãt laumoniere faisãt semblãt iamais ne lauoir veue/ puis print ses lectres quil y trouua qui dafection les regarde/ et puis quant au lõg les eust leues & de chief en chief visitees messire gauuaĩ luy a dist Sire faict il sil vo9 plaist no9 reciterez qua uez en cest escript trouue. Beau nepueu faict le Roy ie ne le vo9 vouldray celer. Ce corps a vne grãde fiance/ cõ dist le brief desire par les chr̃rs de la table Ronde venge & desire q̃ le trõc quil a par my le corps luy soit oste que nul iamais nosa oster mais en vo9 aultres tant se fie que se dieu plaist bien vous luy osterez et de ce faire vous se

mont et vo9 en prie/ bien pert a sa grande & riche ornature que le corps fust de haulte gent: si ma par lectre requis que emmy ceste salle soit mis vng an entier pour tout le moins auant quil soit porte en terre se aincois ne luy est oste le tronc du corps et est au brief dist quil fust Roy/ & sil aduient q̃l soit venge lors scauros toute laduenture de sa mort q̃l estoit ne de quel pais et quãt et ou il fust occis. Consequamment au brief est dist q̃ celluy soit en pareil cas hõny de son corps cõme guereshes au verger fust q̃ le troncon attacha sil nen fiert celluy puis apres qui parmy le corps lẽ ferist et au pareil lieu droictement & du mesmes fer du troncon. Adõc respond tors le filz ares/ par to9 les saictz de paradis dist il ie ne scay qua ce corps requist car il nest possible scauoir en q̃lle terre ne en quel pais on le sache aller venger entẽdu q̃l nest aussy en ce brief mis ou on pourroit le chr̃r trouuer vo9 dictes biẽ se faict Gauuain mais tant y a dedẽs la lectre qui cõsuist ainsy celluy ferir q̃ le ferist en tel endroict dedẽs le corps cõme cestuy a este & du propre ou du mesmes fer. Et croy pour vray q̃ ce corps estre ne pourra longuement en la salle sans que le tronc en soit oste. Mais moult sera remply de hardiesse le cheuallier qui loste ra. Adonc feist le Roy querir vng bien riche cercueil de marbre dedẽs lequel fust le corps du cheuallier mis et pose emmy ceste salle lequel fust si richement embasme que sil gisoit pour tousiours en ce lieu ne pourroit putrefier ne aulchune mauluaise odeur rendre/ Et le Roy dist qui luy tiendra ce que par la lectre luy a requis. Mais de ce que trouue sauoit riẽ scauroit aulchun a parler: ne de la honte que Guereshes au verger eust ne a quoy elle mõte/ pource que long temps auoit que Guereshes estoit party pour chercher son frere Gauuain

B.i.

Perceual le Gallois.

is se baissa soubz la courtine si que au milieu de ce challät alla ou il veist ung chier paille ouuert et par dessoubz eust ung beau lict ou se gisoit ung cheuallier mort esté du quel estoit parmy le corps naure enuiron le tendron de la poictrine/ et fust le corps couuert dung riche couuertoir determinnes iusques au troncon dune lāce qui hors apparessoit dequoy eust le Roy grād douleur quant il le veist/et bien luy sembla en son viuant nauoir veu ung si beau corps de chlr/puis sā auāt sans pl9 targer et luy osta le couuertoir pour sa grād beaulte remirer. Et auoit le cheuallier ung saie de studung fin samist batu en or me sparty dargent et de pourpre/et quant le roy leust par tout regarde/a dist ainsy a dieu fuict il onques ne veis en mon viuant vng si beau personnaige ne si richement atourne ie croy que moult aime estoit/quant en se siecle il viuoit/ et bien apert qleust mignōne amye pour les tāt riches ioyaulx qi porte/ grand dommaige est quant occis est homme de si belle facture/puis dist apres quāt il veist sa saincture et son aulmoniere que si belle ne si riche nauoit veu/ et par especial pour la grande beaulte que en laumosniere veist sen approcha et si la prit et pour voir les lectres qui dedens sont tout maintenant il a ouuerte/puis prit les lectres et si les desploia et les plut de chief en chief/desquelles la teneur en orrez en substance dire.

Ar ces lectres estoit premierement le Roy sallue/et puis disoient. roy ce corps qui cy gist fust Roy et ains quil fust mort te requist quetu le laissasse ester sans remuer dedens ta salle/encores en le scripture auoit que pareille honte et aussi grande côme Gueresches eust au verger ait tā tost et sans delaier cil qui luy ostera ou tirera le troncō de lance quil a dedēs le corps se ce luy ne te sieit la personne qui dedēs ce corps la seru et en pareil lieu droictement du propre fer. Et oultre plus en la lectre estoit. Roy mectez le corps en voustre salle lequel est embasme richemēt ou plus dūg an estre y pourra sās que nul vng seul mot en dise se le troncon ne luy est oste ancois que lan soit reuollu que vous pourrez faire enterret et iamais plus bō nē orrez parler et sera par ce moien sceu comme en voustre court il aura este venge/et aussy quel homme il fust ne de quel pais et comment il fust occis. A tant ploya le Roy la lectre et la remeist en laumosniere quil auoit pris au chief du paille ou le bon cheuallier mort gist. et ce faict les deux chambellās le corps prindrent et sont en la salle porte le mirent en lieu assez eminent ou en telle sorte et maniere la tournerent comme ilz la uoient au challant trouue/ adonc prohiba le Roy et deffendit aux deux chamberlās que iamais par eulx ne fust sceu quil en leur viuant laient veu: apres q le corps fut en la salle mis en la forme q mauez ouy reciter le roy sen retourna au senestres de la mer apuier pour et a loccasion du cign quil y auoit ouy crier et haultement bra en batant souuentessoys ses aelles en la mer lequel le challāt trainoit apres luy a toute sa chaine dargēt laquelle au col luy tenoit et estoit au challant soudee. et apres que le cigne eust la clarte des deux cierges estainct en inclinant la teste côme il vouloit prendre du Roy conge sen alla son challant trainnant criant et menōt grād douleur/dequoy le Roy sest fort esmerueille lequel apres ceste chose par luy veue et contemplee en sō lict sen retourna gesir ou ne sceut oncques reposer ceste nuict iusques au matin quil vng petit sendormit. Et quant se vit a laiourner/des cheualliers de la court le premier Gauuain se leua comme de coustume auoit pour la messe ouyr/ et seist ap peller ses amys et copaignons cheualliers pour auecques luy le roy a lesglise copaigner Et apres que le Roy fust apres son leuer appareille sen alla le diuin seruice ouir, et au retour de la messe sen entrerent tous apres le Roy en sa salle ou pmierement Gauuaî le corps aduisa dont il sen donna grade merueille et tous ceulx qui auecques luy estoiēt et quāt ilz ont vng petit seiourne aduis leur a este qu'il dormoit. Et quāt gauuain eust ce lieu approche ou le corps print dessoubz le paille qui dessus vng lict estendu gisoit, et aps quil eust hault et bas reuire aduisa le tronçon quil auoit par my le corps mis: adonc bien sapēsa que len fust occis. Et alors le Roy en se signāt dist. O vray dieu faict il qui peult estre que a ce ch'lr occis, et aps quil eust la couuerture ostee, leur dist aisy, seigneurs faict il onc que iour de ma vie si beau ch'lr ne veis et ne croy que cristiente vng y en ait de si belle facture ne si ioyeulx a mon aduis quil fust quāt il estoit en vie, bien pert aussi que moult aime estoit par les ioyaulx qui sont si riches que lon peult autour de luy veoir et semble asses quil fust de noble et de hault parentaige Voiez ses mains et ses beaulx doigtz ses bras si long si fors et plains les belles iābes et les beaulx pieds, et le corps si tres bien taille et pareillemēt sa vesture iamais son pareil on ne veist. Lors print maintenāt laumoniere faisāt semblāt iamais ne lauoir veue, puis print les lectres quil y trouua qui dafection les regarde, et puis quant au log les eust leues et de chief en chief visitees messire gauuaī luy a dist Sire faict il sil vous plaist nous recicterez quauez en cest escript trouue. Beau ne pueu faict le Roy ie ne le vous vouldray celer. Le corps a vne grāde fiance, cōdist le brief estre par les ch'lrs de la table Ronde venge et desire que le troc quil a par my le corps luy soit oste que nul iamais nosa oster mais en vous aulties tant se fie que se dieu plaist bien vous luy osterez et de ce faire vous se

mont et vous en prie, bien pert a sa grande et riche ornature que le corps fust de haulte gent; si ma par lectre requis que emmy ceste salle soit mis vng an entier pour tout le moins auant quil soit porte en terre se ainçois ne luy est oste le tronc du corps et est au brief dist quil fust Roy, et sil aduient quil soit venge lors scaurōs toute laduenture de sa mort quil estoit ne de quel pais et quāt et ou il fust occis. Consequamment au brief est dist que celluy soit en pareil cas hōny de son corps cōme guaresches au berger fust que le tronçon attacha sil nen fiert celluy puis apres qui par my le corps len feri st et au pareil lieu droictement et du mesmes fer du tronçon. Adōc respond lors le filz ares, par tous les saictz de paradis dist il ie ne scay qua ce corps requis car il nest possible scauoir en quelle terre ne en quelpuis on le sache aller venger entēdu quil nest aussy en ce brief mis ou on pourroit le ch'lr trouuer vous dictes bien se faict Gauuain mais tant y a dedās la lectre quil conuīt ainsy celluy ferir que le ferist en tel endroict dedās le corps cōme cestuy a este et du propre ou du mesmes fer. Et croy pour vray que corps estre ne pourra longuement en la salle sans que le tronc en soit oste. Mais moult sera temply de hardiesse le cheuallier qui lostera. Adonc feist le Roy querir vng bien riche cercueil de marbre dedās lequel fust le corps du cheuallier mis et pose emmy ceste salle lequel fust si richement embasme que sil gisoit pour tousiours en ce lieu ne pourroit putrefier ne aulchune mauuaise odeur rendre, Et le Roy dist qui luy tiendra ce que par la lectre luy a requis. Mais de ce que trouue lauoit riēs scauroit aulchun a parler: ne de la honte que Guaresches au berger eust ne a quoy elle mōte, pource que long temps auoit que Guaresches estoit party pour chercher son frere Gauuain

B. j.

Comment gueresches querant son frere messire gauuain arriua en ung chasteau de merueilleuse beaulte au quel y auoit richesses & pierreries sans nombre.

Ainsi est q̄ gueresches queroit son frere gauuain quil aimoit duquel en grād soussy estoit et lauoit en maint pais quis sans quil en peulst nouuelle ouir. Or est par ung iour aduenu enuirō lheure de midy apres que par quatre iours il eust erre sās rencōtrer hōme ne fēme par ce qu il sestoit en une forest esgare: quil entra en une prairie la plus belle q iamais veue auoit/ parmy laqlle une riuiere couroit qui moult estoit large & profunde et fust pres de ceste riuiere le plus beau chasteau de ce monde assis tout clos de murs de pierre de marbre entaillees de riche facon. Tournelles alenuirō auoit pres lune des aultres & grandes. Et quāt gueresches le chasteau veist moult fort desira y entrer parquoy sen alla celle part/ puis quāt il fust le pont passe/ vers le petit chasteau mōta cōme celluy qui couuoita ouir de son frere nouuelles q̄ agreables luy eussent este/ leans parmy la porte entra ou son viuāt si grāde merueille ne regarda tāt en beaulte cōe en richesse/ mais nul hōme ny a trouue ne pareillement au petit chasteau quāt au pardedēs fust entre. puis descent emmy la grande salle et de la salle en une chābre ou trois moult beaulx lictz a trouuez dont les challis furent diuite richemēt ouurez ca et la/ apres luy son cheual menoit leql en ceste chābre aupres dung lict a ung pillier dune couche latacha/ puis cest sur laultre lict assis ou pres de luy sō chief desarma p ce q̄ trop grād chault faisoit/ puis par my la chābre regarde laqlle estoit richemēt painte & noblemēt voultee & y le bas iōchee dherbe menue & doulces fleurs pour a le cōtre de la challeur sa reffraichir/ & cil q̄ moult trauuaille fust deſſ² se lict cest apuye/ pour se reposer ung petit/ puis dist aps

se icy a menger auoie ia dieu ne me face pēs se de ce lieu ennuit partoie/ a tāt regarde & voit ung huis puis se liue & sō escu prēt et sen va vers cest huis toutdroict/ & aps q̄l eust desferme vistemēt en la chābre entra q̄ pl² belle & pl² grāde estoit q̄ ne fust celle de deuāt/ puis p ung aultre huis sen passa en une chābre biē aornee/ q̄ tāt belle estoit que tout le mōde nauoit en beaulte sa pareille & ne scauroit hōme descripre les vallues & les richesses q̄ icelle sōt/ la chābre estoit de moult belle grādeur a laqlle ung lict auoit si triūphāt & riche q̄ iamais hōme onq̄s meilleur ne veist/ tāt y eust leās de pieres pcieuses & de relucēce dor & dargēt q̄ aultre clarte ne failloit/ puis y estoit ung escharboucle q̄ toute aultre lumiere excedoit. En ceste chābre a gueresches une fenestre trouuee leql tost il desferma/ adōc veist par my ung vger de grād beaulte p excellēce & se cōmēca a merueillier q̄ ceās na aulcū fū trouue dōt moult en eust grād deuil & pre/ a la fenestre puis sapuya pour dedēs le vger regarder/ ou vit deux pauillōs tēdus lesqlz to²² furēt de drap dor frise et au p dessº y auoit une pōme dor/ en ce poit q̄ gueresches les pauillōs cōteploit a cause de leurs grād richesse & beaulte: veist dehors dūg diceulx yssir ung nayn leql estoit de deux abitz de samyst vestu/ to² miptis de diuerses coulleurs & en sa maī dextre tenoit ung grād hanap dargēt pdeſſº leql une seulle tauaille sans plus y auoit/ par my le vger se passa & puis entra dūg pauillō en laultre/ si tost q̄ gueresches le voit biē apl se & croit fermemēt q̄ gēs y a en ce grād pauillō/ & luy en ce pposestāt y la fenestre ou a puie estoit y my le beau vger se lance car lors aultre yssue il ny veist/ or auoit il son heaulme & sa lance laisse ou il auoit sō cheual atache. Et quāt il fust au vger descēdu vs le pauillō droit sen va tout son escu q̄ tenoit/ leās ētre & premieremēt voit une moult belle et plaisante damoiselle assise q̃ bien luy sembla la plus belle q̃ iour de sa vie eust veue et deuant celle damoiselle y estoit vng lict d'ug paille de pourpre vermeil aorné pardessp̃/ encore y auoit en ce lict vne couuerte de soie plus blanche q̃ iamais ne fust lys et entre les linceulx vng moult grand cheuallier gisoit lequel estoit fort griefuemēt nauré/aup̃s du cyf̃ vng escuyer auoit lequel pour le soullaiger entre ses bras le soutenoit. Et le nayn luy tenoit deuāt le hanap qua porté auoit lequel estoit tout plain d'ung laict almāde / et la damoiselle de sa main luy donna l'almande a mēger en vne belle cuillier dor. Et ainsi q̃lle le paissoit/courtoisemēt le salua gueresches qui leans fust entré. Lors le cheualher le regarde lequel tant fust marri de sa venue que de sa main le hanap regecta si q̃ le laict feist sur le lict verser. O dieu faict il qui moctera ce cheuallier. Lors se tourna et de lyre q̃ du grād deuil q̃l en eust si durement sa plaie se creua q̃ les linceulx en furent to⁹ sanglans. Alors gueresches luy a dist sire bien vo⁹ sçauez en verité q̃ de vostre mal ne suis cause q̃ moult me poise de vo⁹ faire en ce point. Et le cheuallier dist aisy ostez moy se vassal dicy ostez tost faict il aux varletz le petit cheuallier bien dra y lequel sera hōny. la damoiselle se seroit tout en paix sans v.ig mot dire. A tant il vint vng cheuallier pourtāt au nayn ne ressembloit/car iambes et bras q̃ corps q̃ mains et ce q̃ reste auoit il bien faict par deuis ainsi cōme fust cōuenable a celle grandeur q̃l auoit mais si estoit il si petit q̃ hors de la celle q̃ demy pied de haut ne auoit pareillemēt petit escu et petite lance portoit petit habit q̃ bien petit haubert/q̃ si fust de moult belle façon. Leans aisy q̃ vo⁹ ay dist est le petit cheuallier dedēs le pauillō entré: lequel quant il veist gueresches luy a dist en ceste maniere pourquoy estes vous cy venu et sans aultre chose dire le vint de sa lāce au long du chief trepasser puis luy a dist mus

sart prouue se vo⁹ de sarme ne fussiez le chiefz ie vo⁹ feisse voller/pource vo⁹ loue de vo⁹ aller tantost armer/q̃ lors dist le grād cheuallier au petit/ deuant que vo⁹ laiez hōny laissez le du tref yssir/grād follie luy a faict venir: et quant gueresches lentendit du tref legieremēt sortit/et voit sō escu au vger en vne part q̃ son cheual qu'ng varlet amené y auoit/adonc a son chief bien armé puis est monté et l'escu prent et la lance pareillement. Et alors au petit cheuallier dist/frāc cheuallier dist il sachez q̃ voulontiers m'en iroye se la voie me voulliez monstrer/et le petit cheuallier luy respōd/ croiez faict il quauant q̃ d'icy vous partez serez vo⁹ matté q̃ saiffy cōme fol au vger entrastes et saige vo⁹ y cōuiet laisser si iamais hōneur nauerez pource deliberez vo⁹ car cōtre moy iouster vo⁹ fault et ne me daignetay armer pour chose q̃ lōme puist dire/ toutesuois esbahy ie suis pourquoy mō sire est cōtre vo⁹ yre. certes sire dist gueresches en vo⁹ a vng beau bachelier et qui moult est a redoubter quāt si grād vo⁹ estes q̃ si fort

¶Apres ses parolles y gueresches dictes vint le petit chr̃r alēcōtre de luy par grād ire courir/ et quāt gueresches venir le voit tāt cōme il peult q̃ le pl⁹ droict laissa sō bō destrier aller/mais au corps ne sceust le petit nayn assener ais en l'arcō de deuāt le festist vng coup si dur et si pesāt q̃ toute sa lance froissa/ q̃ moult se donna grād merueille quāt il ne peult si petit cheuallier faire par terre trebuscher/mais le nayn si bien la feru quē my le vger l'abatist/puis fort vistemēt du cheual descēt q̃ puis fist estrāge merueille/car quāt il vit a gueresches/ dessus son colle pied luy mist q̃ si fort lestraict contre terre que peu sen fault quil ne lestaint. Apres ce faict le nayn vng petit a luy son piedz retira et puis a Gueresches demāde sil se voulloit prisonnier rendre. Mais Gueresches ne respond ouy ne non pourtant fust il mal a son aise. Et alors

B.ii.

le nayn luy mist de rechief le pied sur le co:/et quãt guereschesla se tu ses deux mains en hault luy tendit/et dist sire m. i soy tenez/vo9 me faictes soubz vo9 mourir et ne scay la cause pourquoy:le nayn respõd p̃mierement fuict il vo9 diray lestablissement q̃st au vger estably pour leq̃l tout voustre vivant diffame et hõny serez/lequel est tel sans nulle faille. Tous ceulx qu en bataille conquiers au chief de lan que conquis ie les ay sõt assis au pl9 vil mestier ou a tout le moins le pl9 poure qui puĩt soit en tout le mõde/cest le mestier de tisserrãt ne ia puis ne serõt ostez pour nul hõme q̃ porte vie ains tissẽt paille & canevas et riches draps a or bat9 ouurez de diuerses facõs dõt on fa ict pauillõs & trefz/moult en a mõ sire grã de quãtite. Car cẽt chr̃tīs ay conquis q̃ sont mis a vng tel mestier & nul ne eschappe de ceulx q̃ ie cõq̃ste. Or vo9 diray q̃ vous serez en voustre terre Retournerez vng an pour de voz affaires disposer puis en ce Ver gier Reuiendrez au chief de lan sans poict faillir et pource me fiãcerez q̃ ce iour reuiẽ drez a moy:et quant vo9 serez retourne en cores pourrez vous eslire de deux choses la meilleure a voustre plaisir cest se tisserrãt voullez estre hõme diffame ou hõny vo9 maintera a vng bõ maistre q̃ le mestier vo9 mõstrera/ou ce le pty ne voullez q̃ cy ie vo9 ay diuise a moy vo9 cõuiendra cõbatre/& se abatre ne vo9 puis ie vo9 ẽtteray du mesti er/les deux ieux sont q̃ vo9 fauldra eslire car le tiers ieu qu a chr̃ī ie de part prĩt ne le vo9 veuil celer cest que ie leur trẽche la te ste. Dassal ors biẽ ouy auez cõe sõt les trois ieux partis et au terme q̃ nõme vo9 ay cel luy q̃ mieulx agre vo9 viẽdra prendre pour rez sãs cõtredict. Alors guereschesluy res pond. Ainsy le promectz et octroie. Atant luy a la foy promise qu au chief de lan reuiẽ dra & q̃ lung des trois cas eslira. Adõt luy dist le petit nayn vo9 feistes vne grãde fol lie de ainsy entrer en ce verger car aller vo9

en cõuiendra par la fenestre ou vo9 passa stes puis qu autre huis navez demãde et voustre cheual trouuerez en la salle quant y viendrez ce varlet le vo9 y mainera pu is ou vo9 plaira vo9 yrez/maintenant gue resches sen retourne q̃ pl9 ne quiert au ver ger seiourner/pat my la fenestre passa pu is en vne chãbre est entre ou il trouua pl9 de quatre vingtz pucelles de quoy merueil le se donna / qui lat fasoiẽt et aumosnieres et maite au ltre maniere de oeuure et dis oient toutes dung accord. O dieu font elles dont est celluy si mauuais chr̃īt prouue q̃ le petit nayn a vaincu oncques si malheu reux hõme ne fust. Et guereschesqui les entent legierement oultre passa qui moult luy sont mal de ce dire tout ay p̃ touttes sõt salueen le mocquãt villainement puis tou hõteux en laultre chãbre entra la q̃le trou ua toute pleine de varletz & de damoiselles qui moult riches ouures faisoiẽt et y furẽt les varletz vẽu9 pour eulx resiouir et esba tre et quãt guereschesvirent entrer/to9 ses crient a vne voix/villain retru sont ilz & mauluais/le petit nayn vo9 a hõny verg̃o gnie et tost diffame q̃ mau.dit de dieu soiez vo9. Lors vistement aduise luys celluy le quel en son vivant nauoit eu vng cel de hõ neur si grãde honte ne telle vergonne. En la tierce chambre est entre q̃ echappe cuido it estre de to9. Lors y boit chr̃īs & dames qui aux eschez & aux tabliers en plusieurs lieux se desduisoiẽt et quãt guereschesap perceurẽt to9 sescrient ensẽblement voycy le mechant le couart q̃ le petit nayn a vaincu/ que sa force & veu petisse. Certes de deuil deburoit mourir quãt ainsy hõnir se laissa a vne poure creature fuiez vo9 en villai re tru q̃ iamais veu vo9 ne soiez en terre ou auez cõgnoissance/mais guereschesvng mot ne dist leq̃l oultre passa tout hõteux q̃ puis entra en la grãde salle q̃ moult pleine de gẽs trouua dügs & daultres cõmuemẽt varletz y eust et escuiers cheualliers da

mes et bourgois lesqlz quāt guereschesont
veu tous a haulte voix luy ont dist voiez
le couart voilla le lache le plus vil qui fust
oncques mais on le debueroit pendre ou
trainer quant il neust cueur de se deffen=
dre vers la plus petite chose du mōde. Tāt
en a guereschesde honte que peu sen fault
que de deuil il ne fond quant ainsi se voit
rauaisser/puis sans dire mot oultre passe
iusque en la court ou son destrier trouua/
dessus lequel sans targer est monte puis lescu
prēt assez dolēt et se retourne tout hōny.

Lors cuida bien guere=
sches estre escappe mais
quant il fust dedens le
bourcauaille/toutes les
rues trouua plaines de
bourgoys et de gens me
nues qui le comencerēt a gaber/chm disant
on doibt gaudir le meschāt malostru couart
q deubst estre en pūition certes grād faict
a aporter plus q nul hōde dire ne scauroit pour
la hōte quil en aura/atāt par my le bourc
passa ou on vēdoit chair et poissō oyseaulx
et venaison fresche les vendeurs qui en ce
lieu estoient si tost cōe guereschesvirēt se
prindrent tous cōtre luy a huer disant voicy
le malheureux musart que le petit nayn a
vaincu. Lors vers luy coururēt tous ensem
ble pour de plus pres le railler et gaudir/
luy boyaux de poisson luy gecte et laultre
pieces de vielles tripes pour luy faire plus
grande laidure. Oncqs hōme tant ne fust
diffamé depuis que dieu crea le monde cōe
ceulx du chasteau le diffamerent et gabe=
rēt vulgairement. Apres sen est oultre pas
se tout arme le long de la ville en cheuaul
chāt le pluis tost cōe il peut assez courrouce et
plain dyre/et en ce grād deuil quil portoit
le chasteau de tout son pouoir essoigna et
quāt se vint cōtre le seoir a soimesmes dist
o mō dieu ou pourray ie aller quāt par tout
est sceu ce q le nayn au chasteau ma faict de
quoy ie suis de chm gaudy diffame et moc
que. Tāt auoit guereschesde hōte q quāt

des gēs en sō chemi voioit a trauers chāps
se detournoit si q en celle nuict ne heberga
en hostel ne mēgea ne beut/de cheuaulcher
oncqs neust cesse pour le pais plus essoigner
et le lēdemai au matin erroit pēsif la teste
vers le bas baissee/et adōc qlpensoit ainsi
pmy le chemi qlalloit choisit des chres et
des pucelles des escuiers et des varletz et
quāt illes eust approchez tous ensēble le
saluerēt/mais guereschesvng mot ne le=
ur sōna pour la grāde honte quil auoit/ pu
is quāt y les eust essloingnez dist a soimes=
mes/vray dieu faict il q la chose me seroit
agreable se ma honte sceue nestoit : bien
aduis mest q se ces varletz riē en sceussent
q maintenāt meleussent reproche/mais ie
croy q poict ilz nē sont aduertis. Et apres
ce dist tant erra que peu de tēps est de bre=
tatgne approche. Mais des hostelz quil y
trouua ne mest maintenāt loisible de reci=
ter/fors q dalier tāt exploicta/qloit dire et
pour verite sceut en vng chasteau ou il te=
ust vng soir/ que le seigneur gauuain son
frere est en court retourne sain et sauf.
Par quoy tāt a diligēte ql a la riche court
trouue ou chm fust fort resiouy de sa ve=
nue si la grādemēt festoie et codiony le roy et
sō frere gauuai lesqlz petit apres ql fust ar
riue luy cōpterēt la verite du chre mort et
ce q au bref cōtenoit q en lausmonniere on
trouua et sās riē obmettre luy reciterēt tout
ce qlfust en lescripture. Lors q guereschs
le cōtenu du bref a entēdu auql estoit de sa
hōte faicte mētiō: si grād deuil eust et tel des
pit q tout le sāg luy cōmēce a muer. Adōc
a luy demāder se prindrēt se poict estre auoit
en nul vger ou hōte luy fust aduenue: non
faict il q voꝰ la dist: le bref font ilz qlfust en
laumosniere du chre mort cōe ia voꝰ a este
dist: le bref dist il est mēsōger aisy demeu
ra la chose assez lōguemēt sans en plus pler
Or auoit le roy de coustume a Carlion sa
court tenir ou plusieurs barons et aultres
cheuailiers de maintes terres si trouuerēt
et estoit sē corps du christ mort debēs le cer

cueil tout au plus beau et p̄lus eminent de la salle si que on neust sceu leās entrer sās le veoir ꞇ mesmes en la face que descouerte auoit. Et il fust par le commandement du roy ainsy mis affin que chm̄ q̄ la entrast le brief Et ce fist le Roy faire pour scauoir se quelchū telle hardiesse auroit qui luy voulsist le tronc du corps arracher ou tirer mais nul ne si osoit essaier. Or est il a considerer que gueresches moult triste et fort dollent de son deshonneur estoit/ lequel par ung matin comme les aultres chr̄rs se le ua pour au leuer du Roy aller/ car ce iour delibere auoit aller a la chasse et aulchūs actendans la venue du Roy en la salle se a tournerent au tour du cerceuil ou le cheuallier mort gisoit lesq̄lz dirēt cōmunemēt q̄ le cheuallier en son viuant duremēt gueresches haioit considere la honte que par le brief luy ramentoit de quoy nestoit en la court rien sceu fors que par icelluy brief: mais ce scait bien Gueresches lequel estoit cōme les aultres a regarder le corps leq̄l en le regardant dist/ vassal faict il trop pourta estre ce tronc en vous sans remuer pas ie ne croy que iamais il en soit oste ne que iamais venge soiez. Lors ung petit de sa main au tronc toucha et ainsy que sa mai il retiroit une escharde a ung de ses doigtz sacrocha: si que du corps saillit le tronc ꞇ le fer hors voiant tous les bons cheualliers ꞇ y especial gauuai le brief dōt moult fort luy pesa puis luy dist Gueresches mō frere par la foy que ie doy a dieu biē doi siuete vous entremeistes quāt la mai au tronc/ mis auez bien il est sceu que par trop vous estes haste. Messire vuain alors respōd. sire Gauuain faict il ne parlez plus de ceste chose car il naffiert nul chastier de ce qua mender on ne peult mais le cōuiēt en paix. laisser. adōc ont le fer regarde q̄ de si grāde beaulte estoit cōme son le vit de fourbir. Lors chaschun sen donne merueille ꞇ dist que le fer deburoit estre noircy et rouil

le en ce corps ou aulchunement alaidy mais si clet est et reluisant q̄ bien mirer on sy pourroit. Quant assez eurent le fer veu si lont a Gueresches rēdu q̄ lors du corps la uoit tire/ puis ont dist que tous fort esbahis estoiēt de ce q̄ la si pesās fais entrepris. Se m'aist dieu faict gueresches cōbien quil mē doibue couster si en feray ie a mon pouoir si nen seray reproche. A tout le fer en son logis sen alla assez dollent ꞇ fort pensif ou si tost quil y fust arriue dist quō luy aportast des lances et quant on luy en eust mōstre la plus grosse print q̄l trouua a laq̄lle fist le fer mectre ꞇ clouer pour crainte de cheoir.

Apres ce que vous ay cōpte le Roy arthus enui ron pasq̄s tit une court grande a merueilles a carlio / ou au plus beau lieu de la table de la salle feist Gueresches qui tant aima assez pres de luy asseoir mais gueresches eust tant de deuil de ce q̄ō luy fist au vger q̄l en laissa le boire ꞇ le mēger et ne se voullut resiouir pour chose q̄ō luy sache dire. Keux le seneschal le regarde lequel vint au Roy ung don demander. Et le Roy luy dist ie loctroie seneschal mais dictes que cest. Sire ie veuil demander que a gueresches faciez son penser dire que vous voiez ainsy pensif si que depuis quil est a table ne voullut la face dresser rire ne ioye demener. Cheuallier ny eust a la table qui le parler de Keux ouit q̄ ne le tournast a villennie de ce quil a requis. A donc a dist le Roy a Keux. Seneschal faict il honte seroit de faire dire le penser a nul homme qui porte vie: ny eust cheuallier en la court qui Keux ne blasmast de ceste chose quant au Roy le don demanda. Et y pleur a dist quil lorra se le Roy nē veult desdire. Vous le saurez se dist le Roy mais que nous soions hors de la table/ mais sachez que cest le dernier dō que jamais le boͫ donneray. Et quāt le roy fust seu du meſſager appella guereſches auquel il pria luy dire ſon penſer/puis quen don a Keux il auoit accorde. Sire dist Guereſ-ches cōbien que la choſe me poiſe vous le ſcaurez ſe dieu maiſt: mais bien voͫ dys q̄ de moy voͫ ſerez deliure τ de la mienne cō-paignie pour tous les iours de mon viuāt quāt le cōpte vous auray recite τ la cauſe pour laquelle en penſer eſtoye. Lors luy a dist ſans plus targer: le grand ennuy τ la grand villennie qui luy aduint en ce ver-ger/tout ainſy q̄ le cas alla oiant toute la cōpaignie. Et quāt il y euſt toute la vite cō-ptee: plͧ ne voulut en ce lieu arreſter: ains ſen vint a ſon logis armer: τ toſt apres q̑l fuſt arme eſt monte deſſͧ ſon deſtrier: puis print la lance ou le fer duquel auez ouy par-ler fuſt mis quil auoit cōme lon ſcait tire hors du corps du Cheualier mort lequel a la grand ſalle de carlion giſoit.

Tant a Guereſches exploicte τ erre que au iour quil auoit a creance τ promis de eſtre au verger ou le Nain fuſt ſe rēdit: ou ſi toſt quil a eſte en ce verger arriue le nain apperceut vers luy venir tout arme monte deſſus ſon de-ſtrier lequel fort bié reſſembloit a vng cin-ge. Et quant le nain Guereſches a choiſy aſſez toſt a ſceu quil queroit/τ mais alors quilz ſe rencontrerent ne ſe ſont nulz ſalus donnez: ains gueresches dit le nain. Sai-chez dit il qua la court du roy voſtre oncle alloie vous appeller de voſtre foy. Or poͫ voͫ abreger le cōpte apres bien petit de pa-rolles le combat ſe feiſt entre eulx deulx: ou au iouſter occiſt le nain le bien renōme gueresches. Lors le ſire du chaſteau qui de briſt eſt maintenāt ſailly en piedz moult fort pre τ courrouce de ſon nain quil a veu mourir lors feiſt ſes armes aporter deſql-

les ceſt faict legierement armer. Puis diſt que le nain vengera: lors monte τ prent ſō eſcu τ ſa lance: et vers Gueroſches poinct errāment en diſant qui le deffioit. Adonc va lung contre laultre iouſter ſi durement q̄ a ceſte rencōtre firent les fers des lances paſſer tout oultre de leurs fors eſcͧ: mais la lance au cheualier ploya/Guereſches la ſienne enuoye au Cheualier parmy le pis dedens lequel le fer croiſa qui de puis eſt a terre auecques le tronçon tombe: et gueresches vousſiſt ou nō de laultre part tomba pareillement: mais legierement ſur les piedz reſſault puis parmy le vger regardāt voit toute la gent qui la eſtoit ſen fuyr deca τ dela: ſique en petit deſpace ny en a vng tout ſeul veu. Lors prie a dieu qua ſon aide ſoit puis meiſt la main a ſon eſpee τ vient errāment au cheualier q̄ na ure fuſt parmy le corps: duquel ia eſtoit la me hors. Adonc vne pucelle y vint gente de vis τ de corſaige qui richement veſtue eſtoit dung drap de ſoye broche τ brode dor τ dargent laquelle vint la playe du mort re-garder puis a gueresches demanda dont ce fer auoit eſte aporte en luy diſant τ certi fiant que cilluy ſien amy eſtoit lequel aul-trefois fuſt du meſmes fer occis. Puis diſt ainſy. Or eſt il maintenant en terre le be-au le bon τ le parfaict: non eſt belle faict Guereſches. Lors la pucelle ſouſpira en pleurant moult amerement: a celle heure Guereſches la playe regarda τ voit quen tel lieu meſmement auoit le corps eſte fe-ru lequel a carlion giſoit au cercueil enmy la grande ſalle: le fer propoſa attacher hors de la playe du cheualier: mais la pucelle luy diſt lors beau cheualier faict elle/eſtes voͫ en paix: car ce ſe fer eſtoit traict ou oſte tantoſt voͫ ſeriez deſtrenche. Et voͫ dys bien quauſſy ne peult eſtre venge tant q̄ le fer en ſō corps ſera. Mauldict ſoye donc ſe ie lo te faict gueresches a la pucelle: adonc la pucelle luy prie qui luy plaiſe vng pa-

B.iiii.

le roy batillier lequel est pres de son destrier
& ce faict q̄ son bō plaisir soit lēmener aueq̄s
ques luy & au lieu ou son amy mort gist a
carlion dedens ung cercueil leq̄l est main
tenāt venge. Gueresches entendit quil est
begesi en a grāde ioye. Puis a la pucelle
octroya le palefroy bien en celle que main
tenant luy amena leq̄l la damoiselle prīt
puis la monta legerement Gueresches:
& ce faict est apres monte. Et tost aps̄ sās
delaier du chasteau departirent ou le mort
en serre laisserent & tant exploicterent le
iour q̄ enuiron la minuict a la mer vindrēt
& ainsy q̄ le long de la greue cheuaulchoiēt
virent deuant eulx ung chasteau dedēs
vne ysle fort plaisant ou sans nef ny peu
rēt aller. Lors le feist la pucelle passer en
ung bateau de laultre part. Et quant au
chasteau entrez furent la pucelle le va me
ner en vne salle ou il descend:& bien vous
dys en verite quoncques en ung hostel tāt
ne veistes depuis lheure que fustes nez de
cheualliers de dames descupers & de pu
celles cōe en la salle y eust leans:& ne veist
oncques homme en son temps ung chir
tant honorer cōme celuy y a este lequel pre
sent y est entre. Quāt gueresches fust des
cendu le desarmerent de ses armes. Puis
ont le mēger appreste:& apres gueresches
assirent premier en la plus haulte table
moult le seruirent richement en grand hō
neur & en grand reuerence:mais il se dōne
grand merueille q̄ plusieurs il voit cōseil
ler & pfōdemēt souspirer en regrectāt leurs
bon seigneur le roy brangemeur: & puis
disoient daultre coste que la royne brange
part dedens son cueur grāde ioye auoit po
son filz qui venge estoit. Quant du mēger
ilz se leuerent a gueresches prīt de dormir
grand tallent: car longuemēt veille auoit
par quoy entre la gent sendormit: dessoubz
ung paille moult plaisant. Mais quant
au matin sesueilla ōt pres de carlion se
trouua gisant en ung lict le plus riche quō

ne scauroit par escript mectre ne que onc
ques fust ne iamais ne sera: lequel dedens
le challant estoit mesmement que le cigne
premierement y amena & tout ainsy & en
la maniere encourtine cōme auparauant
auoit este: la dessoubz la loge arriuerent la
vigille du gne Toussainctz cōme aultres
fois le cigne qui le challant amena: maint
duc maint conte et maint baron eust en
ce iour a carlion ou haulte court le roy te
noit: auquel oft la nouuelle vint pendant
qua sa table seoit du cigne q̄ la venu estoit
dessoubz les loges lequel auoit ung bien ri
che challant amene encourtine de drap de
soye. Alors le roy se pourpensa q̄ le cigne e-
stoit qui amena le corps du cheuallier oc
cis: qui lors estoit mis au cercueil. Puis
dist que a la mer yra pour regarder ceste ad
uenture du challant qui venu estoit. Lors
vne fueuent y est alle auec grand nōbre de
ses cheualliers. Et quant ilz furēt vers le
challant leāns entra le roy premier & apres
luy sont les aultres entrez. Puis a le roy
en la nef regardē laquelle il apperceut ouuer
te: ou y veist vne pucelle assise moult sim-
plemēt deuāt ung lict q̄ richemēt fust aou
rnee laq̄lle encontre le roy se leua & en venāt
vers luy treshumblement la sallue. Puis
luy dist sire ie vo9 prie quil vo9 plaise ung
petit dicy retirer & laissēt ce cheuallier q̄ re
pose encores quelq̄ peu dormir qui tant est
preulx que ie suppose quil ny a au monde
son pareil.

Donc que le roy eust
la pucelle entendue q̄
tant saige estoit luy
dist ai sy pucelle dist
il assez aura le Che
uallier loisir vne aul
tre foys de se dormir
& reposer. Lors sāduāca & puis dess9 le lict
se baisse lequel tantost se dōna grand mer
ueille quant son nepueu y a trouue & sans
targer le monstra a tous ses barōs. Adonc

doulcemēt se sueilla ⁊ puis la colla ⁊ si lem=
brassa:⁊ ne scauroit hōme ꝟoꝰ dire la feste
q̄ le roy luy faict: aprs en la salle auecques
luy lemmena q̄ pas ne laissa la pucelle qui
sus au palais la menee ou si tost q̄lle y fust
entre tout droict sen va vers le cercueil ou
le cheuallier mort gisoit. Lors cōmēca fort
a le regretter ⁊ a plourer moult doloreuse=
ment. Puis dist/a mon parfaict ⁊ mō loyal
amy q̄ pour ꝟoꝰ a este mene grand dueil en
tous les lieux de ꝟostre terre. Ha gentil
corps de cheuallier q̄ tant ꝟoꝰ fustes a louer
a priser ⁊ honnorer oncques si beau nature
ne forma: ne fust ne en toute la terre/ne q̄
tant fust de largesse remply de clemence ⁊
de pitie. Or auez en ce cercueil geu/tant q̄
le nepueu du roy arthꝰ a feru cil qui ꝟoꝰ fe
rist puis le corps tout en la sorte ⁊ en autel
lieu proprement que ꝟous auez este frap=
pe par quoy tous ceulx de ꝟostre terre sont
maintenant resioys q̄ ꝟous auez este vē=
ge. Adonc se meist la pucelle a deulx ge=
noulx deuant le roy laquelle haultement
luy dist. Beau sire retourner me conuient:
car plus ie ne puis demeurer: icy gist le roy
brangemor leq̄l autāt resoubte fust q̄ che=
uallier q̄ portast vie. Et pource son nom re
tenez si en ferez plusieurs ioyeulx. Le roy
brangemeur lengendra ce me croyez a vne
fee: bien auez ouy racōpter cōment le san=
glier il chassa ⁊ cōme madame se retint la
noble royne brāgepart laquelle sera moult
ioyeuse se ꝟous luy renuoyez le corps/ de
par son pere estoit mortel et imortel de par
sa mere: qui cōme ay dist filz du roy brāge=
meur estoit lequel ses gens lactendent
en ce moys. Sire la vite ꝟous ay dicte ⁊ da
bondant ꝟoꝰ dys que dugne ysle roy estoit
ou ne habitoit hōme mortel: ⁊ quāt de ceās
partira viendra en court vne grande mer
ueille laquelle a moy ne me conuient dire.
Mais ie ꝟoꝰ prie ⁊ requiers par amours
que le corps rendez a la Royne si en aura
parfaicte ioye quant le roy son filz ꝟerra ve

nir. Lors disent tous les assistans q̄ bonne
estoit ceste chose de faire. Puis le roy feist
sans targer le corps ⁊ le pallis a la mer a=
mener ⁊ luy mesmes le cōuoya lequel en ce
point la tour nirent au challant cōme ilz
sont en p̄mier trouue. Lors la pucelle sās
plꝰ actendre vint au roy cōgē demāder, et
y luy donna doulcement. Puis le cigne le=
gierement tourne le challant ⁊ sen va en
la terre dont il estoit venu. Et autant q̄ le
roy ⁊ toute sa noblesse le peurent regarder
tousiours de loeul le coruoirent: ⁊ quant
plus ne le peulrent voir sen retournerent
en la salle: ou du menger fut le propos te=
nu: ⁊ apres q̄ le roy eust laue se sont tous a
table assis ou fort ioyeusement mengerent
⁊ furent richement seruis cōme a court de
roy appartiēt ⁊ fust ceste court en vng iour
de toussainctz tenue cōme naguieres ꝟous
ay dist. Du roy Arthꝰ ꝟoꝰ leray mainte
nant ⁊ ꝟoꝰ diray icy apres du bon ⁊ du vail
lant cheualier Perceual qui en maīt lieu
alla chercher la court ou sa grace est quil sai
que seq̄l plusieurs trauaulx souffrit: ains
que iamais la peust trouuer.

¶ Cōment apres ce que Perceual eust er
re ⁊ diuague par plusieurs royaulmes p̄
lespace de cinq ans sans q̄ eust aulchune
mēoire ou souuenāce de dieu arriua deuāt
vng chasteau de merueilleuse beaulte pu
is se cōbatist contre le roy ⁊ le vainquist.

Perceual cōme il a este
dessus dist fust par les
passe de cinq ans tāt ou
blie quil nētra en esglise
nen moustier ne aora la
remēbrance de la croix/
mais ne laissa pourtant a chercher cheua
lerie ⁊ querir maīctes auētures tant des
vnes cōme des aultres ou moult bien il si
esprouua. Or aduint par vng samedy ma
tin: quil se achemina sur vne grande chau
see a loree dugne forest q̄ moult estoit plai
sante ⁊ belle. Puis dedens vng taillis en

tra ou apres le long dung larris luy conuint tant errer & cheuaulcher que par lespace de deux iours il fust sans boire ne menger: si q̄ au tiers iour se entre en une lande: ou il erra iusques a tierce se me semble/ou ca & la se print a regarder cōme cil qui fust fort pēsif. Lors veist en la lāde ung chasteau vers la senestre moult puissāt & ny apperceut ne borde ne maison fors ce q̄ au pourpris estoit. et quāt fust ung peu approche les murs veist si fors & si haultz q̄ nul assault ne leur feroit greuance: mais entour ny eust nulz fossez. Soubz le portail une tour y auoit moult haulte moult forte et moult belle / et plus daultre tour il ny eust. La porte estoit toute de hebenin faicte: cest ung bois quil ne peult brusler ne pourrir tant est de grande duree. Si tost q̄ Perceual le veist a soymesmes dist & pourpense q̄ moult est ce chaste au assis en gaste lieu cōm̄ y luy semble. En approchant vint a la porte: laquelle fermee la trouua & de bien pres la regarde: car oncques iour de son viuant ne veist une de si grande beaulte: bons ouuriers cōme ie croy la firent q̄ si bien la sceurent tailler: dor sont les poumelles/& les clous: & la claueure & les verroulx furēt aussy de fin argent: et si estoit soulde en ceste porte ung anneles dor esmaille auquel pēdoit a une chaine dor ung cor diuire fort bien faict bēde a grosses bēdes dor/deuers le cor sen est tout droict alle Perceual. Puis il sa fiche & dist q̄ ia dieu ne luy puist aider se dauprès du cor se depart auāt quil ayt dedēs sonne: maintenāt son heaulme osta. Puis quāt le chief eust desarme le cor si haultement sōna q̄ toute la lāde enuiron en retentit de tous costez: apres ce faict n̄ a pas long tēps en ceste porte este depuis quil eust le cor sōne q̄ par le chasteau aller ouyt gēs cōme y luy fist aduis parler/& par expres ung hōme quil disoit: auez vo[us] faisoit il ouy le cor de la porte sonner le q̄l iamais hōme ne le sonna de si grande force ou vigueur: & sault bien

dire q̄ celluy est de grande valleur q̄ en ce cor a maintenāt si haultement sonne/ faictes moy tost mes armes apportes & puis mon corps en armeray. Et Perceual q̄ ce escousta se dōna assez grande merueille de la parolle quil ouyt. pource q̄ point veu ne lauoit. Adonc leans par une sente de la porte ou ionicture regarda Perceual/ qui passer veist ung varlet lequel portoit ung riche escu de gueulles armoie/ dedens lequel y eust ung lyon rampant dargent: dedēs une grande salle entra le varlet q̄ cest escu portoit. Et vous dys bien en verite que Perceual eust bien voullu tenir ce riche escu q̄ veu auoit: parce que de grand beaulte luy sembla/ ainsy long tēps a la porte escoutta: pource que leans auoit des gens ouy pler. Et quāt beaucoup eust escoutte sy a le cor encor pl[us] hault sonne plus quil nauoit a la premiere fois: adoncques ouyt maintenant ung hōme qui dist dieu mercy il mest aduis q̄ iay ouy le meilleur cheuallier du mōde lequel a le son du cor par grād vertu accorde. Atant se tinst & pl[us] nen dist & Perceual reprint le cor dedēs lequel pour la tierce foys sōna & luy dōna si grād alaine que tout le chasteau il en feist resonner. Lors dist ung homme en ce chasteau. Celluy se dist il qui au cor a sōne vaincra tous ceulx contre lesquelz il se cōbatra. Tout a Perceual escoute puis veist yssir hors de la salle ung chr[evalie]r fort bien arme monte sur ung puissant destrier barde de fin sarnyt de grece brode a petit linceaulx pardessus & aps ce cheuallier vindrēt moult de cheualliers de dames descuyers: & de varletz qui maintenāt ont desfermee ceste belle & bien ouurte porte. Et quant Perceualles eust apperceus ung petit se tira arriere.
¶ En ung pre deuāt le chasteau il y auoit ung fort bel amādier: de ssoubz lequel Perceual sen alla: ou escoutāt au quoy se tient. Lors sortit dehors du chasteau le cheuallier moult bien arme: & moult richement

aozne. Et bien fort luy aduenoit a merueille vne couronne qͥl auoit de fin or dessus son heaulme dedēs laquelle furent mises maīctes fines pierres precieuses taillees de riche facon: a demonstrer que Roy estoit; si fust il dirlande et de noirrois et si tost que au pre il entra incōtinēt il a cōgneu le cheual que Perceual auoit et le bon escu quil portoit/ dequoy il ne fust pas ioyeulx/ mais en eust au cueur grande destresse. Lors p bien grand ayr a dist. Ha sire dieu de tout le monde ie croy faict il que le mien amy Esciantre nest pas vif/ car de puis que Bretaigne alla ne le veis ne en euz nouuelle: fors maintenāt que ie voy son cheual soubz ce vassal a mon aduis/ lequel pareil escu il porte cōme il faisoit quāt il partit; cil est asy quil soit occis pour ses amys est grād dōmaige. Atant sapproche de plus pres/ si a Perceual deffie a luy aussi pareillement. Puis de leurs esperons brocherēt et quant ilz se sont rencōtrez si durement sur les escͧ sentrefierent que leur lances sont tronconer. La lāce du roy si brisa iusques au poig qui moult preulx et vaillant estoit/ mais si bien Perceual le requiert quil a porte iusques a terre; et les cheuaulx se sont heurtez front a front si rudement que tous deulx en vng mont sont cheuz. Et quant Perceual apperceut son cheual a terre tombe en piedz legierement saillit et la teste de lespee prent en disant diffame mauez; car iamais mon corps ne tōba fors soubz vous roussin malheureux. Adonc viēt le seigͬ du cor fierement dessus perceual courir. Perceual latent. Et celuy fiert q̄ par grād fureur le requiert et lassault angoisseusemēt et laultre entent a se deffendre. La eussiez veu escus trencher haubers et heaulmes froisser et cōmencer si cruelle bataille que ie vous dys sans point mentir quoncques on ne veist si fiert combat entre deux cheualliers. Perceual bien cōgneut et veist que cil a qui se combatoit estoit moult vaillāt cheuallier moult preulx hardi et courai geulx parquoy en premier le doubte en se deffendāt saigement et bien cuide que pas ne vault celluy qui lassault si souuent; car le Cheuallier luy donnoit de grans coups quant le pouoit attaindre si que fort bien voit et cōgnoist quil est mort sil ne se defēd parquoy legierement luy court sus. Lors veissiez dͤ grans coups ferir et reforcer dure bataille chm̄ sefforce sans se fuindre de sō cōpaignon mal mener. Moult dura cest estour ainsy tant que a la fin pour le vray dire tous ceulx qui les regardarēt de la pitie que des cheualliers eurent se prindrent fondāment a pleurer/ et moult sont prez et dolens qui ne les peuuent departir. Tant longuement se cōbatirent q̄ perceual sapperceut que le roy q̄ est seigneur du cor se cōmencoit a affoiblir parquoy se prit tost a sertir et si rudement le costoya qui le feist a force matter. Lors le sire du cor luy dist/ estez vosͫ plus ne frappez si bosͫ plaist le vostre nom me dictes. Et il respond. Saichez de vray que ie suis Perceual nōme. Et adonc luy a dist le roy; Vous estes le meilleur cheuallier faict il et ie plus redoubte quoncq̄s naquist de ventre de mere: parquoy se plͣ vous me cōbatoie ie scay que follie feroye. Pource a vostre mercy me mectz tenez sire vela mon espee laquelle la bataille dentre nous deulx depart. Et saichez que ma terre est vostre et tout ce que ay en ce monde vaillant et oultre cōquis/ vous mauez et ne cuidoye q̄ hōme vif eust le pouoir de me matter ne q̄ tant dennuy il me feist cōme present vous mauez faict. Sire dist Perceual hūblement ie vous remercie de lhonneur que cy vous me faictes. Et mon mal tallent vous pardonne par tel conuenant que au roy Arthus vous en yrez et de par moy vous rendrez a luy. Et le sire du Cor luy octroye quen la voye il se mettera si tost q̄ de ses plaies pourra estre guary quil a a cest estour receu.

Ainsy se sõt entre eulx deulx accordez,/ a puis ce faict si tost en ce pre accoururent force descuyers a varletz q̃ vidrẽt delacer leurs armes a les desarmerent vistement: puis les menerent au chasteau a les coucherẽt en deulx lictz moult riches a fort beaulx a merueilles: oncques hõme plus hõnore ne fust que perceual en ce chasteau: car le sire sur toute chose cõmãda quil fust bien serui: nul hõme racõpter ne scauroit le bon seruice quen ce iour on luy feist. Et quant perceual eust vng iour au chasteau seiourne: a grand ioye, a grãd liesse: il ouyt racõpter a dire que au grand pin du mont doulouteux auoit vng merueilleux pillier. Et estoiẽt des cros ou des pertuis en ce pillier ou nul hõme ne pouoit son cheual arrester: se fort bon cheuallier il nestoit. Quãt perceual eust ce entẽdu dist. Vray dieu a que say ie icy certes iamais ne finerap tãt quen ce lieu ie soye paruenu pour esprouuer a pour scauoir se bon cheuallier ie seray. Le roy voiant que perceual a tallente estoit daller au mont doulouteux luy feist bailler a aporter tout ce que mestier luy faisoit. Puis il sarma sãs arrester a dessus vng bon destrier mõta car plus il ne vouloit actendre. Et peu apres que perceual sen fust alle: sen va le sire du cor tout droict au roy Arthus ainsy que promis et acreance auoit ou prisonnier se debuoit rendre. Tãt par ses iournees erra qua cath̃o en bief temps il peruint ou le roy Arthus auoit assemble tous les bons cheualliers de son royaulme pour tenir court a la toussainctz: comme iay icy dessus dist: a ce iour mesmes proprement aduit ceste belle aduenture que le roy du cor en court vint ainsy que le roy arthus a son menger estoit: et quant il fust au chasteau arriue sans atarger est descendu a vint a la maistresse table ou le roy arthus se seoit. Auquel il dist Sire faict il dieu vueille vostre hõneur accroistre a benie toute la noblesse. Et le roy luy respond quen sa court soit le bien venu. Lors luy dist le seigneur du cor. Sire de le plus vaillant de ce monde ie me rens vostre prisonnier. Cest le preulx et le plus fame Cheuallier Perceual le gallois: lequel de par moy vous mande que iamais ne retournera nen hostel ne seiournera deulx iours entiers sans maladie auant que la lance qui saigne ait comme il ma dist trouuee. Et si tost que le roy ceste nouuelle entent au sire du cor vint a lembrassa: car oncques iour de son viuant de nouuelle qui eust ouye ne fust aussi resioup. Puis a dist Seigneurs saichez pour vray tous ensemble communement: se dieu maist qui me mist sur terre que demain sans auttre seiour ie mouueray de bon matin pour le bon cheuallier chercher. Et ne laisseray a errer estrange terre ne pays auant que ie ne laye trouue. Et bien vous monstrez tous faillis quant quis de pieca ne lauez.

¶ Lors luy dirent tous les barons: que alors qui luy plaira mouuoir seront aussi prestz de partir a que terre ny aura si estrange qui ne circuient pour le chercher: mais diceulx present me tairay a teuiendray a ma matiere du bon Perceual quil sen va au mont doulouteux.

¶ Comment Perceual apres quil eust õquis le Roy du chasteau du cor, proposa ne retourner en court iusqs a ce quil eust este chez le roy peschor pour estre iforme pourquoy ne dequoy le graal seruoit.

Perceual du chasteau du cor se partit si cõme ouy vous auez lequel iour quil en bougea erra toute la matinee ne oncqs son cheual narresta tant que a vne riuiere vint laqlle estoit

moult grande moult large & profonde & y
estoit le riuaige si hault quon ny eust sceu
passer a naige: par vng estroict sentier ql
seist congneust & dist pour verite q̃ le roy
peschor trouuera oultre ceste eau sans faul
te aulchune. Adonc en soy se remẽdia cõme
le preudhõme heberge lauoit & de la lance
& du graal dont depuis a eu tant dennuy
parce qui les veist pardeuãt luy passer &
na demande ne enqs q cestoit ne dequoy le
Graal seruoit voullẽtiers cest eau passast
& allast a la court du roy: car moult y veist
belle sa contree & bien peuplee alauenant.
Lors requiert a dieu qui luy doint trouuer
passaige ou pont pour icelle riuiere passer.
Tout le iour ainsy cheuaulcha tant que se
vint apres midy ql veist sur leaue en vng
pendant vng chasteau assez bien assis: &
eust au millieu vne tour: mais cest eaue
passer luy conuient si veult en ce chasteau
aller si a tant longuement cheuausche que
pres dũg chasteau arriua ou il trouua vne
vielle carriere & vne voye peu hantee qui
se dirigeoit au chasteau. Au portail vit ou
il entra & y trouua vne pucelle seant des-
soubz vng amandier laquelle vng cheua
lier pignoit & adonc que le cheualier veist
Perceual se leua & luy dist sans longuemẽt
le faire actendre. Sire faict il bien scay que
vo⁹ querez passaige pour oultre le riuaige
passer & moult voulentiers vous laurez:
car franc cheuallier ie vous voy. Lors sa-
proche & puis lemmena hors du chasteau
& perceual aps sen va: qui tel tallent eust
de passer q point ne voullut demander au
cheuallier de son estre. Adonc trouuerent
vne mulle biẽ afeutree dess⁹ mõta la da-
moiselle laq̃lle assez courtoise estoit / iusqꝭ
a la riue le mena ou la trouua vng sien chal
lant. La mulle qui est coustumiere de cest
affaire au challant saulte en telle maniere
quelle sa faict bien fort trẽbler. Puis lapu-
celle dist / gentil cheualier legierement
apres moy entrez. Lors perceual le cheual

point: mais le cheual quil se doubta fron
ce hanist & se dematrine & si ny veult pour
nulle chose entrer. Et celle dentrer le se-
mont. Et perceual dist par tous les saictz
damoiselle ie ne pourroye. Atant daultre
part luy escrie a haulte voix vng nauton-
nier franc cheuallier pas la nentrez: car
certes elle noyer vous veult & point daul-
tre mestier ne scait: mal vous est si vous y
entrez & croyez quõ ne scauroit dire en vng
iour le grand dommaige quelle y a faict: &
comment les gens y decoyt: ainc si grand
merueilles ne ouystes: puis ie tout q̃ vous
feustes ne. Toutesuoie languissoit perce-
ual dentrer. Et quant la damoiselle voit
quelle ne peult perceual engaigner en son
cueur en a grãd martyre. Et il pourtant
noublia mye que laultre luy crye quil ne
voise en la nef: car il y noyeroit. et si veult
auecques luy venir sans peril il se passera
Perceual auecques le nautonnier passa q
luy racompta merueille du mal qua faict
ceste cruelle pucelle / & puys apres luy mõ-
stre vng beau chemin plain lequel cõme le
nautonier luy asseure: ql le menera droict
au beau chasteau: du nautõnier print Per
ceual conge. Puis sur la riuiere trouua le
beau chasteau que vous ay dit. A la pre-
miere porte vint puis tient sa voye tout
droict a celle belle tour laquelle luy sem-
bla moult riche: du logis q̃ a lenuiron fust
nestoit chose qui ny fust par excellẽce. Et
moult ilz tenoient grand vmbraige: deulx
puis qui en sa court estoient: mais Perce-
ual nulluy ny veist qui tantost du cheual de
scend qui puis au pied de la tour latresna.
Apres est monte a la salle ou il veist lan-
ces & hasches a foyson & couples de chie ns
& colliers. Et vous espieuz dacier bruny et
bien garnis de belles hantes. La salle e-
stoit de grand beaute: dedens laquelle
Perceual y apperceut vng lit estant de-
sus vng riche chalit duyre couuert dũg
paill. de drap dor frise: lequel fust en grece

L. i.

¶ Perceual le Galloys.

tyssu: z ne fust veu oncques en terre meil‐
leur/ tout droict iusques au lict sen deualle
Perceual quil cuida trouuer gens ausqlz
il pourra parler: mais il ny voit homme
viuant dequoy se merueille/ sur le lict sas‐
sist en pensant z puis a son chief desarme
z veist la salle toute paincte fort richemēt
z de diuerses hystoires. Et en regardant
ca z la dist certes dist il: moult faict bel icy
estre. Atant sen vint ung huys ouurir leql
il veist a dextre que legierement il passa
leans ung lict couuert trouua dedens vng
estre tout voulte de fin ambre faict a la fa‐
con dugne fort belle chābre q plainne estoit
de si tresbonne odeur quoncques hōme nen
veist en son viuant de plus odoriferentes/
dedēs cest estre y eust vng eschicquier tout
painct dasur z de fin or. Et furent tretous
les eschez desmeraudes z de rubis qui si p‐
faictement beaulx estoient que la beaulte
ie ne scauroye dire z si redoient vne grāde
clarte: car biē vo⁹ scauez que se sont bien clai
res z exquises pierres: z le ieu fust moult
bien assis sur vng tapis de riche soye. Per‐
ceual sassist sans actendre pardeuāt ce bel
eschicquier les eschetz print a mannier:
puis a soymesmes pense z dist que son vi‐
uant si riche ieu ne veist. Lors print main
tenant vng pion si le mect au poinct de de‐
uant z puis apres de saultre part retraict
le ieu par grande science: z Perceual tout
regarda quil dist ostez faict il ce coup dela.
Puis retraict vng aultre pion: a le ieu bie
legierement en retraict aussi tost vng aul‐
tre. Perceual vng aultre en aduance: z le
ieu vistemēt le print: lors fust tost a barat
tourne: que vous iroye ie racōptant quant
de tous les traictz de deuant au chief de‐
stour en fust matte perceual. Et mainte‐
nant veist redresser le ieu en par soy sur les
chicquier. Lors ioua tant que matte fust
par trois foys. Et quant eust ce veu par
mastallent les eschetz prent quil mist au
pan de son haubert: et dist iamais ne mat
ierez hault cheuallier car pas nest droict.

Quant perceual eust
les eschetz saisy sen
vint aulx fenestres
poser ou veist l’au‐
dessoubz passer la
voulloit les eschetz
gecter/ quāt vne da
moiselle vint de laultre part qui sen garā
laquelle estoit de samyt vestue tout broche
z ouure a fil dor z pardessus y eust force des
stoilles brodees moult cleres z luysātes et
celle estoit sans cōparaison mille foys pl'
belle que aultre creature/ deuers cest eau
fust la pucelle laquelle alheure na parust
fors puis la saincture en amont. Et dist
te saichez faict elle que ses eschez sōt en ma
garde z pource ne les iectez pas: car ou‐
ure villainne feriez ōn nen scauroit en
monde trouuer dausse beaulx z pource lu
doibt on garder. vous dictes vray dist p‐
ceual z bien vo⁹ vueil faire scauoir que lē
stre plaisir en feray: mais quil vous plaise
ceans auecqs moy venir se me ferez grāt
courtoisie considere que seul ie suis. Cell
respond sans demeuree mectez le ieu sur le
chicquier z leans auecques vo⁹ yray z pas
long tēps ne serez seul: cōe la pucelle auoit
dict aduisa Perceual de faire: puis tout
subit veist la pucelle en cest estre au plus
pres de luy: laquelle par grāde amytie sās
targer entre ses bras print. Atant pres le
chicquier sassirent ou deuiserent de main
ctes choses z de plusieurs affaires q main
tenant nay soysir de dire: mais tant vous
dys que Perceual la veist si belle quoncqes
dieu nen feist en ce monde vne si parfaicte
en effect tout luy sembla beau/ belle face
beaulx yeulx belle bouche beau corps b‐
aulx bras z belles mains z beaulx doigt
plains longs z traitifz auoit. Et beau cō
tenement plus que neust aultre femme vi
ue/ par sa grāde beaulte z bel estre vint vn
grāde voulēte au bon perceual de layma
Puis cōmēca a souspirer z dist dieu cōm
est tost tourne mon couraige z tost remu

Et celle luy dist qu'auez vous. Quoy dist il: trop suis angoisseux pour vous ma chiere et doulce amye. Pour moy dist elle en quelle maniere. En telle feist il ma doulce amye que mieulx vous ayme que ma vie: atant la print si la baisa et saisa de tout ce qu'il peult: et croy qu'il eust oultre passe selle si voulsist consentir: mais desir n'y a d'y entendre. Sire faict elle sans mentir ie vo' diray tout mon couraige duquel saige ie vous vueil faire: c'est se vous me prenyez a force q̄ tost detrenche vous seriez: oncques ne fus d'amour requise en quelque sorte que ce soit: mais se m'amour avoir voullez il vous conviēt pour vous desduire aller en ung parc cy aupres ou le blanc cerf tant chasserez q̄ le puissiez actaindre et prendre de chasser ne vous fauldra faindre: se la teste m'apportez lors a vostre vouloir ie feray et ia n'y aura contredict/ mon petit brachet y menrez q̄ tant est bon que de puis qui l'aura veu iamais il ne le perdra: pource le brachet bien me gardez: car ne vouldroye pour rien qu'il fust perdu et se vous le perdiez iamais mõ amour vous n'auriez: allez vous y conviēt at'me que vo' n'y aiez destourbier/ ie le croy se dist Perceual/ ou est le brachet baillez le moy et ie feray sans contredict ce que recite vous m'auez. La damoiselle maintenant s'est toute en estant leuee puis est dedens sa chambre entree: mais n'y a gueres arreste quat out le brachet ne retourne: il estoit aussy blanc que ung cigne et si auoit ung grand las de soye par lequel la damoiselle a Perceual le presente: et il le prēt courtoisement de bon gre et moult voulentiers puis a les degrez aualle. Or pense dieu de son retour: car point de l'aduenir ne scait/ venu est au pied de la tour ou son cheual treuue tout prest sur lequel perceual monta: l'escu au col pend et au poing prent la lāce puis s'en alla sans delaier sans arc et sās saiectes tout droict ou il apperceut le parc:

et quāt il y fust arriue le cerf a courrir cōmenca ou en d'mye lieue de terre le trouua seul sās cōpaignie et il tout maintenāt se crie et laissa mouuoir sō brachet et vo' dys a la vite que ung buysson la abbatu en ce lieu Perceual le print/ quāt voit q̄ le cerf est actaint descēdu est faisant grand ioye et puis il en a prins la teste: et ainsy qu'il a cest affaire entendoit une pucelle de putaire vint par la lande cheuauschant qui le brachet print vistement puis se part et a tout s'en va et Perceual legierement se retourne et le brachet voit que la damoiselle tenoit/ grand ire en eust puis est monte et apres court en diligence et dist actēdez moy pucelle. Celle respōd que non fera. Puis dist q̄ se ie vous actendoye qu'est ce que ie y pourrois gaignier: or vous attens que me vouillez. Se elle rendez moy mon brachet par trop vers moy mesprins auez quant sans mon congé l'auez prins rendez le moy ie vous en prie/ celle dist ie n'en feray rien: mon cerf auez prins sans congé dequoy i'ay le cueur fort naure/ celle qui cy vous envoya ne vous ayma oncques en nul iour: mais elle se vouloit deliurer/ bien scait en puter par parolle cil qu'elle veult quant son entente y met et scauez que ie vo' promectz foy que ie doy au createur c'est le brachet que iamais iour de vostre vie ne tiendrez n'y une seulle heure. Si feray se dieu me sequeure dist Perceual et pource vous aduise de le mectre ius: car ie le vueil auoir: bien voy que tant plus vous pu'topre que tant moins pourroye exploicter. elle respōd a perceual: ou force regne droict n'a lieu: force me pouez vo' bien faire: mais grand contraire et grand ennuy en aurez si en serez honny comme recreāt et failly: mais allez ores en celle loge q̄ est en ceste roche faicte la trouuerez ung cheualier auquel sans targer vous direz. Vassal que faictes vous icy: puis vous aurez vostre brachet. Et quant Perceual s'entēdit
L.ii.

saichez que moult fust resiouy qui a dist a la damoiselle: croyez fa ict il que le Brachet pour si petit ne perdray: allons y vous et moy ensemble se le vous accorde dist elle. Perceual deuāt luy portoit la teste du cerf quil a pris: si cheuaulcherent si souddain q̄ sont a la roche venus.

En celle roche vng pē dant y auoit qui aual venoit descendant ou emmy le plain eust vne boulte pres dūg ne croix de marbre faicte et massonnee a chaulx et cyment ceste boulte moult bel le estoit qui par dessus fust bien couuerte si eust vng mur qui soutenoit la boulte qui damont venoit affin destre mieulx asseu tee: et si auoit emmy ce mur deux fenestres non pas fort granbes par ou on voioit les passās. Cil qui en celle boulte estoit tout seul si tenoit iour et nuict quil nauoit aultre passe temps fors seullement a son destrier lequel en este cheuaulchoit. Et quant ly uer estoit entre y luy conuenoit seiourner: et si ne sen pouoit aller: car ainsy leust cō uenance a sam̄pe au corps aduenāt quil ne mouueroit de leans auant quil vint vng cheuallier quen ce lieu conquist par ses ar mes poᵘ chault ne pour grand froit q̄l fist/ et y auoit cinq ans et plus que cheuallier ny est passe: car si saulnaige est celle terre q̄ nul pour aduenture querre ne passa au moins bien peu. Moult estoit le cheual lier de grand renō et biē saichez q̄ nulle cho se ne luy failloit de ce q̄ luy faisoit mestier foin et auoyne a son cheual: sam̄pe assez luy enuoioit: et aussy ne loubslioit pas: ais luy transmectoit chaschun iour assez a boire et a menger et a luy moult souuēt venoit, ain sy estoit le cheuallier en la boulte comme vous ay dist. Si tost comme il veist perce ual: si cest legierement arme car de ce faire estoit bon maistre. Lors perceual a la fene

stre. vint: si lappelle et en hault luy dist: Damps cheuallier se dieu me gard de grā follie sentremeist cil qui vous meist en ce ste boulte: venez ca hors si vous verray et sy men pray puis apres quant vous mau rez dist et compte la cause pourquoy vous estes ainsy enserre. Trop mauluais sasla te auez eu dauoit este icy par si lōg temps/ Atāt le cheuallier a veu venir arme sur vng destrier: qui noir estoit et ses armes aussy: comme est vne bien noire meure. et tant vous dys que son escu lequel a son col il portoit luy seoit parfaictement bien. Et quāt deuant perceual vint luy dist vassal qui estes vous qui par grā orgueil ma pellastes saichez que vous le comparez. Lors laisse le cheual courir pour le sien en nempy serir. Et quant perceual lapperceut si luy dist bien rassisement. Sire dist il la bataille ne vous fauldra: puis qū vers moy vous la voullez auoir. Lors a la teste du cerf prinse q̄ meist au pied de ceste croix et la pucelle mect le brachet tout maintenāt pres de la teste puis regarde cōme ilz seront et cōment en lestour ilz se maintiendront. Lors plus ny eust de parlemēt les cheual liers sans atarger ont leurs escus mis a fā con et les fortes lances allongnees puis de leurs blasons se couuriront et aux trenchās des esperons vont leurs destriers si fort poingnāt que bien sembloit quant ilz cou rurent que la terre soubz eulx fendist: tout le rocher firent fremir et des pierres le feu voller: tant vistemēt aller les font: ce nest pas iouste de plaisance cōme lon faict de uant chasteaulx en lhonneur des dames aux lices: mais est vne iouste mortelle. Chm̄ vint la lance baissee suyuant la cour ce des cheuaulx qui si rudement sentresie rent que percez ilz ont leurs escus/ou ltre passent les fers trenchās sur les mailles des blans haubers sont les lances si accro cher: que dedās y les conuint rompre dont les tronçons en hault vollerent: onques

les destriers narresteret/ains se rencontre-
rent maintenant en passant si tresrudement
des corps et des escus ensemble que a la ter-
re sans atarger emporta lung laultre vers
le bas par dessus la crouppe des destriers.
Ceste cheute leur fust si dure quau tober
les senestres genoulx se schorcheret et les fa-
ces/si estonez et si mal mis/sōt eulx deux
en terre gisans: que bien leur a este aduis q̄
iamais ne puissent relever a toutesfois de
seiourner nont cure: ains au plustost quilz
peurent se leverent et se defferrerent des trō
cons quilz euret par my les escus: puis mei-
rent la main aulx espees si se requierēt du-
rement et pseusement se referent par my les
reluysās heaulmes sur lesquelz de si pesās
coups se dōnerent que les cercles dor en
coupperent et moult parfond les embarre-
rent les espees contre bas descendirent si q̄
les escus ont fendu. Puis retirerent les es-
pees desquelles menument se fierent tant
que tous sont ensanglantez. A ceste heure
ny eust celluy qui ne soit a la grosse alaine
seulx en ce conflict estans auquel se pre-
tendoient occire: et qua force se requeroient
ung chevallier fort bien arme vit celle part
a grand alleure qui sa teste et le brachet em-
porte: dont Perceval neust pas grand ioye
mais durement sen desconforte/en son poig
tient lespee trenchant puis pense q̄ sil estoit
sur son destrier quil sen yroit apres celluy q̄
luy a si grand ennuy faict. Lors le noir che-
uallier lassault/ et Perceval bien se defend
qui est par mal talient et par yre atque por
le brachet quil a perdu. Adonques le noir
Chevallier Perceval fiert soubz son escu
ung coup assez de mesure: mais il faillit a
bien lataindre. Puis le refiert sur le heaul-
me si que il se fist tout chanceller. Lors per-
ceual de pre remply le rassault moult lege-
tement tellement que du coup qui luy don-
ne luy a pourfendu le heaulme et luy a la
coiffe rompue: et lespee si bas luy avalla q̄
loreille couppe et de la ioue une partie. De

quoy tant fust le Chevallier noir estonne
quen ceste place plus nactent: mais fuyāt
sen va a grand alleure dedens son arche a
sauluete ou le plustost quil peust entra.
A perceval fort il desplaist de ce que le che-
uallier noir sen va: vers larche vient ou il
sarreste puis cōmēca a hucher moult haul-
tement quil viengne a luy et que des nou-
uelles luy dist de son brachet sil scait q̄ soit
devenu et le nom de celluy dye qui mainte-
nāt la emporte: car en sa vie ioyeulx ne sera
sil ne la. Par trois foys il a appelle moult
haultement: mais une seulle parolle hom-
me ne femme ne respond tel dueil en a quō
ne le scauroit dire: bien voit que ce lieu pert
son temps. Certes dist il: cest ung grand
cas que ie ne trouve a qui parler et ny a
gueres que leans vers entrer le chevallier
que iay conquis. Lors a son cheval sen re-
tourne dessus lequel tost est monte: apres
dist o vray dieu faict il: que celluy me don-
ne denuuy qui mon brachet a emporte. Se
ie retourne a la pucelle et ie luy compte mō
excuse elle ne men vouldra poinct croire:
bien scay quelle me honnira et me tiendra
pour homme lasche si en seray en tous li-
eulx diffame. Mieulx vault quapres cel-
luy voise qui ma cest encombrier basty
quisen va a tout mon brachet sans honte
nistray de ceste chose se le brachet ne ray
prochainnement: car la pucelle pourra di-
re que ie luy auray emporte se elle veult ou
en quelque lieu esgare quant elle me ver-
ra venir: comment pourray ie donc iouyr
de son amour quelle me octroya. Et luy se-
ra cestes aduis que son brachet luy auray
tollu.

¶ Comment Perceval le gallois se mist
en queste pour trouver le chevallier qui
la teste et le brachet emportoit en la queste
duquel il rencōtra la pucelle qui emble luy
avoit son brachet.

C.iij.

Tant sen va parmy la lande lequel aultre chose ne desiroit fors que celluy actaindre qui luy emporte le brachet. Lors sen va tout le grand gallot desirant la teste z le brachet rauoir: en la for'st sans arrester entra Perceual a grād erre ou plus dugne lieue cheuaulche na uoit quant sa pucelle a rencontree qui luy emporta le brachet alaquelle ne se voullut Perceual arrester: ains passa oultre sās la saluer. Puis quāt il eust esslongnee enuiron dung gect darct si se pense q mal a faict q̄t a la pucelle nenquist en rien quil soit de son affaire/ maintenāt son cheual retourne z tant legierement cheuaulcha q̄ moult tost eust la pucelle actainte: mais elle ne se fuingnit pas de cheuaulcher a grand alseure: toutesuois Perceual tant se hasta quila cōsuiuit z de pres laq̄lle doulcement sallua z celle vng mot ne luy respond: mais faict chiere destre marrie. Et perceual la resallue: et celle qui est trop despite vne seulle parolle ne dist aincois heurte son palefroy pour aller plus legierement. Alors perceual saduanca z luy meist la main sur le frain. Adōrcques luy dist la pucelle. Sire cheuallier par ma foy de mon frain nauez vous que faire fort malgracieux vo' mōstrez estre/ mal courtois a mōaduis: quāt ce iour: Ihuy ay prins vostre brachet ie voul droie que occise meuffiez: mais vng tel cheuallier lemporte que de rien ne vo' en mercie/ voustre ampe en sera dolente quāt son brachet vous luy auez donne z iamais a luy nen parlastes. Et se sachez pour tout certain que ceste nuict vo' coucherez pres des costes de vostre ampe pour le blāc cerf q̄ prins auez: se lors Perceual fust pre il ne sen fault esmerueiller quāt il se voit ainsy gaudir z teffurder par la pucelle z toutesuois ne sen voullut reprendre z nen monstra mauluais sēblāt: mais de bien doulx parler vsa en luy priāt q̄lle luy dist le nom du cheuallier q̄ le brachet emporte: z q̄ celle luy veult dire q̄ iamais daide ne luy fauldra: aussy de dire luy pria le nom du cheuallier noir contre seq̄l a cōbatu. Et la pucelle luy respond chīr: dist elle trop petit don vo' mauez promis se me semble croyez q̄ plus tost ciel z terre ensemble on verra que les noms des chīrs vo' dye: encores nestes si grād seigr̄ pour qui ie les doibue nōmer. Perceual voit q̄l faict follie quāt a la pucelle sarreste parquoy si tost a tourne bride z puis a soymesmes dist q̄l ne cuida oncques en sa vie qu'en femme y eust tāt de villain pler. Lors cheuaulche a grād diligēce par my ceste grāde forest z pense merueilleusement a ce q̄ luy est aduenu. Tāt alla touiours en avāt q̄la oup vng cor sōner z si tost q̄l a entēdu vers la se prit a cheuaulcher ou il en a le son ouy esperant quaulchun luy dira nouuelles de ce que il quiert: ainsy quen ce penser estoit et quil sen alloit celle part apperceut passer deuant luy vng veneur assez petit lequel menoit deux chīts auecques luy pl' blans quoncques ne furent cignes z auoit ce veneur pris grande quantite de venaison laq̄lle il auoit troussee sur la crouppe de son cheual z sen alloit a son hostel reposer: car moult de chasser estoit las. Et quant Perceual laprocha bil doulcement la sallue/ puis luy a dist. Sire veneur dist il/ ie vo' supplie ceste courtoisie me faire de menseigner la court du bon roy peschor. Et le veneur luy a dist. Sire oncques en iour de mō vivāt ie ne ouy parler de ce que vo' me dictes ne de ce que vo' me demandez sy ay ceste forest hantee bien vingt ans a z dauantaige allant par les mons z les vaulx. Or me dictes faict Perceual se me scauriez nouuelle dire dūg cheuallier qui la teste dūg cerf emporte et vng brachet bien possible est que par cy a tenu sa voye. Et cil respond ie vo' aduise

ql nest pas p ce lieu venu ie croy q ie leusse apperceu sil y passast ne huy ne hyer car ie suis icy trois iours ya. ie ne puis mieulx doncques faict Perceual que men aller pour ceste nuict hostel prēdre. Amy luy a dict le heneur ie vous asseure que a plus de trente lieues a lenuiron ie ne scay maisō ne bordeffois lhermitaige dung sainct homme qui en ceste forest habite leans bien pourrez vous aller si vous y voullez heberger ou sil vo⁹ plaist auecques moy venir voulōtiers ie vous logeray & seruiray du bon du cueur pource que cheuallier vo⁹ estes / demain vous auāceray de tout ce q possible me sera. Perceual graces luy en rend et prend auec luy compaignie puis vindrent au pauillō du heneur ou au souper ne leur fust la venaison espergnee ne fain ne auoy ne pour le destrier de Perceual du quel le heneur print grant soing de le traictier en ceste nuict. au matin quāt il adiourna pl⁹ ne voullut Perceual seiourner ains legierement sest leue et puis monta sans plus actendre / apres du heneur print congie qui luy porta moult grand honneur lequel son chemin luy enseigne disant qlfault quil voi se a dextre sil veult de la forest yssir. Lors sacheuaulche Perceual le plus legieremēt quil peult iusques a midy que une aduenture luy aduint que lon ne doibt pas taire / pource la vouldray racompter. Ainsi q le chemin tenoit que le heneur luy auoit enseigne esperāt cheuaulcher a dextre entēdit deuers la senestre ung cry ou celle pt alla et nest gueres alle quil trouua ung varlet qui fuiant sen alloit lequel auoit tout le corps sanglant et vo⁹ dis bien que son habit au bien vendre ne valloit une maille p ce ql estoit si derōpu q les pieces embas tō boient iusques aux tallons quant les brā ches ou ronces laccrochoient car par les buissōs sen fuioit la ou il les voioit les pl⁹ grans & estoit son corps si sanglant quil ny auoit ung doigtz de sain: de fuir moult il

penoit cōe cil qui en a besoig et si estoit feru dung iauelot. Perceual qui de loing le voit sefforca de courir apres pour luy enquerir quil auoit. Si luy escrie varlet varlet arreste toy ung biē petit & si me compteras pourquoy tu ten fuis si legierement. Mais ne luy voullut mot sōner ais de sen fuyr sefforca et senfuit par si grand alleure quōques ne veist Perceual creature qui sitost allast ne qui errast si durement. Et ādt ung chien venir aduise qui cellup suit p grāt ayr et crie & glatist a merueille quāt la trace du varlet sent / que ia moult ie alloit approchant; ung petit apres voit venir ung Cheuallier tout biē arme qui ne portoit escu ne lance / mais de tost aller sefforcoit de quoy Perceual se esbahist et tenoit en sa main son espee toute tainte de sang. Et quant Perceual leust de pres aduise luy dist ainsi. Sire cheuallier que dieu vous gard / entēdes moy sil vous agree et si me comptez pourquoy vous chassez ce varlet ainsy. Le cheuallier ung seul mot ne luy respond ains passe oultre legierement puis tāt exploicte que le varlet fuiant a rataint sur le quel fiert si grand coup de lespee qlauoit tout maintenant occis auāt q Perceual y peult ia a temps venir / lequel au cheuallier dist. Cheuallier faict il en nul tēps cōme ie croy ne feistes chose si meschāte. Sen vo⁹ il y eust courtoisie quant parocuant moy vo⁹ passastes vous eussiez dist quelque parolle mais orgueil et oultraige vous en retint. Et cil respōd oncques de mes peuly fist il / pl⁹ fol musart ie ne veis que vous estes le vo⁹ affie. Se a chascun ie marrestoie et luy cōptoie mon affaire pour ung grand fol tenu seroie. Mais ie vous dis que villain estes pource fuiez et laissez en paix. Car se plus attestē me voullez croiez que ne ferez pas saige pource fuiez et tenez voustre voie. Doulx amy a faict Perceual moult effraie vous me semblez / pour dieu ne soiez se pre / a moy doulcemēt parlez et me dictes
C.iiii.

sans vous hausser que ce varlet m'eſfaict auoit. Et cil reſpond en verite bien voy q̃ petit me priſez quant ma parolle contempnez mais ſoit a tort ou ſoit a droit preſẽt en aurez le guerdon. Alors ſon eſpee haulſa de la quelle tel coup a Perceual deſſus le heaulme donne q̃ le feiſt broncher et chãceller deſſus le col de ſon cheual. Quant Perceual feurt ſe ſent de grand art au corps le cueur luy faible : puis vint ſa lance a vng chaiſne apuyer mais l'eſcu au col a laiſſe apres meiſt la main a l'eſpee de la quelle en petit d'heure trois coups au cheuallier donna/que vous diray ie d'aduantaige tant q̃'l vint au deſſus et qu'il a le varlet vẽge mais preſque l'auoit tout detrenche quõcques mercy il ne cria/perceual le pria aſſez mais n'en voulut rien faire ce que fort a perceual peſa: car iamais ne luy euſt touche.

Ainſy mors tous deux les laiſſa/ et ſachez que moult fuſt dollent quãt ne peu̇t ſcauoir que ilz ſont ne de quel pais ilz venoient. Si cõme vous ay diſt il aduint: puis quant perceual les euſt laiſſez ſa voye tĩt par my le boucaige tant qu'ng hermite trouua dedens lequel heberga celle nuict ou du pain d'orge et des herbes luy donna le bõ pere hermite/ et perceual luy racompta l'auenture du cheuallier et du varlet qu'il a trouue: et puis quãt ce vint le matin le ſainct homme au mors ſ'en alla leſquelz il enfouit en ſa chappelle ou ſouuent alloit dieu prier. Et perceual ſe racheminne et cheualcha ſans arreſter tãt quil fuſt enuiron midy a la dille heure vng cheuallier rencontre moult fort age lequel vng eſpreuier portoit et alloit par la voie ſeul cheuaulchant vng mullet tout blanc/ et deuant luy auoit deux eſpagnolz lequel vers l'hermitaige alloit. Et perceual le lõg du bois alloit penſant ſon aduẽture. Et celluy qui venoit les ambles le ſallue premierement: et perceual moult doulcement luy Reſpond/ dieu vo9 benie ſire. Et le preudhomme luy a diſt/ dont venez vous faict il ne comment allez vous ainſy par ce pais quant bien ſcauez q̃ grandemẽt vers moy auez meſpris et vers mon lignaige. Perceual reſpond et de quoy ie vo9 prie ne me le celler. Ie le diray faict le preudhõme et du tout a la verite vng mien frere occis m'auez bien y a neufans ou dix qui moult eſtoit vaillant et couraigeux/ c'eſtoit le cheuallier vermeil que vo9 d'ung iauelot feriſtes par my l'oeil tant qu'il en mouruſt dont n'a depuis eſte vengeance prinſe ne par eſpee ne par lance. Et Perceual alors reſpond Sire par tous les ſainctz du mõde ſe ie le occiſſe poiſe moy ce fuſt par le conſeil du roy artus lequel me diſt qu'il ne donnoit ſes armes ia nen mẽtiray. Il eſt ainſi diſt le preudhomme or veuil ie que quicte en ſoiez puis que depuis ne l'auez iamais de ce iour en auant vous n'en orrez vng mot parler. Or ſcay ie bien pour tout certain que la court du Roy peſchor querez et la lãce q̃'l ſeigne mais moult en aurez de trauail auant q̃ venir y puiſſez. Et pourtant euſſiez vous trouue arſoir en vng chaſteau icy deuant ſa fille ſi ſaige et ſi belle qui a la court du Roy alſoit et parloit d'ung petit brachet qu'gne pucelle en feiſt porter et trouſſer la teſte d'ung cerf pource qu'elle voulloit trauailler vng cheuallier bien alloſe qui a la court eſte auoit ſans enquerir ne demãder de ce q̃ demander deuoit c'eſt du graal et de la lance et pource fouſtraict luy ouoit la damoiſelle le chiennet q̃ ſouuent y luy demanda mais elle ne luy vouluſt rendre ſe il n'alloit gierement a l'atchet faict pres de la roche au cheuallier qui ſans droicture pour hucher ſe combat a tous/ pendant qu'il eſtoit au deſtrier et que au cheuallier combatoit q̃ la teſte et le brachet auoit mis a terre pres d'une croix/ vint vng cheuallier de nouues au lequel par ceſte voie paſſoit qui le bras chet et la teste emporta/et tout ce fist la damoiselle/et quāt il eust la bataille/acheuee quil eust contre le cheuallier a la damoiselle senquiert se point elle a son brachet veu et que nouuelles luy en dist selle luy scauoit enseigner elle ne luy vouloit respondre ne dire ce quelle en a sceu fors qung tel hōme lemportoit que gre ne luy en scauoit ne grace ne a nul de tous ses amys. Ainsy sen alloit la pucelle vantāt de ceste besongne et disoit pour conclusion que ce ne fust pour le graal ia mal neust au cheuallier faict. Ainsy parlant se partit de moy a grand haste. Quant Perceual la entendu a merueille fust resiouy si que il nenquist ne demanda a celluy qui luy faict le compte dōt il estne de quel pais ne qui a le varlet occis ne du varlet qui il estoit:fors seullement dist au preudhomme Sire que dieu vo' doient honeur:Le pl' droict chemin menseignez q̃ ie ne soie foruoie/car se la pucelle trouuoie ie seroie plus resiouy que iamais cheuallier ne fust/adonc luy a dist le preudhomme ce chemin frape vous tiendrez, a quāt vo' aurez tant erre qu'yne fontainne trouuerez le chemin ferre laisserez si enterrez en la prairie/mais de rien ne vo' esmaiez pour chose que vous y voiez Car le chasteau ne trouuerez se paour auez daulch'tine vision. Sire se Respond Perceual dieu vous deffense de tous maulx et vous tiègne en ioyeuse vie.

¶ Commēt Perceual apres auoit esté enseigne du chemin quil deburoit tenir pour la pucelle trouuer affin destre aduise du chemin par le quel/pourroit parler au roy peschor

Dn siours suiuant le grād chemin frape a erre Perceual seullet cōme luy auoit le bon homme enseigne/mais moult fort luy a ennuie quil na la fontaine trouuee q̃ dedēs la prairie doibt trouuer. Lors en vng penser est entre qui malement le destourba car il deuint si fort pensif q̃ hors de sa voie c'est mis ains quil peruint a la fontaine. Lors luy croist tant traueil que peine trop plus quil ne cuide ne pense. en vng tort chemin sa cheuaulche et la droicte voie laissa/oncques ne cessa de penser par bien longue espace de tēps/puis dist ie croy en verite q̃ cil de moy se gaudissoit qui ceste voie menseigna encor n'ay fontainne trouuee ie cuide que iay oubliee derriere moy par mon penser. Ainsy de droict et ce sy oublia la grande voie pourquoy du bon chemin se gecta.

¶ Lors vint le vespre a approcher et na prairie ne fontainne/comme on luy auoit dist trouuee/adonc vne tour ne sue a veue et vng beau chasteau apparēt de celle part et tant se traict car il cuide que ce soit cil q̃ le preudhomme luy enseigna/de pl' fort en plus fort esperonne mais le soleil q̃ le mon de enuironne auoit ia faict son tour au siecle/ainsy erra deuant la tour et faisoit lors aussy beau temps comme ce fust en plain este/tāt erra quel chasteau approche qui bien fust clos a lenuiron haulte tour y eust et donion riches salles et fort belles chambres. Et quant il vint deuant la porte leans entra sans arrester ou les huis trouua deffermez mais homme viuant ny trouua tant alla quil vint a la salle ou dedens cheual entra puis descendit legierement/par tout regarde ca et la mais il ny voit cheuallier ne sergent a qui il peust rien demāder. Lors print a regarder la salle et puis a osté son escu/pl' auāt regarde et a veu vng huis ouuert dugne fort belle chābre ou au māteau de la cheminee vne hache darmes pēdoit/si tost que Perceual la voit sen saisist puis par tout aduise mais il ny vist homme viuant ne rien ny auoit en la chambre fors tant q̃ ionchee estoit de belle herbe fresche et nouuelle dont la chambre estoit deco

rée. Et cil q̄ bien veult scauoir lestre vne fe-
nestre a aduisee, celle pt vint sãs atarger,
et puis par la fenestre a regardé si a veu la
plus belle prée que iamais en terre aduisa
enclose toute de hault mur. Soubz la fon-
taine de la prée ung moult beau pauillon
auoit, et audeuant estoit vng arbre lequel
en tout têps verdoioit que par tout on nõ-
me vng ciprez ou dessoubz vng lyon gisoit
lequel estoit grand a merueille. Perceual
moult fort le regarde et pêse q̄ au tref il p̄a
scauoir si trouuera aulchũ, mais ce luy tour-
ne a grãd ennuy q̄ la fenestre fust estroicte
parquoy il se tourna arriere affin de regar-
der sil trouuerra aultre passaige par ou il
puist au tref aller: droict a la salle ou prēmi-
er descēdist sen est legierement retourne ma-
is trouue ny a son cheual la ou il auoit attres-
ne, toutessuois y veist son escu en lestat cõ-
il y a mis, car point on ne sauoit remue, pu-
is dist voicy bien grand merueille, mõ che-
ual laissay cy tout quoy bien arresne ẽ pl9
ny est, se iestoie en ceste prairie ie cuide bīē
que trouueroie quelque hõme a q̄ le pour-
roie demander. Lors prent son escu et sen
part et tant desire au tref aller q̄ de son che-
ual ne luy chault, a tant en vne chãbre en-
tra laq̄lle estoit toute voustee ou aulchũs
degrez trouua par lesq̄lz sans attēdre aual-
le, puis a si tost la prée veue et la tente pa-
reillement, la sen vint sans pl9 atarger lef-
pee au poing au col latarge. Et quāt le ly-
on la oup par grande fierte sestendit lequel
sans faire demeure vers Perceual sen vint
courant qui tant maintenāt de ses ongles
le fiert en son escu de gueulle, de ce pas ie ne
mesmerueille se Perceual sen esbahist si du-
rement lataingnit le lyon que lescu du col
luy tollust si que la guinche a destompue
la quelle estoit de fine soie, mais Perceual
ne sen estonne, q̄ de lespee vng tel coup luy
dõna par my le chief en aualāt qui le pour-
fendit doultre en oultre, ainsy cest du lyon
vēge, puis sen va droict au pauillon ou il

entra sans pl9 attendre et quant il fust de-
dēs entre vne pucelle belle ẽ gēte emmy le
tref a rencontree, mais parce quil tenoit sa
espee haultement se print de paour quelle
en a a crie, en disāt pareilles parolles las
aidez moy saincte marie. Lors que la pucel-
le crioit Perceual regarde ẽ si voit vng che-
uallier emmy vng lict lequel seuueilla pour
la grande noise que nagueres a faict la pu-
celle et sachez que moult y luy poise quant
ainsy lentendit crier, adonc regarde celluy
qui tout arme tient son espee sanglante les-
est en son tref entre, auquel sans pl9 atten-
dre a dist, vassal faict il moult grāde follie
vous feistes quant icy entrastes, vo9 en vē-
dreiz au repentir. Lors sault en piedz par
grand aÿr. Et Perceual luy dist beau sir
assez mieulx dire vo9 pourriez. Se ie bien
ca lespee traicte nulle honte pourtant n'e-
ay faict, icy venu ne suis pour mal mais p
ce que mestier dostel auoie vela la cause
principalle parquoy suis en ce tref venu. ma-
is en ce pre veis vng lyon grand ẽ hideux
qui massaillist du quel ie me suis deffendu
si bien que pour verite dire a la par fin le ay
occis voy la pourquoy mõ espee estoit trai-
cte. Dictes vous faict le cheuallier lequel
fort orguilleux ẽ plai drye ẽ de maltalēt, si
vous a commande occire mon lyon que ia-
moie tant, se dieu me doint sancte ẽ ioye de
vous moult bien le vengeray. Or sa mes
armes si me mettray damoiselle legierement
deux varletz print appellez, et celle respond
voulentiers. Lors deux escuyers appella
lesquelz sans tenir propos deuant leur sei-
gneur sont ven9 ausquelz commanda en-
seller sõ cheual et faict amener et apporter
escu et lance, lesquelz sans guetes delay
luy amenerēt son cheual. Et a Perceual pa-
reillement lequel sans plus attendre mon-
te. Et cil qui veult vēger la honte de son ly-
on, qui est occis iure et afferme qua mauua-
is port est arriue le Cheuallier. Quant ar-
me fust et son cheual luy fust presente est

Perceual le Gallois　　Fueillet. cxxviii.

mōte/a ia estoit le soleil esconce quāt eulx deux furent sur les destriers montez. Et bien sachez que Perceual a vne lance recouuerte qui a lhuis du tref trouue rōde et forte a trenchant acier. Lors ne voulurēt arrester ne plus demāder aultre chose: les destriers laisserent aller et les resnes leur habandonnent quilz esperonnent tant quilz peuuent. Telz coups des lances se donnerent quil percerent leurs fors escus et tous deux se sont abatus: le cheuallier fust fort dollent quant deuāt sa mye il tomba/ puis saillit sus par felōnie si a tost son espee traicte/mais Perceual ne sesbahit pour chose q luy voye faire/ qui de saultre part se rēgea ainsy hardy qung leopard/puis vit contre le cheuallier qui de son espee trēchante luy donna tel coup sās se faindre a ne la pas a plain actaint sur le heaulme ou il dōna mais sur loreille de lescu se ferist lors si durement que cil quil actaint le pourfend. Le coup assez luy cuide rēdre le cheuallier par grand ayr lequel poursuiuāt Perceual dessus le heaulme qui si fort len a estōné/qua peu tint quil ne cheut ius. Et Perceual plus nactendit/dessus luy court/a laultre a luy si fieremēt que petit dheure de grād coups et souls sentredonnent.

Oult lōguement se combatirēt par esgal car tous deux furent couraigeux fors et vaillās a mouli hardis/a est la chose tāt allee qassez estoit pres de la nuict. Lors commenca le cheuallier a se matter a lasser a perceual est moult peine de ieusner et de cheuaulcher et se luy doibt moult enuuier que son hoste ne congnoist pas/ains se recherche en la bataille a tout lespe mallement. Et bien se pense sil consent la chose aller a son plaisir qlen pourta le pis auoir/adōc haussa lespee par grād force de laqlle il donna si merueilleux coup

sur le heaulme du cheuallier q le cercle dor luy pourfend et destōp et tout luy froisse a le dettrēche sique lespee lataingnit iusqs a la coiffe blanche/la cest le grād coup atteste. adōc le cheuallier tout estōné est cheust a dētz en la prairie. Lors on eust bien vne lieue alle auant quil fust a soy reuenu. Et quant Perceual ainsy le voit par le heaulme le va saisir lequel y luy a desface puis a occire la menasse.

¶ Lors la pucelle y accourrut/q sur le cheuallier est cheuste pasmee ainsy que toute morte: mais Perceual qui est plain de clemence si tost pensa de la resconforter. Et el se moult doulcement luy prie que son amy ne veuille occire. Alors vient le cheuallier de pasmaison en souspitāt/a pceual luy aualla la coiffe du menu haubert/et bien croiez q au front luy ont faict maintes merches les mailles de fin acier: adōc Perceual commāda quon apportast de leau de la fontainne. Et la pucelle y est bien tost allee laquelle en a vne coupe dor emplie. Puis vit le cheuallier a Perceual au quel prie pour Dieu que son haubert luy oste. mais la pucelle saprocha q de ce faire ne dellaie a puis luy arrousa la face de leaue quelle a apportee. Et apres q le cheuallier fust redressé: Perceual a moult regarde/et puis bien doulcement luy prie qui luy veuille dire son nom si luy fera grande courtoisie et quil se tient de la bataille oultre. Sire faict perceual sās faille voustre soy aincoins me donnerez q vers le Roy arthus prez a carlion ou a cardenil vous y rendre prisonnier. E cil luy respond q de bon cueur il le fera et pour asseurez la promesse sa foy luy pleuuist et luy donne tout ainsy comme il a commande/ et puis ce faict il luy demande de par qui il si presentera et si rēdera pris. Et il luy dist/par Perceual le gallois Et le cheuallier luy respond que grand honneur luy est aduenu quant vng cheuallier de si hault pris et tāt renomme par le monde la aux armes con

quis et que pource sa renōmee nē diminu=
ra ne son honneur. Adonc Perceual luy de=
mande quil luy dist a la verite le nō de luy
et du chasteau. Et le cheuallier luy a dist
que Abioris de Bruncmont estoit nom=
me. Atant vindrent quatre escuyers toutz
nues testes fort beaulx et grādz qui ont les
cheualliers desarmez puis deulx mātealx
leur affublerent descarlate fourrez dermi=
nes/τ prennēt le cheuaulx depuis lesq̄lz en
bonne estable les meinēt. Les cheualliers
τ la pucelle q̄ moult belle τ aduenāt estoit se
allerent alors esbatre sur la belle herbe. Ver
soirt apres eulx vindrent cheualliers escu
iers sergens et varletz qui du chasteau fu
rent yssus/ausquelz a Abioris commāde
que lon mecte les tables au pre au pres de
la belle fontainne. Lors ceulx q̄ s'en deurēt
entremettre le commandement accompli=
rent/τ apres quilz eurent laue ioyeusement
se sont assis. Des metz ie ne vous fais mē
cion car assez ont eu a menger: adonc dist
Perceual a Abioris qui de la maisō fust le
maistre. Sire faict il ie vous veuil deman
der dūg cheuallier qui p̄ orgueil ma faict
ennuy honte et dommaige. Lors luy a reci
te du brachet quō luy tollust et ce que puis
p̄ luy aduit. Et abioris en vng mot luy res
pōd q̄ poinct n'en auoit ouy pler. Apres vin
drent les sergens qui les napes osterēt pu
is se lieuent τ vont p̄lant ensemble de plu
sieurs choses iusques a la salle: ou tous tro
is dessus vng beau tapis se assirent/ou de
mainctes matieres diuiserēt/ apres demā
derent le vin le quel pour la collation pris
firent dresser les lictz pour gesir et prēdre
repos. Et quant se vint que le iour fust per
ceu abioris ceste matiee se leua moult tost
de son lict/lors vint veoir se Perceual estoit
poinct leue et quant il veist q̄ cor dormo=
it le laisse et s'en retourna/mais Perceual
tost se'sueilla puis se chausse et sest vestu τ
s'en vint a vne fenestre par ou il voit la ma
tinee fresche et belle par souhait de quoy il

fust fort resiouy: apres en la salle deualle q̄
estoit de moult grāde beaulte: τ ou se
cheuallier a trouue accompaigne de deulx
beaulx escuiers. Et apres quilz se furētē
tresalluez. Perceual en son hostel prie qu'l
commande ses armes apporter et son des
trier amener disant que en ce lieu pl' ne ve
uit seiourner/adonc luy dist abioris/sire sa
ict il ie vous prie que ce manoir vo' plaise
reposer puis quant vous plaira vous en y
rez/et apres vo' ie partiray et sachez que
ne fineray iusques a ce que trouue auray
la court qui tant est renommee. Perceual
dist ce ne peult estre que pour nulle rien
demeure ne que aultre seiour icy face ma
is demeurez se vous voulez encores ceans
sept ou huit iours puis vo' mectez a la vo
ie. Iamais dieu ne soit a mon aide faict le
cheuallier s'apres vo' ie seiourne. Sa mes
armes si m'ermeray dist Perceual. Et pen
dant que Perceual cest arme vint vng var
let diligemmēt en la chambre de la pucel
le luy dire quelle s'atournast legierement
sans arrester: et elle le fist voulētiers: a ce
ste heure le cheuallier se faict de l'aultre p̄
armer/et dist que sur le bon destrier on me
cte vistement la selle τ ce pēdant la dam
selle s'apareilla et se vestit des pl' beaulx
et des plus riches habitz et aornemens q̄
le eust/puis dedens la salle est venue. Et
quant perceual l'apperceust/sitost au deuāt
d'elle alla qui luy a dist belle dieu vo' saut.
Et elle respōd franc/cheuallier ce iour vo'
soit bon et prosper et remply de liesse et io
ye. Lors ont les escuyers esle cheuaulx ame
nez/dess' lesquelz tous trois monterent/τ
ce faict a chemin se mirent et n'ont pas lon
guement alle que dedens la forest entrerēt
ou trouuerent deux grands chemins vne
croix de pierre au meillieu. Alecques se sōt
departis Perceual a dextre tourna et abio
ris a senestre lequel s'en va a carlion tout
droict et apres de luy cheuaulche coste a co
ste sa mye a la fresche couleur/tant errerent

...yne tout arriuerent a carlion. et
qtoit soss le Roy arthus alle auecques ses
barons esbatre dedens vng verger lequel
fors de la ville fust pareillement y estoit
la Royne. Et le cheuallier ne sarreste ius-
ques a tant que dedens la ville entra: vng
varlet veist auquel a demande ou le Roy
arthus estoit lors. Et cil luy dist Sire faict
il se dieu me gard de honte en ce verger na
gueres say laisse. Amy or me dis encores
se auec luy est messire gauuain lancellot et
messire yuain le filz au bon Roy vrien. Si
re pour verite sachez faict le varlet quilz
ny sont poinct. Le Roy na pas grande mes
gniee/ il na q deux mille cheualliers lucas
le bouteillier y est keux et taulas de rou-
gemont. Atant Abioris sen retourne q cest
du varlet departy qui moult bien luy a les
nouuelles de la court dictes. Adonc tant
abioris exploicta quil est au verger parue
nu tout arme dessus son destrier et quant
et luy sa belle amie. Le Roy se seoit des-
soubz vne ente/ et pres de luy y fust la roy
ne tenant fort belle contenance.
¶ Abioris dedens le verger entre/ quãt le
Roy il veist sitost est descendu et la pucelle
a mise ius. Abioris deuant le Roy est ve-
nu si la sallue le plus humblement quil a
peu et la Royne pareillemẽt. puis dist ain
sy. Trespuissãt Roy de par perceual le gal
lois qui est de si haute sallue ie me reus
soustre prisonnier/ lequel a madame la roy
ne ceste damoiselle il enuoie. Quant le roy
la nouuelle entend moult en a este resiouy
qui bien legierement se dresse si tost quil oyt
de Perceual parler/ puis va Abioris a col-
ler et dist bien soiez vous venu que faict
Perceual mon amy est il maintenãt en san
cte. Ouy sire faict abioris et ne croy poinct
quen tout le monde ayt cheuallier de si grã
de bonte. Tantost a le Roy commande a
deux escuyers que abioris desarmassent/
ce q fust faict sans atarger/ puis a vng mã
teau afuble et cest le Roy aupres du luy as

sis et la Royne qui tãt est saige la cõlou-
et honnore et apres luy a demande des nou
uelles de perceual. Dame faict il il est tout
sain/ et sachez a la verite q ie le laissay mer
credy en sancte et tout plain de vie: leql ma
mie vo' enuoie. Adonc la royne luy respõd
sachez que pour lamour de luy elle sera fort
honoree. alors sest la Royne leuee laquelle
a au Roy supplie/ que a abioris sa prisõ luy
pardõne et le remecte en liberte/ le Roy sen
feist petit prier lequel a dist que de la prisõ
le tenoit quicte. et cil len a remercie. Son nõ
luy demande le Roy. Et luy dist sire iay nõ
abioris. Or veuil que desormais soiez de
ma mesgniee faict le roy: ce que abioris ac
corda leql en court est demeure ou de grãdz
honneur il receut. Et fust au nombre de ce
ulx de la table ronde.

¶ Comment apres ce que Perceual eust
conquis abioris et leust enuoye se rẽdre pri
sonnier en la court du Roy arth' ou le roy
le fist des chrrõs de la table rõde/ il entra
en vne grande forest en la ville il trouua des
soubz vng chesne vng cheuallier mort trãs
perce dugne lance par my le corps et dugne
espee le heaulme fendu.

R vo' diray de Per
ceual qui cheuaulche
sur son destrier depu-
is le matin iusques a
prime/ oncqs de che-
uaulcher ne fina par
my la grande forest
ramee tant quil fust pres de midy / alors
choisit dessoubz vne chesne vng cheuallier
mort estendu et son cheual et son escu veist
atache a vne branche lequel auoit este du
gne lance par my le corps feru/ si que le fer
apparessoit tout oultre plus dugne bras-
see / et eust vne espee affichee par my le
heaulme dedens le chiefz. Perceual de-
uant luy sarreste qui moult longuement
D.i.

le regarde et moult le plaingt et le regrette car il le veoit bien forme: de luy se part fit plus actendre, et au Roy des cieulx le commande. Tant a erré que une lande est venu q̃ moult estoit plaisante et belle, ou une fontainne y auoit fort clere et froide comme marbre, et dessus y eust ung bel arbre ou la seoit une pucelle qui de beaulté assez garnie estoit, qui sa main tenoit a sa face, & quant perceual l'apperceust bien courtoisement la sallue. Et elle comme toute esperdue ne luy sceust ung tout seul mot dire mais gecta ung souspir moult grãd. Perceual luy dist doulce amye pour dieu ne me veillez celler pourquoy vous estes si dollente.
¶ Et elle luy dist sans actendre q̃ son amy perdu auoit que tant elle ayma doulcemẽt et luy elle plus que son corps. Et Perceual pitie en prent et puis tout en paix luy demande, de quait l'auoit le sien amy laissee. Celle Respond depuis ver le vespre dessoubz cest arbre me laissa oncques depuis ne retourna vers moy, et me promist quil ne targeroit gueres, alors gecta ung grãd souspir. Et Perceual la regardé qui fort belle & bien aduenante luy sembla, moult s'en faisoit bõ accointer mais Perceual a ce ne pense, ains luy demande doulcement quel escu porter il souloit elle luy prent a racompter que son escu estoit d'or fin et au pardessus y auoit trois lyonceaulx de sable rampant. Belle faict il sachez que vostre amy gist mort en celle grande forest. Alors luy a dist et recite comment et en quelle sorte il auoit le cheuallier trouué, par my & oultre le corps nauré & de l'espee au trauers du chief. Quant la pucelle eust Perceual entendu elle tomba toute pasmee si quil n'ẽ y st ne poulz ne alaine: a peu s'en fault quelle ne rẽt l'ame. Et quant de pamaison reuint Perceual luy demanda le nom de son amy. Et la pucelle luy a dist que on le nommoit ou dit le Bel. A tant s'en part Perceual disiurement: qui en ce lieu plus actendre ne veult

ains a son chemin se remeist, / ce ... le ne conuoie ne pas ne auant ne pas arre re, mais tant erra par grand alleure quil trouue une riuiere moult profunde fort large & royde. Lors Perceual d'aultre part garda si veist une moult belle tour, mai alentour il ny auoit murs aulcũs ne fossé aussy ne patis ne aultre closture, dequoy Perceual s'esbahist et dist que se la oultre estoit que pour ceste nuict il se hebergeroi Mais il ne scait comment il y pourra passer, adonc se commence a penser, que tan contremont l'eaue yra, quil trouuera pon ou passaige pluftost quil retourne arriere. Lors cheuaulche au long de la riue, et ai sy contre val couroit, deuant luy regarde aduise ung pont de pierre moult bien fai ou celle part tantost s'en va, puis oultre pa se grãd alleure, qui ne fina de cheuaulche tãt qua ceste tour il paruint qui moult est it biẽ compassee, et a l'atree ung bel arbre auoit, auprès duquel est Perceual descendu, et ce faict par certains degrez est de cé ceste tour monte si voit la plus belle mai que iamais creature veist et qui mieulx fust au par dedens garnie. Perceual ne se s'esbahist, ais moult ioyeulx est de ceste a uenture et bien vous dis que creature ch ualier dame ne escuyer ne chose quil soi en ce monde ne trouua en icelle tour a qu il puist rien demander, parquoy a soi mesmes aduisa que point ne se desarmeroit a uant quil congneust le lieu et l'estre, & quã il fust auant allé deuant une belle fenestre voit mise une table d'argent ou il y auoit p dessus blanche nappe sel et cousteaulx d hanaps d'or fort bien ouurez et des viandes en telle plenitude qu'ung Roy en eust esté honnoré, puis voit de l'eaue en deux bassins de fin or et bien esmailliez, la touaille ny failloit pas blanche et bien faicte et bien deliee. Perceual voit ce qui luy plaist et ce dont ioye au cueur en a. Car tout iour menge n'auoit et si estoit fort trauaillé

legierement se desarma et print ung man-
teau descarlate quil trouua a une perche de
la salle. Et apres q̃ lhuis sen retourne et si
habatist a son cheual le frain le laissa en lher
be paistre puis en sa salle est retourne ou
print de leaue et se laua et a la table sest as-
sis lassez mengea tant quil luy pleust car
des metz quil eust plante dorseaulx et de ve
naison fresche. Ainsy fust tout seul au men-
ger/ parquoy a varlet ne sergent ne scau-
roit ung tout seul mot dire ains il mengea
sans auoir compaignie/ainsi qua la table
seoit vers lhuis regarde et voit venir/une
pucelle mal menee moult pasle a fort decol
loree maigre et noire et desfaicte a merueil
le et vous dis en la verite que ses habitz ne
tout son aornement ne valloient pas dou-
ze deniers. Tout ainsy pauurement vestue
est venue deuant Perceual si le sallue a luy
a dist Sire ie vo[us] aduise bien que de ce men
ger moult me poise car trop cher vo[us] lache
terez et trop en aurez grãd ennuy. Belle faict
Perceual et de quoy me doibtz ie esbahir et
doubter. Certes sire par moy vous le scau-
rez faict elle/sachez de vray que de cest hos-
tel en est ung geant maistre et sire q̃ moult
est plain de fellonnie ceste grand tour a il faict
faire a si ny vint oncques nul homme quil
ne soit de ses mains occis Il est adonc plain
de grand oultrage faict Perceual/or ie vo[us]
prie dictes moy se de rien ne luy apparte-
nez. Sire faict elle non pour vray/ains ma
tenue en cest hostel deux ans a demy tous
entiers/dont iay le cueur assez dollent mou
rir ne me laisse ne viure et si nen scauroie
estre quicte. Se me croiez le menger laisse
rez et vous armez sans atarger car tost le ge
ant reuiendra et se ceans il vous trouuoit
la vie vo[us] ostera du corps. certes faict per-
ceual amye sil est ainsy comme vous dictes
croiez quil ne sen yra quicte sil me veult
aulchun ennuy faire. car bien a luy me com
batray: ne dictes pas cella beau sire Com-
batre a luy seroit follie/quant si tres grand

est si fort quil nest au monde creature qui
ait contre son coup duree. Toutefois be-
au sire armez vo[us] a hors de ceste tour assez
scauoir se pourrez eschapper.

Perceual sarma sans ar
rest a quant il fust depo
inct en point arme/iur
ta le hault dieu de lass[us]
que de cest hostel ne par
tira pour nulle chose quõ
luy die se par force ne est
hors mis. Lors sapupa a la fenestre laq̃lle
estoit fort grande et large. Mais le geant
quil veist en bas si tost quil eust Perceual
apperceu en hault sescria pgrand force/vas
sal faict il qui vous a cy amene bien serez
ce iour heberge mais ce sera a voustre per-
te. Adonc sen vient a grande alleure/ puis
a le cheual ap[er]ceu de quoy il eust ung grãt
air/sans arrester et sans plus dire pource q̃
lherbete paissoit dune massue quil tenoit
luy donna ung coup si cruel quil a abbatu a
terre / moult ennuye a Perceual lequel
plus ne peult endurer quil ne lui en face re
proche/Lors print lescu et vient a val pour
veoir sil pourra son cheual venger que le ge
ant luy a occis vers luy sen vient sans plus
attendre lespee au poing lescu au col: et que
le geant ne tient pas saige de ce quil vient
ainsy vers luy sa massue qui moult gran-
de et quarree estoit quil a encontre mont le
uee/pour ferir perceual sil peult mais y luy
feist le coup faillir car il se gauchist daultre
part/bien fault pourtant que Perceual se
garde/par ce que se le geant ap[er]ceu lauroit
aint/aultre deuil ne luy conuient plaindre.
Perceual lespee nue tient qui moult sa mas
sue redoubte/ le geant fiert sans menasser
mais ne peult Perceual actaindre / apres
Reuient le geant resertit qui Perceual n'a
taignit pas a plain pource quil cestoit re-
culie et la actaint ung petit sur la han-
che. Et se le coup fust droit alle/seuremen

D.ii.

il y eust la cuisse couppee. Perceual a tout son espee le coup contre val faict descendre et en descendant le tallon a de ce fier geant a couppe. Et quant le geant sceust quil fust naure de deuil et de ire est forcene et peu sen fault que le cueur ne luy creue et luy griefue moult durement que au premier coup ne la conquis, de bien ferir a grand tallent si que de la massue quil tient rua vng coup piteusement proposant Perceual occire, lequel bien veist le coup venir, qui si le fust de la guerre parquoy bien sceust saillir arriere. Et le grand coup est descendu si rudement dessus la terre que ceste masse est tronconne. Perceual moult grand ioye en eust, lequel au pluftost quil peult a lespee le geant requiert de laquelle si furieusement le fiert que loreille luy a couppee et vne partie de la ioue puis deseet le coup si aual que le poulmon luy profendist apres que de ce mesme coup y luy eust lespaulle nallee, lors tomba le geant pasme. Mais Perceual ne vouflut arrester ains a la bonne espee leuee q̃ boutee luy a par my le corps. Ainsi fust de ce geant quiete quil a par ses armes occis. Lors en cest hostel cest retraict lequel ne luy fust contredict car bien se peult dire sire, aussy y est il ioyeusement eu tre, a puis se vouflut desarmer, mais escuier il ny eust ne sergent, q̃ de rien luy sceust aider, fors la meschine seullement laquelle ioyeusement et de bon cueur luy aide ainsi quelle scait. Et Perceual poinct ne desprise son seruice ains layme et la tient chiere laquelle humblement luy dist. Sire ce est vostre cestuy manoir faire en pourrez du tout a vostre plaisir, et ie suis a la vostre mercy, pource vo° prie prẽdre pitie de moy: certes faict Perceual ampe de par moy nul mal vous naurez. Mais ie vous prie de me dire se poinct de cheual en ce manoir vous sçauez: ouy sire faict elle, vng tout noit qui est en ce sellier leans, bien il y a trois

mois ou plus que le geant vng moult bon Cheuallier occist duquel a le cheual en ce cellier mis: lequel luy donna a menger par chascun iour a suffisance. Ceste nouuelle est fort plaisante a Perceual: qui demande vne chandelle. Et celle luy a apportee toute ardante puis sont aual au cellier pour voir le destrier et aussy tost que perceual leust veu sachez q̃ fort y luy agree car il le veist fort grãd et beau, pour tout sauoir qui est dessoubz le ciel il neust pas ce cheual donne. A tant reuindrent a la tour ou en vng lict de grãd richesse se coucha Perceual en lheure, et la nuict fust obscure et noire, et si estoit Perceual fort las pourquoy eust mestier de repos: la pucelle cest couchee en vne aultre chãbrette a pt et se dormirent sans crainte auoir Jusques au lendemain quil fust iour.

¶Quant Perceual eust le iour apperceu sans targer se lieue et satourne car moult luy grefue de si longuement seiourner lors au cheual vint auquel il a la celle mise. Et la pucelle s'entremect de ce quelle peult luy aider. Et fort agree a Perceual le seruice quelle luy faict, a laquelle dist quelle demeure et que dame soit de ceste maison et de la terre qui en despent. Et celle humblement sen remercie et dist que bien la deliuree de ce geant qui ainsy mal menee lauoit lequel a maintz preux cheualliers occis Perceual sarme sans plus dire, puis est dessus le cheual noir monte: de la pucelle conge prent, et sen va sans plus atarger gallopant sur le cheual noir par my la grãde forest ramee. La matinee belle estoit si comme en la doulce saison en laquelle chantent les petis oysillons qui le cueur luy fõt resiouir, oncques de cheuaulcher ne fina tout le iour iusques a la basse nonne. Lors Perceual veist venir vng varlet auquel il se arraisonna tresuoulẽtiers, lequel

Perceual le Gallois. Feuillet.cxii.

varlet galloys estoit/ et si couryt legierement a pied. Dont il venoit Perceual luy demanda Et cil luy Respond quil a veu au matin ung serpent a Creste / duquel auoit eu moult grand paour. Et Perceual luy redemande se tout le iour rencontre il nauoit home ne cheuallier arme ville fortresse ne chasteau. Et cil respond par ceste adresse comme vne aller pourrez en tel lieu ou scaurez trouuer ou cheuallier ou aduenture qui moult sera dure et pesante: atant le varlet sen depart et Perceual de laultre part sen va brochant des esperons et trepasse vne grande motaigne puis est en vne plaine entre la plus belle que iamais fust lherbe y poignoit verde et menue/ par my couroit vne riuiere qui a grand merueille estoit belle/ et sur la riuiere y eust vne arbre et au dessoubz ung beau perron/ ou lectres escriptes y auoit dor paintes et no pas fort grades. Et daustre part emmy le pre estoit vng riche pauillo et deuāt eust vng destrier qui estoit aussy blāc que vng cigne/ plus y vit vng escu dargēt et pres de lescu vne lāce Perceual a moult regarde le pre et trefa la riuiere le destrier et cest escu blanc/ et aussy ceste belle lance. Lors sa pense et si eust tait son que blanche chose na grād b.e./ a soy dist quil hebergeroit au pauillon si le pouoit approcher. Lors iusques au que cheuallier sans atarger auquel il est entre/ ou son cheual sa abreue: Adonc regarde vers le val. Si vit le cheuallier venir tout arme q tost luy escrie pardieu vassal vo° villennie faictes quant voustre cheual a breuue: a ce que mal vous en prendra pource maincte nant vous deff.e. La lance au poing lescu au col sen vient sur le cheual monte et Perceual sort maintenant du gue ou il eust a breuue/qui sa lāce meist en larrest puis sen courrent sung sur laultre q si grand coups aux escus se donnerent qui les ont percez et fendus/ et les lances ont mises en pieces alors tirerent leurs espees qui furent bonnes et trenchantes/ quilz ont aux heaulmes embatues et embatees moult souuēt pareillement les coiffes entamment et detrenchent les blasons/ oncques bataille de deux personnaiges ne fust plus menu tregectee. Le cheuallier blanc: qui est preu Perceual fiert moult aspremēt/ et desendit le coup iusques a lescu duquel il en a la bouche couppee/ et a peu tint que naute ne la ma stement sur le bras senestre/ lors Perceual par grand fureur le refiert dessus le heaulme si que il le feist tout embroncher deuant sur larcon de la celle/ puis luy redonne deux coups ou trois tant que fort mallement le meine. Adonc le cheuallier blanc qui se voit si vistement poursuiui et rudement mene/ doubtant de pis auoir a la mercy de Perceual se mect en luy disat quil est par luy matte et conquis. Quant Perceual la entendu luy a respondu sans targer
Franc cheuallier faict il se mercy vous voullez auoir sachez quil vous conuient aller rendre prisonnier au bon Roy Arthus. Sire faict il a voustre plaisir ie feray autant que possible me sera mais voustre nom sil vo° plaist me dire: car aussy le me fault scauoir: amy faict il ie suis nōme partout Perceual le gallois. Or me deuues le voustre dire faict Perceual bien est raiso. Si le saictil croyez pour certain que mon nō ne vo° cellerai/ chr̄re Blanc ie suis nōme qui garde le gue amoureulx. Et y a ia six ans passez que ie nen suis alle arriere trois iours entiers en vng tenant ou iay maint cheuallier courrouce/ pource quilz le gue abreuent leurs cheuaulx/ et ne me faisoient aultre mal. Certes faict Perceual amy Long temps vous estes entremis de villainne ouure laide et folle/ mais dictes moy ie vous supplie la cause se vous la scauez pourquoy tant cy auez este a faire honte a cheuallier pour seullement leurs destriers abreuer. Sire faict il or entēdez ie vous en diray la raison.

D.iii.

¶Dōg tout alloie aduentures querāt si que cheuauschant ie mē vins de la sus par dessoubz cest arbre/ou au marbre en escript trouuay que le gue amoureulx estoit/encore y auoit en la lectre que cheuallier ne se doibt mectre dedens ce que pour abreuer sil ne desire auoir combat et ie vous diray la cause. dessoubz cest arbre eust iadis dix pucelles fort belles et fort aduenantes/qui bien vingtz ans y arresterent/sans en bouger aulchunnement. La y venoient maintz cheualliers de region estrāge desirās leur amour auoir/et auec elles demouroient trois ans ou quatre ou cinq ou six tant que par tout on en sceut la nouuelle parquoy y vindrent plusieurs cheualliers affin dessaier leurs prouesses et quant au gue venꝰ estoient et que y abreuuoient leurs cheuaulx/ les cheualliers des damoiselles deuant elles leurs escrioient qua la malheure au gue furent venus/et si tost quilz estoient yssꝰ du gue ilz les mectoient a mort sans en prendre pitie ne mercy: et sil fussent oultre passez moiennāt que poinct ny eussent a breuue ny eussent eu honte ne mal non plꝰ que sur leurs propos fretes/ainsi six ans le gue amoureulx garderent et quant sen deurent departir en ce perron feirēt escripre ce que mauez ouy compter. Et assez plus encores y theist sil qui sentremeist de ce faire. Or est ainsy que sil y venoit cheuallier qui tāt fust pieux et couraigeux quil voulsist au gue demeurer et le peulst par sept ans garder que tout honneur du monde auroit par dessus tous les cheualliers de ce siecle: or vous ay ie icy recite pourquoy y ay par si long temps este. Sil voꝰ plaist vous le garderez par ce que vous mauez conquis/demeurer deuez au passaige affin de vostre los accroistre car ainsi est en sa lectre escript. Certes ie ne men veuil entremectre faict Perceual/car mō pris y diminueroit pluftost quil en augmētast la valiue dūg esperon. Lors au tref eulx deux sen allerēt

ou la nuict debuoiēt hostel prēdre. Et quāt deuāt sont arriuez/si tost vindrēt deux escuiers qui des destriers prendre sentremeirent: et puis les cheualliers desarmerent aux quelz baillerēt deux manteaux de sa mist pers fourrez dermines. Et ce faict vindrent les sergens qui leur donnerent a lauer. Et puis sassirent au menger ou leur fust tantost apporte riches viandes a foison. Et quant menge ilz eurēt par loisir les nappes furent traire et oster/puis vng peu sen allerent esbatre/ et ce pendant on entendit de leur preparer deux beaulx lictz/ et quant les lictz furent dressez les deux cheualliers de ceste heure se coucherēt sans plus targer/toute nuict assez reposerēt tāt que le iour fust hault et grand et que le soleil fust leue. Lors les cheualliers se leuerēt et quāt ilz furēt acoustrez biē vestus et appareilliez ilz demanderent leurs destriers et leurs armes pareillement. Adonc ceulx qui les desarmerent: a armer leur vindrent aider qui les haulbers leur endosserēt/consequamment les aultres pieces. Et puis sur les destriers monterēt: aultre chose plus ne requierent fors qua dieu ilz se recommanderēt et en ce poinct se departirēt. Adonc le cheuallier blanc sans actēdre sen va le Roy Arthus querant. Tant le quist quil sceust ou il fust: et la a guin cestre trouue: au quel tantost a recite de luy et du gue amoureulx/ et commēt Perceual le pieux lauoit au pauillon conquis lequel a luy lenuoie prisonnier. Puis dist au Roy Sire fa ict il a voꝰ ie me rens faictes vostre plaisir de moy. Et le Roy respond bel amy en bonne prison estes mis. Lors commanda a le desarmer puis de Perceual nouuelle luy demāde. et cil dist quil est en sācte: de quoy le Roy fust fort ioyeulx: que de sa prison le tient quicte et le remect en liberte: si le retint de sa mesnie et fust auec la compaignie qui par tout le monde est louee.

¶Coment apres que perceual le gallois eust conquis le Cheuallier qui gardoit le gue amoureulx & leust enuoye rendre prisonnier au roy Arthus le cheuallier saquitta de sa promesse & fust receu au nombre des cheualliers de la table ronde. ¶ puis perual se mist a cheuaulcher dedans les forestz ou il fust assez long temps.

Ous vous dirons de perceual qui du tresle matin partit et mist sa pensee au cheuaulcher & quant vng peu eust cheuaulche il est en vne sente entre: qui nest pas large: mais estroicte: & de cheuaulchet tant explocte quil est de la forest sorty: & a la champaigne venu, quant de la forest fust party a merueille fust estōne, car par lespace de quinze iours nauoit fine de chettaulcher & par bois le long du iour dernier nauoit eu cesse: & a veu de la sauluaginne a force: grans cerfz ramez biches & daines, porcz sangliers & petis cheureulx, dont il y en eust a foison, car hostel ny auoit ne cite a lenuiron de plus de trois iournees toutes terres inhabitees estoient: ou seullement ny croist q bruieres: Perceual sans point seiourner cheuaulcha toute le iour entier & quāt vint enuiron le vespre: est de rechef en grād bois entre. mais quant partout a regarde il ny voit ne maison ne borde eu ti se puist loger & sy auoit moult talent de menger & de reposer pareillemēt: lors descendit dessoubz vng arbre: au pres duquel abbatit le frain a son destrier & se laissa en lherbe paistre dessus laquelle herbe il se ieust sās auoir beu ne mēge & aussy nauoit il dequoy, q luy toutne a vng grād ennuy. Et fault entendre que point il ne osa dormir pour craincte que son destrier ne pdist. Toute sa nuict ainsy veilla iusques a lesclairement du iour en seulle heure vng petit le chief sur son escu sendormist: mais tost apres cest reueille & puis est legierement remute & sen va par ceste grāde forest: ou il apperceut deuāt luy vne fort gente damoiselle: laquelle soubz vng arbre se seoit: & auoit le chief bien aorne, dugne moult belle guimple & riche. Et se ie vous disoye la beaulte dequoy elle fust figuree: plus dung iour entier y mectroye auāt q vous sceusse tout dire: car en elle ny auoit rien nature obmis. Dugne riche pourpre a figures dor estoit la damoiselle vestue. Et perceual sans arrester bien humblemēt la salua: & elle sans estre effraiee son salut doulcemēt luy rēd. Et perceual dist doulce seur: estes vous donc sans cōpaignie toute seulle en ceste forest & elle luy a respōdu quelle cuidoit auoir amy cheualier courtois & vaillant. Certainnemēt dist perceual: moult doibt estre preux & hardy le cheuallier qui a telle ampe: & peu ne sen fault qui ne la prie damours tāt belle la voit: mais tost autre nouelle aura. car il veist vng grand cheuallier venir tout arme sur vng beau cheual seūl moult richemēt fust aorne & si tost q perceual voit luy a dist. Vassal de sens despourueu grāde follie auez vous faicte quāt arreste vous estes en ce lieu. Et pource de moy vous gardez: car de ceste heure vous deffie. Lors print son cheual a brocher. Et perceual ne luy dist mot: mais le plus diligemment quil peult a son destrier lascha la bride. De sy grans coups a ceste rencōtre sur les escus se donnerent q les laces en pieces vosserēt: & a la terre se abbatirent. Et quant ilz furēt releuez chm mect la main a lespee. Et puis par grāde pre & par grand vigeur, lung sur laultre sont tantost couruz, lesqlz de si grās coups se sont sur les heaulmes dōnez quilz en feirent le feu saillir & si les ont tous embatrez si souuent de leurs espees se raffaillirent dessus les escus & heaulmes que le cler sang on veoit hors des faces partir q de leur chief descendoit. Tant se sont estonnez & de plaies q cil ny a que son cōpaign

D.iiii.

ne redoubte q̄ que toute sa force ne mecte de le greuer q̄ empirer. Et boꝰ dꝭ bien que moult au cheuallier ennuye de ce que Perceual tant dure a cõtre luy tant se deffend. Puis se pensa de luy demander son nom. Perceual qui onques ne voullut son nom celer luy dist: cheuallier dist il saichez que suis perceual le gallois appelle. Et quant le ouyt a merueille en a este resiouy puis remist lespee au fourreau q̄ plus de vingt foys la accolle en luy disant que conquis il auoit. Perceual sest fort esbahy de cil q̄ luy faict telle ioye. Et puis luy dist que voulẽtiers son nom sçauroit. Et le cheuallier luy respond q̄ le beau descouenu est en Bretaigne q̄ ailleurs nõme. Encores dist a Perceual saichez q̄ missire Grest est mon pere lequel plus q̄ son frere gaheriet vous ayme. Quant perceual la nouuelle entendit ne fault doubter sil en fust resiouy. Atant est la pucelle venue qui a perceual faict grãd feste. Lors les cheualliers remonterent: q̄ pareillemẽt la pucelle dessꝰ ung palefroy noirtois. Et puis se meirẽt tous en voye, q̄ en cheminãt a perceual au cheuallier demande des nouuelles du roy Arthus. Et le cheuallier a respondu q̄ il estoit a la feste de tous sainctz a garadigant ou en ce lieu seiournoit. Et qui faict missire Gauuain dist perceual. Sire dist le cheuallier aultre chose q̄ bonne chere: mais point il nestoit en sa court a ceste heure que ien partis: et croy q̄ soit alle chercher aduẽtures parmy la terre, auiourdhuy est le quatriesme iour que dedens ceste forestz a luy ie parlay, ou ie le rencontray daduẽture: lequel assez de vous me demanda q̄ me cõmanda par expres q̄ de par luy voꝰ salluasse sil aduenoit q̄ ie vous veisse: q̄ vous prie daffection q̄ prochainement a nouel soyez a la court a Cardueil. Pource q̄ desir a a voꝰ dire ce q̄ ne vous vouldroit mander: q̄ me dist dauantaige quen la court point il ne viendroit sil ne vous y pensoit trouuer. Et perceual dist q̄l yroit: se de sa q̄ste a chief venoit car plus voulentiers le verroit q̄ hõme q̄ soit en ce monde viuant. Tant ont a parler entendu q̄ en deuisant ilz peruindrent en vne maison bien assise laquelle estoit pres dũg viuier bastie, ou ung preudhomme faisoit pescher par deulx pescheurs q̄ surẽt en vne nef: q̄ ainsi q̄ du preudhomme approcherent moult haultement tont sallue: leq̄l vint alencontre deulx. Puis a quatre varletz appellez ausquelz il cõmanda establier les destriers: q̄ faict aulx cheualliers grã tõ chere: q̄ vient la pucelle accoiler qui moult estoit courtoise q̄ belle. Puis sans attendre seist les Cheualliers desarmer: q̄ ce faict feist tout maintenãt appeller vne belle fille quil a: alaquelle cõmanda a garder laīne au beau descouenu. Adonc lamena la pucelle en vne belle chãbre bien paree de laquelle seruir q̄ de la bien traicter sest la pucelle entremise. Et le preudhomme faict apporter a ses hostes deulx mãteaulx gris qui furent de grãde value: apres les a amont menez. Et quant le menger fust apresté se assirent q̄ mẽgerent ioyeulsemẽt q̄ furent moult noblemẽt q̄ plantureusemẽt serui. Et perceual a son hoste demãde qui bien preudhõme luy sẽbloit cõmẽt il se pourroit nõmer: q̄ il luy dist Eliadus q̄ Clidus eust nom mõ pere qui de ce pays sire estoit. Or me deuez le vre dire: car par le nom on congnoist lhõme. Doulx amy luy dist perceual saichez q̄ perceual le gallois suis nõme: q̄ puis luy dist le nom de son cõpaignon. Le preudhomme ioyeuse chere leur faict q̄ de bien bon cueur les festoye. Et quãt ilz eurent assez ioyeulxsemẽt menge q̄ deuise: vindrent les varletz qui la table osterent. Et ce faict sen allerent les cheualliers par maniere de recreation hors de la porte ou dessus le pont se assirent en regardant le viuier q̄ lestre de sa maison. Et dirent que nul ne peult estre en ung plꝰ beau lieu heberge. En ce lieu furent assez lonquemêl ou de mainctes choses parlerent. Et quãt le vin de collation eurent prins e que les lictz furent aprestez sen allerent reposer. Et la damoiselle ampe au beau desconueu sen alla reposer e gesir auec la fille de Eliadus en sa chambre. Et quant se vint que le iour apparust les Cheualliers se leuerent et se vestirent sans attendre e ce faict leurs haubers e heaulmes prindrent e puis seignirent leurs espees. et quant le preudhomme ainsy les voit preparez leur pria de menger vng petit: mais ilz ny ont voullu entendre. Adonc leurs amenerent leurs cheuaulx ceulx qui les auoiēt prins en garde bien cellez e bien mis en poinct. Lors firent la damoiselle monter qui print conge de la pucelle e de son hoste. Quãt ilz furēt tous mõtez e quilz eurent leur hoste remercie se acheuaulcherent le long dung belle prairie: ou vne fontaine trouuerēt qui a lyssue dung bois estoit: e vne croix y auoit assez pres laquelle fust sur vne chaussee assise. La y eust vne voye fourchue qui en deux chemis se departoit: e la plus fraiee e battue alloit tout droict a londres e a Cantorbie. Lors perceual comence a dire au Cheuallier q moult eust chier. Sire dist il: il ne vo9 desplaira sil fault q de vous me departe: car par ceste voye de deca men yray e vous yrez par ceste de la. Adonc de la pucelle aproche laquelle en prenant conge la vint accoller: e le cheuallier pareillement e a la croix se despartirēt en presētāt leur seruices lung a laultre.

Le beau desconueu auecques son ampe sen va. et pceual seul se achemine le lõg du iour iusqs a midy a laquelle heure de la forestz sortit e puis a vne terre trouuee biē labouree e cultiuee laqlle de fourmēt e de auoine chargee estoit: dequoy se donne grãd merueille: car bien y a neuf ans passez quil nauoit ter veue si fort chargee e reuestue de blés ne si bien peuplee ne replie. Lors regarde a vne vallee ou vng moult riche chasteau y apparust duql furent tous les murs plº clers que neige. Et en ce chasteau y auoit cinq tours assez riches e belles: vne au millieu e quatre au tour mais pas nestoiēt toutes dune couleur: celle du millieu fust vermeille e les aultres toutes blāches estoient. Et ce q plº fortifioit le chasteau fust la mer laqlle au long de la muraille batoit: ou des Saulmons e des esturions y eust assez. Dedens lenclos de ceste muraille vne grande ville y auoit laquelle bien estoit peuplee de cheuailiers e descuyers e de bourgois e bons marchãs. Et dict lhystoire q iamais en vne seulle cite ny eust tant de sorte de marchandise cõme drap dor drap dargēt e de soye drap de laine e de toutes espiceries e le tout par mer venoit Dalexandrie, desclauōnie, de Babyloīne danthioche e de Cesarie du grãd Caire e de Barbarie. Dedēs la ville deux abbayes y auoit ou belles y furēt les eglises a haultes tours e a hault clochers richement de plomb couuers. Quãt perceual eust assez le chasteau regarde y luy sēbla moult fort plaisãt e moult bien luy venoit agre. Alors si bien diligēta quil est deuãt le pont arriue qui le plº beau de ce mõde estoit e le plº artificiellemēt ouure. Et y auoit vne tour a lentree fort haulte e de nouueau bastie: au dessoubz de ceste tour y eust vne belle porte e richemēt voultee: e au deuant grãd pont leuis que de nuict on leuoit iusques aulx barbaquanes. Et oultre le pont que iay dist y eust vne aultre tour vers le chasteau establye, ou il auoit maintes breches e plusieurs beaulx creneaulx nouuellemēt faictz e bastis. Perceual en la porte entra: e quãt il fust dedens le chasteau entre regarde e voit maint cheuallier parmy la ville cheuaulchant: maint bourgois mainctes

damoiselle enceinte femme de hault nom/ que noblement furent vestues que parmy les rues rencontra: ne sest voulu arrester tant quil fust devant le palays: ou a lentree quatre escuyers trouva qui vindrent au devant lesquelz de son destrier lont descendu. Puis son escu & sa lance prindrent & apres sans demourance en la salle le menerent: ou contre luy une pucelle vint; des plus belles q iamais homme sceust regarder; avec laqlle vindrent vingt chevalliers q perceval ont sallue en grand honneur & reverence parce que moult leur sembla beau & de bel estre. et apres le feirent seoir sur ung lict couvert dune couveture decoree de menues fleurs dargent en forme de broderie: & tost apres le desarmerent & luy ont afuble ung manteau de fin damas fourre dermines. Adonc a la damoiselle une servante appellee a laquelle a secrettement dist si que nul ne la entendue: oncques mais faict elle ie ne veis homme en ce mortel siecle vivant qui mieulx a perceval resemblast le chevallier q iayme tant./ lequel pour moy fust en grande peine pour mon pays & ma terre me rendre/ & lequel de mes ennemis me vengea & conquist guingueron & clamadieu: madame faict sa fille par ma foy cest il ainsy quil mest advis. Atant le prend la damoiselle par la main & le mainne ung petit apart dessoubz ung paille ou ilz se sont assis.
Lors nestoit perceval fasche q de se taire na voulloir. Ains luy demande sans attendre le nom delle & de ce chasteau. et la pucelle qui de ce ne se voulloit tarir luy dist. Sire saichez q le chasteau est beau repaire nomme ainsy a tousiours este appelle: & ie suis Blanchefleur nommee. Di vous ay ie le mien nom dist parquoy vous prie de ne me point celler le vostre. Lors perceval se print a souspirer & a muer coulleur. La damoiselle le regarde q les yeulx eust fort attraictz: par lequel regard fust tant perceval pensif qung mot ne peult parler ne dire: & apres tout

bas & doulcement luy respond que perceval estoit son nom qui en galles nourry a este. Quant la damoiselle lentend le cueur au tresfut sauteille si q plus celler ne se peult. Ains le vint alheure accoller plus de vingt foys en ung tenant. A ceste heure vindrent chevalliers escuyers serges & pucelles por perceval de plus pres regarder. Alors la pucelle leur dist seigneurs dist elle veez cy perceval: le bon & le loyal chevallier qui ma terre quicte me rendit. Lors quant clamadieu guerre me faisoit, & pour ce bueil que Sire & seigneur vo° le tenez. Adonc fust si grande ioye au palays faicte q iamais si grande ny avoit este. Lors par tout les nouvelles coururent lesqlle esmeust toute la ville en soulas & y firent ung tel bruit que nul exprimer ne le scauroit. Maintenant vindrent plus de trente mille personnes au palays pour perceval honorer & resiouyr: & la verite vous dis oye de la grand ioye q luy font homme ny a qui men voulsist croire. Alors aux esglises sonnerent toutes les cloches grandes & petites: & feirent le long des rues mectre forces flambeaulx & encensiers allumez & ont maint tapis estendu par les parois & aux fenestres. Le long du tout ne finerent de mener liesse & desduit. Et quant se vint apres complies tous ceulx q en ce palays neurent q faire se retirerent en leurs manoirs & demeura la salle vuide des bourgois & des marchans & de tous les mechaniques qui la vindrent pour perceval coniouyr & reverer. En ceste salle y eust tant de fallos & cierges allumez que nul ne le v° scauroit dire. Lors perceval navoit cause de se douloir de sennuyer ne tristesse prendre: car il a assez son vouloir quant il voit sa tant belle amye. Pour laquelle tant il musa sur les trois gouttes de sang quil trouva & veist en la noix engellee. Atant demanderent leaue pour laver. Et apres sont to° a la ble mis tant les chevalliers q les escuyers les damoiselles et les pucelles: et se seoit

Perceual aupres de son ampe blanchefleur qui est en beaulte si parfaicte que nul ne le scauroit descripre: de mectz y eust a si grande habondance quil nest possible a vous le racompter: ne fault doubter se perceual estoit ioyeulx: car il veoit ce quil ne cuidoit en son viuant rencontrer ne veoir. En pensant a soymesmes dict que grand heur & fortune prospere lauoit amene la ou iamais venir il ne cuidoit. Quant menge eurent par loisir firent desseruir & les napes oster. Et la damoiselle de bonnaire feist en vne fort belle chambre vng lict pour perceual preparer. Lors commencerent les instrumens en la salle sonner par si grande melodie que bien sembloit que ce fust en vng paradis terrestre. Puis se despartent les ioueurs & se retirent en la ville sique il ne demeura en la salle seullement que la mesgniee. Adonc menerent perceual coucher en vng lict moult riche & fort beau. Et blanchefleur pareillement sen est allee toute ioyeuse & resiouye en vne aultre chambre coucher assez prochainne de celle de perceual. Adonc furent les cierges allumez qui par les chambres esclairoient. Puis sen alla chaschun reposer & gesir.

¶ Comment ceulx du chasteau de blanchefleur & lampe de perceual se reiouyrent grandement de la venue de perceual & comment ledit perceual iouyst de lamour de sadicte ampe.

Comme ie vous ay dict. Quant perceual & blanchefleur furent couchez ny eust celluy qui ne sen allast reposer: car bon mestier leur en estoit pour se trauail & le long du iour porte auoient. Mais quique soit alors endormy perceual faict pourtant la veille: & sy luy vint a grand merueille de ce que sampe a trouuee. Et la pucelle ne se oublie: ains cest leuee sans arrester laquelle vng manteau dermines vestit si est de la chambre sortie, & est au lict de perceual venue toute seullette sans faire bruit: & sans attendre sest aupres de luy couchee: auql elle dist, mon doulx amy ie vous prie a follie ne tenir ma temeraire hardiesse que amour me contrainct a ce faire tant long temps ie vous ay desire & ce saichez pour tout certain sil estoit qua vous ie faillisse iamais mary ie ne prendroye. Lors perceual entre ses bras la prent qui moult desire auoit le soulas de celle que tant il a desiree: plus de cent fops comme ie pense la baisee sans arrester: mais du surplus ne vous veuil dire comme il en aduint ne comme il en alla: & sil ne tient qua perceual, a blanchefleur pas il ne reste qui si plaine est de courtoisie: que chose que perceual face pour rien elle ne contredit, ainsy leur deduit demenerent: sans dormir en toute la nuict en laquelle de maintes choses parlerent Perceual a sampe demande dame dist il, ne me celles pas de quant a este ce chasteau refaict & rebasty duquel veu les murs si nouueaulx & de gens si bien peuplee. Sire dist elle en bone foy la verite vous diray: ce chasteau suft moult demoly & gaste quant Guingueron son ost y assist: ainsy comme scauez lequel par vous fust deliure & moy & toute ma contree & ne sceus lors a vous estre espousee: car vous ne le voulustes pas & seulle sans amy & esbahie me laissastes & en aultre terre vous en voulustes en aller: ne scay ou aduantures querre pour vostre grand los augmenter. Et apres vostre partement ne me scauoye a qui fier: & trop durement me doubtoye pour les maulx quendurer auoye: & si estoye en grande douleur sique en moy ny auoit seiour: pour pensee refrener: par telle sorte que ieusse voullu estre enterree: ainsy estoit mon cueur en peinne: & apres ceulx qui furent pris reuindrent de leurs prisons quictes & pareillement retournerent les gens dicy enuiron qui pour la guerre senfuirent & sen reuindrent au chasteau dequoy ie fus assez resiouye parce quencores en craincte estoye. Adonc aux preudhommes me cõseillay & par leurs aduis mãday macons charpentiers qui me fermerent ce chasteau & belles tours neufues bastirent: Voyla ainsy que ien ay faict en attendant vostre venue. Et pource vous prie demain sans contredict me espouser: puis q̃ ceste terre est a vo9 en laq̃lle y a maint cheuallier de pris et de haulte renõmee qui tous a seigneur vo9 tiendront. Certes dist perceual ceste chose ne puys ie faire, car iay vne voye enttreprise que pour tout lauoir de ce monde ie ne vouldroye delaisser: mais dieu veult q̃ ien retourne: si tost de vers vous reuiendray. Sire dist blanchefleur ie ne scay quilen aduiendra: mais a si preudhõme naffiert cõme vous estes de laisser la chose quil a en conuenãt & promise pour nulle chose q̃ lon luy saiche dire & y especial a samye. Quãt laultre an de moy vous partistes bien me souuient q̃ vous me dictes qua vostre mere vous en priez & aussy tost que lauriez veue icy sans delay reuiendriez: & sur ceste promesse vous ay iusques a present attendu & bien attẽdray encores ou me soit beau ou me soit laict: car mieulx ayme souffrir mesaise & faire mon cueur atrister q̃ le vostre faire douloir: du tout feray a vostre voulente: aussy ne vo9 puys ie retenir par force par raison ne par droict. Et daultre part grand mesprison seroit se faire le pouoye: & se de riens vo9 courroucoye. Car damoiselle ne doibt procurer chose ne penser: qui doibue a sõ amy desplaire ou enuier: mais sil est que loyaulmẽt layme: de cella suis ie bien certaine q̃ la peine ne le doibt greuer q̃ mect le sien cueur a destroict. Lors la perceual accollee & baisee moult doulcement. Adonc luy dist la damoiselle au cueur doulent mõ doulx amy dist elle puisq̃ ainsy est quil vo9 plaist dicy despartir ie vo9 supplie quil vo9 plaise trois iours auecq̃ moy seiourner puis reuiẽdrez quãt il vo9 plaira &

loyaulmẽt ie vo9 attendray/Perceual ainsy loctroya qui seiourna moult a grande peine pour son affaire que haster vouloit. Lors cõmenca le iour a poindre parquoy la damoiselle se lieue: alaq̃lle moult fort greua la parolle que de son amy a ouye: mais oncques pire semblãt nen fist. En se leuãt le sien amy baisa & puis en son lict sen retourne ou sest tout doulcemẽt couchee & sest en pẽsant endormie: aussy estoit elle lassee pour la nuict q̃ veille auoit: & pareillement se endormit perceual. Moult fust belle matinee & estoit le soleil fort cler qui la salle en luminoit. Alors sonnerent sans attente les cloches pour la messe q̃ lon vouloit chãter. Adonc eussiez veu venir cheualliers & sergens au palais en grãde multitude. Et sestoit perceual esueille au son de la cloche quil a ouye. Et blãchefleur sa bien aymee ia fust atournee & vestue. Puis vne robe print excellentemẽt riche & la plus belle q̃ son scauroit veoir: laquelle par vne pucelle la transmist a perceual son amy chier. Et la pucelle sans attendre au lict vint & la robe luy presente. Adonc perceual se leua et puis a la robe vestue qui richemẽt estoit ouuree & tost apres est en la salle descendu: ou de tous costez vindrent cheualliers escuyers & sergens & aultres gens pour a perceual presenter leur seruice auquel il portent grand hõneur cõme a leur maistre & a leur sire. Et a tous leur a tenu de bien affables & de bien amyables ppos. Apres vint blãchefleur la belle laquelle estoit dung samit inde vestue/brodee pdess9 a petites fleurs doz: & estoillies dargent qui cest habit decoroit a merueille de ce drap mesmes vng beau manteau auoit/tant hault que bas le tout fourre dermines: oncques si belle creature ne veist homme de mere ne. Et quant perceual lapperceut sitost vint a lencontre delle & puis amoureusement la sallue & elle son sallut luy tend le plus hũblement q̃ le peult. Et ce faict eulx deulx sen allerent a la chappelle messe ouyr: z bien vous dys pour tout certain que tous ceulx qui les regarderent dirent q lon ne scauroit dessoubz les cieulx trouuer deux aussi belles creatures. Et plus y allerent de gens pour les voir que ne feirent pour la messe ouyr. Et quant la messe fust celebree z dicte si sen sont retournez en la salle ou ia auoiēt les seruiteurs le menger apreste. Et adonc que tous furent en ceste salle entrez: vindrent les escuyers qui donnerent a lauer en deux bassins dargent doze: z apres se meirent tous z toutes a table: ou sans faire mencion des mectz ilz mengerent a leur voulente z en grāde liesse auecques tous les nobles cheualliers z bourgeois: dames z damoiselles du chasteau qui pour lors y habitoient.

Apres le repas ioyeusement prins: toutes les ioyes z tous les esbastemens dequoy ilz se peurent aduiser furēt faictz z passerent toute la iournee en grande liesse z en grand deduict: oncques ny eust parolle de tristesse de poureté ne denuieillir: mais de assembler tout soulas. Perceual ainsi seiourna troys iours a la faueur de sa mye: au quart iour par matin se lieue en allente de sen aller. et quāt la damoiselle le sceut deuant luy a commence a pleurer z moult doulcemēt luy a dist qui luy plaise encores vng iour seullement auec elle demeurer: z Perceual luy respōd q de ce faire luy estoit īpossible z q plus demeurer ne pouoit: lors feist ses armes aporter: z sest sans atarger arme puis faict son destrier amener lequel bien auoit este pense z fust richement acoustre de frain, de poitral, z de selle z daultre chose tout a neuf. Quāt blanchefleur veit q cestoit pour le partir z q plus ne vouloit le noble et vaillant Cheuallier Perceual son amy delayer ne sault doubter cōme elle en entra en malaise: z cōe elle fust de courroux z dire replie: des yeulx pleure z du cueur souspire z cil se taist sans vng mot dire. Et petit apres la raisonne en luy disant ma doulce amye ie vous prie de ne vous tant tourmenter z prenez en vous patience: car par tous les sainctz de ce monde en ce chasteau retournera au plustost q possible me sera. Mais blanchefleur vng seul mot ne respōd tant auoit le cueur dolent serre de dueil z de mellencollie z croy qui lui eust lors dōne tout lauoir de ce monde q elle neust sceu ouurir la bouche po' parler. Ceste salle estoit toute plaine de Cheualliers de dames de bourgois z daultres gens de la ville a grand nombre qui la nouuelle auoient ouye: qui gueres ne leur plaisoit pource y furent ilz assemblez. Et par seree les plus principaulx a perceual en luy priant par affection quil ne laissast pour nulle chose que leur dāe il ne spousast. Et perceual leur respōd quil ne pouoit pour ceste heure: mais au plustost quil retournera dung affaire quil a entrepris se desirera a leur plaisir faire: z que la damoiselle ne le pays ne delairra iour de sa vie. Ainsi perceual le peuple contēta par ses promesses: z ce faict a cheual mōta. Et prent vng escu de gueulles qui auoit nouuellement faict faire z vne bonne grosse lance. Puis print congie sans attendre en les recommandant a dieu. Et apres son departement mena blanchefleur si grand dueil quon ne la scauoit reconforter: sa tristesse si excessiue estoit que aux aultres qui la regarderent causoit de leur pouoir a strister regrectant le preulx Perceual lequel plus de mille foys a dieu z a sa sacree mere recommanderēt. Apres que perceual fust du chasteau party cheuaucha a moult grande alleure lequel dieu z les sainctz iura que iamais en iour de sa vie en vng hostel ne restera que plus dune nuict que premier il naist la teste du cerfz aussi le petit brachet

E.i.

trouue et auecques ce serment adiouste q̃ ia=
mais ne finera daller par boys par terre
ou par mer iusqs a ce q̃l aura ouy du sainct
graal la verite et de la blanche lance qui sai
gne. En ce penser va cheuaulchant sans
arrester et tant erra q̃l est en la forest entre=
en laquelle il debuoit estre asseure: car ce=
stoit la sienne forteresse: et luy estant en ce=
ste forest entre par vne montaigne sadresse
que de moult loing apperceu auoit ou il
y eust vne grãde sente mal batue: car a plꝰ
dugne lieue a lenuirõ estoit la tre si hydeu
se si inhabitee et espineuse que nul hõme ny po
uoit passer: et couenoit par la aller. La mõ
taigne estoit roide et haulte: mais tant ses
força perceual q̃l a en brief dessus este : apres
enuiron luy regarde: et ne voit cite ne cha=
steau tout ne ville ne fermeture ne rien fors
la forest ramee: laquelle estoit la plus belle
du monde. Quant il fust du mont descen=
du sen est en vng chemin entre: ou maint
beau sapin il trouua: et maint arbre charge
de fruict. Ainsy que perceual erroit deuãt
luy regarda et veist ne scay ou dame ou da
moiselle qui vestue estoit de robe neufue a
la facon de cornouaille: et si boꝰ dys en veri
te que cestoit la plus laide creature que lon
sceust regarder. Les cheueulx elle auoit
plus noirs que nest la plume dũg corbeau:
petit front eust et grãdes oreilles: sourcilz
bas qui mal faictz estoient: lesquelz sentre=
tenoient ensemble: les yeulx eust noirs et
enfoncez en la teste: le nez rebrechãt contre
mont: mais moult grãdes estoient les na=
rines q̃ tousiours elle auoit ouuertes et fu=
rent ses leures par trop grosses a demesu=
re. Et la bouche eust grãde et ouuerte: grã
des dens auoit iaulnes et laides. Et pour
brief dire de tout fust de si laide facon quon
ne le scauroit bien descripre et ce que plus
contraire luy estoit fust quelle auoit bosse
par deuãt et par le derriere. Encores estoit
toute nue teste mal pignee et sans ligature
aulchune: mais vestue fust cõme face et le

cul si tresnoir auoit que bien sembloit estre
vng dyable denfer: vng beau palestroy che
uaulchoit qui la portoit souefuemẽt lequel
estoit plus blanc qung cigne. Apre elle vng
cheuallier venoit dessus vng grãd destrier
monte et si estoit arme moult richemẽt leq̃l
faisoit merueilleusement beau veoir parce q̃
beau estoit gros et hault et bien partreu de
corps de iãbes et de bras. A ceste heure vit
perceual la damoiselle salluer: mais quãt
de pres leust aduisee bie cuida q̃ ce fust vng
dyable ou vng monstre pour gens effraier
si la longuement regardee: et par maniere de
contenãce tenoit elle vne de ses iãbes dessꝰ
le col du palefroy. De quoy perceual se prit
a soubrire: et pource q̃l voit au chr̃r si layde
cõpaignie mener. Lors le cheuallier escrie
perceual sire vassal dist il se maist dieu voꝰ
estes trop oultraigeulx. quãt vo'ries et ne
scauez pourquoy: si fais dist perceual pour
certain: or le dictes donc faict le cheuallier
aultrement nen eschaperez quicte: puis que
charne vous nous auez. En ce ny a nul=
le raison dist perceual: car il nest prohibe de
rire. Et quant le cheuallier ainsy lentendit
parler tost fust de courroux et dire remply
commenca a perceual a dire gardez vous:
ie vous deffie: ie vous remercie dist Perce
ual quant il vous plaist me deffier. Alors
ont leurs escus enchastellez et serrez deuãt
leurs poictrinnes et puis les lances alon=
gnierent et les cheuaulx firent courir: et se
donnerent de grans coups dessus les bou
ches des escus/ et de si tresgrande force qui
leur couint tous deux aller par terre: alors
sans atarger se releuerent et meirent les
mains aux espees desquelles sentreliurẽt
de grandes collees et enchercherent les hau
bers dru et menu. Chascun de son escu se
cueuure au mieulx quil peult pour se gar=
der. Et se sont mainctes fois assaillis: aĩ=
que lung puist sans mentir tollir ne oster a
laultre deux piedz de terre: car tous deux
furent moult couraigeux fors et puissans

Lors vint le chevallier perceval ferir sur le heaulme de son espee si merveilleux coup que nayre seust moult durement neust esté que lespee en deux pieces se rompit par ce que en vain & non a plain il attaignit. Ne fault doubter se lors fust le chevalier prequant il se voit despee despourveu: parquoy contraincte luy a este de perceval approcher auquel mercy luy crie doulcement en luy disant beau sire ie me rens a vous: ie octroye q̃ ma iey conquis: car petit vauldroit ma deffence contre vous qui espee avez. Lors a perceval son espee gectee & puis dist. Or nous combatons des poings au mieulx que nous pourrons ia espee ie nyautay: ie ne scay ce est sens ou follie dist le chevalier q̃ vous avez vostre espee gectee: mais moult courtois vous monstrez estre toutesfois bien seur q̃ vous saichez quen nulle facon ne vous crains: ce scay ie bien dist perceval.

Atant sans aultre chose dire sentrecourturent susaux poigs desgarnis et aux bras par telle rigueur et par telle force que les las des heaulmes rompirent sus de leurs chiefles abbatent: & puis en la face se fierent de grans coups & parmy les dens: par telle sorte q̃ tous furent bers & sanglans. Tant se sont en ce lieu demenez rassaillis tire & boute qilz en sont presque hors dalaine. Mais cil q̃ pouoit plus de peine souffrir q̃ home qui fust vivant sceit & sceut q̃ son compaignon se commence moult a lasser pquoy tant delayer ne veuist quil puist recouvrer son alaine: aincoys le commence a haster si rudement q̃ cil luy prie pour dieu q̃l ne le veuille occire & q̃ plus contrainte luy face & q̃l se tient par luy conquis: ou il plus luy dist q̃ se il le mectoit en telle extremite qui luy convint mourir que pource son los ne son pris nen seroit augmenté: aincois grande mesprison feroit. Et perceval

luy respond/franc chevalier dist il: saichez que de vray q̃ tal entnay de vous occite: & de cenayez ia fraieur. Mais au roy arthus mon pere vous convient aller sans targer tous deux dedens sa prison rendre. Aultrement de vous mercy navray. Sire dist il/moult vousentiers vray. Et ainsy luy acreante puis a a perceval son nom demandé. Et perceval luy dist ainsy Sire perceval suis nome. Or le vostre ne me cellez: & tantost luy a respondu q̃l avoit nom le beau mauvais le filz au conte de galuoye. Ie vous certifie dist perceval quen vostre nom y a mensonge & verite: car beau mauvais nestes vous pas: mais beau & bon comme il me semble: mais sil vous plaist vous me advertirez comme vostre amye appellez: & pourquoy avec vous la menez: ie le vous diray sans en mentir dung seul mot. Saichez q̃ tant lay me parfaictement q̃ sans elle ie ne scauroye une seulle heure durer ne vivre. & vous dys a la verite quelle est a mon advis plus belle q̃ damoiselle ne pucelle q̃ soit en se siecle vivant & par le corps quelle a sy advenant ien suis a merveille ialoux/& par la foy q̃ ie vous doy tenir saiche home que avec elle ie trouvasse tant me fust il prochain parent de qui ie nen prinse fantasie & pource que tant ie la tiens chiere avecques moy la mainne a grand priere: car moult il a convient prier: & se vous dys pour tout certain que de tant plus elle me plaist & plus grande ioye au cueur en ay: par amour rosette lappelle: a ce que vous me dictes dist perceval vous lamez dugne amour parfaicte. Certes faict il: Vous dictes verite ie lapme mieulx que tout lavoir quon scauroit au monde trouver. Peche seroit dist perceval q̃ en feroit la despartie. Dieu le scait faict le Chevalier que mieulx mourir aymeroye/quelle se departist de moy: car avec ce quelle a grande beaulte encores est elle meilleure & debonnaire de hault scavoir et de grand valleur & de courtoisie: mais perceval ne se tint pas

e.ii.

pour tout sauoir q̃ est au monde que de ce q̃l
oupst ne rist: lequel puis au cheuallier dist
ie Vous diray que nous ferons dist Perce
uable iour est encores assez hault ie men
pray. Vous aussy pourtant dygne chose
Vous prie que au bon roy Arthus mon sei
gneur qui moult Vous honorera: comptez la
mour qua Vostre amye auez: et cil sãcõte a
iurer par tous les sainctz de paradis quil
ny a homme en ce monde a qui Voulentiers
il nen dist la Verite. Et luy dist ie ne suis ie
pas qui bien nosast nõmer samye en haul
te court imperialle: cella ne tiens ie pas a
mal dist perceual ie Vous asseure. Et a ses
motz se despartirent sans plus dire.

LE beau mauluais na
arreste de cheuaulcher
par bois par landes par
plaines par Vallees et
montaignes tant q̃l Vit
à Caradigan et sa doul
ce amye auec luy. Lors estoient es loges
du palais Keux et lucain le Boutellier et sai
gremor et bedoier Guerehes et missire
yuain Agrauain et Saheriet. Tous ceulx
que ie Vous ay nõme: alors aux fenestres
estoient regardãt deuers la forest et des au
tres plus de cinquante Saigremor premie
rement Veist le Cheuallier et la pucelle.
Adõc Keux dist: iamais ne me croiez dist
il se ce cheuallier q̃ Voyez na porte au roy
quelque nouuelle et quil Vient en court pri
son tenir. Nous sommes bien de Vostre ad
uis firent les aultres: mais quel honneur
pourra il auoir de celle qui maine auecq̃s
luy. Par le saulueur de tout le monde faict
Keux Vo9 auez tort de ceste chose dire: car
possible est quassez luy semble elle belle et
se belle ne luy semblast ia auecques luy ne
la meneroit, possible laelle ensorcelle. quãt
Keux eust la damoiselle aplain Veue Vint
a la chambre de la royne alaquelle a dit da
me dist il trop Vous peult en ceste chambre
ennuyer mieulx Vous seroit Vous enuenir

dedẽs la salle Vo9 esbastre ou bien y a tro[is]
cens cheuallicrs de prislesquelz sont a p̃
sent tous fort angoisseulx pour la beaul[te]
dygne damoiselle q̃ disent que cest la pl[us]
belle quil soit iusques en lombardie: ma[is]
ne Veuil que men croiez: Venez y et Vous [la]
Verrez. Est elle donc de si grãde beaulte l[uy]
dist la royne. Dame se luy respõdit Keu[x]
aultre chose par moy nen orrez iusques a [ce]
que Vo9 laurez Veue. Atant la royne sest le
ue et dedens ceste belle salle est Venue s[e]
atarger: et si tost quon apperceut sa Venu[e]
ny eust ch̃r qui ne Vint a lencontre dell[e]
pour luy faire hõneur: et mesmes le roy ce[ste]
leue puis la aupres de luy sest assise: atan[t]
est a la salle entre le cheuallier auec sa pla[i]
sante amye. Et aincois q̃l die Vng seul m[ot]
descendit puis si a ius mise celle que tãt a[i]
me et tient chere: et ce faict est deuant le ro[y]
Venu lequel haultemẽt le salue de par p[er]
ceual le gallois en luy disant. Sire dist [il]
ie me rendz Vostre prisonnier de par le ch[e]
uallier perceual leq̃l ma deuers Vous tra[ns]
mis et la belle au corps gent aussy et qui [est]
si beau et cler Vis. Lors ny eust ch̃r. qui [ne]
tie: quãt ilz ouyent a celluy dire q̃ samye [a]
uoit le Vis cler: mesme la royne ne se peu[lt]
garder. Keux alors de rire ne se tint q̃l [ne]
donast cent marcz dargẽt a q̃ son aduis
nen die au Cheuallier. Sire faict il dic[tes]
moy sil Vous Vient agre: se plus de tell[e]
en a en Vostre terre: car a la Verite Vo9 d[e]
que Voulentiers Vne pareille en aurope
ie la cuidoye recouurer: moult beau cheu[a]
lier ie Vo9 pry et digne dauoir gente amy[e]
auez Vous ceste par force conquise ou se p[our]
sa beaulte lauez prise il est bien sceu q̃ p[ar]
Vo9 nestes engignie. Quãt le roy Keu[x]
entẽdu se prit a rougir de Vergõgne et d[e]
q̃ de mal taillet fremist et dist ou pãt to9 ha[ul]
temẽt. Keux dist il soyez asseure q̃ iama[is]
Vo9 ne serez meur: mauldit soit le fruit q̃
ne meurist et lhomme qui tant est a cou[stu]
me a mal dire et q̃ son cueur en est tout i[n]

fect que nul iour ne sen pourroit garder. Et pource vous dys car pour vostre meschante parolle maint cheuallier tollu mauez: z par sa langue quil vous deceuoit qui trop est de parler legiere dequoy ne fustes iamais las. Atant le cheuallier au roy compta du tout en tout la verite comme Perceual oultre lauoit cõquis: z si luy dist le nõ de luy z de samye. Le roy moult voulentiers louist puis a trois escuyers appellez ausqlz il cõmãda le cheuallier desarmer z ce faict luy getterent vng beau manteau dessus le col: z apres la le roy de sa prison quite clame: z de sa mesgnie retenu dequoy le beau mauuais treshumblement le remercia. Et ainsi en court demeura tant q luy pleust luy z samye laquelle autant q sa vie il aymoit. Et dict lhystoire que depuis elle fust si belle que lon ne scauoit damoiselle aussy belle dessus la terre parquoy ie croy que faee estoit.

¶ Comment apres que perceual eust envoye le cheuallier vaincu en la prison du roy arthus il se mist en la gaste forest pour parfournir sa queste z cõment il se trouua par mescongnoissance en la maison qui fust a feu sa mere.

Dis que Perceual du cheuallier se deptitfist ce iour moult grande iournee et ne trouua maison ne borde ou il peust logis recouurer par quoy quant vint a la vespree luy conuint en la forest gesir: mais oncques ny beut ne mengea qui a moult grãd ennuy luy tourne: son cheual pres de luy estoit paissant dessus lherbe menue qui fust de rosee chargee. Et quant se vint la matinee que le soleil a raier cõmence perceual qui de ieusner fust vain iusqs vers tierce cheuaucha de des la gaste forest ou maintesfois este auoit: mais petit si congnoissoit: car moult a lõg temps quil ny fust. Adonc regarde deuant luy z veist vng arbre grand z plãtureux. Puis vng petit son destrier arreste z commenca a pourpeser. He dieu faict il ou suis ie entre: ie croy que suis a mon aduis pres du manoir de ma feu mere: mais frere ie ny ay aulchũ cõme ie croy ny aultre amy a cest arbre parla amoy le cheuallier quil menseigna ou le roy Arthus trouueroye z les armes vermeilles me donna: se maist dieu fort mesmerueille comment ie suis icy venu: car la chose en ce monde que plus desiroye estoit scauoir la verite de ma bonne mere a qui dieu doint pardon a lame: adõc moult tendrement pleura de pitie que luy prit de sa mere z de sa nate luy prouenoit. Alors se print a cheuaulcher par la forest sur son cheual: puis est en vng sentier tout ne que de pieca apris auoit: z quant il fust a plainne terre le manoir de sa mere voit. Puis dist ainsy o mon dieu ie te remercye quant tu mas present concede veoir ce que tant a veoir ie desiroye: ainsy parlant a tãt erre quil est iusques au manoir venu duquel il veist tantost yssir vng varlet q nourry lauoit z quant il fust aupres de luy y le sallua sans attendre: mais point il ne voulut descendre quil ne fust au manoir entre ou assez de varletz trouua beaulx z grãs z moult bien vestus: lesquelz haultement lhonnorent: z puis quant il fust descendu treshumblement le desarmerent z luy ont vng manteau affuble: mais ne sont sceu tant regarder que le congneussent tant ne quant au semblant ny a sa parolle et auec ce de luy ne seut souuenoit. Adonc hors dugne belle chambre vint vne pucelle belle z gente aussy blanche que fleur de lys z fust moult richement vestue laquelle vint a perceual z la sallua de par le roy q fist les cieulx qui se tienne en prosperite. Perceual son salut luy rend: z bien cõgnoist pour tout certain quelle estoit sa seur germainne:

E.iii.

mais nen veult son cueur si briefuement descouurir: ains veult attendre et differer iusques a ce quil se sera pl{us} aplain enquis de ce quil desire luy demander. Adonc sur vng tapisse assirent lequel moult bien ouure estoit. Et la pucelle a commande a vng seruant quil hastast le menger. Et puis a a perceual demande. Sire dist elle ou auez vo{us} ceste nuict geu: ou gueres nay eu de desduit dist perceual ia este dedens la forestz. Lors la damoiselle comeca a larmoier. Et quat perceual la regarde tantost se print a souspirer puis luy dist quauez vous belle seur. Sire se respond la pucelle pour vo{us} me souuiet dung mien frere q{ue} ie veis quat petite estoye si ne scay sil est mort ou vif: mais en luy ay tout, mon confort et ay bien ceste esperace q{ue} le verray encores quelque iour/sire ie ne le celleroye quant ie voy aulchun cheuallier cotenir ie ne me pourroye que le cuer ne men attendusse. Certes dist perceual amye on ne se doibt esmerueiller: mais ie vous prie dictes moy se frere ou seur pl{us} vo{us} nauez q{ue} celluy duquel vo{us} parlez. Certes dist la pucelle Sire ie ne vous en cuide point mentir ie nay frere ne seur que luy de q{ue} iay si grande doulleur pource q{ue} seule en ce bois suis bie a dix ans et quatre mois quil aduint q{ue} mon frere alla en celle grand forest sauss{us} sur vng rouchin esbanoier et auec luy trois iauellos portoit dequoy bie se scauoit aider et fust par vne matinee sy veist par le chemin venir cinq cheualliers tous armez: et luy qui nestoit qung enfant sen approche et leur demade q{ue} ainsy les auoit adoubez: et ilz dirent le roy arthus: pas ne scay se aultre chose dirent mais quant il fust a la maiso retourne il ny eust po{ur} n{ost}re priere q{ue} ma mere luy sceust faire ne po{ur} ennuy quelle en portast q{ue} il ne sen allast en la court du roy arthus: ne scay coment il exploicta car onc ques puis nen ouy pler et quat ma mere le veit de ceans partir a terre cheust toute pasmee et peu apres mourut de dueil/

moult a long temps que ceste chose est aduenue. Et ce faict vng mien oncle hermite vint qui se tient leans au bocaige lequel en son hermitage lemporta: ainsi suis seulle en ce manoir demeuree dont bien cause ay de me douloir. Or vous en ay ie dicte la verite sans vo{us} en celler vng article. Adonc a perceual pleure toute a ceste heure tendrement: celle le print a regarder et voit que la coulleur luy mue et les larmes la face trasser. Lors luy dist en bonne foy sire se vostre nom il vous plaisoit me dire saichez que le scauroye voulentiers. Perceual dist ie ne pourroye mon nom vers vous ma seur celler et neust peu vng tant seul mot dire daduataige et fust pour mourir: ains feist vng bien parfond souspir: et assez longuement apres a respondu disant ainsy. Seur dist il au baptesme me fust Perceual nom donne. Quant la pucelle lentedit: tat a este esbahye et esprise q{ue} luy donast la valeur dung topaulme neust elle sceu vng mot parler. Alors perceual sauanca et si tost la va accoller en disat que son frere estoit et q{ue} pour luy auoit perdu sa mere. Quant elle entendit la parolle plus de douze foys le baisa: car rien ne voit qui luy desplaise: mais tant a este resiouye quon ne scauroit exprimer. Alors tel soullas sentrefont que plus gr{an}d neurent en leur vie. Atant les varletz venus sont qui la table mectre debuoient: lesquelz se donnent gr{an}d merueille quant ilz apperceurent et voient que leur damoiselle baisoit celluy qui estoit estrager. Et entre eulx le tenoient a mal iusques atant quelle leur a dist que cestoit son frere germain. Adonc a louer dieu se prindrent vers le ciel eleuans les mains. Si tost fust la nouuelle sceue ca et la par toute la maison: qui causa si grande ioye et liesse autant aux petis comme aux gras quil semble que le cueur leur volse/ atant donnerent a lauer: et puis se sot a table mis ou euret viade a plate tel le q{ue} il fust possible recouurer: mais assez en estoit lhostel garny: de bõs vis de toutes sortes/ sur le mẽger ont moult ple ⁊ demã de maincte chose/ mais la damoiselle ne se peult contenir de son cher frere regarder/ de lacoller et de le baiser.

Dant menge eurẽt par loisir feirent les nappes oster et se le uerent puis sen sont allez esbatre aupres du pont sur le grau ier. Et nestoit enco res que enuiron nonne de iour. Lors Per ceual dist a sa seur que son oncle il veult al ler a lhermitaige voir lequel de lõg temps nauoit veu/⁊ de luy rece puoir penitence ⁊ absolution de mes pechez/et verre la sepul ture ou ma mere enterree est/ qui pour moy seul perdit la vie. Et sa seur respond mon cher frere a cella me accorde et compagnie vous tiendray et croiez que bien vous me netay par my les sentiers de la forest. adõc feirent les cheuaulx celler et amener au pi ed du pond ou est la pucelle montee. Et per ceual tout a ceste heure se feist armer de chi ef en chief puis lescu print et a cheual mõ ta/ ce faict apres sa seur sen va laquelle esto it deuant allee. Ensemble sen võt cheuaul chant en la forest ou sont entrez le plus dil ligentement quil peurent vers la maison au bon hermite. Perceual deuãt luy regar de ⁊ choisist aupres dugne loge vng cheua lier moult bien monte/ grand et bien faict et aduenant. Et Perceual ne se hasta pour sa belle seur compagnier. Et quant le che uallier les veist venir tout le chemin ferre a son destrier donna des esperons ⁊ sen vit deuers Perceual lequel hautemẽt il escrie quil dellaissast ceste pucelle et ꝙ pour luy la veult auoir. Certes faict Perceual be au sire sil vo⁹ plaist ailleurs penserez car ce ste pucelle est ma seur ie ne souffriroie pour nulle chose que quelque cheuallier lemme nast. Je le crop faict le cheuallier moiennãt

que cil vous doubtast que pour craincte de vous la voulsist laisser. Mais pourtant ꝙ poinct ne vous doubte ie vous dis ꝗ la pu celle ⁊ le cheual ie vouldray emmener sãs faille/ pource se vous ne losez deffendre vo me la laisserez en paix ⁊ vous en prez vou stre voye. Quant Perceual sentent parler ny eust ꝗ courroucer a luy/ vng petit la res ne de son cheual tire puis dist ainsy au che uallier/ vo⁹ voullez donc que ie vous quit te tant la pucelle que le cheual ie layme pl⁹ que ne cuidez ⁊ pource se auez follie dicte te pente vous si vous voullez car voustre ne sera par force. Alors sans plus atarger les bons destriers esperonnerent et se vindrẽt entreferir/ et le cheuallier Perceual fiert hault en lescu par si grand force que la lan ce en pieces volla. Perceual pourtant ne tõ ba. Mais si bien le cheuallier actaint de sa lance par my le corps que oultre luy passa bien deux piedz/ et puis est mort verse par terre. Et perceual retraict sa lãce du corps a tout le fer sanglant et a son sentier sen re tourne et bailla a sa seur le cheual du chr̃ lequel luy feist mener a dextre/ ⁊ se prindrẽt plustost a aller quilz nauoient au parauãt faict Car le iour a declin venoit. Tant ont erre qua lhermitaige sont venus/ et ia lui soit la lune clere et belle. Lors perceual vit au guichet appeller car la maison enclose estoit pour les bestes sauluaiges ꝗ le preu dhomme craingnoit leꝗl moult saincte vie menoit. Si tost que la voix eust ouye de la chappelle ou il estoit et ou a dieu il faisoit sa priere se leua sans atarger car seruiteur nauoit ne clerc/ ne compaigniee fors que di eu/ au guichet est tout droit venu quil ou urit. Et si tost que leust Perceual apper ceu bien humblemẽt le salua aussy a faict la damoiselle. Adonc lhermite voiant que mestier eurent de loger leur dist que leans entrent et ꝗl y seront heberger. Car pour tout lauoir de ce monde neust aulchune ment parle puis que la nuict venue estoit

E.iiii.

et q̃ le soleil fust absconce. Lors Perceual est descendu et puis a prinse sa seur qui sur le palefroy estoit et ce faict a mis les cheuaulx au cler de la lune paistre. Et le preudhomme leur apporte orge et auoyne tout ensemble et puis apres leur faict signe de menger de telz biens quil a. Et ilz dirent q̃ besoing nen auoient. Atant le preudhomme les laisse et est en la chappelle entre et perceual sur lherbe pres de sa seur se coucha iusques au matin que le iour veitēt a lacq̃le heure Perceual se sueilla qui puis en la chappelle vint ou ia trouua son oncle reuestu pour messe dire. Et quāt Perceual fust en la chappelle entre haultemēt a souspirer se print en se recordant de ses pechez puis a sa patenostre dicte et aultre oraison ne scauoit que sa mere luy auoit aprise. Alors a le bon hermite la messe du sainct esprit chātee q̃ Perceual deuotemēt escouta et veist comme il luy fust aduis vng ange q̃ a chāter luy apoit que dieu du ciel y enuoia. Quant la messe fust celebree/lhermite yssit de la chappelle et quant la pucelle il apperceust bië congneut que sa niepce estoit/mais Perceual poinct ne le congneust car veu de pieca ne lauoit/eux deux ensemble les sallua et puis demanda a sa niepce cōme present elle se faisoit. Sire oncle faict elle Ioyeusement de ce q̃ dieu ma tāt aidee q̃ le mien frere ma rendu que ie cuidoie auoir perdu veez le cy Cest Perceual pour qui ma mere eust tant dennuy comme bië vo⁹ scauez cher oncle. Lhermite a souspirer se prēt puis perceual au pres de luy fist assoir et luy a dist mon doulx amy voustre pere et moy fusmes freres et en ce lieu gist voustre mere que ceans ie feis apporter et enterrer deuant lautel / a ceste heure lhermite se leua puis les a au moustier menez ou la sepulture leur monstra qui estoit dung paille couuerte et si tres bonne odeur gectoit q̃ nul ne le scauroit racompter. Lors Perceual commenca a pleurer quant de sa mere

luy souuint. Puis son oncle le print y la main lequelle faict aupres de luy asseoit qui luy fist de belles remōstrances et puis daffection luy prie que sa vie luy veuille compter. Perceual luy declara sans riens delaisser ne obmectre Comme a laultre foys auoit faict et en fin de cōpte se print bien fort a souspirer. Apres ses targer luy a dist comment sen alla heberger en lhostel du Roy peschor lequel grand honneur luy porta en quel lieu est le graal et la lāce qui choses sont fort precieuses et comment rien ne demanda et sen partit sans en scauoir la verite Et commēt il auoit este au lieu ou les eschez sōt que la pucelle garde et du cheuallier luy a dist la nouuelle qui estoit dedens cest archet et de celluy q̃ luy auoit la teste et brachet tollu et comment il auoit suiuy dedens la grande forest ramee/apres du sō on luy compta et comment soubz larbre loc cist dont le cheuallier eust transmis au roy arthus et la pucelle. Et apres generallement luy compta tout ce quil feist en son viuant. Alors luy a lhermite dist menez vo⁹ tousiours deux destriers. Non faict il mō treschier oncle ie nen requiers ne demande q̃ vng mais rencontray vng cheuallier arsoir quant se vint la vespree pres dicy en ceste forest qui follement me laidoia et me serit de telle sorte que sa lance dessus mon escu brisa/puis recouuray y si grād force q̃ ma lance par my le corps luy passa plus de deux grands piedz que ie delaissay mort sur terre duquel ay le destrier ceans amene/se retenir vous le voullez faictes en ce q̃ l vo⁹ plaira il est aussy doulx qung agneau et va les ambles aussy suef cōme selon estoit en vne nauire. Ie nē ay besoig faict lhermite mais moult il vous deburoit desplaire dhomme occire en telle maniere. Aussy le bon hermite le corrigeoit q̃ estoit de moult sctē vie. Perceual du cueur souspira moult tendrement si luy a dist Sire faict il se ie la verite scauoye de la lance dont le fer saigne

a du graal et de lespee qui ne peult estre re-
souldee se nest par ung seul cheuallier que
ie ne scay pas qui il est ne q doibt estre car
poict ie ne me suis enq̄s cōe ie pere de ce fai-
re et quant la berite scauray iamais de cho-
se ne me croiez ie a mon debuoir ne mectz
pour faire ma saluatiō et pour paradis las-
sus auoir. Et ainsi ie le bo9 promectz aussi
esse chose toute. ie ne menquiers faict le
preudhōme pour ceste fois plus quant en
parler. Adonc hors du moustier sortirent
et vont en une maisonnette qui a lhermite
appartenoit/ou tous trois ensemble se assi-
rent. Et tost apres leur apporta le bon her-
mite a menger Tous les mectz vous puis
bien nōmer/grapes de raisin et pain blanc/
leur a q ce matin donne que ung ange au
preudhomme apporte auoit par le cōmāde
ment de dieu ainsi le faisoit chaschun iour
eau clere deuant eulx leur meist q si en beu
rent a leur plaisir car onques en sa maison
nette neust vin ne citre ne seruoise le saint
hermite que vous dis il se passoit a de le-
au pure.

Pres menger leuez se sōt
Lors Perceual concluds
quil sen yroit Et quil a-
uoit grand chemin a fai
re auant quen leur ma-
noir entrer. Mais ains
quil se missent en voie les a moult le saint
hermite sermonnez et donne de bonnes ex
emples de dieu qui passion souffrist / q de
la resurrection et consequamment de toute la
creance. Et quant les articles de noustre
foy leur eust dist q enseigne/dist a perceual
doucemēt/nepueu dist il ses articles doibz
tu entendre et les aprendre se tu ne les scez
q cōme ung bon crestien les croire/ q a hō
neur tu paruiendras cy bas en se siecle mor
tel q a la fin ton ame sera colloquee lassus
au regne qui ne fine que celluy tient en sa
puissance qui forme toute creature lequel
tu doibtz sur toutes choses aorer seruir et

louer. Adonc Perceual Respondit que bien
lentend et que ainsi le croit/et que se dieu
plaist il sera iusques au ciel de sa mesnie
auecq̄s ses benoistz saictz. Et dieu loctro-
ie faict le preudhōme ainsi que voustre cu
eur desire. Atant ont de lhermite conge
prins/et puis a cheual remonterent et tāt
ont erre droictement en la forest par une a-
dresse quilz reuindrent a leur manoir / ou
tost ceulx de la mesgnie leur vindrent au
deuant et des cheuaulx les descendirent.
Puis entrerent en la maison et a cōmande
la pucelle que la viande soit hastee et pen-
dant que lon prepara le menger sest faict
Perceual desarmer et quant les tables fu-
rēt mises Perceual q sa seur lauerēt q se as-
sirent sans atarger ou a ce repas ne leur
fust que poisson serui car pour ceste fois ne
voullurent de chair gouster. Quant men-
ge eurent en liesse. on feist le lict de Perce-
ual le plus ornement que lon peult ou as-
sez tost sest retire par ce que las et trauail-
le estoit dauoir deux nuictz lune suiuant
laultre dessus lherbe fresche couche. Sa se
ur qui de bon cueur laymoit sen alla aussi
reposer. Ainsi toute la nuict dormirent/ius
ques au iour que le solleil leua / qui toute
la terre enlumine. Adonc Perceual se leua
qui tost eust assez aide pour se vestir et pre
parer: la pucelle pareillement sest a la mes-
me heure leuee. laquelle tost est venue a
Perceual qui au lict trouuer le cuidoit/ma
is de pieca leue estoit: son haubert luy fust
aporte et ia auoit les genouilleres lassees
Et aussi que son haubert endosser voulloi-
t/a luy sen vint la damoiselle qui entre
ses deux bras lacolle auquel elle dist: chier
frere que voullez vous faire lay le cueur de
deuil tout perce et ne scay ou ie me doibtz
traire se de moy voullez departir ie suis
certainne que de brief ie mourray. Certes
auecques vous men yray car trop me lais-
sez esgaree de bes ce bois ou me voiez orphe
linne de pere q de mere: se dellaisser vous

me vouliez vous cõnecterez grand pesche considere que mon frere estes. Seur faict il ne vous troubles poinct. Car de brief a vo9 reuiẽdray ⁊ iene scauroie delaier a la chose que iay entreprinse pource comme fille prudente cesses le deuil qui trop vo9 nuictz vous ny pourries quauoir dommaige pour voustre saincte contregarder. Lors se contẽte la pucelle et Perceual se departist la laissant moult triste et marrie et toute la mesgniee aussy pleurant et se desconfortant.

¶ Comment apres que perceual eust este auec sa seur p̃ lespace de trois iours il prit cõge delle ce que attroy et elle ne luy voulsut/toutesfoys il sen partit luy promectant la venir reuoir asses brief/et entra en vne grãde forest ou il coucha deux nuictz sans boire ne menger auant quil peust trouuer hostel.

Erceual sãs pl9 atarger sen va brochãt des esperons tant qua sa grande forest entra/tout le lõg du iour ne cessa de cheuaulcher iusques au soir auant quil veist ville maison ne chasteau ou il peust logis auoir si que il fust contrainct a la forest gesir en atta... nt la matinee/⁊ si tost que le soleil veist raier dessus son destrier remonta qui tout le iour ne fina derrer sans rencontrer aulchun cheuallier maison ny aultre creature ains luy conuint comme la nuict precedente en la forest gesir de quoy grãdemẽt luy desplaist q̃l ne peust trouuer que mẽger Au tiers iour grande iournee tefeist mais ains q̃ nonne fust sonnee vint tout droit a vne riuiere qui pres dugne quartiere estoit. La riuiere estoit grãde et large parquoy ne scauoit comment la passer. Alors en regardant de loing apperceut ⁊ veist vng petit põt mais bien petit le pouoit veoyr/lors commença a cheuaulcher et voit cõtremõt vng rocher vers le val la plus belle champaigne et la plus belle et grande prarie q̃l auoit veu de son viuant / puis veist vng moult riche chasteau dõt toute les pierres des murailles furent de marbre couloure de rouge ⁊ de iaulne/tours y auoit haultes ⁊ belles et bien faictes et fort ouurees ⁊ sal le si grande ⁊ si large que dicy a Rõme ny en eust vne si belle. Et quant Perceual lapperceust ne sest tant soit peu atarge ais a tant son cheual haste que la montaigne deuale ⁊ au chasteau est par la porte entrq̃ a merueille forte estoit ⁊ si tost q̃l fust oultre passe la porte est close et fermee sans q̃ nul y eust atouche dont Perceual se merueilla pource q̃ nullui ny a veu/et si luy soucie na grand ennuy q̃ si tost fermee p̃ la voit vers la salle tout droict sen va/a lhuis vit oir quatre colombelles dedẽs la salle veist toutes de cuiure et bien ouurees et toutes dorees de fin or. Dicqs colombes mieulx ouurees ne veist homme en iour de sa vie. Vne table des9 estoit la plus belle de tout le monde/et fust faicte de fin arain et de long auoit bien trois toises et de large enuiron cinq piedz: et a vne chaine dargent p̃ pendoit vng martel dacier dore doret bien esmaille ⁊ la table pareillemẽt estoit aussi toute doree et esmailliee richement Perceual a la table regarde les coulõbes et le martel qui moult luy semble belet gent apres la painture contemple de la table et le bel esmail quil tint a bien grande richesse.
Quant il eust toust bien regarde descendit ⁊ puis aresna son cheual a vne colombelle/chose ny voit qui luy plaise ne qui sa mesaise luy oste vin ne viãde ny trouua et ce voiant se print a dire certes faict il ceste maison est grande mais dedens ny a pain ne vin/mieulx me vaulsist estre alhostel dug bouuier ou dung charbonnier moiennant que ieusse a menger q̃ bel manoir mourir de faim. Vng prouerbe dist nõ sans cau

ſe que lhomme plus a ſon aiſe boit a la peti-
te fontenelle que en vne grande ne feroit/
diſt que mieulx luy commanderoit ſabaiſ-
ſer pour mieulx auoir que trop monter et
ſe doulloir/atant dedens la ſalle eſt rentre
et prent le martel a approcher que mout
manniable ſentit duquel trois coups il en
fiert ſur la table de telle force et de telle ver
tu que tout le chaſteau fiſt fremir et tout a
ſenuiron retentir car la table vng tel ſon re
dit que toute la ſalle en braſla. Lors eſt ve-
nu vne pucelle fort belle et bien aduenant
laquelle ſeſt a vne feneſtre apuie ainſy com-
me toute matrie et ſi eſtoit eſcheuellee la ql
le haultement ſeſcria. Sire vaſſal ſire vaſ-
ſal fiſt elle, certes trop de mal auez faict de
ſi tres durement ferir quel beſoing vo⁹ fiſt
cy entrer dictes le moy ie vous en prie. cer-
tes faict Perceual amye Ie ne le vous qui-
ers a celler ie ny viens fors que pour heber-
ger et la pucelle luy Reſpond ſire par tous
les ſainctz du monde en bon hoſtel eſte ve-
nu et croy que depuis que nacquiſtes vous
ne euſtes vng auſſy ſeur/ les murailles ſōt
aſſez haultes et eſt la porte bien fermee et
ceſte ſalle eſt grande et large bien vo⁹ y pour
rez a vouſtre aiſe quelle part quil vo⁹ plai
ra geſir. Et ce diſt ſen eſt retournee. Et per-
ceual a qui mout il ennuye haultement la
pelle et eſcrie/parlez a moy doulce pucelle et
celle ſen va ſans mot dire ne ſans reſpōdre
aulchunne choſe/dont Perceual fuſt en eſ-
moy tāt quil ne ſcait que faire ne que dire/
partout va querāt la pucelle mais ne ſcait
ou elle eſt entree. Ny euſt chambre quil ne
cherchaſt ne chambrette ne garnier ne gar-
de robe ne cellier loge tornelle ne cuiſinne
mais il na nulle rien trouue parquoy en ce
ſte belle ſalle et a ſon cheual reuenu ou pre-
mierement fuſt entre / et apres quil euſt
vng petit peſe le martel a prins ſans def-
fence duquel trois coups ſur la table en fra
pa laquelle ſi grand ſon rendit que dung li
eue fuſt ouy. Lors eſt venu vne aultre da-

moiſelle a la feneſtre de la ſlle ne apparoiſ-
ſoit q̄ les eſpaulles et le chief/ qui Perceual
miſt en raiſon.
¶ Sire ſire faict elle grand meſpriſon fai-
ctes quant ycy nous tuez. Et croiez que ſe
quatre coups ſur ceſte table de ce martel
tuez que vous verriez ceſte tour tomber
et nous et vous deſſoubz mourir ſi que nul
garantir ne vous pourroit. Par cellui dieu
qui tout gouuerne faict Perceual ma doul-
ce amie ſa pour requeſte ne pour priere que
vo⁹ ne aultre au iourdhuy me facez ne laiſ-
ſeray que ie ne fiere par telle maniere et tel
le force que ſe pour cent coups doibt cōfon-
dre ceſte tour et le pallais fondre ien feray
deux cent ou plus pource donnez vous en
garde. A tant euſt le martel leue et euſt ta
la dite eſprouuee quāt la pucelle luy eſcri-
re ſire ſe ne ferez pas laiſſez moy vng pe-
tit a vous parler et ſi vous en voullez al-
ler ie vous feray la porte ouurir. Alors reſ-
pondit Perceual plus toſt iuſques au ma
tin demourray faict il et du matin iuſques
au veſpre que premier ne voye que mieulx
me viengne ou q̄ me allaſſe a la foreſt muſ-
ſer. Atant ſe taiſt et plus nē diſt. Et la pu-
celle ſe prent a rire pource que le martel te
noit et que ſi beau elle le voit et pource ql
ne ſebahiſt de ce quelle luy a compte/ ains
eſt pl⁹ vermeil qune roſe. Et ſiette de leo-
pard ne de lyon ne valloit vers ſa ...
ce. Alors la pucelle amyable luy a diſt Si
re or entendez et vng bien petit atendez ſi
orrez eſpoir tel nouuelle qui vo⁹ ſera ou bel
le ou laide. Haſtez vous dōc/diſt Perceual
car trop mennuitoit le targer et poſſible tāt
me greueroit que ie ne le pourroie ſouffrir
Pource mectez vous toſt en voye et icy vo⁹
actendray. Sire faict elle ie my en voys.
Mais pour dieu et ſa doulce mere ne frap
pez plus ſur ceſte table. Lors ſen retourna
la pucelle de la feneſtre comme celle qui bi
en les eſtres ſcauoit/ puis a trois pucelles
appellees a tournees mout richemēt quel

le amena quant et elle en la salle ou Perceual estoit lequel encores le martel tenoit q̃ haultemẽt le salluerẽt: puis lune delles le cheual prent et la mene en vne estable ou on luy dõne a suffisanse bõ sain ⁊ de tres bõne auoyne. Les aultres troys emmene ont perceual vng petit arriere de la table ou hũblement sont desarme en la salle mesmes ou il ont trouue qui richemẽt estoit encourtinee de draps de soye imperiaulx de toutes coulleurs de tous lez brodez de fin or de quoy Perceual se merueille/a tãt est du ne chambre yssue vne pucelle fort courtoise laquelle en sa main portoit vng riche mãteau fourre dermines quelle a a Perceual affuble. Et luy dist Sire cheuallier maintenant bien vous en pouez venir dedens la chambre de ma dame ou sil vous plaist en ceste salle demourer vous aurez ce quil vous plaira. Et Perceual dist quil yra veoir la dame de ce chasteau. Atant en la chãbre le mainnent/dont les murailles furẽt dambre dor painte et a estoilles dargent et trop a dire verite que oncques homme ne veist vne si riche ne triumphantement ouuree. Et dedens ceste chãbre y auoit a mõ aduis plus de cent damoiselles coictes aduenãtes et courtoises acoustrees de riches atours et toutes dugne coulleur vestues et sembloient toutes estre dung aage dung corsaige ⁊ dugne maniere ⁊ chaschũne estoit desublee. Si leur apparessoient les cheueulx plus relluisans que nest fil dor. Et toute ouurerent de soye. Et quant Perceual apperceurent contre luy toutes se leuerent et le salluerent humblemẽt. Perceual le salut leur rend merueilleusement resiouy de ce q̃ celles luy font ioye/et apres toutes reuerences faictes sest aupres de la dame assis laquelle estoit blanche comme neige et coulouree comme la rose quãt la rosee la mouillie.

Erceual souuent la dame et la compaignie regarde ny a celle q̃ ne luy plaise. Alors neust mesaise ne faim et si na deuil de nulle chose car en tout luy voit tant de bien quen son viuant tant ensemble ny auoit veu. Lors le meist la dame a raison et premierement son nom luy demãde. Perceual point ne luy celle:ains lui a voullu nomer et puis y luy a racompte comment p̃ la forest erra par trois iours sãs hostel trouuer ou il peust estre heberge ne aise de aulchune chose. il peult bien estre dist la dame. Car en ce bois a main senestre pourroit on bien huict iours errer ains q̃ lon peust manoir trouuer ou ily eust pain ne viande. A ceste heure commanda la dame les tables mettre. En ce chasteau ny auoit cheuallier escuyer sergés ne varletz mais force de dames de damoiselles et de pucelles qui toutes errammẽt ont les tables mises/et puis seaue leur apporterent dont la dame et Perceual lauerent/et consequamment toutes les aultres. Perceual ⁊ la dame ensemble mengerent a moult grand deduit/⁊ ainchois q̃ le iour faillist y eust tant de cierges allumez q̃ la clarte y fust si grãde q̃ ce stoit admiration. Diades eurent a plate chair grosse et menue de toute venaison et de toutes manieres doyseaulx du poissõ y eust largement lus saulmon tãs frais que salle et de plusieurs aultres sortes et especes q̃ chose seroit ennuieuse qui tout le vray en compteroit. Apres le menger ioyeusement et delectablement prins commanderẽt les nappes oster/a quoy faire sen entremirent assez tost celles qui mises les auoient. Lors Perceual qui au pres de la dame seoit luy demanda le nom du chasteau et commẽt ce la aduenoit que leans il ny auoit veu cheuallier escuier varlet ne sergent. Sire faict la dame ie ne le vous quiers celler/car frã bous boy τ debõnaire et me semblez hardy τ preux τ pource sachez que ce chasteau est nomme le chasteau aux pucelles τ possible que aultrefois en auez ouy parler. Et sil vous plaist vous diray cõme la chose est aduenue moiennant que mẽ veuillez escouter. Certes dame faict Perceual cellup malgracieux seroit qui voulẽtiers nescouteroit ce q̃ belle dame veult dire: par quoy sil ne võ ennuioit ie vouldroys bien ouyr compter la raison et pourquoy la porte fust fermee si tost que ie fus au chasteau entre et du martel et de la table et de la salle qui estoit a lentree sy vuide τ tãtost ie la veis aornee. Sire perceual faict la dame de tout certain ie vous feray vous debuez entendre que cy en ung desert demourons a quatre grandes iournees loing de gens/ et nõ sõmes toutes celles que võ voiez icy assemblees et si vous dis que toutes sommes dugne parẽte dũg aige et dugne voulẽte. Et auons aussy sans mentir en ce lieu incontinent ce q̃ nõ voullõs τ quil nõ plaist τ pource que la place veis belle y ay faict faire ce chasteau qui est sur la tiuiere assis. Et võ dis bien q̃ oncq̃s masõ ne charpẽtier ny meist les mais ne iamais villaĩ ny logea et fust basti τ faict par quatre pucelles. Et quãt il aduient a la fois que quelque chr̃ ceans vient q̃ va aduentures cher cher nõ sõmes bien toutes certaines quil a de reposer mestier si le laissõs ceãs entrer τ luy entre fermons la porte si sen vient tout droit a la salle τ quant ainsy gaste la voit sil est craintif couart ou esbahy il cuide bien estre trahy et pource sen ist hors de la salle aussy sil nest aduise de ce martel ferit toute la nuict sera la veille a circuier le chasteau et ne trouuera qui le regarde/ τ puis quant se viendra le matin il sen yra ou y luy plaira sans auschun empeschement auoir/ et sil est si saige τ si aduise de frapper deux ou trois coups de ce marteau dessũ la table loge sera moult richemẽt τ serui a sa voulẽte. Dultre võ dis q̃ sergẽt ne voullõs auoir

car si tost auõs noz desirs q̃ souhaiter nõ les voullõs et sans labeur peine ne trauail auons nous apres tant de biens τ aussi grãde plenitude que prou nous en demeure de reste. Atant a la dame son cõpte acheue q̃ bien Perceual a noté τ entendu. Lors ia estoit la nuict assez obscure parquoy eust grand tallent Perceual aller gesir et vous dis bien q̃ si las estoit τ trauaille que pres de la dame il sendormit. Laquelle fist ung lict en la salle faire p deux pucelles τ quant il fust faict et richement couuert la dame a Perceual pour le esueiller ung petit voute en disant sire faict elle esueilliez võ car grãd tẽps est daller coucher moult trauaille estes τ las parquoy pieca võ debuetiez estre en repos. Alors sest la dame leuee q̃ entree est en une chambre et toutes les pucelles auec elle/ fors seulemẽt deux damoiselles q̃ auec Perceual demeurrent iusque a ce q̃l fust couche et endormy τ ce faict sen retournerent en leurs chambres.

¶ Perceual toute la nuict dormist τ reposa iusq̃ au matin q̃ le soleil apperceust et ainsy quil regarde au tour de luy se trouua dessoubz ung moult hault chaisne bien feuilleuz tame τ pres de luy a aduise son destrier sa lãce son escu τ ses armes τ estoit sõ destrier tout prest τ appareille a monter dessũ de quoy fust Perceual bien esbahy lors prit ses armes τ puis sen appareille le plũ legieremẽt quil peust τ ce faict est dessus son cheual mõte. Adonc autour de luy a cõmence a dire/ o mõ dieu faict il iay geu ceste nuict en ung lict dedens le chasteau aux pucelles ou salle et haulte tour y veis τ lenuirõ de fors τ de haulx murs τ maintenãt autour de moy ie ne voy borde ne maison porte muraille naultre chose ie cuide τ veritablement pense que ce que veis estoit faerie. Toutesuois plaidre ne men doibz car tresbien y ay este traicte et couche honnorablement. Atant perceual de dessoubz ce chaisne se departit τ tant par my ung boys erra quil a trouue une vallee

f. ii.

et apres la plus belle lande la plus large
et la plus grãde qui soit de ce lieu iusques
a naples et a lentour vne belle forest y auo
it/& fust ceste lande longue de pl9 de deux
lieues & demie au millieu de laquelle estoit
vng arbre hault et le/et fust si estẽdu si plã
tureux et si large q̃ cent cheualliers eussẽt
biẽ a lombre este assis pour menger et to9
ceux pareillement q̃ seroient ordõnez pour
les seruir. Et apres de cest arbre estoit vne
belle tente dressee laq̃lle fust de riche pour-
pre et eschiqueter de quateaulx blancs les
cordes furẽt de soie inde & estoit le pomme-
au de dessus de fin or bien faict et esmaille
de gueulle lequel si tres fort reluisoit q̃ tou-
te la lande en siembloit: et aupres de celle
tente deux loges y auoit faictes de mes-
mes & de telle facon. Lors perceual vers ce
ste tẽte vint & quãt fust a lhuis se signa et
dentree veit vng lict couuert de fin satin
blanc/le tout brode a fleurettes dor/& aultre
ny a veu. Adonc a son chief retourne et se
prend a regarder au tour de larbre ou adui-
sa vne pucelle biẽ richemẽt vestue dugne
robe fourree dermines & estoit ceste robe
mipartie de blanc/& de rouge/alors Perce-
ual sapprocha & vist a cest arbre vne teste
de cerf pẽdue de douze branches. Or cuide
bien estre certain & asseure q̃ cest ceste q̃ per-
due auoit. Mais poit il ny voit le brachet
qui est la cause qui plus mect son cueur en
frisson & en peine: si ne scait q̃ dire ne q̃ pen
ser. Puis la pucelle sallua mais le salut peu
luy agree car bien a Perceual recõgneu au
quel elle dist. Sire vassal faict elle cest grãd
dõmaige et grand peche quant vng mau
uais vist aussy long temps comme vng
preudhomme et pour vous ceste raison dis
le diable vous a bien saulue et garde que
pieca nauez este hõny ou occis. Mais vo-
stre terme est present venu car passer ne po
uez ce iour douoir honte ou quelque vergõ
gne. Jay espoir que dieu mayderaa faict per
ceual belle seur. et croiez de ce que vous me
dictes ie nay doubte fraieur ne craicte: ma
is vo9 me direz sil vous plaist la cause &
la raison pourquoy ie doibz en ce iour estre
occis. Ne te souuient il pas faict elle que le
petit brachet me tollis lequel depuis ie re-
couuray et est encores en ma possession ma
is croy q̃ point ne le verras ne ta ne seras
si hardy que tu luy oses la main tendre: tu
peulx aussy voir a cest arbre la teste du cerf
q̃ tu occis lequel tu prins na pas long tẽps
dedens le bois de la pucelle laquelle oncq̃s
depuis nouit nouuelle de son brachet que
tant aimoit: actendu la iusques a pñt & si
en le peult encore actendre car tant que son
corps aura vie de par toy ne le recouuera.
Quant Perceual ceste nouuelle entẽt si ne
luy fust elle pas desplaisante pource que si
en peust auoir son brachet recouure. Lors
vint a larbre ou sans actendre la teste du
cerf destacha & puis le meist sur la belle her
be/de quoy fust la pucelle tant yree & dolen-
te q̃ rien plus qui dist ainsy. Ha dieu du ci
el quant viendra celluy qui de ce bien me
vengera. Atant a perceual en la forest ouy
deux fois vne trompe sonner. Et apres en
se retournant vng cerf apperceust legere-
ment venir qui si las estoit de fuir que a bi
en grand peine pouoit il plus son allaine
rauoir la langue plus de demy piedz auoit
hors la bouche tiree. Apres le suiuoit vng
brachet qui le cerf pinçoit par les cuisses
aigrement & assez souuent/& biẽ legiere-
ment venoit vng cheuallier courãt aps biẽ
monte & fort biẽ arme & si estoit plus blanc
q̃ fleur de lys & si portoit vne grande lance.
Ainsy arme sans point descule cerf & le bra
chet suiuoit & de fois aaultre sonnoit vne
trompe par grãd vigueur si que toute la fo
rest en resone qui moult estoit grande & feu
illue. Le cerf que vous dy ne sina de courir
iusques a larbre/ou il se arresta qui du bra
chet est de moult pres tenu. Le cheuallier
qui apres vient et qui lõguemẽt lauoit
suiuy/actaint le cerf par si grand vigueur

au coste dextre que sa lance oultre luy passa bien deux piedz et demy: parquoy le cerf tōba a terre/et fust en ceste sorte pris: atāt est venue la damoiselle qui au blanc cheuallier escrie en disant sire fuict elle desoꝛ bz cest arbre vng cheuallier y a q̄ m'a faict ce iour assez la mēter. Commēt fist il avez eu de par luy quelque chose a vous contraire ou se villennie vous a faict. Mon faict elle mais voustre teste de la q̄lle faisiez tant de cas a de la brāche despēdue et puis mise dessus cest herbe/et maintiēt q̄ dict quelle est sienne/et plus voustre brachet reclame/et veult dire quil est a luy/et soubstiēt q̄ tollu voꝰ luy avez et le prinstes devant ses yeulx sans son gre et sans son cōge oꝛ apꝝs voꝰ tāt cherche q̄ se raura sicōme il dist Quāt le chr̄lr blanc sentent dyꝛe a de mal talant fremist/adōc sō cerf dellaissa et tourne son cheual vers Perceual lequel estoit sur sa lance apuie. Et puis luy print le cheuallier a dire vassal faict il a ce que ie voy voꝰ me avez en ce iour faict grand desplaisir et grand ennuy pource dicte moy qil voꝰ meine Je voꝰ diray faict Perceual ceste espee et ce cheual a cest escu qui est d'acier mō haulbert et mō heaulme et ceste longue a forte lance me cōduisent soiez certain cōtre tous les miens ennemie/la petite voꝰ en ay dicte/a pource sil vous vient a gre rendez moy prēst mō brachet que si longuemēt ay mis a le chercher car certes ie le veuil avoir. Et cil iure par le hault dieu quen nul iour ne luy rendra. Perceual dist que si fera maulgre quil en ait/puis q̄ par amour il ne le peult rauoir/ pource ce iour ne luy en requera/car il voit quen plusieurs manieres en hōme felō ny a point de doulceur/a en orgueilleux peu demour/a en hōme trop tost esmeu ny est humilite trouvee dont assez souvent luy meschiet. Esta avez a bonne escolle faict le cheuallier que si bien vous avez a parler a prise. Mais trop scauvez saigement sermonner ais que voꝰ

en puissiez mener le brachet que tant avez quis. certes dist Perceual beau sire iamais iour ie ne le quiers avoir se ie ne lay encōtre vous conquis et pource faire vous defie. Quāt le cheuallier lentendit est de mal tallent a dyre tout esprins lequel a tost son escu qui estoit apuié a larbre et ne failloit q̄ vestir armes car bien en estoit revestu qui furēt riches a merueille. loꝛs mirēt les cheuaulx en course a se entreferirēt si rudemēt q̄ tous deux allerent par terre ou furent si fort estonnez que longuement y ieurēt sās eux relever/et les cheuaulx si durement se hurterent des poictrinnes et des testes q̄ peu sen fault quil ne se escervellerent. Et quant les cheualliers eurent par quelque espace de temps este a terre ze releverent en estāt/ loꝛs ont leurs espees traictes cleres et cōme rasoir trenchātes deschles plusieurs coups en donnerēt sur les escus desquelz ilz se couvrirent. Long temps esgallement ensemble se combatirēt tant estoiēt preux a vertueux si que ne muerent par longue espace dung estat. Apres ferit Perceual le chr̄lr sur le heaulme vng si grand coup q̄ se il l'eust a plaing actaint iamais ne fust sās mort euadé/mais lespee cōtre val tourna enuiron le nasel du heaulme si q̄ le sang tout cler en sortit. Le chr̄lr de ce coup n'est estōne a biē le rēt a Perceual tellemēt q̄ plusieurs fois de sō heaulme il en a faict le feu saillir/tant ont lōguemēt cōbatu quilz ne scaivent qui doibuct faire si fort sont desrōpus et las. Loꝛs perceual du brachet luy souuiēt a voit que coꝛes celle le tiēt q̄ tāt le auoit mocq a gabe qui luy fist pꝛe a sa douleur redoubler sa vigueur et sa hardiesse. Puis dist a soimesmes/ certes faict il grand deshōneur puis avoit a plꝰ grāde hōte quāt ceste bataille tant dure. Loꝛs a trois coups au cheuallier donne par si grande force que peu sē fault q̄ ne la occis. Adōc le chr̄lr voyāt estre si durement par Perceual poursuiui moult doulcement mercy luy prie et que

f. ii.

p charite et courtoisie il ne le veuille occire/ Perceual dict que ia ne le prendra a mercy quant tant p̄ luy a facit de deshonneur et de hõte. Sire faict il voustre vouloir de moy ferez sil vo⁹ agree mais peche faict q̃ hõme occist par desraison quant a mercy se mect. Lors pitie Perceual en prent et dist que mercy en aura par tel conuenãt q̃l sẽ yra rendre prisonnier au Roy arthus & le brachet q̃ tãt a detenu luy rendra et a ceste heure la deliure et aussy q̃ auecques luy il meinera en court son ampe la pucelle laq̃lle a la Royne il p̃stera ou il dira de poit en point la cause & laffaire par quoy se rẽdrõt en court prisonniers. Et cil vouletiers luy octroie aussy luy en fust il besoing car aultrement il eust este occis.

Ainsy ensemble se accorderẽt par le couenãt qui est dist et puis dessus lherbe se assirẽt pour leur rafreschir et reposer. Lors Perceual se prist a demãder au chr̃r qui luy veuille dire le nõ de luy & de sampe & cil respõd sans atarger sire fait il Garsalas on mapelle filz au bon duc de reueloie & mamie est Trisseus nõmee q̃ moult est blãche large & frãche debõnaite courtoise et saige la verite vo⁹ en ay dicte/ mais sire de par qui me rẽdray ie a la mercy du Roy arthus. De par perceual le gallops pouez dire ainsy suis nõme si: en ferez moult festoie & honnore cõme iespere: Or vouldray ie de toy scauoir se tu me scaurois nouuelle dire du chasteau de la pucelle q̃ le brachet me recõmãda. Sire faict il rien ie nẽ scay: dictes moy donc du chr̃r q̃ de mõ cheual mabatist a latchet aup̃s de la roche ne mẽ cellez la verite car aller my fist vou stre ampe demãder pourquoy ainsy gisoit. Ie ne scay pas pourquoy il estoit en cest archet ou sepulture. Mais ie soup̃ du tõbeau tout arme derriere moy venir q̃ plus noir estoit

q̃ une meute & fust aussy sõ cheual noir/ puis des lãces no⁹ entreferismes cõme bien vo⁹ deux auez veu et lors mõ brachet me tollistes sans vng tant seul mot me dire. Puis des armes le chr̃r oultray/ mais ais que ie le sceusse p̃dre dedẽs ce starchet se remist. Ie allay apres et lapellay pour m̃enquerir et pour luy demander en quelle part trouuer ie vo⁹ pourroie. Mais tant ne le sceus appeller q̃ung seul mot il voulsist respõdre que dehors a moy voulsist venir/ et oncques puis ne vis cheuallier ne pucelle qui me sceust aulchunne nouuelle dire pour vo⁹ prie me dire se vous scauez q̃l deuint ou il est alle car moult desire a le scauoir. si re faict il la verite vous en diray. Sachez que le cheuallier est mõ frere/ et si nest pas filz de ma mere car mõ pere deux femmes eust & aussy tost q̃ mon frere peust armes porter se partist & telle prouesse acquist telle noblesse hardiesse & vigneur que de mõ vinãt ne ouys dung grigneur parler et deuint puis si vaillãt et si preulx q̃ cest le meilleur chr̃r q̃ lon trouuast en nulle terre/ les aduentures chercher alla cinq ans entiers sans arrester ne oncqs chr̃r ne trouua en ce tẽps q̃ ie vo⁹ viẽs de dire tant fust il sca ne couraigeux q̃ par armes ne le conq̃st et que par force ne locsist. Ainsy les cinq ans emploia aux armes tant q̃ par aduenture entra en la richesse dauallon ou en vne forest pres dung rocher et dugne biẽ clere fontainne trouua vne belle pucelle laquelle de tant de beaulte estoit replie q̃ ie ne croy point q̃ en tout le mõde elle eust sa pareille/ car dieu lauoit si tres belle formee q̃l nest hõme viuãt q̃ la veist/ quil ne cuidast plus tost que ce fust vng corps celeste q̃ terrestre & q̃lle fust de sa mesgnie ou du nõbre des anges. Trop pl⁹ blanche que neige estoit et coulouree a laduenant. Mon frere fust si fort de son amour espris q̃ pour toute la richesse que la terre soustient ne se fust party daupres delle auant que damour la requerir/et celle son amour luy octroia p̄ tel couenāt q̄l fera ce qui luy plaira/adonc mon frere luy accorde quil a son vouloir vouldra faire tout ce q̄lle luy cōmādera cō bien q̄ luy doibue couster et luy acrea ca q̄ iura ceste promesse. Car cil q̄ damours est esprins faict voulētiers ce q̄ luy prie celle q̄ le tient en ses las. Puis grāde pose en ce lieu ne firēt mais ensemble sacheminerēt par la forest trois iours errāt/tāt q̄l vindrēt en vne lāde laq̄lle le lez de la forest estoit. Lors dist la pucelle a mō frere. Sire faict elle grād ennuy pouōs auoir de tāt errer bon seroit a demeurer sil vo9 plaisoit en ceste pree/et y luy respond amye chere se en ceste lāde demeurōs no9 ne trouuerōs q̄ mēger si no9 pourra moult ennuyer quāt aulchūne ne quelque aduēture possible ny vertōs pendāt le tēps q̄ no9 y ferōs demeure. Si ferons faict elle beau sire or escoutez moy sil vo9 plaist ie vo9 dis et si vo9 aduise q̄ par ce lieu passēt les chr̄rs les pl9 fiers et les pl9 couraigeux de la court du bon Roy arthus Se douze ans pouez icy estre si biē guardant lestre et le lieu q̄ vo9 ny p̄dez v̄te los pl9 autres de valleur et de pris q̄ chr̄r q̄ soit en vie. et se sachez pour verite q̄ no9 aurōs a noustre plaisir tout ce q̄ no9 vouldrōs auoir pain et vin chair et poissō et de to9 viures a plenitude q̄ en noustre viuāt ne vo9 fauldrōt et quāt cil la pucelle entent demeurer en ce lieu luy accorde par tel si q̄lle en nulli eu ne yroit mais auecq̄s luy se tiēdroit. Et celle voulētiers luy accorde. Alors le cheuallier q̄ estoit las de son destrier descēdit et la pucelle sās tarḡer de haultte pt̄ est descendue. Et adonc/dess9 lherbe verd se coucha mō frere pour dormir et ne sen eust sceu garder q̄ cent marcz dargent luy dōnast. Il dormist de si bō couraige q̄ de puis tierce q̄l se meist ne se resueilla iusq̄s a nōne: et quant aduint q̄l se leua se trouua dedēs vng chasteau si tres beau si grād et si fort quōques nauoit veu son pareil. Alors dist moult ie mesmerueille faict il de ce quil mest p̄nt aduenu ma doulce amye ou sōmes no9. Sire dist elle no9 auōs ia maison. de cōmencement et si auons bien mē croiez assez pain et assez vin iusq̄s a plus dung an dicy et aultres viandes a foison. Et sommes no9 to9 faict il demeurez en ceste grāde lande. ouy certes faict la pucelle q̄ vo9 mōstreray le couuent et tout ce q̄ y ay ouure. Lors le mena hors de la porte laq̄lle richemēt ouuree estoit et ce pendant furēt les cheuaulx sur la belle herbe qui paissoient/adonc dist la pucelle au cheuallier. Sire faict elle ie vo9 semons de me tenir le don q̄ vo9 mauez promis/dictes faict il donq̄s que cest et tout ce q̄l me sera possible de faire pour vous feray sans nulle doubte. Amy sachez que pendāt que vous auez dormy ay ie faicte ceste maison par telle art et par telle science que ia homme ne la verra de si pres par voie ou p̄ sente q̄ la porte de ses yeulx voie de ce tout asseure soiez Et ay faict a ceste porte pres le blanc mur vng beau et planteureux tom beau voiez se la en ceste archet ce verront biē les passās q̄ aussy vng chr̄r y vertōt q̄ iay sur vng destrier pourtraict si cōe vo9 ie pouez veoir et pour la verite scauoir y ay certaines lectres escriptes qui diēt que se nul venoit a ce tōbeau et il disoit ses motz si que biē on le peult ouir. dans chr̄r se dieu me gard de grād follie sentremist cil q̄ leās vo9 enferma lors sur voustre destrier mōteriez pour ceste heur: vēger la follie q̄l auroit dicte. Et le chr̄r respōdit q̄ bien la chose ache ueroit. sire faict il a Perceual mō frere fust biē dix ans auec la pucelle durāt leq̄l tēps nest en ce lieu venu chr̄r q̄l nait par ses armes conquis iusq̄s a tant que vo9 y vistes et bien scauez cōmēt y feistes: la verite vo9 en ay dicte ainsy cōme ie la scay. Perceual voulentiers les merueilles escoutoit de ce que le cheuallier blanc luy cōpta. Et quāt la verite a sceu au cheuallier a demande comment son frere auoit en non/et cil luy

f.iiii

dist quon le nommoit le noir cheuallier de
Valbroie: se fust son premier nom mais de
puis a este change et a este appelle le noir
cheuallier de larchet a la sepulture de la da
me/dicte vo⁹ en ay sa vie. Mais dune cho
se ie vous prie quil vous plaise a mon pa
uillon venir menger bien scay que nous y
trouuerons pain et vin a grand habundan
ce/et sy cuisent deux beaulx pastez de con
nin que ie prins yer/et sil vous plaist enco
re actendre nous en aurons de cerf dault
re venaison/or me dictes que vous en sem
ble car grand temps a iusques a la nuict
Perceual dist que plus largement ne voul
loit mais sen yroit sitost cōme il auroit men
ge. Adonc se meirent en la voie et sont au
pauillon allez. Et petit apres que leans
ilz furēt entrez tous pour menger a la ta
ble se mirent ioyeusement. Et quant il eu
rent repeu par loisir se leuerent sans atar
ger. Puis perceual au cheuallier a dist qui
luy veuille dire la nouuelle du chasteau de
la damoiselle si la scait qui luy commanda
le brachet Et cil qui par son dieu a iure ql
ne scait ne sentiet ne voie par ou il puist en
ce chasteau quil demande adresser.

¶ Et quant Perceual loit iurer ne scait q̄
sapēser ne dire: fors q̄ il pria au cheuallier
luy rendre son brachet puis sen vouldra al
ler et q̄ iamais iour ne seiournera tāt quil
aura rendu a la pucelle. Beau sire faict le
cheuallier de tout ce nauez vo⁹ mestier pour
ceste heure mais vo⁹ prie de prēdre en ce li
eu repos iusques a demain si en serez plus
a voustre aise et voustre cheual refreschyr
car midy est de long temps passe et non
ne assez tost approche et rēd le soleil si grād
challeur que de pieca ne veis telle ardeur
faire parquoy Instamment ie vous prie
pour ce iour ceās demeurer: aussi est la fo
rest trop grande ou gesir il vous conuien
droit et peine trauail et ennuy souffrir: ve
uilliez icy demeurer et demain matin par
tirez: puis prēdrez voustre voie ou vo⁹ pre

tēdez aller et ie au roy q̄ tāt est renōme me
yray. Et Perceual luy dist q̄ ce ne sera po
inct. Atant le cheuallier qui voit que le pri
er ne luy profite/ne luy en dist plus mot.
Mais luy deliure son brachet combien que
ce fust contre son vouloir mais il nosoit
contester. Alors Perceual est sur son destri
er monte puis print son escu et sa lance et
le brachet que tant il prise: et fist la teste du
cerf lier par derriere a larcon de la selle lāqlle
le teste estoit encores aussi fresche et blan
che et aussi nouuelle q̄ le iour q̄ le cerf fust
prins et en la grāde forest occis: ne fleuroit
ne sentoit putrefaction aulcune ne feist
ou feroit dicy a cēt ans mais q̄ de mouiller
on la gardast ainsi tousiours seroit soueue
et nouuelle. Adonc print Perceual conge
du cheuallier et de la damoiselle puis sen
parti et sen alla a son aduenture: qui fort est
ioyeulx et consolle dauoir la teste et le bra
chet recouuers/et biē luy sēble q̄ rien ne luy
peust pl⁹ faire ennuy car tout cuide assez a
uoir cōquis et tenir en sa puissāce quant le
brachet a recouure. Se perceual est resiouy
dauoir son brachet en sa possessiō le chr̄e en
est triste et melēcollieux car hōneur a per
du et pris dont il en est si fort desconforte q̄l
vouldroit ceste heure estre mort: a perceual
se fust repris mais tant le cōgnoist hardy et
pieux q̄l ne osa recōmēcer la meslee / ainsi
a sa grād pyne cellee comme celluy q̄ ne scau
roit amēder la hōte et le deshōneur quō luy
a faict. Le iour et toute la nuict a le chr̄e a
son pauillon seiourne. Et le matin quant le
soleil fust leue sest atourne luy et samie et se
meiret en voie pour a la court du roy arth⁹
aller le q̄l a Quimprecorentin le trouuerēt
auecqs sa mesnie ou le cheuallier sest p̄sen
te et cōpta au roy toute la verite de lauētu
re ainsi cōme vo⁹ auez ouy sans luy en mē
tir dung seul mot et rēdit la pucelle a la roy
ne laq̄lle en fust moult resiouye. Et le roy
de sa mesnie receut le cheuallier que fort ay
ma/et le remeist a sa premiere liberte.

¶ Coment apres q̃ perceual eust coñqs cõ-
tre le Cheualier son brachet & la teste du
cerf blanc il entra en vne forest en laquelle
il trouua vne damoiselle de souueraine be-
aulte laquelle il cuida arraisonner: mais el-
le ne voulust a luy tenir parolle.

Comme ouy dire vo[us]
mauez Perceual sen
estoit party tout ioy-
eulx de son brachet q̃l
a recouuert & de la te-
ste du cerf blanc: la q̃l-
le estoit a larcon de sa
celle & le brachet deuãt luy portoit que sou-
uent va aplaniãt: & prie au dieu oĩ potent
quen tel lieu se vueille conduire ou il puist
le chasteau trouuer auquel il veist ce tres-
bel eschicqer & les tant beaulx & tãt chiens
eschetz. O dieu faict il se tant de bien il me
aduenoit quen ce chasteau ie peusse tãdres-
ser & y trouuer la damoiselle qui est belle en
perfection ie me tiendroye de tous les che-
ualliers de ce monde le plus heureux. Et
ainsi q̃ en ce pensoit il estoit regarde deuant
luy & voit venir vne mulle plus blanche
que vng cigne: laquelle auoit le frain de fin
or & estoit celles dugne celle neufue dont la
housse fust de drap dargẽt couuerte de per-
les onques hõme si belle ne veist. La mul-
le toute seulle estoit qui venoit contre per-
ceual a grand alleure & fort exploictant: et
fust la voye si estroicte que de large vne en-
iambee nauoit. La mulle blanche tant se
hasta de venir q̃ perceual droict en sa voye
rencontra & quãt elle fust alendroict de luy
toute coye sest arrestee a trauers emmy le
chemin. Or ia tendoit alors le iour a dimi-
nuer & fort approchoit la vespree. Perceual
aimoult ceste mulle regardee laquelle tãt
richemẽt sallotee & acoustree estoit: car en
son viuant nauoit la pareille veue. Pendãt
le temps q̃ ceste belle mulle comtẽploit sa
pature & son ornature: apperceut emmy le
chemin vne pucelle belle & gẽte qui moult

sembloit estre dolente & venoit toute seulle
a pied: mais en beaulte estoit parfaicte que
qui en voulsdroict la dite dire: il ne le pour-
roit exprimer: car oncques si belle ne fust
nee: a cause que eschauffee estoit en auoit
plus belle couleur & si grãde reluscence gec-
toit quil sembloit quelle fust du ciel descen-
due & de paradis enuoyee: ceste pucelle es-
toit dugne pourpre vestue toute couuerte
de fleurettes dor: oncqs de cabinet ne yssit
vne si riche ne si belle vesture. Quant per-
ceual seust regardee merueilleusemẽt luy
agree aussi debuoit elle bien faire pour la
beaulte quen elle estoit. Et alors q̃ de per-
ceual approcha a haulte voix cest escriee en
disant sire vassal rendez moy ma mulle dist
elle que de cipres vo[us] regardez: qui moult
ma faict huy trauailler: car nagueres aps
le repas dessoubz vng arbre descendis &
des lors de moy se despartit et de puis ne
lay sceue attaindre. Certes dist Perceual
amye voulentiers vous la tendray: appro-
chez vo[us] doncqs & ie vous ayderay sil vous
plaist a monter dessus. Et la pucelle luy
respond q̃ point elle ne quiert dayde auoir:
mais bien luy prie que sa mulle luy tienne
coye en la voye tant seullement & que bien
seulle montera moyennant que la resne tie-
ne. Adonc perceual est a la mulle venu la-
qlle a doulcement arrestee: & la pucelle ne
sa tarde: ains sur la mulle est vistement
montee & la ramainne dont elle estoit ve-
nue legierement & de ligier. Et perceual se
print a cheuaulcher apres elle moult belle
ment a laquelle doulcement demande dõt
elle vient & ou elle va & ou ceste nuict il pou-
rra estre herberge: car le iour est ia fort ob-
scur. Sire dist elle ia acroyre aulchune mẽ-
songe ne vous feray pource se nulle besõ-
gne auez a pourquerre si la querez: car se
vous venez auecques moy tant seullemẽt
heure & temps vous ne aymeriez pas vne
vie pource allez vre chemin quant ie vous
dys q̃ cure nay de seiourner ne aller en vo-

f.iiii.

stre cõpagnie. Saichez belle dist perceual q̃ pour nulle chose que iaye a faire ne lartay quauecques vous ne voise: ⁊ celle qui son vouloir entent luy prie ⁊ requiert doulcement quil ne vueille auecques elle aller. Et il respond que iamais il ne le feroit: ainsy q̃ sur ceste chose eulx deulx estriuerẽt le iour sẽ va: ⁊ la nuict venue: ⁊ fust moult brune la vesprée ⁊ estoit la lune en decours pourquoy pl9 obscur en faisoit: ⁊ dabondãt la forest si haulte ⁊ feullue grande tenebrosité leur tendoit: ⁊ ny auoit au firmament estoille q̃ y apparust ⁊ estoit le vent si trãquille que petit ne grand ne ventoit. Et la pucelle cheuaulchoit pres perceual dessus sa blanche mulle. Perceual voiant que tãt obscur faisoit dist a la pucelle belle dist il: se demeurer voulez en ce chemin pour ce soir iusques a demain matin auecques moy il mest aduis que ne seroit follie: car bien vous oy: mais veoir ie ne vous puis parquoy est grãd simplesse de cheuaulcher en telle tenebrosité ⁊ grãd ennuy aussy. Et celle respõd sans atarger quauecques luy ia narrestera: ⁊ que moult luy poise que tant y a este: ⁊ ce luy vient a cõtraire. Puis dist oultre plus a perceual/vassal faict elle se franc fussiez ⁊ de bonnaire ainsy cõme vo9 deussiez estre: ia auecques moy cheuaulchant tant longuement ne s'incies: mais ie croy et sçay pour certain que tard viendrez au repentir: ains q̃ demain voyez le iour: a ces motz sefforça daller ⁊ la lune alors se leua ⁊ estoit a ceste heure enuiron minuict. Perceual apres la pucelle chemine qui bien vouldroit quelle luy dist ce quelle pense et pourquoy elle luy deffendoit de cheminer auec elle la nuict. Ainsy qu'en ce penser estoit vne clarté de loing choisist ainsy cõme dũg cierge embrasé qui moult entẽtiuement regarda ⁊ en peu dheure luy fust aduis que cinq cierges y auoit ardans si clers ⁊ si resplendissãs: q̃ toute la forest en estoit enluminée ⁊ luy sembloit q̃lle fust en feu ⁊ en

flambe esprinse. Et encor aduis luy estoit q̃ ceste clarté iusques aux nues aduenoit. Lors a soy mesmes se pourpense q̃ la pucelle appellera ⁊ q̃ luy vouldra demãder dont celle grande clarté venoit qui de si loig apparoissoit.

Lors perceual la pucelle appella ⁊ puis luy dist dame dist il ie vous supplie me vouloir dire nouuelle de ceste clarté que iay veu: et celle ne luy a respondu aulchunne chose: car ia estoit faicte inuisible ⁊ estoit de luy despartie. Perceual fust fort esbahy pourtant aulchun courroux n'en prend: ains a soy mesme en soubrist: cõme cil que de rien na craincte: mais se afficke dessus sa lance apuie ⁊ se arreste ⁊ propose q̃l vouldra veoir ceste clarté quoy q̃ luy en doibue aduenir: ⁊ ia pour chose ne differera a se efforcer de cheuaulcher plus fort q̃ auparauant na faict. Abb̃e laer se obscurcist ⁊ se cueuure ⁊ vient ũg vẽt qui vne pluye ameinne si grande ⁊ si desmesurée quil sembloit q̃ terre fondist ⁊ q̃ la grãde forest tõbast. Lors perceual fort se esbahist quil ne sçait autre chose faire que de son escu se couurir: ⁊ voiant que la pluie n'auoit cesse de soubz vng arbre sarreste: tant q̃ le fort tẽpz fust passé q̃ luy ennuyoit mallement. Ainsy se desplaisir ou malle aduenture porta tant q̃ se vint aupres du iour a laquelle heure cest la nuée despartie: ⁊ cõmeça a faire beau tẽps. Lors cest perceual resiouy q̃ tost cest mis en la voye lequel affectueusement deuant luy regarde parce q̃ la clarté vouloit veoir ainsy quil souloit: mais plus ne la peult appeceuoir: ⁊ ne se pouoit recorder en quel lieu ne en q̃lle part il auoit veue ne choisie dont il en a le cueur triste ⁊ dolent: tant a nonobstant cheuaulche: q̃l est en vne lãde entre: laquelle a merueille estoit belle: mais ne fust gueres grã de ne large ia estoit alors pres du iour q̃ sy clere matinee amenoit q̃ luy causa lyesse et ioye. Adonc perceual pour recreer et resconforter son esprit de la peine q̃l auoit souffert deliberá de se reposer ung petit et lairroit paistre son cheual q̃ trauaille fust et pene: en ceste deliberation p̃sistant dessoubz ung arbre sarresta ou a sa lance et son escu dessus l'herbe pose: et a son destrier la celle et le fraĩ a oste pour le laisser paistre a son aise: et ce faict dessoubz cest arbre se coucha et faict de son escu oreillier: et son brachet fust pres de luy qui a ses piedz tout coy gisoit: et ne se meust ne despartit nõ plus cõme sil eust de ieunesse nourry tous les iours de son viuant: au lieu ou perceual cest pose ne cest esueille q̃ le soleil ne fust fort hault: tãt q̃ tierce moult approchoit et cõmenceoit la grand challeur par toute la terre sespandre: a ceste heure cest esueille lequel na gueres atreste de recesser et brider son destrier dessus leq̃l est a ceste heure monte et puis sen part auecques son brachet: et cheuaulcha iusques a midy sans auoir aulchunne rencontre.

Alors regarda soubz ung arbre q̃ de moult grand beaulte estoit: ou la damoiselle a apperceue q̃ en ce bois laisse lauoit et aups del le fust la mulle a tournee moult richemẽt. Puis se despart et errãment sen va de celle part ou perceual estoit: lequel hũblement la sallue de par le dieu q̃ le firmament feist Et celle luy rend son salut sans attẽdre ne tant ne quant. Puis perceual est a pied descendu: quant veist q̃ si doulcemẽt luy a respondu / a laquelle il a dist ainsy: dame faict il sil vous plaisoit voulentiers la verite ie scauroye pourquoy arsoir vous ma laissates quãt ie veis la clarte apparoistre dõt la flãbe toute rouge estoit: ne se tenez pas a merueille sire dist la damoiselle se de vous me suis despartie: car le teps si tenebreux estoit q̃ chose du mõde ne veoye: et si estoye en moult grande doubte q̃ug cheuallier ie ne rencontrasse q̃mauoit faict promettre et

fiancer q̃ compaignie ne tiendroye a nul homme q̃ fust en vie iusques a ce qu'a luy reuiendroye: et luy voulsoye ce cõuenãt tenir parquoy nul ne me doibt donner blasme: mais bien vous puis certifier q̃ puis ceste heure ne le veis q̃ de moy il cest desparty: et pource se de puis vous le veistes ou q̃ en ayez ouy parler ne me le vueillez pas celler tresinstãment ie vous en prie: ie ne say veu ne rencõtre dist perceual a la pucelle en mon viuãt ie nẽ ay nouuelle entẽdue: cõment estoit ce Cheuallier appelle. Sire dist elle il fust nõme au baptesme brun sãs pitie. Belle dist il bien ay ouy de luy parler tant mainctefoys: et mest aduis que ie le veoye que tost ie sauroye recõgneu. Or me dictes encores dame se le ne voꝰ faictz point dennuy quãt arsoir de moy departistes se la tẽpeste vous surprist q̃ me feist si grand encombrier: nẽny sire dist elle pour verite: iamais ie ne men apperceu: et ne veis oncques pour ceste heure q̃ pluye ne tourmente feist: ains estoit la nuict belle et clere et serene sans vent aulchun et plꝰ belle ne veis en ma vie: et touchãt la clarte q̃ vous veistes ne say se oncq̃s ne ouystes parler dũg riche roy quon nõme peschor: leq̃l la oultre se tient aups de la riuiere/ si vint enuuict en la forest pource que le deduict luy plaist et de ce lieu est la clarte venue q̃ vous veistes et de laquelle me enquetez: et le feu q̃ si hault estoit/signifie que le Graal qui tant est digne et precieuse auquel le ciel sang glorieux du Roy des roys y fust receu quant de la croix on le pendit auecques luy fust en ce bois/ et ne peult hõme estre du dyable deceu du iour q̃ le graal veu aura: ne scauroit telle voye tenir quil puisse faire ung peche mortel: pource faict le Graal porter le roy auecques luy lequel est fort sainct hõme et plain de grand religion: et parce que saincte vie mainne nostre seigneur pas ne loublie/ non faict ille preudõme q̃ se repend des pechez q̃l a en sa ieunesse cõmis/

quant il luy prie du cueur contrict de se colloquer es sainctz cieulx/ & le garde de faire perche trop enorme. Adonc regarda la contenance de perceual & son semblant: & en le contemplant a soymes dist que oncques ne Veist home si expert ou si fort ou sens esbete q elle a ceste heure le Voit pour la nouelle qlz a ouy. Toutesuois pria la damoiselle quelle luy Veueille encores du Graal compter & luy declarer a la Verite loccasion & comment il eust le sainct graal q luy donna & qui la lance luy baille dont le fer par la poicte saigne. Et celle qui fust bien aduisee de respondre & assez prudente luy dist Sire ce ne pourroit estre que plus auant le Vous en dise & fussiez Vous mon propre pere ou sire plus oultre ne Vous en seroye compter car la chose est si tressecrete quelle ne doibt estre reuellee par dame/ par damoiselle par pucelle ne par aultre femme ne par home qui soit Viuant aumoins si nest p̄stre sacre ou home qui maine saincte Vie & q ne Vouldroit a aultruy faire chose quil ne permeist ou Voulust quon luy feist: a tel pour roit du graal parler: & les merueilles racompter que nul home ne pourroit ouyr sans muer ou changer couleur & trembler come la feuille en larbre. La Verite Vous en ay dicte pource remontez sil Vous Vient agre/ & Vous en Venez auecques moy: pour prendre le Vostre repas: car temps en est come bie sauez: Vous qui auez eu tant de trauail & ne nauez repose ceste nuict.

E ben Voulloit contre pa Perceual a sa pucelle de son aller auec elle: lesquelz en ssemble a cheual remonta. Puis sache minerent & ne cesserent de cheuaucher tant quilz sont en ung grand Val entre: ou ung pauillon trouuerent tendu & Vne pucelle deuant/ qui belle estoit formellement & fust moult richement

Vestue. Si tost que perceual la Veit de par le hault dieu la sallua. Et la pucelle sans actendre gentement son salut luy rend. Et lautre pucelle auec laquelle Vit perceual est a lhuys du pauillon descendue & sa mulle laissa toute coye/ & apz q Perceual fust descendu le frain de son destrier osta & le mist en la belle herbe paistre & delaisse la teste du cerf a la celle ou elle estoit troussee: & le beau brachet quil tenoit dedens le pauillon emporte/ ou la pucelle le mena qui moult grand chere luy a fuict. Que Vous iroys je le compte alleguer pour Vous specifier les meetz desquelz ilz furent serui. Car assez est a croire que ilz eurent en ce tref Vin et Viandes a leur desir dequoy receurent ioyeulement & les eurent ainsy qui leur plaisoit soubhaicter & come le cueur le demande & du Vin le meilleur du monde. De plusieurs choses ont par la pendant quilz furet au menger. Adonc la pucelle se print a demander a perceual du brachet que deuant elle Veoit en quel lieu ne en quelle terre il auoit recouuert & pour quelle raison il le menoit & se oncques nen auoit beste prins et pourquoy la teste du blanc cerf portoit qui troussee a sa celle estoit. Alors luy a perceual comptee toute la Verite du cerf & comet il auoit en la forest prins & coment le brachet luy fust au chasteau baille & pareillement du cheuallier luy dist qui en sarchet estoit/ & tout par ordre luy compta & puis coment le sien brachet perdit: & que tant suyuy il auoit quen bataille y le reconquist/ & apres y luy declaira que il eust encouenance & puis a la pucelle qui luy auoit le brachet baille que sans faille y luy rendroit & pource quil ne Vouldroit a damoiselle rien forfaire qui fust tant noble & de bonnaires ceste/ son brachet y luy reportoit: & que selle luy tient la promesse quelle luy feist au partir que tant aura de par elle a son plaisir q cause naura de se douloir. Certes dist la pucelle sire sil est ainsy come Vous dictes bien luy debuez le brachet reporter: mais ne la scauriez vous nõmer ne le chasteau ou vous le veistes: ne se vous y scauez le chemin/nõ se dieu ne my cõuoyoit faict perceual ie nen scay rien: mais bien vous puis certifier que cest la plus belle du mõde ne q̃ iamais veist creature. Atant sen taist a pl⁹ nen parle & puis du menger se leuerent: quant menge eurent par loisir & a leur souhait perceual desirãt scauoir ou le roy qui le Graal gardoit se tenoit dist ainsi a la damoiselle. Dame dist il ie vous prie me dire se vous scauez ou ie pourray le roy trouuer qui a en garde ce saict graal & ceste precieuse lance dont la poincte du fer gecte sang. Saichez amy dist la pucelle que veritable-ment ie scay ou le roy q̃ me demandez faict sa demeure & ie le vous enseigneray se vostre chemin ne laissez du tout ou que vous ne vous foruoyez. Lors perceual ioyeulx de ce que la pucelle luy a dist incontinent va a son cheual le frain mectre prent son escu & puis legerement monta cõme celluy qui est si ioyeulx quil ne scait cõtenance tenir/& apres vint a la pucelle pour son congé luy demãder. Et elle en ceste sorte luy dist. Sire faict elle par mon gre encores de ce lieu ne vous partirez: mais tant y a que se vous ne voullez demeurer vous me deb-uez par courtoisie auant que vous en aller me dire vtre nom. Et celluy a dist humble-mẽt/dame Perceual suis nommé lung de voz humbles seruiteurs/& sil vous plaist vo⁹ me direz la droicte voye pour a la court du roy peschor aller a qui dieu doint hon-neur & ioye. Et celle dist amy saichez que tant y a de voyes & de sentiers qua peinne y pourriez aller. mais voicy que ie vous fe-ray se voullez vostre destrier a main mener & cheuaulcher ma mulle bien vous main-nera iusques a vng pont qui est de verre sur la riuiere de marfonde des pl⁹ psondes de ce siecle & quant a la riue sera mõtez har-diment sur le põt & laissez a la mulle coue

nir si vo⁹ menra bie̅ le chemin: mais ie suis bien de cest aduis que iusques au matin se iournez si fera plus frais & meilleur che-uaulcher. De ce ne vous conuient parler faict perceual ma damoiselle: car ie ne vou-drois atarger. Et pourtant me direz sil vo⁹ plaist auant que de vous me despartir des nouuelles de vostre amy. Sire ie vo⁹ dys a la verité que ce iourdhuy vng cheuallier me rencontra qui me dist que vne pucelle lemenoit qui de luy auoit grand besoing a cause de son amy qui prins estoit & en vne tour mis/& cil quil auoit emprisonné luy dist selle trouuoit vng cheuallier si couraig-eulx/hardy & preux qui contre luy se osast combatre & apres quil le peust aux armes conquerre & oultter que son amy luy ren-droit quicte. Et pour la cause que vous ay dicte est le mien amy auecques la pucelle celle lequel dieu veuille decõbrier garder. Or voy ie bien q̃ pl⁹ icy ne desirez arrester & que de partir vous voullez: parquoy ie vous conseilleray de vostre affaire & se vo⁹ veuil faire vng present de mon anneau q̃ vous emporterez duq̃l la pierre est moult digne & precieuse: car tãt quen vostre doigt vous laurez vous portera la blanche mul-le quelle part que vous vouldrez aller/& ne vous conuiẽdra estre en craincte de ce põt de verre passer/& sil vous aduenoit q̃ par quelque cas de fortune ou de meschãce cest anneau perdissiez il vous fault bien estre certain q̃ la mulle sarrestera & ne yra plus auant ou que vous soyez quãt cest anneau auriez perdu fust en riuiere ou en forest ou en lãdes ou en bruities en chasteau en vil-le ou en cité/& se vng aultre sãnel portoit la mulle en pourroit emmener partout ou al-ler luy plaitoit: auecques vo⁹ cest anneau porterez que maintenant ie vous presente. Lors luy baille & cil en se enclinant le prent & le meist a son petit doigt & humblement sen remercia. Puis luy a la pucelle dict. Sire dist elle or mentendez: ma mulle et mon anneau par tel cy et tel conuenant ie vous laisse que le tout vous me rendrez si tost q̃ vo⁹ rencontreray: par celluy q̃ le firmament fist dist perceual ma doulce ampe courroucer ie ne vous vouldroye po ur tout lauoir de ce monde iauroye aussy le cueur bien lasche considere la courtoisie que vous me faictes. Et adonc print son conge de la damoiselle quil laissa en sõ pauillon. Et la belle sande a passee laquelle loing ne luy dura & puis en vne grande forest entra des plus belles de ceste terre: & auoit tousiours la teste du cerf a larcõ de sa celle trousee: & le brachet deuant luy portoit q̃ moult aymoit & tenoit chier. La mulle la grande voye erroit assez bon pas & le cheual derriere alloit.

Ainsy sen va perceual comme vous mauez ouy compter lequel laisse la mulle aller qui le droit sentier le conduict. Lors perceual souuent cest anneau regarde qui en son petit doigt auoit tant a loccasion de la pierre que de la vertu quon luy a dist qui est en elle & la pl⁹ grãd part du iour se applicqua a contempler cest anneau iusques enuiron le vespre, sans se quil ait rencontre chose digne de recordation & depuis tãt cheuaulcha que la nuict en la forest le print parquoy fust contrainct leans coucher ou petit y eust de deduict par ce quil nauoit que boire ne que menger: ainsy moitie veillant moitie dormant son destrier & la mulle garda iusques a la matinee qui fort belle & fort clere fust. Lors remist le frain a ses bestes & est legierement monte: & se remist en chemin sur la mulle q̃ bien scauoit quel chemin elle debuoit prendre & ne fina derrer iusques a prime a laquelle heure a la riuiere arriua ou il trouua le pont de verre. Alors se print a regarder ceste riuiere qui est bien large dung traict darc & demy: & estoit si roide si dangereuse & perilleuse si profonde & si merueilleuse quil ny auoit basteau ne barge tant fust bien faicte & bien ferree qui y peult auoir vng quart dheure de duree. Le pont au pardessus esleue faict & ouure de telle sorte quil nest hõme q̃ le saiche dire ne clerc qui bien le sceust descripre & estoit ce pont de verre de deux piedz & demy de large: et fust si cler sans poit mentir que lon pouoit facillemẽt veoir leaue qui par dessoubz passoit. Adonc sans plus arrester perceual le frain de la mulle lasche & monte sur le põt de verre & son destrier apres soy menoit par la resne suyuant la mulle laquelle aussi seurement sur le pont alloit cõme selle fust sur la terre: & le destrier moult paoureusement il passe lequel derriere luy pour se le pont qui moult fust perilleux & trop ennuyeulx a passer. Et fust lors aduis a perceual q̃ ce pont en abysme fondit & que les pieces en la riuiere tombassent, tellement resonne fremit & tremble: mais Perceual ne sen effraye par la fiance q̃ a en celle mulle q̃ bien le porte saigement iusques oultre le pont a sauluete. Et quãt il se voit oultre passe le pont se prend a regarder de quoy moult il se esmerueilla quãt il le veist tout entier & sans fractiõ puis dist ainsi. Certes faict il, il me estoit aduis q̃ destrope le faisoye lors q̃ mõte dess⁹ estoie. Cest vng pont assez dangereux pour dessus vng couart passer: & est merueille cõment nul homme en peult eschapper quãt il aduiet qlÿ passe que tout ne le destrõp & que dedens leaue il ne se noye. Ainsy perceual regardoit le pont quil auoit passe lequel sain et entier le veoiot & luy sembloit q̃ son cheual se faisoit despecer par derriere qui chose estoit assez pour esmerueiller vng couart ou vng paoureux. Quant le pont eust assez contẽple & regarde si sen va ou la mulle le maine & trouua a lentree dũg bois vng veneur assez de bel aage q̃ bien sembloit estre preu dhõme & discret & auoit a son col pẽdu vng cor diuire fort beau & fort bien ouure & cheuauschoit vng cheual gentil/ en son poing vne espee tenant & estoit ce veneur nud teste assez court vestu & bien botte dugnes bottes dengleterre. Perceual la moult regarde:& puis il le vint salluer le plus humblement quil a peu:& le veneur luy a respõdu. Sire dist il: icelluy dieu qui tout forma vous doint honneur sancte & ioye & vo9 en uope ce que plus en ce monde vous desirez Et perceual luy a dist que dieu par sa grace autant luy en donnast q pour luy en a faict requeste que maintenant y luy a dist. Et puis luy pria de luy dire comment y le pourroit appeller. Sire luy a faict le preudhomme ia par moy mon nom ne vous sera celle. Saichez que suis nõme briol de la forest arsee: or puis que mon nom vous ay dist raison est que le vostre me dictes: ie le vous diray mon douly amy ie suis nõme perceual le gallois:& vous supplie de bien bon cueur que se vous scauez la court du roy peschoz que vous me lenseigniez sil vous plaist si me ferez bien grãd seruice Sire faict briol qlque chose vous veuil premier dire & cõpter cest que se voulez a ceste court aller il vous cõuient par voz prouesses auoir la seigneurie sur tous les cheualliers du monde aultrement aller ny pourriez aumoins quẽ peussiez rapporter ce q querir vo9 y allez: mais se mon cõseil voulez croire fort aduance vous en trouuerez: & si vous en serez a priser plus q dire ne vo9 scauroye. Dictes le moy doncques beausire dist perceual sans atarger: ne scay faict le preudhõme se point auez ouy parler dũg pont ou on amasse vng grant tournoy deuãt le chasteau orguilleux en ql lieu le bon roy Arthus amenra sept cens cheualliers pour donner aide a ceulx de dedens. Non certes respõd perceual iamais ie nen ouy parler. Si doncques y voullez venir bien vous mainneray faict briol:& pour ce iour

ioyeussemẽt en mon hostel vous hebergeray/& demain a lesclerement ensemble no9 deux nous en yrons au põt qui na son semblable: car homme du monde ny passe & se vo9 y pouez passer par tout vo9 vo9 pourrez bien vanter q plus dhõneur vous aurez & de pris que nont eu voz predecesseurs Perceual dist que ouecqs luy yra par telle condition & par tel couuenant que au pont y le meinera & que compaignie au grand tournoyment luy tiendra. Briol dist quaisy luy octroye & q se le pont passer pouuoit quatousiours luy tiendroit cõpaignie sil en debuoit perdre la vie: ainsy luy a accreãce. Atant prindrent leur voye en la forest iusques a ce quilz peruindrent a lhostel du bon preudhomme briol.

E t ainsy que ensemble se acheminoiẽt parlãt dugne chose & daultre le veneur se print a regarder sa teste du cerf laquelle estoit a la celle troussee. Et perceual voyant q ainsy y la regardoit luy cõpta toute laduenture du cas & cõment il auoit perdue & puis reconquise: & du brachet pareillement luy en a dist la verite & apres luy a de la mulle recite cõme en auez ouy le compte: mais pas de sannel ne parla quil por'oi't a son petit doigt: ains luy cessa sans en mot dire. Tant ont ensemble cheuausche qlz virent les tours dung chasteau & les murs lesquelz furent de marbre blanc & de long temps nauoit perceual veu maison mieulx fermee/haulte tour a lentree y eust: forte porte & haulst pont leuis. Et tant cheuaulschans exploiterent qlz passerẽt oultre le pont iusques a la salle peruindrent. Et alors vng varlet descẽd qui en sa main vng cor tenoit: & si tost que briol le voit son cor print dũg deux fois en sõna. Et le varlet tout a ceste heure en son cor haulte mit sõna siq aps sust la court toumon anneau par tel cy et tel conuenant ie vous laisse que le tout vous me rendrez si tost q̃ vo9 rencontreray: par celluy q̃ le firmament fist dist perceual ma doulce ampe courroucer ie ne vous vouldroye pour tout lauoir de ce monde iauroye aussy le cueur bien lasche considere la courtoisie que vous me faictes. Et adonc print son conge de la damoiselle quil laissa en sõ pauillon. Et la belle lande a passee laquelle loing ne luy dura ⁊ puis en vne grande forest entra des plus belles de ceste terre: ⁊ auoit tousiours sa teste du cerf a larcõ de sa celle trousee: ⁊ le brachet deuant luy portoit q̃ moult aymoit ⁊ tenoit chier. La mulle la grãde voye erroit assez bon pas ⁊ le cheual derriere alloit.

Ainsy sen va perceual comme vous mauez oup compter lequel laisse la mulle aller qui le droit sentier le conduict. Lors perceual souuent cest anneau regarde qui en son petit doigt auoit tant a loccasion de la pierre que de la vertu quon luy a dist qui est en elle ⁊ la pl9 grãd part du iour se applicqua a contempler cest anneau iusques enuiron le vespre sans se quil ait rencontre chose digne de recordation ⁊ de puis tãt cheuaulcha que la nuict en la forest le print parquoy fust contrainct leans coucher ou petit y eust de deduict pource quil nauoit que boire ne que menger: ainsy moitie veillant moitie dormant son destrier ⁊ la mulle garda iusques a la matinee qui fort belle ⁊ fort clere fust. Lors remist le frain a ses bestes ⁊ est legierement monte: ⁊ se remist en chemin sur la mulle q̃ bien scauoit quel chemin elle deuoit prendre ⁊ ne fina derrer iusques a prime a laquelle heure a la riuiere arriua ou il trouua le pont de verre. Alors se print a regarder ceste riuiere qui est bien large dung traict darc ⁊ demy/ ⁊ estoit si roide si dangereuse ⁊ perilleuse si profonde ⁊ si merueilleuse quil ny auoit basteau ne barge tant fust bien faicte ⁊ bien ferree qui y peult auoir vng quart dheure de duree. Le pont au pardessus esleue faict ⁊ ouure de telle sorte quil nest hõme q̃ le saiche dire ne clerc qui bien le sceust descripre ⁊ estoit ce pont de verre de deux piedz ⁊ demy de large et fust si cler sans poit mentir que lon pouoit facillemẽt veoir leaue qui par dessoubz passoit. Adonc sans plus arrester Perceual le frain de la mulle lasche ⁊ monte sur le põt de verre ⁊ son destrier apres soy menoit p la resne suyuant la mulle laquelle aussi seurement sur le pont alloit cõme selle fust sur sa terre: ⁊ le destrier moult paoureusement il passe lequel derriere luy pousse le pont qui moult fust perilleux ⁊ trop ennuyeulx a passer. Et fust lors aduis a perceual q̃ ce pont en abysme fondit ⁊ que les pieces en la riuiere tombassent/ tellement resonne fremit ⁊ tremble: mais Perceual ne sen effraye par la fiance q̃ la en ceste mal le q̃ bien le porte saigement iusques oultre le pont a saulueté. Et quãt il se voit oultre passe le pont se prend a regarder de quoy moult il se esmerueilla quãt il le veist tout entier ⁊ sans fractiõ puis dist ainsy. Certes faict il/ il me estoit aduis q̃ descripre le faisoye lors q̃ mõte dess9 estoye. Cest vng põt assez dangereulx pour dessus vng couart passer: ⁊ est merueille cõment nul homme en peult eschapper quãt il aduiẽt q̃ ly passe que tout ne le destrompe ⁊ que dedens leaue il ne se noye. Ainsy perceual regardoit le pont quil auoit passe lequel sain et entier le veoit ⁊ luy sembloit q̃ son cheual se faisoit despecer par derriere qui chose estoit assez pour esmerueiller vng couart ou vng paoureux. Quant le pont eust assez contẽple ⁊ regarde si sen va ou la mulle le maine ⁊ trouua a lentree dũg bois vng veneur assez de bel aage q̃ bien sembloit estre preu ṽhõme ⁊ discret ⁊ auoit a son col pẽdu ung cor diuire fort beau ⁊ fort bien ouure ⁊ cheuaulchoit ung cheual gentil/en son poing une espee tenant ⁊ estoit ce ueneur nud teste assez court uestu ⁊ bien botte dunes bottes dengleterre. Perceual la moult regarde:⁊ puis il le uint saluer le plus humblement quil a peu:⁊ le ueneur luy a respõdu. Sire dist il:icelluy dieu qui tout forma uous doint honneur sancte ⁊ ioye ⁊ uo' en uoye ce que plus en ce monde uous desirez. Et perceual luy a dist que dieu par sa grace autant luy en donnast q̃ pour luy en a faict requeste que maintenant y luy a dist. Et puis luy pria de luy dire comment y le pourroit appeller. Sire luy a faict le preudhomme ia par moy mon nom ne uous sera celle. Saichez que suis nomme briol de la forest arsee:or puis que mon nom uous ay dist raison est que le uostre me dictes:ie le uous diray mon doulx amy ie suis nomme Perceual le gallois:⁊ uous supplie de bien bon cueur que se uous scauez la court du roy peschor que uous me lenseigniez sil uous plaist si me ferez bien grand seruice. Sire faict briol qlque chose uous ueuil premier dire ⁊ cõpter cest que se uoulles a ceste court aller il uous cõuient par uoz proesses auoir la seigneurie surtous les cheualliers du monde aultrement aller ny pourriez aumoins que̅ peussiez rapporter ce q̃ querir uo' y allez:mais se mon cõseil uoulles croire fort auance uous en trouuerez:⁊ si uous en sereza priser plus q̃ dire ne uo' scauroye. Dictes le moy doncques beausire dist perceual sans atarger : ne scay faict le preudhõme se point auez ouy parler dũg pont ou on amasse ung grant tournoy deuãt le chasteau orguilleux en q̃l lieu le bon roy Arthus amena sept cens cheualliers pour donner aide a ceulx de dedens. Mon certes respõd perceual iamais ie nen ouye parler. Si doncques y uoulles uenir bien uous mainneray faict briol:⁊ pour ce iour

ioyeusemẽt en mon hostel uous hebergeray/⁊ demain a lesclerement ensemble no' deux nous en yrons au põt qui na son semblable:car homme du monde ny passe ⁊ se uo' y pouez passer par tout uo' uo' pourtez bien uanter q̃ plus dhõneur uous aurez ⁊ de pris que nont eu uoz predecesseurs. Perceual dist que auecqs luy yra par telle condition ⁊ par tel couuenant que au pont y le meinera ⁊ que compaignie au grand tournoyment luy tiendra. Briol dist quasy luy octroye ⁊ q̃ se le pont passer pouuoit qua tousiours luy tiendroit cõpaignie sil en deburoit perdre la uie : ainsy luy a accrtdce. Atant prindrẽt leur uoye en la forest iusques a ce quil peruindrẽt a lhostel du bon preudhomme Briol.

Et ainsy que ensemble se acheminoiẽt parlãt dune chose ⁊ daultre le ueneur se print a regarder sa teste du cerf laquelle estoit a la celle trousee. Et perceual uoyant q̃ ainsy y la regardoit luy cõpta toute laduenture du cas ⁊ cõment il auoit perdue ⁊ puis reconquise: ⁊ du brachet pareillement luy en a dist la uerite ⁊ apres luy a de la mulle recite cõme en auez ouy le compte:mais pas de lannel ne parla quil por'oit a son petit doigt:ains luy cela sans en mot dire. Tant ont ensemble cheuaulche qlz uirent les tours dung chasteau ⁊ les murs lesquelz furent de marbre blanc ⁊ de long temps nauoit perceual ueu maison mieulx fermee/haulte tour a lentree y eust: forte porte ⁊ haust pont leuis. Et tant cheuaulchans exploiterent qlz passerẽt oultre le pont a iusques a la salle peruindrent. Et alors ung uarlet descẽd qui en sa main ung cor tenoit: ⁊ si tost que Briol le uoit son cor print dũql deux fois en sõna. Et le uarlet tout a ceste heure en son cor haulte mt sõna siq ap's sust la court tou=

G.i.

te plaine de cheualliers & daultre mesniee: et le sire leur comanda que a perceual honneur portassent: come leur seigneur le seruent atant les cheualliers descendent & les varletz leurs cheuaulx prindrent qui les menerent en lestable. Et perceual sur toutes choses la blanche mulle recomande & ilz le feirent vouletiers. Adonc vindrent deux escuyers qui deux beaulx manteaulx apporterent. Puis les cheualliers en la salle les emmenerent ou p les ont desarmez & ce faict les manteaulx leur affublerent. Alors est dugne chambre yssue une dame richement acoustree & auoit une robe de fine escarlate vestue: & se bien estoit de vestemens aornee encores estoit de beaulte pl[us] remply e/ & quant son seigneur approcha si tost le vint doulcement accoller: & a perceual feist grande ioye & grande teuerece/ & puis tous trois dessus ung riche tapis se sont assis: & peu apres le seneur sire de ce manoir laissa la dame auecques perceual & sen va vers les officiers pour faire haster le menger: & ce faict en une chambre entra ou il a une sienne fille trouuee besongnant en tapis de soye: laquelle de si grande beaulte estoit/ que bien sembloit quelle fust feraine ou face/ laquelle quant son pere apperceut deuant luy cest humblement leuee en se saluant haultement. Et brief son pere par la main la prent & en la grande salle la meinne ou perceual auecques la dame estoit deuisant de plusieurs choses: & si tost que perceual eust la pucelle apperceue luy vint au deuant: & puis humblement la sallue laquelle gracieusement son salut luy rend/ qui apres cest aupres de perceual assise & le seneur son pere luy comande doubtant de honneur elle face a perceual comme a sa propre personne & plus encor sen elle en est le possible / & que il est tel cheuallier auquel on le doibt faire & mieulx se lopportunite si offroit. Adonc vindrent les seruiteurs qui les tables dresserent & les nappes meirent. Puis lauerent

¶ Perceual le Galloys.

les cheualliers & se sont assis au menger car ia estoit nonne passee. Et la ieune pucelle auecques perceual mengea & ioyeusement lentretint/ & eurent a ce repas vint viades a foison de plusieurs sortes & de plusieurs manieres/ tant & si largement comme y leur a pleu: & apres beaucoup de deuises faictes durant le menger de la table se leuerent tous ensemble: & puis dessus ung pont sen vindrent qui estoit ung des beaulx du monde ou ilz se prindrent les poissons a regarder nouer dedens ceste eaue/ apres regardent la forest & la prarie verdoiant. Et en ce le temps passerent iusques a ce quil fust pres de nuict en laquelle heure on auoit faict les lictz atourner. Lors en la salle retournerent ou mainte chandelle eust esprinse. Et adoncques tenoit la damoiselle perceual par la main senestre. A laquelle a perceual demande de tout son estre & se enquist se point elle nauoit damy & elle luy respond en ceste maniere. Sire dist elle pour verite ne affiert pas quamy doiue faire/ parce que trop ieune ie suis & aussy que nay encor le sens quil est requis pour damour respondre ou parler pource ne men quiers entremectre: & bien vous dys que sen amour voullois mectre mon cueur ieusse pieca ung ampbel & gent bon cheuallier & de bien grand lignaige: mais cure nen ay ne tallent: car encores ne nay le courage damy auoir ne deste ampe. Et pourtant ne ay ie pas frequente auecques gens qui ont ayme & q̃ le mal damours ont esprouue lequel en doibt endurer & souffrir ainçois quon puist au bien venir. Pour ouyr/ entendre & scauoir: & pour aulchunne chose apprendre qui bonne soit a retenir me plaist moult conueser auec telle gent q̃ vous ay dist. Et quant perceual lentedit doulcement se print a soubrire qui moult vouletiers la ouye. Puis luy a dist Certes dist il ma doulce ampe ie vouldrois quil ne fust encores que midy vespre ou nonne a celle fin

que auecques vo⁹ peusse estre par plus lõ-
gue espace a deuiser. Atant vindrent quat
tre seruiteurs q̃ fruict & vin pour la colla-
tion apporterent: & quãt menge eurent et
beu en vng riche lict menerẽt perceual cou
cher: ou assez tost fust endormi. Car las et
trauaille estoit. Et le matin si tost que le
iour apparut cest perceual incontinẽt leue:
mais ainsi qne du tout fust atourne est
Briol de sa chambre yssu pour a perceual
le bon iour donner lequel sans atarger luy
fust hũblement rendu. Puis a briol moult
vng varlet haste daller apparailler les che
uaulx lequel tout en lheure les a richemẽt
acoustrez & apres deuant la salle les ame-
na. et alors dist Briol a perceual. Sire faict
il entendez q̃ ie vous vueil dire: i entens q̃
nous en yrons maintenãt: mais ie ne scay
quãt no⁹ nous mecterõs en la voye se vo⁹
voullez mõ conseil faire cest q̃ sa teste du cerf
vo⁹ lairrez & le brachet q̃ tant aymez iusq̃s
au retour du tournoyment. Car de vostre
destrier seullemẽt aurez vo⁹ assez a mener
Et perceual luy a dict q̃ voulentiers le lais
seroit cõme cellu y qui se veult a son conseil
cõformer. Adonc legierement se armerent de
tout ce q̃ mestier faict a cheuallier: & ce tẽps
pendant arriuerent la dame & la pucelle q̃
vindrent les ch̃rs salluer & quãt perceual
les apperceut sen alla alencontre delles pour
leur salut a son pouoir leur rendre & luy ai
da la damoiselle a lacer son heaulme si a la
dame a son seignr̃ Briol faict/& puys sãs fai
re aultre seiour/apres le conge prins de la
dame & de la pucelle/mõterent tous deux
a cheual/& par la forest se acheminerent q̃
grãde estoit haulte & feuillue. Puis ont tãt
cheuaulche & erre par montaignes & par
vallees par que par lãdes & fougeres q̃ sõt
a la riuiere venue/ou tãt estoit se põt renõ
me duq̃l vo⁹ en vouldray la facture dire.

¶ Icy est descripte la maniere & façõ dũg
point de bois par ou conuenoit perceual & sõ

hoste passer por aller au grãd tournoy leq̃l
debuoit faire le roy arth⁹ a quinpreco-
rẽtin.

Ois fust ce beau
pont basty/& par tel
le maniere cõstruict
que puis que dess⁹
on montoit on alloit
conttremont iusques
au millieu de leaue
adonc conuenoit en ce lieu sarrester sans po
uoir en quelque façon oultre passer/& au
dessoubz y eust vng estache de cuyure qui
de moult grande vallue estoit lequel le põt
a la faillance soustenoit & leaue q̃ dessoubz
couroit merueilleusement fust profonde
moult large & de grãde haulteur. Et quãt
perceual est aupres arriue affectueusemẽt
le regarde. Puis a a briol demande se point
il scait q̃ ce põt feist ou feist faire & cõment il
peult estre ne pourquoy il ne le paracheua
et que plus nen a faict. Sire dist Briol de ce
bien vous en diray lauenture: mais quil
vous plaise mescouter. Iadis eust en ceste
forest vne maison moult bien fermee q̃ vg
cheuallier destrange terre auoit par son po
uoir faict faire lequel nauoit femme enfãt
ne hoir aulchun & si estoit fort craint & re-
doubte & fort renomme par ses armes/ et
eust assez belle mesgnie de cheuallier iusq̃s
a trente que tousiours auec luy te-
noit. Or tant aduint q̃ a vne feste de noel
sen alla a la court du roy arthus a Quin-
precorentin se me sẽble ou il tenoit sa court
planiere. Et y estoit aussy venu le sire du
chastel orguilleux cõme iay ouy compter &
dire: & fault entendre quil se esmeust batail
le entre eulx deux ou lorguilleux y fust
matte: mais moult y eust de grand affaire
le conte Quaradigant qui le cousin de lor-
guilleux estoit & tant luy pesa que tant a
faict par son grand pourchas quil print
guerre a lencontre de cellu y estranger qui
nauoit aultre terre que son manoir: mais
moult de grand pouoir estoit: parquoy que

G.ii.

le peult greuer. Et ainsi que vng iour lestranger fust en sa maison a ses amys se conseilla comment greuer il pourroit ceulx du chasteau orguilleux. Lors vng Cheuallier moult prudent luy dist que par ceste riuiere ne le pourroit facillemẽt greuer: mais q̃ pourroit engin trouuer pour ceste riuiere passer que tost seroit ceste guerre finee. Et de ceste matiere ny eust plus pour ceste foys parle: mais auãt que le moys fust passe alla le cheuallier chasser vng sãglier moult grand ⁊ moult fort. Et tant le chassa apres quil eust acceuilly que sa mesgniee perdit toute: ⁊ de si pres la nuict le approcha que parce que plus goutte ne voit perdit le senglier pour ceste heure q̃ de moult grande randon sen fuyt. Trois chiens tãt seullement auoit qui assez vistemẽt le suyuent lesquelz pour la nuict ne le laisserent tant que vne maison approcherent bien maconnee ⁊ bien fermee: mais murs ny eust fossez ne tours ne aultre chose fors seullement la maison ⁊ vng pont, laquelle estoit fort grande ⁊ large: ⁊ le senglier de randonnee parmy la porte droict entra ne scay cõment la chose alla: fors que les trois chiẽs le perdirent: dequoy furent les cheualliers esbahys qui le senglier suyuirent: alors a force desperons vint le cheuallier a la grãde porte de la maison ou les chiens estoiẽt qui la beste perdue auoient dont il en fust esmerueille: car point telle nestoit leur coustume. Alors estoit la nuict belle fort clere ⁊ cope ⁊ la lune moult esclairoit: adonc hucha le Cheuallier par trois foys en ceste maison. Mais appeller y peult vng moys aincois que nul luy responde ne pour parler vinsent a luy aulchuns. Quãt veist q̃ nul ne luy respõd vng mornel qui est a dire vne petite trompe que a son col auoit sonna trois foys en peu despace: si que le bois qui fust hault ⁊ rame retentit de la melodie. Adonc vne pucelle est a la fenestre venue laquelle estoit dugne riche robe vestue

fourree dermines, ⁊ dist lhystoire q̃ de pl̃ belle ne fust iamais en ce tẽps nee, ne dame regardee laq̃lle a ceste fenestre sapuia: disant ainsy. O dieu dist elle q̃ est ce la qui la bas si grande noise maine ⁊ q̃ en si grande peine ma mise de me faire de mon lict leuer. Adonc a le cheuallier la face retournee vers la pucelle ⁊ luy dist ie suis cheuallier leqũl suis fouruoye ⁊ ay ma voye ⁊ mõ chemin perdu. parquoy se me voulliez pour le p̃nt heberger vng grand honneur ⁊ grande courtoisie me feriez. Sire se respond la pucelle voulentiers vo9 hebergeray plus ne vo9 en fault estre en peine. Atant luy alla la porte de la maison defermer: ⁊ quant il fust dedens entre, descendu est de dess9 son destrier. Et la vng varlet sapprocha auq̃l le destrier fust baille: q̃ luy donna fain ⁊ auoyne. Et la dame qui courtoise estoit a dedens la maison le chr̃ mene auq̃l elle dist quelle a grand regret q̃l nest de meilleure heure venu. Alors en la salle entrerent q̃ de ioncs ⁊ de menue herbe ionchee estoit: ou ilz sassirent quelque petit iusques a ce que lon eust dresse la table pour le Cheuallier faire menger auquel on apporta deux pastez de connins ⁊ force de bon vin: car autre p̃este ny eust pour ceste heure: ⁊ ainsi quil estoit a son mẽger assis: la pucelle luy demãda par maniere de deuis cõment il auoit nom, ⁊ q̃ present il alloit querre. alors a le chr̃ loccasion a la dame cõptee, de tout son affaire ⁊ de la guerre quil auoit contre ceulx du chasteau orguilleux en luy disãt q̃ sil pouoit leaue passer q̃ tantost la guerre finee seroit: ⁊ puis luy recita cõment il auoit le senglier suyui ⁊ ses gens esgarez. Quãt la damoiselle eust tout ouy ce q̃ le chr̃. a cõpte feist semblant q̃ rien nen scauoit: pourtant le sceust elle bien. Et saichez q̃lle estoit aussy des plus expertes de ce tẽps en lart de nigromancie ⁊ fort ingenieuse en tous ars mecaniq̃s: ⁊ secretement en sa pẽsee le cheuallier aymoit ⁊ de lõg tẽps: mais nul semblant ne luy en monstroit: mais bien sçauoit q̃ sans elle ne pouoit desa besongne achief venir. Adõc de rechief luy demanda son nom & le cheuallier luy respond q̃ Quarimedic fust nommé. A ceste heure luy dist la pucelle Sire dist elle ie vous aduise que se vng don octroyer me voullez ie feray tãt que a vostre plaisir ceste riuiere vous passerez combien q̃lle soit grãde & fiere. Alors se print le cheuallier a sesmerueillier toutesuois il luy creanca & promist luy donner ce quelle vouldroit de luy auoir: fust mal ou bien. Et celle qui courtoise estoit len remercia & puis luy dist sans plus y faire lõgue que par amours sauoit aymé secretement passé long temps: parquoy ce don requeroit quil la voulsist en mariage prẽdre: & de bon cueur Quarimedic luy accorda tant pource quil la veist si belle que pour la promesse quelle luy feist. Adonc la dame se leua de la table quelle feist oster: & le cheuallier atourner & deuestir en sa chambre ou elle semmena coucher auec elle ou ilz prindrent leurs plaisans desduis. Et le matin quant on peult veoir le iour & le soleil leué. Quarimedic/a la dame son conuenant luy demanda quelle luy auoit promis de luy faire ceste eaue passer. Et celle luy dist que pour tout vray en dedens trois iours y luy passeroit: par tel sy que ilecques y la tendroit. Et cil ainsy y luy octroya.

Lors la pucelle de lhostel se despartit & vint icy sans point attendre laquelle y science & part son art feist le pont q̃ voyez icy en vng iour ce q̃ l y en a de faict & pas ne scay qui luy aida. Mais bien vray est que son amy fust en ce iour mesmes occis en sa forest par vng aultre cheuallier contre lequel il eust combat que plus puissant que luy trouua. Et la damoiselle qui tant laymoit en sceust au vespre la nouuelle. Adonc ny eust que courroucer en elle: mais en feist vng si lamentable dueil que par escript ne le sçauroye coucher. Et par la desplaisance quelle en print ne voulsut le pont acheuer: ains dist par courroux que iamais ne seroit parfaict et que nul homme ny pourroit passer; sil nestoit plus alouer a priser & hõnorer darmes & de cheuallerie de courtoisie & de largesse de donner & de pardonner que nul qui soit en tout le monde. Et voysa que de ce pont vous sçauroye dire: & bien vous dis que depuis se sont maincs Cheualliers essaiez a passer oultre: mais en riens ny ont profité. Et se vous voullez esprouuer y passer faite le pouez & sil aduient q̃ passer y puissiez au tournoy vous en prez sans moy: & en ce lieu vous actendray iusques a ce que de retour soyez. Lors perceual sans delaier tout a cheual est sur le pont monté: & quant perceual fust dessus gecta le pont vng si grãd cry si treshorrible & si treslaict quaduis luy fust: que tout tombast se despecast ou pourfendit. Quant ceste noise eust esté appaisée & passée le chief du pont qui en la riue estoit fiche: tout seul & sãs que nul y attouchast se retourna de laultre part & sest a laultre riue souldé. Alors briol congneust & dist que perceual estoit le meilleur cheuallier le plus hardy & le plus preuy quil soit au demeurant du monde. Et puis luy escrie en disant. Sire perceual dist il: au tournoy tout seul vo⁹ en prez sans moy: car ass vo⁹ ne sçauroys ie passer pource pensez de vous haster; il sera tantost pres de nonne. Lors perceual est de ce pont deuallé & puis en la forest entre: pensant & contemplant a soymesmes laduenture du pont quil a passe ou tant de cheualliers ont failly. Tant a cheuaulché & erré quil vint au chasteau or guilleusy/ou ia estoiẽt venus au camp les Cheualliers courtaigeulx de la mesnie au roy Arthus: dont & des plus principaulx ie vous diray les noms. Cestassauoir le

G.iii.

Roy premierement il fust/missire gauuain son nepueu/puain filz au roy Brien Keux le seneschal a lucain/Saigremor a Beduier Gasseries/a Agrauain ques pronmet et Tors le filz du roy ares:a si y fust Taulart de rougemont a arres le filz du roy lac/ a lancelot du lac aussy/Esyps le filz a la galeche/moridas a daultres desqlz ie nay les noms retenu.

Aultre part au chief de la lande le noble roy dirlande estoit acompaignie de trois mille prois. et y fust le roy Aguisee a briant le Courtois en fort belle a noble assemblee a de ceste part se meist Perceual au iouster. Et apres que les batailles furent diuisees eussiez veu plusieurs enseignes desployer: mains guidons a mainctes banieres au vent voller:a ny eust alors chlre q sa lance il ne tint au poing. Et Keux deuāt le roy sen vient q la premiere iouste a demādee: a le roy tātost luy octroye por le tournoy faire assembler. Adonc sen vient Keux en auāt les petis saulx se presenter pour le cōbat actendre q perceual bien recogneust seql vint alencōtre de luy poignant des esperons par si grāde force q des flans de son destrier a faict le sang sortir: Keux de lautre part se haste cōme bon cheuallier a hardy. Et a la course des cheuaulx de telle sorte se rencontrerent q Keux en deux pieces sa lāce trōconna: a perceual luy mect la siēne biē vne brace en son escu: a alempaindre si rudemēt le heurta q par la crouppe de son cheual le feist a terre tresbucher: a ce faict son cheual prent a luy ramainne: mais Keux fust en grāde peine de remōter parce ql estoit vng petit naure. Alors se assembla le tournoy si durement q la terre en a tremble: a mest aduis q le roy dirlāde vint alecōtre de perceual par telle vtu a force q son escu luy a party fendu. Et perceual le referist tellemēt q luy feist pdre les estriers a tout plat labatit a terre: au releuer vidrent les prois q le tournoy fort engregerēt. Que vo⁹ iray ie dire en ce destour y eust tāt de chlres ensanglātez tāt de cheuaulx ruez par terre auecques les corps des cōbatās q cestoit chose merueilleuse nul ne faingnoit a eslongnier sa lāce a faire son espee flamboier; a a tuer sur heaulmes a sur haulbers si q souuēt on veoit le feu saillir. Le roy Arthus y a faict grāde cheuallerie si feist Gauuain de laultre part. Et perceual a bien monstre q en luy y eust grāde hardiesse: a eust auecques luy vne bonne bende de chlres tant descossoys cōme dyroys ou aultremēt dictz vlāsois. Par le tournoy ca a la perceual alloit au poing sa bōne espee q pas nentēdoit au gaignage: mais a faire cheuallerie. Et tāt durerent les meslees les grandes courses a les assaulx q ia pres de complie estoit. Atant chln se despartit a perceual au pont sen retourna: a si tost q dessus fust monte de saultre part se retira cōme au parauāt auoit faict. Et quant Briol leust apperceu en riāt luy a demādé sil estoit sain a cōmēt il auoit faict au tournoy. Et perceual trespons prudāmēt q la grace dieu il est sain et haistie. Et du tournoy luy dist Briol. Moult grand a fier faict perceual: mais ie vous prie q vous pensiez ou nous pourrōs auoir hostel: car en ce iour ie ne mengay. Et Briol luy a dist en lheure. Sire nous aurons cōme ie pense ceste nuict lhostel saict iulien. Lors de ce lieu sās arrest sen retournerent: a cheuauscherent par la forest iusqs ace qlz trouuerēt en vne vallee vne petite chappelle aupres de la maison dung hermite: lequel vne bien saincte vie menoit a cousin germain de Briol estoit: a quant ilz vindrent a la porte leans sans seiourner entrerent ou ilz furent les bien venus et eurent a leur plaisir tout ce quest possible en boucaige auoir/a mesmement en hermitaige.

Et le Roy arthus apres le retour du tour noimēt au chasteau orguilleux entra auecques tous ses cheualliers lesqlz se firēt desarmer et puis richement se vestirent et ce faict se repaierēt en la salle. Lors fist le roy mander ses cirurgiēs pour Keux de sa nauleure penser mais quant ilz seurent visite ont dist que point grand mal nauoit pourtant ne se contintrent les cheualliers de se rire secretement de luy pource quen la iouste premiere voiant mille cheualliers ou plus fust de son cheual abatu. Puis le Roy a ses barons demanda se le cheuallier congnoissoient qui Keux le seneschal abatit/ et ilz dirent qlz ne scauoiēt qui est/ et que a son escu cōgneu ne lauoiēt. Certes faict messire gauuain de ce puis ie certifier que moult est preux et vertueux et si em porte sur nous tous le los et pris de la vesprée. Atant demanda le Roy a lauer et aps sest a table assis et ses chltrs pres de luy selon leur ordre ou dignite ou furēt seruis amplement. Et ceulx qui logez furent en la lāde et y especial le Roy dirlande et ses amis alliez ont par tout enquis et faict chercher se le chlr trouueroient qui de leur part auoit a vespres combatu/ mais tant ne le sceurent chercher que nouuelle en peussēt auoir ne ouir/ toutesfois ensemble disent tous que du tournoy pour ce iour a emporte le los et pris. En telles deuises et en telles parolles tāt de coste q̄ daultre ont la plus grāde partie de la nuict passee. Et quāt ce vit au matin ceulx de dedens le chasteau et ceulx de la lande apres la messe ouie se disnerēt ioyeusemēt/ et puis quant ilz furēt armez et mōtez sur leurs destriers/ tāt ceulx dugne partie q̄ de saultre se trouuerēt a la champaigne ou la plus belle plainne auoit que possible est regarder deoiel. La eussiez veu maintz bons destriers pour bōdir et faire penabez/ tant y eust de lances et de bannieres q̄ chose amiable estoit. Et y fust veue mainte targe dor et dargent et de maintes coulleurs/ et quāt des deux parties fust le cāp diuise. Perceual qui la matinee na cesse de cheuaulcher sest au tournoy trouue ou pourtant ny estoit cōgneu/ et aussy eust ses armes changees a briol q̄ les siennes auoit pource ne le recōgnoissoient ceulx q̄ garde en debuoient prendre et que bien voulsissēt aprendre et scauoir de quel terre estoit pour la prouesse q̄ lon veoit estre en luy. Alors se print le tournoy a se assembler: et qui a ce ste heure eust voullu voir dures mesleees ioustes et courtes et ferir mains grādes coups despees sur les heaulmes reluisā bien peust dire et certifier que iamais tournoy en ce monde ne fust pareil assemble en vng front. Se ne fust en mortelle guerre ne souffrit les cheualliers tāt de trauail comme ilz ont faict: toutesfois au gonfanon ētēdēt mais au bien faire pour los auoir. Du Roy arthus ie vous diray qui entre deux rens de la iouste a le Roy dirlande abatu duquel il print le destrier et a saigremor le bailla et au Roy le commanda a rendre. Puis lors veist cheualliers entendre de la maison du Roy arthus a briser lances et a froisser escus biē il eust dist que preux et hardis furent. Briant des Jsles fort bien y fatsoit et le Roy descosse et les siens le refont honnorablement. Lors remonta le roy dirlande legieremēt/ et prie aux siens: que vertueusement se monstrent/ et chaschun ainsy le promect. Perceual tant darmes y feist q̄descripre ne le scauroie/ lequel a ceste heure abatit guerrehes le nepueu du roy voiāt tous les barons cheualliers. Adonc y est venu Gauuain lancellot et messire yuain qui tous les rens feirēt fremir. Perceual le preux cheuallier en son poing son espee tenoit lequel en la presse se meist ou deux cheualliers il abat qui moult furent de grand renon/ lung fust lancellot du lac/ et saultre agrauain lorguilleux. Qui lors le veist a dextre et a senestre ferir biē il eust dist quil estoit passe maistre en cheuallerie

G.iiii.

¶ Perceual le gallois.

Et tost apres que Perceual eust abatu les deux dessus nommez fust de tous les cheualliers congneu/que preux estoit et bien aprins aux armes cheuallereuses. En allant ⁊ en reuenant souuent leur faict estat muer/⁊ de par luy recoiuẽt les prloix grãd hõneur ⁊ louenge. alors iousta le Roy descosse cõtre messire yuain lesquelz deux ont leurs lances brisees / mais pas des cheuaulx ne rõberẽt/ne de rien plus ne se enuahirent. Et ainsy que le combat mesle estoit le Roy arthus sest arreste en le regardant par dehors pour mieulx Perceual contempler lequel encores ne recongnoissoit auql il voit heurter et ferir toꝰ les meilleurs de sa mesgnice/et apperçoit que nul ne se destourne de faire tout le sien tallent congnoissant quil va pourfendant la presse tenant lespee nue et voit que par son seul secours ceulx de dehors ont renõmee et estoit tousiours Briant des isles auecq sa bende pres de luy que moult trouuerent bon amy. Et leur seruoit de mur ⁊ de forteresse et se par leur prouesse ne perdent le gaing de ce tournoiment biẽ cent marcz dargent leur vauldra Quant le Roy eust longuement Perceual regarde Gauuain aupres de luy appella/nepueu faict il dessus ce cheual noir vous pouez voir vng cheuallier le non pareil quen ma vie ie veis/et pource veuilg faciez enchercher et enquerir son nõ et le nõ de sa terre quant tantost viendra au partir et luy dictes que de luy mande qͥl viengne a moy/et sil vouloit dores en auant demeurer de noustre mesgnice plus laimeroie qͥl ne sçait/tant de prouesses a ce iour faict ꝗ ie men puis esmerueillier. Encores le voit on ferir maintenant aussy freschement cõme se ce fust au commencer/ messire gauuain luy respond que cest le meilleur cheuallier a qui iamais il veist armes porter. A ces motz le Roy et gauuain sont dedẽs se tournoy entrez/ou de si grand coups y donnerẽt que assemblez sont tous ceulx de dehors.

Lors gauuain son effort mõstra qui est en la grand presse entre lequelle Roy descosse abatit. Mais le Roy dirlande y est venu auecques vng nombre de ses cheualliers qui legierement le releuerẽt ⁊ le remƶterent a cheual. Alors estoit ia pres de nõne/a laquelle heure le Roy arthꝰ et sa mesgnice y ont maintz vaillans coups feru. Et ceulx de dehors se maintindrent vaillans et hardis champions a laide du bon Perceual lequel pourtant ilz ne congnoissent.

Tant se departirẽt les bendes tant dung coste que daultre car durement furent greuez/le roy arthus a gauual prie quil quiere et cherche le cheuallier quil ne congnoist. Ce ꝗ moult voulẽtiers a faict/ et va aux cheualliers demandant cestuy que point ne trouuera car par la grande forest sen va cheuauschãt en grande diligence. Et quant messire gauuain voit que nulle part il ne se peust trouuer/le Roy son oncle en va aduertir/en luy disant que tãt na sceu enquerre et chercher quil ait peu le cheuallier trouuer. Et quãt se raport cnt ouy en eurent au cueur a souffrir/mais grandement le vont louant. Et ceulx de dehors partout le cherchereut/et ne le sçauẽt trouuer. Briant des isles nest pas ioyeulx que Perceual cest destourne lequel a plusieurs sen enquist mais nul nen peust nouuelle ouyr. Et quant Perceual eust oultre la riuiere par sur le pont passe ainsy que parauant auoit faict/a lentre de la forest voit Briola terre descẽdu dessoubz vng grand arbre rame lequel auoit son heaulme aupres de luy pose pour prẽdre vng petit de repos. Et quãt il eust perceual aduise en son chief remeist son heaulme et legierement remonta lescu au col la lance au poing et sen vint deuers Perceual/ et aprꝭ quil eust sallue/ courtoisement luy requi est et prie qui luy die ce qui la faict. Et perceual luy a compte le trauail de ceste iournee, puis sans delaier sen võt cheuaulchãs vers la maison briol tout droit. Et estoit ia la nuict fort approchee quant il paruindrẽt au manoir, ou sans tenir longues parolles sont de leurs cheuaulx descendus lors quatre varletz acoururent qui a lestable les menerẽt. Et les deux cheualliers en la salle entrerent, mais ains quilz fussent desarmez la dame et la fille sont issues hors dune chambre ou elles estoient. premier les choisit Perceual, q̃ ia son haubert eust oste, et auant que paracheuer de se desarmer, al la alencontre de sa dame et de la pucelle pour leur faire la reuerence, et apres par elles le salut rẽdu se prindrẽt a le festoier, et luy monstrer amiable semblant la fille qui prudente estoit lors feist deux beaux manteaux descarlate aporter que elles mesmes a son pere et puis a Perceual affubla, adõc firent les chandelles esprendre et la viande haster, et de ceste heure furent les nappes mises pour le soupper: puis leaue a la uer apporterent, et se assirent les cheualliers, et la pucelle gracieuse deuant Perceual sest assise et sa dame deuãt sõ seigneur. Bonne viande et en grand habundance eurent comme par soubhaicter et des vins ne cõuient parler quãt a leur vouloir en ont eu. Et apres le ioyeux repas par eux pris Briol a commandé faire le lict a Perceual dedens la salle lequel fort trauaille estoit. Et le quel nauoit oublie a demander a la pucelle des nouuelles de sa mulle et de son brachet aussy que sur toutes choses desiroit a veoir, et on luy fist a ceste heure venir auquel il prit grande consollation. et tost apres au lict se meist pour reposer. Et par ce q̃ trauaille estoit ne se sueilla le matin q̃l ne fust soleil leue a la quelle heure se leua, et quãt il fust vestu et appareille il a ses armes de mãdees que luy aporta vng varlet lequel luy aida a les vestir, puis a faict son cheual

enseller et la teste du cerf blanc trousser, et pareillement fist la mulle appresser, et ce faict a son hoste Briol vint pour prendre cõgé de luy. Et quant briol veist quil estoit appresté pour partir luy dist ainsy. Sire faict il ie ne puis louer ceste chose que maintenant vous en voullez aller, considere que long tẽps a que ne cessastes de pener et nauez eu repos depuis le iour que vinstes a moy, parquoy vous prie de me faire ce bien et ce don moctroier q̃ tant seullement pour ce iour en ce manoir auecques nous seiournez et apres ou il vous plaira aller pres quant vous verrez bon estre: bien il me sẽble que ce don me pouez acreder et promettre. certes faict Perceual, franc cheualliet ie vo⁹ prometz que seiourner ie ne pourroie car se ainsy ie le faisoie il me conuiendroit pariurer parquoy ie vous supplie ne me requerir defaire aulchunne demuorance par quoy mon serment transgressasse. Je scay que grandement suis a vous tenu pour lhonneur et les biẽs que vo⁹ mauez faictz Aussy bien vo⁹ pouez certain tenir que ie vous ayme autant que homme qui viue, et ou ie vous pourroie seruice faire sachez que de tout mon pouoir my vouldray employer et que iamais ne vous fauldray de aide. Et Briol dist qui sen remercie Atant est la dame et la pucelle venue qui pareille mẽt luy requirent de seiourner, mais si agreable excuse leur fist que simplement se contenterent et apres que de la noble cõpagnie eust prins congé se meist sans plus actendre en voie.

¶ Comment apres que Perceual eust vaincu le tournoyment deuant le chasteau orguilleux il retourna chez le cheuallier briol qui lauoit hostelle puis print congé de luy et de la fille, puis entra en vne grãde forest en la quelle trouua vng chr̃ dessoubz vne tõbe de marbre lequel il deliura puys par fallace fust luy mesmes p le dict chr̃ enferme soubz la dicte tombe.

Rsē ℞a Perceual sur la blāche mulle portant le brachet deuāt luy et la teste de cerf estoit a larcō de la celle de sō destrier troussee lequel il menoit apres luy/ꞇ tant erra apres q̄ de lhostel de Briol fust party que la forest entra ou ne cessa le long du iour de cheuaulcher iusques au vespre quil trouue en vne grande place deuant vng arbre vne belle croix/ et assez pres vne haulte ꞇ large tōbe de marbre. Et ainsy q̄ perceual le tout regardoit il entēdit vng cheuallier q̄ dedēs ceste tōbe crioit moult fort et moult piteusemēt. Lors Perceual de la mulle descēt puis se alla vs ceste tombe. Et cil qui leans est enclos luy prēt haultement a crier en disant sire cheuallier ɓoustre aide/vng chestif cheuallier ie suis le plus dollent et le plus malheureux que iamais fust de mere ne. Et quant Perceual la entendu grandement il sen esmerueille et puis luy dist amy dist il cōseille moy comment ie te pourray aider tant que de hors te puisse mectre. Et cil respond sachez chier sire puis q̄ secourir me voullez il vo9 conuiendroit vng grand leuier a cest arbre coupper duquel ceste pierre leuerez ꞇ ainsy me pourrez aider. Et Perceual sans atarger a faict ce que luy a este dist et feist tant que il meist le cheuallier hors de sa tombe lequel estoit beau et puissant. Et tost apz que le cheuallier fust sorty dist a Perceual. Sire faict il il est conuenable q̄ ceste grosse pierre contre val rabaisser et ie comme vostre attenu vous aideray de mon pouoir a ce faire/et quant il eust ce dist il print ceste pierre a deux mains. Puis subitement du coude et du coste Perceual poussa si que il fist en la fosse tomber et sans targer la grosse pierre aualle cōme au parauant elle estoit: puis a Perceual print a dire Sire cheuallier faict il ie vous aduise quil vo9 conuient ce lieu garder ainsy cōme iay vng temps faict. Et retenez quil nest cil a q̄ il ne meschee puis quil va cherchant sa follie ceste maison vo9 ay liuree ou guerez de desduit ne aurez/ains y mourrez comme ie cuide aincois que vous en issiez hors. Adōc/vers la mulle de Perceual est alle dessus la quelle incontinent mōta pource qui la cuide emmener cōme sienne/mais quāt il la cuide faire aller elle demeura aussy coie q̄ celle fust estroictement liee ꞇ a vng grās arbre atachee. et quant il voit q̄ ne veult bouger en eust tel deuil/ꞇ si grand pre q̄ faire ne scait ne q̄ dire. Et voiant quil ne peult aultrement de la mulle cheuir il la laissa/puis vint au destrier sans actendre dessus leq̄l il a la teste ostee qui troussee a la celle estoit/ꞇ ce faict est dessus monte sans luy challoir de lance ne descu ne sans sestre dōne garde du brechet lequel est tout quoy demeure pres de la mulle. Et ainsy q̄ cuide de partir le destrier se prit a heurter ꞇ a brocher des esperons/mais pour quelque force qui luy fist iamais ne le peult faire mouuoir petit ne grand. Moult fust le cheuallier estonne quant il percoit que de la mulle ne du destrier il ne peult cheuir/puis dist ainsy. Dieu faict il q̄ sera cecy que ce cheual ne se veult pour moy mouuoir ie croy que le cheuallier la charme qui ceste mulle a amenee ꞇ quil a aussy enchantee quāt auāt ne arriere mener ne faire mouuoir ne la scauroie. Et quant il voit que aultre chose faire il ne peult tout courrouce est descendu. Et puis a la tombe vint deuant laquelle vng petit sarresta sans faire ou mōstrer aulchā mauluais semblant et apz la tombe leua dist ainsy. Sire faict il issez dehors car contre droit ꞇ contre Raison seroit se quelque ennuy ie vo9 faisoie et aussy faire ne pourroie quant ien auroie le tallent/par ce quil est assez apparent que vous estes le plus prise le mieulx apris ꞇ le mieulx enseigne que cheuallier qui porte vie. Et tant vous dis que se vous voulliez surmonter tout le monde et chaschū matter aller vous fault par ce chemin lequel vous mettra au grād puys du mont perilleux. Lors Perceual de la tombe issu lequel de riens ne voullut le cheuallier blasmer ne luy monstrer pren se face/et si tost quil fust hors de la tombe le marbre est cheust si duremēt q̄ bien sembloit que toute la terre en treble. Lors Perceual au cheuallier requist qui luy veuille dire son nom et pourquoy leans est entre. Et cil luy dist que pour ceste heure rien nē dira mais bien le scaura auāt que lan soit du tout passe. Quant Perceual voit que le cheuallier ne voulloit aultre chose dire a son destrier sen est venu dess' lequel il a la teste du cerf retroussee: puis sans faire pose a son brachet pris et est sur la mulle remonte et ce faict se mist en la voie/ en la quelle iusques a nonne cheuaulche a la quelle heure il a soubz ung chaisne trouue une damoiselle seant la quelle vestue estoit dung brun sa mist nouuellemēt tissu et en son chief eust ung chapeau de fleurettes bien faict q̄ gēt pourtant nauoit sa gimple ostee ais enestoit tellement couuerte qua bien petit pouoit on voir sa face. Perceual vint a celle droit et puis humblement la sallue. Et celle cest encontre luy leuee et puis sa blanche gimple osta si luy a dist Sire faict elle je vous aduise que veuil ma blanche mulle et mon anneau rauoir ainsi que me promistes faire le iour que le tout vous baillay. Et quant Perceual lentendit tantost descent et puis lacolle. Et celle qui prudente estoit luy a par amour demande se en la court du Roy Peschor auoit este q̄ quil luy dist que leans il auoit veu/q̄ se de la lāce et du graal il auoit sceu que cestoit: et se il sestoit de lespee enquis quil ne peust estre resouldee iusques a ce que celluy viendra qui aura tant en luy de bonte q̄ le pris il pourra auoir sur tous les cheualliers du monde. Dame faict Perceual ie vous dis quen ceste court nay point pour ceste foys este la ne vous en feray mensonge a croire. Car quant fus oultre le pōt de verre ung moult preudhomme rencontray auec lequel men allay celle nuict et moult richement me herberga/ et quant ie fus auec luy aduise me compta la nouuelle du grād pont ou nul luy n̄ passoit/ et du tournoy quon amassoit deuāt le chastel orgueilleux tāt mē parla le bon preudhomme q̄ ie prins tallent dy aller/ et ainsi par tel dellay nay en la court du Roy Peschor este dont fort me poise mais tay en dieu ceste esperance que auant q̄ soit trois iours entiers iauray en ceste court entre. Lors descendu est sans targer de la mulle et la deliuree a la pucelle gracieuse/ puis son anneau luy a rendu. Adonc la pucelle monta/ et sans conge prendre sen retourne hastant sa mulle appertement. Et tost apres sa nuict obscure apparust. Quant Perceual ainsi se voit du tout desconseille ne scait en quelle voie aller ne par quel lieu il doibt tourner/ car chemin ne scait qui le meine a la court ou tant desire entrer. Lors saduisa que pour ceste nuict en ce lieu se arrestera et laissera son destrier paistre dessus therbaige iusques au matin q̄ le iour il verra apparoir. Et ainsi q̄l proposa le fist et la sarresta toute la nuict tant en dormant que veillant et pensant son cheual iusques a ce quil veist le soleil assez hault relluire: puis est dessus son destrier remonte et prie a dieu disant sa patenostre qui luy plaise en telle voie le mectre qui le maine en la court du Roy peschor/ ou au chasteau de la pucelle ou il veist le bel eschicq̄ er q̄ les eschez qui sont si riches. Ainsi que ceste pensee estoit/ soubz ung hault arbre se q̄ grād/ ouit une voix q̄ se plaint disant ainsi cheuallier plain de courtoisie q̄ Perceual es appelle se au chasteau veulx estre assene ou se petit brachet as pris entens a ce q̄ te diray mectz le a terre et le laisse aller et pense de diligenter daller apres sentes et boies tant que chasteau le voies entrer en maison ou en fermeture. Perceual ententifuement a bien ceste voix escoutee quil a dessoubz cest arbre ou ve/puis a dist/o dieu eternel quelle parolle esse que delasus en entens. Alors regarde hault et bas/ɋ ne voit ne oit chose du monde: le brachet sans demeurer prent si la ius en la terre mis/et quant le brachet fust a terre/par trois fois si haultement glatit que la forest en retentit de long temps apres/et sen va la teste baissant ainsy que se beste cerchast. Perceual les gallos le suit/et tant bois et landes et teret que le brachet choisit le long dung riuier assez pres dung rocher qui a vne Riuiere tenoit vng chatellet fort bel ɋ gent dont les murs furent hault et bien pollis et la tour fort haulte construicte a laquelle la Riuiere batoit. Tant estoit ce chasteau bien faict que nul ne le scauroit descripre/ɋ le brachet point ne sarreste mais tousiours diligentement va tant qua la porte est paruenu/ɋ perceual le suit de pres lequel est leās apres le brachet entre ou il ny treuue a qui parler car homme ne femme ny veist Et quant il fust pres de la salle le brachet vist a mont aller par vng degre non pas trop hault. Alors Perceual descendit/et si a son cheual attaché a vng annel quil a trouue attache a vne muraille. puis est en ceste salle entre ou le plus riche atournemēt y a trouue quōcques homme veist dont ne se fault esmerueiller/pour la richesse et la beaulte dōt elle estoit garnie. Ceste sale iōchee estoit de plusieurs fleurs odoriferātes et painte de toutes coulleurs: et le ciel dicelle estoit de drap dor et dargent et de velours couuert de perles. Emmy la salle vng lict y auoit ɋ de grande science estoit faict duquel ne veuil de la richesse parler. Perceual vers le lict sadresse/et veist son brachet dessoubz le lict gesir/deuant le lict vist leschiquier lequel tant excellent estoit ou aultre foys ioue auoit lequel daffection regarda puis quant les eschez recongnut a dist ainsy/o dieu faict il or suis ie venu et adresse ou mon vouloir estoit/adonc sen alla aupres de leschiquier assoit/et estoient les eschez assis dessus leschiquier et en ordre. Lors Perceual vng pion print lequel vouloit auāt bouter/puis aupres de luy se prent a regarder ɋ vest issit de lhuis dugne chābre vne pucelle autant en son endroit de beaulte ensuminee cōme est la lune de clarte et mieulx sembloit creature celeste que terrestre. Tāt estoit belle ɋ delectable que perceual y pert contenance en la regardant lequel est encontre elle venu pour luy faire la reuerence/et celle son salut luy rend. Et quant le brachet a la pucelle entreoux il trepe ɋ saulte ɋ cler glatist dont celle en a moult de liesse ɋ puis doulcement la plante/et en se retournāt vers perceual luy a dist Sire faict elle pour villain ie vous puis tenir quant mon brachet memportastes/ɋ ne me lauez iusques a present raporte parquoy est assez a entendre que vous me voulliez deceuoir Car en nulle facon que se soit ne mauez la promesse tenue que vous me fistes adoncques/donc fort me poise q̄ iamais ie le vo' baillay pour puenir a estre voustre amye ɋ est aussy la coustume des hōmes dauoir enuers les dames les cueurs faulx. Ma noble dame faict perceual se vous scauiez les aduētures le grād ennuy et desplaisance que puis ce iour ay eu que de vo' me departis mercy comme ie croy en auriez/et vous puis bien certifier que le cerf en voustre bois prins/dont encores en ay la meilleure part. Lors hors de la salle sen va puis est a son cheual venu dessus lequel la teste de cerf destroussee laquelle a la pucelle presenta laquelle le receust agreablement atant est vng varlet venu auquel la dame a cōmande prendre le destrier de Perceual et le mectre auecques le sien/et cil fist son commandement. Apres ne furent longuement perceual et la damoiselle ensemble/q̄

la arriuerent trois varletz bien faictz de mē
bres & de corps lesquez ne faresterent tant
qua perceual sont venus q̃ ioyeuxsement le
desarmerent de chief en chief sans rien ob
mectre. Puis prindrent son escu & sa lance
& la reste de ses armures qlz enfermerent
seuremēt: apres ung manteau luy porte-
rent moult riche & fort bien ouure & estoit
de martres fourre. A ceste heure ont la ta-
ble mise. Et quãt leurs mains eurēt laueez
& quilz furēt a table assis: ont eu ce q̃ leur
vint a plaisir de viãde fresche & nouuelle.
Et apres le menger la damoiselle prit per
ceual p la main dextre & puis a la fenestre
se mirent q̃ dess' la riuiere estoit ou la pu
celle dist a perceual. Sire dist elle bien me
plairoit que vostre nom vo' me voulsissez
dire et que plus ne me celissiez l'occasion
pourquoy tãt auez demeure: dame faict il
ie vous aduise que perceual le gallois suis
nomme & tout ce que demãde mauez voulē
tiers vous le cõpteray.

CDame saichez quant ieuy le blanc cerf
pris le cheif ie mis a une part/puis une pu
celle arriua pendãt q̃ la teste troussoye a la
celle de mon destrier q̃ voustre brachet em-
porta sãs me attraisonner de riens & me dist
apres haultemēt: q̃ cõbiē q̃l me pesast ne q̃
dueil men feist q̃ le brachet emporteroit: et
assez ie luy cõtredis & quãt elle veist q̃ me
perforcoye de luy vouloir par force oster
elle me dist q̃ pas courtois nestoye: & q̃ for-
ce nestoit pas droict: mais se tãt de hardies
se auoye & q̃ ie voulsisse le brachet y amour
rauoir & nõ par force q̃ sans demeure men
allasse a ung tõbeau q̃ pres estoit ou ung
cheuallier paint auoit ie feis ce quelle com
mãda: & quãt ung petit en ce lieu euxs este
vint ung grãd cheuallier arme: monte des
sus ung cheual noir: & si portoit aussy ses
armes noires: quil a haulte voix sescria.
Vassal dist il vous auez faict follie de vo'
aborder en ce lieu. Lors des laces nous en
treserismes sique no' abbatismes par ter-

re. Adõc meismes la main aux espees des-
quelles noz meslees recõmencasmes; & en-
tre ses choses vint en ce lieu ung cheuallier
tout arme dess' ung cheual seg̃l au brachet
vint q̃ gisoit pres de la teste q̃ mise auoye
sur l'herbe verd emmy la prairie & quãt il
fust icelle part le brachet print sans mot sõ
ner & la teste quil emporta & sen entra de-
dens la forest: dont grãd dueil en euy & en-
nuy. Lors a celluy me cõbatoye q̃ duremēt
me requeroit: tant que la parfin si bien le
poursuiuy q̃ plus ne peult lestour souffrir:
ains cõmenca a sen fuyr vers larchet a la
sepulture: ou leans vistement entra: ceste
part allay grãde alleure & haultement par
trois foys lappellay: mais oncq̃s raisõ nē
peuy traire dõt moult duremēt me pesa: &
puis en la forest me mis pour le cheuallier
acõsuiuyr q̃ vostre brachet ēportoit: car de-
uers vo' nosoye repairer pourtant q̃ pdu ie
l'auoye de ceste heure me mis a le chercher
& lay puis quis en maincte terre: & en ay
porte mainct estour & souffert mainct tra-
uail & peine: mais dieu aidant si biē ay ex
ploicte q̃ present vous lay raporte. Dictes
vous faict la damoiselle est la chose en ce
poict allee. côme côpte mauez q̃ dist. Ouy
dame certes il est ainsy dist perceual ie vo'
asseure/pource vous prie le couenant me
tenir q̃ vous me promettes quãt de vous
partir vo' me feistes pour le cerf blanc al-
ler chasser. Certainnement moult estes a
louer dist la pucelle. Bel amy parquoy ce q̃
vous ay promis aurez vous a vostre vouls
loir. Et quant perceual ceste parolle entēs
ne cest plus voullu atarger que delle ne se
soit approche, & puis doulcemēt la baisee/ce
baiser de grand doulceur fust & de saison ce
mest aduis; & puis cõme ung hõme ras-
sis dist en ce poinct a la pucelle. Belle dist
il de lescchiquier & eschetz qui sont sy riches
moult voulentiers ie vous voudroye biē
prier quil fust vostre bon vouloir et plai-
sir de me dire q̃ les fist de par euly iouer:

H.i.

¶ Perceual le Galloys.

certes dist elle le cõpte ne vo9 scauroye au long dire quil ne fust pres daller gesir & ie crains de vo9 ennuyer. Nõ ferez voire dist perceual: alons nous en doncqz faict elle seoir sil ne vous desplaist sur ce lict & en ce lieu vous en diray tout en ordre la verite. Lors se osteret de la fenestre & sur le lict se sont assis, & deuãt eulx cest eschicquier poserent: & les eschetz en leurs mains prenēt ce q̃ perceual souuēt cõtēple & remire & celle cõmenca a racompter des eschetz toute laduenture & la nature de le schicquier.

¶ Cõment la pucelle racõpte a perceual la maniere & cõmēt leschicq̃er & les eschetz iouēpent seulz & cõment ilz luy furēt dõnez par Morgue la fee seur du roy arth9 quant elle feist sõ deptement dauecq9 lad morge.

l fust iadis vne pucelle coincte belle courtoise & saige : q̃ moult de lart de nigromancie scauoit : q̃lle auoit des sõ enfance apriins : & en toute aultre science fust bien enseignee & aprinse des estoilles le cours scauoit, de la lune & du soleil, & de tout ce q̃ au firmamēt cõsiste entendoit toutes les qualitez: ia ne se fust le tēps mue q̃ bië elle nētēdist la cause & la raison peillemēt: & sy vo9 dis que nulle terre: on nen trouua vne plus aymable / plus honorable / ne plus benigne. Telle estoit cõe vo9 lay descripte: po9 vo9 faire tout entēdre vng iour desd vng bois estra: & moult cheuaulcha tant que vne prairie vint ou morgue la fee trouua seant auec vng cheuallier q̃ deuãt elle cest eschicq̃er auoit & pardess9 riches eschetz dquite la damoiselle ne fina tant q̃ deuãt est paruenue ou de sõ palefroy est descēdue leq̃l de grãd valleur estoit: oncq̃s pucelle nen eust meilleur ne pl9 appett ne pl9 legier: & auoit housse descarlate toute brodee de fin or. Et quãt les aultres lap perceurent: sy se leuerent alencontre delle pour la reuer & conioyr : & puis se sont ensemble assis. Et apres plusieurs ioyeulses

deuises : la damoiselle meist ses mains a ceste heure sur leschicquier: & print vng roc a manier leq̃l bië taille luy sembla: & estoit de lieu en lieu signe dor: po9 dõner a luytre plus grande reluiscence. Morgue la prit a regarder: sy luy a dist ma doulce amye ie suis celle q̃ vo9 requiers q̃ ses eschetz vous emportez moult me plaira se les auez: ou ie vo9 feray enuoyer les eschetz auec lescq̃er q̃ sont fort beaulx & bien ouurez, & furent faitz par grãde deuise a Londres il y a long tēps & de la mont este trasmis que par amytie ie les vo9 dõne a fin q̃ de moy vo9 remēbriez. Dame dist elle ie vo9 mercie dõne vo9 mauez la premiere & ie vous redõray apres bel eschicquier & beaulx eschetz q̃ moymesmes ie ouuray & feis: & furent par tel art deuisez & faictz : que se nul iouer il vouldroit moyennãt q̃ fust loyal cheuallier q̃ les eschetz de par eulx traitoiēt & tournoient & ia nul tort ne luy seroiēt, & materoient le cheuallier, & se rasseroient sur leschiquier sans aide de quelq̃ p̃sonne que vo9 en baillie vo9 aurez. Morgue luy en rend la mercy. Et apetit eurēt ses ppos fineys quãt vng varlet vint accourãt mõte dess9 vng bon cheual leq̃l ne seiourna tãt quil puint iusques aux pucelles. Lors de son roussin descēdit & en sa main tenoit cest eschicquier paint de fin or. Puis vit a morgue & la salue & ses beaulx eschetz luy p̃nte & pareillement leschicquier de par la gente damoiselle. Morgue les print & moult les regarda pour sçauoir q̃ tãt fust riche & belle dont de bon cueur la damoiselle remercia. Et ne vo9 scauroye reciter cõment de ce lieu se despartirent. Mais sy bien ont leur voye pris se quen leur pays ilz peruindrēt. Et vous dys que iestoye alors au chasteau du Roy Brodigain le ayeul de monseigneur Gauuain / cousinne a la Royne estoye a vingt ans de eage & non pas plus. Morgue la seur du tresnoble & puissant roy Arthus il vint vng iour passer le tēps la royne me la

feist prier q̃ fust ma cousinne ⁊ mamye q̃ ie
men allasse auec elle ie loctroyray par tel
sy que delle ie me partiroye toutes les fois
quil me plairoit.
¶Ainsy fust faict ⁊ creance ⁊ quãt huyet
iours furẽt passez morgue en son pays sen
reuint ou puis fusmes quinze ans ensem
ble: tãt q̃ quelque fois il aduint que nous
auions dedens ung pre ung beau pauil
lon tendu dessus la verte herbe florie: ou
pour quelque petit de chose fus courroucee
parquoy requis a ma dame congie: mais
pas ne le me voullut octroyer: aincois a plat
le me refusa: ⁊ ie luy commencay a dire
que pour nulle chose ne a nulle fin ie ne de
mourroye ne plus auec elle seroye: ⁊ celle
me dist au partir q̃ quelq̃ don luy demãdas
se si lauroye a mon abandon cõbien q̃ la cho
se fust grãde. Adonc ne voullus faire pose
ains luy dys en ceste maniere: dame se me
voulliez donner voz eschez ⁊ vostre eschic
quier grandement seroie a vous tenue et
soyez certainne q̃ se le don me refusez aul
tre de võ ne quiers auoir. Et celle q̃ cour
toise estoit ne me le vouilut refuser: sãs plʹ
pler ⁊ sãs plus dire men party ⁊ tãt allay
q̃ ie trouuay ceste riuiere q̃ p ses fenestres
voyez: ⁊ le lieu me sẽbla si beau: q̃ ie y feys
faire ce manoir ⁊ y a ia dix ans passez ain
sy ie eu cest eschicquier ⁊ les eschetz q̃ tant
sõt beaulx ⁊ en ceste maniere furẽt ouurez
cõme put ie võ ay dist. Or vous en ay ie
la verite dicte ainsy q̃ la chose est allee. Et
pour ceste heure ie conseille que dicy nous
nõ leuds: car la nuict de pres approche. et
alors perceual regarde ⁊ voit lhuys dugne
chãbre arriere ouuert ou a la muraille dicel
le estoit apupee vne fort belle damoiselle: et
ce voyant a la pucelle dist q̃l veult en ceste
chãbre aller pour scauoir quel dedẽs il faict
celle respond alons y dõques. Et perceual
sans arrester auec la damoiselle sen va: tãt
que en la chãbre sont entrez q̃ descripre ie ne
vous vueil: parce q̃ racõpter vouldroit la
grãd beaulte ⁊ la richesse le delict ⁊ la grãde
noblesse de quoy la chãbre fust aornee trop
long tẽps il cõuiendroit estre pource ne võ
veueil faire allõge pour la parure vous de
scripre. Perceual q̃ dedens est entre y veist
deux pucelles assises q̃ de beaulte ⁊ de sca
uoir furẽt si bien enlumineez cõme se dieu
ses eust faictes pour estre deesses pʹpetuel
les: ⁊ faisoiẽt ses pucelles des orfrois dor ⁊
de soye: ⁊ quãt perceual voyent venir hũ
blemẽt cõtre luy se leuerent en le saluant
haultemẽt. Et luy cõe courtois il leur rẽs.
Tãt furẽt en ce lieu longuemẽt q̃ la nuict
approcha moult fort: lors fust tant de lumi
naire par les chãbres allume q̃ cestoit ad
miration. Escuyers y eust ⁊ serges fort be
aulx ⁊ fort bien accoustrez: q̃ tantost eurẽt
les tables mises: ⁊ puis se assirent perce
ual ⁊ la damoiselle ⁊ les gracieuses pucel
les de leurs mectz rien ne võ en dys pour
nostre matiere abreger: car moult en eurẽt
⁊ a grande plante. Quãt ont a leur loisir
voullete mẽge nappes ⁊ tables ont ostees:
⁊ apres plusieurs ioyulsetez demenees les
dames sen allerẽt coucher: en leurs chãm
bres accoustumees. Et perceual en la sal
le demeura ou il trouua vng lict bien riche
ment pare dedẽs leq̃lle coucherẽt les escu
yers ⁊ les sergens apres q̃ leurẽt desabille.
et ce sairt la clatte osterent: ⁊ puis ilz se sõt
retirez. Perceual point ne sendournit si tost
cõme faire il soulloit: car a la damoiselle a
uoit il sa pensee q̃ de beaulte bien sembloit
estre fee: ⁊ ainsy quã elle pensoit en son lict
vint auecq̃s luy coucher pour sa foy vers
luy a q̃cter aisy q̃l auoit este deuise le tour
q̃ son brachet luy liura. O ie a perceual ne
tient p sa follie aura ceste nuict son plaisir
auecq̃s sampe tant regrettee. Et quãt per
ceual au matin le iour appceut sans plʹ se
iourner se leua ⁊ ny auoit escuyer ne serget
pucelle ne chãbriere. puis se leua la damoi
selle q̃ pleine de courtoisie fust a laq̃lle pce
ual prie q̃lle veuille cõmãder q̃ ses armes

H.ii.

on luy apporte et son destrier appareillier q̄ que moult il auoit encores affaire. Et celle qui se tenoit chier luy dist sire demeurez pour ce iour auecq̄s moy et vo⁹ aurez tout ce que a plaisir vous viedra. Perceual dist que seiourner ne scauroit en nulle maniere q̄ luy iure dieu de lass⁹ que au pl⁹ court terme quil pourroit retourner de la court au Roy peschor vouldroit en ce lieu reuenir. Et celle de luy se contente et luy dist q̄ bien a la voie le mectera et le chemin luy monstrera p ou demā il pourra estre a la court du roy peschor/se p sa negligēce ne se souruoie. Et Perceual len remercie puis luy a faict la damoiselle ses armes bailler desq̄lles sest tantost arme/apres prīt son escu q̄ sa lāce q̄ tout ce q̄ mestier luy fust q̄ hors de la salle est issu/q̄ quāt il fust deuāt la porte deux cheualx encellez trouua. Adōc mōta et la pucelle aussy qui blanche estoit cōme la fleur dūg lys et dist que auecques luy yra tāt quelle le aura mis en la voie. Atant hors de la porte issirent q̄ tāt exploicterēt tousiours le grād chemī tenāt q̄ sōt a la riuiere peruenus qui moult estoit roide et profūde ou ilz trouuerent vne nef fermee q̄ vne clef a vng chaisne hault et feuillu lequel dess⁹ la Riue estoit. En ce lieu est Perceual descendu et puis la pucelle meist ius qui prīnt vne clef quelle auoit de laquelle la nef defferma/et dist a Perceual entrez et si menez voustre cheual la nef fort bien vous portera/q̄ quāt la oultre vo⁹ serez le grād chemin vo⁹ en prez et il vous meinera sās faulte nulle en la court du roy peschcor q̄ gardez q̄ ne le laissez p forestz p plains ne p lādes. Perceual dist q̄ bien yra q̄ puis la a dieu cōmādee. Lors est dedens la nef entre q̄ son cheual auecq̄s luy plus viste quesp̄uier ne vole si q̄ en petit d heure se trouua a laultre riue/si descēdit sur le grauier et est sur son destrier remōte. Et la pucelle debonnaire q̄ sur la riue encores estoit Perceual daffectiō regarde sur le che

ual se cōtenir. Et quāt elle apperceust q̄ la forest entre estoit vers son chasteau sen est allee ou en la salle est descēdue/q̄ dedēs le lict le schiquier trouua les beaulx eschez et le brachet q̄ moult se peine de faire a sa maistresse feste de la teste parler ne quiert du cerf car trop auroie a faire mais biē vo⁹ puis dire q̄ puis fust en court enuoie a la noble cheuallerie pour laq̄lle fust faicte meslee ains que la chose a fin tendist.

¶ Cōmēt Perceual entra en vne grande forest en ensuiuāt le chemī q̄ la damoiselle luy auoit ēseigne au q̄l trouua vng cheualier pēdu a vng grand chesne leq̄l il despendit et puys commēt le cheuallier le benist et remercia de tout son pouuoir.

Apres que Perceual fust en la forest entre en propos de tenir le grād chemin que la pucelle luy a monstre et enseigne/en vne aultre voie est entre q̄ fort estoit herbue et espineuse/tout le iour entier cheuaulcha sās trouuer ou rencōtrer cheuallier damoiselle pucelle ne meschine a q̄ il puist nouuelle demāder/tāt q̄l fust assez pres de nuict a laquelle heure vng cheuallier vist q̄ sō auoit par les deux piedz vng grād chesne pēdu/q̄ encores estoit tout arme q̄ estoit sō cheual arresne a vne brāche aup̄s de luy: moult auoit le cheuallier de destresse q̄ ennuy souffert par lespace de deux iours q̄ pēdu eust este. Perceual q̄ de loing le voit se smerueille q̄ ce peust estre lors prīt des esperōs brochet le destrier q̄ tost al la/leq̄l ne fina de courir iusq̄s a ce q̄ deuant le cheuallier peruint q̄ Perceual en pitie le garda. Et le cheuallier ne se tarde de pler mais tātost a Perceual dist q̄ p amour luy veuille aider q̄ que ce soit en diligence/ et que sil tardoit vng petit iamais aider ne luy pourroit tant est de grande douleur actaint. Tantost sest de luy approche cil qui estoit plain de clemence/et le despē sit doulcement en le recepuant entre ses bras. Et a leuuers de son escu la couche et a terre mis/puis sest aupres de luy assis et son heaulme luy deslaca affin de laisser vng petit/car de grãde doulleur se doulloit par ce q̃ refroide estoit. Lors vng moult hault souspir gecta et puis a le chief soubleue et vng petit les yeulx ouuers et dist. Sire faict il dieu qui pour nous mort endura vo9 doint honneur et bonne vie/vo9 estes cil q̃ de doulleur gecte mauez et qui ma la vie rendu/ne scay quel gardon vo9 en rendre fors qua vo9 me donne ligement pour mon vinãt vostre serf estre. Perceual la moult regarde et puis doul'cement laraisonne et luy prie son non luy dire/et que soccasiõ luy racompte pourquoy on lauoit en cest arbre pendu. Et le cheuallier luy respond Hagomades on me nomme. Sire faict il soi mesmẽ des saloie au grand mont doulsoureux la verite vous en dira/ẽ ainsi q̃ machemi noie emmy ce bois Keulx encontray le Seneschal du roy arth9 leql estoit de trois che ualliers armes accõpagnie q̃ moult estoiẽt preux et hardis/q̃ du mõt doulsoureux ve noient q̃ furent presque hors du sens/pour ce que leurs cheuaulx oultre les croix me nerent au pillier du mont doulsoureux du quel cõme ie pense bien auez ouy parler q̃ aussy de sa grande merueille non pareille a toutes les aultres: car a ce pillier ne peult aulchũ cheuallier sacer ou atatger palefroy ne destrier a lanneau qui au pillier pent sil nest le meilleur cheuallier du monde/q̃ les trois desquelz ie vous compte en retournoi ent assez marris/et quãt ilz meurent rẽcõ tre de nulle chose ne maraisoneret/toutes uois les sallue le plus hũblemẽt q̃ ie peux aisy quõ doibt preudhõmes faire/Keulx q̃ iamais courtois ne fust mais maldisant q̃ depuaire:et les trois aultres ensẽble ma batirent de mon cheual. Puis tãt me firẽt diniure et honte q̃ nul dire ne le pourroit. Keulx qui plus du maistre se faisoit : et

qui estoit le plus villain de tous:les piedz q̃ les mains me lia sans vouloir auoir de moy mercy et puis ce faict a ce grand arbre me pendit:ainsi cõme veu vous auez/a cõ me my auez trouue:ou plus riẽ nestoit de ma vie sa mõ secours vo9 ne fussiez venu dont les mercis vous dois hũblemẽt ren dre. Mais sire sil ne vous desplaist vostre nõ vouldroie bien scauoir et aussy que vo9 allez que etc. Et Perceual luy dist que par la terre va post aduentures trouuer: puis se nomma sans plus actendre:et dist q̃l yra sans doubtance au pillier du mont dou loureux pour esprouuer et pour scauoir se point bõ cheuallier sera. Et tost apres que ses deuises furent dictes il cõmenca a an nuicter mais la nuict fust belle et sereine p quoy ne leur fust grand ennuy de reposer en ce lieu iusques au matin:et par especial a celluy qui tant auoit eu de tourmẽt pour lamour du quel plus demeura Perceual q̃ pour aultre chose. Et quant le soleil fust le ue mirent les frains a leurs cheuaulx les quelz lerbe fresche paissoint. Et ce faict pl9 nõt actendu a faire leur departement:q̃ en partant sentreacol'erẽt q̃ se sont leurs serui ces presentez. Et dist lors Hagomades a Perceual q̃l sen alloit a la grande court du Roy arth9 Keulx de traison accuser q̃ main tenant pensoit estre a catliõ. Et Perceual luy dist aisy amy puis que la court du roy arthus voulez aller ie vous prie de par moy le salluer q̃ la Royne q̃ les pucelles sans oublier messire Gauuai q̃ vuai q̃ se des nouuelles vo9 demãdẽt dire pourrez q̃ ie suis sain.q̃ croy q̃ en fauer de moy ilz vo9 ferõt grãd hõneur q̃ grãde feste. Hagoma des ainsy luy dist sire hũblemẽt vo9 en mer cie tant mauez dhõneur q̃ de seruice faict q̃ plus suis tenu vo9 aymer que le pere q̃ ma engendre q̃ dieu me doint vng tel iour ve oir que ie vous puisse de tel seruice vous seruir quil vous plaise . Atant se mirent en voye en se recõmãdant a dieu. Perceual
H.iii.

dresse son chemin tout droict vers le mont douloureux ou maintz couraigeulx chevalliers eurẽt a grand destroit este. Or vous laisseray ung petit icy de Perceval vo9 parler/tant que ie vo9 auray de Bagomades compte commẽt il exploicta qui a la court du Roy sen va. Et comment messire gauuain yuain & Briant des isles et biẽ.lx.chevalliers qui moult furent de grand renon allerent chercher Perceval.

Bagomades en la forest sen est entre sans delaicé le cheval des esperõs poingnant qui va si tost qune arondelle. Le long dune belle grãde sente tout droit vers ung chasteau sen va lequel fort beau estoit et gent/grãdz murs y eust et haulte tour/et a la porte de ce chasteau trouua ung veneur qui ressembloit estre preudhomme/lequel voiant Bagomades approcher contre luy va pour le faire descẽdre/et feist a deux varletz son cheval prẽdre qui en lestable le menerent. Et nestoit lors tierce passee/apres vindrent aultres varletz qui le chevallier desarmerent/& le preudhomme maintenãt a cõmãde la table mectre/si ne me quiers point arrester de quelz mectz ilz furent seruis car le veneur le chevallier congnoissoit et pour ce luy fist il grãde feste viãdes eurẽt a plaisir & de bons vins a suffisance. Quãt du mẽger furẽt leuez Bagomades sans arrester fist a sõ cheval la celle mectre/& puis dilligẽtemẽt sest arme. Et le veneur voiãt q̃ le chevallier a la teste estoit de sen aller luy dist ainsy. Sire se me croiez pour ce ceans vous seiournerez & istãmẽt ie vo9 en prie & demain le matin ptirez ains q̃ la chaleur soit leuee Bagomades lors luy dist ainsy/sire de ce ne me parlez car le partir mest cõuenable & puis luy cõmẽce a cõpter sa hõte q̃ Keux luy a faicte/& quãt tout luy eust recite dist q̃ iamais ne seiourneroit avãt q̃ sen vist rai

sonnablemẽt vẽge: le veneur pl9 ne luy en dist si laissa le chevallier monter q̃ legieremẽt sen alla lescu au col la lãce au poing/et puis en la forest entra q̃ a merueille estoit belle ou une pucelle recontra allant dessus ung palefroy a laq̃lle il a demãde dont elle vient & ou elle va/& elle luy dist quelle vient de la court ou le Roy estoit: doulce ampe fa ict il dictes moy en q̃l lieu laisse vo9 sauez Sire ie ne le vo9 celleray/a Ascauallon le laissay q̃ est en la terre de galles/ou faisoit les sõmiers chercher pource q̃l sen vouloit aller a Caradigan ou ie ouis dire q̃ sa grãde feste tiẽdroit a la feste de la sainct Jehã, et croy q̃ la se trouuerez se vo9 voulez a luy pler mais haster il vo9 cõuiẽdra & plainnemẽt vo9 trauuailler car la court si assẽblia. Bagomades luy demãda se elle y veist mõseigneur gauuain yuain & Keux le seneschal/ouy faict elle ie les veis/mais le diable a Keux sauue q̃ lautre tout fust hors du sẽs/& est tel q̃ tout le mõde biẽ vouldroit en suspend tenir pour le honnir ou lhõte faire/a moymesmes honte me fist/mais point on ne doibt compte tenir pour chose q̃ a aultruy die. Et a ses parolles setrecõmãderẽt a dieu. Bagomades a tãt sen va q̃ l a pposé venger de la hõte q̃ Keux luy a faict leq̃l en ung chemin ferre se meist q̃ hors de la forest estoit et tãt a exploit chevaulcha par vallees & par mõtaignes & par maintes lãdes estranges y bois y villes & chasteaux q̃ a la feste de la sainct Jehã est a caradigõ venu ou la court assẽblee estoit ou de maintes & diuerses cõtrees y cõpareurẽt chevalliers de grãdes vallue & de grãde renõmée Et alors q̃ Bagomades en la court entra estoit le Roy a table assis/& avec luy mengeoit la Royne & aupres delle le Chevallier Gauuain/ et deuant la Royne morquades seoit le Roy de cornouaille/et pres de luy assis estoit le Roy aux guinseaux et ensuyuant le Roy dirlãde. A ceste table Sept Roys de plusieurs contrees auoit: et

y furēt cinq archeuesques & auec eulx qua
torze euesques: daultre part la baronnie
seoit/se furēt ceulx de la table ronde & auec
eulx les pucelles se seoient dont deux cēs
y en eust des belles.

Ant en la salle se seoi
ent les cheualliers
qui alors furent che
ualliers Mamelot
nommez, estoit ce
ste coustume esta=
blye que au iour que le
Roy court tenoit ia nul a table ne se seoit:
mais sur chappes & sur manteaulx men
geoient sans nappe ne sans aulchun lin=
ge: & pour ceste cause on cōgnoissoit lequel
fust le meilleur ou le pire. Celluy qui che
uallier Mamelot estoit: fust qui son sei
gneur rescoux nauoit en aulchun lieu de
mort ou de prison ou quil nauoit son corps
en aduēture mis: tant quil eust en armes
cōquis cheuallier qui fust renōmé en forest
en gue ou en plainne ou eust vne pucelle re
cousse chābriere dame ou damoiselle: ou de
honte deliuree dont elle fust blasmee a tort
deuāt la maieste du roy arthus: ou eust en
luy tant de vertu quil eust telle prouesse
faicte par laquelle il deust estre mis au nō
bre des preux Cheualliers qui en la court
deuant le roy estoient assis & mis en prys
& renōmee. Alors fust en la presence du roy
Keux le seneschal assistāt q̄ de tous mectz
seruy auoit. Le roy qui moult prudēt estoit
a penser moult fort cōmenca. Gauuain le
print a regarder & luy a dist Sire trescher
aduis mest quil nest pas cōsone q̄ deuant
tant de barons dhōneur soyez de aulchune
chose pensif ou tout q̄ tenez court planiere.
et le roy par courroux luy respō ie ne puis
mais faict il gauuain: car ie porte si grand
ennuy que ie ne voy icy celluy par qui ma
court est espuisee q̄ contenance ne puis te
nir: & est le baillāt perceual qui tāt de bōs
cheualliers vertueux ma en court enuoye

de to⁹ prys: & nen ouys pieca nouuelle q̄ fus
sent prosperes ou malles: & est de luy que
maintenāt pensoye: et Gauuain luy dist
treschier sire a luy deuez vo⁹ bien penser &
de ce nestes a blasmer. Ainsy que ses parol
les dirent sceans Sagomades entra sās
descendre de dess⁹ son cheual: car ceste salle
en bas fust composee: & quāt deuāt le Roy
peruint moult hūblement le salua & toute
la noble assemblee fors le seneschal seulle
ment de par perceual le gallois. Et quant
le roy de perceual ouyt parler de ioye fust si
tresespris que le cueur au corps luy saultel
le: & puis dist a Sagomades descēdez dist
il bel amy & si vous fuictes desarmer. Et
cil a au roy respondu que poinct il ne descē
droit iusques ace quil auroit sceu son luy
feroit en court droicture de la honte & de la
villennie que Keux le seneschal luy a faict
& le roy maintenāt luy dist que vouldriez
ladresseroit dedens sa court & luy feroit a
son pouoir droict & hōneur: mais descendez
ie vous en prie luy a dist le roy amy chier.
Et cil a pied cest en terre mys: & apres q̄ fust
descendu sans attendre desarmer se seist et
prent vng manteau quil affubla qung var
let apporte luy auoit: par les tables y eust
maint propos tenu par cheualliers & par
damoiselles par les escuyers & pucelles: q̄
bien dirēt en leur priue/que ceste chose sās
meslee ne se despartiroit. Lors le cheuallier
laua ses mains: & sest pres de gauuain as
sis ou honnorablement fust seruy de tout
ce quil eust en vouloir. Et apres la royal
le refection chm̄ se leua de la table. Et puis
le roy a Keux demanda se oncques en fo
rest ne aultre lieu il auoit ce cheuallier veu
Keux iure par la trinite & par tous les
sainctz de paradis quen son viuant ne la
uoit veu ne trouue en chemin ne en place
ou il y eust faict honte a son escient ou dō
maige. Faict le cheuallier. Sire dont me
souuiengne/ & sil veult le contraire mainte
nir ne chose quil me doibue ennuyer: ie le

H.iiii.

cuyde si bien resueillier quil naura tallent apres de ce gaudir de moy ne daultruy appeller par mocquerie a court de conte ne de roy. Et alors bagomades sen est deuant le roy alle auquel il dist. Sire dist il/or me entendez & pareillemẽt toute vostre noble et honorable baronnie: puis iugez se iay tort ou non. Voicy le cas: querãt mon auenture alloye tant que en vne forest obscure me rencontra Keux le seneschal lequel estoit de trois cheualliers accompaignie qui de rien ne maraisonnerẽt: ains me prindrent meschātemẽt en me faisant du deshoneur assez: & cil mesmes au chief destour me voullut prendre & lier & sans daignier plus attendre que les cheualliers a moy parlasset pour de ses mains me deliurer parce que Cheuallier iestoye. Keux qui sur tous est oultrageux en riens ne me daigna supporter: ains me pendit sans demeuree a vng arbre par les deux piedz tout ainsy arme que iestoye le haubert au dos & au chief le heaulme: & dire ne vous oseroye cõmet apres ilz me batirent & cõment ilz me laidengerent ne la grant honte quilz me feirẽt: car cest a Cheuallier deshoneur de reciter si orde chose & par especial en court ou tãt de nobles personnes y a. Et ainsi quen ce tourment iestoye par cas daueture par la passa perceual qui au mõt douloureux alloit/ & vous dys a la verite qua cest arbre fusse trespasse si tost il ne meust despendu & fust auec moy en ce lieu iusqs a ce quil veist que mes forces eusse reassumees. Puis cy me vins la droicte voye. Sire la chose ainsi alla & pour ma querelle deffendre voila mon gaige que ie presente deuant vostre royalle maieste & deuant toute la baronnie en soubstenãt que Keux est de trahison plain: & sil nest tel quil men desdise & en vostre court le prouueray au cõbat ainsy qui luy plaira eslire soit a pied ou soit a cheual. Qui eust alors Keux le seneschal veu dyre & de mal tallent rougir bien il eust peu a la verite iuger que pas de bonnaire nestoit: puis dist au roy Sire faict il le gaige recepuez: se le cheuallier fust arme tãtost men alasse atourner: mais ie croy que cure il na de se haster puis que deuant son menger il ne sest pas voullu cõplaindre: mais present est de vin eschauffe qui luy faict ses parolles dire: or puis quil a la voulente sen voise armer et ie me armeray: pour de la trahison me excuser quil me va cy ramentast. Et le roy au seneschal dist Keux moult enuis vous scauez tatre parce que vostre mestier est a mal dire que ne delaisseriez pour tout lor qest en ce monde: mais se mon conseil voullez prendre de la bataille ne vous hasterez: car ie cuide que assez a temps vous laurez: tel cuide sa honte venger qui la croist & la multiplie on ne doibt pas sa grande follie tant exausser & auant mettre que quant esfourcer on se veult de la delaisser ou oster quon ne sen puist bien dessaiser & a bonne fin en venir. Keux luy respond ce peult bien estre: mais maistre ie ne quiers auoir qui de ce nulle chose maprehende & que de honte ne me deffende se nul me la veult mectre sus & pource sen voise sans demeure tout maintenant le cheuallier armer & faire amener son destrier ie marmeray aussi sans faulte pour en bataille le combatre: car plus ie ne veuil delayer. Et gauuain luy a dist ainsi tout ce peult bien le roy souffrir. Adonc feirent les cheualliers leur armes venir desquelles tantost ilsarmerent. Or y auoit vng beau berger dehors la ville: & aupres vne belle prairie ou toute la noblesse se retira: parce que leans se feist la bataille. mais pas ne me veuil arrester a vous nõmer tous les noms de ceulx qui y furent. Car chose seroit ennuyeuse. Les roynes les dames & les damoiselles aux fenestres des loges se meirent pour le combat a leur aise veoir. Et quãt les cheualliers furẽt armez dessus leurs bons destriers monterẽt & puis hors la porte sen vindrẽt & ne se arres-

gerent tant quilz sont au verger venus. et
apres arriua le roy auec toute sa baronnie
¶ estoit la cheuallerie en grād nombre: car
bien furent cinq cens ᷠ mieulx: ᷠ alors le
roy establyt ceulx qui le camp deurent gar
der: ᷠ feist les cheualliers serrer: les comba
tans se esloingnierent lung de laultre puis
les lances aulx arrestz meirēt ᷠ ont les che
uaulx essaiez aulx poinctes des durs espe
rons qui les feirent par si grand randon al
ler, quon en pdoit presque la veue: ᷠ quāt
de pres ilz se approcherent vers les escus
leur lances adresserent desquelles si dure-
ment sentreferirent que les escus ne peurēt
les fers souffrir: ains dedens viuement en-
trerent: ᷠ si les haubers neussent les fers
arrestez ny eust eu cellui qui ne fust affol-
le grādement ou possible eust este a la mort
mis. Alors dist le roy a gauuain q̄ moult
bien auoient les Cheualliers iouste ᷠ les
cheuaulx mout tost allez. Les cheualliers
sans atarger demanderent deux aultres
lances parce q̄ les premieres furent froiz-
sees: ᷠ on leur en donna de bonnes plꝰ gros
ses que au parauāt. Et les dames q aulx
fenestres furent voians les cheualliers cō-
batre dirēt quelles en verront la fin ᷠ prie-
rent a dieu que Keux ait honte ᷠ deshon-
neur sy aura il en fin de compte sont elles.
Adōc les cheualliers se esloingnierent qui
de grande yre sont chargez ᷠ de grād mal-
tallent espris. Puis meirent les cheuaulx
en course apres quilz eurent les escus pres
du pis serrez pour les lances qui redoubtè-
rēt. Et les porterēt les destriers de si grād
randon qui sembloit que la terre fende: si
les lances firent au trauers des escus pas-
ser dont celle de Keux se brisa. Bagoma-
des pas ne tomba ains la si tresbien asseu-
ree que lescu luy serra au bras ᷠ luy a le fer
any flans mis: ᷠ le feist verser en la prai-
tie: puis sa lance tecta en bas. Alors meist
la main a lespee ᷠ poinct le destrier des es-
perons: si que auant que Keux fust releue

est par dessus luy trois fois passe. Et ap-
s̄ fest Keux a moult grande peinne tedresse
si meist la main a son espee qui la coulleur
eust ia perdue pour la grāde honte quil a-
uoit ᷠ tressue de maltallent, tant parce q̄l
scait que les dames lont veu q̄ pour les pa-
rolles que ce iour luy auoit le roy dictes: et
bien vouldroit que cent marces dor luy cou-
stast silles eust eu ᷠ que point de dessus sō
cheual neust este abbatu.

Ors recommence-
rēt la bataille a tout
leurs espees tren-
chātes: mais le roy
les vint despartir q̄
mesmes se meist en-
tredeux: auquel ba-
gomades a dist Sire saict il, tort vous me
faictes: car encores ne suis venge de liniu-
re que Keux me feist: ᷠ le roy luy dist doul-
cement beau doulx amy contentez vous,
il est ce iour grande feste ᷠ solempnelle ᷠ
est icy la baronnie assemblee de maincte ter-
re: se vous voullez a honneur paruenir il
ne sen fault esmerueillier: mais bien sai-
chez se plus voulliez le seneschal enuahir q̄
possible voꝰ porroit meschoir: car encor nest
il pas vaincu: veu auez tel estre cheust qui
puis son ennemy mattoit: ᷠ poꝰ ce voꝰ loue
tāt lung cōme laultre de remectre le camp
sur moy ᷠ voz honneurs ie garderay si en se-
ra ma court resioupe ᷠ exaulcee ᷠ honoree.
Et adonc Keux au roy a dist q̄ estoit tous-
iours oultrageulx de parler. Sire dist il
mais laissez nous encore vng petit la ba-
taille. Alors luy dist le roy dirlande. Sire
Keux vous auez grand tort: tantost lau-
riez prins ou occis se le roy souffrir le vou-
loit: ains vous conseille lestour despartir
se au cheuallier plaist ᷠ agree nous auons
tous ceste paix bastie parce q̄stes preulx
ᷠ hardys. Adonc gauuain a Bagomades
parla ᷠ luy requiert ᷠ auecques luy feist
iurer par la foy que a Perceual debuoit q̄

de mort sauoit deliure ainsy q̃ luy mesmes a dist que du tout au Roy il se submecteroit Et Bagomades luy creanca et promist en faueur de la baronie et de celluy quil a nõme/ alors le roy les assembla et puis y les feist desarmer/des cheuaulx ie ne tiẽs propos assez y eust varletz qui les prindrent: et sen retourna la noblesse en la salle: mais bien pour verite voꝰ dis q̃ les dames ont moult fort ris de Keulx qui feist la tourneboulle parce q̃l est tant oultraigeux ny eust celle q̃ ne sen Resiouist car ung peu se voioyent vengees des gros motz et des gaberies que par maintesfois leur a faict/a ceste heure des loges deualleret/et en la salle sõt entrees ou le Roy et les barons furent: ou Keulx estoit plꝰ rouge que braise pour sa honte et desconuenue/et quant la Royne a aduise depuis nosa ung mot sonner: lors la Royne commence a rire et dist dieu feist b̃ en quant le noel fist. Adonc fust Keusy prẽs si desplaisãt et si honteux qui ne scait quil dist ou quil faict/le Roy qui tãt est de bonaire/la Royne appella pres de luy. Et luy a dist iay la bataille desseuree dame faict il bien le sachez pource veul que faciez la paix par telle sorte et tel moyen que tout leur viuant bons compagnõs ensemble ilz puissẽt demeurer. Sire faict la Royne la paix seraie voulẽtiers. Adonc vint a Bagomades auquel elle supplia que ceste compagnie octroie. Et cil courtoisemẽt Respond/ dame chose qui vous puisse plaire ne oseraye et ne doibz refuser/du bon du cueur vous remercie faict la Royne et gre vous en scay. Et apres sans point delaier semblablement sen vint a Keuxa luy a dist Keux faict elle vous octroierez ce q̃ le Roy ma cõmande: dame dist il ie ny veulx contredire ie feray ce quil vous plaira/ ainsy q̃ present voꝰ ay dist a la Royne la paix traictee/ tellement que pour ceste querelle na este depuis espee veue ne tiree hors du fourreau: apres la paix par la Royne de deux

Cheualliers faicte pour icelle confermer se font par amytie entreacollez. Ceste alliance bien fermee par les compromis et asseurance des deux costes faicte ny eust puis Cheuallier de pris qui ne vint Bagomades honorer et priser a le festoier/et le Roy en personne luy prie que de sa maignie il vueille estre/et que pour le assossier auecques son nepueu Gauuain voyse a viẽne Et cil liberallement luy accorda/ ainsy est Bagomades en court demeure ou fort il y fust honnore et renõme par maint pais et furent depuis bons amys Keux et luy ensemble. Alors le iour en tenebres se terminoit pour quoy lõ feist drẽsser les tablesa aps lauer se assẽtẽt tãt les barõs q̃ les dames/ et apres le Roy a la table assisterent les Archeuesq̃s et Euesques et ensuiuãt les Cheualliers de pris et deuant les escuyers se assirent les pucelles/ Et ceulx q̃ seruir les debuoiẽt les seruirẽt benignemẽt/ Et ainsy quil furent au conuis se print le Roy de Perceual parler lequel cõme il a ouy dire sen est au mõt douloureux alle pour sa prouesse esprouuer disant aisy/ par dieu faict il Perceual est digne destre pour preux nõme quant par son noble couraige est de toute bõte entache et garny/ a pource vne chose vous dis que se trois ans peult encores durer quil sera le plꝰ a louer que Cheuallier qui soit en vie/ si ne sen doibt aulcun douloir mais dieu prier qui le maintiengne en telle sancte que encores il puist en court reuenir plain de vie et plain de vertu. Certes sire se dist Gauuain ie suis esmeu de saller q̃rre a le chercher ou ie pourray et pense le matin mouuoir/ et ia nul iour narresteray tant que soie au mont douloureux. Alors messire yuain luy dist que y luy tiendra compaignie et que ne prendra ia seiour plus dune nuict en vne maison se dieu de prison le preserue ou de mort naturelle ou accidentelle tant quil saura au mont douloureux este chercher et querir

Perceual: a tant en piedz se leuerent lancel
lot et Agrauain Gaheries et gladoains
Reulx/e deftral de la grande foreft le Roy
descoffe e cil dirlande Saigremor et Gue
resches le Cheuallier au cietcle dor briant
des illes et lucain/ Eflis et le filz a Gale-
sche Bagomades e cil a la cofte mal taillee
Guires le petit et le conte de Balaßigan le
duc quinables et Caulas/merangis Ca-
rados briefbras/dodiniau le sauluaige et
Erec le filz au Roy lac/ Epinogres et da-
niau/ Carfalas et Hains de nimeaulx/
le laict hardi le beau mauluais yuain la
aouftre et brandelis et encores ung aultre
yuain quil fuft surnōme blaches mains:
Tous ceulx dirēt e cōcluret q sās arrefter
Perceual chercher yroient/ et que iamais
ne arrefteront iusques ace quil auront trou
ue. Et quant entre eulx fuft la creance fai-
cte et la foy promise/se leuerent to⁹ du men
ger/puis en leur logis sen allerēt pour leur
aiser Jusques au matin/ Et de cefte heure
print Gauuain conge du Roy son oncle et
consequamment de la Royne/laquelle en-
uis luy octroya/ mais y luy promift et iura
que le pluftoft qui luy seroit poffible a la
court reuiendroit: ainfy sen eft Gauuain y
ti du Roy son oncle et de la Royne et puis
sen eft a son logis alle reposer iusques a ce
que au lendemain que son Beift la clarte du
soleil raier/a laquelle heure armer se feift e
puis eft sur sō deftrier mōte lescu au col la
lance au poing. Et sans plus faire aultre
seiour sen ē hors de la Bille yffu/ Et ia ses
cōpagnons eftoient pres dune croix en la
tendant tous armez deffus leurs cheuaulx
les Ungz bais les aultres soues et mo-
reaulx et Bous dis bien que leurs escus q
dorez eftoient si grāde clarte a la lueur du
soleil rēdirēt q fort admirable chose fuft car
ly. Cheualliers sont des meilleurs de cre-
ftiente. Lors yuain de Gauuain approcha
en luy mectant la main sur le col de son de-
ftrier et luy dift en cefte maniere/ Sire fait

il tous les Cheualliers que icy sont tous
se fuffent ce iour departis se ilz euffēt sceu
quelle part aller Bous Boullez. Gauuain
respōd que pour tout certain que Perceual
yra chercher/ se dieu le Beult preseruer din-
fortune/ et puis aps se efforcera de la court
du Roy peschor trouuer q iadis grand hon
neur luy feift. Et pource q Bouldtiers sca
uroit de quoy se sainct graal seruoit et q ce
peult a la Berite eftre. Et si se Bouldra en-
fter du corps qui en la salle eftoit gisant de
dens cefte biere deffus lequel corps y fuft
Bne espee croisee/ et ne scay que ce signifie
et le Beis de mes deulx yeulx et ne fuft on-
ques si grand deuil fuict comme les gens
faisoient qui furent au tour de la biere. Et
aify que ce lieu iefoie nulle chose ne peux
scauoir car toute la gent se esuanouit/ et a-
pres que le Roy Bint a moy auquel ie me
enqueroye si las fus que ie mendormy et
ne men euffe sceu tenir qui cent matcz dar-
gent me dōnaft. En ung riche lict et fort
gent au pluftoft que peu me couchay/ et
quant me sueille au matin/ me trouue au-
pres dung rocher et mes armes e mon che-
ual deffus la greue de la mer: oncque puis
nen ouis rien dire: et pource nay empense
retourner auant que la puiffe Benir. Cer-
tes se luy respōd yuain ceft Bne chose fort
penible. Et quant par les aultres cheual-
liers fuft cefte raison ouye sung de laultre
se departirent et sen Ba chascun son auen
ture chercher la ou ilz la cuident trouuer/ e
gauuai cōmēce a entrer en la foreft grāde
et ramee/ et en sa cōpaignie furent meffire
yuain et lancellot qui tous trois ensemble
Bōt parmi le bois cheuaulchāt puis se mi
rent en Bne lande qui mouft planiere et
grande eftoit et au dedēs couroit Bne ri-
uiere qui Belle eftoit bien gente et clere ou
tous trois Bindrent sans targer/ et fuft ce
fte Riuiere sy aisee q sans pont ilz la peu
rent paffer et quant leurs cheuaulx y eu-
rent beu et que ilz furēt oultre paffez/ Bne

¶ Perceual le gallois.

vielle chaufee trouuerent qui forgee eſtoit en trois fes/mais gueres ne furẽt les voyes hantees combien quelle fuſſẽt aſſez larges: lors diſt Gauuain a ſes conſors Seigneurs faict il icy departirõs pource chaſcuñ tienne ſa voie ie prie a dieu qui nous veuille aider a trouuer ce que nous querons/au departir ſentreacollerent et puis ſe ſont tous a dieu cõmandez. En lhyſtoire poit ne trouue ẽſt meſſire vuain deuenu ne de lãcellot qui bien tint le grãd chemin ou il entra ne il ne meſt loiſible de dire quelles aduentures aux aultres aduindrent quelle voye ne ẽl chemin ilz tindrẽt/ mais de Gauuain vous voulõray reciter ce que lhyſtoire nous en diſt.

¶ Commẽt les conpaignons de la table ronde ſe miſtrẽt en queſte pour trouuer Perceual le gallois et le chaſtel du roy peſchoz pour ſcauoir la ſignifiãce des nouuelles ẽ eſtoient leans.

Eſſire Gauuain eſtant en la foreſt entre ſa chenaulchant a grand exploict qui moult fuſt belle et delicate. Tãt tint vne grande voye herbue que la nuict de prés aprocha/en celle nuict ſeſt heberge chez vng hermite en vng boucaige et fuſt le preudõme diſcret et qui menoit auſtere vie lequel tãt Gauuain ceſte nuict ſecourut que plain vng boiſſeau de ble orge luy a pour ſon cheual donne/ẽ gaigne auoit a ſa queſte et ſi luy a appareille a ſoupper ſe quil peult auoir a la couſtume dhermitaige. Toute la nuict prés ſon cheual ieuſt meſſire Gauuain tout arme excepte le heaulme ẽ de ſõ chief auoit oſte et il eſtoit tout encline ſur le rõble de ſon eſcu ou print vng peu de repos iuſques a ce que le iour apparut/adõc ſeſt Gauuain atourne et puis ſur ſon deſtrier monte/ Et quant du preudhomme euſt cõge pris ſe

ptit de ceſt hermitaige et ſen alla les grãs gallos: les oyſillons qui au bois chantent demenoient alors moult grãde ioye ſi fiſt la matinee bruine/ et ſi eſtoit lherbe toute de roſee couuerte et les arbres pareillemẽt ſi que tellement degoutoiẽt cõme ſi pleuſt a groſſes gouttes/ Gauuain tout mouille eſtoit mais toſt ſe leua le ſoleil qui le broullas a departy/ẽ commẽca la challeur a venir ẽ laict ſi fort a eſte cler ẽ de tout lã ne feiſt vne auſſi belle iournee/ Et Gauuain erre ſans ſeiour qui tout le cueur a reſiouy de veoir le iour ſi beau et cler et parce quilẽ tent armonieuſement les oyſillõs chanter Et alors commenca damours a penſer de quoy ne ſe pourroit nul garder ne ſon cueur en oſter de aimer qui les oyſillõs eſcoutaſt tant melodieuſement chantoient. Et ainſi quen ce penſement eſtoit le chant des oyſeaulx eſcoutãt a vng grãd arbre deuãt luy veiſt fort verd bien branche et feuilleu/en ceſt arbre voit vng eſcu ẽ a vne brãche pendoit/et eſtoit ceſt eſcu dargent et au pardedens vng lyon de ſable rãpant/ẽ ſoubz ceſt arbre vne fontaine auoit qui belle fuſt fort clere ẽ ſaine dont le ruiſſeau au bas deualler. Et meſſire gauuain ſen vẽ tout droict deuers ceſte fõtaine/ ou vne pucelle aſſiſe y trouua veſtue aſſez noblement dune robe plaine d ermines/ẽ en ſa main blanche tenoit vng pingne diuiere bien ouure duquelle pingnoit ſon chief et ny euſt auec elle chãbriere ne ſeruante mais tãt belle ẽ tant gẽte eſtoit quõcques ne fuſt plus belle nee/ et ſi eſtoit bien coulouree de rouge ſur le blanc aſſis/ et bien il ſemble a Gauuain que ſe fuſt vne propre pmaige et ſe la pucelle eſtoit en eſtat ſans ſe remouuoir il ſe croiroit pour tout certaĩ mais il luy veiſt ſon chef pingner et ſes cheueulx au vent volleter qui ſembloiẽt eſtre de fin or/ a dõc ſceut bien pour verite que ceſt damoiſelle ou dame. Et quant il euſt la pucelle approchee moult haultement la ſalua. Et celle

¶ Perceual le gallois. Feuillet .clviij.

s'est encontré luy leuee qui doulcement luy a son salut rendu et si humblement qu'on ne luy en doibt improperer blasme. Puis luy dist qu'elle veult scauoir le nom de luy si luy plaisoit. Et gauuain ne luy quiert celler/ ains luy respond ma doulce amye oncques en tour de mon viuāt a dame n'y a damoiselle a seruāte ne a pucelle ne a hōme de qlque estat qui soit n'a esté le mien nom celle/ et pource vous dys sans targer q̄ Gauuain suis nepueu au roy arthus. Et quāt la pucelle l'entent moult en a esté resiouye. Sire dist elle iay ouy de vo9 nouuelle maitesfois et se plaisir me voulliez faire en mō manoir auecques moy vo9 en viendriez ou a vostre voulloir aurez ce quil vo9 plaira demāder. Gauuain de si grāde beaulté la voit/qu'il ne la desira escōduire ne cōtredire aulchunnemēt: ains luy promest ce qu'elle veult. Et n'eurent gueres en ce lieu esté quāt vng cheuallier aduiserent venir sur vng sault ueau destrier le plus parfaict en toute beaulté q̄ iamais hōme veist alors fraiz et celle tout estoit d'or ouure p̄ bn̄ riche facture/et si estoit le cheuallier desarmé q̄ a petit allure venoit/et vo9 vouldray de luy cōpter ce que iay en L'hystoire trouue/ce cheuallier fust né et engēdre en galles dont ie tiens le cōpte/et ainsy q̄ lescript nous dict possedoit la terre darsoire: laqu'lle auoit en grāde recōmendacion: ce Cheuallier pas grād n'estoit: oncques nulle creature q̄ de mere naquist ne fust de si haulte renōmee ne aussy belle a mō aduis: et pour au vray vo9 en parler les cheueulx eust blās et vng petit crespes/les yeulx le mēton la bouche et le nez auoit faict cōme par souhait. Bras iābes: et piedz/pareillemēt et moult estoit richemēt atourne d'une robe de fin sandal mais si petit sur son cheual estoit q'aduis fust q̄ le regardast que vng enfant de sept ans soit: moult fort le print gauuain a le regarder. Et cil pour rien ne se tarde: ains est venu a la fontaine/ou tost est de dess9 son

cheual descēdu et courtoisemēt a gauuain et a la pucelle rendit le salut q̄ luy p̄nterent a larriuer de la fontaine: et alors gauuain luy demāde quāt il eust son salut rendu de quelle part a ceste heure venoit et ou ceste nuict auoit geu. Le cheuallier a respondu. Sire iay geu en vng chasteau icy deuant moult bel et riche ou bien le y ay esté aise/et se venir vo9 y voullez saichez q̄ pour ce tout y serez hōnoré et agre serui de tout ce q̄ desir aurez. La pucelle mot ne sonna: mais vng petit se prit a soubrire: et apres a dist a gauuain q̄ le cheuallier est son frere et q̄ pl9 nauoit pere ne mere seur ne plus frere q̄ luy et qui lauoit de maint ennuy iectee par sa grā de prouesse sa vistesse et p̄ son sens et moult estoit bon cheuallier preux hardy et couraí geux cōbien q̄ soit de petite stature. Gauuaí estoit fort esbahy de la beaulté q̄ a eulx deulx voit quāt il auoit lung regarde incōtinet regardoit laultre. Et puis a dict a la pucelle frere/ faict elle ce est cy gauuain q̄ est plain de si grāde bonté q̄ par tout le mō de est loue/ cher tenu et fort honnoré.

¶ Quant le cheuallier par sa seur entendit que c'estoit gauuain fort resiouy en a esté. Lors de sa chausse a vng Cor traict d'yuire blanc moult bien ouure duquel quatre fois en sonna si hault que toute la forest en retentist/ et la grande vallee en fremist qui entour la fontainne estoit le cor d'yuire que vo9 dys q̄ si hault resonnoit nauoit en tout q̄ paulme et demie de long/ au son duquel vindrēt incōtinet trois varletz sur trois roussins mōtez dont lūg d'iceulx vne mulle menoit la plus blanche que iamais cigne on ne veist si blanc laquelle richement sallerée estoit vng aultre vng māteau de fin satin bleu apportoit fourré d'erminnes les meilleures comme ie croy que iamais furent soubz le ciel: et le tiers varlet apporta vne belle et riche quice de soye si triumphantemēt et excellentement brodee

g.i.

¶ Perceual le Galloys.

que se la verité vous en disoye ie nen scauroie pas estre creu & pource rien ie nen diray. Les trois varletz a larbre vindrent & descendirent pres dung marbre ou la pucelle se seoit / & ou chm̄ meist ce quil tenoit sans parler ne dire vng seul mot / & cil qui amena la mulle pareillement toute coye la laissa & puis sen retourna ariere avecqs les deulx precedens / & la pucelle gentement a vestu la quice de soye : puis le beau manteau a ssublé & monta sur la blanche mulle laquelle comme iay dict bien falleree estoit. Premierement fust dugne sambue ou housse couverte faicte a eschellettes dor / & a leurs menues tympanes & cymballes dargent & dor clerement & doulcement sonnant & moult plaisantes a escouter. Puis son frere sen retourna monter sur son cheval sans plus actendre / si te fil vous vient a tallent faict il a monseigneur gauvain de venir a mon hostel saichez que pas nest loing dicy & aussy est pres de midy parquoy temps seroit de disner. gauvain luy print a demander se lescu quen ceste branche pendoit demouroit la. Et le petit Chevallier respond. Sire faict il ie vous advise que nul chevallier ne le doibt prendre ne le pendre a son col ou porter se moult na sens force et vigueur vallue largesse & franchise & belle amye mesmement qui loyalle soit & sans tricherie & qui tant layme comme son cueur & qui pour nulle chose ne vouldroit que mal luy advint non plus que a soymesmes / aussy que ceste amye ne vouldroit avoir ioye daultre amy que luy tant fust il de excellent renom. Celluy a qui dieu telle destinee donneroit en pourroit lescu emporter & donner ou y luy plairoit. Et cil qui lescu emporteroit & nauroit tous ses biens en luy il en seroit deshonnore : aussy sil estoit si heureux que toutes ses bonnes vertus eust & samye loyalle luy fust comme ie vous ay devise : saichez de vray que quant lescu auroit a son col mis que prouesse & honneur luy doubleroit sens vertu vigueur & force.

Certes faict gauvain cest escu a moult en luy de dignitez. Vous dictes vray dist la pucelle : maint Chevallier a faict dolent & fera ainsy que ie croys lesquelz cuident estre secourus par la bonté de leurs amyes : mais assez souvent y a faulte ten ay plus de cent veu venir chaschun par soy q̄ cest escu emporter vouloient : pource qui leur estoit advis quilz avoient amyes esprouvees et a leur amour si loyalles comme se fust a souhaicter : croyant fermement que pour empereur roy / duc / ne conte / pour terres pour tresor ny honneur ne les vouldroient delaisser ne faire vng lasche tour. Mais quant la narine avoient saisie de lescu et mis a leur col bien se pouvoient asseurez tenir que maintenant seroient vaincus & de leurs destriers abbatus / puis disoient en la parfin que moult est fol qui tant en amour de femme croyt / se fie & que pour la vallue dung ail / chose entreprennent sur leur fidee. Ainsy leur grande malheurete par elles mesmes se complaignoient. Et encores plus de dueil avoit de ce que mon frere est si petit lequel tous desconfis les avoit & pieca fust lescu emporte sil nyeust qui le deffendist. Lors Gauvain se prit a soubzrire pource que la gentille pucelle luy avoit ceste nouvelle compte saigement & par bonne maniere. Puis luy meist vng bras sur une espaulle en luy montrant signe damour : & de si grand beaulte la voit qua nulle chose na actente / sors q̄ a sa beaulte remirer. Atant se sont acheminez : mais alle neurent longuement quant adviserent le chasteau qui richement construict estoit. Salle y avoit & haulte tour / fors murs & bien esleuez pont porte & fort belles loges & grans fossez / profons et larges qui le chasteau environnoient / les deux Chevalliers & la pucelle ne sarresterent iusques au pont ou le petit Chevallier a de son cor si beau si cler & sy la faict si haultement sonner q̄ la forest & la prairie les eaues & les grosses murailles : en resonnerent a lenuiron pour le grand son quil a rendu. Lors quatre varletz descēditēt legieremēt emmy la court qui la pucelle ont aide a descendre de dessꝰ la blanche mulle. Puis les Cheualliers sans actendre sont de dessus leurs cheuaulx descēdus ⁊ les cheuaulx baillerent a aultres sergens qui la venus estoiēt pour les mener a lestable. Puis sōt les cheualliers ⁊ la pucelle dedens la salle entrez: ou sur vng beau tapis de soye ont missire gauuain assis:⁊ puis apres le desarmerent ⁊ luy affublerēt vng manteau de pourpre fourré de fines lubernes: les sergēs ont adōc la table mise ⁊ tout poꝛ le mēger apreste. Et quāt les mains eurēt tous trois ensemble lauees assis se sont: ⁊ ne voꝰ faictz nulle deuise du traictemēt par ce que trop lōguemēt y seroye ⁊ suffist de croire que vin viandes itz eurent a leur deuis. Ainsy cōme au menger estoient: parmy la porte voient venir vng varlet sur vng roussin monte qui oncques ne se voullut arrester iusques a ce quil fust au degres de la salle venu ou il descendit:⁊ apres est dedens entre ⁊ ainsy q̄ leans regarde le petit cheuallier cōgneust leq̄l de par ydier le filz au roy nud le sallua: puis il luy recite q̄ de la court au roy arthus venoit ou il ouyt de son escu en mainctes guises parler. Et dist en oultre sire faict il keux le seneschal qui se prise plus qung aultre voire q̄ deux a deuāt le roy sa foy iuree q̄ se cest escu pouoit veoir qua vng tournoy le porteroit ⁊ sy ꝑroit la lāce au poig pour y faire cheuallerie. et quāt mon seigneur ydier eust ouy la parolle ⁊ la vāterie de keux vng tournoyment alors pleuist au roy ⁊ a sa cōpaignie:⁊ le priut ꝑ telle maniere q̄ vostre escu au roy enuoieroit:⁊ si essiieroient les prises darmes a ce iour/parquoy par amytie vous prie qua ce tournoy veuillez venir/⁊ q̄ vostre escu apportez pour faire ce q̄ ie vous dys a voꝰ aduise q̄ le tournoy est a matdy assigne/a la Croix vermeille en la lāde. Du poict gau

uain ne sera. Lācellot ne missire vuain pareillement le roy dirlāde ne bien soixante cheualliers. q̄ sen allerent laultre iour par le pays aduēture cherchet: pource mon sire vous asseure: car les meilleurs sont de sa court:⁊ ny a gueres cheuallier de la reste de ceulx q̄ y sont quil ne satourne ⁊ iour ⁊ nuict ne seiourne de querre gens ⁊ assēbler pour au tournoy a ce iour se trouuer: le roy claudas a faict mander par ses terres quil sy trouuera:⁊ le roy braules aussy q̄ mon sire tient a amy si aura grande cheuallerie ⁊ puis que Gauuain ny est pas ia nauront grande resistence: ⁊ pource il vous plaira vostre voulloir me dire ⁊ puis ie men retourneray a mon seigneur les nouuelles rapporter. Le petit cheuallier luy dist que au tournoy voulētiers yra se bon sembloit au cheuallier lequel aupres de luy se seoit: ⁊ quiquōcques en ait dueil ou ennuy faict il lescu ie porteray ⁊ lenuoitay au roy arthꝰ qui de toute bonte est plain: pource dictes men v̄re aduis dist il a monseignr̄ gauuaī car il debuez estre asseure q̄ sās vous ny pretēs alle/⁊ gauuain dist que sa cōpaignie a se tournoymēt sen yra: ⁊ si le loue q̄ ꝑ ꝑte son escu au bō roy arthꝰ. Quāt le varlet ce ꝑpos entendit cōge a prins sās atarger sans voulloit ne mēger ne boire pour rien quon luy en sceust prier: aīs erre tāt ce iour en diligence qua son seignr̄ a recite tout ce q̄ lauoit trouue: dequoy en fust fort resiouy Et gauuain q̄ au menger se seoit auec le petit cheuallier fermemēt a esmerueiller se prent de la parolle qua ouye. Et la pucelle moult luy prie quil mengeusse ⁊ laisse le penser. Puis le commenca a gaudir vng petit poꝛ resiouyr. Sire dist elle sy v̄re parolle dire voꝰ osoye saichez q̄ ie vous loueroye et pource q̄ courtois vous estes de dire ne me pargneray. Cest q̄ tāt ne voꝰ fiez a la parolle v̄re amye que quāt a la sembler viendra qua tout lescu alliez iouster q̄ honte a maīt Cheuallier a faict: car on ne scauroit esti-

g.ii.

¶ Perceual le Gallops.

mer cueur de femme ne sa nature pour ce q̃
tel y cuide droicture auoir quil en yra tout
aultrement: femme au petit enfant resem
ble qui tost ayme tost hait τ tost change q̃
est chose a se merueiller pource vous dys
ceste aduertance si doulx amy elle vo9 cla
me nentreprenez pource a faire follie moult
est sage qui se chastie par aultruy faitz τ
daultruy dys. Adõc fust gauuain fort ioy
eulx de ce q̃ luy a dist la pucelle. Damoisel
le faict il de honte me garderay sil plaist a
dieu. Adonc sans arrest les tables osteret
ceulx qui de les mectre sestoient entremis
Et quāt eurent tous trois apres le mēger
laue: de la grāde salle sont yssus τ puis en
vne loge entrerent: q̃ fust doree de fin or de
sinople τ de fin asur: τ si trescheṁt ouurée
quoncques hõme si riche ne veist: emmy la
loge y eust vng lict q̃ dung sampt couuert
estoit q̃ la pucelle auoit ouure elle mesmes
de ses deux mains: dont moult len a gau-
uain loue: lors sen allerēt de ceste heure a
vne fenestre appuyer τ au dessoubz vng
estang voiant la forest τ la prairie. Et gau
uain dist q̃ le chasteau τ ce q̃ est a lenuiron
moult luy plaist τ est fort plaisant τ est de
si tresbel atour que bien doibt a cheuallier
plaire: τ adonc au petit cheuallier demãda
cõme il eust a nom: τ cil q̃ ne le voullut cel
ler luy dist Sire ie suis appelle le chr̃l̃ pe-
tit du chasteau de la forest grande / q̃ lescu
en la lāde garde τ au grand chesne feuillu
p ẽt: par ce nom mont plusieurs cõgneu q̃
ne mauoient encores veu τ q̃ de moy par-
ler ouoyent τ ma seur a a nom tauree: laq̃l
le bien doibt estre mise au trosne des pl9 aõ
uisees: τ vo9 dis sire q̃ me donast cēt bons
marcz dor: ne seroye aussy resiouy cõme ie
suis de ce que estes icy venu τ q̃l vo9 a pleu
a mon manoir descēdre. Et gauuain hum-
blement len remercia: τ quant a ses fene-
stres eurent assez de mainctes choses par
le / se sont deff9 le lict assis pres lung de lau
tre tous trois ensemble: mais gueres ny a

este le cheuallier petit / ains de la loge descē
dit: τ sen alla a la salle armer de tout ce que
mestier luy fust / τ q̃ estoit a sa mesure faict
τ tost apres feist son destrier amener sur le
q̃l saillit sans mectre le pied a lestrief donc
estoit pour se merueillier / cõsidere quil est
si petit τ si fust si tresaduenant τ si legier
que nulle terre ny auoit vng si tres habille.

Dant richemēt fust
prepare la porte et le
pont a passe τ la fo-
rest dicy a larbre ou
la clere fontaine e-
stoit / ou descendit et
pris se assist / pour
actendre se nul viẽ droit q̃ lescu voulsist em
porter pour esprouuer sa grãde valleur / ain
sy chm̃ iour se faisoit. Et gauuain pres de
sa seur estoit en la loge sur le lict assis ou
mainctes parolles damours sentredirent
sãs daultre chose sermõner. Et celle q̃ fust
courtoise τ sage doulcemēt a gauuain par
loit: si q̃ alors a gauuain print tallent q̃ da
mours il la prieroit: car de si grãde beaulte
la voit q̃ allume en est τ espris τ adonc il
luy demanda se point damy elle nauoit τ
celle poinct ne luy mentit: ains luy dist q̃l
le auoit ayme il y a plus dũg an passe vng
cheuallier dautre cõtree q̃ moult de grãde
nom estoit τ de grãd lotz pmy la terre: gau
uain a merueilleux desir de sentir cõe on
lappelle τ de quel pays il est / certes faict il
a la pucelle moult doibt estre preux τ gen-
til celluy q̃ vo9 daignez aymer pquoy vo9
prie de me dire son nom: τ celle vng petit se
retarde de foys en aultre le regarde de hon
te luy rougit la face si quelle ne scait q̃ faire
doibt: grãd ēnuy a de latarger: car de prier
ne luy cesse cil qui vers elle se humilie. Et
quāt la pucelle si angoisseux le congnoist
moult courtoisement luy a dist sire se dieu
maist se faict elle iamais hõme de mere ne
ayme p amours fors q̃ vo9: car vo9 estes de
tel renom que pieca vous ay ayme: τ crais

de dōmaige en auoir parce que vo⁹ ne maimez pas: car vo⁹ auez plus belle amye au mien cuider que ie ne suis: si ioyeulx fust gauuain de lentendre: quil ne se sceut cōtenir de la prendre et entre ses bras lacoller/ et la de son amour asseuree. Puis luy a dist et creance q̄ vray amy il luy sera: et elle len croit fermement. En la forme q̄ vo⁹ ay dist furent tantost bien accordez. Puis tāt se baiseret et se accolleret q̄ gauuaī la fleur en cueuilist. Mais pas nay trouue en lhystoire q̄ ce fust maulgre la pucelle q̄ alors le nō en pōit: ains luy agree et biē elle scait se Gauuain force luy a faict dequoy nauroit este courtois mais sent ou par trop couart Tant ont leur toye demenee q̄ la nuict de pres approcha: a laq̄lle heure le cheuallier sen reuit a sō hostel. Et si tost q̄l fust descēdu se seist vistemēt desarmer: et ce faict vng beau māteau print qui a sa mesure est taille. et puis a la loge mōta ou il auoit sa seur laissee. Quāt missire gauuain le voit alē contre de luy alla: et luy dist sire bien venu soyez/ou auez vo⁹ tant demeure: et le cheuallier luy a dist quil auoit iusques a larbre este ou sur le marbre a attendu assez lōguement aduenture: car cest ma coustume de faire: et nen deuiez ennuy porter faict il a mōseigneur gauuain parce que vo⁹ mais ie laissay ma seur qui est assez courtoise: et saichez quil me poiseroit se faict ne vous a cōpaignie telle cōme faire elle vous doibt. Gauuain dist que moult sen louoit: puis luy demāde se poinct il auoit veu aulchun cheuallier arme ne rencōtre en la forest damoiselle/ pucelle ou meschinne. Et cildist quil nauoit nouuelle ce iour veue ne rēcōtree ne quelque aduenture trouuee/ne loing pres ne sus ne ius. Atant des loges deuallerent, et entrerent en la grande salle/ force y eust de cierges allumez parce que la nuict est venue. Et feirent ceste nuict aussy grāde feste cōme la desiretēt auoir/ a muser ne me veuila vo⁹ compter du souper ne des drapt̄z des lictz: car tant y eust de sendaulx et sampt̄z de couuertures et oreilliers que se cent cheualliers ilz fusset si en eussent ilz eu assez. Quant les Cheualliers se coucheret laisseret deux grās cierges ar dans les chamberlans qui la dedens en vne senestre les meirent. Missire gauuain sendormit sy seist le petit cheuallier: mais celle qui tant belle estoit toute la nuict pas ne dormit: ains voulsist bien q̄ la mesgnie et son frere fussent tous en ouēt comme ie croy. Ainsy peine et douleur souffrit tant que se vint aupres du iour. Adōcsest vng petit endormie. Et quāt la clarte du iour apparest alors sest esueille missire gauuain et sans actendre sest leue: et bien tost apres se esueilla le petit Cheuallier lequel natendit pas a se appareillier de toutes les sortes de ses vestemens.

⁋ Lors vindrent sergens de tous les coustez qui leurs armes leur apporterent: et sans atarger sen armeret. Puis furēt deux escuyers monter pour auecques eulx au taurnoy mener. Atant gauuain et le petit cheuallier firent leurs destriers amener sur lesquelz tantost sont montez: q̄ moult le trop targer leur greue. Tous quatre a chemin se sont mis sās la pucelle auoir esueillee/mais encores dormant la laissent: combien quassez a gauuain en souuiēt et pour ce que si matin estoit ne fist aulchun semblant ne frisme/et tāt par la forest cheualcherent quilz sont a la fontaine paruenus qui dessoubz le bel arbre estoit/ou lescu precieulx pendoit: lequel vng des escuyers le feirent par la guiche prendre et le porter a son col: tant cheuaulcheret et erreret par la forest sans le lōg du iour aulchunne chose rencontrer q̄ digne fust de memoire et ne beurent ne mengeret iusquez au vespre q̄ la maison dung venēur trouueret q̄ moult grād hōneur leur porta en les hebergeāt richement et leur dōna du pai et du vin de chair de poisson et apres furēt bien couchez en

g.iii.

⸿ Perceual le Gallois.

sietz motz e en drapz nouueaulx. Et quãt se vint la matinee le congé de leur hoste pri-
rent e a la voye se remeirent : e tant ex-
ploicterent que le lundi la grande assem-
blee choisirent. A lentree de blanche lande
le blãc cheuallier a Gauuain demanda q̃
present ilz ont a faire : cest asscauoir se ilz
doibuent a ydier le filz au roy nud lescu por-
ter pour au roy Arthus le presenter. Et
gauuain luy dist enuoyez luy : e icy nous
nous logerons : car poinct ne veuil quon
me congnoisse ne q̃ nul saiche mon nom : a
ceste heure le petit cheuallier ung des escu-
yers appella auq̃l a dist : va te dist il droict
a ydier : auquel mon escu porteras e luy di-
ras que au roy arthus sans poinct acten-
dre luy enuoye. Adonc brocha lescuyer des
esperons : et trespant pauillons e loges tãt
feist quil se trouua ou ydier estoit : e apres
que honnorablement leust sallue lescu de
par le petit escuyer luy presente en luy sup-
pliant que au roy Arthus le nuoyast : onc-
ques si ioyeulx na este ydier de puys lheu-
re quil fust ne. Lors deulx escuyers appel-
la e dist allez legierement dist il faire au roy
Arthus de cest escu present de par le petit
cheuallier qui luy enuoye maintenant e si
luy dictes que quiquoncques deulx iou-
stes en fera da tout le monde aura le prys.
Et ceulx delayer ne voullurent toute la lã-
de ont trespassee tant que en la forest per-
uindrent : ou le roy Arthus ont trouue qui
richement loge estoit leq̃l auecq̃s luy trois
mille cheualliers auoit : bien hardis coura-
geulx e fiers. Et quant les deulx escuy-
ers deuant sa presence furent e q̃ condigne
reuerence luy eurent faicte le noble escu luy
presenterent ainsy quon leur a deuise leq̃l a
grande ioye le roy arth⁹ le recent e moult
le regarderent les barons qui entour luy
estoient : mais tel daffection le regarde que
ains que viengne la vespree grande honte
e grãd ennuy aura. De cest escu mainct pro-
pos ont tenu tous ceulx q̃ en court assiste-

rent : et estoit lors enuiron lheure de sexte :
alors que lescu fust aporte estoit Keux de-
uant le roy lequel en fust fort resiouy auq̃l
il dist. Sire dist il : ia deussiez estre arme e
vostre mesgnee Seneschal ne vous hastez
pas faict le roy encor nest pas le iour pas-
se. Sire faict Keux il mest aduis que vo⁹
nous voullez espergnier se lescu bailler vo⁹
me faictes ie le porteray qui que le veuille
veoit par le tournoy iusques a la nuict e
tant quil ait pieca ensemble. Ie crains q̃
ne vous en meschiee dist le roy Keux mõ
bel amy. De quoy ung baron qui pres le roy
estoit sen print au roy a soubrire sy dist ain-
sy. Sire faict il : puis que Keux la premie-
re iouste veult auoir pas chose honneste ne
seroit selle luy estoit escõduicte e q̃ ung aul-
tre allast le premier : e pource par raison ac-
corder luy debuez. Lors le roy a Keux la
premiere iouste octroye : e luy feist lescu de-
liurer. Adonc tant ioyeulx le seneschal sen
retourne qui gueres a se faire armer natte-
sta : e puis se feist son cheual amener dess⁹
lequel sans attendre monta : e cest escu a
son col pend lequel moult vertueux estoit.
Puis deuãt le roy est venu qui ia armer se
faisoit e tous les aultres de sa court pareil-
lement se armoient / se les Royaulx se sont
gentement e honnorablement preparez se
feirent aussy ceulx de part ydier lesquelz
sur leurs destriers sõt mõtez les escuz aux
colz e lespee au couste : e quant ydier fust a
cheual par tout a regarde ca e la se le petit
Cheuallier pourra veoir : e en iectant sa
veue enuers la forest lapperceut auecques
gauuain venir chaschun tenãt la lãce droi-
cte au poing : adonc picqua ydier des espe-
rons pour aller a lencontre deulx : e en les
rencontrant humblement les sallue e ce
faict sen vindrent aux leues que tous de-
liberez de combatre trouuerent : alors le roy
qui faisoit ordonner e establyr ses eschelles
e toutes : q̃ en ceste cõpaignie eust este bien
pouoit dire auoir veu belle assẽblee de che-

ualliers moult de cheuaulx de lances & descus de diuerses coulleurs de banieres de guidons & destendars. Et quant les diuisions & les rens furent faictz & les cheualliers de partir et ordonnez/lors Keux a tallete de iouster des esperons au cheual donne/et de lautre part vint le petit Cheuallier alencontre de luy lequel a son escu portoit quatre aigles dargent sur vng champ de sable a ceste heure sentreaprocherent durement et des lances sur leurs escus se ferirent de grande force pourtant ne sont elles brisees ne les escus endommaigez ains si rudement le petit Cheuallier Keux rencontra que pardessus la croupe du cheual le porta plus de deux toises arriere ce que plus de cent Cheualliers virent de quoy ny en eust vng qui ne sen print a rire et le petit Cheuallier print son cheual qui la emene: apres vindrent trois escuiers qui le seneschal feirent remonter sur vng cheual seql luy auoit faict le Roy amener et commande a vng de ses escuiers que lescu du col luy ostast et que erramment la portast. Et alors se assemblerent tous les rens et comenca le tournoiment ou il y eust mainte lance brisee & maint bon Cheuallier abatu & plusieurs cheuaulx a terre renuersez Le Roy Arthus lescu tenoit lesql a son nepueu mordret bailla. Et quant ydier leust aduise es rens encontre luy se mect ny a celluy des deux qui ne soit vaillant Cheuallier preux & hardy/les cheuaulx se prindrent a brocher et telz coups sur les blasons se donnerent que la lance de mordret est cassee et brisee en deux lieux/Et ydier les coups luy auoit donne dessus la boucle de lescu qui ius du cheual le feist voller/puis print le destrier et lemainne/Et apres que mordret fust sur ses piedz redresse/lescu a a terre gecte. Et croy que celluy mille malledictions aura qui la au Roy Artus enuoie. Et le Roy alors commanda que tous a cest escu essayassent: mais bien vous dis que tel le print qui de lance ne de

spee ne ferist & eust sa force tellement perdue que de lheure quil eust a son col mis/tellement estonne a este que a terre luy conuint de son cheual tumber: mais quiconques ait deuil de ce voir Keux le seneschal en auoie. Que vous diray ie de cest escu ny a celluy qui ne sait refuse porter & qui emmy le camp ne le desfouille/et tel le voit qui arriere sen tire/la lande estoit grande et plainiere et le tournoiment estoit bien mesle. Gauuain le bon & vaillant champion en ce beau tournoyment estoit/mais ny eust amy ne parent qui de rien le vousist secourir. Et aussy pas ne le congnoissent fors le petit Cheuallier qui moult y pon amour le seruoit/Or nauoit Gauuain point descu craingnant que par icelluy on le peult congnoistre/& lauoit dedens sa loge au bois laisse/Et ainsy estant dessus son destrier monte la lance au poing en la plus grande presse se meist/et a la premiere rencontre deux de ses bons amis et prochains parens abatit/mais point ilz ne le recogneurent puis fiert a dextre & a senestre tellement que bien il semble que le maistre du tournoiment est venu/tant darmes faict quant il est entre que y ses allees & ses venues a toutes les presses rompu si que en petit de temps/le Roy et ses gens furent plus de leurs lieux desplacez. Tant est alle et tant venu que lescu a terre choisit/et daussy loing comme il a veu/celle part va et si le prent et puis a son col la pendu/apres en lestour se remect Et auoit ia le Roy Arth⁹ son tour dessus ydier recommence/et ia tant lauoit fort presse que pres de leurs harnois estoient & telz y en eust qui ia se meirent en fuite deuers la forest: mais quant Gauuain eust les fuians rencontrez/a ceste heure les arresta/& en petit despasse les a en vigueur remis. Quant ceulx de la partie du Roy Art⁹ virent que cest escu portoit bien leur semble q tost il seroit abatu/mais petit leur vault ce sembler car voulsissent ou non les feist en bref

g.iiii.

le dos tourner & prendre la fuitte, fors ceulx qui penserent et entendirent au gain & gaygnerent cheuaulx assez. Et voiant que le soleil estoit pres desconser a leurs loges se retirerent.

¶ Comment Gauuain vainquist le tournoy contre le Roy Arthus son oncle en portant lescu Vertueulx, puis apres le tournoy sen reuint ledict Gauuain auec le nain en son manoir.

Gauuain sortit hors de la presse auec le petit Cheuallier et vers leur loge prindrent leur chemin sans que nul sceust quilz deuindrent: et quant au pres furent venus de leurs destriers descendirent & tost apres se desarmerent & prindrent deux riches manteaux quilz afflublerent. Ja leur auoient les escuiers appareille des viandes a suffisance de venaison, de cerfet de connin et eurent quatre bouteaux de vin quilz auoient faict aporter. Ceste loge estoit bien ionchee de belles fleurs et herbe verde de laquelle auoient faict ung siege les varletz. Quant leurs seigneurs eurent laue se sont sur la verde herbe assis, ou bien humblement les seruirent les escuiers et tout a leur plaisir. Et quant le Roy fust a ses tentes venu, luy et toute sa compagnie de leurs cheuaulx descendirent ou la viande trouuerent appareillee, & apres auoir leaue pris, assis se sont sans demeuree, & bien sachez que moult a table de cest escu pleurent que Keux le seneschal porte auoit de quoy ca la len farcerent mais non pas tant quilz eussent faict se les plus louez nen eussent aussy este mal menez. Parquoy le Roy leur feist propos changer, lequel a mainteffois demanda de se nul ne scauoit qui estoit le Cheuallier qui cest escu auoit leue & prins qui le tournoy comme preux eust vaincu, pareillement du petit Cheuallier senquist a Keux le seneschal abatu auoit lequel est si tres

mesdisant mais nul ne luy en sceut au vray parler & aultre chose ne luy ont dist fors que les Cheualliers bien y veirent qui sont a ce tournoy venus & lescu emporte auoit et ne les congnoissent en facon quelque elle soit. Et apres plusieurs aultres deuises se leuerent de leur menger, Du Roy vous veuil icy laisser & vous diray de ydier & de sa compagnie qui furent de lautre part logez qui moult grand ioye demenerent, & en ceste loge demeurerent iusques au lendemain quil veirent le soleil esclarcir, firent leurs destriers preparer si firent ceulx de la partie du Roy et auant que la nuict fust venue fust assez par tout sceu quilz auoient eu du pire car auecques eulx pas nestoit le chief des Vertueulx de leur Cheuallerie Gauuain le preux et le redoubte: lequel quant il fust bien arme et appareille a chemin auecques le petit Cheuallier se meist lescu quant & eulx emporterent, & tant ont parmi la forest erre que aincois quil fust deux iours passez sont en leur recept paruenus, dont en fust la pucelle fort resiouie, a laquelle a messire Gauuain dist comment ilz auoient exploicte et comment ilz auoient lescu reporte qui nagueres fust au royaulx transmis en la faueur du roy son oncle: de quoy la pucelle grande feste en mena, & petit apres quilz furent descendus se assirent au menger, & apres le repas ne seiournerent les varletz de leurs lictz dresser a faire. Et ne vous scauroie reciter les deuises et les comptes dont il fust au menger tenu propos, et quant ilz eurent a suffissance menge & beu sen allerent les Cheualliers au lict prendre repos, et la pucelle pareillement qui gueres na este ioyeuse de ce quelle ne peult voir son amy a son plaisir ne a son priue parler et encores de ce trop luy grefue que le lict de son frere & cellup de Gauuain sont si prochais & si pres lung de laultre car les seruiteurs que les dresserent si pres les meirent que sans nulle distance ensemble les

firent ioindre/pourquoy souuent les a maul
dis/ & pour ceste cause a toute ceste nuict
este en grande peine et en doulleur & quāt
la pucelle veist le beau soleil esclater sest de
son lict leuee/ & puis sen vit ou elle scauoit
que les cheualliers furent que ia trouua
leuez/ & sitost quelle fust entree bien hūble
ment les sallua/le bon Gauuain son sa-
lut luy rend en lacollant par amytie/ puis
dist a vng varlet quil veist au pres de luy
que maintenant ses armes aportast et qͥl
feist son destrier amener/et que sans targer
il sen veult aller. Et quāt la pucelle son vou
loir entent treshūblement & courtoisement
luy prie pour ce iour au chasteau seiour-
ner/si faict son frere le petit cheuallier/mais
ne leur voullut accorder disant que ne luy
seroit possible se faulcer son sermēt ne voul
loit parquoy ne luy en desira plus le petit
Cheuallier parler craignant luy faire aul
cun ennuy. Que on luy amaine sō destrier
& que on luy aporte ses armes/& a ses motz
vindrent troys escuiers qui moult cour-
toisement larmerent/ & tost apres quil fust
arme son conge prent et sur le destrier mon
te en les commandant tous a Dieu/ne se
fault esbahir se la pucelle fust dollente et se
elle a le cueur naure quant le departement
de son amy voit duquel elle ne peult iouir et
ne luy ose semblāt mōstrer/mais a soimes
mes se demente & desconforte en disant las
faict elle que ie suys folle et que mal ensei-
gnee ay este dauoir en tel lieu mon amour
mis dont mon viuant ioye nen auray he
comment le pourrois ie auoir/quāt ie puis
bien penser et croire/quauant que le moys
soit passe il en aura ou trois ou quatre qui
plus belles que moy serōt et laimeront au
tant que moy/quen pourra il donc sil mou-
blie. Son amour en ses laz me tient/& croy
q̄ point ne sen soussie de telle chose est assez
acoustume parquoy rien ne luy en tient au
cueur/& il est tant āsigne, et tant preux tāt
couraigeux et tāt hardi si beau si plain de

courtoisie quil ny a dame en nulle terre ne
damoiselle ne pucelle qui de luy nait ouy
parler et quil ne laime comme ie croy/& est
si saige que il scaura bien la meilleure par
tie prendre. Se iay en luy mon amour mise
pourquoy lauroit il mise en moy. Et se ie
suis pour luy esprise pour quoy seroit de
moy esprise. Assez puis apres luy regarder
& actēdre mais aultre chose nē auray. Rai
son pourtāt fust quil me aimast/puis que
par bon amour ie layme/& que a moy il pē
sast puis que a luy ne cesse de penser/& se-
roit chose droicturiere se dieu le iugement
en feist. A ces motz sen est en sa chābre en-
tree & sest dessus vng lict assise. Et messi
re Gauuain sen va par my la forest grāde
alleure cheuaulchant toute la iournee ius-
ques au vespre sans aulcunne aduenture
rēcōtrer ne chose digne de memoire. Quāt
le soleil deubt escōser hors de la forest ē issu
& prent sa voie a la senestre/ et deuant luy
assez tost a vng chasteau choise moult bien
faict & en belle assiete/auquel grande porte
et belle tout y eust fermee deuāt & derriere
mais pour tout logis ne hebergement ny a
uoit que vne salle. Gauuain celle part se
alla/ & sans atarget a le pont & la porte pas
se & puis est deuant la tour venu ou vng
veneur y a trouue q̄ se sire de ce lieu estoit
et qui resēbloit estre preudhōme qui haul
tement la salue/& le preudhōme sans actē
dre courtoisement son salut luy tendit/& ho
norablement le retint. Et Gauuain pour
ceste nuict il seiourna & le lēdemain au pl̄
matin sest remis tout droict en sa voie.

¶Cōvent messire Gauuain apres quil
eust prins conge de son hoste se mist a che
uaulcher par my vne grande forest dedens
la quelle en cheuaulchāt trouua vng Che
uallier durement pesant lequel y suyuit sō
guement auant que loster de son penser car
fort y estoit affiche.

❡ Perceual le Gallois.

Lors que Gauuain fust du chasteau de son oste le Seneur prit erra toute la matinee iusques a prime auant que riẽs encõtrer a la q̃lle heure veist ung Cheuallier en son chemin tout arreste mõ te sur ung cheual despaigne le chief contre val incline ainsy cõme sil dormist. Et quãt le destrier de Gauuain sourfault laultre apperceut quelque petit sen effraia puis se mect le grand pas en voie/ ⁊ se print Gau uain a se merueiller de ce q̃ le Cheuallier la teste auoit contre val inclinee/ puis il se prent a pourpenser que ceste nuict il nauoit ieu en lieu ou il eust eu lict a plaisir ne a voulloir/ et pource estime Gauuai ala ve rite que le Cheuallier sõmeilloit. Et puis dist que pechõ seroit q̃ de son dormir le voul droit empescher ⁊ toutesuois a luy vollun tiers ie parlasse pour des nouuelles luy de mander se rien scait de la court du Roy pes choz. Et se quelque fois na point este au pil lier du mont douloureuy/ ⁊ ainsy que en ce penser estoit celluy en une forest entra. Et messire Gauuain a pres sen va le pas pe tit sans mot dire ne mot sõner mais doul cemẽt en paix le cheuallier suyuoit lequel tenoit le chief enclin/ et en ceste facon erre rent tant que tierce fust passee alaquelle heure le Cheuallier a une valee sarresta ⁊ Gauuain qui derriere le suit si arresta pa reillement/ Et lors cuida certainemẽt que celluy le voulsist arraisonner pourtant ⁊ sa lance y luy veist dresser et puis contre val rabaisser iusques sur le col de son destrier toutesuois ung seul mot ne dist ne Gau uain point ne latte sõne/ ⁊ a soy mesmes dist que plus il ne se arresteroit ne le vouldroit esueiller/ par quoy oultre sen alla/ et quant il eust ung petit eslõgnie/ ⁊ faict sõ destrier arrester ⁊ se aduise que tout son viuãt blas me seroit se aulcune chose du Cheuallier quil a trouue ne scauoit/ et luy estant en ce ste fantaisie vers le Cheuallier retourna q̃ se tenoit aussy coy q̃ ung muet. Gauuain voiant ceste fantastique contenance ne se peult cõtenir de laprocher/ ⁊ en luy mectãt la main doulcement sur lespaule luy dist ainsy sire parlez ung petit a moy. Et cil ne luy respond ung mot ains bien semble que il noie goutte/ ⁊ Gauuain tant le boute et tire/ que cil a la teste leuee. Et en ceste ma niere dist vassal faict il moult de desplaisir vous me faictes et dennuy de me trampil ler ⁊ heurter en ceste sorte/ si pẽsiez a vostre amye ainsi que ie fais a la mienne/ ⁊ le pen ser ie vous tolloie pas a gre il ne vous vie droit/ ⁊ sachez bien que ausseyne faict il pas a moy/ ie vous prie en paix me laisser aus si coy comme ie fais vo⁹/ et Gauuain luy dist amy chier dictes moy comme en nom auez et cil ne luy dist mot ne son mais a la teste renclinee/ dont grandement a Gau uain desplaist/ et ne scait quelle chose en doibt faire alors recommence a le tirer et bouter et luy prie et requiert par ceste foyq̃ a samye il doibt qui luy dist comment il est par non clame ⁊ pourquoy tãt pensif estoit Et quant le Cheuallier se oit coniurer et mectre a serment ne voullut transgresser la foy quil debuoit a samye adont haulse le chief en hault/ ⁊ dist sire faict il ie veulx bien que vous sachez que grand honte a tout homme est de tant ung aultre coniu rer/ pourtant ne vo⁹ veuil mon non celer aussi se toi sse honte a moy puis que coniu re de mampe mauez. Et pource vous dis que le pensif Cheuallier ay en non de la forest a la Noble pucelle daupres de la chapelle noire/ ⁊ vous aduise que iay assez riche manoir/ mais na pas lõg temps que par oultraige ung Cheuallier mamie me tollust de quoy ay tant le cueur dollẽt que ne le vo⁹ scauroie expuymer/ et aussi doibz ie bien auoir/ car se la beaulte delle vous di soie/ ie croy q̃ a mal point ne tiendriez de ce que a elle pensoie et se ie say au parauãt aimee/encores laime dabondant/mais celluy qui par force me la detient est fier si cruel & fort si preux si grand & si hardy que nul ne peult vers luy durer/& aussi a ceste credence que nul ne pourroit venir de luy au dessus. Et est a luy et a elle que ie pensoie et est ce qui tāt de courroux & d'yre me cause. Or vous aye sire comptee la raison de mon pensement. Et Gauuain luy a demande se point il scait le lieu ou le Cheuallier conuersoit. Et cil luy a dist quil estoit a present en ceste forest. Allons y doncques faict Gauuain beau sire et vers luy me menez/& ie feray tāt se ie puis q'celle vous raurez que tant vous mauez louee. Ceste parolle fort aggreable au pēsif Cheuallier fust que de Gauuain a entendue/& puis luy dist sire faict il ie vous supplie ne voꝰ desplaire premier vostre nom me dite: & ie suis Gauuain nomme iamais ne le celay a homme et iamais ne le celleray/et quant celluy entend que Gauuain estoit/ tant de ioye en a quil ne scait quil faict. Sire dist il voustre puesse moult esclarcist & soublieue mō couraige car iay ceste credēce que bien ferez amender loultraige et le dōmaige que celluy ma faict et que mamie me rendrez dont iay tant de peine soufferte: lors partirent de la vallee et se sont a la voie mis/ais q'midy soit passe en vne grande lande entrerent/et au millieu de ceste lande vng pauillon dessoubz vng arbre y auoit tēdu/moult bien faict et moult biē ouure et estoit ce pauillon de soie rouge et bleue et si richement brode que assez suffisant fust pour vng Roy vng duc/ou vng conte pres de che'pauillon de valleur auoit vng Cheuallier tout a cheual arme/fort beau fort a dextre et bien faict/& Gauuai qui le petit trot cheuaulchoit a son compagnon demanda se de celluy le nom scauoit quil veoit pres du pauillon/& cil luy respond sans actente que cestoit cil qui tāt de honte luy auoit faicte. Lors erramment cheuaulcherent tant que deuant la tente vindrent/et en regardāt dedens y veirent vne pucelle sur vne coutepoicte assise fort belle et fort aduenantē moult richement aornee laqlle vng chapellet de feuilles & de fleurs faisoit en maniere de passetemps. Quant Gauuain leust lōg temps regardee moult haultement la salua/& celle fust tentost leuee laquelle courtoisemēt a Gauuain son salut rēdit/de quoy fust le Cheuallier fort yre qui de lautre part de la tente estoit leq'l sen vint droict deuers eulx sās les daigner aulcunnemēt saluer/& leur dist ainsy/pour quelle chose estes vous icy venus seist il/ ie le vous diray faict Gauuain ie voꝰ cōmande que rendez a ce Cheuallier qui cy est paisiblement ceste damoiselle car trop parfaictemēt il aime pource veuil que sās actendre luy rendez. Dieu menuoie donc malencōtre faict le Cheuallier se pour voꝰ ie la pense rendre/long temps y a que ie la garde & encores la garderay. Elle me vient bien a plaisir & pource ne la veuil de moy estranger/mais sil la voulloit conquester vers moy corps a corps en la bataille/ainsy la pourroit il auoir et aultrement ne la taura & se vous par vostre follie luy voulles aider a la cōqrre ie vous dis que faire le pourres et ia ne serez refuse et si voꝰ dis qua bon port estes arriue se taltes auez de cōbatre/car si vous estiez encores deux a lencontre de moy si feray ie chascun dollēt lung apres laultre ce sachez. Quant Gauuain eust son parler entendu/a part soy se print a soubrire puis dist aise il seroit faict il hardi qui de voꝰ nauroit paour ou crainte/et toutesuois ie vous supplie que par amours veuillez lampe au Cheuallier rendre car bien souuent on voit orgueil & oultre cuidance abatre en petite espace. Cil iure dieu & tous les saictz que la damoyselle ne rēdera/& Gauuain dist que si fera puis sans luy faire aultre menasse a ceste heure le deffia/au cheuallier neust qua yer quāt a deffiance il entent mais tant est plain d'yre & de doulleur quil ne scait quil face de despit quil en a, lors se eslongnerent les Cheualliers pour plus fort reuenir ensemble puis heurterēt des esperōs pour les destriers faire partir lesquelz p̄ telle vigeur coururent que toute la terre tremble a l'enuiron, & quant se vint au rencontrer si durement s'entreferirent que leurs escus ont pourfēdu & n'eust este la resistence de leurs haubers se fussent a la mort naurez & vollerent les lances en pieces sans que nul partist les piedz des estriers. Lors myrēt les mains aux espees & puis durement s'entrequierēt si que des heaulmes en font le feu saillir, a ceste heure le Cheuallier si grand coup dessus le heaulme de Gauuain a feru q̄ le ciercle profondement luy fēdit, ou s'est l'espee arrestee mais Gauuain point ne s'en estonne, ains luy doubla son maltalent qui par tel air la referu q̄ tout le heaulme luy trencha et se arreste le coup a la coiffe pourtant ne laissa le Cheuallier a terre tomber tout pasmé. Alors n'a Gauuain seiourne a descendre en bas en la place ou tost le heaulme au cheuallier destache & puis luy a la couesfe ostee, parquoy le Cheuallier a son alaine recouuerte, & quant il eust les ieulx ouuers et quil eust Gauuain aduise hūblement mercy luy prie en disant que iamais l'amie au Cheuallier ne retiendroit mais presentement luy tendra. Gauuain dist ie vous remercie mais plus beau & plus conuenable eust este que par amour l'eussez rendue car pas ne vous fust la grande hōte que vous auez eu aduenuee. Sire faict il c'est verite, & qui faict de mesure orgueil ne fauldra a larmes espādre, et trop est fol qui son couraige n'atrempe quāt on luy en prie, et pour moy le dis qui mon profit ne feis mais ma follie quant present ne vous voullus croire, parquoy merci vous en demande p̄ tel cy q̄ ne me occires et que a ce cheuallier ne me liurerez a q̄ i'ay faict mainte peine auoir & le cueux pour sō amie doulloir, Gauuain respond ie n'ay enuie de vous honnir en telle sorte, mais il conuiēdra peuir a ceste heure que prisonnier vous en yres rendre au Roy Arthus et en sa mercy le Cheuallier a respondu que voulentiers il le fera et plus grande chose si luy plaist de le commander: lors en la tente s'en allerent et en allant a le cheuallier a Gauuain demande comment il a nom, ie suis faict il partout Gauuain appelle neueu du redoubte Roy Arthus, et cil a grande ioie demenee quant il sceut que Gauuain estoit et dist sire ie suis certain que contre vous ie n'eusse pas dure, adōc a Gauuain le nom du cheuallier demāde, sire faict il Brun de la lande en cornouaille suis nōme. Ia estoit le pēsif entre en la tente auec la damoiselle a laquelle pas ne demanda nouuelles de la court sauoir ne de frere ne de parent ne de nulle aultre creature ains la baisa et l'accolla plus de cent fois en vng instant si feist elle pareillemēt, car mis ne l'auoit en oubly mais l'aimoit de feruent couraige, atant vindrēt les Cheualliers qui deuant le pauillon descendirent, & laisserent leurs destriers et leurs esc⁹ dehors, puis dedās le pauillon entrerent qui d'herbe nouuelle ionchee estoit, adonc le pensif Gauuain apella. Sire faict il a vous ie suis qui gect de douleur et greuāce m'auez ou eusse toute ma vie este, lors Gauuain les Cheualliers approche puis dist ainsy Sire Brun faict il entendez ceste damoiselle vo⁹ fault rēdre a ce cheuallier que voiez. Et cil luy dist vostre voulente ie feray. Adonc a la damoiselle par la main prinse et la bailla au Cheuallier. Alors sans demeure a sa damoiselle vne nape sur l'herbe fresche estendue, ou pain & vin y meist a plāte. Et quāt les cheualliers se furent desarmez si tost se font au menger assis. Et pas n'estoit encores nonne passee quil se leuerent du repas et ce faict reprint Gauuain ses armes pour se apprester de partir. Adōc fist brun a gauuain priere que auecques luy uoulsist heberger. Et gauuain respond par la foy que a dieu ie doy amy point il ne mest possible: car si longue voye ay a faire que ie ne scay a chief tenir: alors sans aultre chose dire dessus leurs destriers sont montez: gauuain et le pensif les premiers a la belle damoiselle apres laquelle brun de la lande ainsi a monter sur son palefroy des meilleurs q̄ lon scauroit veoir / a tāt a la voye se meirēt / et Brun longuemēt les costoie / qui leur a dist que le matī a chemin se mectra pour a la court du roy aller affin de se acquiter de sa foy / ainsy comme pleuuy auoit. Puis cōge prent et au pauillon sen reuint. Le lendemain sans arrester vers la court sen alla et a le roy a Carlion trouue lequel de par gauuain sallua. Quant le roy la nouuelle entend moult en a este resiouy. Puis a des nouuelles de son nepueu demande et si tost que la chose a entendu comme elle est allee de sa prison le clama qcte: et luy prie q̄ de sa mesgnie il veuille demeurer. Et il respond que uoulentiers il sera et le remercia humblement. Puis fust auecques les bons cheualliers que lon tient a si grande estime ou grande renommee y acquist.

¶ Ainsy q̄ ie vo⁹ ay cōpte fust brun en la court retenu. Et gauuain et sa cōpaignie cheualcherent iusques au vespre tant que la grande voye leur dura laquelle en deux se despartoit: ou gauuain a dist quil yra le chemin qui alloit a dextre / et le pensif a la senestre sen ytoit auec son amye tout droict a la noire chappelle. Lors a missire gauuain la damoiselle accolee en luy disant q̄ se de luy mestier auoit en tous les lieux ou luy pourroit aider q̄ de bon cueur le seruiroit. Et celle comme bien enseignee humblement len remercia. Et le cheuallier luy a dict Sire ie ne vous scauroye recongnoistre le hault bien que faict vous mauez: mais bien saichez que vostre suis et seray

tout le temps de ma vie comme le vostre oblige et tenu et bien vous dys que a aultre chose nay regret que voir lheure q̄ uo⁹ le puisse deseruir: et parce que a droict ne vous scauroye les biens retribuer ie prie au createur que les mercis q̄ mauez faicts les vous veuille rendre. Alors se meirent a la voye et de gauuain se despartirent: ia fort alloit le iour a declin parquoy se print gauuain a exploicter ung petit plus quil ne souloit: et p̄ce quen la forest cuidoit trouuer ou il peust heberger: mais possible ne luy a este parquoy contraicte luy fust soubz ung arbre pour la nuict descēdre / et le frain de son destrier osta pour le laisser en therbe paistre et ne fault doubter q̄ po⁹ ceste nuict neust gauuain toutes ses aises.

¶ Comment missire Gauuain trouua guiglain son filz estant en la forest pres de une loge auquel il demande nouuelles du noble roy Arthus tres vaillant et redoubte lequel luy denonca la guerre dudit Royaulme contre le roy Quaroas affin quil y allast pour donner aide et confort au dict noble roy Arthus.

V matin quant le iour fust leue Missire gauuain sur son destrier remonta: et quant se vint enuiron lheure de midy ung cheuallier aupres dugne loge aduisa tresbien et honnorablement arme lequel monte estoit dessus ung destrier espaignol et portoit ung escu qui estoit miparti dor et dasur et bien sembloit estre asseure hardi et de grande prouesse. Missire gauuain deuers luy sadressa et cil contre missire Gauuain sen vient et q u āt ilz furēt approchez si pres que da oucher aux resnes le cheuallier sans atarger missire gauuain sallua puis luy a doulcement demāde comment il estoit appelle et gauuain luy a respondu q̄ son nom iamais

L.i.

¶ Perceual le Galloys.

ne cella & que gauuain estoit son nom. Et quant cil a le nom entendu plus ioyeulx fust que pieca na este: & sans aultre demeure faire gauuain son nom luy demanda. Si re faict il ie suis guiglains nomme vre filz & qui le roy Arthus mist en nom le beau desconigneu: ne fault doubter se Gauuain fust resiouy quant ceste parolle entēdit puis dist ainsy: amy dist il saichez de vray que ie ne vous recongnoissoye & aussy ne pensoye a vous. Puis quel temps veistes vo9 mon seigneur. Sire dist il demain y aura quinze iours passez. Et que faict il/a il santé faict gauuain: ouy sire ie le vous certifie & vous mande que ne laissez pour nulle chose que ayez a faire que ne vous mettez en chemin pour briefuement vers luy venir: affin de le supporter de lennuy q̃ porte a cause du roy Quaroas qui luy a faict rebellion & par chaschun iour prent ses gens prisonniers mect ses chasteaulx a feu et a sang/dequoy le roy est si yre et dolent que ie ne vo9 scauroye exprimer: & saichez que tant en vostre aide se fie que bien luy semble que se vous estiez auecques luy que ceste guerre seroit tantost determinee pource vo9 faict il chercher par tout le pays pour vo9 ceste nouuelle adnoncer: moult a faict de gens assembler attendāt vostre venue: car bien scay que cil vous auoit que sur le roy Quaroas proit a telle guerre luy meneroit que tost luy tolliroit sa terre. Quāt gauuain ceste parolle entēd moult fust de yre & de dueil espris. Puis guiglais cōmen ca a dire que auecques luy a la court yra: lequel tant exploicter cuidoit quil trouuast le roy peschor & iamais ilneust seiourne ne a la court retourne tant que apertement il eust veu du cheuallier la verite qui trespasa au pauillon de la royne celluy q̃ Keux cuida ramener par force: mais il neust vertu ne vigueur qui y sceust de rien seruir. et par beau pler le ramenay: & si luy euz en cōuenant que se il ne pouoit la queste par

luy entreprise acheuer q̃ pour luy ie le acheueroye & pource faire vouldrois son cheual prendre. Ainsy parlant allasmes & ne fusmes pas a peine entrez quant a terre il tōba tout mort: puis sur son destrier ie montay legierement & men allay tout errant queuiron la minuict ie trouuay vne chappelle emmy vng bois ou ie entray pce que la nuict si tenebreuse/si obscure/& pluuieuse estoit/q̃l sembloit que le ciel tombast & q̃ la grāde forest fondist: & quāt en ceste chappelle fus entre vng autel seul y apperceuz & vng cierge deuant ardant qui leans grāde clarte rendoit. Et neuz pas en ce lieu lōguement este quant dehors de lautel veisyssir vne main dhomme a mon aduis merueilleusement obscure & noire qui en lheure vint le cierge estaindre sique plus en la chapelle goute on ne veist. Et alors dehors men alay & tant erray que vers le iour en vng riche chasteau entray dont les pierres des murailles furēt moult richement ouurees ou ne trouuay homme viuant fors vng mis en vne biere qui dedens vne salle estoit couuert dugne pourpre moult chiere/& quant leans euz vng petit este tant de gens autour de la biere veis pleurer lamēter & se plaindre que cestoit vne chose admirable/ qui vng tant seul mot ne me dirent & de rien ne me arraisonnerent: mais si subtillement se esuanouirent quen vng moment ne sceuz quilz deuindrent quelle voye ne quel chemin ilz tindrent. Ainsy tout esperdu demouray. tant que hors dugne chambre sortit vng Cheuallier accompaignie de trois escuyers qui moult grand honneur me porterent & tost apres me desarmerent & puis me serrerēt mon destrier Et ne croy point que iamais a cheuallier fust vng tel honneur faict quilz me feirent/ puis en vne chambre me menerent qui toute paicte de fin or estoit: a petites florettes par dessus ou cōtre moy tous les chrtrs se leuerēt qui auecques leur sire furēt lequel roy estoit comme a sa contenance, ie cognues q̃ sans faire aultre demeurace tous a menger nous assismes & mengay auecques le roy, & pendant que au menger assistasmes vint vng escuyer q̃ vne lance portoit dont le fer petit a petit vne goutte de sang gectoit: & vng aultre varlet tenoit en sa main vne espee toute nue laquelle estoit par le millieu tronconee & rompue q̃ tantost au seigneur la baila: & alors le roy me dist et pria que les pieces ensemble raioustasse: ainsy le feis: mais au soulder n'en peulx oncques a chief venir. Et adonc me dist le roy que pas ie nacheuerope ce pourquoy ie stope venu dont grande honte & vergongne en eux: mais vne aultre chose veoye qui moult fort me reconforta: ce fust vng sainct graal q̃ porter ie veis le nompareil q̃ iamais a este veu, dessus lequel plusieurs pierres precieuses & de grande vertu y eust: & de ca & dela le portoit vne belle aduenate pucelle simple coye & de semblant gracieulx: & ainsy que la regardoye ne sceus si tost que devint ne que du graal sen faisoit & plusieurs fois auant la salle deuant les cheualliers les veis aller & venir que voulentiers ie regardoy: & le roy me dist amy dist il, de tout ce que veu auez demandez a vostre plaisir, & la verite vo⁹ en diray: & alors ie luy demanday pour quelle chose ceste lance sang degouttoit: & il me dist sans atarger que celle mesme estoit de laquelle nostre seigneur eust en croix le coste perce: et puis plus n'en demanday ne enquis & ne fus a aultre chose ententif puis ne scay comment apres le repas me commencay a sommeiller, & le roy me fist faire vng lict ou ie geuz moult fort a mon aise: mais quant ie vint vers le matin: ains q̃ la challeur fust leuee: ie me trouuay en vne grande prairie, dont fort ie men esmerueillay: & puis ie me armay sans actendre, car de seiourner n'auoye cure: ains me meis tantost a la voye & fout grand erre par boys & pretz che-

mine pour ce q̃ Gaulloye demander tout ce que ie vo⁹ ay compte. Et vella la cause pourquoy me suis de ma terre party: & pour perceual aussy querre: duquel oncq dire auoye q̃ au pillier du mont douloureulx alle estoit aduenture chercher. Et alors Guiglain respondit Sire dist il y n'y a pas encores vng an passe que iay en la forest de mont brancant perceual recontre lequel moult me demanda du roy arthus & de sa gent & par especial de vous: & si me dist que sans grande essoyne qui le detint que au roy & a vo⁹ il viendroit: ains q̃ la court departist qui se doibt a nouel tenir, ie vous dys faict Gauuain que ioyeulx seroye quil fust ainsy auecques luy apres reuiendroye chercher le roy que vous ay dist. Adoncq scay ie pour certe que de la lance & du sainct graal pourroye aulchunne chose de perceual aprendre. Atant par vne voye en la forest se meirent qui moult estoit grande & vaute & tant icelle voye tindrent iour & nuict soir & matin qua vng lundi au point du iour a Quaradigant arriuerent ou furent ioyeuxsemēt receuz. Le roy arthus pas n'y estoit: ains auoit sa cheuallerie a Ascauallon assemblee ou auecques luy furēt mains roys, mais ducz, mains contes, & mains barons, de grand pouoir & de grande renommee. Et auant que lon peust le iour apperceuoir se remist gauuain en chemin & tant par ses iournees erra que a Ascauallon est paruenu dont le roy Arthus feist grande ioye la royne & toute la noblesse: & tost apres que Gauuain fust le bien receu, le roy loccasio luy dist pourquoy il a sa gent mande. Et gauuain luy dist que trop grande follie auoit faicte le roy Quaroas & le roy Claudas le sien frere: qui seigneur est de la deserte lequel ne sen pourroit sans son dommaige partir se bien il ne sen donne en garde. Et pource sire dist gauuain pensez de voz gens faire armer & bien ordonner voz batailles, Et regardez que sans demeure des

¶ Perceual le Gallops.

dens leurs tentes nous mectons/ z pensons de mectre leurs chasteaulx en cendre et qui pourra le Roy Quaroas tenir faictes en a vostre bon vouloir. Et ainsy le creanca le Roy z promist. Lors feist ses businnes z tropppettes soner z ses cors daraine z de buffe corner por son ost faire appareillier q tost fust prest z estably z appareille de partir/z quant tout le bagaige a este charge/par les forestz se acheminerent quilz ne cesserent derrer z de cheuaulcher tat q ensemble putuisent en la terre de leurs ennemys/ou sans longue actente meirent le feu par les chasteaulx z ou mainctes murailles abbatirent z maincte proye y ont saisie/z pour au brief vo9 en pler la terre ont toute deserte. Le roy Quaroas auoit assemble grad nobre de cheualliers z des souldars assez aussy. Mais quat la nouuelle a ouye q le roy luy brulle sa terre / ne peult peser engin ny art comet vers luy se puist deffendre z assez cognoist sil est pris q mercy trouuer ne pourra: parquoy en ung chasteau bien ferme: se mist leql deso9 la mer estoit/affin destre asseure. Ou le roy feist son ost asseoir leql il fust par lespace de pl9 de trois moys: ainsi q le chasteau on voulsist rendre de quoy le roy fust fort yre: dieu z tous ses sainctz en iura q iamais ne fera son ost partir tant q laura le chasteau pris z escillie laqlle chose fust au roy Quaroas coptee de quoy pas resiouy ne fust pourtant nen feist il nul semblat: mais gauuain mada q ung petit vint a luy a la porte parler. Et gauuain sans targer y alla. Et le Roy Quaroas luy requiert de luy aider a faire son accord vers son oncle par tel couenat q desorenauat a son comadement seroit z le seruiroit loig z pres. Et Gauuain luy a dist q du tout a son pouoir en ce quil pourra luy vouldra aider. Lors sen est gauuai retourne z quat il fust deuant le roy luy dist ce q du roy Quaroas auoit ouy. Et quat le roy leust entendu: luy dist beau nepueu ie feray de ceste chose par conseil a vo9 mesmes z a mes barons me veuil conseillier. Sire dist gauuain nous souons sans pl9 actendre ne delaier que vous prenez lamendement que par moy il vous a offert: tel bien souuent cuide gaigner quil cognoist en fin sa grade perte come de piecza vous sauez se nous fussions en bataille combatus tel peult estre y eust este occis dot vo9 eussiez este dolent tout le teps de vostre vie/on ne doibt pas tant sa follie ou orgueil hausser quon ne le puist bie abaisser en temps z en lieu quat mestier est z sans perte. Et quat est du roy claudas aurez bie tost vre droict beau nepueu luy a dict le roy/ie maccorde a ce quauez dist z non aultrement. Alors sans arrester mada gauuain querir le roy Quaroas leql apres qi fust venu au piedz du roy Arthus se meist. Mais tost len a le roy leue lequel son maltalent luy pardona z son pays luy laissa en paix/z ce faict sen est chascun en sa conttee repaire z le Roy auecques sa mesgniee sen vindrent a Escauallon. Et quant il fust au chasteau descendu nestoit pas en grade compaignie Car auecques luy ne furent pas plus de trois cens Cheualliers de quoy fust le roy fort pensif z dist q de long teps nauoit eu si petit de Cheuallerie. Ainsy demeura Gauuain auec le roy Arthus duquelle copte nen parle pour ceste foys plus auat/ z retourne a perceual le gallois: lequel sen va errammment chercher le mont douloureulx.

¶ Commet perceual apres quil eust despedu z deliure Bagomades de larbre auquel il estoit pendu par les piedz se mist auant en la forest ou il trouua de cas daduenture ung enfant assis sur vne haulte brache dung arbre lequel il interroga dont il estoit z quel estoit son nom z plusieurs aultres demades aux quelles ne voulut lenfant en nulle maniere respondre.

⁋Perceual le gallois. Feuillet. clxxvii.

Auchier de Doudain q̃ ceste Hystoire nous a cōmemoree a mise en auāt quize iours apres auoir que Perceual le Vertueux cheuallier a preux erra bien pres de quinze iours apres que de larbre fust pty duquel Gagomades despendit sans quil ait aukc̄ne chose veu digne de mēoire. Et puis est en ūg bois entre q̃ moult estoit grād a fort beau: ou ūg enfant veist sur une brāche assis/ si hault q̃ dugne lance on ny eust sceu aduenir/ lequel en sa main une pomme tenoit: mais bien uo⁹ puis asseurer q̃ en toute la tre neussez uo⁹ trouue si belle creature a si estoit uestu moult gentemēt: a bien sembloit qnēeust encores cinq ans passez a qui fust encores sans nourrice. Et quāt perceual lappceust sest enuers ceste arbre adresse ou il sarreste a puis lenfant sallue: a sans actendre longuemēt cest enfāt son salut luy rend. Puis perceual luy pria de descēdre. Et cil respōd q̃ non feroit ie ne suis pas uostre subgect faict cest enfant: se saichez bien cōbien que cheuallier soyez pourtāt ne tiens ie rien de uous: a se ien tiens ie le uo⁹ quicte. Maintes parolles ma lon dist q̃ uolleret a mes oreilles lesquelles ne mont pas greue: encores ne me greue la uostre faict perceual Si scay ie biē pourtāt qua droict chemin arriue suis se uo⁹ la uite men dictes. Lenfāt respōd ce peult biē estre: mais tel maistre encores ne suis q̃ uo⁹ sceusse dōner respōce a tout ce q̃ me uouldriez demander. Je ne uo⁹ qiers demāder chose dist perceual q̃ uo⁹ sans arrester grāde pause ne debuiez prai son dire: ie ueuil uostre nom demāder dont uo⁹ estes a de quel pays a pourquoy uous seez sur cest arbre: a se du roy peschoir ne scauriez aulchunne chose dire a ou trouuer ie le pourroye: a cil respond ql ne luy diroit de tout ce qui luy scauroit demāder soit uerite ou soit mēsōge: mais une chose scay ie

biē q̃ uo⁹ pourrez de main au pillier du mōt douloureux aller ou cōme ie cuide nouuelles oirez assez plaisātes a aggreables po⁹ uo⁹/ atāt de la brāche se lieue. a sur une aultre plus haulte legieremēt monta en laql gueres na seiourne: mais puis tant de brāche en brāche est mōte q̃ merueilleusement fust hault. Moult se regarde perceual q̃ ūg seul mot nen dict ne sōne: mais a merueille e esbahy de la parolle a de laffatre de cest enfāt leql ainsy q̃ pceual le regardoit seeuanouist sās q̃l sen sceust dōner en garde: a le pensoit encores oup̃. Et quant il veist q̃ pl⁹ ne le peult uoir si se remeist en sō chemin a pce q̃ le iour se print a decliner: a q̃ la nuict venoit cheux ūg hermite se hebergea q̃ uoluntairement le receut a luy dōna tout ce q̃ luy fust possible recourir. Et quant se uit la matinee: ains q̃ la challeur se leuast pceual fust tātost arme a sō chemi sest remis: lors cōmēca a espetōner le destrier sique auāt q̃l fust midy passe le mont douloureux peult de loing choisir car a merueille hault estoit. Alors pceual se hasta: a quāt au pied du mōt puint ūg peu sarreste a puis descend pour sō cheual q̃ las uoioit auq̃l osta tāt la bride q̃ la celle pour ūg petit le refreschir. Atant une pucelle choisist q̃ du mōt aual descendoit ambulāt ūg beau palefroy norroys q̃ a merueille belle estoit a moult richemēt atournee q̃ perceual dafectiō regarde: a la damoiselle ne fina derrer tāt q̃lle puint ou perceual estoit leql hūblemēt saltua a cil son salut luy a courtoisemēt rēdu. Puis luy a la pucelle dist sire dist elle ayez mercy pour dieu tāt de uo⁹ q̃ de moy. Belle dist il pour quoy cella de ce sire q̃ uo⁹ ne allez dess' ce mōt q poues uoir: car trop grāde follie feriez nul ny ua q̃ ioyeulx en reuiēne ne de sō sens p̃perte: ce matin le mien amy y alla qui le plus preulx du mōde estoit a ne scay q̃l est deuenu assez le cherche mais onchs puis ne le peux uoir dont iay le cueur triste a dolent

R.iii.

❡ Perceual le Gallops.

Vne dame me côpta laquelle par dela trou
uay q̃ il est hors du sens yssu & que par icy
tout effraie & espdu côe cil q̃ est sans raison
& enrage sen alloit: & suis demeuree esga
ree loing de ma côtree & damps: & ne scay q̃
face ou que die pource se retourner Boulliez
& ce grand peril de la montaigne esuiter
auecques Bous Bouletiers irope & du tout
a Bostre plaisir & Boulloit ie seroye. Perce
ual obtemperer ne luy Boullut: aincois luy
iure & luy affie q̃ ainsy ne sen retournera/
dont celle en a este fort dolente qui fort se es
fraye & se espouente de ceste grande forest
trespasser/ toutesuoies oultre la passa & est
en vne lande entree. Lors perceual a sô de
strier meist son frain & sa celle & sans acten
dre est dessus môte/ & ne cessa de cheuaul
cher tant q̃l fust au mont douloureux per
uenu. Adonc se print a regarder le pillier &
loeuure qui fort louable estoit & fust de cuy
ure composé & construict: & y auoit quinze
belles croix alentour si richement ouurees
& faictes que iamais homme humain nen
Beist de si magnifiques ne si excellentemt
aornees & eurent de longueur plus de dou
ze toises. perceual fust tout estône & esbahy
de regarder les grans merueilles de ce pil
lier & des quinze croix dont les cinq Ver
meilles estoiêt les cinq aultres blanches/
& la reste de fin asur colorees/ & furent tou
tes ses coulleurs naturelles sans que pain
tre y ayt mis les mains: mais ainsy ont
este creés & furent dugne pierre dure fai
ctes/qui a tousiours aura duree. Perceual
les croix oultre passa qui estoiêt de moult
grande beaulte. Puis se print le pillier re
garder qui luy sembla fort hault & bien do
re & y Veist vng anneau atache bie massif
& tout de fin or/ & ne croy point que de plus
riche en fust iamais au monde pour la di
gnite que en luy estoit enuiron & entour de
cest aneau y auoit en escript en lectres dar
gent deux Vers en latin qui signifioient: q̃
nul cheuallier natesne a lannel son destrier

sil ne se peult comparer au meilleur cheual
lier du monde Perceual ne scauoit pas ly
re: mais bien en auoit ouy pler au cheual
lier qui dessoubz le marbre le Bouta q̃l trou
ua en sô chemin passant. Petit apres quil
eust cest anneau regarde de dessus son de
strier descendit puis les resnes print les
q̃lles a lanneau attacha & les y a fort bien
nouees/ & son escu & sa lâce Va consequan
tement a ce pillier apuyer/ & puis tout coy
en estant sarresta & ce faict sô heaulme osta
pour mieulx escouster & ouyr se quelq̃ nou
uelle il entendra: atant Vne pucelle a Veue
Vne mulle blanche cheuaulchant: & puis
bien dire q̃ oncques en terre nulle ne pres
ne loing ne ouyt on de femme descripre que
plus bel atour ne aornement eust que ceste
cy/ & quant a la beaulte dicelle il nest hôme
Viuât qui Bo9 sceust le tout reciter: car vne
chose trop admirable & incôparable estoit &
pource Vault mieulx que men taise que q̃l
que chose Vous en dire. La pucelle que Bo9
ay dict a tât sur la mulle ambule que sur la
Verde herbe menue deuant perceual desce
dit lequel haultemêt le sallua & perceual
courtoisemêt son salut luy rendit fort de sa
beaulte esmerueille & sans aultre chose di
re est la pucelle venue iusq̃s ou le destrier
estoit a lanneau du pillier attache. Puis
du destrier saprocha & le Va de son mâteau
sur le col & par la teste doulcement apla
nier & luy faire merueilleuse feste: & perce
ual la regarde et est honteux & luy poise q̃
si courtoise damoiselle mecte la main a son
chenal & craint en auoir reproche. Car che
uallier ne doibt souffrir pucelle ce seruice
faire: & pource deuers elle vient & luy a dist
ma damoiselle laissez cest seruice que a mô
destrier faictes: elle commenca a luy affer
mer quelle de bon cueur le faisoit. Sire
faict elle ie scay de Vray sans le cuider ne
le penser que non seullement Vostre corps
mais Vostre destrier doibt chascun en fa
ueur de Vous honnorer & en humilite reue

cet plustost que tel sainct que la terre on re
uere. Parce que luniuersel monde nest pos
sible trouuer Cheuallier qui ait sceu au
mont douloureux son destrier a laneau du
pillier atesner que Vous/parquoy bien van
ter Vous pouez que plus grand honneur vo[us]
est aduenu que cheuallier de mere ne eust
oncques ne receut en iour de sa vie. Certes
dame faict Perceual ie ne me tiens pas le
meilleur. Sire faict elle Vostre honneur est
de dire telles paroles mais on scait com-
ment il en est et pource ny ait plus de ceste
chose parle et Vous en Venez sil Vous plaist
cy desoubz a mon pauillon ou on Vous fera
grande feste grand honneur et courtois ac
cueil/& Perceual luy octroia.

Apres que Perceual et la
pucelle furent remontez
ne se arresterent iusques
a ce quilz peruindrent de
uant la tente laquelle en
vne lande soubz le mont
estoit/tendue selez dung sapin ou sont en
semble descedus/et tout en lheure hors de
ceste tente issirent cheualliers dames et pu
celles qui bien humblement vindrent Per
ceual saluer/et quant il fust dedens le pa-
uillon entre deux escuiers de chief en chief
le desarmerent puis luy ont vng riche ma
teau affuble que luy feist la pucelle aporter
qui au tref amene lauoit. Alors fort se pe-
nerent et diligenterent deux escuiers de la
table preparer et mectre/ ou sans targer se
font Perceual la damoiselle & les pl[us] prin
cipaulx de la tente assis. Et ne Vous fais
de leurs mectz memoire car assez en eurent
a suffisance. Et apres le menger et que de la
table furent leuez/la nuict de bien pres apro
cha et ia estoit le soleil absconse. En la pla
ce sur la belle herbe deuant le pauillon se
font Perceual et la pucelle assis/ pendant
que les varletz les lictz dresserent/et alors
entra Perceual auecques la damoiselle en
deuise/et premierement luy prie que son bon

plaisir soit luy dire son nom et dont elle estoit
et pour quoy auoit en ce lieu son pauillon
tendu pres du mont douloureux qui tant
est horrible et estrange/ & celle luy respond
beau sire de ce Vous en diraye bien la veri
te a petit de langaige/ie suis nommee la da
moiselle du grand mont du puy douloureux
Et sachez que a Vostre bon commandement
ay icy pres de ce mont vng chasteau assis/
mais puis quinze iours enca que en ce lieu
ie me hebergay me vint vng varlet anun-
cer que puis petit de temps auoit en la court
du Roy Arthus en Bertaigne este & disoit
que le iour mesmes quil y fust y veist Gau
uain Yuain & Girflet Saigremor & Lancel
lot & le Cheuallier au cercle dor & bien .lx.
cheualliers des meilleurs de ce monde qui
a la court estoient/lesquelz tous dirent et
promirent que au mont douloureux au pil
lier viendroient/ pource seiz ie icy aporter
mon pauillon desirant Veoir au mont re-
paiter les bons cheualliers esleus/desquelz
Vous nomme partie. Dame faict il bien Vo[us]
en croy/mais ie Vous supplie me dire cer-
taine raison de ce pillier/se pource ne Vous
faiz greuance. Et celle dist Sire tantost en
aurez la cause ouie/se Vostre plaisir est mes
couter/pour laffaire Vous bailler a enten-
dre scauoir deuez que quant le Roy Ar-
thus fust ne la plus belle creature estoit que
iamais nature forma. Et fust au Roy son
pere dist que trois fees eust a sa naissance
adonc celle qui la principale des trois estoit
dist que au temps aduenir lenfant auroit
sens puissance valleur & honneur et en to[us]
biens le souuerain. Et quand Vterpendrag
louit ne fault doubter sil en feist grande fe
ste: comme cil auquel de son filz on parloit.
Et ainsi que vng iour en son demainne en
la cite de Gloecestre estoit: a vne fenestre
apuie deuant vng viuier/ leaue & la fo-
rest regardant/ deuant luy vint vne pu-
celle qui moult estoit richement aornee la-
quelle en ceste maniere luy dist Sire faict

R.iiii.

¶ Perceual le Gallois.

elle laultre iour men estoye allee esbatre et ainsy que fus en vne pree peruenue en ce lieu morgue la fee ie trouuay quil me dist qung filz vous auiez qui si apres moult honnore seroit et plus que son pere redoubte lequel empereur & Roy estoit/ atant se teust et ie men retournay/ puis tant vous quis que ie vous ay trouue/ & vous ay ceste nouuelle dicte parce que lenfant tenez chier. Lors le Roy auecques luy vng deuin auoit lequel par tout merlin nomme estoit/ qui tout ce que la pucelle compta ententifuement escoutoit/ pourtant vng seul mot ne sonna/ et le Roy qui le regardoit lapella pour parler a luy/ maistre faict il de cest affaire que vous oiez icy compter/ en oseriez vous aulcunne chose dire. Sire dist merlin ie scay bien que plain sera de grande prouesse et plus sera de largesse rempli que iamais na crestien este/ & sera si grande sa court que plusieurs Roys & princes de haulte geniture de sa mesgniee seront dont les cent pourront assez de merueilleux estours souffenir. Alors Uterpendragon se prit a rire pour la parolle quil ouit car plus auoit en merlin de credence que tous ceulx de la contree Et puis de rechief luy pria que vne chose y luy veuille dire si la scait/ cest a quelle chose & comment il pourroit le meilleur Cheuallier de sa terre congnoistre si le voulloit querre ou chercher pour bataille ou estour souffrir/ merlin luy dist quil le diroit moiennant quil leust quinze iours de respit ou de terme. Le Roy luy dist que ce terme luy seroit octroie/ adonc merlin de la court sen alla & de puis tant cheuaulcha par bois par riuieres et plaines par montaignes et parmi les landes et sue & ca & la que ceste grande montaigne trouua ou tant a ore et prie q̃ les croix & le pillier feist/ par scauoir & par lart de nigromancie. Lors ma mere lesne pucelle estoit la fille neust plus de vingt ans qui follement en ce lieu suruint/ parce que quant elle sen cuida aller ne sceut euader

fille ne fust samie et du tout a son voulloir en a faict et luy edifia le beau manoir que ie vous ay nagueres dist. Et quant le terme vint quil deuoit a Uterpendragon aller a carlion q̃ siet en la terre de galles le trouua Et luy compta deuant toute sa noblesse quil auoit vng pillier trouue/ ou nul son cheual arresner ne pourroit sil ne stoit tant en faict comme en nom le meilleur Cheuallier du monde/ et quant le Roy ceste nouuelle entent moult ioieux & resiouy en fust & depuis y sont maintz cheualliers depuis allez ausquelz grandement est mescheu Alors merlin sen retourna et sen vint auecques ma mere au manoir/ lesquelz depuis ensemble mengerent/ de ce ne me deuez mescroire car la verite vous ay dicte. Depuis que la nuict est venue sil vous plaist pour se dormir au lict nous yrons & pour se repos prendre mais aincois vo9 veuil demander q̃ la voie vo9 a enseigne venir en ce lieu. Dame faict il vng cheuallier q̃ dedens vng cercueil trouuay dessoubz vng grand arbre seu illuy/ qui moult piteusement crioit et reclamoit a haulte voix que on luy aidast en lhonneur de dieu & de la dame de pitie. Et quant sa grimonie eu entendue tant quis & feis q̃ de la fosse se gectay leuant le marbre contremont/ et quant il fust dehors issu encores la pierre tenoie cuidant quil me vint aider a la remectre: mais au contraire leans il me abatit sans scauoir la raison pourquoy puis le marbre par si grande vertu dessus tomba que iamais en ma vie nen cuidoie issir. Et cil qui leans me gecta se print a me gaudir et se mocquer de moy/ lequel sur la mulle que iauoye monta pensant a tout sen aller/ mais tant esperonner ne sceut qui la peult faire du lieu mouuoir puis descendit et de mon destrier feist autant et quant il veist que cheuir nen pouoit/ dehors ceste fosse me meist/ & dedens entra/ puis il me dist que se conquerre honneur voulloie que men allasse au pillier du mont douloureux

Perceual le Galloys. fueillet .clxxvi.

de ceste heure ne letendis a moy parler/ alors a chemin ie me mis et tãt ay depuis exploicte et erre quen la parfin auecques vous suis venu. Se maist dieu sire faict la pucelle/ quant vous eussiez celluy que voꝰ oy dite par pieces detrenche vous eussiez faict vne grande oeuure et dieu vous en eust sceu bon gre/ car maint preudhomme a affolle et desrobe qui parmy le chemin passoient. En ceste fosse est encores de present et quant aulcun passe pres de la il crie ainsi comme vous scauez tant que de la fosse est gecte puis loccist et le sien luy emble et ne feist õcques aultre bien. Certes dame faict pcual en ce faisãt il faict assez de maulx si en sera vng iour paie sil plaist au Roy des creatures. Atant se teust et puis luy a dist la pucelle/ vostre nõ nay encores enquis/ ie voꝰ prie de le me dite. Et cil qui tãt courtois estoit luy dist q̃ Perceual nõme estoit lors la collation apporterent/ et apres lauoit sobrement et courtoisemẽt prinse/ fist mener Perceual en vng beau lict reposer q̃ luy estoit richement prepare. Du toute la nuyt assez bien a dormy/ et quant se vint q̃ le soleil commenca a rendre sa lumiere/ sãs atarger sest perceual leue/ et puis se arma de toutes pieces et apres que sa lance et sõ escu luy fust appreste dessꝰ son bon destrier monta/ et daultre part monta aussy la pucelle sans atarger/ puis de la tente se partirent et cheuaulchent tant la vallee que en la grande forest vne sẽte trouuerent. adõc dist la pucelle a Perceual. Sire faict elle ie vous prie ne me celler ou aller vous pretendez ne en quelle terre Dame faict il ie ẽpense a la court du Roy peschoꝛ aller se y puis radresser. Sire faict elle par cest sentier que vous voiez y pourrez seurement aller la sente droit vous y menra/ et se vous cheuaulchez a exploict voꝰ y serez demain matin se le vostre chemin ne laissez. Atant a Perceual la pucelle laissee apres que congé en eust pris qui iusques a midi ceste grã

de sente batue cheuaulcha a laquelle heure vne grande nuee commenca laer a obscurcir/ et si durement a tonner se print a espartir et a plouuoir qua peine pouoit veoir perceual au tour de luy pour la grãde oraige si que toutes les bestes de ceste forest pour la tempeste fremissoient et les plus grandz arbres briserent deca della de toutes pars q̃ ne cessa iusques a nonne. Perceual pour ce ne sen effraie et ne delaisse le cheuaulcher et tãt erra que la nuict est venue. Et quãt la lune fust leuee vint la nuict si tres clere et pure que tout son viuant nen auoit veu vne si belle et si sereine/ toutes les estoilles du ciel luisoient et rendoient fort grande splẽdeur/ si que lon pouoit chascunne facilement perceuoir. Perceual au cler de la lune erroit qui moult gentement luisoit/ leq̃l nauoit ailleurs son entente que a penser a ce quil a veu quãt le bon Roy peschoꝛ le hebergea/ ou il veist la lãce qui saigne/ et le graal dont en plus grande fãtasie estoit de scauoir q̃ ce pouoit estre ne de quoy il seruoit duquel homme parler ne deburoit sen luy nestoit toute la bonte que a cheuallerie appartient: lors propose que sil trouuoit iamais ceste court que au roy enquerroit toute la verite. Et ainsy que en ce pensement estoit en regardant deuãt luy veist de loing vng grãd arbre bien rame et feuillu emmi sa voie/ et dessus cest arbre plꝰ de trois mille chandelles y perceut toutes aussy cleres que belles estoilles/ et luy fust aduis quil y en eust a chascunne brãche/ puis dix/ puis quinze/ puis vingt/ puis trẽte. Et erraument vers larbre alla qui luy semble de ses chandelles estre espris. Et de tant plus quil approchoit appetissoit ceste clarte et alloit en diminuant. Puis quant il vint au pres de larbre chandelle ne clarte na trouuee/ ains vne chapelle aperceut vng petit au dessꝰ de larbre la plus belle que iamais veist ne qui fust aussi bien assisse/ et leãs aperceut vne chandelle allumee par lhuis qui lors

❡ Perceual le Gallois.

ouuert estoit/ Perceual aupres de la muraille descendit et son cheual tout coy laissa puis est en la chapelle être ou regarde puis ca puis la/tantost a môt tâtost a Val mais il ny perceut creature quelcôques fors sur lautel ou gisoit ung cheuallier occis dess⁹ lequel estoit estêdu ung riche paille de couleur Vermeille seme a menues fleurs dor et en grand nombre/ȝ pardeuât ung cierge tant seullemêt ardoit/de quoy Perceual se donne grande merueille/ȝ puis en estât escoute se il orroit aulcun Venir/lôguemêt fust en ceste sorte parquoy se prit a ennuier mais enuis de leans se departoit. Et luy estant en ce penser apperceut une grande clarte mais il ne scait dont celle Vint/en escoutant tout coy se tint regardant ceste clarte tant quelle desaparut si que il ne sceut quelle est deuenue/nôplus que dont elle Vint. Puis a ouy ung si hault cri qui luy fust aduis quil tombast ȝ que toute la chapelle deust rompre/ȝ tost apres une main noire iusques au coutte saparust derriere lautel qui la chandelle qui ardoit subitement astaignit. Perceual qui du tout a sô entête a dieu ȝ a ce quil queroit en sô cueur fort sesmerueilla de ce que la est aduenu/ mais pource ne fust esbahy. Car tant maîte fois auoit Veu chose pl⁹ admirable que ce lieu parquoy ne sen est effraie/ ains est plus asseure que iamais homme ne fust. Quant ceste lueur fust estaincte neust aultre clarte que de la lune/et plus autour du corps ne Veist que dedens ung puis parquoy sen est de la chapelle alle/ alheure que minuict aprocha/ lors est sur son bô cheual monte/ priant dieu que de malencontre le Veuille garder et desfêdre/ȝ en petit de têps eust la chapelle eslongnee et larbre que ie Vous ay dist. Et demeura en son courai ge fort pêsif des merueilles ql auoit Veues et que la aduenues estoient. Et en ce penser tant alla cheuaulchant/que tost a deux Voyes trouuees/et ung hault chesne grâd

et large/et au par dessoubz ȝ estoit la haulte herbe Verdoiant/ou sans actendre descendit/et puis le frain ⸫ son destrier osta pour le laisser en ceste herbe paistre ȝ rafraichir tant que le iour fust apparent/ adonc remonta Perceual/ ȝ cheuaulcha la matinee par la forest fort grâde alleure et le soleil ia cler luisoit/ alors ouit ung cor par trois fois clerement ȝ haultement sôner/ȝ quât il eust entêdu Vers la chemin adressa/et puis commence a escouter et oit resôner une trompe par trois fois/ ainsy comme pour appeller/ mais il ne scait que ce signifie/ ȝ tant alla Vers ce quil a ouy quil apperceut ceulx qui cornoient lesquelz ung grand senglier accueilly auoiêt/ȝ alloient quatre Veneurs apres qui le suiuoient fort errâment dess⁹ leurs bons courtans ȝ montez/ ȝ Perceual est contre iceulx alle qui haultemêt les sallua/et lung deux a luy sarresta qui luy demande ou il alloit/ȝ Perceual luy dist quil queroit la court du bon Roy peschor. Certes amy faict le Veneur/ nous sommes to⁹ ses seruiteurs/ȝ ce passer Voullez ce mont que maintenant Voit Vous pouez Vo⁹ trouuerez aupres dung arbre la salle et la tour a creneaulx ȝ il ny a pas lieue et demie. Et ce dict sen part le Veneur/ȝ perceual a grande liesse de la nouuelle quil a ouie. Lors apperceut une pucelle qui droict encontre luy Venoit moult richement paree et Vestue dung samit inde seme de florettes dargent laquelle estoit dessus ung grand palefroy montee toute desafublee fors la bendellete du chief/et estoit admirablemêt belle/ quât Perceual la rencontra moult haultement la salluee au nom de dieu qui crea toutes choses/ȝ la pucelle respondit sire celluy Vous doint honneur/ ie Vo⁹ supplie de me dire ou ceste nuict auez este loge et se en ceste forest Vous ieustes. Certes faict perceual amie toute nuict en sa forest ieuz/ adôc sans delayer luy compte de larbre ou celle clarte Veist et côment il auoit este en la cha pelle ou le corps mort estoit/ comment il en estoit issu. Et puis du cry quil a ouy et de la main toute laide et noire qui le cierge estaingnit/ Certes se respond la pucelle/ si ce est signifiance que de la lance & du graal scaurez par temps la verite. Lors luy a Perceual compte comment lenfant sur lar bre veist si petit et si ieusne qil ne croit pas quencores hors de nourrisse soit/ Belle faict Perceual sil vous plaisoit me dire la raison et la cause parquoy amoy il ne voullut parler vng grand seruice me feriez/ Vraiment sire ie ne pourroie faict celle qui moult sai ge estoit sans vostre dommaige faire sil fail loit que ie vous le disse: ia dieu ne plaise q de ma bouche sorte chose dont vous me en teniez pour folle/ car tout ce que mauez de clare nest signification que des diuins se cretz desquelz debuez si apres nouuelle a uoir. Atant sen part et plus nen dist/et ne la sceut perceual oncques tant rappeller q plus vng seul mot luy veille dire/ parquoy a la voie se meist vers la court au Roy pes chor par ce chemin que le veneur luy a uoit adresse.

C Comment Perceual apres auoir exploi cte grād chemin apperceust le chasteau au Roy peschor et leans entra la ou il trouua le Roy peschor & apres auoir repeu & veu aller par la salle le graal porte par vne pu celle et la lance rendant le sang luy deman da la signifiance.

Ant feist et exploicta Perceual que le cha steau qui sur leaue est assis peult veoir se a luy ne tint/ puis a che uaulcher tant entent q parmy la porte est entre/ ou si tost vindrent de tous costez ser gens qui luy ont faict grande ioie/ dont les vngz a desarmer Perceual entendirent et les aultres a traicter son cheual/ et ce faict vng riche manteau luy affublerent/ & en passant parmy la salle en vne chambre lont mene la plus riche que iamais fust faicte depuis que dieu ciel & terre forma: la vou te de sin or estoit semee de petites estoilles dargent et puis aux paroiz dicelle cham bre ny auoit paincture nulle ains estoient faictes de tableterie dor & dargent/ & par de sus ymages pourtraictes de fines pierres precieuses qui en la chambre vne si gran de relucence rendoient/ q vne chose admi rable estoit. Quant perceual leans entra/ fust de ce veoir fort esmerueille/ & en regar dant de uant luy aduisa le Roy dessus vne riche coiste assis puis le vint humblement saluer et le roy qui debonaire fust le receut moult courtoisement et son salut doulcemēt luy rendit et le faict pres de luy assoir/ & le roy doulcement luy prie luy dire en quel lieu a ceste nuict geu/et il respond en la fo rest/ alors luy compta de la chapelle quil a trouuee & comment la dedens entra ou il y veist le Cheuallier gisant sur le riche pail le/ puis de la clarte & de lescry luy compta/ & du cierge que tout seul estoit allume & de la main qui la estainct. Toute la chose luy a recite ainsy que mauez ouy dire/ & puis oultre plus luy a dist/ sire faict il de par del la ceste forest que viens de dire/ trouuay vng moult petit enfant/ assis dessus vng bien hault arbre/ lequel si tost se esuanouit quāt vng petit il eust a moy parle/ & de cho se que ie luy demādasse ne me voullut au cunne chose dire fors du hault mont doulou reux duquel me dist que y trouuerroie ce que voulentiers vouldroie ouir. Et certes la verite men dist car mon vouloir y vis et ouis des merueilles quil y a. Et quāt le Roy leust entendu moult hault se print a souspirer/ puis luy demāda se plꝰ ne veist/ ouy sire faict il aupres de la chapelle vng arbre verd & feuilleu veis/ & daussi loing q ie leus aperceu y aduisay tant de chandel les a lentour quil ny eust branche ou il ny en eust largement/ & de tant plus que ve

Perceual le Gallois.

noie pres moins de chandelles y veoye et quant deuant larbre ie fus oncques chandelles ie ny veis nonplus/quil y en a sur ma main et ny auoit branche au parauant que toute couuerte nen fust/la verite vous en ay dicte. Le roy qui voulentiers lescouta luy demāde se plus a rien veu/ nō certes se faict Perceual mais sil vous plaisoit a me dire la signifiance de lenfant que sur larbre veis voulentiers ie me enquerroie se quelque chose vous en scauez mais quil ne vous vint a ennuy/et que ce peult signifier que de branche en branche monta iusques a la plus souueraine. Et apres voulstrois bien scauoit du cheuallier que iay trouue dedēs la chapelle occis ou ie veiz la main noire nue et de larbre et des chandelles/ et sachez sire que la verite me diroit fort bon gre ie luy en scauoie et seroie fort a luy tenu/ adōc luy dist le Roy quil le scauroit apres que la refection auront prinse. Lors commande mectre les tables pour se menger ou ilz se assirent sās delaier/et feist le Roy Perceual a son plat menger/ou gueres longuement nont este quant vne pucelle plus blanche que la fleur de lys/dune chambre issit tenant le sainct graal en sa main qui pardeuant la table passa/et tost passa apres vne aultre pucelle vestue dune pourpre bien fine qui la lance portoit dont le fer saingne goute a goute. Et puis venoit vng escuier suiuant lequel en ses mains tenoit vne espee par le meillieu rompue laquelle la coucha sur la table du coste ou le Roy estoit/dont perceual a grande fātasie et ne scait cōment entamer son propos pour enquerir que ceste chose signifie/et ne scait du quel il doibt premier demander ou de la lance ou du Graal ou de lespee qui est nue et parmy le millieu brisee/Et le Roy de menger luy prie moult souuent len requiert et semont/et la pucelle est reuenue qui le Graal tint en ses mains/apres celle a la lance Et adonc dist perceual au Roy sire faict il

si ie ne vous faisoie ennuy voulentiers ie vouldroie ouir de ce Graal la verite qui y icy a trois fois passe et de la lance au fer saingne/quon en sert et que son en faict/et quāt de ce vo^9 me aurez aduise silvo^9 plaist me direz de lespee/si iamais doibt estre refaicte ne traicte en bataille ou ailleurs. Le Roy respond croiez amy que de grāde chose requis manez mais la verite vous en diray. De lenfant premier vous dire puis que cest le commencement/et veuil bien que soyez aduerti que vne chose diuine estoit/qui vous auoit en si grāde hainne pour les pechez que vous auez perpetrez/et faict que riens ne vous voullut respondre/ce que assez a entendre estoit quant de brāche en brāche monta de cest arbre iusques a la sōmite Et vous en diray la raison.

Sachez quāt dieu premier forma le mōde et tout ce que en luy contient lhōme bestes brutes oyseaulx poissons a to^9 leur vsaige establist et to^{9}sfois lhōme vers terre ont leur regard/ou leur vies cherchēt et quierēt/de lhōme ne veult ainsy faire/ais le viaire en hault luy leua pour la grande excellence du firmamēt regarder auquel la lumiere cōsiste de laquelle est tout le monde enlumine et pource que lhōme sur toutes choses aima le voulust a sa semblance former ce qui ne pretendit aulx aultres creatures faire/or luy en rent lhomme tel guerdon que du tout son commandement eslongne et luy desobeist et se acoustume a peche faire et perpetrer. Lenfant qui de ceste arbre se esuanouit et vers le ciel a mont monta vous demonstroit qu au ciel vous debuez penser affin que auecques le createur soit vostre ame posee en sō glorieux paradis parce que longuement vous estes acoustume en follie et a peche: en oubliant dieu pour les biens terriēs cōquerre/dont on en pert le grand tresor que dieu a a ses feaulx promis. Et quāt au regard de larbre ou les chaudelles veistes q̄ bo⁹tenez a grāde merueille dela chappelle τ du corps du cheuallier q̄ est occis de sa face ne du graal ne me orrez aulchūne chose dire attant q̄ vo⁹ ayez beu et mēge pt⁹ haitie vng peu en serez. Atāt se teust le roy pour ceste foyz: τ Perceual si a destroict estoit q̄l ne pouuoit ne boire ne mēger: τ de ce faire le semonnoit le roy moult souuēt τ courtoisement. Perceual q̄ est en pensee de scauoir ce quil a demādē: ne se cōtint de dire au roy. Sire faict il puis que des choses dess⁹ dictes ne me voulez present aduertir au moins sil vo⁹ plaist de lespee me dires q̄ sur ceste table est posee de laquelle voulentiers orroye auant q̄ le menger fust fine se greuāce ne vous faisoye: τ le roy luy a dict. Beau sire tout sans atarger vous diray de ceste espee la raison. Puis q̄ la desirez scauoir. Et pource entēdez biē mon dire se en ce lieu venoit vng parsonnaige preulx τ loyal en cheuallerie q̄ dieu aymast hōnorast τ seruist: τ saincte esglise reuerast laq̄lle est sa singulliere espouse leq̄l en sa main print lespee ie croy q̄ ne seiournerot de resoulder ceste espee τ les deux pieces raiouster: pour ce vo⁹ prie q̄ la pregniez τ les deux pieces ensēble reioingnez. Apres vous diray la nouuelle du cheuallier qui en la chappelle gist τ cōsequāment de la lance τ du graal τ de tout ce q̄l vo⁹ plaira m̄ demāder touchant les aduentures q̄ veues auez q̄ a grāde merueille vous tiendrez: mais q̄ la chose on vous aict dicte: pourtant vo⁹ prie que mettez premier vostre main a lespee. Perceual dist q̄l se feroit sil pensoit y auoir hōneur. Lors print les pieces τ en semble les meist le plus pres τ le plus fermement q̄l peult. Adonc lacier ensemble prent aussy doulcemēt τ aussy a droict cōme le premier iour quelle fust faicte τ forgee aussy clere τ aussy bien fourbie fors sil y demeura vne petite trace ou souloit estre la brisure. Le roy q̄ ceste chose admirable voit deuāt luy dist amy. Or escoutez pour ceste chose q̄ auez maintenāt faicte est, demōstre que aux armes vo⁹ estes fort peine τ lay cōgneu a ce q̄ esprouue ie vous ay: τ parce scay q̄ en tout le monde ny a hōme q̄ en valleur vous approche: soit en honneur ou en cheuallerie τ en toutes choses les vertus approchant: mais quāt il aduiēdra q̄ vo⁹ aurez tāt faict que dieu vo⁹ aura dōne tant de graces que vo⁹ pourrez dire estre le meilleur de tous. Lors scaurez la verite de ce q̄ tant vous demādez. Adonc fust Perceual si pensif quil ne scait quil face ou q̄l dise: mais profondement souspire q̄ chascun sen peult merueillier q̄ a ce menger assistèrent. Et quant le roy leust vng peu regarde en soubriant le print a lacoller: τ puis luy dist amy treschier seigneur soyez de ma maison tous les biēs ie vous abādonne τ tout ce q̄ au monde ay vaillant: τ saichez q̄ dorēsnauāt plus chier ie vous tiēdray q̄ hōme qui sur la terre viue. Atant reuint celluy qui lespee apportee auoit qui la print τ en vng sandal lenuelopa et puis apres la emportee. Et perceual si tresioyeulx de ceste aduenture fust q̄ iamais na este de si grāde ioye parle: puis le roy luy dist mengez sire q̄ dieu qui mort pour nous souffrit vous pardonne tous voz pechez. Lors perceual au menger se rassist aupres du roy q̄ moult la agre. Je ne vous faictz des mectz aulchunne mention: car oncques roy, ne duc, ne conte ne furent si richement serius. Perceual q̄ a merite quon face de luy feste τ ioye vers le bas la teste embrūchee auoit. Et ainsy q̄ pensif estoit τ que tous furent au mēger assemblez passa la lance τ le sainct Graal par plusieurs foyz: τ aussi le riche tailloit dargent q̄ vne damoiselle portoit. Et quant eurent les tables passees legierement tindrent leurs voyes en la chambre dont elles vindrent. Perceual qui bien sen donna de garde moult haultemēt apres se print a souspirer.

L.i.

Et puis sa face vers le roy tourna & luy a dict. Sire faict il ie vous prie le couenant me tenir q̃ voº me promistes auant menger. Amy dist le roy escoutez & ie voº diray a loisir mot a mot sans rien nyer tout ce q̃ demande mauez & ainsy que le deuiserez. Beau sire luy dist perceual du sainct graal & de la lãce & du tailloir pareillemẽt silvoº plaist a plaisir ie voº prie men dire la signifiãce que lon en sert & dont ilz viennent & les pucelles q̃ les portent qua prñt icy passoient lesquelles pas ie ne croy estre poures ne de petit lignaige: ains sõt cõe ie croy de hault lieu. Filz sachez luy a dist le roy que rien ie ne voº cellerap premier voº diray de la lance puis q̃ ie scay veritablemẽt q̃ digne estes de le scauoir. Ceste lãce a la verite est celle q̃ le couste dicelluy brisa q̃ les portes defer rõpist: & qui pour nous en croix mort souffrit p laq̃lle mort lennemy fust deceu qui nous tenoit en ses liens & par laquelle nous fusmes lauez du peche q̃ adam pperatra & cõmist p le mors dugne seulle põme.

Perceual ententifuemẽt a escoute ce que le roy de sa lance luy a declaire, dont il prit si grãde vergongne & honte se remẽmorant de ses pechez q̃ pour tout lauoir dung empire ne se fust cõtenu de haultement souspiter: puis a ceste heure a au roy dict. Sire hũblemẽt voº remercie de ce q̃ de sa lance mauez dist: & voº prie daffectiõ que du graal & du tailloir me vueillez dire. Et le roy qui courtois & liberal estoit son vouloir du tout luy ottroye & luy a dict tout en pleurant. Amy quãt Jesus fust en la croix glorieuse pendu: on son precieulx couste fust perce depuis q̃ la lance en fust ostee: le sang iusqs au piedz coutut & ioseph dabarimathie qui de ses disciples estoit a sa passion assista cõsiderãt par inspiratiõ ce tãt diuin mistere: pour la reuerẽce de nostre dieu: en vng vaisseau ce sang sacrẽ recepeut. En ce vaisseau le sang tomba dõt bien a Joseph il en print. Et du tailloir que demãdez: fust celluy duquel le sainct Graal a este a ceste heure couuert, quant le sacre sang y deualla & de ce suis ie bien certain: du graal ie voº ay cõpte q̃ voº auez veu deuãt voº passer aise que la verite est & se plº en scauoir voullez ie voº en diray sans faillir. Perceual tout en souspirãt luy respõd & dist Sire iay vng grand desir se ne voº pensoye ennuyer q̃l vous pleust me dire cõmẽt en ceste cõtree le saict graal print: amy faict le roy voº le scaurez puis que la promesse vous ay faicte. Quãt Jesus fust en croix pendu se bien entẽdu voº lauez ioseph dont ie voº ple: de ceste croix le descẽdit accõpaignie de Nicodemº. Et pour ceste cause fust ioseph pour lenuie & p la main des iuifz en chartre obscure mys, ou le vouloiẽt faire mourir de fain & daultre pouurete & y fust par lespace de quarante ans sãs boire ne mãger: mais nostre seigneur luy enuoioit le sainct graal pour le seruir deux foys ou trois par chm̃ iour qui luy seruoit de nourriture plº doulce q̃ mãne du ciel: & tout le tẽps quen ceste chartre fust ny endura douleur ne peine a cause de la visitasion du graal & de la sainctete dicelluy. Mais quãt Titus & Vaspasien vindrent au pays de Judee de la chartre Joseph gecterent & consequãmmẽt auecques eulx a rõme lamenerent, & ioseph quant & luy la precieuse lãce emporta: & apres reuilt le sainct graal par la pmissiõ de dieu. Et apres quelque espace de tẽps passee q̃ les disciples de iesus ca & la se dispeserent vint ioseph en icelle terre qui se manoit edifia: & fust roy de tout le pays, & suis de sa progenie & de son lignaige, pareillemẽt vous aduertis que quant son ame a dieu rendit: en ce manoir les precieuses relicques cõme le tailloir la lance le graal: qui de puis ne sõt point partis & ne partiront dieu aidant pour tousiourmais.

¶ Comment le roy peschor a la requeste et grande priere de perceual luy racōpta q̄ si-
gnifioit le sainct graal la lance qui rendoit
sang et lespee brisee.

Erceual moult voulen-
tiers de ce graal ouyt par
ler en lhōneur de nostre
createur parquoy ne luy
fust grief descouter: ais
a dist au roy de rechief.
Sire faict il et des deux pucelles me direz
sil ne vous ennuye: vous suppliāt mal gre
ne men scauoir se pour ce iour ie vous tra-
uaille. Car qui me donnast tout sauoir de
crestiente si ioyeulx ne seroye q̄ de enten-
dre et ouyr ses merueilles. Le roy dist tout
voꝰ cōpleroye: mais il est tēps de ce cou-
cher: ce nonobstant si fort voꝰ ayme q̄ tout
ce q̄l voꝰ plaira demander tantost de par
moy le scaurez. Les pucelles que veu auez
desqlles desirez scauoir q̄ celles sont preset
voꝰ le diray. Celle q̄ le sainct graal porte est
de royalle lignee extraicte: pucelle et vier-
ge, car aultremēt le saict graal en ses mais
ne tiendroit pour nulle chose q̄l aduint. Et
celle q̄ se tailloir porte, est aussy de haulte
lignee bien enseignee et fort prudente: et fil-
le est au roy Gondesert: et celle au Graal
est ma fille qui a son sens poinct ne desuie.
Or auez du graal de la lance et du tailloir
ouy dequoy deuez estre ioyeulx: et le cueur
auoir resiouy, mais pource q̄ de reposer est
tēps, coucher yrons sil voꝰ agree. Et de les
pee faict perceual laglle aidant dieu ay re-
souldee. Scauoir vouldroye qui la brisee
aussy cōment cela a este: ie le voꝰ diray faict
le roy pource q̄ vez bien de me entēdre. Les
pee q̄ souldee auez dequoy deuez grande
ioye auoir: cest celle de laqlle fust vng coup
si mortel faict q̄ iamais naura son sembla-
ble: tant en cruaulte quen felōnie, cest de ce
luy duq̄l encores noꝰ douloōs tāt moy q̄ toꝰ
ceulx du royaulme, tāt fust le coup de grā-
de cōsequēce. Dedēs le chasteau de Quin-

queran estoit le roy Gōdesert mon frere, q̄
moult fust de grande renōmee par son sca-
uoir p sa hardiesse et prouesse et par ses bel
les vertus: leql fust en ce chasteau assiege
p vng Espingres nōme qui amena auec
luy grāde puissance tāt de cheualliers que
de souldoiers pietōs, mō frere cōtre luy en
bataille sortit, et si bien se maintint q̄ toute sa
gent descōfist: et par ainsy furēt ceulx de de
hors vaincus et cil q̄ de puis maictz iours a
vescu. Vng moult hardi nepueu auoit leql
luy fust veu et promesse q̄ le mien frere occi-
roit ce iour cōme il a faict, cest chose seure, p
bien grāde maladuēture: car quāt la descō-
fiture verst et q̄ les siens auoient tourne le
doz, le sien nepueu se desarma et puis apres
les gēs de mon frere dedens le chasteau en-
tra parce q̄l estoit incōgneu et cuiderēt quil
fust des leurs, puis au chasteau vng moyne
trouua leql si tost eust desarme, et de ses ar-
mes sen arma et se remist droict a la voye,
tenāt lespee dont voꝰ auez les pieces ioin-
ctes, et quāt il fust en la bataille deuers mō
frere se tira tenāt lespee en sa main nue,
mais mō frere de luy ne se gardoit pce que
pour certain cuyda q̄l fust des siens, et auoit
son heaulme oste pesant la noise estre apai
see et se repairer auecques sa mesgniee, qui
mout bien faict auoit ce iour, et cil quil ne
pēse q̄ affure sa voulente de lespee q̄l auoit
traicte sur le chief de mō frere len ferist q̄ le
pourfēdist iusqs a larcon de la celle, et de ce
coup q̄ ie vous dys brisa la bonne espee en
deux, et cil q̄ la croisee tint sen retourna ha
stiuemēt, si en iecta ius la moitie: et sen vint
a ses gens q̄ moult grande ioye en deme-
nerēt: et ceulx du chasteau ont le roy gōde
sert emporte tout mort dedēs le sien escu, et
quāt et quāt emporterēt lespee q̄ parmi bri
sa dont les pieces a terre recueillirent. Et
quāt le corps eurēt au chasteau eporte au
mieulx q̄lz peurēt labillerēt et aps q̄l fust
bien laue et embasme dedēs vne biere le mei
rēt, et puis ce faict me lenuoierēt et lespee rō-

L.ii.

que pareillemēt de laqlle il auoit este occis puis me dist vne de mes niepces q̄ fort pru dente estoit & saige:q̄ son pere que tant ay moye en auoit mort receue laqlle iay tous iours gardee iusques ace q̄ vng cheuallier vint q̄ entre ses mains les pieces print po' la resioindre:& me feist pour certain enten dre q̄ par celluy mon frere vēge seroit q̄ les pieces resouldroit. Et moy q̄ de dueil fus naure les pieces prins q̄ ie vous dys desql les parmy les cuisses me feris sique tous les nerfz me detrenchay & decouppay/tel lement q̄ depuis ne men peux ayder/& ia mais ne men aideray q̄ premier venge ie ne soye de cil q̄ faulcement & en trahison oc cist le meilleur cheuallier du mōde & le pl' preulx. Perceual qui ententif estoit a ouyr ce que le roy peschor luy a cōpte de respōdre n'a attendu en cuer pensif:& en souspirāt disāt ainsy. Certes sire ceste chose est p' trop malle & de cruaulte rēplie:mais puis q̄ la fin en est telle venue ne reste q̄ ce prouuoir de temēde pour de vengeance se munir par quoy vous supplie me dire & me aduertir du nepueu qui ceste cruaulte a faicte & cō ment est son nom:car qui nen seroit auer ty & du pays ou il repaire labourer ne pour roit quen vain celluy qui la vengeance en vouldroit prendre:& puis que laffaire est sur moy:bien me cōpete & appartient scauoir qui il est & q̄ de ses armes aye la cōgnoissā ce:& ie q̄ me dys loyal cheuallier vo' iure sil plaist a Dieu ma saincte me garder q̄ se ia mais rencōtrer ie le puis q̄ cōtre luy vous dray a oultrāce iouster & conuiendra q̄ luy ou moy soit oultre ou pris:& sil ne me occist recreu le rendray & ia aultremēt nen parti ra ie le vo' promectz & affie. Beau doulx amy luy dist le roy cellup q̄ a lōgis pōdna vo' en doint la force & le pouuoir:& puis q̄ le nom scauoir vo' voullez saichez q̄ celluy est Pertinans nōme seigneur de la rouge tour & de la terre a lenuiron:& au regard de ses armes ie vo' aduise quelles sont miparties dargent de gueulle & dasur q̄ tiennent deux pucelles:& vo' dys bien q̄ il est oul trecuide q̄ ne craint cheuallier viuātpour ce vo' prie enuie ne auoir de telle chose en treprendre se nen pensez a vostre dessus ve nir. Sire faict perceual nous autres q̄ par la terre errons & cheuaulchons:par monts par bois/& par vallees/pour pris/& pour honneur conquerre: auons souuent des affaires biē grans:mais sil plaist au dieu souuerain ien cuide bien achief venir. Ie' vous preserue de mal luy dist le roy:q̄ fort laymoit. Or me suffist de la vre promesse q̄ se dieu plaist en effect mettrez:& pource q̄ ie scay q̄ las estes & trauaille ie suis dauis q̄ maintenāt prinsiez repoz & q̄ il vo' pleust au lict aller:car ie croy q̄ mestier en auez. Certes sire dormir ne quiers auāt q̄ vous me apez cōpte la signifiance des chādelles q̄ ie veis a larbre attachees & du cheuallier q̄ est en la chappelle q̄ sur lautel ay veu este du. Puis du cierge & de la main noire q̄ la clarte vint estaindre & de lescry q̄ ientreouys vouldrois par vo' la verite scauoir:ainsq̄ de ce lieu ie feisse departie: le preudhōme cu rieulx de faire au vouloir de perceual luy dist q̄ du tout le rendra certain. Et quant au regard de larbre faict le roy saichez que cest vng arbre par enchantemēt faict ou se soulloient les fees assembler & ceste clarte q̄ lon voit de loing nest aultre chose q̄ les fees mesmes lesqlles deceoiuent & illudēt ceulx q̄ nont point en dieu ferme creāce et quāt a cest arbre vintes & q̄ pl' nulles fees ou chādelles ne trouuastes estoit signifiā ce q̄ vo' deuiez les merueilles de ceste ter re acheuer & q̄ en vouldra la verite scauoir voise au lieu ou soulloit larbre estre et il trouuera que plus il ny en a & vous dys bien q̄ de larbre & des chādelles nen sera ia mais au lieu nouuelles veue: car quant fustes de larbre approche les fees vous en chasastes. Or puis que la raison en auez ouye ie loue q̄ vous en allez coucher pou prendre le repos. A sire aincois vouldroye bien scauoir se trop ennuyer ne voꝰ cuidoye de luy chappelle et de lescry. Du bõ du cueur ie le diray faict le roy auꝍy cest chose pmise. La chappelle de laq̃lle en desirez le vray scauoir si la fist faire la royne Brangemore de Cornuaille mere au roy Pinegres q̃ tant fust fier et orgueilleux: et en ceste chappelle fust brangemore nõme: mais ny habita q̃ de puis prime iusques a nonne: car la mort entre ses deux heures la print par la cruaulte de Pinegres son filz q̃ le chief luy couppa dont par trop maculla son ame et tost apres quil eust occise la posa dessꝰ cest autel/et puis ce tẽps ny est cheuallier passe quil naicteste occis par la main q̃ ainsy sa uance et ne scait on aultrement q̃ les occist toutesuois ie voꝰ dis a la verite quil en est bien mort trois milliers: et aultre chose ne les mect amort que ceste main noire et cest escry quant il tombe et nulle rien fors q̃ cella ny attouche. Sire sy iray ie donc demain faict perceual: mais ie vous requiers me aduiser se possible ne seroit oster ceste meschancete ou malheurete de la chappelle/ fort bien me semble que celluy auroit faict grãde oeuure q̃ de ceste merueille pourroit la chappelle deliurer. Mõ amy dist le roy q̃ cõbattroit alẽcõtre de ceste main noire:et puis print vng voille blanc qui est en vne armoire et le trempast en leau benoiste. Et ce faict quil arrousast lautel tout alentour et parielement le corps et toute la chappelle iamais apres nul mal ny aduiendroit/ mais bien fauldroit quen celluy eust grant de hardiesse qui a la main vouldroit cõba tre. A ces motz en estat le roy se dressa puis dist/ amy coucher prez pour reposer: car par trop estes trauaille: ie crains vous auoir ennuye quant si long cõpte vous ay tenu et pource veuil qualliez au lict coucher se la chose au moins ne voꝰ greue. Sire voustre cõmandement feray se luy dist Perceual. Lors vindrent dugne chãbre sept escuyers

fort bien empoinct: dont les quatre au roy se adresserent et les trois a perceual/ q̃ les menerent tous deulx coucher. Et croy que iamais homme de mere ne ne veist aussi riche lict quilz feirẽt a perceual: car le chalit estoit dor et dargẽt massif fort bien et mignonnement ouure a petis manequins et ymages esmaillees de diuerses coulleurs ne fust a celluy qui le feist baille aulchun patron: mais si bien son cueur et son entendement y afficha que tout aultre ouure de main passa: et ne fault doubter se le chalit estoit beau et riche que la couuerture et les linceulx furent autenticques. Les quatre pilliers ou coullombes du chailit q̃ ie vous ay dist estoient de fin or massif/ poses sur quatre lyons de grande vallue dont les deulx furent de deulx riches pierres precieuses: et les aultres fur deulx rubys: et le pauillon de dessus de fin drap dor couuert de perles estoit et en furent les frenges de mesmes. Tant de richesses autour de ce lict auoit quon ne le scauroit estimer. Desꝰ sens lequel perceual se reposa iusques au matin qui fust iour a laquelle heure se leua auãt que nul soit a luy vena. Et ainsy que de la chãbre sortit luy vindrent deux escuyers alencõtre qui luy direnͭ le bon iour/ puis leau en deulx bassins apporterẽt poͬ luy dõner a lauer. Apres vindrent deulx aultres escuyers qui ses armes luy apporterent: et puis deulx q̃ leur seigneur allerẽt querre leq̃l la leue estoit: et si tost q̃ perceual lapperceust luy alla alencõtre pour luy faire la reuerence: et le roy luy a son salut courtoisemẽt rendu et puis le pria pour ce iour auecques luy seiourner. Et perceual dist q̃l ne peult et q̃ force estoit q̃l sen allast, et que demeurer ne pourroit: puis hũblemẽt le remercia du seruice qui luy auoit a son hostel faict: et tost apres dessus son destrier remõta puis print son escu et sa lance: et quant il eust son conge demande le roy son hoste au createur commanda.

L.iii.

¶ Perceual le Gallops.

Pres que Perceual fust de la court au Roy pescheor party en vne forest est entre qui de longueur six lieues auoit: ou tant erra la matinee que venir voit vng cheuallier tout arme monte dessus vng destrier fort las & maigre. Et quant perceual fust de luy approche sesmer ueilla grandement de ce quil le voit ainsi mal monte considere que si richement aorne estoit darmes & descu. Et alors que le Cheuallier veist perceual son toussin par vne aultre voye destourna parce quil ne veult quon le voye a cause du cheual quil menoit lequel ne valloit a bien vendre cinq soulz tournoys, & se voulloit pmy la forest sescarter pour la honte quil en auoit: mais Perceual qui couuoiteux estoit de scauoir qui pouoit estre soudainnement le deuaca: sique le Cheuallier reculler ne peult dont fort dolent en fust. Puis perceual par courtoisie au nom de dieu le salua: et cil q eust moult de valleur & de bien luy respod dieu vous doint a tousiours treshonnorable renomee & autant de honneur & de bien que pour moy en vouldrois auoir. Seu sire ie vo9 prie me dire faict perceual de ql pays vous estes & que present vous allez querre/ & aussi sire sachez q vostre nom scauoir desire. Ie vous aduise dist le cheuallier q iamais ne fust le mien nom celle: & pource vo9 tesmoingne que ie suis Saigremor nome: & le destrez est mon surnom & dauantaige vous dys que suis compaignon aux bons Cheualliers de la table ronde de la court du bon roy arthus. Certainnement dist perceual ioyeulx suis de vostre rencontre: car passe vng an/homme ne trouuay de la maison de mon bon seigneur. Sire au nom de la benoiste trinite dist saigremor vo9 prie vostre nom me dire: amy saichez q iay perceualle gallois en nom. Lors saigremor eust si grade ioye quat perceual entent nomer q de long temps ne fust si tesiouy: adonc la bauiere & la ventaille du heaulme destacha puis le vient humblemét accoller pl9 de sept fois en vng instant. Parfaict amy luy a dist Perceual dictes moy dou pnt venez. Sire ie viés de nostre terre de laquelle me suis party pour vous chercher auecques missire Gauuain puaine & Qualogreuat: lancelot & plus de cinquate aultres. Et puis que la fortune ma tat este prospere q rencotre vous ay ien doibz haultemét dieu louer: & vous dis bien que vtre rencotre me rent plus ioyeulx q chose ql me sceust aduenir: car les aultres & moy plus vous desirions a veoir q nulle rien q en ce monde soit: qui tous armez ensemble ptismes de Quamaalot ou vng tournoy se faisoit pour vo9 chercher ainsi q par le roy nous fust comade: si tint chn sa voye ca & la: & ie iuray se ie scauoye de voz nouuelles quelq part q en mon debuoir me mectroye de vo9 remener: & les aultres pareillemet le iurerent & ne scay coment est de puis des aultres deux alle: mais fort doibz estre resiouy de vous auoir cy rencotre. Parquoy pl9 de rien ne mesmaie ne esbahis: car iay espoit sil vo9 vient agre q vous & moy a la court vrons si en sera le roy moult ioyeulx q de vous veoir a grad desir & tous les barons pareillemét. Et perceual luy respondit/amy de cella maintenat ne parlez: car maintenant aller ny puis iay vng aultre affaire entrepruis de laquelle me couiet a chief venir. Mais ie vo9 promet se dieu me tient en vie & en sancte q la vigille de la Penthecouste me pourrez vous bien en la court veoir: & de ce ne vous fault doubter. Ie vous prie de me dire pourquoy vo9 cheuauchez ce toussin si meschant & si chetif. Par ma foy sire ie le vo9 diray dist saigremor quoy ql aduienne. sachez que ceste forestay ceste nuict sur mon escu geu dessoubz vng chaisne: & attachay mon destrier aupres de moy a vng aubespin & ma lace an

chesne apuiay ou mendormis iusques au matin quil fust iour a laquelle heure me leuay & trouuay ce roussin atache ou mon destrier laisse auoie et ne scay quil est deue nu ne ou cil alla ne quil deuit qui le roussin meschāt en son lieu amena/& quātie veis que desmonte iestoie et que mieulx ie ne pouois faire ma cōuenu sur ceste beste mōter/& mest si gref a mener que ne le scay faire vng pas aller: beau sire ne vous descōfortez faict Perceual dessus le mien vous mōterez Iamais ne dictes ceste chose faict Saigremor plustost dung mois destrier ne cheuauscheroie & me laisseroie emprisōner par long temps & aimeroie mieulx au lict malade gesir que ce tort vo⁹ faire. Pendant quen ceste sorte parloient/veirent parmy la forest venir dix cheualliers bien mōtez & dict lhystoire que tous estoient parēs et amys clamez. Le premier qui deuāt cheuauschoit vne damoiselle deuāt luy tenoit dessus le col de son destrier. Alors Saigremor a Perceual dist/sire faict il iamais ne me croiez se le Cheuallier q̄ voiez la venir qui la pucelle tient ne cheuausche le mien moreau destrier. Se dieu maist dist Perceual ia plus auāt dicy ne yra/adōc sescria la pucelle en disant doulloureusement/ las frācz cheualliers aidez moy a deliurer de cestui qui me veult liurer a grande douleur et a grande villēnie/alors tourna perceual le fer de la lance vers ceulx qui venoient/et puis au Cheuallier escrie/ Vassal mettez ius la pucelle car ie vo⁹ desclaire que plus auāt ne la porterez. Lors sault vng des aultres lescu au col la lāce ou poīg & dist a Perceual quil conuoitte telle chose q̄ mal luy fera/puis laisse son destrier courir vers perceual moult legierement & cil vers luy a grāde force qui des aultres se destouta. Et quant se fust au rencontrer Perceual par tel roideur le ferist parmy lescu que la lance oultre le corps luy passa pl⁹ dune grāde toise et le porta a terre tout plat estendu. Et ce faict par la resne le destrier prent lequel tantost a Saigremor le liure & luy a dist amy montez & ne soiez de rien en doubte car le premier que rencōtray gist mort au bois dessus la plaine. Saigremor sur le destrier mōta sans mectre le pied a lestrief/ lequel fort Perceual mercia du seruice qui luy a faict/ et ainsy que le cheual esperonnoit desirant se premier sur les aultres ferir perceual meist la main au frain & luy dist sire tenez vous en paix et naiez doubte/ car point ne veulx que vous mouriez se ne voiez que grand besoing en soit Sire dist il a vostre vouloir ie feray mais sachez que iay grand desir de vo⁹ secourir & aider/ il nen est encores mestier faict perceual se dieu me gard: lors laissa courir le destrier la lance mise sur larrest. Et le Cheuallier qui des aultres se dessouque a pris son escu par la renge puis le cheual esperonna/& au rencōtrer vng merueilleux coup a perceual sur lescu donna mais la lance en glissant se rompit par quoy ne luy feist nul dōmaige. Et Perceual qui le requiert en hault sur la boucle de lescu la ataīt par si grande force si que lescu & le haulbert pourfendit si tres auant que iusques au cueur le fer atoucha & lenuoia mort a terre abatu/ et puis ce faict la lance legierement du corps luy tira/ voiant vng aultre son compaignon abatu/ contre Perceual print son adresse/ mais de si pres la perceual costoia q̄ la lāce parmy les costez luy cōduit tellemēt q̄ mort par bas le reuerse. Alors toutes les aultres se sont contre luy assēblez & esmeuz. Parquoy ce voiant Saigremor ne voulut delaisser a perceual secourir/ mais le premier entre en la pisse la lāce sibiē employant qui au poing tient que cil q̄ premier rencōtre tout mort ius du destrier le porte/& mect en deux tronçōs sa lāce puis a la main lespee prēt de la dille feib des coups horribles Alors le cheuallier qui la pucelle portoit legieremēt dessoubz vng aubespin

L.iiii.

¶ Perceual le Gallois.

la descendit/et tant comme il peult parmy la forest lescu au dos sen fuist/ce voiant Saigremor du desir quil a de le pourfuiuir perceual a ce besoing delaissa tellement q̃ laultre approche bien souuent de la longueur de sa lance qui fort est dollent que enuers luy ne se retourne mais se appareille et se efforce de courir/¶ Saigremor apres qui le suit autant comme il peult.

¶ Ainsi sen va esperonnāt et Saigremor a la grande course le pourfuit qui grand talent a de loccire. Et Perceual contre les cinq est demeure a lespee combatant dont il en a grand coup gecte et retraict. Tous cinq entour luy satourerent qui grand desir ont de luy malfaire et de le greuer cōme ceulx qui a mort le haient/telle noise feirent les cinq cheualliers ensemble a lencontre de Perceual qui semble quil y ait plus de cinquante charpentiers/ et tant se combatent et si bien se deffend perceual quil ne leur demeura de leurs escus pour eulx couurir pas la grandeur dune paulme/si que a force de son espee leur feist les heaulmes ouurir dōt ilz ont les coueffes coupees et les cercles tous destrōpus/ et tant de prouesse encōtre eulx feist perceual que de mailles fust tout le chāp couuert car il faisoit excessiuemēt les pieces ca et la voller/lung diceulx qui pres de luy fust aduance tellement le ferist qui le feist descendre tout mort a la terre estendu/lors vint lung des quatre le destrier de Perceual si rudement dung espieu ferir par lestomach que le fer luy fortit par leschinne/ et labatit mort sur la terre/par quoy couint a Perceual tomber/ce que souuent aduient a maint preudhomme. Quāt perceual se veist tombe grāde honte et vergonne en a eu/lors en pied sault lespee au poing et au premier telle collee donna que du cheual le descendit mort par terre estendu/mais sur le second son espee en rua sur luy en deux pieces meist/puis sa main escoust/ et de la teste quil tint au poing tellement vng aultre enuahist et rencōtra que iusqz au dens le pourfendit et mort labast en la terre plat estendu/alors se hasta perceual ceste part courir qui tost lespee du mort prent et puis sur son cheual monta le plus apertement quil peult/ et apres les aultres sen courut lespee nuee. Et quāt ilz lōt veu aprocher ses coups noserent plus actendre ains se prindrent le dos a tourner bien vistement sans arrester et de fouir moult fort se hastent pour trouuer moien deschaper. Et perceual qui par derriere les suist leur escrie mauuais cheualliers recreus couars et faillis que faictez vous regardez la honte que vous aurez et le grant blasme sen fuiant il vo⁹ fault mourir/pource retournez sans vous demonstrer si couars. Adonc lung diceulx a son compagnon a dict ma foy faict il ne scay que face retournōs vers luy se dist laultre car trop grande honte est de fuir. A ceste heure sans plus actendre chascun retourne son cheual/ mais au rencontrer ferist perceual le premier quil a rencontre si grād coup de son espee que la teste luy rua ius/le corps sans lame a terre chiet ma foy dist laultre fort m'est mescheu q̃t iay mes compaignōs perd⁹ qui to⁹ estoiēt redoubtez/sept en a de sa mai occis encores aime ie mieulx mourir que men fuir comme recreu/lors traict lespee et sō escu embrasse/et puis si vigoreusement et si feurement se contient que bien sembloit estre bon cheuallier/lors Perceual a descouuert aduisa qui tel coup sur son heaulme luy donna que les fleurs en faict voller/mais le heaulme si fort estoit que ne redoubtoit coup despee ains contre val le coup deualle sur le col du cheual qui doultre en oultre a trenche. Lors perceual sur pied se dresse qui dyre/ et de maltalent la coulleur luy mue puis tel reuers au Cheuallier entre braier et la saicture gecta quil a en deux pars tronconne dont lune des parties en bas tomba et laultre aux estriers demeure/ puis tourne le

destrier en fuite/mais cil q̃ portoit en ung
buisson abatit/ou la sarresta lequel la Per
ceual saisie et ne arresta sur luy legieremēt
monter sans aide ne sans prendre auantai
ge/q̃ toutesuois eust en la cuisse une plaie
si grande que bien cuide iamais sans bon
mire en garir la plaie durement saignoit
sique le sang iusques au pied en grāde ha
bōdāce luy deualle et ny eust iour au mois
apres ensuiuant quil ne sen deuille ⁊ luy
fist ceste plaie celluy qui le cheual luy oc-
cist mais point ne sen donna en garde/lors
Perceual ca ⁊ la gecte sa ueue/⁊ ne uoit en
nul lieu la pucelle parce q̃lle sestoit cachee
a cause de la fraieur quelle auoit eue. Et
quant il ueist quil ne la trouua ou le Che-
uallier ius la meist/en luy mesmes dist et
pourpense que pour la moitie de lauoir de
ce monde ne la uouldroit auoir perdue ne a
dirée/⁊ celle qui tant estoit effraiee ⁊ esper
due en ung buisson sestoit cachee/⁊ il la hu
che tout doulcement disant tout hault ma
doulce amye pour moy ne uous ueuilles
cacher car de par moy nauez uo⁹ garde de
ce ne soiez en esmoy. La damoiselle qui len
tent si tost hors du buisson sortit puis uers
perceual sadresse auquel mercy humblemēt
luy prie ⁊ bien doulcement luy requiert q̃
en lhonneur de dieu ⁊ de sa sacree mere que
son plaisir soit a sauluete la mener en ung
chatellet quelle a sien/Damoiselle faict per
ceual dessus le col demon destrier uo⁹ por
teray ou uous plaira me dire. Alors perce
ual descendit pour prendre et monter la pu
celle ⁊ puis ce faict est remonte ⁊ entre ses
deux bras la print sur le col du cheual assi
se/⁊ luy dist belle se ie scauoie droit a uo-
stre chasteau le chemin tout maintenant
nous en yrions. Et celle dist tourner nous
fault ce petit chemin deuers dextre/⁊ Per
ceual son uouloir luy octroie. Lors sont au
petit sentier entrez ⁊ uers le chasteau che-
minerent/⁊ a lissir du bois ont tous ceulx
du chasteau rēcōtrez qui aussy grād deuil

demenerēt comme se leurs peres ⁊ meres
fussent mors/⁊ estoiēt en nōbre bien trois
milles uiii.cc. q̃ cheualliers q̃ escuiers bour
gois et aultres gens menus/tous enbatō
nez de hachez de tinelz de fourches ⁊ despi
eux ⁊ uenoient uingt Cheualliers deuāt
⁊ quāt la pucelle les uoyt biē les cōgneust
a leur enseigne: puis leurs dist retournez
arriere/car comme uaillant ⁊ preux ma ce
Cheuallier conquise/⁊ bien uous dis que
au monde na si preux que luy/car ceulx de
sa main a occis qui par leurs effors mem-
porterent/ lesquelz homme ne redoubtoiēt
mais cestuy men a deliuree ⁊ pource allez
a lhostel preparer ⁊ faictez que bien soit ser
ui comme a son merite appartiēt sil est pos
sible de le faire : lors retournerent les ser-
gens ⁊ aultres pour le uouloir de leur da
me accōplir. Apres uindrent les Cheual-
liers uers Perceual qui humblement le sa
luerent en le remerciāt de bon cueur du ser
uice que faict leur a/adonc uit ung escuier
a grād haste q̃ ung pallefroy amena ung
petit pōmelle bien sallere ⁊ en celle du ne
celle paincte a petites fleurs ⁊ opseaulx de
fin or ⁊ de perles ⁊ estoit ceste selle dargēt
toute massiue/⁊ la housse qui par dess⁹ fust
mise ne scauroit hōme estimer en richesse
ne a beaulte ⁊ aussy na este oncques sa pa
reille/de soie rouge iaune ⁊ inde fust tout a
leguille faicte/que de ses mains fist une
fee en puille a fleurs de lys ⁊ a rosettes/tou
te deschiquetee menument et renouee a es-
guilletes dor dont les fers furēt desmerau
des de iacinctes ⁊ de rubis ⁊ estoiēt le frai
⁊ les resnes le poictral ⁊ la croupiere de mes
mes a sonnetes dor ⁊ cimballes dargent
penbans/ oncques pucelle ne damoiselle
neust son uiuant monsture si richement a
coustree. Deuāt la pucelle est uenu cil qui
le palleroy menoit lequel si tost luy a pre-
sente/ puis ung Cheualier sans actente
a la pucelle entre ses bras souefuement pri
se/et sur le palleroy lassist/adonc sacosta

¶ Perceual le Gallois.

la pucelle pres de perceual & ensemble vōt cheuaulchāt en plāt dugne chose & daultre.

Ant ont le long dung val erre qua la porte du chasteau vindrēt q̃ toute couerte estoit de dames de damoiselles de pucelles et daultre gēs qui attēdeut a veoir leur dame. Et quant la veirent approcher toutes a lencōtre delle allerent/se tretenāt deux a deux par les mains Et quant deuant la dame viennent/tres humblement luy feirent la reuerence et a cil qui pres delle fust le benissant de dieu & de tous les sainctz. Et la pucelle oultre passa de Perceual acompagniee qui bien cointement la conduict. Tāt vont que au degre de la salle viennent/ou si tost Perceual descēdit/puis la pucelle entre ses bras prent & la descent du beau pallefroy/et diēt vng varlet qui entent le cheual mener a le stable. Adonc prit la pucelle Perceual par la main que moult honore aime & tiēt chier & luy a dist franc cheuallier pour moy voº estes en grande peine mis & mauez mōstre grande bonte/dieu par sa grace vous le rende car suffisance nest pas en moy condigne pour adroit ne comme affiert vous le pouuoir retribuer. Main a main sont eux deux montez en la salle qui moult fust de grande magnificence/ou maintenant sist la damoiselle Perceual desarmer par pucelles dont lune vient q̃ le resuysant haulbert luy oste/vne aultre ses chausses de fer luy destache et puis luy baillerent vng fin māteau descarlatte & bien faict soubre dermines. Et tost apres vne aultre vient qui sa plaie a reuisitee/& luy dist sire ne doubtez car iay espoir que vous guarirez bien/fors vne souppe en vin luy donna & ce faict le mena coucher en vne chambre bien aornee ou le meist deuant le lict de la pucelle qui de son hoste grand garde prist moult lhonnora & le tint chier et feist bien de sa plaie penser/de laquelle il ne fust guery quil ne fust plus dung mois passe durant lequel tēps perceual du chasteau ne bougea pour cause de sa naurure duquel voº laisseray a parler pour maintenant et vous diray de Saigremor.

¶ Comment apres que Perceual se fust mys a querir la damoiselle & quil fust alle auec elle ou il fust grandement traicte/saigremor le desree poursuiuist le Cheuallier lequel au parauant portoit la dicte damoiselle & entra auec luy en le poursuiuant dedens le manoir dudict Cheuallier.

Le cheuallier que Saigremor poursuiuoit/a tāt suy se lōg dūg val q̃ sō manoir adiusa & faict si bonne diligēce que la pertaint/& luy est si bien aduenu quil a trouue la porte ouuerte par quoy sans arrester la dedēs entra. Saigremor qui luy tint sa lance au doz & qui le suit depres/leans se fiert tout a cheual apres luy. Mais vng varlet sur la porte estoit faisant le guet pour surprēdre celluy q̃ couroit apres sō seigneur/parquoy soiāt quil eust passe le pont laissa vne grāde porte coulisse tōber en bas/si que il couppa la queue au cheual sur leq̃l estoit saigremor monte. Pource ne laissa Saigremor sa partie poursuiuir lequel en mōtant vng degre sataingnit ou descendu estoit. Et quant saigremor le veist a pied dist que ia ne luy sera reproche que dessus son cheual luy touche/& que honte luy seroit & blasme si le requetoit a cheual/parquoy a le pied a terre mis & descendit sans demeurance puis cōmencerent a escrymer. Adōc cil qui la porte auallee ouoit si tost que le combat aduise print vng cor duquel si haultement sonna que tout a lentour retentit et faict la maisō & le bois resonner. Atant de la tour descendit vng Cheuallier moult bien arme de haulbert de heaulme & descu lequel en sa main dextre une grande hache tenoit qui sans faire tumulte ne noise vers Saigremor la entesee de laquelle bien le cuide ferir mais faulte y a/parce que quant Saigremor veist le coup venir en ung seul sault se destourna/& cil qui ne sceut son coup retenir en bas le laissa devaller par si grande roideur quil entra plus de demy pied & ung dour dedens le pave de la court/Saigremor qui lespee tient par bien grande force la haulsa & en laissant le coup aller ainsi que cil se peult destourner luy donna ung coup si pesant dessus le cler heaulme que la cervelle luy pourfendit sique mort en bas le gecta. & tout soubdain a laultre rassailli & luy a dit vassal faict il mal vistes celle voye ou vous me ostastes mon bon destrier en dormant lequel vous avez amene et pource en veuil vengeance avoir/& le Chevallier prent en soy hardiesse et dist ie ne suis pas tel que vous cuidez sitost avoir conquis vous autrez moult affaire avant. alors vers saigremor saulce qui de grande force sur luy son espee devalla/& Saigremor qui bien se garde/a son escu alencontre gecte qui bien luy fust mestier/ tant ce coup fust si mervilleux & si pesant que lescu en deux pars fendit dont la moitie en bas tomba puis devalla lespee qui tant fust bonne dessus le haulbert duquel luy a le dextre pan tollu mais point a la chair na touchha: lors fust saigremor fort & a grand deuil eut cil encontre luy tant dure/ par quoy envers luy se tourna que tel coup de son espee luy a donne que le bras oultre luy couppa/& une partie de la hanche luy feist ensemble devaller/bien le peult le villain percevoir qui la porte avoit avallee/ qui print son cor duquel en lheure a ihaultement sonne. Atant dune chambre saillirent quatre villains qui sont venus Saigremor assaillir par grande force & par grand vigueur & le Chevallier errantment qui mal se sentit atourne dedens le verger sen fuit ou ung

puys bien profond avoit dedens lequel de mal talent et par grande yre se gecta qui tost y la pesanteur de ses armes au fons alla ou il fust sans respit noie. Et Saigremor qui se combat aux villains comme vaillant & preux de mervilleux assaulx leur livre sique le premier contre lequel il se deffend le pourfendit depuis le chief iusques a la ceincture/& a laultre qui pres estoit coupe la cuisse a tout la hanche et le laissa a la terre estendu/puis vers les deux aultres se traict isnellement sans plus targer mais ilz ne loserent actendre contre mont les degres sen fuirent. Et Saigremor dist quil ne schaperont ne tant la fuit ne scauront que mourir ne les conviennne qui de si pres les chasse & suit quen la salle les rataingnit/ ou le premier quil a ataict rua dessus luy si grand coup a travers le corps quen deux pieces le troncona/& mort en terre lestendit. Et quant le quart ceste chose apperceut se cuida sauluer qui si grand craicte avoit de Saigremor que par une fenestre en bas se gecta lequel en tombant sest le col desnoue et rompu. Lors Saigremor sans plus actendre la maison cherche tout entour/& quant il eust par tout cherche advisa cil qui de la porte fust garde qui est en grande melencolie qui tost se vit aux piedz de Saigremor gecter en luy priant merci. Et dist ainsi si te prenez pitie de moy/ de cest hostel seigneur vous fais car lhonneur en avez acquis voicy les clefz ie vous les rens faictes en a vostre plaisir. Amy faict Saigremor puis que la seigneurie vous me offrez ie la vous donne de bon cueur & veulx que le sire en soiez et ne pensez que ie la veuille retenir ia ceste gloire ne me advienne/ voustre sera ie mi accorde par ainsy que vous iurerez & me fiancerez aussy que se en ceste place et en ce lieu il passe Chevallier errant que lhostel ne leur sera denie ne les biens espargnez. Beau sire comme il vous plaira que ie face ie le feray & en ce faulte ny aura/a ta fiance me acōtray dist Saigremor/ or ten va maintenāt mō bō destrier moreau querir et me sa reine et puis dicy me partiray/et se ie puis en tel lieu apres me adresseray que icy seray pour ceste nuict loge:ha sire ne vo9 desplaise ceste entreprinse se me croyez ne ferez mais en cest hostel seiournerez car pour le iourdhuy vous seroit impossible de meilleur lieu trouuer pour estre a vostre aise/ & pour estre bien traicte/ a ne doutez que vous y aurez tout ce quil vo9 plaira demander ne fault que me dōner la charge ie seray assez pouruoiance: ma foy dist saigremor amy tant mas du manoir des bontez dist que pour ce iour mō logis y prēdray. Et quāt le portier sentent bien hūblemēt sen remercie:et puis a le desarmer entent a dist que pour ceste nuict bon hoste aura/ mais bien petit sera acompaigne/ quant Saigremor eust desarme du mēger sen alla penser/apres quil eust apreste la table a faict saigremor lauer a asseoir/ a bien le seruit de tout ce que leans auoit.

Saigremor a la table assis eust vi des a grande plante et vins telz comme il demande de la prouisiō quauoit le sire du chastel faicte a la table par grand loisir/ mengea Saigremor tant quil luy pleust qui moult bien fust volontairement du Villain serui. Apres menger la nape osta puis de leaue a lauer luy donne et fort se pene de faire tout a son plaisir maintenant vng lict luy va faire lequel richement adorna dorillier a decoutepoincte a de draps de lin de deux leez. Puis vers Saigremor sen alla a luy dist sire vo9 coucherez quant il vous plaira vostre lict est appareille/ aussy mest il bien aduis que de repos mestier auez. Amy dist Saigremor menez moy dōcques ou le lict est apreste a ie seray ce que me dictez/alors sest saigremor leue a le seruiteur va deuant portant

vng tortis allume qui clairement par tout esclaire. Et quant ilz furent en la chambre du tout en tout sentremect le varlet a faire a Saigremor seruice:lequel le vint sitost deschaulcer a puis apres la deuestu a grād debuict a a grande ioie/a le coucha sans atarger/et quant il y eust son oreiller soubz le chief pose/conge demāde et puis sen vient en le recommandant a dieu/ a la chambre apres luy ferma. Apres sen va le varlet en lestable ou le moreau de saigremor trouua auquel osta la celle et tout sō harnois puis le torche le frote a estrille/a luy donne foin a auoine/a ce faict il sen retourna/a sen va droict dessus la porte/ou vng petit il sēdormist. Et quant se vint au point du iour si se vestit et atourna/puis son cor print de sens lequel a doulcement sonne a sen vint a la chambre ou saigremor reposoit/qui en cor esueille nestoit pource que moult se fust trauaille en la forest et ca a la/depuis que le Cheuallier luy eust son cheual oste qui la pucelle emmena: partāt sest voulētiers repose/a se dormit tant q̄ le soleil fust hault apparēt/ adōc Saigremor se leua a moult luy poise de ce q̄ tāt auoit dormy. Et quāt le varlet leue lapperceut a dist sire le bō iour aiez. Et Saigremor luy respond que dieu luy doint bonne auenture ie faict il par vostre moien fort bien ceste nuict repose/or allez maintenāt mon cheual apprester a mes armes aportez que trouuerez en la salle/ icy plus ne puis seiourner ains men iray se a dieu plaist. A tāt se mect le varlet en voie qui ses armes luy aporta et tost apres le bō destrier au pied du degre de la salle amena. Et Saigremor enuers le bas descent a voit son moreau que moult aimoit noit chier q̄ les costez luy manie et la crinia en luy faisant feste/ car meilleure beste ne scauoit ne qui tāt eust de force a de beaulte. Et apres que Saigremor du tout fust appareille est dessus isnellemēt mōte puis a dieu a son hoste commande/si faict le var let daultre part.

Ainsy se despartit saigremor dessus son bõ destrier mõte, q̃ en la forest q̃ pres estoit entra, ou plus se delectoit q̃ aux champs ⁊ moult doulent ⁊ yre estoit: de ce q̃ point eust perceual ⁊ ne scait ou il le peust trouuer ne se iamais en nul iour le verra: ainsy a Perceual pensant sen va par les bois erramẽt, tant va ca ⁊ la en cherchant q̃ les cheualliers mors trouua. Puis dist en soymesmes q̃ bien cestoit perceual contre eulx cõtenu. Lors sen va tout le fons dũg val tãt q̃ de la forest sortit: ⁊ de moult bien luy aduint quil trouua la plus belle voye que lon scauroit au mõde souhaiter q̃ luy dura presque iusques a nõne: tant q̃ dieu voullut qˀl est duing chasteau approche: ou moult de creneaulx ⁊ de bastillõs apperceut: ⁊ bien le veist pour deffence atourne. Quãt saigremor leust par long temps aduise sa pense que guerre en ce chasteau y auoit. Celle part sen va poˀ enquerre pourquoy il estoit si bourde ⁊ ainsy muni. Tant a cheualche q̃ deuant la porte est venu: mais il la trouua bien fermee. Parquoy au plˀ hault quil peult appella ⁊ a haulte voix resonãt Atant vne pucelle sault pour regarder que pouoit estre: ⁊ quãt elle eust veu cõtre val le cheuallier sur son destrier: luy dist. Sire de quelle terre estes voˀ ne que allez querir Saigremor amont regarda ⁊ quant il eust la pucelle apperceue bien luy fust aduis: q̃ cestoit la plus belle du monde qui a doulce voix luy respond: se maist dieu dist il doulce amye ie suis vng Cheuallier errant qui voys querãt les aduentures q̃ moult desire de leans les scauoir. Atant descendit la pucelle: ⁊ tost luy vit la porte ouurir. Puis tout monte sur son destrier Saigremor a la court alla: ou tãtost a son cheual acourt vne dame vielle ⁊ chenue q̃ fort ioyeuse de sa venue fust laq̃lle veult le destrier saisir pour saigremor aider a desc̃edre. Mais pas assez tost nest venue: car ia fust a pied descen

du: q̃ tost cõtre la dame vint ⁊ bien h̃ublement la sallue. Et celle respõd cil voˀ gard qui le mõde feist ⁊ forma. Lors deuallerẽt deux pucelles les degrez dugne belle salle, dõt lugne alla le destrier du cheuallier prẽdre q̃ le mena a vne estable: ⁊ luy dõna du foin ⁊ de lauoine: ⁊ lautre a le desarmer entent. Puis en reuient vne aultre q̃ luy aporte vng beau manteau descarlate fourre de gris: q̃ saigremor sur son corps meist: pour esuiter que apˀs le chault la froidure ne luy greuast. La dãe q̃ moult fust courtoise par la main le print maintenãt. Puis montẽt eulx deux en sa salle. Et tãt fust la dame ioyeuse de saigremor tenir: q̃ le cueur daise luy sautelle: oultre la salle sont passez et le mena la dame en vne chãbre ou elle fist asseoir dessoubz vng beau paille tout ront. Saigremor q̃ prudent estoit luy dist moult voulẽtiers scauroye doulce dãe sil voˀ plaisoit la vite dire pourquoy ce chasteau bout de ⁊ clos de palis ⁊ de boulleuers est tout entour. Sire dist la dame ie le voˀ diray sãs voˀ en celler vng seul mot. Du chasteau le nom p̃mieremẽt scaurez q̃ est nõme le chasteau aux pucelles ou y en a plˀ de sept: ces toutes extraictes de noblesse: mais vng cheuallier q̃ moult est puissant des sõ enfance vne en aymia: ⁊ pource q̃ donner ne luy veul dist q̃ y trop suis orguilleuse: ⁊ pour ce noˀ a faict assieger: ⁊ a faict sõ ost deuãt ce chasteau camper leq̃l par chm̃ iour nous faict de cruelx assaulx liurer: mais contre luy nosons saillir: car ceãs il ny a q̃ fẽmes q̃ armes porter ne scauroient: ⁊ vous dys bien qˀl ny a si hardy chr̃r: que cestuy depuis galles iusques en bretaigne, ⁊ est nõme talides de la marche q̃ moult par est de grãde vertu. Et soiez seur q̃ puis petit de tẽps ay enuoye en la court du roy Arthus pour celluy q̃ si fort massault par chm̃ iour a prime sonãt mais iay cest espoir au roy leq̃l a nul ne fault qˀl me secourra contre talides q̃ demai cõtre noˀ courra a grande cõpaignie.

M.i.

¶ Perceual le Galloys.

Quant Saigremor la dame entent luy dist dame dist il Talides duql preset par le mauez qui la dehors a ses pauillõs tendus oseroit il bataille actendre corps a corps côtre vng cheuallier/sen ce fiãce vous auiez en côtre luy ie la prendroye: demain au matin sans plꝰ targer ꝙ vous promectz pour tout certain que sa force me mattera ou de par moy sera occis ꝙ le chasteau a plain deliure. Et la dame moult courtoisemẽt le remercia de cest office en senclinãt fort hũblement. Atant firent mectre les tables: mais leans nul hõme nauoient. Cheuallier bourgois ne villain fors quung chappelain ꝙ son clerc: qui le diuin seruice celebroit/ tous les iours dedens vng moustier qui leans au chasteau estoit. Maintenãt ont les tables mises: ꝙ par dessus les belles nappes les sallieres le pain ꝙ les couteaulx. Alors la dame le Cheuallier par la main prent ꝙ luy dist. Sire sil voꝰ plaist: il est bien saison de menger se il ne voꝰ ennuye a la table vous asserrez. Maintenãt se leua saigremor ꝙ la dame a par la main pris. Puis arriuerent trois pucelles dont lũgne vng bassin dargẽt tenoit plai deau chaulde poꝰ les mains lauer les aultres les touailles porterent pour essuyer. Puis lauerent ꝙ se sont assis. Que vous diray ie seruis furēt si richemẽt que ne le voꝰ scauroys descripre ne les mectz deuiser. Tant ilz se sirent que la nuict approcha en parlãt de diuerses choses. Puis sãs actendre se leuerent /ꝙ sen vont par la salle desbatre en actendant lheure de coucher. Lors dist la pucelle a saigremor sire quant voꝰ plaira reposer voꝰ serez iusqs au lict cõduict /ꝙ mest aduis qil en est heure. Vostre vouloir desire faire a dict Saigremor a la dame laqlle apres ce dict en vne chãbre lemena cõme celle q̃ sabandõne luy faire seruice ꝙ hõneur affin de son amour ꝙ grace de seruir aussy en a present mestier. En ceste chãbre sassist saigremor sur vng bien riche tapis ou le vint vne pucelle deschausser: et puis apres le deuestit ꝙ la dame de grãde vertu luy voullut a ce faire aider: cuidant bien faire. Si fist elle mais moult en poise au cheuallier q̃ tant de seruice luy faict ꝙ qu' trop se mect en basse seruitude/veu telle dame q̃ cestoit. Et quãt il fust du tout desabille lont en riche lict couche. Puis le recõmãderent a dieu en luy dõnant le tresbon soir: ꝙ apres sen sont retournez. Consequamment chaschunne en son lict se coucha iusques au matin que le iour appceurent ꝙ que la cloche au moustier sonna. Adõc les dames se leuerẽt. Puis apres la dame chẽnie a la chambre de saigremor vintq̃ du lict ia yssu estoit prepare /chausse /ꝙ vestu: auquel la dame le bon iour donna. Et saigremor tost luy respond dame aussy bon layez voꝰ comme auoir pour moy le vouldroye. Or sil vous plaist faictes moy scauoir, quãt Talides icy viendra. Beau sire aincoys il noꝰ conuient dist elle au moustier aller messe ouyr: ꝙ plus apres asseurez nous serons. A la bonne heure faict saigremor. Atãt sen vont a la chappelle ou ilz y ont matines ꝙ la messe ouye. Et enuiron a la fin du seruice vint vng varlet a la porte lequel a haulte voix a dict /montez faict il a voz deffences ꝙ a voz fenestres pour vous deffendre maintenãt: icy vient mon seigneur Talides de mal tallẽt ꝙ dire plain acõpaignie de sa Cheualerie et pource donnez voꝰ en garde plus ne vous en dys cest assez. Car aultre charge nay de vous de par luy qui icy menuoye. Atant le varlet sen despart si pre qua peu qui ne creue de dueil: et estoit icelluy frere de la gente pucelle pour laquelle Talides cõbatoit: dont fort dolẽt ꝙ pensif estoit pour sa seur: mais mieulx vaulsist a la pucelle de cent mors mourir se possible estoit q̃ delle iouyst ne que de son

¶ Perceual le gallois. Feuillet. clxxxiiii.

amont possedast. Ainsy tout courroucé et dolent sen retourna le ieusne escuyer a ses gens. Et Talides esperonna luy et tous ses gens deuers la porte/ou si tost se com̃ença a haulte voix escrier disant: dame rendez moy la pucelle que iay si longuement aymee/ou tost ie mectray le chasteau/la ville/& la forteresse: a feu & flambe & toutes vous feray occire. Ainsy le cheuallier disoit & saigremor qui au moustier auecques la dame estoit luy a dict. Dame il est mestier que vous par vng certain messaige q̃ soit conuenable & prudent mandez au Cheuallier bataille: mais il couient q̃ tel y voise q̃ fort bien sen saiche acquicter & pareillement q̃ bien en saiche recepuoir & prendre la fiance & le serment. Sire dist elle tel y ura q̃ moult bien fera ceste chose & tout ce qui luy sera commãdé & encharge. Alors vne pucelle appelle & luy dist. Belle doulce amye: la dehors maintenãt prez vng peu a Talides parler:& luy dictes sans auoir craincte tout ce qui plaira a ce Cheuallier vous dire & q̃ vous vouldra côseillier. La pucelle luy respond dame a ṽre plaisir ie feray & tout ce q̃ au Cheuallier plaira:ma damoiselle dist Saigremor: a ceulx de dela vo9 fault aller: & a Talides vo9 direz q̃ se tant de valleur a en luy: ou aultrement en lung des siens qui corps a corps veuille ou ose vne bataille côtre vng cheuallier entreprendre la dehors deuãt la muraille q̃ tost fera le cheuallier trouué & s il est q̃ soit par armes vaillament côquis que la pucelle sera baillee & deliuree entre les mains de talides & fera delle & du chasteau du tout a sa voulente. Et aussy se il aduient q̃ cil q̃ au cheuallier se côbatera soit recreu matté & conquis sen retourtnera Talides a sa terre sans pl9 faite guerre ne noise a la dãe ne au chasteau/ & sil a le cueur de ce faire vers luy pray bataille actendre. Beau sire se dist la pucelle bien feray le vostre desir en accomplissant mon messaige. Lors demãda son palefroy

& vne pucelle errãmẽt si tost luy amena en la court: qui ne seiourna de môter & puis a Talides sen va auquel a en brief langaige côpte ce que saigremor luy manda sans luy en celler vng seul mot. Lors cil qui ioyeulx de ce mandement fust courtoisement et a belle chere a respôdu a la pucelle. Certes ma doulce amye fait il ny a cheuallier tant vertueux a la grande court du roy arthus a qui ne me osasse combatre & y fust Gauuain Lancellot Yuain Agrauain et Gaheriet ne tous les aultres sans nul excepter pour lorgueil de vostre dame aua̅tre. Et vous dys bien quil ny a cheualier au monde tant soit hardi que ie ny rendisse vaincu: ie auroye faict il mal en vertu apris se faire nosoye ceste fiãce. Adonc vers la pucelle se retourne a laquelle sa foy luy promect & luy iure que vikiennie ne oultrage a celles du chasteau ne fera ne mal ne leur pourchassera sil est en la bataille vaincu. Ainsy fust cest accord iuré tant de luy q̃ de lautre part. Atãt sen est la pucelle a ses gens retournee. Et cil se retire a sa tente q̃ bien & richement satourne & se faict noblement armer de ses armes qui moult furẽt chieres & belles. Et quant de tous poings fust armé a dict a sa gent. Seigneurs dist il tirez vous la vng peu loing et ne vous mouuez & ainsy me plaist estre faict. Car entreprins ay vne bataille de laquelle au trenchant de mon espee biẽ en cuide a chief venir:& pource vous iure par to9 les saictz qui sont aux cieulx que se nul de vous voy mouuoir/pour chose quon me saiche dire ie luy feray perdre la teste se ie le puis entre mes mains tenir. Et se le cheualleer conquiers contre lequel men voys offrir mamye auray en ma possession & se ie suis au camp conquis en ma terre men retourneray laissant le chasteau en paix/& en oubly celle que si long temps ay aymee: si que nul iour soubz ma fiance ne leur feray grief ne ennuy. Ainsy ay entreprins cest affaire

M.i i.

laquelle fault que ie acheue puis quil est promis: Vers qui soit la perte tournee. Lors a mis son heaulme au chief: et est sur vng destrier monte lequel estime estoit. Puis print son escu et sa lance et vers le chasteau sans demeure sen va sur le destrier courrant: mais na pas long temps actendu que saigremor dehors yssit tout arme sur son destrier moreau lescu au col la lance au poing. Lors a chm la lance abatue et sentrefierent de telle puissance que les escus en deulx fendirent vng petit au dessoubz des boucles. Et quique en ait ioye ou dueil tous deulx a la terre tomberent sique de toutes pars les virent ceulx et celles que les regardent dequoy fort prez ont este mais au plustost quilz peultent se sont tous deulx en piedz leuez: et puis lung laultre rassaillis.

Talides fust de grande valleur qui tost mect la main a lespee: puis iure dieu le roy celeste que la teste a saigremor couppera et que aultrement nen peult rechapper. Et saigremor tout maintenant luy dist/ Vassal ne cuidez pas que si tost conquis vous maiez que si fort vous me menassez a grande follie penseroit que pour telz ditz se vouldroit effraier/ aussi point ie ne men effraye: en grigneur peril me suis veu que nest pas cestuy de present. Lors luy courut sus sans arrest et grandes collees sentredonnerent des espees sur les heaulmes sur leurs escus et leurs haubers sique ilz les ont tous desmaillez et rompus par telle sorte que plus riens dentier ny auoit et estoient les escus par terre: et des reluisans haubers vollerent les pieces et les mailles par terre dessus lherbe verde et menue sique le camp en estoit tout couuert. Moult durement ca et la sentrefierent et fellonneusement se rechargent/ tant que chm tresbien ses coups employe: et vous dys a la verite que cil ny a que playe naist grande profonde et perilleuse

mais les lieulx ne vo9 vueil descripre po prolixite esuiter: chaschun a bien faire entendit: mais tant se sont de ferir alaidis et de playes que tant ennuya a Talides que par trop las et trauaille estoit: que mercy crier luy couint. Saigremor luy dist ia mercy nauras se dicy ne ten vas a la dame du chasteau ains qua ta gent tu ten retournes / laquelle iamais que depuis arsoir ne congneus a qui tu as tant dennuy faict: et pource veuil que maintenant en sa prison tu ten ailles. Ha franc cheuallier ayez de moy aultrement mercy dist Talides et menuoyez ailleurs ie vous prie et me ferez vng grand honneur. Car se auecques elles menuoyez ie ne sera ne mon bien ne ma deliurance ie nauroye poinct de seurete se ie y alloye de ma vie pource que ie suis asseure que de long temps a la dame grand tallent de me occire. Ailleurs sil vo9 plaist me transmectez/ que en telle prison me mectra/ il ne ma gueres chier / pource certes que la teste trencher me feroit si elle en sa prison me tenoit et sil me sauenoit ainsi le peche en seroit a vo9. Et pource sire ie vous prie auant vo9 mesmes la teste me coupper que vers la dame me transmectre: car aussi bien a la mort me mectez. et saigremor luy dist aisy puis que tu tes a mercy mis: se tu veulx la mercy auoir il test conuenable faire du tout a mon plaisir et a ma voulente: et pource nay ie nul tallent que ie te face en aultre lieu aller. Donques ainsi come tu es arme a la dame tu ten yras/ et luy dy que ie ty ennoye et sa pucelle quicte luy clame sans iamais tant ne quant laymer: en oultre veulx que tu luy dies que ou tu son ennuy scauroie que a ton pouoir luy vouldras aider se ainsi tu te rens en sa prison te ny cognois auoir nul mal: et des que de par moy on ty verra offrir bonne prison y trouueras. Beau sire aller my conuient donques faict cil qui ny peult reculler. Lors print son espee et de bon cueur la luy tent: et Saigremor sans plus actendre lespee print sa fiance. Et cil q̃ na aulchun espoir de iamais vif en retourner sur son cheual monte & sen va vers le chasteau le chief couuert & la porte ouuerte trouua ou il entra puis descendist. Lors vindrēt plus de cēt damoiselles aux degrez sans estre appelees q̃ alēcontre de luy allerent & y les sallua trestoutes:& puis sen va oultre passant tant q̃ l a la dame trouuee q̃ toute fust vielle & chenue. Lors deuāt elle sagenouille: & luy dist dame a vostre mercy deuāt ses damoiselles toutes me meetz: de par cellu y q̃ ma cōquis, q̃ ie repute & tiens le meilleur cheuallier q̃ soit en ce ciecle viuant: & pource faictes de moy a vostre plaisir. Quant la dame a veu & entēdu le cheuallier si fort vers elle se humilier/grāde ioye en eust & grande liesse: ataquel a maintenāt respōdu. Vassal faict elle cil ait bonne aduenture qui deuers nous voꝰ a trāsmis/ il ma ma ioye reconuerte, q̃ faict il le bon Cheuallier pour dieu est il sain & haitie dictes le moy deliurement/ouy dame ie voꝰ asseure il est en sāte & en force: & saichez que par sa valleur ie suis en vr̄e prison venu. Et ou est il pour le present sçauez voꝰ quil est deuenu faict la dame dictes le moy: de le sçauoir ay grād desir. Dame faict il hors le chasteau emmi la plainne le lassay cōme cil q̃ emporte de Cheuallerie le lotz dessus vng destrier de grand pris le veis monter: puis sans demeure/sen va poignāt vers la forest. Aultre chose ne sçautoys dire/ mais le cheuallier de valleur/ en vostre prison ma liure en deliurant vostre chasteau/& celle q̃ tāt ay aymee vous quicte & plus rien ny clame maulgre moy & le mien voulloir: quicter ie dys/mais cest de bouche car tel douleur au cueur men poingt que croy que de dueil ie en mourray/& vouldrois que ce fust present. La dame qui courtoise estoit respond a Talides & dist. Sire se maist dieu fist elle cil qui icy enuoye vous a en bōne prison vous a mis: en faueur duquel & au nom de luy vostre prison vous quicte moyennāt qung serment me ferez: cest que iamais ne vouldrez meffaire a mō chasteau ne a ma terre & que iamais guerre ne me mouuerez: Dame dist il, ie le vous iure ie le vous creance & promectz. Mais sil vous plaist ma doulce amye me donnerez que iayme tant: bien encor seroit gardonnee sil vous plaisoit que ie leusse de par vous: tout mō viuāt a vous seroye. Amy ne lauez vous pas quictee dist la dame. Ouy dist cil qui est/en grande tristesse a vostre mercy men actens. La dame q̃ ses motz entent/en son cueur en print compassion/car par ses parolles concoit quil ayme tresparfaictemēt/ & pource q̃ sa foy craignoit nosoit pas aller alencōtre. Adonc la dame luy a dist. Talides entendez beau sire/maīct dueil/maīct courroux/mainct grief/& mainct dommage faict mauez: ainsy que pour vray voꝰ sçauez mes chasteaulx & mes villes auez bruslez & en ceste tour assiegee: ou mauez tant le iour que la nuict plusieurs foys saict de grand moleste. Dame faict il/il est certain mais tout loultraige & le diffort amēderay a mon pouoir. Et tant feray pour voꝰ dist elle que de ma main la pucelle vous donneray q̃ tant aymez & tenez chiere. Quant Talides eust la dame entendue. Tantost il sest a ses piedz mis que baiser voulloit: mais la dame ne le souffrit: ains courtoisement le leua. Que vous pray ie plus comptant des parolles qui furent dictes ce ne seroit que alonguemēt de compte. Quant Talides le bon voulloir de la dame entendit il a ses gēs incontinēt mandez cōme la dame encharge luy auoit: lesquelz vindrēt deliurement quāt son mandemēt entendirent & quāt la nouuelle ont sceu dequoy furent fort resiouys. Et apres q̃ tous furent arriuez au lendemain sans plus actendre furent belles nopces faictes: aincois que tierce fust sōnee: ne fust apres lōg tēps seiourne que Talides nait emmene samye

M.iii.

avecques luy en sa terre: en grande ioye & grande liesse/ & la dame chenue en son chasteau avecq̄s ses pucelles en paix demoura. Par ceste exemple on peult cōgnoistre la grande īmobillite & inconstance de femme en laq̄lle na iamais fermete: mais tousiours est vacillante & vollaige: durant la guerre q̄ Talides faisoit & au parauant iamais ne luy eust este la pucelle qui tāt aymoit baillee & mesmes pour le refus q̄ on luy en a faict: & este la guerre esmeue & leuee & dabondant cōme vous auez icy dess⁹ ouy disoit la pucelle q̄ plutost se laisseroit de mille mors occire se tant auoit de biēs q̄ delle iamais il iouist/ & il est tout en vng mouuemēt & en vng instāt cōgneu le cōtraire: pq̄uoy ne scay sen fēme fier se fauldra.

¶ Comment apres que saigremor se fust party de Perceual & quil eust deliuree la vielle dame de son ennemy Talides il cheuauscha vers vng rocher ou il apperceut deux cheuelliers voulans faire force a vne pucelle: alors ledit saigremor ayāt pitie de la pucelle occist les deux cheualliers.

Pres q̄ Saigremor eust Talides cōquis ne cessa de cheuaulcher iusq̄s apres souleil couchant. Alors regarde & voit deuant luy vng rocher deuers lequel a sa voye tenue: dessus son bon destrier moreau monte. Et auant quau rocher peruint choisit vng que grād & profōd si apperceut de lautre part deulx cheualliers faisans vne feuillie & au pas dedens de ceste feuillie ou loge se seoit vne pucelle toute deuestue & despouillie: & vint vng cheuallier q̄ mise lauoit dess⁹ vng lict tout estendue qui faire en vouloit son plaisir mais la pucelle pleure & crye & mauldit lheure q̄ iamais de mere fust nee: & puis a haulte voix disoit secoures moy vierge marie doulce pucelle reclamee: & ne permectz

q̄ deshōnoree & deshonnestee de la fleur de virginite ie soye. Ainsy se plainct & desconforte la pucelle tant q̄ elle est toute en larmes & en pleurs: & la tenoit vng cheuallier descouuerte sique la hanche & la poictrine toute nue luy apparessoit. Et saigremor le cry escoute/ & tantost quil eust entendu/ au que se fiert sans plus actendre q̄ moult large & profond estoit/ parquoy peu ne sen fault q̄l nenfondre a cause de la pesāteur de ses armes: mais le bon destrier sans peril oultre le passa. Si tost quil fust oultre passe lespee au poing legierement est en ceste part accouru. Atant de la loge depart vng cheuallier la lance au poing dess⁹ vng bon cheual monte/ & dist/ vassal grād follie feistes quant auez leaue oultre passee: & de grād mal vo⁹ appensastes desirāt a ce lieu venir iamais vo⁹ nen retournerez: mais y mourrez tout a ceste heure. Lors sans pl⁹ dire luy court sus: & q̄ la lance sans demeure luy passa aupres des coustez. Et saigremor qui fust soudain tel coup de son espee le fiert que la teste luy aualla ius dess⁹ les espaulles. Puis vers celluy qui reuersa la pucelle tantost sen vint. Et cil la pucelle laissa q̄ si grandement se esfraie q̄l ne scait quelle part aller: saulner se cuida a fuyr: mais Saigremor q̄ le rencōtre de si grāde force dess⁹ le chief lataingnit q̄ le ceruel luy a pourfēdu/ & tout mort tōba en la place. Quāt la pucelle eust ce veu moult en a este confortee tant triste estoit & esplēuree q̄ cestoit pitie de la veoir: contre saigremor se leua & moult humblement le sallue: & luy dist dieu par sa bonte vous tiengne sire en son amour & deuotemēt le mercie de ce que cy vous amena/ aultrement honnie & defloree fusse il ne le fault celler/ a bonne heure y estes venu/ aussy men est il fort biē prins mise fust ma ioye en decours sil neust pleu a dieu me aider: car tost meust ce cheuallier honie. Or mauez si biē deliuree q̄ par vo⁹ ay recouuert hōneur & ma bonne renōmee:

belle ne soiez esperdue faict Saigremor et
vous vestes si viendrez auecques moy ql-
que part en aulcun recept: beau sire aduiser
vous veuil que ie dicy ay vng manoir/ou
il faict moult beau repairer/or est il temps
comme ie pense de reposer pour ceste nuict
et pource sil vo⁹ plaist a lostel de mon pere
yrons que voiez dessus ceste roche. Atant
sest la pucelle vestue dune riche robe descar
late et dune deliee gimple par dessus/et a-
pres son chief ratourna le plustost qui luy
fust possible. Tout ainsy que ie vo⁹ deuise
la monta Saigremor sur le col de son destrier
et lemporta tout droict vers le chasteau
qui ne sarresta tant quilz sont a la porte p
uenuz a laquelle de bonne fortune ouuerte
estoit parquoy plus facillemẽt et plustost
entrerent. Et ont deuant la salle vng Che
ualier trouue desoubz vng pin assis bien
feuilleu et verd/et quãt il aduisa venir Sai
gremor auec la pucelle qui deuãt luy sur le
destrier la portoit/moult fort sen est esmer
ueille/puis sans targer sen alla celle part
et dist bien venus soiez vous franc Che-
uallier et la doulce pucelle/lors la entre ses
bras descendue et dessoubz le beau pin la
mect. tãtost trois varletz acoururent q sai
gremor ont descendu/puis sans actendre
le desarmerent et ainsy qui lont desarme
a regarde le Cheuallier son coste qui abõ-
dãment saigne dont fort sen est esmerueille
pour la plaie nouuelle et recete quil a aper
ceu/legierement sa seur appelle et luy dist
seur veuillez moy aduertir qui ceste plaie
a faicte au Cheuallier. La pucelle la plaie
aduise dont elle fust fort estonnee et si affri
cte et tant dollente que pasmee chiet toute
estendue. Et quant elle reuint a soy moult
douloureusement sescria et dist/ lasse mal-
heureuse et chestiue pour moy est ce cheua-
lier mort/ le courtois et le vertueulx qui
de deux meschans et cruelz cheualliers me
rescouit et de leurs mains me deliura les-
quelz eussent mon corps et mon honneur

macule se dieu neust permis que ce cheua
lier fust a moy venu qui vaillamment les oc
cist/mais il ont mallement naure/et sil en
meurt mourir ie veuil. Le Cheuallier qui
courtois estoit a Saigremor pres de luy as
sis/et luy dist sire a ce que ie voy vo⁹ estes
moult fort desplaie/pourtant ne vous esba
hissez/car ie vous aduise que le mien pere
scait de lart de cirurgie autant que possi-
ble est den scauoir/et croy quen toute la ter
re nen est vng aussy expert que luy ne que
mieulx entende la practique de plaies sa-
ner. Puis a a vng varlet commãde bresue
ment laller querir. La vostre merci faict
Saigremor ie ne sens aulcun mal ne grief
et nay plaie qui soit mortelle. Alors se mei-
rẽt dessoubz le beau pin a deuiser de ce qui
leur vient a propoz. Et ainsy que leurs de
uises furẽt/entra le sire de leans qui si tost
aduise sa fille pleurer et haultement souspirer
de quoy se donne grande merueille et de ce
moult fort luy ennuie. Maintenãt en estãt
se lieuent Saigremor et les aultres aussy
qui tous luy allerent au deuant puis hum
blement le saluerent/et cil courtoisement le
salut leur rend. Et en regardant Saigre-
mor luy dist sire bien soiez vo⁹ en mon pour
pris venu/et ce dict pres de luy saproche et
luy demande sire ie vous prie me dire de
quelle part vo⁹ venez. Saigremor mainte
nant luy compte comme bien enseigne ce
quil a desir de scauoir. Sire sachez pour ve
rite que du chasteau aux pucelles viens
lors saillit la pucelle auant et dist sire sans
delaier ie vous requiers ses plaies veoir
car trop est durement naure. Adonc luy cõ
pta comment a force lauoit le Cheuallier
rescousse et deliuree/a son grand coust com
me lon peult aperceuoir par la plaie quil
a en son coste receue/de quoy ay grãd dou-
bte faict elle que par ce ne luy cõuiene mou
rir/et croiez que dieu ne me scauroit plus
greuer sil failloit quaisy le perdisse/et bien
vous dis que se ie pensoie que pour moy il

M.iiii.

deust mourir que presentement vroie pren‍dre ung couteau pour me occire car sa mort ne scauroye veoir. Ma doulce fille il n'aura garde faict le preudhomme qui la visite, a le garir bien entendray, tant qu'en brief temps sain le verrez au moins y aye cest espoir. Pere pour l'honneur du saulueur du monde mectez y telle diligence que sain & sauf le me rendez. Adonc sont en une chambre mene ou dessus ung lict le coucherent, puis ont ses plaies bien visite & encherche qui tou‍tes de vin les laverent le plus doulcement qu'ilz ont peu, et vous dis que quatre plaies eust si grandes que la plus petite estoit mor‍telle. Le viel Cheuallier qui moult a cest art s'entendoit quant si grandes les a veues en eust en son cueur ung grand deuil, & tout souspirant print a dire doulx amy ne vous effraiez car vous n'estes poit si navre que doubtance en deussiez avoir, non ay ie sire pour certain faict Saigremor ne doubtez pas, adonc le viel Cheuallier a ses plaies appareillees ainsy comme bien le sceut fai‍re, & puis le benda d'ung fin linge que la bel‍le pucelle a aporte qui moult ententifue estoit a luy faire service. Quant Saigremor fust bien pense & appareille se print ung petit a dormir pour le travail qu'il avoit eu, dont ilz ont este fort ioyeulx, et si dormist iusques a minuict s'il ne leussent ilz e sueille. La pu‍celle devant luy geust tant en print de solli‍citude sans vouloir boire ne menger. Et vint environ les dix heures le preux Che‍uallier se sueilla, & celle qui poit ne dormoit luy dist mon parfaict amy dictes comme pre‍sent vous va. Et il dist dame nul mal ie n'ay qui de cheuaucher me gardast. La pu‍celle qui moult l'eust chier feist maintenant venir son pere qui sire estoit de cest hostel, qui tost fust venu sans arreste qui ses plaies a visitees pour regarder se tout bien se por‍toit qui les embasma noblement, & en pre‍noit grand soing et cure pour le bien qua sa fille a faict. Apres que bien fust mis a poit

luy ont faict d'ung coullis menger apres a‍uoir ung bien petit hume, & le accompaigna la pucelle au menger qui de luy bien pen‍ser scauoit, & mengea aussi ung petit. Puis se reposent & dormirent tant qu'ilz ont veu le soleil esclater, alors reuint le sire de l'ho‍stel scauoit comment Saigremor se faisoit. Sans vous faire plus long deuis l'hystoire dict que Saigremor geust en ce point bien cinq sepmaines, ains qu'il fust de ses plaies sane que par chascun iour le Cheuallier y pareilla, ou tousiours la pucelle assista pour a son pouoir en penser, icy vous laisse‍ray a parler de Saigremor et vous veuil dire de Gauuain, tant que temps sera que cy apres a Saigremor retournerons.

¶ Comment Gauuain estant en la court du Roy Arthus son oncle eust souuenance de ce que par sa deffaulte & par son dormir ne peult scauoir la verite du sainct Graal ne de la lance et espee brisee & adonc propo‍sa de rechef retourner chez le Roy pescho‍r pour enquerre la verite.

Gauuain qui en la court de son oncle le Roy Ar‍thus estoit deuint ung iour si tres pensif que nul‍le chose ne luy plaisoit p‍ce qu'il estoit entre en gran‍de fantaisie & fort fust mellecollieux du che‍uallier qui a este au pauillo en son conduict occis, en luy n'y eust ris ne deduict plaissan‍ce ne resiouissement, & encores moult luy pe‍soit du sainct Graal qu'il auoit veu deust luy au menger seruir, & pensoit que s'il ne se fust endormi tout en eust sceu sans nul def‍fault & pareillement de la lance, & du corps pour lequel si grand deuil on faisoit de la chapelle & de la main noire qui la clarte du cierge estaint, que tout a par son peche in‍gnore et craict qu'il ne luy soit reproche dont merueilleusement luy poise. Mais d'une chose se desconforte, c'est qu'il dist que tant il yra qu'il aura trouue l'hostel du Roy ou le

Graal seruit, combien quil confesse ne sauoir deserui, toutesfois dist quil partira et que tel lieu pourra aller que aulchune chose pourra scauoir a la verite du Cheuallier occis comment il auoit nõ & de quelle terre estoit et quil alloit chercher, & dist que iamais en court il ne reuiendra quil nen ait este du tout certaĩ pour quelque chose quil aduienne. Ainsy Gauuain a luy estriue de ce que mauez ouy dire tenãt son propos de aller pour son desir scauoir. Vng iour se seoit au menger en vne chãbre auec la Royne qui fort laimoyt et auoit chier & aduint que la Royne en deuise entra du Cheuallier qui en telle sorte auoit este a son seruice occis: moult en auoit Gauuain le cueur dollent et de ce fust si fort son deuil double quil ne scait quelle part tourner: alors toꝰ ceulx qui au menger se sirent du Cheuallier parloient. Adonc vne pucelle auiserẽt montee sur vne belle mulle, & estoit la pucelle bien honnorablement vestue dune robe de satin cramoisy et dessꝰ le chief auoit vne bien blanche & fine guimple & par dessus vng riche cercle dor garny de diuerses pierres precieuses. Et estoit la mulle sallee richement dune sambue ou housse si riche quune chose admirable fust et les deux arcons de la celle furent diuire moult subtillement & menument ouurez, le poictral & toute la garniture generallement estoit de pourpre bien beau mignonement & deliement brode de fin or & de soie a petis oyseaulx & florettes, oncques pucelle a mon aduis, a court si coincfement nalla: sa tesme en sa main dextre tint et en laultre en lieu de cussine tint vne verge de fin ambre dont sa mulle faisoit aller, et se hasta moult fort la pucelle daller, bien appert que de qlque chose elle auoit besoig & mestier, la Royne de loing laduisa qui a Gauuain le mõstre lequel aupres delle seoit q̃ dist ainsy: Beau nepueu faict elle voiez ceste pucelle venir a son semblãt monstre estre saige, et ie croy

que quelq̃ nouuelle a monseigneur le Roy aporte, en ce disãt la pucelle entre, & Keux luy vient a lencontre qui tant estoit mauuais langart & ledengeux que chascun sa langue doubtoit, et quant il fust de la pucelle approche en soubziãt luy dist amye or me dictes ie vous requiers se parler au roy vous voulles, icelle qui courtoise fust luy dist a cueur dollent & triste amy suis ie elle ou est Gauuain. Et Keux respond il est leans auec madame dedẽs icelle chambre basse, le venez vous a besoig querre, dõnez voꝰ garde se le menez que ce ne soit en lieu trop loing, car certes il sen reuiendroit et au grand besoing vous fauldroit, lors quil voꝰ debueroit aider. Et celle qui de Keux ne luy chault oultre passa sãs arrester car son parler nauoit cure dentendre, et puis est en la chambre entree ou sa raison haultement a dicte deuant tous en belle audience qui en telle maniere commenca. Gauuain faict elle de terre loingtainne venue suis pour vng affaire et pour vng deuil ramenteuoit, & quelque fois entendras, tout ce dont compter ie te veuil, par ton cõduict et par oultrecuidance fust le meilleur Cheuallier occis quõques sur bon destrier mõta le plus vaillant et le plus noble que iamais la terre soustint le plus saige et le plꝰ discret quõques fust de mere ne, & croy que dicy a Venise ny auoit vng plus loial homme si vaillant ne si couraigeux si courtois ne si amiable, mon frere estoit et ie sa seur le beau le preux le debonnaire le puissant darmes & le bien aime le craint le iuste le redoubte. Et en ce disant tomba la pucelle de sa mule a terre tout a dent & le cueur luy fault, maintenãt de la table sort cil quil tout le monde reclame Gauuain fust le preux & courtois qui entre ses bras souefuement la prent qui moult lõguement fust pasmee, et quant vng peu a soy reuint Gauuain la doulcement sur le lict de la Royne portee, en ses bras ainsy comme morte. Puis recõ mence son frere a regreter & plaindre/ & dist beau doulx frere a bien grand tort vous occist desloiaulmēt & en trahisō. Ainsy la belle son frere regretoit le Cheuallier qui fust occis, dont la royne en eust vng grād deuil tendremēt en souspire & pleure mauldissāt tant lheure que le iour quelle en celle place vint/ou si laide aduenture aduint. Gauuain refaict vng si fort deuil cōme sil veist son pere en biere. Et na leans homme ne femme qui nen pleure ou qui deuil né face & quil nen soit de ioie desuoie. Adōc par la la pucelle moult douloureusemēt a dist/ Gauuain sachez que ta merci suis icy de bien loing venue/pour toy remembrer & te faire entēdre la peine ou nuictz & iour ie suis quant tu mon frere emmenas tu luy promis & luy eulx en conuenant que sa besongne entreprendrois & que tu prendrois le chemin quelle part que yroit le cheual/ tu as cest octroy trespasse et as de conuenant failly. Vray est que tu en sa court fus du bō Roy qui te dist en quelle facon le corps qui en la biere gisoit fust occis & qui tue lauoit Et aussy teust il dist la signifiāce du Graal & de la lance se ne fust pour les grandz pechez desquelz tu es muni et plaī/ par peche a ouit perdis ce dont a tousiours dollēt seras/& a ce iamais nabuiēdras/mais se tu veulx honneur auras pour acheuer se tant tu oses les oeuures quil auoit emprises/& pource les armes de mon frere prenez et vous en venez quant & moy. Gauuain a la pucelle respond & dist/Sachez belle faict il que au monde ne sache si estrange voie que auecques vo⁹ ie nallasse sen ce faisant vous puis complaire. Mais ie vous supplie me dire par la foy qua dieu vo⁹ deuez pour quoy iay a ce secret failly de scauoir du Graal et de lance/ie croy q̄ le Roy meust tout dist & tout cōpte ce ne fust que ie mendormis. Gauuain cest ou le seul venir faict la pucelle/ton peche fust qui en dormir te feist quil ne te permist escouter la grande merueille du palais. Et aultre chose ne ten dis aussy ne maffiert de le dire mais ie te prie de te haster/car force me cōtrainct estre ou le besoing me mainne/& se ceste sepmainne ny suis iay honneur & terre perdue. Belle ne vous doubtez de rien faict Gauuain car sitost yrons & y serons en quatre iours se aller il conuenoit en six pource naiez pitie de chasser vostre mulle pour tost aller. De la mulle ne fault parler dist elle tres vistement yra/comme vng destrier la feray ie haster de ce ne sais ie pas en doubte. A ceste heure sans plus actendre se fist Gauuain de tout poinct armer/& tost apres du Roy & de la Royne cōge print/puis monterent sans plus actendre. Et quant au chemin ont este/tant errerent que ven⁹ sont a vng chasteau fort bien assis/& ia estoit soleil couchant quant ilz dessus le pont monterent/ou ont vng cheuallier rencontre qui moult preudhomme ressembloit/& croulloit tant biel & ancien qui honnorablemēt leur pria de seiourner en son manoir/ce que vou:ōtairement feirent & pour la nuict ilz reposerent iusques au lendemain quil fust iour/a ceste heure conge de leur hoste prindrent apres lauoir remercie/& adieu le recommanderent. Et tout le iour nont cesse derrer & de cheuaulcher par bois par plains par vallees et par montaignees sans aulcunne chose rencontrer/sique il leur conuint pour ceste nuict en la forest gesir/& sy ne beurent ne mengerent/& lendemain par bien matin se remirent tous deux en voie. En vne lande sōt entrez ouil veirent vng pauillon tēdu/lequel vistement approcherēt & puis tost sōt leans venus ou entierement sans plus attendre moult fort estoient las & recreus/& bien fust lheure de midi/alors quāt au pauillon peruindrēt/ou deux damoiselles trouuerēt qui honnorablement les receurent.

¶ En ce pauillon que vo⁹ dis dess⁹ vne coute poincte auoit deux Cheualers non ueaulx accōpagniez de deux belles pucelles bię coictes ą bię aduenātes quāt messire gauuaī apperceurēt tenāt la belle p la main si tost leur vindrent alencontre ą hūblement les salluerent/puis dirent sire bię venu soyez ą voſtre belle cōpaignie: ie prie a dieu qui le vous rende faict cil qui tant vaillant eſtoit: ą ne fuſt dhonneur deſprouueu/apres les reuerēces faictes se sont tre stous ensemble assis. Adōc vindrent quatre escuiers qui les tables legierement mectent. Et bien de les seruir sentremeirent Les deulx Cheualliers que vous ay dist assirent messire Gauuain au millieu ą la pucelle coſte a coſte/ą puis furēt noblemēt seruis de tout ce q meſtier leur fuſt/ą toſt apres que ilz eurēt la refection prinse gauuain et la pucelle courtoisement la compaignie remercierent puis prindrent conge en les commandant tous a dieu. Er quant ilz furent remontez sentournerent en vne lande/de la lande en vne foreſt entrerent bien ioyeusement qui iusques a veſpre leur dura/ą geurent le soir en la maison dung Veneur ou ilz furent honnorablemēt traictez ą receus/ą au matin sans seiourner separtirent au point du iour/ą tant cheuaulcherent ą errerēt queuiron lheure de sixte auiserent vng bien grand feu assez prez dūg bois alume: ou grand talent a Gauuaī dy aller pour scauoir que ceſt/ą la pucelle q moult le haſtoit / aller le laiſſa a grande peine ą a grand regret toutesuois y eſt il alle ą y mena quant ą luy la pucelle/ą quāt pres de ce feu sont venus trouuerent deux garcons tenans vne damoiselle en chemise tous preſtz ą tous deliberez de la gecter en ce feu. Et la furent ceulx de la contree generallement menāt ą faisant grād deuil ą plainctes tant hommes que femmes que petis enfans/ą auec ceſte grāde troupe de commune y cōuindrēt vingt Cheualliers puis subit y en arriua vng aultre tout arme ą bię mōte/ q moult les garcōs haſtoit

ą preſſoit de executer la damoiselle. Gauuain ą la pucelle vindrent a laſſemblee et demanderent pourquoy si mallement la damoiselle on traictoit. Adonc leur compte vng Cheuallier ą diſt que grande honte ą grand vitupere luy debueroit chascun courrir sus disant quatout vne espee elle auoit le meilleur Cheuallier occis qui fuſt soubz lempire de Rōme/qui son frere eſtoit ą loccist de nuict en trahison pour ą a lintencion de sa terre succeder. Ceſte chose neſt a croire faict Gauuain ą neſt ainſy selon mō aduis. Tout ainſy que ie vous deuise faict cellui en eſt aduenu. Adonc vindrent celle part plus de deux mille personnes du menu peuple de la ville qui chascun a Gauuain escrie. Franc Cheuallier feirent ilz en ce que present vous a eſte dict il ny contient vng mot de verite car iamais la damoiselle ny meiſt la main/aincois nagueres la par oultraige occis Dobineau le sauuage ne scay pour quelle occasion lequel en cores eſt en prison detenu au chaſteau de la damoiselle/de laquelle sil voꝰ plaiſt pitie aūez ą la gecter de ce peril que ne la gecte a martire ceſte fellonne gent ą trop mauldicte. A ceſte parolle se print gauuain a approcher et diſt/ fuyez meschans Garcons ą laiſſez ceſte damoiselle. Alors eſt sailly en auant le Cheuallier qui fuſt arme/le qſ fort craint ą redoubte eſtoit qui a Gauuaī diſt/ Vaſſal faict il pour q̄lle cause voullez vous cōtredire que la damoiselle soit a execution mise/considere la grande desloiaulte qui eſt en celle que nul ne scauroit comprēdre ne dire/ą se voullez soubſtenir que ainsy ne soit contre vous men vouldray combatre/car a tout le mōde doibt sa vie desplaire ą pource desire sa mort comme a la plus faulce ą la plus desloialle qui soit en ce monde. La pucelle par les garcons detenue qui grandement le feu ą la mort redoubtoit a ioinctes mains crye merci ą aide au Cheuallier Gauuain. Lors Gauuain qui cō passion et pitie en eust/ au Cheuallier dist Vous qui la mort de la damoiselle hastez dist il entēdez que se dieu me secueurt ie ne souffriroie pour nulle chose que si mallemēt menee fust/ & dieu aidant ay empēse de vo9 mais la deliurer/ou comme elle deuāt to9 ie mourray. Je croy quainsy en auiendra faict le Cheuallier par vostre oultrecuidāce. Alors sest lung & laultre eslongne pour prendre sa source lescu au col bien mis & deuant le coste pose & au courir se recontrerēt par si grande force des lances rūdes & pesantes que par esclatz les enuoierent & premierement celle du Cheuallier qui toute son entente auoit mise pour messire Gauuain greuer. Et celluy en qui est toute clemence pitie & bonte comprise quil na aultre desir qua la damoiselle de mort respiter & deliurer/ a si grand coup au Cheuallier de sa lance donne que dedens le feu renuersa & auant que iamais peult estre secouru fust par la challeur brulle & estainct/ parquoy issit lame du corps a la disposition du createur.

Ainsy que relate vo9 ay mourut celluy en doulleur & en honte q̄ procuroit la pucelle destruire/mais bien a celle mort honteuse meritee & pareille peine souffrir quil voulloit faire a la pucelle endurer car iamais nauoit a ce mal faire pēse dont & du quel accusee estoit. Et quāt la commune voit la pucelle estre deliuree a vne voix commencent haultement a gauuain dire. Franc cheuallier/ franc cheuallier q̄ ceste heure fust de dieu beniste & heureuse en la quelle vous fustes engēdre/ car au iourdhuy pour sa venue nous auōs toutes noz ioyes recouuertes. Maintenāt feirent la pucelle vestir & ce faict vers Gauuain sen vint le remercier de la grāde courtoisie que sur elle auoit faicte laquelle humblemēt luy supplia de son nom luy dire/ Belle fist il, sachez que nomme suis Gauuain nepueu du puissant Roy Arthus. Si re faict elle en guerdon tout ce que ie vous habandonne/ & en voz mains mectz mon corps & mon auoir car a aultre ne doibz apres dieu les graces de ma deliurance rēdre que a vous seul/ & ne tiens ma vie que de vous. Certes faict Gauuain doulce amie rien du vostre ie ne demāde ne quiers seullement vous prie que deuant faciez le Cheuallier venir lequel est en voz prisons detenu. Sire faict elle du tout a vostre plaisir voudray faire. Tout maintenant manda la damoiselle le cheuallier querir lequel auecques vingt Cheualliers vint tous armez qui lamenerent. Et si tost que gauuain le veist dist a la pucelle. Belle sachez faict il que ce Cheuallier est de ma terre que ie vous requiers et aultre chose en don ie ne vous demande quil vous plaise de me le rendre. Sire puis quil vous le plaist auoir a vostre plaisir le deliure toutesuois trop mieulx iaimasse que tout mon vaillant q̄ luy vous prinsiez car cest cil qui mon frere occist comme bien scay & chascun aussi. Et gauuain luy respond/amie ne veuillez ceste chose dire ie vous aduise & certifie sil ya Cheuallier qui veuille ce que vous dictes soubstenir/tout maintenant len deffēdroie. Sire faict elle appaisez vous/ vous ne serez en ceste peine car celle suis qui le vous rends tout a vostre plaisir et voulloir iamais pl9 nē sera parle/ car soiez seur que mon viuant ne vouldray chose procurer qui vous puist au contraire tourner ne venir. Par ainsy fust le Cheuallier deliure du quel estoit la mort iuree a cause du frere de la damoiselle qui auoit este occis. A ceste heure fust le destrier & les armes au cheuallier rendues qui en diligence sarma et apres bien humblement vint gauuain de sa deliurance remercier/ puis print son escu & sa lance & sen partit dicelle compaignie.

⁋Perceual le gallois.

⁋Missire gauuain daultre part auecques sa pucelle de la damoiselle ont congé prins q̄ du feu deliuree auoit: puis sen part mais ilz nont gueres apres leur partement cheuauche q̄ dung bois approcheret q̄ moult grād & feuillu estoit / a lētree de ce bois gauuain trois Cheualliers apperceut qui en ce lieu pour loccire latēdoient: parce quilz furent tous nepueux de cil qui auoit esté au feu ars: & auoient faict veu & iuré q̄ de luy la vēgeāce auront ou en pieces seront detrēchez. Quāt gauuain virent approcher lung diceulx cōmenca son destrier poindre encōtre luy sans atarger & luy crie sil ne se garde q̄ tout en lheure loccira. et quāt gauuaī eust sa parolle entēdue & deuers luy le veist venir baisse sa lāce cōe laultre brochāt le destrier vistemēt. Et au rēcōtrer ferit premieremēt le cheuallier missire Gauuain mais ce fust a son grād dōmaige q̄l cōuint encontre luy iouster: car du coup q̄ gauuaī luy dōna luy perca le corps doustre en oultre & par terre tout mort le porta. Adonc accourrut celle part lung des aultres cuidāt son cōpaignon aider: mais petit profita sa courçe: gauuaī qui accourir le veist lequel bien se tient sur ses gardes de luy tantost vengeāce en prent & parmy le corps luy en uoye le fer de la lance tout droict mort tresbuche a terre estendu. Le tiers cheuallier eust grāde pre si q̄ il ne scait quil die ou face pourtāt cōcluā de ses freres vēger / pour quoy enuers gauuain sa voye accuilla seul haioit plus q̄ nul hōe: cuidāt de son dueil se vēger: tel cuide vengeāce prendre q̄ son dōmaige multiplie. Lors feist son cheual aduācer la lāce vers le col baissee puis par si grāde force & p̄ telle vigeur sentreferent q̄ leurs escus p̄ le millieu fendirēt / & de ce coup fust le cheuallier q̄ assault par terre rēuerse q̄ tost se redressa puis a mis la main a lespee & deliuremēt gauain q̄ a cheual estoit assaillit mais gauuain q̄ iamais ne voullut q̄ chose noble faire est tātost du de-

strier descendu: cōme cil qui neust voullu faire ceste villennie de le rechercher tout monte. Lors lespee traict & lescu prent duquel bien le scauoit couurir. Et cil qui va grand dueil menant pour ses freres moult fort lassault a la trenchāte espee nue si que de son haubert luy desserre le pan dextre q̄ p̄ terre lenuoya: mais poīt ne la a la chair actaīgt dont bien en prīnt a gauuain qui de son escu se couurit si bien que la chair en rien nentasma. Puis dist que cil a par trop vescu qui a encontre luy bataille. Lors le vint de son espee vng grand coup dessus son heaulme ferir: mais son espee au poing luy tourna ce nonobstāt de si grāde force la feru que tant lestonna que tout plat a terre tomba de son long estendu tout pasmé sans aulchun memōre de son corps remuer ne vng seul mot dire. Lors missire Gauuain le heaulme luy deslace pour regarder se plaie y auoit: mais point de nauture ne de sang sur luy apperceut. Ceste part est la pucelle venue laquelle a vng pan de son cheual blanc luy vint le visaige esuenter: pour vng petit le refraichir: sique petit apres celuy qui en pasmoison auoit esté commenca a ouurir les yeulx adressant sa veue vers gauuain qui dessus luy lespee toute nue tenoit / & luy dist qua sa fin est venu sil ne se rend a sa mercy. Et cil qui a aultre chose na attente que a la mort: la prison luy fiance a la tenir ou il voudra: missire gauuain qui ne regardoit que a toute courtoisie & a amour luy dist aller te cōuiendra au partir dicy te rendre en la merci dugne prudēte saige & discrete damoiselle qui aupres de ce boucaige habite / alors luy a le manoir monstre. Adonc luy respond le noble & frāc Cheuallier / tu me aurois dist il a la mort liure se tu mauois en ce lieu transmis. Et pource te supplie de tresbon cueur plustost me occire que a elle me faire aller: a la mort suis se tu my enuoyes: car scay que occire me feroit. Ne tesmayes / ceste cruaulte point ne te fera:et soyez seur que puis q̃ de par moy a elle te rendras fors que toute courtoisie ne te vouldra faire. Sire puis q̃ aller my conuient ie iray faict cil qui par trop est triste: mais vostre nom si cest vostre bon plaisir me direz: amy dist il ie suis gauuain nomme nepueu au noble roy Arthus, de par moy la noble damoiselle salueras qui tant est prudẽte et saige et bien a priser. Sire faict il de vostre part la salueray. Atant sans plus aultre chose dite de Gauuain print congé et sen part tout monte dessus son bon destrier garny de sa lance de son escu et de son heaulme q̃ luy auoit este oste: lequel nest descẽdu iusques a ce que au chasteau peruint au dessoubz dung pin desrẽdit. Et bien tost apres sen est a la salle alle ou la belle estoit moult craintif et fort la redoubtant sique quant il est leans entre dangoisse et de peur tout le corps luy fremist. Lors deuant elle a genoulx sest mis et dist Belle a vostre mercy me rens comme vostre humble prisonnier de par gauuain nepueu au Noble roy Arthus lequel ma matte et vaincu: et par sa force et puissance a mis a mort deulx freres que ie auoye q̃ mieulx aymoye que toutes les choses de ce monde. Quant la noble damoiselle a le cheuallier entendu de ioye et de lyesse le cueur au ventre luy sautelle: puis dist sire croyez pour tout vray quen bonne prison vous a mis Gauuain le noble cheuallier qui icy vous a adresse et transmis: en faueur duquel ie vueil que franc et quicte de la prison allez par tout ou bon vous semblera: q̃ bonne aduenture puist icelluy seigneur Gauuain auoir. Adonc le cheuallier humblemẽt la damoiselle remercia de la quictãce q̃ de sa prison luy baille puis enuoya ses freres querir qui a grand dueil furẽt enterrez to9 deulx en vne chapelle. Et gauuain et sa cõpaignie hõneste sen vont tant qlz peuluẽt errer: et apres longuemẽt auoir diligetésur le riuaige de la mer arriuerent ou la pucel

le auoit faict fermer vng chasteau q̃ moult beau et moult fort estoit: mais quãt la pucelle ẽ du chasteau approchee fust ouy vng cry si tresgrand q̃ lon neust point ouy dieu tõner: car tout le peuple de ce lieu dont bien trente mille y auoit en vne voix se sont escriez: et cõmunement ensemble dirẽt. Las pucelle la bien sçauante: iamais a tẽps ne remiẽdras le matin a prime te cõuient põ ton chasteau et la belle cite et tu la pers par ta paresse: car plus ne le pouons tenir.En telle guise se dementoient et descõfortoient tous ceulx q̃ en ce chasteau estoiẽt. Atant sont venus a la porte missire gauuain et la belle q̃ meist la main a la poictrine des que le cry a entendu puis leãs sans plus acten dre entrerẽt ou trouuerẽt toute la court couuerte de chrl's et de dames: et dessoubz vng lorier descendent Gauuain et la pucelle a leur descente sont venus to9 les chrl's tãt ieusnes q̃ vieulx: et quãt les armes de leur seignr ont veu peu sen fault que du sens ne yssirent: lors menerent vng merueilleux dueil et si tresgrãd q̃ ne le sçauroye descripre a quoy ne me veuil arrester. car trop de lay per cõuiendroit q̃ le tout vouldroit racõpter et pource ne men vueulx empescher a Gauuain ont oste les armes q̃ belles furẽt et bien faictes: et la pucelle a son pouoir le feist honorablemẽt seruir a grande ioye et a grand deduict apres souper luy a cõpte de sõ frere la vite: et dist a gauuain, ie vous ay icy amene la dieu grace et la vostre mercy pour a mon besoing me donner secours et vous dy q̃ greigneur mestier en ay q̃ ie neuz onques en tour de ma vie: et la cause vo9 en di ray: le roy margõs a en voulente ce sachez de me occire et la raisõ vo9 en diray. Le roy margõs q̃ ie vo9 dys vng filz auoit q̃ moult fust beau ieusne et bien aduenãt chrl'r auql pour mary dõner me vouloit a quoy ne pretendis consentir q̃l meust en nulle maniere p ce q̃ damour esprise estoye dung cheuallier q̃ moult aymoye auquel octroyee mestoye

Et cil margons duql le Roy parle a son filz Quagrilo a force donner me vouloit: mais cil auquel regret auoye par trop plus beau q̃ luy estoit: plus courtois & mieulx aduenant & fust si vaillant cheuallier que nul homme ne redoubtoit. Quelque temps apres mon refus Margons la dehors se logea/q̃ deuant ce chasteau meist le siege & dist que a force me prendroit. Et apres quelq̃ iour aduint que mon amy dehors yssist accopaignie de deux mille cheualliers/lesquelz en ceste ville estoient qui des gens de Margons assez occirent & en grand nombre: & trente cheualliers y prindrent qui moult estoient fort renommez: mais mon amy fust dehors pris/ & pource que sauoir le vouloye au roy ay mandé que se rendre le me vouloit les trente Cheualliers rendroye que ie tenoye en ma prison que ie rendis dont grand follie ie feis: car deuant mes deulx yeulx feist pendre mon amy dequoy en eus si tresgrand dueil que ie ne le pourroye dire. Et le lendemain sans plus dacte ma gent a la bataille transmise: qui pas a faulte ny allerent: ains ced̃s Quagrilo mamenerent & moy qui fus encore pree iuray come mal aduisee que sur luy ie me vengeroye du mien amy quauois tant chier par quoy le feis lasseneer & dr̃sser a ses fourches que voyez ou ie lay faict a cordes balācer pendre ainsy arme comme il estoit. Et le roy qui fust dire espris iura que iamais du siege ne partiroit quil ne meust faict a la mort mectre. Mais renommee qui tost volle pas ne sçay qui en feist a mon bon frere des nouuelles sçauoit qui moult en fust triste & dolent parquoy na este long ne tardif de me vouloir tost donner aide & secours/ mais occis en vostre conduicte fust a tort & par grand desraison par Keux le seneschal du roy en entrant au pauillon de la royne. Doulce amye la chose ne peult ainsy estre que Keux le seneschal fust qui vostre frere eust occie. Au moins ne le sçauoye au vray dire: car nul aussy ne sen apperceust a qui ien aye ouy parler. Sire dist elle nen doubtez pas /par astrologie ie lay sceu que Keux le seneschal a tout vng couteau loccist q̃ de dessoubz son manteau tira quādcques nul ne sen apperceut: ainsy le deceut trahistreusemēt. Aultre aide ne fauldroit chercher se cil besoing q̃ y enuie fust si desloyaulment occis. Beau sire or a este tant faict entre le roy margons & moy que se demain la dehors vng cheuallier enuoye pour combatre a lencontre de luy lequel si bien se saiche maintenir qui le puist matter & conquerre ma terre en paix me laissera: ausy sil mon cheuallier vaincq nulle aultre chose ne requiert ne pl’ petite que en sa mercy me rende & pareillement tous mes gens qui sont ceans tous hardis & bien renommez. Pource me suis de vous reclamee parce q̃ leustes en couenāt a mon frere quant au pauillon le conduictes ou il fust comme ie vous ay dist par Keux trahistreusement a la mort mis & luy promistes que voulentiers sa besongne acheueriez.

Certes dist gauuain doulce amye ie ne le vous quiers denier aussy refuser ne vo’ le vueil/ le conuenāt bien luy tiendray demain la bataille entreprendray contre margons se dieu me secueurt & me doint grace de resister a lencōtre dudit margons & pour nulle chose ny fauldray quoy qui men doibue ne puist aduenir. Et la pucelle qui fort ioyeuse estoit de ce quelle luy ouyt dire humblement et de tresbon cueur len remercia. Petit apres quant lheure de reposer approcha. Gauuain menerent coucher dedens vng beau lict iusques au lendemain quil fust iour. Lors la noble damoiselle se lieue & sen viēt a la chambre ou le noble Gauuain estoit laquelle apperceust quil se leuoit / puis

¶ Perceual le Galloys.

humblement le salua et Gauuain son salut luy rend en disant dame dieu vo⁹ doint honneur/ioye/liesse/ ⁊ bonne aduenture.
¶ Lors de la chambre sont yssus ⁊ main a main vont a lesglise pour le diuin seruice ouyr. Apres la messe retournerent pour missire gauuain faire armer de ses armes legierement ⁊ quant arme il fust de poinct en poinct son destrier luy ont amene q̃ fort bien accoustre estoit dessus lequel sans attendre monta. Lors luy apportẽt vng escu lequel tost a son col le meist apres vne espee luy baillerent qui a merueille fust biẽ trenchant. Atant ont Margons apperceu venir sur vng legier ⁊ bien beau destrier/leq̃l estoit arme ledit margons de telles armes qua roy appartient. Et quãt lheure de prime fust venue tout droict deuant la maistresse porte du chasteau est venu: ou haultement la pucelle escria en disant belle fist il tenez moy vostre conuenant ou en ma mercy vous en venez ⁊ toute vostre gent quagrilo mon bien ayme filz vouldray sur vostre corps venger: en ce iour se dieu me secuere la vẽgeance en sera prinse ⁊ vo⁹ feray hors du corps trencher ⁊ arracher les mamelles nul ne vo⁹ en scauroit garantir: ⁊ le chasteau feray par terre abbatre. Missire Gauuain doulx amy dist la pucelle le roy ouyez cõme cruellement me menasse croyez sil vient a son dessus qua grand doulleur et martyre mourir me fera. Doulce amye luy dist gauuain faictes moy le pont auoller maintenãt ⁊ la porte ouurir: car se bien ne se scait deffendre tantost scaura nen aiez doubte comme le fer de ma lance trenche. Adonc fust le pont aualle ⁊ gauuain sen est hors alle po⁹ la damoiselle deffẽdre. Et quant margons leust apperceu tãtost cõmenca son cheual a brocher qui bien cent marcz dargẽt valloit. Sans actendre ⁊ sãs deffier a chaschun sa lance baissee: ⁊ tant cõme les cheuaulx peurent courrir ⁊ aller: se vont sur les escus ferir par si grande force q̃ les escus ⁊ lances briserent/⁊ sengles ⁊ estriers rompirẽt sique aux deulx cheualliers conuint a terre venir ius de leurs destriers: mais tost furent en piedz redressez tenant lespee traicte en la main qui fierement se sont assaillis. Que vo⁹ feray ie long recist ne deuise prolixe. Tant longuemẽt se cõbatirent quen la parfin est si mal a margon aduenu que mercy crier luy conuint a gauuain en luy disant a chere morne ⁊ par trop triste. Franc cheuallier ayes de moy mercy a toy me rens ne pretẽs a me occire plus ie ne puis la bataille endurer ne vers toy nullement me deffendre. Vng roy as conquis et vaincu par ta force ⁊ par ta vaillance si te doibz grãdemẽt esiouyr par pitie me vuielles entẽdre pour dieu en me saulvant la vie. Certes point ie nay de talent faict gauuain de toy a mort mectre ne ie ne men vueil efforcer puys qua mercy vers moy tu tes mis que voluntairemẽt ie tacorde par tel sy ⁊ tel conueuant quen la mercy de la pucelle tu te mectras qui la dame de ce chasteau est ⁊ pour laq̃lle est la bataille entreprinse. En celle part point ie ne prope faict le roy: car bien certain suis que tantost me feroit occire si tost quelle tenir me pourroit. Ailleurs me peulx bien enuoyer se tu as amye ou amy ie te supplie ⁊ te quiers my enuoyer: ou se tu as seignr̃ ou dame a hõneur tourne te sera/sen leur prison vng roy transmectz: car tant a dorgueil ⁊ doultrecuidance en la pucelle a laquelle enuoyer tu me veulx que se bien en estois aduerty iamais ne my vouldroys transmectre. Et gauuain luy respond amy doncques pras tu en la court du bon roy Arth⁹: ⁊ de ma part en sa mercy ⁊ en sa prison te mectras. mais aincois me fianceras ⁊ me feras par toy iure que la noble pucelle en bõne paix ⁊ vnion tu laisseras ⁊ generallement toute la gent de sa terre; sans iamais guerre leur liurer en nul iour de toy viuant q̃ tu soyes. Ainsy tu le pleuis faict

le roy comme tu le dys sans doultāce: gau uain sa fiance en a pris/& cil ainsy luy crea ca: mais petit luy pleust ceste chose aultre ment pourtant ne peult faire. Et quant il veult de gauuain congé prendre luy a dict comme bien sçauant: quant prisonnier au roy me rendray/de parquiconuiendra il dire vostre nom sçauoir me conuient/ains la verité ten diray/par nom Gauuain ap pelle suis. Gauuain dist le roy. Pour cer tain luy a dict gauuain nepueu/au noble roy Arthus filz de sa seur & du puissāt roy Loth. Quant le roy eust ce parler ouy:& en tendu dautant que triste auoit esté fust cō solé & resiouy:& dist gauuain ie vous dys bien que dieu vng grand honneur ma faict quant conquis suis par le meilleur cheua lier que iamais meist le pied en terre. Di men prāy deuers mes hommes sil vous plaist: & si tost que diceulx auray congé prins en chemin me mectray pour le Roy chercher: & si tost que trouvé lauray: tresbiē luy sçauray mon messaige dire & compter. Lors va monter sur son destrier: gauuain sur le sien monta en qui est tant dhōneur et de bien.

Le congé du roy & de Gauuain ensem ble prins sen reua gauuain vers la por te du chasteau qui emporte de celle ba taille le pris: & quāt fust au chasteau entre dessoubz vng pin emmy la court aduisa a descēdre. Et si tost que la damoiselle laduisa elle court a son de strier pour y mectre la main plustost q̄ nul de sa mesgniee. Et apres la reuerence fai cte luy demanda cōment luy va & cōment auec le roy margons faict auoit. Elle dist il ie lay conquis: mais tant ma mercy crie & requis que luy ay octroyé: par tel conue nant q̄ luy ay faict promettre & iurer que ia mais es vostre terre & seigneurie: guerre

ne fera: au Roy mon oncle ie lenuoye oū de par moy en sa prison se mect. Ha faict elle trop mal vous feistes de ceste chose cōclu re & adviser: mieulx eust vallu que le chief luy eussiez trenché/moult bien exploicté vous eussiez & est grāt dommaige que respite lauez de la mort/mais puis que au trement ne peult estre/face ce quil a entre prins de faire. Lors vint gauuain embras ser par reuerence & par amour en luy bai sant les yeulx & la face: ainsi armé cōme il estoit. Puis demande se bien il se portoit. Tresbien dist gauuain dieu mercy: mais dictes moy ie vo' supplie se ailleurs auez de mon aide mestier: car ie suis prest & ap pareillé a vous seruir du bon du cueur. Et celle respond chier sire tant auez de ioye en mon cueur mis que tous mes maulx sont effacez. Fors q̄ de Keux le seneschal qui en vostre conduict mon frere occist: se de luy vengee iestoye: mō cueur seroit totallemēt esclarcy/& se bien mevoullez entēdre croiez q̄ la vengeance en est vostre. Foy q̄ ie doy a dieu & aulx sainctz ie vous accreance et promectz que mort ou vaincu le rendray se premierement ne me occist: a vostre pro messe matens dist la pucelle. A ces motz est gauuain monté et dist quil conuient q̄l sen aille. De ce nest besoing de parler dist la pucelle: car ceans vous seiournerez vng moys/cinq sepmaines ou six. Ie ne puis faict il gente dame iay aultre besongne en treprinse laquelle me fault a fin mectre. Quant celle voit que pour priere nest possi ble de le retenir vne lāce luy fist bailler ou elle auoit faict mettre vne enseigne belle a merueille de soye sandalinne ou il y eust vng lyon blāc pourtraict: & moult luy prie la pucelle q̄ au sang du seneschal le taigne. Tout luy a gauuain octroyé ce quelle luy pria & requist. La lance au penācon a pris dont de puis assez sen blasma: & ce faict & congé demandé a la pucelle ce que elle de bon cueur luy octroya & le cōmanda a dieu

N.iii.

¶ Perceual le Gallops.

Et elle aussy pareillement: si luy feist le pont auallez: & gauuain sen part sans demeure qui vers la forest sacheminne.

¶ Cõment apres que gauuain eust conquis & vaincu en bataille le roy margons ledit roy margons sen vint a ses gens leur declairer cõment il auoit este vaincu par Gauuain & sen alloit rendre en la prison du trespuissant & noble roy arthus.

Ost apres la desconfiture de la bataille de laquelle eust dernierement Gauuain le tresnoble et puissãt cheuallier le prix dhõneur, le roy margõ a sa gẽt veult q̃ moult pres & vergõnie estoit & leur dist & cõpta cõmẽt gauuain nepueu du roy Arthus la au camp conquis & vaincu puis la reste leur a cõpte, & leur dist, allez dist il legierement monter le nõbre de cent cheualliers q̃ mener veul auecques moy. Et ceulx octroiẽt a faire sõ cõmandemẽt. Lors a piedz saillirent cent cheualliers qui couraigeux & fortz & hardys estoient lesq̃lz tost se firent armer. Pendãt escuyers & varletz troussirent pauillons bagues habitz & argent: & quãt tout le bagaige fust chargé vers la court du roy arthus en chemin se mectent a moult grãde quantite de harnoys. Et errerent tout le iour & le lendemain sans gueres seiourner. Et quãt vint enuiron lheure de vespre, en vng beau pré arriuerent ou pres dugne clere fontaine descendirent dessus lherbe verde & menue: En ce pré q̃ grãd & long estoit tendent tentes & pauillons puis ont le menger apreste & tost apres feirẽt tables & nappes mectre & ce faict le roy sest pour le mẽger assis & aletour de luy les nobles & les preux cheualliers. Et pendant quau mẽger estoiẽt en ce lieu suruint vng Main bossu monté sur vng plaisant destrier, & demanda a luy

riuer lequel de tous estoit le roy, vng varlet maintenant luy respond Main dist il, tu le peulx bien veoir au maistre bout de ceste table, descens, ton cheual ie tiendray. Point ie nay tallent de descendre faict le Main: ains completay en audience ce que quiers dire tout mõte. Noble roy dist il q̃ chaschun loue par tout en hõneur & en prix la noble royne de malchauil vostre seur de vers vous menuoye qui tel dueil faict & de mainne quil semble q̃elle doibue mourir ou que de son sens doibne yssir. Pres dicy a moins dugne lieue passe, & a force le mainne Gorgaris qui grande ioye en a, & croyez que se en son chasteau la peult tenir ce q̃ diff. cile a rauoir sera iamais sans ennuy ne saurez, sept vigtz cheualliers auecques luy a qui moult sont aux armes puissans. A ces motz le roy margons en estant se leua & cõmença haultemẽt a dire. Tost aux armes francz cheualliers si yrons nostre seur rescourre. Alors veissiez aux armes aller escuyers sans delaiement & cheualliers en diligence sur mer & mõter aux destriers. Et quant tous furent mis en poinct de sa tente premier yssist le roy margons deliuremẽt & ses gens apres sile a si ie: & le nayr les mainne & conduict qui du pays cõg ioissoit, estre. Tant ont cheuauché & erré q̃ dugne mõtaigne sont deuallez qui a merueilles haulte estoit Gorgaris qui rien ne doubtoit, tenoit la noble dame de malehauit par le frain de son palefroy qui luy dist sire laissez cea mon frain ne a mon palefroy ne mectez nullemẽt la main car par trop mal courtois vous seriez. Dame dist il moult vous estes fiere: mais sachez quautre contenance ay esperance que ferez: ains deuant que vous yssiez dentre mes latz & si feray de vous du tout a mon vouloir & plaisir. Non ferez dist la noble dame se dieu me doint grace de resister a lencontre de vo9 mieulx et plustost de mille mors ie voul droye mourir et endurer

Tandis qu'ainsi l'ung a l'autre alloient en leur chemin parlant est le Roy Margons arrivé accompaignie de ses cent chevalliers chascun venant en diligence, & quant de pres furet venus, comença le Roy margons a dire qui plain de maltallent estoit, Vassal vassal vous estes mort. Gorgaris qui ceste voix comminante ou remplie de menasses entend vers margons le chief retourna, & sitost point des esperons habondamment a son destrier le frain en accourant dessus Margons, qui au rencontrer telz coups s'entreferirent dessus les escus q̃ tant cuir que clous ont rompu, la lance de Gorgaris rompt & Margons si tresbien l'emplaint et le treuve que jus de la selle l'envoie plat estendu puis si tost a terre descent & dict que le chief en prendra maintenant s'il ne se veult rendre. Lors Gorgaris voiant que petit luy vault sa d'ffice l'espee au Roy Margons rendit en luy disant q̃ a luy se rendoit sa vie sauluve. L'hystoire nous dist qu'a ceste rencōtre y eust des gens de Gorgaris prins. xl. Chevalliers bien fumez & renōmez & de mors autãt et .lx. qui les tallons tournerent qui oncques en l'estour mont entre ne il ne sceurent qui devindrent, les prisōniers furent en ung bois rengez ou force dictes ilz feirēt pour les occis enterrer en la terre de malohaut a tel honneur cōme devrẽt estre, & la dame q̃ moult prudente fust fist en son chasteau Gorgatis mettre en caige ou par sept ans entiers y a esté. Et m'rgons a la court s'en vint, lequel au roy Arthus de par gauvain prisonnier se rendit qui a grand honneur le receut comme telle persōne deust estre, & ainsi comme le prisonnier doibt recepvoir, et puis luy dist que de la compaignie seroit aux Chevalliers de la grande table ronde. Apres le Roy luy dist ainsi Sire faict il se ne vous ennuie s'il vous plaist vostre nom me direz affin que auecques les nōs des vertueulx soit le vostre escript. Sa-

chez sire en verite que margons appelle je suis Roy des marches clame, & en mō sur nō nomme suis le Roy des cẽt chevalliers pource que quãt de mon hostel me depars ja en nul lieu ne iray que auecques moy cent Chevalliers ne maine. Certes ce luy a dist le Roy ce nō & leff. et beau me semble & le surnō si sera mis en escript avec noz amys. Maintenant feist ung clerc mãder, auquel il donna commandement mettre le roy des cent chevalliers en escript au liute de ceulx de la table ronde. Ainsi ioieusement demoura le roy margons en court auecques sa m'signie.

Comme naguères vous ay dist Gauvain apres la victoire par luy obtenue contre le Roy margōs en la forest entra, ou pour la nuict q'l y est entre luy convint gesir sans nulle cōpaignie fors que de son destrier au meillieu de deux arbres feuilleuz & bien ramez, & n'avoit tout le long du jour reposé ne beu ne mengé & si estoit moult travaillé des tours que margons luy avoit faict le jour mesmes en la bataille. En la maniere que vous ay dist geust Gauvain tant que la lumiere du soleil apparust lors que les oysillons chantẽt en leur latin divers mottetz en leur ramage qui grandement ont Gauvain en ioie espris. Adōc le heaulme en son chief mit et lace, puis monta sans plus seiourner & par la forest si chemine tant que d'ung manoir approcha ou une riche tour y veist, qui bien alentour fust fermee de murs & de riches pallais, aux fenestres de ceste tour estoit une pucelle acoubee qui a grãde merveille estoit belle. Adōc que la pucelle veist Gauvain de loing venir par grande affection le regarde, lors au sien seneschal a dist q'lle appella aupres delle venir, ainsi voiez la ung Chevallier venir portant grād harnois que je ne congnois nullement a mon

M.iiii.

aduis que cest ung cheuallier errāt qui va aduentures chercher/& pourtant vous dis que par grande vertu contre luy allez et se trouuez que des gens du Roy Arthus soit/ amenez le moy prisonnier de luy sera vengeāce prinse Dessilimac/preux cheuallier qui en la conduicte de Gauuain fust occis/ celluy Dessilimac fust mon oncle/ pource faictes que ce iour appaire que vous soiez hardi & preux/ dame faict il se dieu maist tant bien mon deuoir vouldray faire que ia ne me debuerez blasmer. Tantost ses armes demāda que sitost luy furēt aportees et quant arme fust bien a droict est dessus ung cheual monte qui vigoreusement lem porte lescu au col la lance au poing/ lequel de loing a gauuain escrie autāt hault quil peult sans se faindre: vassal si vous estes des gens du Roy Arthus deliberement me le dictes/ se dieu me secueurt faict gauuain sachez que ien suis voirment/ de tāt mallemēt vous en va faict le Cheuallier de la tour car de ce lieu ne ptirez qua moy iouster ne vo'cōuiēne. Ia pis ne me puist aduenir faict Gauuain iour de mon viuāt mais de combatre nay enuie pource vous prie me laisser oultre passer: de petit de chose auez paour faict le Cheuallier a Gauuain mais ne pensez que ce soit ieu quant bien ie vous resueilleray auant que dicy eschapez. Or verrons comme il en pra faict gauuain/ adonc commenca a brocher le bō destrier qui va diligēment/ cil qui de la tour est venu Gauuain ferist sur son escu si que il y a troue & fendu pres du coste le fer alla & en pieces volla la lance/ & Gauuain prent la lance par le pēnōceau ou le blanc lyon estoit qui au sang de Keux deuoit boire de laquelle a celluy qui deuant luy voit tel coup a donne quau milliieu du chemin labatit/ sur luy satreste lespee traicte et tost eust este la bataille finiee/ quant celle part sur une mulle sen vint trop plustost que les ambles une pucelle belle & sim ple la teste toute descouuerte qui foible parolle se scria/ pour dieu sire Gauuain aiez de ce Cheuallier mercy qui est le mien cousin germain & pource ie vo' prie de ne loccire. Quant Gauuain la pucelle entent q̄ la en son droict nō nōme/ le coup quel haulce auoit retraist & retira/ puis ung petit amont se tire & celle qui venoit regarde/ la damoiselle de rechief merci pour son parēt luy pria/ & tantost descendit a terre. Et q̄nt Gauuain la recongneust en ses bras la prent & recoit/ & deuez scauoir que ce fust celle pour laquelle il a faict la bataille contre margons le riche Roy/ maintenant le heaulme haulse & celle lacolle & lembrasse qui moult parfaictement laimoit. Et quāt le Cheuallier la voit delle saproche & la salue/ & dist bien veniez doulce dame ma cousine & ma bonne amie. La damoiselle de la tour qui a ceste grāde ioye veuc est tost venue ceste part moult en grāt de scauoir qui est le Cheuallier qui a contre son seneschal combatu/ & laultre sans arrest luy dist/ cest le Cheuallier Gauuain belle niepce. Et celle long temps le regarde sans respondre ne si ne quoy/ puis dist belle tāt ie mesmerueille que telle ioye a Gauuai faictes pour lequel sommes tous & toutes en tel ennuy & en si grande tristesse vous scauez que sil neust pris la conduicte de mon oncle Essilimac/ que encores fust il enuie/ & pource suis en grand tallent de men venger se ie pouoie & mest soubz vostre honneur aduis que ne vous deussiez entremectre de le festoier & de laccoller. Adonc print la damoiselle sa niepce par la main & luy dist niepce tort auez ie scay trop mieulx que vous qui cilfust qui mon frere occist/ & vous dis bien en verite que la royne ne se Cheuallier en nulle facon ne mesprist mais bien vo' puis certifier que ce fist Keux le seneschal par lequel nous est tant de mal aduenu/ mais le Cheuallier ma promis a qui dieu doint honneur & ioye que pour moy vēgeance en

prédia/ & de tout ce ma asseurée/ & me tie͏̄
droie bien heureuse se de luy vengeāce estoit
prise/ car le cueur en ay par trop triste. Cer
tes il nen peult reschaper faict Gauuai̇ ie
le vous affie que vostre mercy ne le mecte
Adonc se gecta la damoiselle aux piedz de
Gauuain en le remerciant de sa promesse
tant eust a louir de liesse/ mais gauuai tā
tost la leua qui souffrir ne vouloit que tāt
deuers luy se humilie. Tost apres par ung
petit pont sont tous quatre ioieusement en
trez. Et quant furēt en la tour entrez gau
uain & le Cheuallier desarmerent. Le che
uallier moult se pena vers gauuain faire
seruice & se humilier/ lequel tost feist le mē
ger apreter les tables dresser et nappes
mectre ou assez tost ont este assis. Et quāt
ilz furent du menger leuez Gauuain a la
pucelle qui sur la mulle vint dist vostre nō
fist il voulētiers ie scauroie/ aussi celluy
de vostre frere sil vous plaisoit de me le di
re ie men proie dicy. Sire sachez faict elle
pour vray vous dis que la pucelle sore ay en
nō & mon frere fust Essilimac nōme bon
cheuallier de grād renō. Sire du chasteau
de la roche fust & pource eust en surnō de la
roche/ que tout le mōde redoubtoit laimoit
& si le tenoit chier que iay espoir que vēgerez
si aurez mis mon cueur en ioie. Et gauuai̇
sans targer respō belle amie se dieu par sa
vertu me secueurt a la court du bon Roy
Arthͧ Keux de trahison appelleray pour
le meffaict quil feist quant le Cheuallier
occist de quoy cil ne celle de la maison ne se
doubta & nen fus iamais aduerti que de
puis que dict le mauez que dictes par art
lauoit sceu/ aultre chose nen veulx scauoir
pource vous prie commander faire les ar
mes apporter du cheuallier qui nagueres
contre moy deuāt la porte iousta celles vͦ
demande et requiere. Atant errāment les
a apotees vne pucelle belle & gēte qui moult
voulōtiers se pena a le richement atourner
puis luy a faict vng destrier amener qui

grand estoit fort et puissant/ & ny eust lors
empereur ne Roy qui en fust dūg meilleur
pourueu/ sur lequel sans seiour mōta. Quāt
sur le destrier fust monte/ vng moult fort
escu au col luy pendit dont le chāp en estoit
de sable/ & vng lyon rampant dessus/ dar
gent. Et puis la lance luy baillerent que
leās aportee auoit car dict estoit que le spē
blanc deuoit au sang de Keux tremper &
si feist il bien tost apres. A ceste heure sans
plus actendre Gauuain print conge & sen
va a moult grande haste vers la court et
sachez que la pucelle sore qui tant laimoit
auecques luy sacheminna.

Rennuyer ne vous
vouldray a vous cō-
pter toutes les iour-
nees que puis feirēt
ne quelz chemins ilz
ont tenus. Mais bien
vous dis que tant al
lerent que en la court vindrent entour dis
ner par vng mardy alors que le Roy estoit
a table assis/ & entour luy moult de gens
auoit tant de barons de cheualliers que de
scuiers/ & Keux au menger le seruoit bien
humblement des mectz premiers: que
gauuain a lentree de la salle rencōtra que
fort print a sedenger coiement deuant luy
passant puis vers le Roy sest adresse qui
a la haulte table estoit/ auquel en telle ma
niere dist. Sire sil vous plaist a moy entē
dez vͦ qui estes sur tͦ les aultres Roys
estime & renōme/ vers vous suis pour vne
besongne de moult loing venu ce sachez/ q̄
ne touche q̄ pour en vostre court droit faire
& pour droit faire y suis venu. Or faictes
donc tant que droit aie maintenant sās pͦ
delaier. Le Roy respond droit on fera de ce
que aurāy entendu & quō me vouldra de-
māder. Sire faict il vostre merci/ sachez q̄
suis icy venu auec ceste belle pucelle qui
vostre seneschal appelle de meurtre & de
traison qui fist cōme hōme desloial du Che

uallier qui fust occis cõme bien entendu auez en la cõduicte de gauuain ¶ pource sil ne se tient pour recreu ¶ lache fault que cõtre moy se deffende ou a la pucelle se rende qui est auecq̃s moy venue du tout en tout en sa merci. Quãt le Roy la parolle entẽdu luy respondit sans plus attendre. Doulx amy fuict il me croiez vo9 descendrez/si viẽdres auec nous menger ¶ le matin au poĩt du iour sans prendre respit ne delay vous aurez ce sachez ou la prison ou la bataille de ce ne vous conuient doubter. Keux qui ne peult plus endurer qui moult fust couraigeux ¶ fier ne tint pas la parolle a ieu/ ains dist au roy Sire sil vous plaist me le commãder ia respit ie ne quiers auoir que maintenant ne me combate a luy pour son orgueil abaisser. Maintenant ses armes demãde que tost luy furent aportees puis pres de la table ou le Roy mẽgeoit sest tost et legierement arme. Apres monta et prit sa lãce ¶ pend a son col ung escu/¶ dist que mal vescu il a se contre cil ne se deffend qui luy a dist si grand oultraige. Lors le Roy q̃ moult chier lauoit de la t[a]ble errãment se leua tout plain dyre ¶ de maltalent qui sõ conseil a appelle ¶ dist. Seigneurs faictil la hors venez dedens ceste belle prairie/et auecques vous emmenez Keux ¶ cestuy qui le somme de meurtre ¶ de trayson/par quoy conuient qui sen deffẽde. Gaheriet ¶ agrauain ydier le filz nud/yuain/¶ Galgantin le gallois ¶ le Roy des cent Cheualliers furent commis pour le camp garder. Maintenãt ont au camp mene ceulx qui sont mortelz ennemis. Et Gauuain se tira au dessus plus dung arpent arriere du seneschal/¶ quãt se furẽt eslõgnez leurs escus ont mis a point ¶ prindrẽt au poigs leurs grandes lances que tost baisserent vers le bas/puis brocherent des esperons ¶ au rencontrer de telz coups se ferirent q̃ des escus ont les aces fẽdus. Le seneschal sa lance brisa/¶ messire gauuain sadresse

vers luy ¶ tellement parmy lescu le fiert soubz la boucle que parmy les costes le fer luy bouta ou taincte de sang fust lensigne au lyonceau blanc/¶ de ce coup tomba le seneschal par terre qui si mallement atournē estoit quil neust sceu piedz ne mais remouuoir/¶ aussy plat estendu a terre fust comme sil eust este mort/lors messire Gauuain descent tenãt lespee toute nue q̃ le heaulme luy delaca ¶ le menasse de mort sil ne se veult rendre. Le Roy Arthus a une fenestre du chasteau estoit apuie/¶ pres de luy estoit la Royne fort estonnee ¶ marrie de Keux quelle auoit veu tomber/grãd deuil aussy en font les dames toutes lesquelles par desplaisir ¶ desconfort trop grand destõpeirent leurs cheueulx ¶ leurs guimples ¶ ceulx qui les liens gardetẽt pareillemẽt merueilleux deuil menerent/car bien cuident sans nul remede Keux auoit perdu parquoy tous en general moult fort se sont desconfortes Keux qui de pamoyson estoit reuenu entẽt le deuil que lon faisoit de luy ¶ desolatiõ parce ce quon le voit abatu dõt il eust grãd yre en son cueur/¶ daultre part voit gauuain qui tient lespee tẽdue sur luy en le menassant de loccire sil ne se veult a merci rendre/mais en Keux a tãt dorgueil de fellonnie ¶ de despit quil ny veult nullement entendre/¶ dist de moy faict il ferez ce q̃ vouldrez car bien sachez q̃ trop mieulx aime que me mectez a mort que prison vo9 fiancer ne promectre. Par mon chief luy a dist Gauuain sachez que vous occire donc q̃ sen la merci de la pucelle ne vo9 mectez q̃ nagueres ay auecques moy amenee. Keux respond point ne mi rendray. Et dõques plus natendray faict Gauuain lors haulce lespee de laquelle sa visiere luy abat faisant sẽblant de le vouloir occire mais pas nen auoit de tallẽt/¶ tout ce q̃ len faisoit estoit contre sa voulõte mais cõtraict y estoit par la promesse quil auoit faicte/ et bien voulsist nauoit la bataille emprise/ et sur toutes choses ne craiᵗ que occite ne luy couienne/⁊ de desplaisir quil en auoit vng merueilleux deuil en son cueur en menoit tousiours lespee leuee faisant semblant de le vouloir occire. Dedens le palais estoit la pucelle soer qui grande liesse ⁊ grande ioie a au cueur laquelle a haulte voix gauuain escrie. Franc Cheuallier faict elle pesez de mon frere Beger en prenant le chief/ si me aurez a tousiours resiouie. La royne voiant gauuain en telle extremite comme ce a dire en se exclamant. Doulce vierge marie faict elle perle ⁊ gemme de pudicite qͥ aux haulx cieulx esclaire ⁊ enlumine ie vous supplie keux le seneschal de ce peril gecter que le Cheuallier ne loccie. Tādis que la Royne plorant profondement aoroit le Roy a la pucelle vint acompaigne de bien vingt cheualliers a la quelle doulcement a dict/ damoiselle faict il aiez de moy merci a vous voulontairement me rens ne permectez que mon seneschal soit occie grant peche feries ⁊ grand mal/ par courtoisie vous en prie par tel couuenant que vostre seruice ie seray ⁊ tous mes hommes aussy pres ou loing ou de moy vous auriez affaire. Et pource vous prie que faciez vostre requeste le cheuallier tirer arriere qui est si vaillant combatant. Et celle a au Roy respondu/ beau sire faict elle sachez que ne scay comment esconduyre vous doibz/ ou a vostre priere obtemperer pour le malfaict qͥ keux a commis/ mais quāt tout ay bien considere ne seroit a moy competente chose de vous esconduire/ a grand reproche me pourroit mon buāt tourner. Lors vers la fenestre se traict qui a Gauuain a haulte voix sescrie si q̄ chascun le peust ouir/ beau sire faict elle tirez vous arriere ie ne veuil que plus en faciez/ de vous assez ie me contente. Le tresnoble roy qui cy est ma prie qua keux pardonnasse/ ⁊ ie veuil bien sa priere accomplir pource le seneschal tiens quicte. Quāt Gauuain la parolle entent arriere viste ment se traict ⁊ remect lespee au fourreau puis est a son destrier venu dessus lequel est remonte/ son escu a son col pendit ⁊ tost sen va sans plus actendre/ ⁊ la pucelle sur sa mulle apres sen est incontinēt allee/ mais auant a du Roy ⁊ de la Royne conge pris ⁊ de toute la baronnie. Et tant a Gauuain suiuy que petit dheure la ataict. Et keux tout plain dyre demeure qui tant auoit de sang perdu que chascun se donne merueille voiant icelle effusion: legierement porter le feirent dedens la chambre de la Royne Et le roy qui grandement laimoit luy a faict sa plaie chercher par ses medecins ⁊ cirutgiens quil feist incontinēt mander aux quelz il a demande se poit de peril ny auoit ⁊ ilz luy respondent que non ⁊ que dedens deux mois tout sain ⁊ a deliure le rendront. Que vous en diraye dauantaige a le garir ont de peine mise q̄ auant que les deux moys fussent passez ont keux totallement sans dōt le Roy ⁊ toute sa noblesse furent fort resiouis. Et Gauuain tant sa voie tint de la pucelle accōpaignie que a la tour peruindrent dont ilz estoient partis/ ou furent honnorablement receus/ ou par sept iours ilz seiournerent. Et apres la pucelle soer dilec partist/ ⁊ sen alla en sa terre dont elle vint/ ⁊ messire Gauuain sen retourne pour les auētures dela terre cher cher/ qui armes nouuelles du chasteau emporta qui grandement se desconforte de la plaie quil a a keux le seneschal faicte. tant a cheuaulche ⁊ erre q̄ vng iour le long dūg grand chemin son frere Agrauain encontra emmy le fons dune vallee q̄ sa visiere haussee auoit/ ⁊ tantost vers gauuain se traict si le salue a grāde liesse ⁊ sentrefont moult grande feste ⁊ de bon couraige. A ceste heure sans plus attendre Gauuain a son frere des nouuelles de court demanda/ ⁊ cil luy dist q̄ chascun fust haictie ⁊ sain/ puis luy compta le grand ennuy ⁊ la grande hōte que keux auoit eu ⁊ ce que aduenu luy

¶ Perceual le Gallois.

estoit. Et Gauuain respond par mon chief de lennuy de Keux sort me poise/vous semble il qua mort soit naure/non beau frere dist Agrauain ains est sain & bien deliure oncques nul iour ne fust si fort quil est mais sept sepmaines et vng iour ieust a Cardueil de des vng lict ou gueres de plaisance neust: maintenant pourtant est bien sain/bien peult errer & cheuaulcher ainsi q̃ au parauant faisoit. Et Gauuain luy respond amy sa garison doibt a tous plaire/or dictes moy se scauez qui est cellup qui le naura: de par moy ia ne sera sceu dist Agrauai car rien nen scay pour vray ie vous le dis/& ne sceut oncques son nõ nul scauoir & si en suz de moult fort presse. Pendant quil se deuiserent deuant eulx venir apperceurent cinq Cheualliers a grand exploit que premier agrauain aduisa qui a son frere gauuain les monstre & a dist/frere faict il sachez que tous ses cheualliers ia vouldroient le mien cueur tenir/apres moy viẽnẽt pour moccire & aultre chose ne pretẽdẽt Beau frere se luy dist Gauuain/ie scay q̃ bon cheuallier estes preux hardis & bien cõbatant parquoy doubter ne les debues au premier iouster ie vouldray que ie soy venir accourãt vers nous le cousanõ baisse non ferez frere nõ ferez ains verrez cõment mẽ scauray entremectre: le premier q̃ viẽt descendray ius du destrier se dieu me gard pourquoy vous allongueroie mon compte le premier vient qui hault sescrie disãt vassal tu en mourras auant que plus oultre tu ailles. Lors Agrauain quil a menasse entent/le destrier des esperons broche qui tant fort & legier estoit/et en desploiant len seigne vermeille qui au fer de la lance pendoit isnellement vers le cheuallier qui si rudement sur son escu le rencõtre que par terre le renuersa/mais ains auoit le Cheuallier sa lance sur agrauain rompue. Quãt a terre se voit abatu si tost sur les piedz se redresse sans auoir ne mal ne doulleur qui

sitost a agrauai couru sus/lespee en sa main traicte. Mais agrauain est descendu qui ne le veult a cheual cõbatre. Et quãt laultre le veist a terre luy dist que mal y est venu. Alors de seurs coups sentrefierent sus & ius destoc & de taille/siq a force de leurs espees ont leurs escus tout detrẽchez/ que vous iray ie le compte prolonger/tant exploicta & feist Agrauain quil conuint au Cheuallier se rendre & la prison luy fiãcer que tenir il yra en la court du bon Roy Arthus & en sa merci se rendre & ce Agrauain luy octroie qui maintenant son nom luy demande. Et cilluy dist que Partis appelle estoit de la mõtaigne haulte & obscure. Et ce dict vers la court se tourna/& Agrauai sans plus actendre sur son cheual est remonte. lors se destouta vng des aultres/& gauuain luy sault au deuant qui par si grãde vertu le fiert que tout plat a terre la abatu emmi le camp si estourdi & estõne que pouuoir na de se releuer qui puis apres maulgre son veuil a la court du Roy le trãsmect mais son nõ premier demãda & cil luy dist q̃ agalais appelle en son nõ estoit & que fust en cornouaille natif: puis a en ce point a Gauuain dist. Sire faict il bien conuenu est que voustre nõ ie sache/affin de dire au Roy qui est cil qui en court me enuoie metz top faict Gauuain en chemin & en la merci du Roy te rens au nõ & de par Gauuai son nepueu. Et cil sen tourne apres le cõge prins. Et les trois auttres sans actendre vers vne forest se suirẽt moult legieremẽt & bien tost entre les buissõs & haliers qui ne voulurẽt Gauuain ny Agrauain suiuir/ains ensemble sacheminerent & tout le grand chemin sen vont tousiours errãt tãt quilz peruindrent a vng chasteau qui sur vng rochez estoit. Alors Agrauain a son frere a dist. Sire faict il sil vous plaist en ce chasteau hostel prendrions. Par ma foy luy a dist gauuain ie suis atallente du tout a vostre plaisir faire. Tost apres au cha-

steau entrerent ou trouuerent vng bien hõ-
neste cheuallier q̃ de la salle descendoit qui
leur est alle alencõtre q̃ moult leur pria de
descẽdre : ce q̃ liberallemẽt & de bõ vouloir
les deux freres firẽt. Puis en vne salle les
mainne ou honorablement furent receuz &
traictez. Au matin ont de leur hoste cour-
toisemẽt conge prins: a tant du chasteau se
despartent & se remirent en leur voye. Et
tant les deux prisonniers exploicterent q̃
a la court arriuerẽt ou se sont au roy Arth⁹
renduz: lung de par Gauuain se rendit &
laultre de par Agrauain. Et le roy q̃ gran-
de ioye en a en leur liberte les remeist & de
la prison les quitta pour & en faueur de ses
nepueux q̃ moult ayma & q̃ moult chiers
tenoit. Et les freres a cheuaulcher enten-
dirent quen vne forest sont entrez: mais en
ce iour homme ne femme nont rencontre: et
ainsy q̃ le soir approchoit ont vng hermi-
taige trouue ou pour la nuict se heberge-
rent & le lendemain au poinct du iour sur
leurs bons destriers remõterent. Et ainsy
ont p lespace de huict iours estre dedẽs leq̃l
tẽps moult dauẽtures trouuerẽt / esq̃lles
se sont esprouuez quen ce cõpte ie ne vueil
mectre & aussy nen est il besoing. Et apres
les huict iours passez en court tous deux
p vng samedi arriuerẽt: & quãt leur venue
fust sceue le roy & la royne grãde ioye en eu-
rent: & grãd nõbre des barons & des chres
leur sont au deuant venus q̃ les freres ont
accolez moult cõioyeux & honorez. Et quãt
en la salle puindrent ne fault doubter com-
ment ilz furẽt du roy & de la royne ioyeuse-
ment & a grãde feste receuz & g̃ralement de
toute la noblesse q̃ moult grãde ioye de leur
venue auoient cõme de ceulx qui des plus
prochains de la couronne furent.

¶ Cõmẽt perceual apres q̃l eust este gua-
ry de ses playes chez la pucelle ou il auoit
geu vng moys entier se mist en chemin &
tant erra q̃l entra en vne forest laq̃lle il pas-
sa & apres fust fort psecute de pluye oraige

tonnaire escler / fouldre / & tẽpeste iusques a
ce q̃l trouua vne chapelle en laq̃lle il entra.

Vous auez naguetes en-
tendu cõment la pucelle
a receu perceual & cõmẽt
en son chasteau il geust
en vng lict malade par
lespace dung moys aps
quil eust neuf cheualliers a la recousse oc-
cis: ainsi q̃ passe surẽt six sepmaines ont
este toutes ses playes garies et sanees si q̃
bien cheuaulcher pouoit. Quãt sain & hai-
tie sest senty / congie print & sen est party & la
pucelle a dieu cõmande q̃ hũblement la
remercia du bon seruice & de son hostel q̃ si
lõg temps luy a preste ou honnorablemẽt
la traicte & serui: car oncq̃s roy / duc / ne con-
te / ne fust en lhostel plus richemẽt ne mi-
eulx serui quil a este. Au partir la pucelle
vnes armes belles & riches luy dõna lesq̃l-
les furent en egypte forgees par quatre ia-
ges pucelles q̃ iamais encores nauoiẽt ser-
ui: & furent a la dame du chasteau en pnt
enuoiees. Et cil q̃ getemẽt les porte sen est
alle sans plus actendre: & pareillemẽt son
espee brisee emportoit q̃ moult desire & cou-
uoicte vng sebure trouuer q̃ refaire & soul-
der la puist de ce fust en grãde fantasie: ain-
sy pensant toute la matinee cheuaulcha: ius-
ques a ce q̃ tierce fust sonee quõcq̃s hõme ne
femme ne rẽcõtra: puis est en vne forest estre
ou iusq̃s a nõne erra. Et quãt il fust hors
de ce bois apperceut q̃ moult fort la nuict ap
prochoit. Alors cõmẽca a venter a tonner &
estourbillons en laer si haultement voller
que vne chose admirable & merueilleuse
estoit: puis veit du ciel fouldres & pierres
si durement tõber que grãd esbahissemẽt en
a este. Et ainsy q̃ lors volloient fouldres &
espars bien fust aduis q̃ tout le ciel estoit en
feu espris. Tout ce q̃ la fouldre ataint bri-
se froisse & le bois verse & chiet a……..ne
peust pceual autour de luy pceuoir chaste-
au ne maisõ / & tãt epeschi le cheual la noise

Et la tumulte tant de loraige que du vēt qui bien grande peine peult aller. Et pendant qung grand espart feist a Perceual vne chapelle veue vers laquelle est legierement tourne cōe cil qui besoing en eust dedens la chapelle sest boutte bien mouillie & tresfort trempe/ou tost est a pied descendu. Puis en soymesmes pense & dist quen son vivant nauoit vng tel tēps veu. Adōc deuers lautel regarde ou dessꝯ apperceut vng Cheuallier mort estendu & au deuant vng cierge ardāt: & tost apres veist dugne fenestre sortir vne main noire & fort hideuse qui ceste chandelle a estaincte: adonc que fust le cierge estainct deuint le lieu obscur & tenebreux: si que leans on ny veoit non plus quen vng puys. Adonc sest aduise quautrefois auoit leans este/& bien apperceut & bien voit quen ce lieu fault quil se cōbate oncques ne sen esmerueilla. Alors sa presta de cōbatre: mais le lieu est si fort obscur que chose ne voit quelle quelle soit. Hors qua la clarte de lespart pouoit la main noire apparoit. Lors vers elle sest auancee & le glaiue qui tint luy lanca, & la main par moult grande vertu la lance saisist & la froisse/& perceual ensus se traict qui lespee hors du fourreau a traicte/& vers la main tantost saproche: mais quant la main cuyda actaindre vne teste venir apperceut hors du vng fenestre apparaissant iusques a la saincture: & ainsy qua luy apparcust vng grand brandon de feu iecta qui bien deulx toises de long auoit: & en regardant perceual si horriblement veloit q̄ cent thoreaulx neussent telle noise faicte ne si grād bruict: & perceual qui bien cōgneut q̄ ceste apparition dyabolique estoit treshūblement a dieu sest recōmande en se seignant par plusieurs foys du signe de la croix par tout sō corpe: maintenāt vng escry ouyt du ciel descendant fort horrible & fort admirable qui quant & quāt vne fouldre amena q̄ le mur & la fenestre fendit ou la main noire se mōstra: lors la teste desaparut: puis iecta perceual sa veue en hault & veist q̄ cestoit vng grād dyable tout embrase aiant le bras de ystre plus noir qung charbon de feu estaict/ a ceste heure bien luy sembla & creut q̄ cestoit la main de la fenestre. Adonc sest du Voille aduise q̄ dedens laumoire fust mise q̄ le roy peschoz luy dist. Puis celle part va pour le prendre: mais si tost vient la main noire q̄ luy rescout & pousse perceual arriere: puis vne voix horriblemēt luy dist vassal grande hardiesse & follie feistes quant ceans vous entrastes: & quant vo? y estes arreste de ma main ie vous occiray. Perceual vng seul mot ne luy sonne & ne la raisōne de riēs/& feullement du signe de la croix se munist: par la vertu duquel le diable arriere se tira qui en la muraille se fiert puis en se escriant en forme de tonnaire le diable a la sommite de la chappelle sault q̄ de la croix grāde fraieur eu auoit: lors si grād coup de fouldre tomba q̄ chose fust bien merueilleuse q̄ perceual de terreur nen mourut Et saresta celle fouldre en vne solliue ou le feu tout subit si meist qui successiuement & en bref toute la sommite de la chapelle en flamba. Et de chose q̄ voye perceual aduenir nullement ne sen esbahit: mais a laumoire de ceste heure sen va droict pour le voille prēdre/& la main empescher le vint. Puis vne voix ouyt qui luy dist. Perceual cesse ton entreprise & ne croy le roy peschoz se tu le croys follie tu feras & pource pense de bien tost ten aller ou a la mort liure tu seras: mainctz sont ceans venus & entrez q̄ moy se sont cōbatus q̄ iay tous sans respit a mort liurez: garde dōc quainsy ne taduienne. Perceual mot ne respōdit/ais a entēdu a ce q̄ leās pretendoit faire: alors vers laumoire se tourne pour le voille prēdre q̄ auoir il desiroit: mais la maī noire luy vint pour lempescher & la main senestre saisir: & perceual en la main deꝯtre lespee tiēt de laquelle il en cuyde ferir & a ce moult il estudie.

Mais nulle chose ne luy vault : car a chascun coup quil rue ⁊ quil iecte rien quil soit ne rẽcontre ne ataingt ⁊ pour neant se lasse ⁊ se trauaille cuidãt sur sẽnemy ferir/⁊ quãt la mal cuide a laumaire mettre lesprit mauuais luy vient le poing saisir moult voulẽtiers/pourtant la main meist se son aduantaige veioit ⁊ cest ennemy sans cesse len destourne qui dy toucher len cuide bien garder ⁊ de luy au dessus venir. Mais cil qui en dieu eust fiance de son espee se seigna priant a dieu q̃ lennemy mal ne luy face/⁊ si tost quil eust la croix faicte : sest la main arriere tiree/⁊ maintenant vng espart se lieue auec vne fouldre ⁊ tõnaitre si horrible ⁊ si merueilleux que iamais si grãd ne fust ouy ne entendu : sique par le grand espart q̃ suruint Perceual pert presque la veue : et en la chappelle tomba tout pasme/dequoy ne se fault esbahir : car puis que dieu crea le monde homme viuant ne veist ne endura si terrible nuyct si cruelle ne si perilleuse/leans ny eust cheuron ne late qui ne soit en feu ⁊ en flambe qui de la fouldre partit quant le dyable sen est alle par le miracle que dieu y feist quant perceual de la croix sest seigne. Deuant lautel cõme il est dit geust perceual a dentz tout pasme/ou il y fust moult longuemẽt tant estourdi estoit pour la grande fouldre qui tomba dequoy il fust fort esbahy. Quant a sa memoire reuint tout courant a laumoire sen va q̃ sãs aulchunne difficulte ouurir ou leãs a vng vesseau dor trouue que legierement a descouuert puis y a veu le voille blanc q̃ tant a desire tenir/qui si tost la main dess⁹ mist ⁊ le print pour en faire ce q̃ le roy pescheor luy enseigna. Lors a le voille desploye que dess⁹ lautel estendit : en le regardant plusieurs foys. Puis a de leau benoiste pris q̃ leans en vng orcueil ou benoistier trouua dequoy le voille a attrouse ⁊ mouille. Aps hors la chappelle sort pour par tout la murailler atrouser du voille quen sa mai empor

te cõme il feist ainsy que ce a la procession allast. Quant tout entour eust la chappelle arrousee/sẽn est au p̃ dedẽs entre/a toue le voille qui tenoit q̃ de rechief en leau benoiste mouilla. Puis deuant lautel ageñouille priãt a dieu quil puist du faulx ennemy a chief venir ⁊ que dicelluy le vueille preseruer ⁊ deffendre. Puis va la chappelle au par dedens arouser/⁊ ainsy comme il arrousoit : le feu sest aussi tost estaït q̃ au comble de la chapelle espris estoit ⁊ cessa la fouldre ⁊ loraige qui toute la nuit tãt de mal auoit faict. Adonc que perceual veist cest oraige estre cesse se desista darrouser : et apres q̃ le voille eust replie ⁊ au vesseau dor remis : en laumaire le rebouta que bien ferma ⁊ reclouist. Quãt perceual eust tout faict ce quil deust/au corps vint qui dess⁹ lautel gisoit/que moult ententifuement de toutes pars tant hault q̃ bas regarde pour scauoir si le peult cõgnoistre : mais rien ne peult apperceuoir ⁊ le voit si noir ⁊ si terni que congnoissance ny eust parce que tant lauoit touche/palpe/⁊ manie/le faulx ⁊ infect ennemy. Lors a soy mesmes pense et dict qũocquesmais si laict mort na veu : ⁊ moult vouldroit se possible luy estoit vng posse recouurer pour le mectre en terre. Leans fust iusques au lendemain sans clarte ne lumiere auoir. Et quant se vint au poinct du iour diuinement ⁊ par la grace de dieu le cierge sesprist q̃ de puis ne estaingnit ne iamais estainct ne sera tant que le monde aura duree.

¶ Comment apres que perceual le gallois eust eue par la grace de dieu victoire contre lennemy denfer il sendormit en la chappelle ⁊ pendant quil dormoit fust miraculeusement le cierge reallume dequoy fust ledit perceual grandement esmerueille ⁊ fort esbahy.

D.ii.

Pres que perceual eust la victoire contre lennemy obtenue emy la chapelle sendormit iusques a ce que le matin le soleil commenca a rayer adonc sest perceual esueille qui de la clarte sesmerueille du cierge q̃ la veu ardãt: de le regarder cõtenir ne se peult/& de tãt pl9 grãde merueille se donne cõsiderãt dõt pouoit estre la clarte venue/& aps tout cõsidere bien iugea que dieu auoit a ce diuinement pourueu. Alors vne cloche apperceut estãt en vng petit beffroy de quoy resiouy a este: car bien sa pense que mise y fust pour la sonner & que p ce aulchun leans venoit. Adonc a soymesmes dist que ceste cloche yra sonner. Puis sest de la corde approche & treshaultement la sonna: & gueres apres ne seiourna q̃l apperceut vers la chappelle venir vng bon vieillart portant la robe et chappe grise qui bien cent ans ou plus auoit. Si tost q̃ perceual le voit est a lencontre de luy venu: & le preudhõme estoit fort chasnu/& la barbe iusq̃s a la saincture auoit & les cheueulx iusq̃s aux tallons. Quãt de perceual fust approche au nom de dieu humblement le salue: et cil tantost son salut luy rendit en luy disãt courtoisement. Sire bonne aduenture aiez/ cõe le meilleur cheuallier q̃ iamais ayt en ce ciecle regne ne que en ce lieu soit venu combatre pour en oster les grãdes meruelles q̃ maintenant auez acheuees: beau doulx frere se vous scauez dist perceual ou pbetreuue q̃ce corps è terre plust mettre le vo9 requiers de me le faire assçauoir. Car po9 nulle chose ne laisseroye quil ne fust en terre mis. Et le preudhõme luy respond. Sire saichez q̃ pbte suis & vous dys bien q̃ trois mille cheuallers ayceans enterrez que le bras noir auoit cruellement occis estranglez/meurtris/ou estains. Or est ladhuenture acheuee q̃ mise vo9 auez a fin iamais nul mal ny aduiẽdra puis que de tout par la grace de dieu estes a chief venu. Pource prenez sil vous agree maintenant le corps par le chief/affin que dicy nous lottions et puis nous dirons son seruice/alors ont le corps de lautel descendu: & sont richement atournez puis couuert dung riche drap de soye ouure par eschicquier de bien riche & de bien fine estoffe. Le preudhõme qui la suruint vne croix dor au chief luy meist et puis a deux cierges allume quil a dedens vng coffre pris & les posa sur de ux chandeliers dor bien subtillement esmaillez. Quant ainsy pleurent inhume: vers lautel sen sõt retournez q̃ moult getemit a le preudhõme appareille au mieulx q̃ faire le cuida. Et perceual luy a aide en tout ce que le preudhõme luy a enseigne de faire. Alors ont la cloche sonnee q̃ deux freres ouyrent dont fort ont este resiouys qui celle part sõt assez tost venus: dont lung les ornemens apporta quil appartient a vng pbre vestir quant y luy conuient la messe celebrer: et laultre le calice & la teste apporte. Et quãt le preudhõme ont reuestu commẽca le diuin office aquoy faire luy ont les deux aultres deuotement aide. Et quant la messe & le seruice fust acheue deuers la biere sen allerent pour lame de ce corps a dieu recõmander. Et ce dict ont les freres le corps pris que hors porterẽt puis lont en vng cymitiere enterre ou force darbres alentour y auoit. Tous ses arbres de charme furent ou pendirent les armes les escus & les lances de ceulx qui ont este par lennemy vaincus & occis en ceste chappelle. Quant perceual les armes veist aux arbres sen donna grãde merueille lequel a tantost demãde quelle aduenture se peult estre. Puis se aduise que premier que sen enquerir il laissera au prestre le corps mettre en terre. Alors sen va le pbre vers la biere & ceulx qui ont le corps porte soubz vng arbre ilz le descendirent qui au dehors plante estoit ou nulz escussons et aussy nulles ar=

mes ny pendirent. Ioingnāt le tige de cest arbre ont ung beau cercueil de fin albatre trouue ou dedēs le corps ont couche puis vne riche lame de marbre ont dessus le cercueil assise. Quāt ainsy seurēt atourne sen retournerēt les deux freres les armes q̄ tre alors perceual se print a senq̄rir des arbres q̄ du cymitiere q̄ des armes qui y pēdirent que cest q̄ que signifioit: au viel p̄bre le demanda: q̄ cil luy en a tout maintenāt la verite comptee. Sire dist il saichez que dedēs ce cymitiere dessoubz ses arbres que voiez auons mis tous les cheuallers que leans se sont combatus dont vous auez les batailles q̄ les assaulx a fin mis cōme preulx q̄ vaillant cheuallier, q̄ si vous dys que chm̄ arbre pēdēt les escus q̄ les armes diceulx. Et la royne brangemore dont dieu ait pitie q̄ merci: qui ce lieu edifier feist gist dessoubz cest arbre de deca q̄ ce fust celle qui le cymitiere a faict commencer q̄ de puis na ung iour este quung cheuallier ny soit trespasse par la main a laquelle vo9 vo9 cōbatistes q̄ par le plaisir de dieu vaincue auez. Le premier corps fust la royne brāgemore de quoy maintenāt vous ay dist q̄ celluy le dernier enterre au cymitiere sera qui par la main noire soit occis: car iamais en ce lieu mal a hōme nauiendra. Foy que ie doy a dieu beau frere: faict perceual merueilles oy par vous reciter: mais ie vous prie de me dire ou ont ses tombeaulx este pris qui tāt sont beaulx q̄ bien ouurez: ce maist dieu luy dist le preudhōme ce vo9 diray ie sās demeure. Saichez q̄ ne passa ung iour depuis q̄ la royne fust occise que naist este trouue ung tombeau tout propice dessoubz larbre ou celluy qui ce iour auoit este occis debuoit estre enterre. Ainsi chm̄ iour aduenoit, q̄ a dessus chascun escript le nom de cil q̄ au dedēs est inhume. Atāt vindrēt les deux aultres freres qui les armes du dernier mis en terre ont apportees q̄ a larbre dessus sa tombe pendirent q̄ quāt ca q̄

la au brāches de cest arbre eurent chascun ne piece des armes pendues dist perceual que auec ung diceulx par tout les tombes yroit pour scauoir le nom des cheualliers qui dedens reposent, se maist dieu faict le viel hermite il sera bien midi passe ains q̄ par tout vo9 aiez leu. Lors sen va a la chappelle pour de ses ornemēs se deuestir q̄ perceual presque toute la reste de ce iour a vasque a faire sur les tombes lire, q̄ certes pour vray ie vo9 dys quassez en trouua q̄l auoit en son viuāt cōgneuz: mais nul ny en a apperceu q̄ de la table ronde ait este de quoy se donna grāde merueille. Et apres que par tout eust visite a la chappelle sen retourna ou luy vindrent les aultres freres audeuant qui en leur hermitaige le menerent pour celle nuict le repos prendre q̄ leur refection aussy: car tout le iour nauoit a aultre chose vacque qua ce q̄ vous a este dict sans boire ne sans mēger. Et ainsy sen alla perceual auecques les freres a lhermitaige tout a pied menant son destrier par la resne. Et quant ilz furent a lhermitaige entrez premierement a perceual desarmer entendirēt: puis ung de leur māteaulx gris sur les espaules luy iecterent. Et tost apres sans plus actendre ont les freres entendu a la nappe mectre ou dessus ont du sel, q̄ du pain dorge mis. Et quāt pceual fust assis luy ont des choulx pour toute pitance presentez q̄ de bon a petit auecques eulx mengea, car de long temps nauoit viāde beue ne gouste. Apres ceste sobre refection prinse lung des freres la table osta. Alors saraisonne le bon preudhomme qui p̄bre estoit a perceual en luy demandant de son estre de quel lieu q̄ de quelle terre il est: q̄ que par icelle terre il alloit cherchant ne querant et puis luy a demande son nom. Adonc luy a dit q̄ respondu le vaillant q̄ preulx cheuallier perceual le gallois. Beau pere dist il ie vous aduise q̄ si vous certifie que cheuallier suis compaignon de ceulx de la table

D.iii.

¶ Perceual le Gallois.

conte de la court du roy Arthus qui par la terre va errant pour prys et pour honneur conquerre:et suis nõme perceual le gallois/honneur conquerre:dist lhermite:ouy se bien vous ose dire faict perceual:quant par la terre voys cheuaulchant pour les aduentures rencontrer souuent en treuue de diuerses et ameres et de bien dures:et a maict cheuallier me combas que ie occis que ie naure ou ie prens. Ainsy voy mon prys accroissant. Beau douly amy luy dist lhermite merueille present me comptez me disãt que vous conquerez honneur et prys par les Cheualliers que vous mattez ou pouez occire. Je vous dis sire en bonne foy q̃ plustost vostre dampnemẽt y acquerez:et mectez vostre ame en danger. Ainsy cil qui ainsy la pert aduis mest qi a tout perdu. Perceual fust fort estonne quant le bon hermite entendit. Puis luy dist sire que feray ie pour mon ame sauluer. Je le vous diray faict le preudhõme sãs faulte nulle/sa voꝯ sauluer voullez entendre:ses allees ses venues que si longuement tenues auez voꝯ fault abandõner et laisser/et vostre orgueil humilier qui a dãpnement vous meneroit cy apres se ny prenez garde/et se de voꝯ mesmes pitie nauez:car hõme qui na charite en soy long temps durer ne peult:mais cõuient que/court terme il meure:et cil qui mal ouure aura mal/pour luy aura recouuert et sil est en son peche prins ne luy vauldra honneur mondain quil va par le pays quetant pour ses freres crestiens cõquerre. Entendez a ce que vous dis:que cil qui a mal se suetrue pour gens mectre a mort ou occire/son ennuy et pette conquiert:car en enfer a tousiours sera mis/parce entendez q̃ cil qui sans cõfession meurt ne peult pardõ ne grace auoir. Perceual moult sest effraie de ce que le preudhomme luy compte/et fort en son cueur sa note. Quãt il fust lheure de coucher les freres luy appareillerent vng lict selon leur vsaige ou iusques

au lendemain dormit/et sest assez matin leue et bien tost apres a ouy la cloche sõner ala chappelle ou tous ensemble ilz sont allez/et fist le viellart le seruice. Et apres la messe perceual appella qui tost est deuers luy alle:deuant lequel a genoulx se mist/et sest de ses pechez humblement accuse et en grande contriction et repentãce. Apres la cõfession faicte le preudhõme luy a en sa penitance encharge que desormais hõme ne vueille chercher pour occire se nest en sõ corps deffendant. Et perceual luy creanca et pmeist. Puis prent ses armes et est mõte apres auoir le conge et la benediction du preudhõme prins quil a a Jesus commande. Perceual en la voye sest mis et en vne lãde est entre:et de lande dedens vng bois. Et quant en ce bois fust entre en cheuaulchant deuint moult fort pensif. Alors vint vers luy vng cheuallier tout arme dessus son destrier la lance baissee:qui par sa grãde vertu perceual rencontra que sa lance a en pieces brisee:et perceual par terre enuoya. Puis sãs targer le destrier par la resne print et lemena le plustost q̃ faire peust. Et perceual en pied ressault bien tost et moult vñellement a lespee traicte:et apres cil commence fort a courrir qui son bon destrier emmenoit.

E fault doubter se perceual fust fort dolent et yre quant par terre se veist abbatu q̃ le long dung val moult se peine de courir apres son destrier au plustost qͤ luy est possible:mais il na garde de lataindre:car il sen va par telle sorte qung tonnerre ne lataindroit:et quant la veue en eust perdue:moult en a eu de yre et de deuil. Puis sest dessoubz vng chaisne assis fort desplaisant dolent et triste qui a soinesmes se print a dire ie me estoie dist il de mes pechez huy matin descharge: pource q̃ amefer me soulloie des maulx que ay acoustume de faire/ a si tost ay mon cheual perdu dont bien cause ay destre dollent. Trop mallemēt ma atourne qui ma de mon cheual dessaisy/De si grād deuil ma accōble que la mort present ie desire/a bien grande peine ie tiendroye ce que le preudhōme ma encharge a enioict car se le vassal ie tenoie qui le mien destrier ma emble iauiseroie a men vēger mais ie ne scay ou le pourroie chercher: pourtant se la terre scauoie dont il est ne ou il est alle iamais ne bouldroye arrester que ie nē eusse sceu le nō. Ainsy Perceual se complainct en la forest dessoubz vng chaisne contre lequel apuie estoit remplit dennuy a de melēcollie. Adōc voit vng destrier venir vers luy trop plꝰ noir q̄ ne meure enharnasche de toutes choses / c estoit a merueille beau/ qui a Perceual sadressa biē doulcement le col baisse frapāt du pied a hennissāt. Et quāt Perceual apperceut le destrier deuers luy venir incontinēt sest pour le retenir aduance a bien surprendre le voulloit. Lors le cheual de fraieur tressault si fort que la place trebuche/ a Perceual enuers luy sault legierement sans plus actendre/ qui par le frain le prent a monte sus sans delaier aulchūtement/ puis prēt son escu a sa lance/ moult ioieulx de ceste aduēture. Et quāt il fust dessus le noir destrier assis/vng petit sest aux estriers affiche/ a le cheual qui le tricha qui a malfaire a entendu quāt dessus son dos a Perceual sentu/sen va grande erre tout bruiāt a destruisant tout ce quil rencontre/ arbres des piece rompt a brise ries deuant luy entier ne demeure/ tant erra a la riue dune grāde a porfonde riuiere est venu ou leans se voulloit gecter pour faire Perceual perir. Perceual qui leaue regarde de lennemy ne se doubtoit mais si cōme dieu luy enseigne la main lieue si se seigna du signe des bons catholiques quant sur luy eust le signe de la croix mis/ lēnemi qui sur toutes choses

ce signe craint a redoubte/ a qui Perceual noier vouloit dessus luy a terre labbatit/ puis est dedens ceste eaue entre. Lors du Riuage vng thor saillit si tres grand a si tres horrible que bien eust vne tour abatu q̄ tost dedās cest eaue entra/ puis vng cry si espouuentable gecta que toute la terre en fremist a tremble. Perceual moult sen esmerueille qui bien entent que diables furent qui sont en ce lieu apporte. Dessꝰ luy feist plus de cent fois le signe de la passion a trop plus se voit esbahy quil na en forest este car deuāt luy il appercoit le gue qui est si perilleux tant redoubte a tant horrible ou nulz sans perillier ny passent de puis q̄ dieu a passion souffert oncques homme si laict ne si abhominable que ne veist/ Perceual ca a la regardant daultre part vne roche voit qui de haulteur estoit inestimable tant est Perceual estonne quil ne scait que deuenir peult ne quelle part doibt aller/ dedēs leaue ne sose mectre ne a la roche pour nulle chose ne sose prendre pour monter/ en ce lieu est tant desplaisant/ quil ne scait que dire ou penser/ adōcques se leua vne pluie fort chargāt a moult fort greuable/ a puis veist dune nuee issit vng estourbillon a trois testes/ qui gueres honnestes ne furēt mais laides a horribles estoient/ a toutes feu habondāment gecterent a grādes geulle ouuerte les dens en forme de dens de senglier. Perceual celle part regarde q̄ moult en a eu grande fraieur/ puis a vne nacelle veue couuerte dung linge fort noir qui luy sēble q̄ de samit estoit/ ou vne fenestre ouuerte y appercent a la quelle vne pucelle acoudee regardoit qui par semblāt fort ennupe estoit a afflicte destre si longuement en leaue/ alors ceste nacelle aproche du lieu ou Perceual regarde sur la riue las a pensif/ atant est la nef a port arriuee a sest pluie departie/ tout souef a bien doulcemēt. Et quant Perceual veist la pucelle venir tantost est a lencontre delle alle qui bien

D.iiii.

humblement la salue. Et celle qui tout le mal & cest affaire scauoit luy a dist. Amy Perceual sachez que de loingtainne terre pour vous trouuer suis cy venue/ie vous cognois bien n'en doubtez par trop mieulx que moy vo'ne faictes/ailleurs quicy vo' aye veu & vo' moy aussy/mais ne scauez ou ce a esté ne' quelle part/& croy que ne me congnoissez. Fay que doy a dieu belle amie faict Perceual nullemët il ne m'en souuiët. Atant la damoiselle saproche qui doulcement par la main la pris/& dist ne me veistes vous oncques mon amy prenez vous en garde. Lors Perceual laduise & pense selon son aduis q̃ blanche flour la belle estoit son amie. Lors luy dist pucelle vous soiez la tresbien venue comment vintes vo' en ce lieu/puis la prent lacolle & la baise & se sont dessus lherbe assis. Atant a faict la pucelle par sa mesgnie vng pauillõ tendre dessus eulx moult bien ouure & riche & couste poincte estẽdre bien faicte au millieu de la tente/puis maintenant feist vng lict faire si riche que son pareil neust/pendant l'heure de souper approcha si allerẽt la table mectre/ceulx qui de ce faire sentremeirẽt/dessus vng riche mectz poserent plus delectable que iamais nul n'ouit parler. Quant a Perceual furent les armes traictes sest au hault de la table mis ou aisement mẽgea et beust aussy en eust il bon mestier qui le iour autant qui fust long n'auoit pain ne viande beue/& si auoit maint couroux eu/ quant menge eust a son vouloir la dame q̃ pres de luy seoit/a faict tãtost la table oster puis leaue a lauer demãda qui leur a este aportee dequoy Perceual & la dame lauerent. Alors se sõt retirez en secret Perceual & la dame ensemble/pour a leur priue deuiset/& Perceual luy dist amie/ie vous supplie de me dire quelle chose chercher vous allez si loing et par estrange terre. Doulx amy querre vo' venoie pour vng biẽ grãd affaire amoy suruenu parquoy ay de vous grand besoing a cause dung peruers Cheuallier Arides nõme descauallon qui ma terre destruict & degaste pource qua fẽme auoir me veult/& croire pouez qui tout l'auoir de ce monde me dõneroit qua mari ne le vouldroie prendre/par trop vers vous ie mesprendroie. Doulce amie faict Perceual chose ne sache croiez moy qui de la mort le puist sauluer se possible est que le rataingne. Celluy suis comme bien scauez qui iamais iour ne vous fauldra. Et l'en mercie qui moult parfaictement laimoit. Quant l'heure du coucher approcha luy dist amy quãt vous plaira coucher pour reposer vẽ drez auecq̃s moy pour ceste nuict en ce lict qui est prepare/& encores comme ie desire y gerrez par plus grand loisir/& Perceual courtoisement luy respõd que du tout voulra a son plaisir faire. Tost apres s'en allerẽt en ceste riche couche gesir/pieca n'auoit la damoiselle veue/& quant pres de luy la sentit ne fault doubter si grand fust son soulas. Et ainsy q̃ au lict s'aualsoit deuãt luy vng petit regarda si a veu la croix de l'espee quil eust apportee auec luy/& parce sest lors remembre du signe de la croix se munir. Et parce deceut le diable auq̃l pensoit faire son delict qui la semblance eust de sa mie qui auec luy le voulloit faire pecher et disoit que si chier laimoit. Quãt Perceual eust le signe de la croix faict comme dieu par miracle le voullut/le diable qui pres de luy geust sault ius sans plus y arrester/q̃ pauillõ & lict emporta/& Perceual tout seul demeure fort triste & merueilleusement pẽ sif/qui vers le ciel les mains estenden ren dant au createur grace/en disant eternel & souuerain sire qui mortel hõme voulustes deuenir ie vous aore & vo' mercie/de liõ neur que cy m'auez faict contre le faulx et mortel ennemy qui en ceste eaue me veult faire noyer. Lors se reuestit & arma le plus legierement quil peult. Puis a vers leaue regarde ou il vist la nef arriuer/mais nes ne barque ny a veu/ne chose qui soit en ce monde: maintenant sest la lune leuee qui vng peu la resconforte. Et la nef qui du port partit choisit qui arriere sen va/puis se leua vne grãde tormente si tres horrible que merueille pareillement se print a plouuoir a tõner & fouldre: cheoit & piettes des nues descendre entour la nef grosses & gresles qune chose admirable estoit/oncques ne se voullut Perceual de ce lieu bouger tãt quil peult la nef aduiser/& quãt la nef plus na peu perceuoir lors sest la tempeste departie cest oraige & la pluie aussy/adonc sur le riuage sassist fort pensif de ce quil a veu/bien sachant que le cheual qui en ce lieu la amene estoit lennemy de nature qui en semblance de cheual sestoit mis/& de celluy qui a la tente vint par vng estourbillon scait aussy que cestoit le diable qui a peche atraite le vouloit. Et Perceual en ce penser estant vers le ciel souuêt ses mais estendit priãt a dieu mercy auquel il se confie/& disoit pere souuerain par vostre bõte & pitie gectez moy sil vous plaist dicy en telle maniere que ce soit au saulement de mon ame & ie vous promectz de bon cueur que telle chose moyenant voustre aide feray que deseruiray vostre grace. Ainsy Perceual a dieu se submect/qui maint grand soupir & maint plaingt ceste nuict sans seiour gecta iusqz au matin que le iour apperceut qui moult iouuêt a ceste heure a dieu reclame que sa vertu veuille sur luy estendre. Lors quainsy alloit nostre seigneur reclamant que secours luy voulsist enuoier & le preseruer de peche vng nauire veist tost singlant a voille desploie sans auirõ ne gouuernal & si grande ioye y auoit enuirõ que impossible est plus grãd de souhaiter richemêt fust la nef escoutinee q̃ ce mati perceual apperceut laq̃lle deuers luy venoit/& ny auoit en ceste nef fors vng seul homme ancien/qui moult sembloit simple & deuot.

Lors q̃ Perceual apperceut la nef pres de la riue approcher soudainement va a lencontre pour voir que dedens y auoit. Et le preudhõme q̃ bien sceut toute sa nature & son estre/hors de la nauire est sorti q̃ dep̃ le roy eternel courtoisemêt p̃ceual salua/& p̃ceual luy a humblement son salut rendu. Et luy dist sire sil vous plaisoit voulõtiers ie scauroie pendant que vous ne que moy na icy qui vous estes/& se point ne me congnoissez. Beau doulx amy faict le preudhõme du tout en tout la verite vous en diray/le supernel en trinite regnant cellup qui les pechez pardonne/en ce lieu deuers vo9 me uoir pour vous sollacier & resiouir qui ne veult que vous descõfortez/courouz auez eu merueilleux/& de par luy confort ie vo9 aporte/pource nayez traieur ne doubte car iesucrist vostre saulueur qui ciel & la terre crea ma cy enuoie vo9 querir/entrez en la met auec moy & de riens ne soiez en crainte de chose que vous aiez veue: de ce que tant pour moy vous penez ie vous mercie faict perceual. Or ie vo9 prie que nouuelle vo9 plaise me dire du cheual noir quen ce lieu maporta/& apres de la damoiselle qui pres de ceste roche me voullut faire auec elle coucher dedens son lict tout nud a nud/en verite dist le preudhomme ia rien ne vous en sera celle. Pource sachez que le cheual q̃ en ce lieu vous aporta fust le diable q̃ couuoictoit q̃ en fer auec les dãpnez vous eust faict trebucher et mectre. Car quant a la chapelle fustes ou lenemy a la main noire vainquistes/& au bon preudhomme voz pechez reuelastes/du quel en grande repẽtãce de voz pechez printes labsolution/si courouce fust lennemy que contre vous en deuint tout p̃e voiant que perdu vous auoit/& pour de rechief vous faire a luy retourner/vous feist en telle maniere en la forest de voustre cheual trebucher pensant vous faire desesperer/puis en aultre forme reuint quant vous feist dessus luy monter qui douloureusement noie vo9 eust se dieu de vous neust pitie pris quant de la croix signer vous feist pour a vostre deliurance peruenir/ et pource fustes vous desliure de celluy qui en ceste eaue courant perdre et destruire vous voulloit. Quant a vous noier eust lennemy failly saillit le cheual en ceste eaue vaincu matte et desconfit, pource q̃ perdu eust sa force/ vng aultre diable y renuoia en semblance dune pucelle/ et vous dist le peruers ennemy que Blanchefleur vostre amie estoit qua beau repaire vous laissastes mais se nestoit q̃ deceupance/ ains fust le diable qui surprendre vous cuidoit pour vous faire au lieu tenebreux et abhominable descendre. Certes sire faict perceual bien croy que ieusse este perdu se ne me fusse du signe de la croix signe/en iesus ay ceste credence que par la vertu de sa saicte croix ay este de lennemi deliure que ie vis en aller bruiant en forme de fouldre et tonnoire ne scay aultrement quil deuint et aussy iamais ne le quiers: auecques vo⁹ suis present demeure desirant aller ou me net vous plaira aussy est ce raison et droict quant de par dieu vous reclamez. Maiez soussy faict le preudhomme/ car garde de riens vous nauez/tant que mon conduict vous auray/et croiez que a grande ioie et a grande liesse vo⁹ menetay au chemin ou aller deuez. Atant sont en la nef entrez et le vent qui au voille se mect si vistement les poussa quen petit dheure passez furent au port ou ceste nef arriue dessus vng bien plaisāt rocher vng fort riche et moult beau chasteau choisirent. Ce chasteau ainsi situe fust que dune part a la mer batoit/et daultre part dessus les champs laboura=bles sur les vignes et sur les prairies/et les forestz daultre couste ou sont de toutes bestes sauluaiges. Lors q̃ de ce chasteau approchez furent Perceual au sainct homme dist beau doulx sire faict il dictes moy sil vous plaist comment ce beau chasteau se nomme que ie voy si tres bien assis ie te quiers q̃ men faciez saige:doulx amy luy dist le saict homme cest le chasteau des desertes et est le sire du lieu Satur de la loge nome. Il suffist sire faict Perceual ie vous prie que nous y logeons/car pas ne croy q̃ il y ait faulte que le sire ne soit de bons cheuaulx prouueu: ia pour cheual ne sirons veoir faict le preudhomme car tel lauez comme le demander vous plaira ien ay de bie beaulx et de bons autant que cheuallier du monde: pendant le temps quainsy parloiet deuers le chasteau venir voient deux var letz courant erramment/dont lung vng palefroy amenoit et laultre vng beau destrier tout blanc/ou faulte de harnois ny eust: amy Perceual faict le preudhōme des deux cheuaulx que vous voiez pouez lequel q̃ vo⁹ plaira choisir et prendre cil que mieulx chier vo⁹ aurez tous deux sont aussy blācs que vng lys/de cheual estes asseure puis que vous auez a choisir. Quant Perceual fust de la nef orti le destrier a choisy et pris qui moult estoit fort et legier sur lequel vistement monta/et tost apres a au preudhōme conge demande/ et cil a Jesus le commande qui amene lauoit en ceste nef ou le vent se fiert a la voille/ si sen part la nef de ce port.

¶ Coment apres que Perceual eust recouuert vng cheual au lieu du sien q̃ mort estoit se mist a cheuaulcher par vne vallee ou il ouyt vng Cheuallier qui le suyuoit grand train au quel il iousta et fust ledict Cheuallier vaincu et enuoye en la prison du Roy Arthus.

Apres que Perceual fust du sainct homme departi qui le blāc destrier luy dōna son chemin par vne vallee a prins / mais neust pas vne lieue erre quil ouit vng cheual venir haultement apres luy hennissant. Adonc/a son chief retournez apperceut vng cheuallier cheuaul

chant plustost que le trot fort bien et riche-
ment orne et fust il empereur ou Roy si eust
il trop bel appareil/ et si tost que de perce-
ual approcha sans blandir haultement les
crie Vassal faict il pas saige vo9 ne fustes/
qt le passaige de mon seigneur eportastes
ie cuide et plustost croy qa hoste vo9 sera tour-
ne. Alors la Perceual aduise et luy a dict.
Sire faict il ie vo9 aduise/ q noble et vaillat
Cheuallier suis et ne fus mon viuant en
lieu ou passage on me demandast/ pource
retournez ie vous prie si aller a vostre beso-
gne/ ia dieu ne me soit a secours se sans oc-
casion de droicture retourne. Retournez
faict le Cheuallier au chasteau dessus la
riuiere ou iay enpense vous mener: mener
faict perceual sas faulte pas ne mi mettrez
sans Bataille: a vous donc me combateray
dist le Cheuallier sans actente puis que
par beau venir vous ny voullez/ adoc les
bons destriers brocheret pour si tost leur en-
treferir/ puis a chascun la lance baissee de-
liberant son ennemi greuer/ et le Cheual-
lier suruenant a Perceual sur lescu actaint
dung tel coup qui le rompit et le brisa et luy
entra le fer de lance iusques a la peau du
coste mais de nauenture ny eust point et la la-
ce en pieces brisa. Pceual point ne luy fail-
lit qui en telle maniere le Ceuallier sur
lescu assena q le porta dess9 la pouldriere
a lenuers son destrier dessus luy renuerse/
si que de la grande doulleur quil en sent en
ce lieu deuint tout pasme. Et quant de pas-
moy son reuint/est sitost sus en pied sailli/ et
dist vassal apied suis et vous bien monte
mais a terre descendrez/ ou le voustre de-
strier perdrez. Adonc Perceual luy respod
que vous a mon destrier meffaict parquoy
occire le voullez/ ne cuidez sire nullement
que dess9 le cheual vous fiere/ oncques tel-
le chose ne maduint. Lors est du destrier de-
scendu/ qui a merueilles blanc estoit. Adoc
meist la main a lespee et print son escu par
la guige qui gentement a son colle mect/

et le Cheuallier sestudie si peult de le me-
ner mallement. Alors sans faillir sentrefie-
rent sur les heaulmes et dessus leurs esc9
mais perceual qui a este le vainqueur en
mainte bataille vng si pesant coup dessus
le heaulme rue que la durete de lacier ne
lespee sarresta que iusques au testz ne la
taignit et a la terre de son long la tout plat
mis et estendu/ qui du coup tat fust estour-
di/ que par trois fois en la place ce pasma
et perceual lors luy destace le heaulme de
point en poit dont grand fraieur en eust le
Cheuallier parquoy luy a merci prie sans
plus delaier ny actendre/ tendant lespee a
Perceual et dist sire ie vous supplie que la
vie me veuillez sauluer/ bien scauez qui mer-
ci request est digne de mercy auoir: liberalle-
ment ie loctroie faict Perceual en maniere
et par tel conuenant que aincois quau cha-
steau tu retournes a la court du Roy arth9
ten yras auquel veuil et entens que tu dises
que de par moy en sa prison tenuoie et aussi
ainsy qt ie croy loccasion luy en diras come
ie desire que le faces/ et croy que bonne prison
auras quant de moy nouuelles ora/ et te
charge encores luy dire que vers luy espe-
re estre a la penthecouste ou ie scauray que
sa court il tiedra se detenu ie ne suis de pri-
son ou de mallade ou que ne puisse cheuau-
cher/ et affi qua rien tu ne failles sachez que
partout ie suis Perceual le gallois nomme
Et le Cheuallier a courtoisement respon-
du sire par mon chief ie vous iure que vo-
stre veuil accopliray et bien luy scauray di-
re tout laffaire de point en point. Lors a son
cheual vient et puis monte sans aultre res-
pit demander pour a son voiage se mectre/
et en lheure debonnairement se sont a dieu
recomandez. Lors le Cheuallier diligete
pour a la court du Roy Arthus aller. Et
Perceual est dess9 son blanc destrier remo-
te/ et se achemina en la voie qu'enprise auoit
qui iusques a midy ne fine de cheuaulcher
le long dune plaine. Et bien petit apres mi-

Sy est vne prairie paruenu qui moult estoit belle a merueille, & au pres de ceste prairie vne fort belle tente trouua ioingnant vne clere fontainne, ou celle part est Perceual venu, & parce que de reposer grand besoing & mestier auoit deuant la tente est descendu q a merueille riche estoit, & quant il eust mis le pied a terre, contre luy vient vne pucelle qui bien gentement le receut comme vng bon Cheuallier doibt estre & luy feist bien ioieuse feste & puis au pauillon se mettent, ou sur vng lict se sont assis, adonc se prent perceual a la pucelle demander, amie faict il ie vous prie me dire se seigneur ou amy auez, & la pucelle qui moult prudente & saige estoit honnorablement respondit, Sire sachez que iay amy preux & courtois & en grande hardiesse renomme, ie ne croy point que nul le terre soit possible vng meilleur trouuer et est nomme Dobineau le sauluaige Cheuallier de la table ronde. Belle cellui que me nommez congnois ie bien dist Perceual, il est vray quil est preux & hardi & en luy a moult de bontez, & croiez que ioyeux ie suis quant en bien de luy oy parler. Or dictes moy doncques la belle se present est il icy & say ou, sire a Dieu soit la grace, & maintenant icy viendra. Et ainsi que a leur plaisir deuiserent ce que pouoient par loisir faire ont apperceu quatre damoiselles venir q par esbat furent allees aux prez les flourettes cueillir dont de beaulx chapeaulx faictz auoient. Et quant pres de leurs dame Perceual apperceurent celle part sont tantost allees qui toutes sont courtoisement salue. Et ild: bonnairement a chascune son salut rendit. Adonc a la dame aux pucelles dist que du destrier de ce cheuallier se donnassent garde, & aussy que bien fust traicte. Puis tost au commandement de la dame ont les pucelles entendu lesquelles ont au cheual habondamment foin & auoyne donne. Et de ceste heure a faict la dame Perceual courtoisement desarmer, & tost apres que du tout furent ses armes ostees, est leans vng cheuallier entre tout arme dessus son destrier qui vers la damoiselle est venu qui auant que la saluer, en la baisant doulcement la prinse comme celluy qui fort laima, puis la sur son cheual montee & sen va sans plus arrester auec la damoiselle quil emporte q douloureusement se plaingt & a moult haulte voix se crie, secourez moy vierge & pucelle doulce tresoriere de grace que desshonnoree ne soye.

Quant les damoiselles ont veu leur dame que le cheuallier emporte ne fault doubter se grand deuil se menerent & se sont a Perceual pesa qui subit son cheual demande, que luy ameine vne pucelle, & perceual dessus monta ainsi desarme comme il fust, & prent son escu & sa lance & son espee seullement, & sans targer du pauillon se issit & court apres le Cheuallier qui a grande allure senfuit, mais tant Perceual diligenta quen le fons dune vallee q a grande merueille estoit large & de moult loing le Cheuallier choisy, et quant perceual laprocha a haulte alaine luy escrie vassal mectez ius la pucelle. Et cil qui la veu approcher gueres de luy ne sest doubte par ce que desarme estoit, parquoy point luy daller ne se laisse, & perceual tousiours apprche & luy crie vassal vassal se iesus ma saincte me garde, enuers moy vous retournerez ou vous feriray par derriere ainsi en fuiant vous mourrez dont grande honte en pourrez auoir. Et cil qui bien entend qui dict vray, a terre a la pucelle descendue & sest retourne pour vers celluy aller que si long & si haust la menasse q de la lace quil portoit la dedens lescu assene q soubz la boucle luy perca & le fer vng petit rompit sique en la chair na point touche & la lance en pieces tronçonne. Et Perceual si bien lassene au parmy de son bel escu que doultre en oultre le fendit & a si bien le cheuallier empaint que la terre tout plat estendu le porta dessus le dos a la renuerse si estourdi et estonne que pied ne main ne remouuoit. Et perceual sans plus actendre tantost est en bas descendu qui vers le cheuallier sen va et le heaulme luy delace: et puis luy haulsa la visiere: a lespee qui bien trenche le menace et dist quil en aura le chief se la prison ne luy fiance/et cil qui geust en pasmoison vng seul mot ne luy sceust respondre: puis de rechief perceual encores la raisonne/et cil qui moult a destroict fust/en ouurant les yeulx le regarde/et puis luy dist. Sire aultre chose ne scay dire fors quen vostre mercy ie me rens en vous iurant et affermant que ou il vous plaira eslire a vostre gre prison tiendray: et loyaulment vous le promectz me contenir ainsi quil vous plaira me dire. Et ie te mectz dist perceual du tout en la mercy de ceste gracieuse damoiselle pour faire de toy son plaisir. Ha sire dist le cheuallier daultre chose na la damoiselle desir si non que ie perde la vie et est la sienne affection de me exteminer mallement pource franc cheuallier ie vous prie et requiers de tresbon cueur ne me vouloir a elle liurer. Se la mort donc veulx esuiter/a la court du noble roy Arthus tu ten yras lequel de par perceual le gallois salueras reueramment en luy disant quen sa prison present tenu oye/et luy dys qua la court seray dhuy en vng moys se nay essoygne. et cil qui en ce peril est: luy respond que luy scaura dire/ ainsi qui luy a encharge. Puis remonte et son conge prent: laissant celle part sa noble pucelle si dolent quil fault que ce face qua peu que le cueur ne luy part. Et perceual a la noble pucelle est venu pour la conforter lequel au pauillon lemporte toute la costiere dung val dessus le col de son destrier Tant ont le droict chemin tenu quilz sont deuant le pauillon venus/ou tout en lheure estoit dodineau descendu a lhuis du tref sur la belle herbe qui encores notnuelles ne

scauoit que le Cheuallier eust samye emportee et ne cuidoit que nul fust de ce faire tant ose: ne que de celuy en print enuie. Et quant veist perceual venir qui deuant luy son amye tenoit grandement sen esmeruilla. Lors a aux pucelles demande de quelle part leur dame venoit: et qui fust cil qui deuant luy la porte. Celles qui furent esplorees le chief vers leurs seigneur leuerent auquel elles dirent la grande honte et le deshonneur de cellup qui la emportee en plorant et lamentant merueilleusement afflictez/ comment cil tout desarme apres il alla que sauluee et recousse la comme bien feble/ parce quensemble on les veoit reuenir.

¶ Quant dodineau eust leur dire entendu tant fust yre que ne sceust vng mot dire: tout son viuant si triste ne si dolent na este. Puis dist comment fust cellup si hardy qui tant osa vers moy mesprendre de me venir mon amye tollir: et en mon pauillon priuement. Pendant quainsy que dodineau ses complainctes iectoit. Perceual descendit la noble pucelle a terre: laquelle dodineau vistement entre ses bras prent. Et celle qui moult fust esprise de courtoisie et de grand scauoir luy dist Sire ne faictes pas ioye de moy/ mais vous supplie et requier de tresbon cueur de conioyr et festoyer ce noble Cheuallier qui ma recousse de cellup que homme viuant ne redoubtoit/ tant estoit couraigeulx et fier/ mais pas na este le plus preulx quant par sa force memportoit et ce cheuallier la sans armes conquis et vaincu/ qui tost prisonnier a la grande court du noble roy Arthus lenuoye. Quant dodineau eust samye entendue est maintenant vers perceual alle et luy dist vous soyez le tresbien venu sire/ et perceual luy respond. Cellup que le firmament fist vous doint honneur et ioye prospere ainsy comme ie le desire. Lors le regarde Dodineau qui a ceste heure le recongneust: puis tost lembrasse et si lacolle par vne grande affection de quoy faire
p.i.

il ne se peult saouller doulx amy dist il Perceual moult nous auons en maincte terre cheuaulche daultres et moy pour voꝰ chercher et querre: plus y a de six moys entiers quen maint lieu demãde voꝰ auons ainsy que cõmande nous fust: depuis nen peulx nouuelle ouir: fors au chasteau aux pucelles ou lautre iour me hebergay, trouuay Saigremor fort malade qui me dist q̃ veu vous auoit: mais ne sceut que deuenu estiez: et me cõpta q̃l voꝰ auoit laisse cõbatant a huict cheualliers tout ensemble. Et ie remertie mon dieu de ce que vous ay cy trouue. Sire ce vostre plaisir est a la court vous et moy yrons et partirons demain au matin. Perceual luy respond adoncques doulx amy de ce ne parlez: a la court encotes ne yray: mais a la penthecouste ay em pense y estre sil plaist a dieu le consentir: et de malle encõtre et daduersite me garder. Que voꝰ iray ie plus cõpter de la ioye qui fust en ce lieu tant que ce fust chose moult prisee et moult delectable a les veoir. Lors les sergens les tables allerẽt mectre puis se sont les seigneurs au menger assis et furent honorablement seruis. Et quant menge et beu ilz eurent a leur loisir tant q̃ leur vint a leur vouloir. Une pucelle leans vint dessus une mulle mõtee: mais aincois que ce tresentrer sescria a gorge estendue. Perceual faict elle a moult grand besoing suis icy venue et trespasse ay maincte terre tãt seullement pour voꝰ chercher: vostre amye a vous me transmect q̃ vng cheuallier de grand renom veult destruire et mectre en exil Cest arides dascauallõ qui chm̃ iour cruellement lassault et sa terre destruict et degaste, se vous faictes lõgue demeure ia mais a temps voꝰ ny viendrez: car il conuient quelle se rende selle nest de brief deffẽdue et tout au plustard mescredy: pour vite ie le vous dys. Quant perceual les motz entend incontinent sur les piedz se dresse et dist quen ce lieu ne seiournera: mais auec

ques celle sen vouldra aller qui ces griefues nouuelles apporte: laquelle de mẽger la supplie: et la pucelle luy a dict que presẽtne mengeroit pas. Et perceual tout a ceste heure requist quon luy baillast ses armes et Dodineau en feist pareillement: et dist se dieu sancte luy donne quauecques perceual yra. Et perceual a ce repugne et dict que rien il nen fera: mais que plustost en court sen retourne ou nouuelles de luy portera: et dise qua la penthecouste il y sera la veille ou plustard le iour moyennant q̃ dieu sancte luy preste. Adonc luy fust son blanc destrier amene sur lequel ysnellemẽt monte. Puis a a dieu dodineau commande et pareillement son amye: et ce faict a la voye sest mis. Allãt apres la noble damoiselle le long dugne belle prairie. Tant ont le droict chemin tenu que dedens la forest sont entrez: qui moult estoit plaisante et belle: ou perceual a la noble damoiselle demã de comme present sa bonne amye se portoit et celle luy dist que bien luy fust se Arides point ne la greuast. Tant ont cheuaulche et erre le grãd chemin plain, et batu quil fust pres de nonne passee. Et alors une orriere passe perceual pour la malle voye esuiter qui en yuer et en este estoit en ce lieu fort dãgereuse et doubteuse, et puis en vng mõt de uallãt sẽtit son cheual vng petit dessoubz luy clocher si sesmerueille que peult estre. Et pour la verite scauoir: est perceual en ce lieu descendu, et voit aps, q̃ il eust p tout visite q̃l est poꝛ tout vray encloue: sy en a rẽdu grace a dieu sãs sen courroucer nullemẽt. Lors la noble pucelle luy a dict. Sire a la verite et pour tout certain ie vous aduise que vng febure il y a cy deuãt qui bien desclouer le scaura et si prudentement que ne luy fera aulchun grief: et pource montez sil vous plaist: car point ny a lieue et demye iusques ou le febure se tient: et faict sa demeure qui de bons clous a forge mains, poꝛ plusieurs hõmes/ ou tãtost nous serõs venus & bien vous y menray tout droict. Doulce amye dist perceual a pied iray: car mon destrier auroit le trop peut dempirer foy q ie doy au createur dist celle ia mal ne aura. Et perceual dist ql vouldra faire du tout a so plaisir & vouloir. Alors mote sas nul delay: & puis tout le pas sen tournerēt sas encōbrier ne greuance: et peu a peu ont tāt erre qlz sōt cheux le febure venus.

Le febure tel ouurier estoit quō neust sceu trouuer son semblable ne q eust faict ce quil faisoit: qui doulcement & bien a se clou hors du pied du cheual traict: & ce faict dist a perceual mō amy plus de vostre destrier ne vo9 doubtez mais tenāt pourrez seurement cheuaulcher q̄ alle part q vouldrez aller sans auoir dōmaige ne mal. & perceual q de ce fort fust ioyeulx grandement sen remercia: & luy dist sire ie vo9 prie q veuillez voustre nom dire. Et cil q celler ne le voulloit luy dist saichez q Tribuet suis nōme: & parce nom ie vo9 aduise q suis cōgneu en maīcte terre vo9 mesmes ainsy q ie croy en auez bien ouy parler: car ceste espee q portez fust par moy forgee et trēpee. Certes amy il peult biē estre faict perceual: moult ie say de loing apportee: & si mest faillie au bes ing. Pourtant ie croy & scay de vray: q bien par vo9 sera refaicte ou ia nul ne la refera. Il est possible dist Tribuet. Adonc la tira perceual hors du fourreau & puis a Tribuet la baillee: & celluy la mect sur la forge q en petit dheure la reioincte & ressouldee: & a perceual la rēdit sy tost cōme elle fust refaicte: & dist sire cil qui telle espee porte biē sen peult au besoing aider: gardez la bien / car la pareille iamais en main ne vo9 cherra: & croy de vray q demain bien en aurez afaire: & vous conseille q quil soit q sans grand besoing ne la traiez. Perceual q moult fust ioyeulx & courtoisemēt le febure remercia/ qui lespee en sa main prinse & quāt bien leust regardee oncques souldure ny veist apparoit & puis la au fourreau remise & sans acten- dre est dessus son destrier remonte: apres quil eust tribuet derechief remercie lequel la a dieu cōmande. Atant sen tourne perceual auec la belle q le mesme vers le chasteau de Beau repaire: & tāt errerent & allerent qlz sont en ce chasteau venus: ou fust perceual de Blanchefleur a si grāde ioye receu q chose inestimable estoit: ains q du cheual descendist plus de trēte fois le baisa: son grād courroux & sa grande desplaisance fust tost en ioye & en ioulas cōuertie quāt son amy a appceu pl9 de rien il ne luy souuint fors de lyesse & faire feste. Quāt perceual apied fust descendu & desarme de toutes pieces luy seist sainpe vne robe descarlate apporter fourree dugnepēne dermīnes q vne pucelle bailla & puis vng beau māteau de pourpre fort richemēt & artificiellemēt ouure. Tant faisoit perceual beau veoir quāt fust orne & biē vestu quen toute terre neust en sceu vng plus aduenāt psonnaige choisir si courtois ne si biē apris. Alors le print Blanchefleur par la main q en sa chābre la mene tout seul sans cōpaignie aulchunne: ou ioyeulsemēt dessus vng lict sassirent & bien me semble quassez peultrent estre ioyeulx quant seul a seul en leur prinse se trouuerent. Dessus le lict eulx deulx assis de plusieurs choses ensemble ont traicte & ple et par expres a la dame a perceual dict et compte cōmēt Arides sest tant effurce que toute la terre & son pays destruict de pert & deuaste en bruslāt villes & chasteaulx & cōment ses gens prent prisonniers ou les occist en desrobant & pillant leurs biens. Doulce amye fuict perceual venus sōmes pour vous venger et pour vostre grand deuil abbatre. Bien ie pense a Arides la chose rendre moyennant laide de mon dieu qui vous a faict et quencor il cuyde faire.

p.ii.

¶ Perceual le Gallops.

Moult longuement ainsi parlerent iusques a ce q̃ lheure de soupper approcha: ou sans delayer sont allez. Et apres q̃ du menger leuez furent: sen allerent a vne senestre apuyer ou ensemble se deuiserent tant q̃ le temps fust daller le repoz prendre. Alors Blanchefleur qui moult perceual auoit chier par la main dextre lemmena dedens vng beau lict reposer: & aussi tost comme coucher leust faict de la chambre sen est yssue: & sen est en son lict allee ou elle geust iusques a ce q̃ la guette le iour au matin sonna. alors sest blanchefleur leuee & apres que du tout fust appareillee: a la chambre ou perceual gisoit sen vint lequel a cause du trauail precedent assez bien a celle nuict reposé. Quant Blanchefleur dormant le trouua aupres de son lict cest assise qui ioyeuse estoit de luy veoir prendre repoz: mais tost sest perceual esueille qui fort semerueille de veoir blanchefleur si matin leuee. A laquelle a dict. Belle faict il/ie crains que trop ie ne me soye endormy parquoy trop autour demeure a vostre ennemy deuant sa tente assaillir. Non auez sire dist Blanchefleur de ce ne vous donnez ennuy. Adonc se leua sans plus seiourner puis se vestit & satourna: & se tost ses armes demãda q̃ deux escuyers luy apporterent. Et quant arme il fust de poinct en poinct dessus son destrier est monte. Puis print son escu & sa lance & a lespee de Tribuet saincte qui ce iour trempee en sang sera. Pendant q̃ perceual sarma Arides a la porte vint accompaignie de plusieurs cheualliers q̃ a haulte voix se cria disant ainsi /blanchefleur rendez moy le chasteau: ains que plus dassault ie vous face se lame perdre briefuement ne voullez senuers moy ne le faictes deffendre par vng cheuallier corps a corps et se deux il y auoit voire trois ie vo9dis que contre eulx me bouldrois combattre & les vaincre a la grande vertu q̃ iay. Ie ne scay luy dist Blanchefleur comment il vo9 en aduiendra: mais

vous aduise q̃ cil qui me scaura deffendre pourrez appcuoir a court terme. Tandis fust la porte du chasteau ouuerte par laq̃lle est a ceste heure perceual yssu dessus le blanc destrier monte. Et quãt arides lapperceut ses gens arriere renuoya: & leur dist faictes nous belle place se vous tirez vng peu ensus & gardez que nul ne se meufue. Cilz firent son commandement: & arides sans arrester escrie a perceual & luy dist. Vassal faict il dictes moy maintenant q̃ vo9 querez en ceste terre & icy deuant ce chasteau. Soiez certain dist Perceual que venu suis pour vo9 combatre & pour vostre orgueil abaisser q̃ iay empense se dieu me gard/abaisser si bien le pourra appcuoir la damoiselle du chasteau. Estes vo9 tel comme vous dictes faict arides/mieulx vous vaulsist arriere aller q̃ cy en telle maniere venir contre moy bataille entreprendre: & pource se vo9 estes saige retirez vo9 se me croyez au chasteau dont vo9 vets yssit: aincois q̃ pis vous viene. Auant le chief vous trencheray q̃ men retourne dist perceual. Alors fuict Arides le destrier haster q̃ dolent fust de la responce. Et perceual pour se garder le blanc destrier comence a poindre: & tost apres sur les escus se rencontrerent si roidement q̃ les lances en pieces vollerent: & les cheuaulx telz coups se donent des frons qua peu qlz ne se tuent: mais les cheualliers ne se meuuent & nen perdirent selle ny estrief: & passerent les destriers oultre qui moult furet fors & legiers. Lors mectent les mains aux espees qui bones furent a merueille. Des quelles durement sentrefierent parmy les heaulmes & les haubers ou se firent mers ques fellonnes & grandes. Que vo9 diray ie dauantaige: en se lieu tãt se combatirent q̃ Arides ne peult plus le combat souffrir: mais a perceual tent lespee en se mectant en sa mercy & dist q̃ chose ne luy scaura comãder q̃ vo lutairement ne face fors q̃ daller a beau repaire pce ql pense q̃ mercy ny pourroit auoir,

Et perceual luy a dict q̃ sans respit mourir luy conuiẽdra sen la mercy de Tribuet le sebure ne se mect puis que a blãchefleur rendre ne se veult. Bien scay qui cil est que nõmez faict Arides se dieu me gard en prison trop mallement me voullez enuoyer et mectre: car de luy ie ne suis ayme. Doncques aller te conuiendra a la court du bon roy Arthus ailleurs ne scay ou tenuoyer. En ce lieu vueil ie bien aller dist arides et bien diray au roy Arthus vostre messaige et tout ce quil vous plaira me commander. Or va y doncques sans pl⁹ actendre ou la le roy tu salueras de par perceual le gallois de par lequel en sa mercy te mectras: ainsy arme cõme tu es. Et arides tout luy promect et fiance puis sen partit sãs seiourner qui plus de terme ne demanda ne onc ques ses gens regardet ne daigna tãt cour touce et tant pre estoit. Et perceual maintenant sen va vets le chasteau de beau repaire: ou blanchefleur son amye trouua, la de la tout descendue estoit qui a sencontre de luy venoit a grãde ioye et a grãde lyesse en luy rendãt graces de ce que pour elle il a ceste heure faict. Perceual est apied descendu dessoubz les charmes en la court du chasteau ou son amye blanchefleur entendit a le faire courtoisemẽt desarmer: et puis luy feist ung beau mãteau descarlate aporter que sur les espaulles luy meist: et ce faict se sont dessouz ung olyuier assis ou blanchefleur a a perceual demande cõment de arides auoit faict. Et y luy dist q̃ il sen estoit a la court du roy Arthus de par luy alle en sa mercy prisonnier se rendre. Bien fuict auez dist blanchefleur de ce tresbõ gre vous en scay. Mais sire sil vous plaist ung don en amytie me octroiez. Tel q̃ voulõrez dist perceual ce q̃ vo⁹ plaira me cõmãder accõpliray de bien bõ cueur se faire le puis doulce amye pource vtre plaisir cõmandez. Sire dist elle ie desire q̃ ceãs il vo⁹ plaise auecques moy iusqs a la penthecouste demeurer. Certes amye dist pceual ceste chose ne puys ie faire: car par la foy q̃ a dieu et a vo⁹ ie doy, ay pmis a la pẽthecouste a la court du bon roy Arthus estre, et il pour desloyal me tiendroit se de conuenant luy failloye: mais bien vo⁹ dys quen ãlquonque lieu q̃ ie soye et ie saiche vostre besoing q̃ vets vo⁹ au premier messaige viendray pour a vtre aide memployer: cĩq cens mercis dist blãchefleur pourtant est mon cueur fort dolẽt q̃l ne vo⁹ plaist a seiourner. Adõc fist la dame le menger atourner. Et quãt tout fust appareille et prest, print blanchefleur perceual par la main et la en la salle mene ou la nerent et puis ilz sassirent et a leur bon voulsoir mengerent: et perceual qui entalente estoit a sa besongne aller apres q̃ les nappes furẽt ostees ses armes a demãde auoit et cil q̃ les auoit en garde les apporta sans delayer: et quant Perceual fust arme dessus le blanc destrier monta, qui du monde estoit le meilleur. Adõc sapprocha blanchefleur cõme celle q̃ bien voulsist q̃ si tost ne sen fust parti laquelle tout pleurãt et en le baisant la a dieu plus de cent foys recõmãde: et apres quil eust cõge pris sest tantost entre en sa voye: q̃ vets vne forest sadresse laquelle estoit fort grãde et large. Et cil qui rien ne doubte et craint cheuaulcha tant q̃ la nuict vint: mais de ce qui luy est aduenu nous en tairons pour le psẽt; et des prisonniers vous dirons qui a la court du roy Arthus sen võt et tãt cheuaulcha chm̃ par soy et tãt a sa voye directement tenue quil est a la court paruenu: et le premier qui y peruint de par Perceual le gallois le Roy hũblement salua: et luy a dict. Sire de par cellup q̃ vous ay sallue en vostre prison ie me rens. Quãt le roy a la nouelle de perceual entendue en eust au cueur grãde liesse et ioye: et puis au cheuallier demanda se perceual estoit sain. Sire dist il en sancte le laissay quãt en contre luy eux bataille et me dist qua vostre court viẽdra se maladie ou

p.iii.

prison ou quelque aultre empeschement ne le detient prochainnement a la penthecouste. Alors fust le roy plꝰ lye ⁊ plus ioyeulx que deuant quant ilentent que perceual viendroit. Et a cellup sa prison quicta ⁊ de sa mesgniee le retint ⁊ fust compaignon a ceulx de la table ronde. Pendant quilz en ce palais sesbastoient demenant ioye des nouuelles de perceual: veiret le second prisonnier venit qui au degre de la salle est descendu qui le roy vint de par perceual saluet: ⁊ lup dist trestredoubte ⁊ puissant roy qui sur tous roys le pris auez de par perceual le gallois a vous me conuient rendre. Auquel le roy a respondu amy a ma court bien soyez venu/ sachez pour toute verite que perceual vous a en bonne prison mis: ⁊ en bonne garde vo⁹ mect: ⁊ perceual est il haistie le vo⁹ prie me le dire/ ouy dist il/ il est tout sain. Lequel ma encharge vous dire qua la penthecouste prochainnement en court vous le tiendrez se dieu de peril le preserue. Lors le roy qui de ceste nouuelle est ioyeulx en la faueur de perceual tátost sa prison lup pardonne: ⁊ auec ce lup a otroye que copaignon des cheualliers de la table ronde sera. Puis le roy lup a demande que loccasion y lup dise pourquoy prisonnier se rendoit. Et cil respond sire ie le vo⁹ diray sans desuier dugne parolle. Laultre iour en vng pauillon entray sur mon destrier monte ou vne pucelle aupres de perceual trouuay dessus vng fort beau lict seáut. Et tant me sembla la pucelle belle ⁊ de son amour fus tellement raui ⁊ espris ⁊ dessus mon cheual la montay ⁊ lemportay en la presence de perceual voyant que desarme estoit lequel depuis apres moy vint ainsy quil fust sans ses armures fors de son escu ⁊ de sa lance garny qui come preulx ⁊ vaillant me conquist: ⁊ la pucelle au pauillon remporta. Puis de moy ma fiance ⁊ ma promesse print quen voustre court prisó tiendroye. De tát plus estes a priser dist le

roy ⁊ faict auez comme preudhomme: mais beau sire voustre nom me dictes/ sachez sire que bien me plaist Gamien par nom suis nomé du signaige de Galien dequoy est si grande renommee. Certes moult beau est voustre nom dist le roy ⁊ moult semblez estre cheuallier preulx ⁊ bien honeste. Ainsy furent les deulx prisonniers consors ⁊ parsonniers de ceulx de la table ronde qui ioyeusement ceste nuict passerent: ⁊ quát ce vint au tiers iour estant le roy Arthus aux fenestres apuye du chasteau de northoberian je veist par vne prairie venit Arides dessus son destrier: leql au millieu de la court est dessoubz vng pin descédu. Puis est en la salle monte ou le roy a seiour trouua auquel il dist. Sire des aultres roys la gentme de par perceual le gallois honorab. e mt vous salue ⁊ en voustre prison me mect/ et affin que naiez doubtáce qui ie suis sachez sire que Arides dascauallon suis nomé: ijo te meist de le recongnoistre: mais parce que luy ay fiáce a iure ma foy trespasser ie ne la vueil/ ⁊ combien quen suis dolent encor vo⁹ dys que suis filz de Roy ⁊ nepueu de roy: mais quát par tout ay regarde ie ne doibz point estre atriste si nen doibz ausse auoir blasme pource ql est si renome en prouesse ⁊ en grande vertu quil na son semblable en ce ciecle. Et si tost que le roy ouyt Arides nomer lup feist grád honeur ⁊ grande feste. Puis lup feist le heaulme du chief oster et luy dist mon bon amy vous a celuy en prison mis qui vers moy vo⁹ a faict transmectre par la foy de mon corps vous iure que pour voustre honeur ⁊ le sien la prison doulcement vo⁹ quicte. Arides moult len remercia ⁊ apres ce luy compte le iour qui sa court doibt venir. Ainsy vindrent les prisonniers au roy anoncer ⁊ compter ce que perceual luy máda comme promis auoit este dequoy acquiterent leur foy que tous trois le roy receut compaignons des plus grandz de sa mesgniee.

⁋ Comment Perceual le galloys en che-
uauchant parmy vne grāde forest trouua
vng cheuallier cheuaulchāt tout desarme
a part ses armes a senuiron de luy sur son che
ual auquel il fist ses remōtrances que la
maniere de porter ses armes en icelle sorte
nestoit hōneste mais de Cheuallier recreu
a de nul honneur.

Ms vous auons cy
dessus e dist cōme Per-
ceual est dedēs la grā
de forest entre q̄ vng
Cheuallier encontra
sur vng destrier legier
e fort lequel desconseil
le ou soresteoit ie ne scay pas lequel des deulx
car il portoit a son escu a son haulbert a le
heaulme a son col pēdu qui vers le bas luy
trainoit sur la crouppe de son cheual a sa lā
ce atachee auoit du lōg des costez de sō che
ual en maniere dune houssunne/ a quant
Perceual lapperceut moult fort en fust es-
merueille: si la courtoisement salue. Et le
Cheuallier debonnairemēt son salut luy
rēdit lequel doulx a courtois estoit a le pl⁹
beau que trois centz on eust sceu regarder/
la face auoit clere a vermeille a le corps bien
forme z grād/a amerueille fort estoit/mais
plus que lieue fust pour eulx. Quant Per-
ceual fust pres de luy par courtoisie luy re-
quiert a dire a par amitie pourquoy en tel
le maniere va/a cil luy dist sire ie vous ad
uise que ceste facon que me voiez voyes par
ce q̄ de meslee me veulx garder/car ie nay
cure que lon me face desplaisir a nay que
faire de combatre mais aime en paix par-
my la terre aller a mes affaires querre que
me faire batre a ferir/quant bien scay que
proffit ne men peult venir/que autay ie gai
gne quant lon mauroit desplaie a naure si
fu: t quil men fauffist au lict gesir ou point
de plaisir ny aurois. Tant quainsy ie che-
uaulcheray ie nespere cheuallier encōtrer q̄
pis de mō nōme die: a perceual dist chier

amy de ce que dictes ne suis en doubte car
trop grand villennie feroit qui en tel point
vo⁹ vouldroit assaillir a si seroit trop re-
creu a failli plain de deshōnour a de vitu-
pere. Mais ie mesbahis que nauez honte
dist Perceual puis quil cōuient que le vo⁹
die de ce que ce point vous allez/a bon che
uallier napartient quainsy se doibue appa
reiller/a quant amoy sachez que mieulx
en honneur aimeroie mourir que si villai-
nement que vous faictes me maintenir/
to⁹ Cheualliers deshōnorez/ a pource vo⁹
prie vous armer a bien appareiller si bien
ǳ es en ma cōpaignie/ a de rien ne prenez
doubtance car tout homme qui est Che-
uallier chose qui soit ne doibt craindre ne
doubter/ny a Cheuallier rencontrer/ quāt
il se debueroit occire/a croiez pour conclu-
sion que tout homme de cueur ne doibt a
uoir enuie viure en ce siecle si honteusemēt
que vous faictez. Tant le prescha a le blas
ma perceual quil dict quil yra auec luy/ou
tre luy dist en ceste maniere/sire auecques
vous suis delibere daller/mais se quelcun
vo⁹ veult assaillir de moy doubter ne luy
fauldra ia coup ne demy ny feray/ains re
garderay la meslee sās lespee du fourreau
traire na nully ne prēderay qrelle/en paix
re qers finir ma vie et toute follie escheuer/
cil de follie sentremect qui trop se mect a la
uenture de chose que rien ne luy monte.
Ainsy le beau Cheuallier comptoit a Per
ceual sa couardie. Toutesuois a tant Per
ceual faict quauecques luy la emmene qui
armer le feist a grande peine/a ensemble sē
allerent par la forest tenant le grand che-
min:ou longuement ilz nōt erre quāt vng
cri a dextre ont ouy/a leur sembla que le
cry dune fēme estoit/trop mieulx que daul
tre creature. Celle part a tantost perceual
sa voie adressee comme cil qui voulōtiers
vouldroit aduenture trouuer ou son com
paignon esprouuast. Et pource ou le cry en
tendirent sont venus au plustost quilz peu

p.iiii.

rent. Et quant ilz eurent vng petit chemine/ont apperceu vng feu allume dessoubz vng grand arbre feuilleu/faict tant de buches que despinnes: deuant le feu deux pucelles auoit par les mains estroictement liees et tat de robes q de cottes desuestues que deux grandz bourreaulx deuãt le feu tenoient tous prestz a les gecter dedens. Et a lentour furent dix Cheualliers armez de toutes pieces et bien montez pour garder que nul ne vint empescher ou deffẽdre que les pucelles ne fussẽt arses. Toutefuois eussẽt elles de secours biẽ mestier et besoing pourquoy se sont a haulte voix escriees enuers la tresoriere de grace mere de dieu quelle leur fust en aide/et quant virent perceual approcher plus hault que parauant sescrierent francz cheualliers feirent elles en lhonneur de la passion aiez pitie et merci de ses deux chestiues icy q ses faulx et desloiaulx gloutons mectront a mort briefuemẽt/ nest que par secours ne soions deffendues. Cõpagnon faict Perceual au Cheuallier couart/auez vous ouy que ses pucelles dient/qui en pleurant merci et secours nous demãdent. Bien les ay ouies faict le Cheuallier mais affin que biẽ sentendez ia ne men mesleray pour vo⁹/ ilz sõt dix et vous estes seul parquoy ie crains q ne vous repẽtez se vous a eux auez estour Perceual commence a soubrire de ce que le Cheuallier respõd/mais des pucelles prit pitie et delibere maintenãt de les secourir/ pource a escrie aux dix cheualliers/mauluais cheualliers et desloiaulx faict il mors estes se ne vous gardez et puis ce dict cou- cha sa forte lance sur lattest/ de laquelle tellemẽt a actaint le premier qui a lencontre de luy vint que tout mort la a terre plat estendu/lame dung coste et le corps de laul tre. Et sans actendre sa lãce hors du corps tira/et sessõgne vng petit arrier pour mieulx sa course reprẽdre au poindre/qui vers vg des aultres sadresse venãt a lẽcontre

de luy lequel le perca de sa lance a trauers le corps bien deux piedz/ et mort labat a grande angoise/apres quil eust sa lance mi se en pieces: pendant quil a eux se cõbatoit en les mectant comme il est dist par terre. son cõpaignõ qui le regarda sest soubz vng chaisne sur sa lance apuie/ vng des cheual liers vers luy moult errãmẽt sen vint la lã ce leuee en son poig et luy dist qͥl se garde ou aultremẽt le feriroit. Et cil q soubz le chesne estoit ne se bouge en nulle maniere qui biẽ cuide que iamais homme ne luy doibt rien demander moiennant que point ne se meu ue/qui a celluy qui contre luy venoit a dist Vassal faict il bien ne feriez se me venies se rit quant aulchunne chose ne vous demã de/ se mon compaignon vers vous mespreẽ de ce la ne suis ie point cause et bien sachez que sil meust creu quil neust contre vous guerre esmue. Mais laultre a riẽ que cil dise nentend/ains le fiert sans pl⁹ delaier de sa lance dessus son escu si puissamment que despece luy a et fendu et la lance en pie ces se rompt mais oncques le Cheuallier couart nen perdit les estriers ne de la selle ne bougea/et maintenant le cheuallier qui sa lance auoit sur luy rompue/ a son espee hors du fourreau tiree de laqlle aspremẽt le cheuallier reqert et sur luy fiert de grãdz coups et pesans deca dela ou il peult actaĩ dre sque vng quartier de son escu a terre a batit. Et quant cil veist son escu en tafŋe laultre Cheuallier fort en blasme/sire pourquoy me vendez vous vostre ennuy ou vo stre couroux/mon viuant ie ne vous mesfeis et mõ escu tõpu auez et mauez de fours coups donnez/croiez que si fol ie ne suis q vo⁹ noise auoir ie desire. Riẽ ne vo⁹ vault ceste parolle luy a dict cil qui la assailly: a ces motz cõtre luy sauãce qui si grãd coup sur le heaulme le fiert que le cercle luy desrompt et trenche et telle plaie en la teste luy feist que le sãg iusques a la celle du chenal luy coulle/et quant a son sang veu taier/tãt luy a despleu & greue qua petit q̃ le cueur ne luy creue/ qui au Cheuallier cõmence a dire: se maist dieu faict il mal feistes vas sal quant ainsy feru vous mauez sãs auoir enuers vous forfaict: par celluy dieu qui les pechez pardonne ie vous le rendray se ie puis. Lors traict lespee & si lassault de laquelle tel coup dessus son heaulme luy donne que iusques aux espaulles le fend & mort la par terre estendu/ puis lespee au fourreau remect & dessoubz le chaisne en tel le maniere comme au parauant estoit se ta pua. Lors vers luy vint ung aultre des Cheualliers grand et fort aussy bruiant comme tonnoire qui luy escrie si lne se cue ure que tout a cest heure mourra. Quãt cil venit vers luy le voit/ par moult bien grãd yre luy dist vassal par dieu omnipotẽt faict il se me ferez croiez & vous tenez asseure q̃ ie vous feriray aussy: par ma foy faict laul tre son serra tantost cõment il vous en se ra pris/ pource de vous deffendre vous ad uise ou vous occiray de ceste heure: ie bo9 en croy luy a dist laultre mais contre vous me deffendray tout maintenant sans plus attendre/ alors a sa lance saisie & fest ung petit tire sus pour mieulx sa course adroit emploier/ & cil qui le feu gardoit sur lescu le fiert que la lance est en plusieurs pieces trõconnee/ & cil qui par force se deffẽd d̃g si merueilleux coup la tainct dessus sõ escu azure ou paint estoit ung lyoncel dargent que fer & penanceau tout oultre lestomach luy passe & a la terre mort le versa ainsy en deliura la selle/ & la lance en pieces rompit Et quant cil veist sa lãce estre brisee/ a tost mis la main a lespee qui moult de grande valleur estoit/ & dist qua quelque peril quil aduienne qua son compaignon aidera/ et que desormais naura plus son corps couar dise/ des esperons le destrier point/ tenant la bonne espee en sa main puis sen va par my les aultres embastre/ de laquelle le pre mier quil attaint a terre abat mort esten

du puis court les aultres requerre.

De vous diray ie dhab dant celluy qui tãt auoit este paoureux & couart feist tant a laide de perce ual que des dix cheual liers nen resta poit ung qui ne fust occis/ puis les deux damoisel les prindrent que les deux bourreaulx en tre leurs mains tenoient/ qui puis dedens le bois senfuirent legierement & en grande diligence/ & apres de ce lieu sen allerẽt qui les pucelles ont sur le col de leurs destriers emportees/ parmy la forest qui moult lon gue & moult large estoit/ ou les deux bour reaulx en une vallee pres dung petit che min fourche furent enbuchez; ung diceulx ung arc turquois auoit/ dont bien aider se scauoit. Et quant Perceual diceulx appro cha celluy qui cest arc turquois tenoit luy a une saigecte descochee de laquelle perce ual sur la hanche a feru qui iusques aux empands icelle fleche employe dont le bois est a force rompu & le fer en la plaie demeu re. Et le Cheuallier qui ceste chose aduisa a ẽvas sa damoiselle mise pour aps les bou reaulx courir qui tous deux les occist en peu dheure puis sen est arriere retourne. Quant Perceual a veu que naure estoit aux damoiselles a pris a demãder se pres dela recept ou maison ne scauoiẽt. Et elles dirent que a lissue de ce bouscaige ung cha stel ont ou bien pourront seiourner & faire penser de sa plaie: puis ont la droicte voie emprise ou les damoiselles les mainnent qui eurent grand deuil en leurs cueurs de Perceual qui est naure. Tant cheuaulche tent & errerent que dit chasteau sont appro chez quant ilz furent dedens entrez les pu celles dessoubz ung pin descendirẽt/ alors vindrent quatre grãs varletz dõt les deux les Cheualliers desarmerent/ & les aul tres aux destriers entendirent/ qui moult tãnt lung que laultre se penent dẽ les ser uit/pour lamour de leurs maistresses quil ont de mort deliurees comme ia les nouuelles en ouirent/z q sans eulx eussent este a perdicion liurees. En une chambre basse bien paree ont Perceual mene coucher/ou tost ont ung mire mande qui point de Benir ne tarda z a partout la naurure aduisee/puis dist qui luy conuenoit fendre pour le fer de la hanche traire/ce quil feist sans plus atarger. Et quant la plaie il eust bien atournee z mise a point/dedens ung lict moult bel z riche le font liegtement coucher. Et le Cheuallier pres de luy se geust qui fort dollent de laduenture estoit/z autant que Perceual y seiourna daupres de luy ne se uoullut bouger lequel y fust plus de deux mois entiers auāt quil peust estre du tout bien guari sane z refaict. Icy de perceual uous lairrons/z uous ditons de Saigremor le desree qui le ieudy deuāt la penthecouste de ceulx du chasteau conge print ou longuement auoit de plaie ieu.

¶ Comēt Saigremor arriua en la court du Roy Arthus z dist des nouuelles de Perceual au Roy Arthus z quil viēdroit en court a la feste z sollennite de la penthecouste sil nauoit essoyne ou empeschemēt adonc se meist le Roy Arthus aux fenestres du pallais pour ueoir se ledict Perceual viendroit.

Pres q Saigremor fust du chasteau parti sōchemia la court adressa ou le samedy deuant la penthecouste est arriue qui lors a caamelot se tenoit/ou pres dung grand perron de marbre est descendu/z quant le Roy sceust sa uenue pour la grande ioye quil en eust est alencōtre de luy uenu accōpaignie de plusieurs Cheualliers qui a moult de liesse z ioie le receurent/z apres luy a le Roy demādé de ses nouuelles z comment puis son parte-

ment auoit fuict z il leur a tout dict z compte et ce que trouue il eust en la queste ou il a este z de Perceual le Gallovs recita ce quila ueu z dist au Roy Sire pour uray sachez que demai Perceual en uostre court uiendra aisy le ma couenance. Et le Roy respond maintenant que sa uenue moult luy tarde z q iamais lheure ne cuide uoir que pres de luy le puist tenir: a grāde ioie z a grād deduict ont toute ceste nuict passee z au matin au point du iour apres que le Roy fust leue sen uint aux fenestres du palais apuier/z en regardant uers la forest se print a Perceual penser que moult luy tarde quil ne le uoit z est en craincte q quelque essoyne le detiēne parquoy a court ne peust uenir/tant longuement a ses fenestres fust que le soleil sa clarte print a tendre/petit apres perceut uenir de soing Dodineau le sauluaige. Sitost comme le Roy le ueist Saigremor Keux appella ausquelz il a demande se point nestoit Perceual quil ueoit a la court uenir: point nest il sire respond Keux mais est Dodineau le sauluaige/z ainsy que le Roy deuise Dodineau est en la court arriue qui le Roy de par Perceual a salue. Quant le roy la parolle entend luy demanda quant y le ueist. Sire luy respond Dodineau ung mois y a ou enuirō quil me dist qua ce iour a uostre court uous le uerriez sauf la prison ou grāde essoyne. Me scay faict le Roy que ie dieor ie uous prie depuis ouistes uous parler des compaignons qui se chercherēt par la terre: ouy sire ie y ueis Gauuain faict Dodineau z Agrauain yuain Gaheriet Mordret z le beau hardy to⁹ sais z moult bien a eulx z me prierent uous dire qua ce iour sās faillir a uostre court uiendroient/ bōnes nouuelles mapportez faict le roy qui grāde ioye en a z aux fenestres se remeist z puis uers la forest regarde z uoit sans demeure uenir Agrauain z Boort de ganes qui en la court sont descendus z puis vindrent le roy saluer q̃ grande ioye eust de leur venue. Et pendant qui se desarmerēt parmy la porte venir voient Gauuain a lancelot ensemble a des aultres auecques eulx plus de vingt qui en chemin se rencon trent mais pas bien ie ne scay commēt des soubz vng pin sont deuant le roy descendus qui a grand honneur les receut/ a de Perce uallent a a tous ensemble demande/se de puis ne sont veu que de la court ilz sōt par tis/a cil maintenant respondirent qu'ōq̃ que depuis nē ont ouy parler. Atāt dē parler desisterēt a sen alla le roy au moutier pour orer/ acōpagnie de sa baronnie a de la royne a des pucelles. Apres q̃ le diuin office fust acheue a accōpli au hault palais ensemble sen retournerent/a ia estoit bien heure de nonne/adonc a Keux au Roy dict sire faict il quant il vo9 plaira mēgerez/car ia grād temps et heure en est pour ce faire sont les tables apprestees. Atāt sest le Roy laue et assis a apres luy toute sa barōnie les da mes a damoiselles aussy qui selō leurs de gres se seirent: des mectz ie ne vous fais deuise parce qu'assez est a noter que Royal lement seruis furent a si honnorablement q̃ nul neust cause de se plaindre. Et quant ilz ont este du menger leuez si sen vont des duyre a esbatre/ a au Roy Arthus moult des plaist que Perceual n'est a ceste assem blee a dist chascun que fort doubtoit pour ce quē court il n'est venu qui ne fust ma lade ou en prison detenu pquoy ensēble ont promis pleuy iure que lendemain matin mouueront pour Perceual chercher a quer re par la terre ou pourront aller a tant a le chercher entendront que dung an ne seront en court veux n'est a telle feste/que premier ne saient trouue/a de ce feirent sans seiour le serment es presēces du Roy dont vingt a cinq furent en nombre comme nous reci te l'hystoire: lesquelz de Quamalot sont le matin partis a en vng grād chemin entre rent qui en quatre parties fourchoit ou en

ce lieu se departirent/a chascun deux sache mina cōme fortune les a conduict. Bohors tout seul sen est alle que moult fust entalē te et angoisseulx que son frere Lionel peust trouuer lequel puis deux ans n'auoit veu dont fort sen alloit demētant/Et ainsi que uit sa myoust en vne forest cheualchoit pensant a ce quil queroit regardant pres de luy a dextre six Cheualliers moult biē armez apperceut qui Lionnet tout nud en chemise tenoient/a lemmenoient grande et tre trop honteusement en le batant descou gees si que le sang habondamment sortoit. Quant Bohors eust cest oultraige apper ceu ne fault doubter se moult fust rēpli dy re de tristesse a de maltallēt/a soymesmes cō mence a dire que trop diniure a de villēnie luy font. Adonc a la lance branslee ou vne enseigne belle estoit proposant de leur cou rir sus/alors a vne pucelle ouie criet moult hault a moult piteusement disant beau si re dieu secourez moy a vo9 tres saincte a sa cree pucelle que diffamee ie ne soie a hōme. Quāt Bohors la voix entendit icelle part regarde a voit que vng Cheuallier grād a merueilleux dessoubz luy la tenoit les iā bes nues a les cuisses descouuertes/a fust le Cheuallier si couraigeux que corps a corps nully ne doubtoit. Et d'habondant eust entour luy dix Cheualliers bien ar mes a bien montez appareillez pour le des fendre se nul luy voulloit contre dire. Et cil sur la pucelle estoit qui moult se parforce dē faire du tout a sō plaisir/a celle si hault a lamentablement crioit qui n'est homme qui leust ouye qui nē eust eu compassion. Et Bohors qui la regarda dist que aincois luy yra aider que secourir son propre frere/ mon dieu faict il conseillez moy que presēt ie doy faire/icy mō frere si mal mener voy que ie ne scay q̃ puisse dire: ie crais a dou bte que se bien tost n'est secouru que ses che ualliers qui si mallement le traictent ne le facent entre leurs mains mourir: et d'aul

¶ Perceual le Gallois.

tre part ie boy ceste Damoiselle si piteuse
ment aide demander contre le Cheuallier
qui si villement la tient qui ia tost laura
defflozee se maintenant nest secourue qui
seroit merueilleux peche. Adonc a la lance
couchee a dist beau dieu ie vous supplie q̃
par vostre grace veuillez mon frere prẽdre
en garde que ses fellons meschans a depu-
taire ne loccient: car a la pucelle ne voul-
droie pour rien faillir de par moy sera secou
rue tout maintenãt ou ie y mourray Alozs
laisse le destrier courir en sescriãt a haulte
voyx Cheuallier laisse la pucelle / ou ia
mourras se dieu me gard a ces motz encon
tre luy sault ung Cheuallier sans arrester
que Bohozs le fiert de sa lance si grãd coup
quau trauers du corps le perca a lespandit
ius de la selle mais en tombant la lance se
rompit: puis a mis la main a lespee de la
quelle en a tellemẽt ung aultre attaint q
iusques aux espaulles le pourfend a tout
mort a terre le rue / puis courut les aultres
requerre qui tous de sa main les occist sãs
ung tout seul en eschapper. Quãt ceste grã
de prouesse eust faicte a la damoiselle est al
le a luy dist belle sil vous venoit a plaisir a
sauluete hors ceste forest vous merroie / et
celle luy a humblement respondu / sire a la
vostre mercy / croiez que grãd desir auroie
que hozs de ce bois meussiez mise cy deuãt
sur ung petit mont a mains dune petite
lieue ou iay une belle forteresse close de
murs bien haulx et fozs ou noz delictz as-
sez aurions en ce lieu se nous y estions / et
nauions cause de doubter homme qui soit
de mere ne. Adonc Bohozs a la pucelle en-
tre ses bzas prise q sur le col de son destrier
la mis qui en son demainne lemporte / a ne
fina derrer tant quil uint deuant la forteres
se ou la pucelle a descẽdue / a puis la a dieu
commãdee / mais aincois que de sen aller a
ceulx de leans a demande se point auoient
veu mener ung Cheuallier batant / a cilz
luy respondirent en lheure que par ce lieu

passez estoiẽt ceulx qui le Cheuallier mal
meinent / puis luy ont monstre quelle part
ilz sont allez. A tant sen est Bohozs party q̃
grand erre les va suiuãt / qui a soymesmes
en disant estriuoit / beau sire dieu mon frere
auoie icy trouue duquel tant en grãde pei
ne estoie, parce que puis deux ans ne lay
veu, a lay perdu en telle sorte / bien en doy
estre desplaisant a suis en grande craincte
a doubte que ceulx qui ainsy mallemẽt le
batent cruellement ne le mectent a mort.
En ceste maniere tout le long du iour son
frere regrectãt cheuaulcha iusques au ves
pre sans riens trouuer de ce quil cherche a
luy conuint en la forest gesir moult fort dol
lent sans boire ne menger a aussy nen eust
il tallent tant fust fasche a ennuye. Au ma
tin quãt il adiourna sest remis tout seullet
en voie / en suppliant a dieu qui le veuille
en tel lieu adresser que lionel son frere puist
trouuer sans estre a la mort naure: de ceste
forest ou il estoit est en une belle lande en-
tre / ou tant a exploict cheuaulche quil est
en une grãde chaucee peruenu / ou une pu
celle aseant trouuee / a quãt il fust delle ap-
proche veist que sur son giron tenoit ung
Cheuallier qui fust sãs teste. Deuant el-
le Bohozs sarresta a luy a dist ma doulce
amie ie vo' supplie me dire qui a ce cheual
lier occis. Celle qui moult fust triste dolle
te a esploree luy a dist sire sachez que six
cheualliers par cy passans qui ung cheual
lier tout batant emmenoient dont ilz en a-
uoient trop grande ioie / ont le mien amy oc
cis parce que rescourre voulloit le Cheual
lier qui si rudement a cruellemẽt menoiẽt
a quelle part vont il doulce amye faict Bo
hozs dictes men nouuelles / sire luy respõd
la pucelle ilz sen vont le chemin dextre / se
dieu me gard dencõbrier dist Bohozs et ie
les puis consuiuir a actaire a les greuer
ne me faindray: dieu vous en doint la gra
ce a la force faict la pucelle de ce au tray au
cueur grande ioye. Lors se remect Bohozs

a chemi par ou luy mõstra la pucelle: puis en vne voye fourchee entra qui fust cause quil ne peruint a trouuer ce quil cherchoit. Ainsy sen alla cheuaulchant bohors cherchant par le pays quize iours entiers vne heure auãt & laultre arriere tout courroucé & plain dennuy sãs pouoir trouuer ce quil cherche: duquel vous laisserons icy a parler & vous compterons de gauuain q̃ perceual alloit querant.

Ainsy que Gauuain par vng matin cheuaulchoit pmy vng pre nouueau faulche par ou luy couenoit passer tendãt en aultre lieu aller aduint par cas dauenture q̃ ceulx q̃ lyonnel menoient par cest endroict leur voye tindrent Et quãt gauuain les apperceust & q̃l eust lyonnel cogneu a haulte voix leur crya et dist arrestez vo⁹ trahistres meschans felons & peruers a la male heure, icy vo⁹ vnstes: car vostre mort bien durement approche. Lors lache la resne au destrier & couche la lãce a larrest q̃ vers les cheualliers sadresse: si que le premier quil attainct le cueur luy pourfendit en deulx & tout mort est du labat. Apres a sa bõne espee traicte po⁹ aulx aultres liurer la bataille si q̃ le premier quil rẽcontre renuerse ius a la terre en vng sentier. & les aultres se fons dung val sen vont fuyant a diligence. Et Gauuain tant quil peult les suyt qui a sentree dugne forest les rataint dont lung en fiert par si grande force q̃ nectemẽt luy a le chief trẽche. Et les aultres trois lung de ca laultre de la dedens la forest se sauluerẽt. Et gauuain voyant qua luy nest possible les trouuer arriere sen va ou lyonnel laisse auoient qui sur vng destrier monter le feist qui la estoit de ceulx qui furent occis: et auecques luy a grande ioye le mainns de ce que rescoux lauoit. Puis en vne maisõ de

cõgnoissance q̃ gauuain scauoit ou moult fort estoit aymé assez pres de la sont venus ou furẽt receupz a grande ioye. Et quant ceulx de ce manoir auecques gauuain ont lyonnel apperceu ainsy deplaye & batu: fort dolens & tristes en ont este: puis vng lict soueff luy ont faict po⁹ le coucher & luy baillerent vng mire pour sen dõner garde q̃ ses playes deux fois le iour a visite a tourne. Tant le garda & print peinne de le penser que dedens la quizainne a force de bõs oingnemens le rendit tout sain & haitie si que pl⁹ nul mal ne douleur ne sentoit. Et quãt du tout fust bien renforce & refaict gauuaĩ luy a faict dõner des armes moult riches & fort belles. Puis quãt les destriers furẽt apprestez mõterent les deulx cheualliers apres quilx eurẽt cõge prins puis se sont a la voye mis & tant allerent quilz ont vng chemin fourche trouue: & en approchant du chemin lyonnel a gauuain dist q̃ luy pleust essere & choisir leql q̃ luy plairoit des deulx voyes & q̃ despartir les conuenoit. Gauuain choisist la voye a dextre & dist q̃ par la sen yra atant accollerent lung laultre puis se despartẽt & sen vont apres quilz se furet a dieu cõmãdez: gauuain a dextre sen alla & lyonnel a la senestre/ q̃ grãd courroux eust a son cueur de ce q̃ son frere bohors ne le secourut & dist q̃ iamais naura ioye tãt q̃l scaura q̃l soit en vie & dist q̃ luy mesmes si le rencontre soccira si le peult iamais attaindre. Tant estoit plain de mal tallent q̃ possible est destre plus fort ne dauoir le cueur plus ire. Tant a erre & cheuaulche quassez pres de midi estoit & alloit tout pensif cõme cil q̃ de luy ne luy chault & faisoit lors si grande chaleur q̃ luy cõuit le heaulme ius du chief oster pour le vent doulcement receuoir. Cõme lyonnel triste & pensif cheuaulchoit si faisoit son frere bohors tout seul p lespasse de xv. iours ca & la son frere cherchãt. Puis assez pres dung chastel vng hõe de religiõ a trouue vestu en

D.i.

❡ Perceual le Gallops.

hermite & moult sēbloit estre assez triste. A lentree dugne forest se rēcōtre Bohors face a face: ou le bon hōme a a Bohors demāde qui il est & quil va querāt. Sire dist Bohors ie queroye vng frere tant seullement q iay q ne scay quil est deuenu: na pas lōg temps q semmenerēt six cheualliers batant tout nud: mais de ce dois estre blasme q ie les veis & le laissay emmener dont suys dolent & marry & ne puis en lieu ne en place diceulx qlque nouuelle ouyr & ne scay sil est mort ou vif. Cil qui preudhōme resembloit a Bohors a maintenāt respōdu/cheuallier faict il/tant te dis q de tout ce q mas compte nen ay sceu aulchune chose: mais biē te puis dire q dessoubz ce grād arbre rōt en gist vng des plus beau du mōde & y a bien cinq iours/ & ne scay pas quil a occis il est enfle cōme vng tōneau & mest aduis quil estoit Lyonel nōme & fust frere dung nōme Bohors Bo9 le pourrez maintenant veoir se vous voullez sans plus attēdre. Quant Bohors a cellup entendu tout maintenāt celle part va & trouua se luy fust aduis son frere mort: car du tout y luy resēbloit du corps des membres & de la face: pre & deuil en Bohors se assembla q le cueur luy estraict si fort quil neust en luy sens ne adius/ tant estoit fort descōforte que sur le corps chiet tout plat estendu: ou longuemēt en pasmoison a este. Et quāt a soy fust reuenu luy baise les yeulx & la bouche pl9 de cent foys en vng instant, & en meime vng deuil si pesant q l nest hōme q le sceust dire. Et apres q innumerablement leust baise & accolle sest au plus pres de luy assis si pēsif & si ennuye qua peu q lame ne sen part. Puis tessault sus & si le prent & si lembrasse si estroict q dangoisse pasmer luy cōuint/ & quant en estat se rediresse si le regrecte moult douloureusement: & dist/ beau frere ceulx q vous ont a la mort mis/ nont pas vng grād pris cōqueste de occire hōme de telle vallue cōme estiez en vostre viuant

quāt en nulle terre ne doubtiez: de ce q laisse nous auez est nostre lignaige abaisse/ grand deuil en aura Lancelot quāt il scaura ceste nouuelle/ ny a cil en vostre lignaige q de vostre mort ne empire. Beaulx doulx frere courtois & saige q par droict deussiez estre roy/ vostre ame puist es saictz cieulx estre & de dieu soit mauldict celluy q ainsy vous a atourne. Adonc sa main dextre leua & feist le signe de la croix: alors le faulx ennemy q Bohors cupde deceuoit ne peult ce sinacle endurer en pied saillit sans pl9 datente/q tel cry fist & si tresgrande tourmente a cause de la croix q la veu q le bois tout e. tour luy froisse: Bohors q cest escry entend de ce quil veist se conforta & bien pense q le dyable fust qui en telle guise deceuoit le Boursoit: par quoy vers dieu sest humilie en prenant en soy resconfort & prie q de sennemy le Vueille preseruer. Lors dict a son cheual & puis monte/ et au createur se recommande et luy requiert quil puist son frere recouurer sain & sauf, & en briefue espace. En telle maniere auoit vng iour sa voye emprise pensant a ce quil auoit veu: & enuiron heure de tierce en vne grande lande entra ou Lyonel son frere a rencontre lequel moult bien il recongneust pource que le chief auoit descouuert a cause de la grāde chaleur q faisoit & de si loing q Bohors le apperceust moult ioyeusemēt sescria/ diē puist dist il/ le mien frere venir. Et pour luy faire ioye & feste de son chief le heaulme osta & les bras encontre luy tent. Et Lyonel q a desir de le greuer si le peult faire/ luy dist/ vostre frere ne suis mauluais traistre & trop desloyal. Quoy mon bō frere Lyonel dist Bohors quest ce que vous dictes. Ainsy me soit Jesus en aide se nul iour de ma vie de trahison ie ne feis & se ie vous ay en rien offence ou meffaict. Mesfaict si auez/ vous me offensastes griefuement faict Lyonel quant veu mauez par deuant vous mener batant: et neustes en vo9 le vouloir ou hardiesse des mains des bourreaulx me rescourre. Ha beau frere luy dist Bohors vne pucelle allay secourir. qua terre dessoubz tenoit vng cheualier q̄ pretendoit la violler. Ha desloyal dist lyonnel plustost eustes le soing/ cure a la damoiselle deffendre que moy q̄ me veistes si cruellement deuāt voz yeulx mener certes maulluais cōseil vo9 prinstes pource maintenāt en mourrez bien ie le vo9 iure & vous affie q̄ oultre ce lieu iamais ne yrez & pource mectez le heaulme: car maintenāt ie vous deffie. Bohors que se sentoit coulpable de ce q̄ vers sō frere a faict: luy escria les deulx mais ioīctes mercy & q̄ pōr luy dōne de maltallēt q̄ vers luy a/ aīcois vo9 torderay le col se dieu me gard dist lyonel. Adōc a iace son heaulme delibetāt luy courir sus. Lors Bohors a terre est descēdu q̄ deuāt lyonnel sest agenouille: & ioīctes mains mercy luy crie q̄ en lhōneur de dieu & de la vierge marie vers luy veuille son courroux abaisser: mais sa priere rien ne vault: ains lyonnel son destrier lache vers Bohors a qui il veult mal qui si rudement de la poictrine du destrier le fiert que tout plat a terre le porte tout estendu. Puis descendit de dess9 son destrier a pied deuāt Bohors en ceste place qui le heaulme du chief luy oste/ q̄ tost luy eust la teste du col aual lee quant Qualogrenant y suruient qui a merueille est esbahy voyāt q̄ lyonnel a sō frere Bohors a terre. Lors luy escrie haultement lyonnel lyōnel q̄ fais tu/ franc cheualier hardi & preulx veulx tu ton propre sāg occire. Bohors le tien frere germaī: se dieu me gard faict lyonnel a ceste heure le occiray/ Bohors si tres trouble estoit q̄ riē de ce q̄ il dist nētēd/ ains est de deuil si estourdi q̄ a terre soubz lyonnel luy cōuint tōber tout pasme. Et cil qui nentēd a raison luy auoit le heaulme oste quāt Qualogrenāt vers luy vint mercy pour Bohors requerir. Et cil en iure ciel & terre & tout ce que dieu a cree q̄ pour luy riē il ne fera. Par ma foy doncques ie vous dys dist Qualogrenāt q̄ sans moy naura mal en nulle maniere. Foy q̄ doy a dieu dist lyōnel vous mourrez doncques: aisy aider ne luy pourrez. Lors laisse Bohors quil tenoit & qui estoit tombe en pasmoison & court sus a qualogrenāt qui si grand coup & si merueilleux luy rue & le fiert de ss9 le heaulme q̄ leust en deulx pieces fendu si lespee ne fust glacee q̄ dess9 lescu descendit duq̄l vng quartier en abat.

¶ Cōment qualogrenant voyant la dure enuahie que faisoit lyonnel contre son frere Bohors voulut secourir ledit Bohors & en cōbatāt & reuēchāt soy q̄ Bohors fust occis.

Ors que qualogrenant a veu son escu estre a terre cheust moult luy despleust & luy greua pquoy pensa de se deffēdre & le pi9 legieremēt q̄ peult est alle lyonel requerre & dist puis quil veult la bataille iamais plus ne lespargnera: lors tel coup a a lyonel sur son heaulme dōne que le cercle a trauers trencha & dessus le chief luy faict playe/ moult a este lyonnel pre de ce q̄ Qualogrenant la naure. Adōc lesppee haulsee q̄ de tel coup sur son haubert le chargia q̄ plus de vingt mailles luy a abbatues tellemēt q̄ a qualogrenāt cōuint tout chācellant sagenouiller: car a merueille fust le coup pesāt. Qualogrenant se voyāt trop apremēt poursuyui: cōme cil en q̄ hardiesse ne deffault lyonnel fiert sans menacer sur le heaulme reluisant vng si fier & si pesant coup que les fleurs aualen enuoye puis lespee glace cōtreual q̄ dess9 la hanche senestre est pl9 de deux grandz doigtz entree siq̄ le sāg iusq̄s sur la tre raie. Quāt lyonnel sō sāg a veu, dolēt a este a merueilles q̄ y tel pre a Qualogrenant recharche q̄ son heaulme luy a ius du hief abbatu/ Qualogrenant eust grāt

D.ii.

¶ Perceual le Gallois.

scaieur quāt il sentit sa teste nue/& dist Bohors franc cheuallier il ne me doibt point ennuyer sil vous plaist q̄ pour vo⁹ ie meure: car certain suis q̄ pour meilleur q̄ vous ne pourroye mourir/& en ce disant Lyonnel qui par trop depres le recherche & requiert si grād coup par yre de lespee luy dōna que iusques aux dentz le fendist & en terre est tombe tout mort. Quāt Bohors fust de pasmoison reuenu a dict frere moult grād oultraige auez faict de Qualogrenant q̄ tant bon cheuallier estoit q̄ a grand tort vostre main la occis: pour la cause lay faict q̄ scauez faict Lyonnel/& bien vous dys quautant en pense de vo⁹ faire cōme de Qualogrenāt veu auez. Bohors q̄ son frere escoute/& q̄ ne veult a luy cōbatre moyennāt q̄l sen puist garder: dist Beau frere sil vous plaisoit q̄ de moy mercy eussiez bien requerir vous en vouldroye & aduis mest que bien feriez. Ja par mon chief mercy naurez faict Lyonnel pour chose que saichez dire vers moy mercy ne trouuerez. Iay plusieurs foys mercy requis faict Bohors mais puis que ne le puis auoir ou soit grand scauoir ou follie contre vous me vouldray deffendre. Alors sen vint a son destrier q̄ tout coy en la place estoit dessus lequel est tost monte/& puis a lace son heaulme/& quant il fust du tout bien atourne vers le ciel ses deulx yeulx esleue/& dist pere eternel regnant en trinite & qui en terre daignastes naistre de la doulce vierge pucelle qui fust vostre nourice & mere. Sire ne vo⁹ veuille desplaire se vers mon frere ie me deffens. Quāt Bohors eust faict sa priere est maintenāt entre les deulx vne nuee descendue/ si que lūg ne pouoit lautre veoir: & vne voix en la nuee fust ouye qui seullemēt devers Bohors sadresse & luy a dict Bohors a ton frere ne touche: car au premier coup si le ferirois pour certain le mectrois a mort/ & pource laisse lay atant & euite & fuy sa cōpaignie. Alors sest la voix absentee q̄ plus

aultre chose ne dist:/& sest departie la nuee si q̄ lung laultre amplemēt veist de quoy fust Bohors resiouy: mais apres moult se desconfortoit voyāt son frere Lyonnel a terre gesir cōme sil fust pour certain mort. Puis vint a luy pour le faire pler & moult doulcemēt luy pria q̄ luy die sil est greue & q̄l y ले vng petit a luy. Atant sest en estant dresse Lyonnel q̄ pasme estoit: & moult se blasma de ce que prīt auoit faict. Et dist beau frere dieu mercy sain ie suis: mais fort me desplaist quant vous vouloye oultraiger par don vo⁹ en prie & requiers. Beau frere luy respōd Bohors nul maltallēt ne veult vers vous tenir: car il ny a hōme en ce siecle que iayme cōme vous. Lors chaschū se print a pleurer en delaissant leurs beaulx heaulmes: puis a grāde ioye sentrebaissent: en faisant leurs accors ensēble. Quāt la paix fust faicte des deulx. Adonc recōmence le deuil: pour Qualogrenant q̄ mort voyent q̄ moult sont plainct & regrette/&dient que mal luy auoit sa bonte profite: sa valluee et son grand scauoir. Quāt par mal aduis a este a la mort liure. Pieulx cheuallier puissant & doulx occis vous ay dist Lyonnel: occis vo⁹ ay y mesprison ie aymasse mieulx en vne chartre auoir este sept ans entiers/ q̄ vous auoir par mon peche a bien grand tort a la mort mis par grād forfaict & y follie. Aussy Lyonel regrectoit Qualogrenāt q̄ aymā/& Bohors vng tel deuil en meine q̄ po⁹ luy vouldroit estre mort: mais ce deuil luy cōuient laisser: car le mort est chose irrecuperable: assez pres de ce lieu y eust vng fort bel hermitaige ou vng sainct hermite habitoit q̄ menoit vie moult austere. Le sainct hōme que vo⁹ dys: ainsy cōme dieu voullut alloit pourchassant son pain pour luy viure & passa parmy ceste lāde ou les deulx freres se douloysoient de la mort de Qualogrenāt. Et quant en passant les a veuz vit a eulx & leur demāda a ce chr̄r̄ occis auoit dōt si grād deuil il les voit faire.

Beau doulx frere dist Bohors nous deulx lauons ce iour occis: par vne grande mesaduenture. Adonc luy cōpte la raison & comme la chose est allee. Certes ce respond le preudhōme croyez pour toute verite q̃ ce furent ennemis & diables qui au corps de vostre frere estoient mis: & vo9 vouloient faire perir. Or pensons du corps mettre en terre faict lyonnel mon tresdoulx pere q̃ dieu eternel vous le mire: car pōte cuide q̃ soyez & que cy pres aiez recept. Certes amy luy dist lhermite/a ce quil vous plaira macorde: pōte suis cōme dist avez/& ay cy pres vng hermitaige il y a pl9 de quarante ans/ & vne petite maison/ auec vous y retourneray & si chāteray le seruice sur le corps puis lenterrerons. Sire dist Bohors cest bien dit attecques vo9 nous en yrons pour le corps present enterrer: mais ie vous supplie humblement q̃ dess9 mō destrier montez. Si te luy respōd le preudhōme ie ne quiers sur cheual en mō viuāt monter. Alors a lyonnel Qualogrenant entre ses deulx bras puis a triste cueur & fondāment pleurant qui dessus son cheual la mis & en la chappelle le porta q̃ mouit belle estoit a deuise/ ou le saict hō, ne a dict vigilies & puis ont le corps enterre/ qui dessus mirent vne tōbe ou lhermite a mis en escript a tout vng sisseau bien petit. Cy dessoubz gist Qualogrenant & si loccist lyonnel par sa cruaulte priez Jesucrist pour son ame. Quāt au sy seutēt atourne: vers le preudhōme sont venue les deulx freres pour cōge prendre/ & apres le conge receu dessus les bons destriers de pris/ de cest hermitaige partirēt en menant vng merueilleux deuil. Tant ont puis entre eulx deulx alle qu'ung chemin fourchu ont trouue. Et quāt Bohors la apperceu a lyonnel dist en pleurāt/ mō frere & amy vo9 tiendrez le qt chemin quil vo9 plaira: car aller seul il me cōuient & ne scay quāt il aduiendra que vous voye: mais quoy q̃l soit ie seray a la penthecouste la ou le roy sa

court tiēdra/ & ce dict la s'accoller. En telle sorte sont les deux freres departis lung sa auant & lautre arriere & a dieu se sont cōmandez desquelz vo9 laisserons icy a parler & reuiendrons a perceual qui au chasteau au Bieche est demeure.

¶ Cōment perceual apres quil fust guery de sa blesseure luy accōpaigne du Cheuallier couart se mirent a leur chemin et tant cheuaulcherent quilz arriuerent pres dung chastel ou son debuoit faire vng tournoy & la ne voulurēt entrer: mais cheuaulcherent a costiere tant quilz peruindrēt en vne abbaye assez pres dudict chastel.

Cy dessus ouy auez cōe perceual au chasteau geust malade longuement & quant fust sane & guary se print conge aux dames de ce lieu & puis est du chasteau party entre luy & le cheuallier q̃ oncques laisser ne le veult pour maladie q̃l eust: mais tousiours a geu iour & nuict sans labandonner. Eulx deulx ensemble cheuaulcherēt iusques au soir tout le iour entier. Et quāt vint enuiron le vespre: par vne petriere leur voye tindrent tāt quen vng chasteau de grād pris furent venus qui au long dugne riuiere seoit. Et quant pres de ce chasteau furent/ veirent quil y auoit deuāt maincte feuillie & maincte loge: amy dist perceual ie aduise que po ceste nuict preno9 hors de ce chasteau logis: car il mest aduis q̃ si me semble quon y faict ou que lon y doibt vng tournoyment faire/ se nous au chasteau allions: possible y serions nous congneuz plustost q̃ mestier ne seroit. Et cil luy a dict que du tout en sera a son plaisir faict: vers vne forest se tirerēt/ ou ilz ont vne cloche ouye & se pourpensent que vne Abbaye se pouoit estre: enuers le son de ceste cloche ont tāt le droict chemin tenu quen une abbaye peruindrēt ou leans ayseement entrerent ou moult bon hostel ont trouue: ainsy qui leur pleust demander/ au matin si tost que le iour peurent veoir se leuerent sans seiourner puis sont au moustier allez/ ou le diuin seruice ouyrent. Et quant yssus furent de lesglise sur leurs destriers sont remontez. Et puis tenant le fons dung val vers le chasteau tout deuisant sen vont souef & bellement. Et ia de ce chasteau yssirēt les cheualliers en grosses trouppes & pl9 de trois milliers estoient tous armez/ dugne part & daultre/ les lāces mises vers le bas/ ont le tournoy encōmence: & dedens la premiere trouppe des cheualliers qui du chasteau sont yssus y eust des nepueux du bon roy arthus. Le premier fust Gaheriet le preulx le saige et le courtois/ Mordret aussy lyonnel/ auec le roy bandemagus qui moult estoit vaillant & preulx: arriuez furent noblement: & auoit chascū belle gēt: mais bādemagus le bon roy eust meilleurs gens de sa partie que cil des cent Cheualliers na/ chaschun auecques ceulx quil a amene/ est dedens le tournoiment entre ou moult noblemēt se contindrēt. La veissiez au premier poindre mains vaillans cheualliers ensemble mainct escu croiser & partir/ mainct bō hau bert desmaille: car ceulx de la table ronde les plus renōmez de ce siecle: mainctes testes y furent vermeilles: tāt furēt a ce tournoy redoubtez q̄ nul ne se peult vers eulx tenir. Perceual qui les regarda besongnier & vitillemēt maintenir si bien & par si grā de prouesse hōnorablement sur tous les aultres les prisa: puis a sō cōpaignō a dict. cō paignō dist il se dieu maist tost serōt ceulx de deca vaicus se y nous ne sont secourus. Or secourons les dist il sire a mon pouoir vo9 aideray. Lors laissent courre les cheuaulx/ le compaignon & perceual a trauers du tournoyment se fierent q̄ les gens ban demagus ont trouuez cōtre lesquelz moult

bien sessaiēt. Lors perceual par grand effort lescu au col sāce baissee a tourne vers gaheriet q̄ vitillement le recoit: car il estoit de grāde prouesse & du lignaige au roy Arth9 & des siens estoit le meilleur excepte monseigneur gauuain. Et quant il veist perceual approcher enuers luy cōmenca a poindre & au rencontrer tellement sur les escus se ferirēt q̄ les ont en deux descōp9 Gaheriet sa lance brise q̄ estoit forte a grā de merueille: & perceual si bien la taint des sus son escu reluisant que a la renuerse en bas le porte par dessus la crouppe du cheual: & perceual oultre sen va laissant gahe riet a terre. Puis remeist la lāce a larrest & sen vunt maintenāt contre ung aultre de la maison bandemagus qui dess9 lescu la attainct qui tout a trauers luy passa la lāce quil a mis en pieces & ius de dessus son destrier le porte. Puis a mis la main a lespee de laquelle mainctz coups pesans en a en cellui iour donne & maint cheuallier ab batu. De bōs heaulmes acerez fust le pre entour luy couuert. Son cōpaignon q̄ bien lensuit alencontre mordret sen viēt qui tel coup en lescu luy donne que ius a la terre lestend puis passe oultre sans plus attendre: car de le prēdre ne luy chault, ainçois veult mectre peine & cure a pris & a hon neur cōquerre. Quāt le cheuallier eust en terre mordret laisse ung aultre cheuallier rencōtre par sa grande force que homme & cheual par terre tout en ung mōt enuoye. Auāt que son poindre laissast ne q̄ sa lan ce soit brisee: en a quatre abbatus. Tant luy plaisoit en ce tournoy estre que son vi uant na este si ioyeulx si noblement sest cō tenu q̄ ie croy q̄ l a plus denuie de bie faire q̄ nul q̄ soit a celle fin q̄ pl9 de luy on ne mes die cōme on auoit au parauāt dict quāt il ensuyuoit couardie. Si tost q̄ sa lance brisa a lespee hors du fourreau traicte de laquel le ca & la fiert/ bat puis a dextre puis a se nestre si que merueille estoit de le veoit.

¶ Perceual le Gallois. fueillet. ccviii.

Lors lionnel qui le regarde dist ma foy nous auons trouue maistre faict il ainsi quil mest aduis toutesfois si ay le talent a lencontre de luy mesprouuer. Alors commence vers luy poindre en emploiāt la force du destrier/ & celluy q point ne le doubte/ reuint vers luy a grande alleure qui dūg escuier vaillant a vne lance recouuerte. Et quant se vint au rencontre ferir se vont merueilleux coups dessus les escus bien collez quilz ont derompu & percez/ & les lances en pieces vollerent/ & leur conuint tous deux hors des selles vuider/ & sur la belle herbe verde tomberent/ mais point ne sen sont esbahis/ chascun comme preux & vaillant se redresse & prent son cheual ou monterent sans dellaier sans auoir plaie ne nauteure. Lors lūg pres de laultre sapproche tenant lespee nue en la main. Adonc malement se menassent & neust este le tournoiment q alors sur eulx sebatist qui par force les a faict departir mallement se fussent seruis. Gaheriet remonte estoit & le sien cōpaignon Mordret/ et puis ont leurs lances saisies que mises ont dessus larrest. Gaheriet vers Perceual a tourne maintenant sa course & Mordret sās point seiourner vers le beau Cheuallier se traict. Lors ferirent sans menasser des lances quilz ont recouuertes/ tout entrauers de leurs escus sentrerencontrerent tous quatre si roidement sataingnirēt que les fers a la chair touchèrēt. De ceste redoubtable rencontre Perceual a terre porta Gaheriet tout alueurs/ & son compaignon vaillāment a Mordret en bas abbatu: a terre tomberent tous deux/ dōt ont este moult esbahis. Lors lionnel & Bandemagus chascun tenant la lance au poing se sont vers les deux aultres adressez Bandemagus Perceual fiert de telle roideur comme le destrier peult courrir/ & Perceual qui ne sestonne vertueusement le refiert/ & tellement se rencontrerent que leurs escus ont froissez & percez: tant furēt

leurs coups angoisseux quil conuint a Bandemagus abandonner estriers & selle & tōber sur le cul a terre. Et Perceual sur le destrier honnorablemēt sest tenu: a ceste heure lionel qui sa lance a baissee vers le beau Cheuallier accourt/ & cil enuers luy se destourne qui de nulle chose na craincte: puis sur les escus reluysans se sōt merueilleux coups ferus sique les percerent tout oultre & iusques a la chair sont les fers glacez. La lance lionnel fust rompue/ & celle au beau Cheuallier entiere demeura laqlle si vertueusement emploie que lionnel en a ius du cheual abatu/ & puis a son destrier saisy qui moult legier & fort estoit & a lionnel le presente & luy a dist sire montez car des meilleurs estes au nombre que ie vei en iour de ma vie. Lors remonte qui grād talent a de se venger sil pouoit: mais possible si le recherche que sa honte en augmentera Adonc la nuict vint qui les bendes desassemble.

Comme ennuye mat & vaincu vint Bādemagus au chasteau il et ceulx q la pour les siens. Et les aultres les vont au doz ferant qui iusques a la porte les chassent. Perceual qui le pris emporte auecques le beau Cheuallier arriere vers la religion sen sont ioyeusement allez ou ceste nuict ilz herbergerent faisāt grande ioye lung a laultre/ & lendemaī au point du iour se remirēt tous deux en voie Et tant vont quil ont approche vne croix en vng chemin fourche/ et quant deuant la croix arriuerēt en ce lieu se sont arrestez Perceual qui courtois estoit meist son compaignon a raison auquel il dist /doulx amy moult longuement auons este cōpaignōs vous & moy ensemble/ en ce temps de vostre nom iamais ie ne me suis enquis/ & cil qui Cheuallier me feist me dist lors et si mē

Q.iiii.

seigna qua nul compaignie ie neusse longuement fais son nom scauoir: pource veuil le vostre scauoir/say q̃ doy a dieu de lassus faict le Cheuallier ie ne le vous vouldray celler: le beau mauluais suis appelle: certes luy a dist Perceual ce nom ne vous est conuenable ne tel comme il vous appartient/vous aurez nom le Beau hardy/car beau & preux & saige estes/honneste courtois & hardy/donne me sauez a congnoistre assez a ceste honorable assemblee & en aultre lieu pareillement ou bon cheuallier vous ay trouue. Or est ainsy mon amy chier que departir il nous conuient densemble/& tout seul a part men iray mais le mien nom vous sera dist ainçois que me parte dicy: ha sire a dist le beau hardy sans moy ne vous en irez pas si seray amy nen doubtez faict Perceual aller me fault en tel lieu que nul luy ny peult venir/& est besoing qui voise seul. Dollent & mou.t courrouce fust quant lentendit le beau hardy aussy en eust il cause & droit pour les raisons que de couardie le feist estre preux & vaillant/parquoy enuis de luy se departoit car moult aimoit sa compaignie. Et ne vous scauroit homme dire le grand desplaisir quil en a. Alors Perceual son nom luy a dist & que se plus luy plaisoit a la court du roy arth9 aller q̃ la se pourroit veoir a la peth̃couste, pchainemẽt venat & cil luy dist que pour certain au iour si trouueroit. Lors prindrent conge lung de laultre en se recommandant a dieu/& apeu que le cueur ne part au departir au beau Cheuallier hardy tant dollent/car si a son plaisir venoit iamais iour de sõ viuant nestrãgeroit sa compaignie. Du Beau hardy vous lauray a parler/& vous diray de Perceual qui sen va a son aduenture.

¶ Comment apres que Perceual fust party du Beau hardy il cheuaulcha longuement iusques a la nuict par vne grande forest ou luy conuint logier a vng hermitaige ou le lendemain ouyt le seruice diuin & se confessa bien & deuotement.

Apres que les deux Cheualliers furent departis lung de laultre au grand regret du beau hardy. Percenal a sa voie tenue le long dune vallee & atant cheuaulche & erre que lobscure nuict est venue/parquoy comme la chose aduint pres dung bois en vng hermitaige/adonc luy cõuint heberger iusques au matin que le iour esclaira/a laquelle heure est lhermite a la chapelle entre q Perceual auecques luy a appelle/& dist amy en ceste eglise sil vous plaist le seruice orrez du createur a la bonne heure plus seuremẽt apres cheuaulcherez. Sire luy respond Perceual vostre commandement feray/atant a la chapelle entrerent/ou le sainct homme celebra le diuin seruice Perceual de cueur lescouta lequel apres la messe dicte de ses pechez se confessa/& le sainct homme apres sa penitence enioincte luy donna labsolution en luy pardonnant son offence/voiant sa grande contricion/& luy cherga en penitence que iamais ne cheuaulcheroit puis que complie seroit passee quil peulst au iour du samedy & ie vous dis faict Perceual qua mon pouoir men garderay: le souuerain dieu eternel vous en doint la grace beau sire & tous voz pechez vous pardoint luy a dist le deuot preudhomme. Lors sen part sans plus seiourner la lance au poing au col la targe monte dessus le blanc destrier/qui iusques a tierce cheuaulcha sans encõtrer homme ne femme/puis est en vne lande entre/entre le pais descoce & irlande. Ceste lãde fort grãde estoit & ny auoit ne forest ne riuiere chasteau tour ville ne villaige a mais de deux lieues a lentour. En ceste lãde a Perceual vng Cheuallier encontre arme de bien meschantes armes en plus de cent lieulx pertuysees & le cheual qui le portoit fust si mai

gre que pitie estoit a le voir, car par deux
ans este auoit par bois par landes & par
plains sans auoir en nul hostel geu par
quoy est a noter qu'assez de mauluais temps
a eu qui moult la faict passe & decolore ve
nir, & fault entendre que par maintes fois
a souffert une heure chault & l'aultre froit
& sitost quil veist Perceual, s'est adresse par
deuers luy, & moult haultement luy escrie
quil pense de luy se garder et qui le deffie a
oultrance. Et quant Perceual l'eust enten
du, & regarde tout maintenant s'est arreste
& s'esmerueille de ce quil dist, considere son
mal acoustrement & que tant luy que son
cheual sont si maigres & fort despris par
quoy ne luy scait que respondre. Et cil luy
escrie une aultre fois vassal mieulx vous
vauldroit de ma lance garder que de ainsy
faire du musard. Certes amy faict Perce
ual ie ne doubte que preux & hardy ne soiez
mais voz armes comme il m'est aduis, ne
tiennent pas fort bien ensemble: ie voy vo
stre haulbert descompu & avez doubte de
mourir, beau sire allez vostre chemin de com
batre mestier ne vo9 est car qui ung petit
vo9 vouldroit ferir vostre destrier dessoubz
vous a terre tomberoit pource vous loue
que en vostre besongne allez, & a la miene
men iray. Le Cheuallier Hector nomé cui
da que par despit luy ait ce respit octroie,
pource le destrier picque et point et contre
luy le laisse aller et luy escrie q pour nulle
chose la bataille ne laissera. Perceual voit
lors quil conuient qu'encontre de luy se
voise ioindre partant le blanc destrier poi-
gnist qui de moult grande roideur s'en court
puis se rencontrent les Cheualliers par tel
le maniere que des escus les ayes rompirent
si que les lances ont les haulbers percez &
entrerent les fers iusques a la viue chair.
Les deux lances si fortes furent qu'au coup
ne feirent que arconner qui causa que au re
poulsement les deux Cheuallier par ter-
re allassent, mais moult tost & legierement

se sont sur les piedz redreszez: puis meirent
les mains aux espees desquelles tant rude-
ment se pourchasserent que de leurs heau-
mes ont couppe cietcles & ventailles, & des
haulbers les mailles vollerent a grande
force dessus la belle herbe du pre, tellement
que en plusieurs lieulx se sont naurez plus
de deux doigtz de parfond: ny a nul qui
soit ne se deuille que son compaignon n'a co
quis, tant fierement se rechercherent que
leurs escus sont debouclez & les heaulmes
a petit tiennent. Moult fut cest assault pe
rilleux & fort pesant a soubstenir celluy ny
a des deux Cheualliers qui ne soit tout
de sang mouille trempe & tainct si que l'her
be en est toute vermeille qui au parauant
verde fust. Tant se desplaisent que rien pl9
de ce q'ilz ne se peuuent vaincre & tant sont
las de trauailler au combat, que plus ne
se sceuent en estant tenir mais choir a terre
les conuient sans auoir force de plus la ba
taille maintenir, car pouoit non en nulle fa
con leur requerre ne se assaillir, mais leur
conuient par trop grande angoisse leur pas
mer. Ainsy le long du iour entier furent ius
ques pres de vespres que nul homme par la
ne passa, & que l'ung n'eust pouoit a l'aultre
parler tant par plusieurs fois & longuement
se pasmerent. Apres qu'a eulx ilz furent re
uenus se prindrent a souspirer et les ieulx
ouurir comme dieu le voullut qui encores
ne desire quilz meurent ne quilz perdent la
vie. Lors Hector le premier parla, qui gra-
de peine meist a ce faire, et dist a Perceual
amy pour dieu qui forma ciel & terre ie vo9
supplie me aller querir ung hermite qui
au dess9 de ceste montaigne demeure pour
me donner confession affin qu'assoubz ie puis
se estre de mes pechez. Adoncques Perceual
respond, beau sire de ce ne me parlez car ie
n'ay force ne pouoir de moy nullement re-
muer pour vray vous dis q occis manez,
& toutesuois se le premier vous mourez ie
vous supplie vostre mort me pardonner af

fin que mõ ame nē soit encharchee. Je prie a dieu estre a mõ deces faict Hector ie le bõ pardonne/car pas ne pense la minuict passer tant mauez durement naure/mais dune chose ie vous prie cest que ce parauenture a la court du bon Roy Arthus allez q̃ ceste chose vueillez dire a Lancelot se vous le voiez ⁊ vous plaira le saluer de par Hector son humble frere. Certainnemēt dist Perceual point ie nespere iamais pouoir par la terre aller/mais pour Lãcelot moult me poise seul ay tousiours fort ayme quant ennuict par ceste voie vins Et si parauenture il aduient que vo⁹ mesmes a la court du Roy arthus peruinsiez ie vous supplie salluer mon bõ amy Agloual de par Perceual le Galloys: par la foy qu'a mon dieu ie doy luy dist Hector ia de ce complet nauray peine car occis mauez pour tout vray ⁊ est dommaige a mon aduis quasi y mourir no⁹ fault tous deux de quoy ie doy estre blasme car ie⁹ suis la totalle coulpe. Alors deuindrent si tres foibles par leur vertu quilz ont põue q̃lz retomberent en pasmoyson/ainsy ieurent tout estēdus en tel tourment tant que de minuict approcha. A laquelle heure par la diuine prouidence vne grãde clarte entre eux deux vint plus grãde que iamais nont veue depuis lheure q̃ furent nez/ceste clarte fust si penetratiue quelle les feist les ieulx ouurir ⁊ au millieu dicelle ont veu vng ange du ciel descēdu qui en ses mais tint le Graal qui trois tours au de sus deux feist et puys vers le ciel retourna dedens ceste grãde clarte qui auecques luy est venue/⁊ ne sceurent que tout deuint/moult sest Perceual de ceste vision esiouy lequel tout en vng instãt se sentit aussy a deliure ⁊ sain quil auoit au parauant faict auant que le cõbast emprendre de quoy a son pouoir ⁊ tres humblement en a dieu remercie. Adonc a Hector appelle ⁊ luy demande comment luy va/⁊ cil respond quil est gary ⁊ que mal ne doul-

leur ne sēt/ie suis faict il sain ⁊ hestie/pour ce que parcy est passe le sainct ange que ie veu/mais pas ie ne sceu to⁹tesuois que cest que estre ses deux mains porte dõt fort me gresue car voulõtiers ie le scauroie/asses seroye resiouy se la verite en scauoie/car mõ viuant telle chose ne veis. Beau doulx amy dist Perceual sachez pour toute verite que ce que lange en ses mais tint est le precieux ⁊ sacre Graal dont tant auez ouy parler. Quãt Hector perceual entend remplide ioye⁹ de liesse fust maitenãt/en estat se dresse ⁊ a Perceual demande cõme maintenant il se treuue: doulx amy respond perceual sachez que ie suis en sancte ⁊ tout refaict de tous les grandz maulx que iauoie ⁊ des plaies q̃ iay receu/⁊ moult me plaist ⁊ reconforte de ce quainsy sain ie vous voy: autel ie vous dis faict Hector/alors pres lung de laultre saprocherent ⁊ se accollerēt plusieurs fois en demenant ioye ⁊ liesse/puis se pardonnerent de leur pre ⁊ de leur maltalent. Tant ont en ce lieu lõguemēt seiourne en deduict ⁊ faisant grande feste que la lueur du iour les enlumie quilz ont leurs cheuaulx au pres deux trouuez qui oncques ne sestoiēt remuez/dess⁹ lesquelz legierement monterent. Hector sen alla Lãcelot chercher apres quilz furent remontez ⁊ que lung eust pris conge de laultre quil trouua apres peu de temps. Et Perceual en sa besongne sen va priant dieu qui luy doint Pertinel trouuer que a luy combatre se puist.

⁋ Comment apres que Perceual eust prins conge de Hector/des maretz il cheuaulcha tant dung coste que daultre quil apperceust vng chasteau de grande beaulte ⁊ sceust que leans demouroit Pertinel le vaillant Cheuallier/adonc print perceual lescu dudict Pertinel qui pendoit a vng arbre qui fust cause que pertinel vint tout arme ⁊ cõbatirēt luy ⁊ Perceual ⁊ fust ledict Pertinel vaincu par ledict Perceual.

¶ Perceual le Gallois. Fueillet. ccxxxj.

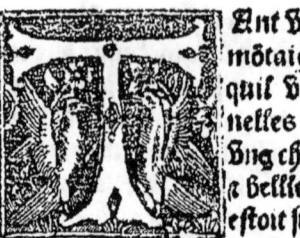

Ant va Perceual p̃ mõtaignes vallees quil veist cincq tour nelles apparoir en ung chasteau riches & belles/le chasteau estoit sur une riuiere pose & fort bien assis & a lenuiron y auoit force terres alabeur & a gaignages fertilles force bois & belles prairies/de rien ny eust leans deffault/& estoit le chasteau si fort que nul fier assault ne redoubte ne engin tant soit subtil & fort: bien estoit clos de hault murs & espes. Et bien eurent ceulx de de dens leurs delis car le sire de ce chasteau si bien les garde & les maintient quilz nont voisin qui mal leur face car il estoit si tres cruel quen tout le monde ny en eust ung si plain denuie. Des cinq tournelles que iay dist y en auoit quatre petites qui enuiron noient le chasteau & la grande au meillieu estoit qui de grande apparence fust car le comble de pardessus estoit tout dore de fin or/& quant Perceual eust ceste tour lõgue ment aduisee dist a soimesmes/ie croy faict il a mõ aduis que ce manoir est la tour rou ge de la quelle celluy est sire qui courroux a faict a maint homme et par especial au Roy qui le sainct Graal garde. Perceual moult sesmerueille de la grãde beaulte du chasteau & de la richesse que luy est/ regar dant ceste tour vermeille belle deuant la qle y eust ung pin bien feuillu & biẽ verdoiãt & fust de si grande beaulte que iamais hõ me son semblable ne veist: a ce pin ung es cu pendoit qui a merueille riche fust dont le camp estoit dazur & par dedens deux pu celles dor. Moult õguemẽt perceual cest escu regarda & quant assez leust veu & re garde bien se doubta que celluy escu estoit qui tant doultraige & tant denuye auoit au Roy pescheur faict/ tout ioieulx vers lescu sen va & dist q̃ Bouillõtiers scauroit pour quoy est en ce lieu pendu/ pendant quen ce penser estoit issit ung varlet de la porte ie ne scay pas pour que lle affaire & quãt per ceual le perceust pour venir vers luy lap pella/& luy dist amy sãs mẽtir dictes moy ie vous en supplie commẽt est le chasteau appelle pareillemẽt qui en est sire. Sachez luy respond le varlet que le chasteau a la rouge tour est nomme/& le Sire Pertinel sappelle moult vaillant & preux en batail le/sique alencontre de luy ne se peult Che uallier tenir qui encontre luy prẽgne as sau't/ou quil vienne pour cest escu abbatre ia en a cent & quatre occis toꝰ preux & vail lans Cheualliers. Trop sont fierement atournez tous ceulx qui a cest escu touchẽt pource la icy atache affin que les Cheual liers errans qui querir vont leurs aduen ture le puissẽt apartamẽt veoir. Et que pert celluy qui labat faict Perceual. Cer tes luy respond ie varlet il en pert pour cer tai la vie. La vie luy dist Perceual moult est cruel & desloyal celluy qui pour si peu de chose ung homme occist ou mect a mort & y trop enuers dieu offence. Lors t͂int au pin & iescu prent qui pendu a la guige estoit/et le fiert contre le tronc de ce pin tellement q̃ tout le froissa. Et quant le varlet eust ce veu haultement se print a ung cor sonner q̃ lors au col pẽdu auoit. Sitost quil eust au cor sonne fust par Pertinel entendu lequel moult sen est resiouy bien pense quaupin a quelq̃ chose parquoy se faict armer/& tost apres sur son destrier est monte sans nulle mẽt auoir mis le pied a lestrief/puis prẽt une lance en son poing & sen va dehors du chasteau sans point descu emporter parce que au pin cuide le sien trouuer/qui a peu q̃ de deuil ne creue quant a terre le veist froi sse/nonobstant pẽt ne differa que vers per ceual ne sessaie/& luy escrie vassal vassal oncques si chier escu ne veistes comme cel luy quauez froisse croiez qua la maleheu rre y vinstes car vous y perdrez le chief/A lors que Perceual sentend des trenchans asperõs dacier/son destrier legieremẽt poit sa lance sur larrest couchee/si sesmeurẽt sũg contre laultre tant comme les cheuaulx les peurent porter a la grãde force quilz en ont/puis sentrefierẽt les Cheualliers par si grãde vertu q̃ vne chose admirable estoit Pertinel ferist sur lescu Perceual si qui le fendit/& Perceual qui bien entẽd a iouster & a se deffẽdre/parmi lespaulle de Pertinel a sa lance adressee qui luy passa plus dune toise/puis sõt to⁹ deux a terre cheuz: moult fust pertinel courrouce quãt il se sentit des plaie/pourtant ne sest il estonne ains se re dresse & prent lespee au poig. Et Perceual pareillemẽt na pas en terre seiourne mais bien a se deffendre entend. Et quant il se fu rent apꝓchez si cruel assault eussiez veu que iamais pour deux Cheualliers nen a vng si mortel este: chascũ des deux biẽ fust esleu & bien esprouue en bataille/a grand coup despee bien trenchant son compaigno chascun requiert/& vo⁹ promectz que coup ne ruent que sang cler apres nen raie/mai tes plaies & plusieurs nauzures sentrefei rent en briefue espace. Pertinel qui lespee a ses deux mains tint sest si vaillamẽt mai tenu quil nest homme qui lors leust veu q̃ ne dist pour tout certai quõcques meilleur Cheuallier ne fust. Et tant seist Perceual de son coste que ceulx du chasteau qui le veirent ont dist autant les grandz que les petis que son pareil veu ilz nauoient ne sca uoient en la terre Cheuallier si bien esprou ue: depuis prime iusques a midy dura des deux Cheualliers la meslee qui mains grandz coups & trop cruelz se donnerent de leurs espees/ny a cil qui ait de son escu en tier pour seullement sa main couurir. Par maintes fois a grand meschief furent con trais tomber sur les genoulx ou tous este dus de leur lõg/que tres bien peurẽt veoir ceulx qui au chasteau aux fenestres furẽt pour les deux barons regarder. Or pour vous abreger le compte affin que point ne

ⓒPerceual le Gallois.

vous ennuie/tãt combatirent main a mai que Perceual eust la victoire ainsi comme dieu le permist: lequel auoit Pertinel aba tu & a terre dessoubz luy mis/& luy dist q̃ si nee est la guerre se la prison ne luy fiance/ Et cil qui fust tant oultraigeux luy res pond que telle lachete ne fera que de ꝑ nul Cheuallier en prison se mecte ne sentre tra de luy crier merci. Ja dieu pardon ne me face se doncques ne te occis dist Perce ual/ lors haulce lespee & le menasse & dict que tantost loccira se prisonnier ne se veult rendre. Et cil respond ie ne vous crains et sachez que ia ne seray si meschant en nul iour de mon viuãt de me rẽdre a nul a mer ci pource se de moccire as enuie tu me peulx biẽ occire icy car ia merci ie ne ceray/par mõ chief ie toccirai donqs/fait ꝑceual võt me desplaist. Lors le fiert tel coup que le chief luy a tantost rue ius des espaulles/& puis ce faict a le corps sur lherbe laisse & la teste a entre ses mains prinse/& ia meist derriere son arcõ/& iure q̃ au Roy Peschor la portera a grand honneur. Adonc est sur son cheual mõte/& alescu prins qui a ce pin trouue auoit & ainsi froisse & mal mis/ie q̃l a a son col pendu/& puis sen part sans plus attendre & laissa le fier Pertinel mort esten du deuant sa porte/duquel le chief emporta vers lhostel du roy Peschor ou il sen va cõ me il propose mais il ne scait commẽt trou uer il le pourra ne comment a sa court ve nir sache/car ia bien passe a cinq ans quil na en ce pais este parquoy ne scait ou le che steau chercher parce que biẽ ne recognoist la terre de lenuiron pourtãt en estoit il na tif cest assauoir de la gaste forest mais pe tit si recognoissoit.

ⓒCommẽt Perceual apres q̃l eust occis Pertinel il erra tãt quil trouua le chasteau du Roy Peschor & apres lauoir salue & cõ ioui luy presenta la teste dudict ꝑtinel la quelle fust portee sur la haulte tour du cha stel.

armes que present vous baille vous prie en lhonneur de moy porter: car se sont mes armes royaulx/ chier oncle luy dist perceual des armes ie vous remercie en lhonneur de vous les porteray et les garderay dieu aidant. Lors sest arme sans plus attendre et quant il eust du roy pris congie est dessus son destrier monte. et hors de ce chasteau sen part emportant les armes royalles: qui plus noires que meure estoient. Puis est en une forest entre qui assez pres du chasteau proposant a la court du noble roy Arthus sen aller. Tant a en cheuaulchant exploicte que pas nestoit midy passe quant de la forest est yssu quonque homme ne rencontra. Puis est en une lande entre qui a grande merueille luy pleust: car il feist souef comme en may: de ceste lande bien fleurie en une prayrie paint ou y trouua deulx lourers deulx pins et deulx oliuiers les plus beaulx que en son viuant eust veu et y eust a chaschun des arbres ung escu moult riche pendu. Perceual qui pres de la passa print les escus a regarder: mais point ne sest arreste: car entendre a errer en diligence vouloit. Et veist de rechief que a chaschun des arbres une lance apuyee auoit/ mais oncques chose ne fust si verde comme ligne des lances estoit et lescu a lesquipollent: et laultre a merueille fust blanche et lescu qui y pend aussy/ et le tiers escu et la lance aussy iaulne que toussies furent: et le quart escu fust inde come on voit la fleur dung aubefain. Et le quint de synople painct la lance de couleur semblable: et le sixiesme estoit changeant miparty de iaulne et de verd lequel merueilleusement au soleil resplendissoit. Tant sest perceual affecte pour ses beaulx escus regarder quil ne se sceut contenir vers celle part aller et apperceust une fontaine en lombre des arbres fort belle alentour de laquelle des cheualliers y eust iusques a six lesquelz au menger se seoient en grande ioye et lyesse chaschun son destrier pres de luy/ et estoient

tous six bien armez fors le heaulme de la teste: et ny eust celluy qui telle liuree ne portast comme le sien escu fust painct. En la maniere que vous ay dict se sirent tous six au menger que seruirent quatre pucelles noblement en grand honneur. Les quatre gracieuses pucelles aduiserent perceual venir dessus le destrier blanc monte qui tost aux cheualliers lont monstre qui pour le regarder ung petit du menger se tarderent qui grande ioye eurent de le veoir. Maintenant en estat se dresse le plus ieusne de tous les six qui bien tost son heaulme a lace. Puis est sur son destrier monte: puis il embrasse le blanc escu et prent la lance et sen va vers perceual brochant et luy escrie qua sa malheure est en ce lieu venu. Adonc bien congnoist perceual que maintenant iouster luy conuient parquoy entend au cheual poindre. Puis durement se rencontrerent/ le Cheuallier au blanc escu perceual fiert de si grande force que la grosse lance en arconne puis en vollerent les esclas. Et perceual tel coup luy donne qui par grande pree le requiert que ius du cheual labbatit et le dextre bras luy brisa: puis a sa lance en hault leuee et arriere de cil sen va qui le laisse en la terre pasme: Ung des aultres est en pied sailly le heaulme lace en la teste qui lescu a lalbre print puis est sur son destrier monte et vers perceual sen accourt qui tellement sur son escu la feru ung petit plus bas que la boucle que une partie en escartelle et la lance en tronconne et se rompt: et perceual sans seiourner tellement sur lescu le fiert que ius emmy le pre lenuoye/ tout estendu le long de luy. Puis oultre passe et la en pasmoison le laisse. Le tiers qui a la fontaine si tost que le heaulme eust mis est dessus son cheual monte qui son escu au col a prins: et puis sen vint vers perceual en poingnant la lance couchee: et perceual la sienne aloingne quant contre luy le voit venir: le cheuallier premierement fiert perceual sur son escu si tel coup

R.ii.

¶ Perceual le Galloys.

luy donne que la lance en va par esclas. Et perceual la si bien dessoubz la penne de lescu asserte que doultre en oultre le pourfend & lenuoye les iambes leuees ius du destrier les piedz amont la teste aual. Que compteray ie daduantaige pour mectre grand temps a peu dire. Tous six ainsy iungapres laultre dugne lance les abbatist: lesquelz sans longuement attendre luy ont tous fiance prison a la tenir ou il vouldra/ ausquelz a dict qui leur conuient aller a la court du noble roy Arthus en sa mercy rendre: de par perceual le gallois: en luy disant que vers luy se trouueroit a la penthecouste/a Guicestre ou a Cardueil: mais premier que de luy despartent dist/que leurs noms il veult scauoir. Sire tout a vostre vouloir soit/faict le plus viel & a vostre desir. Premierement ie vous aduise que Saladres des ysles ay nom/& ces cinq presens sont mes filz Dinodres a nom le premier/ Monafide le second se nome. Le tiers Latos: & le quart Euatiste a nom. Le quint Gargonne qui de tous les cinq est puisne. Or ie vous prie dist Perceual que au Roy Bo'diziez mon messaige. Tous six ainsy luy ont promis qui conge pundrent & puis sen vont. Et tant apres leur chemin tindrent que la vigille de la penthecouste sont a la court arriuez: ou au roy ont dist leur messaige/ & le roy quant il les entend/a moult grande ioye les receut en faueur de cil qui les enuoya pour lamour duquel les a en liberte remis/ & de leur prison tenus quictes: a grande ioye & grande lyesse ont tous/ & toutes ceste nuict passee. Et le matin apres q le roy de lesglise fust retourne sen vint aux fenestres de ce palays apuyer: assez triste & par trop pensif: a cause de perceual duql durement se doubtoit que point a la court il ne vint. Lors regardant la prayerie voit venir vers la court grand erre le blanc cheual qui le noir cheuallier portoit/ & si tost q le roy leust veu Keulx son seneschal appel

la & dist: icy le Roy vng cheuallier venir grande asseure parmy la porte & est darmes noires arme que ne congnois & ne scay qui est. Et Keulx incontinent respond sire sans nulle doubte vous dys que cest vng diable qui en la court vient qui vng ange du ciel cheuulche sainct gabriel ou sainct michel Celle parolle ouyt gauuain missire yuain & lancellot bohors lyonnel & hector dodinel gaheriet qui moult en ont gabe & ris: mais le roy ne sen ioua pas: ains a a Keulx maintenant dict/ha Keulx faict il trop estes mesdisant: langart & par trop ouutraigeulx: en la fin nul gre nen aurez. Atant est perceual descendu dessoubz vng plaisant oliuier ou plusieurs cheualliers a lencontre de luy sen allerent & le roy mesmes en personne y vint qui quant il eust congneu fust plus ioyeulx de sa venue que de toutes les personnes de sa court tant fort layma & le tint chier: qui maintenant la faict desarmer: & puis le tenant par la main monterent amont au palays qui des plus beaulx du monde estoit. Quant en la salle furent assis: de plusieurs choses deuiserent tant en appert q en la cellee ¶ Lors le roy Arth' appella tous les barons qui furent en sa court & leur prie courtoisement dire & racompter vng a vng tout ce que trouue auoient pendant quilz ont dehors este. Adonc chascun a son endroit a au roy recite soit son honneur ou soit sa honte ce quil a veu ne rencontre. Bohors & lyonnel compterent comme ilz sestoient rencontrez & comment lyonel par mesaltent auoit Qualogrenant occis. De qualogrenant fust le roy moult dolent & desplaisant & tous les seigneurs de leans. Puis perceual leur a compte comment le sainct graal il veist & la lance qui le sang vermeil degouttoit: & puis du beau tallior dargent & de lespee tronconnee que resouldee auoit & resioingt/ pareillement de la chappelle leur compta et de la main noire a laquelle il a eu grande bataille & bien horrible a soubstenir/ & coment il a abbatu la merueille q̃ la Benoit, par la qlle chascun iour estoit ung cheuallier occis qui conuenoit dessus lautel demeurer, aps de larbre & des chãdelles leur a tout cõpté, & puis leur dist du Cheuallier qui de son cheual sabatist, & comment le diable a luy vint tout noir en forme dung cheual qui vers la mer le porte, & leust noie ne fust le signe de la croix. Apres leur dist de la pucelle qui par mer vint en une nef qui luy dist que si fort laimoit quauecqs luy voulloit coucher au pauillõ pour le surprendre, & cõment quãt il se signa sen departit parmi la mer fouldre gectant, puis compta commẽt le preudhõme par mer vint qui oultre leaue lemporta en la nef en le resconfortant & comment le blanc cheual luy donna quil a en ce lieu amene. Apres cõpta de Hector la bataille comment ilz furent garis par la vertu du saint Graal dont dieu leur feist la demõstrance, & puis du Cheuallier hardy leur a dist au long laduẽture Et de Pertinel en apres comment il luy trencha le chief & de la ioye & feste que le roy Peschor en feist qui sur sa g̃de tour la faict mettre & cõment pour celle occasion retourna le roy en sa sante, & fust de ses plaies du tout guari & refocile. Et cõment les lauriers a veu les deux pins & ses oliuiers ou les diuers escus pendoiẽt, & des six Cheualliers qui furent a la fontaine quil conquist. Quãt le Roy eust tout escoute & bien entendu, mot a mot le feist en escript mettre, comme bien raison fust et droicture. Et pareillement ce que tous les aultres ont de leurs faictz dict & compte, les noms de ceulx & laduenture & ainsi comme le tout en est alle ou aduenu, & puis ce faict le roy fist mettre ce quil en feist escripre en une armoire au chasteau de sallebieres que de sõ propre seau sella.

Comment une Damoiselle apporta nouuelles a Perceual que le roy Peschor son oncle estoit trespasse & comment le Roy Arthus bien accompaigne y alla pour le couronner.

Hystoire nous dist quant chascun eust son compte au Roy declare quil fist par memoire mectre, a table se sõt assis ou eurent les metz delectables & mengerent ioyeusemẽt. Huyt iours entiers dura la feste, en laquelle le Roy chascun iour sur sa teste couronne porta. Pendãt que ce lieu seiournerent en solã prisant la grãde feste vint une Damoiselle a court sur ung palefroy bien legier qui des soubz le pin descẽdit puis est au palais mõtee ou reueramment vint le Roy Arthus saluer, apres Perceual sallua & consequammẽt la noblesse en generallite tant contre mont que contre val, puis est a Perceual venue qui une lectre luy presẽte, dedẽs lesquelles il a trouue que son oncle le Roy Peschor estoit de grande ioye trespasse: lequel auãt son trespas cõmanda laduertir que moult desiroit qua corbenil sans dellaier sen vint pour noblement se faire courõner, & que sa terre gardast & tint maintenant le royaulme en paix, et dist la damoiselle apres que Perceual eust le contenu des lettres entẽdu que charge luy estoit sur son ame de luy aporter ces nouuelles. Grandement sest Perceual desconforte, quant la mort de son oncle a sceu: mais au contraire en a este le Roy Arthus resiouy & tous les seigneurs de sa court, pour le grand honneur & grand bien qua Perceual en paruenoit, & dist le Roy quil yra pour son bon amy courõner. Maintenãt sans plus delaier le Roy feist trousser sõ bagaige si feirẽt tous ses haulx barons & compagnons de Perceual, quil auoit requis & semont de le voulloir accom

R.iii.

paigner. Tāt ont leur droict chemin tenu qua corduert en peu de temps peruindrent ou les receurent en grand honneur ceulx du païs ꝓ comme ilz furent bien tenus:a ung iour de feste de la toussainctz fust couronne le courtois Perceual ou quatorze roys assisterēt qui en ce lieu furēt pour lhonneur de luy couronner/ꝓ ny eust cellui qui ne fust moult de grād renō. Apres le couronnemēt faict ꝓ que le diuin office fust celebre/ le menger trouuerēt apreste ꝓ les nappes ordōnemēt mises/au plus eminēt lieu de la salle furēt les Roys en ordre assis ꝓ touʒ les Cheualliers ē suiuant en gardāt chascun son degre/ou ne targerent longuement que venir veirēt ꝑ ung huis le sainct Graal a descouuert que vne damoiselle apportoit trois toutes par deuāt les tables feist/ lors furent les tables toutes de mectz precieulx ꝓ delectables garniees qui comme manne descendit/ꝓ telz furent ces mertz q̄ iamais homme nōmer ne les sceust ne conceut que ce pouoit estre/ ꝓ les viandes furent bonnes les vins ont eu dexcellente liqueur de tous païs ꝓ de toutes manieres/ alors a le bon Roy Arthus a Perceual les nouuelles du Sainct Graal demandees que ce fust ꝓ dont ce prouenoit/ꝓ maintenāt en general a la verite comptee/ le roy le menger en laissa si feirent tous ceulx q̄ louïrēt dont ilz en ont eu moult grāde ioye Ung mois dura la court planiere/ꝓ a chascune fois quilz furent pour menger assis le sainct Graal ainsi les seruoit comme il auoit de coustume. A la fin du mois sest la court departie/ꝓ le Roy Arthus sen alla qui sa cōpaignie emmena.

Pres le departemēt du Roy ꝓ de ses barons ꝓ de la grāde noblesse est perceual en sa terre demeure laquelle tint sept ans en paix sique sur luy nul nosa entrepredre na nul de ses subiectz mal faire/chasteaulx ꝓ forteressez refeist ꝓ feist tout a meliorer: voisin neust q̄ ne le doubtast ꝓ q̄ ne luy portast hōneur. Et quant le tout eust mis en ordre ses deux cousines maria. La fille au bon Roy Gondesert au Roy Drien maria qui entre toꝰ les terriēs estoit tenu des plus loiaulx qui apres fust sire de Ianual. La fille au bon Roy Peschor maria au Roy de marone une region a merueille froide. En ses sept ans que le Roy regna a toutes choses ordonnees. Apres a nouuelles ouie que Agloal son frere estoit alle de vie a trespas dōt il a este fort dollēt car il aima ꝓ le tīt chier comme le frere laultre aimer doibt. Lors a le Roy de marone mande qui la terre luy recommanda ꝓ en sa mai la laissa ꝓ meist/puis se voullut de ce ciecle demectre/pquoy en la forest la plꝰ prochainne ou ung bon preudhōme habitoit dedens ung petit hermitaige qui vie moult austere menoit sen vīt/ou auecques luy seiourna/ le Graal ꝓ la saincte lance q̄ diuinnement le suiuitent/auec le sainct tailloir dargent qui bien sceurent tous ceulx de ceste terre ꝓ des aultres regions apres: le preudhomme honorablement Perceual recent comme debuoit tel homme faire/ et moult lhonnora ꝓ tint chier/ꝓ bien lendoctrina es lettres ꝓ en science telle quil sceut ꝓ que aprinse auoit/a quoy faire grāde cure ꝓ grande entente il meist/tant bien a force de son labeur sen est entremis que au tiers an le feist acolite/apres souldiacre ꝓ diacre et tant y tint la main de pres quau bout des cinq ans le fist pbre en ung iour de la natiuite sainct iehan au quel iour dist et celebra sa premiere messe et deuotement a dieu voua que obedience le seruiroit tous les iours et temps de sa vie. Ainsi cōme ie vous ay dist voua Perceual saincte vie ou dix ans entiers demeura qui oncques ne mengea ne beust fors ce que dieu luy enuoia/par le sainct Graal quil voioit ꝓ le seruoit tant nuict que iour/ꝓ auecques luy se

Perceual le Gallops. Fueillet. ccxx.

iourna autant de temps quil a vescu. Tout le temps que ie vous ay dist Perceual en ce sainct lieu habita en prieres et en oraisons ieusnes et penitences et en afflictions. Tant deuotement et sainctement a dieu seruit que des siens amys le clama, et le iour que de ce siecle est party a son createur humblement receu pour vers luy sa grace impetrer. Et deceda comme nous dist lhystoire la vigille du digne chandeleur. Et dieu qui des biens fais est le vray et iuste remunerateur, a la ioye de paradis le mist, auec ses benoistz sainctz, et ce iour mesmes de son trespas et a la propre heure quil mourust le Graal et la saincte lance et le digne tailloir dargent tout en apert voiant les assistés furent aux sainctz cieulx rauis et emportés, et depuis nont par nul en terre este veus que Perceual son ame a dieu rendit. Perceual vray amy de dieu fust au palais aduentureux emporté ou a grand honneur a este inhumé et en terre mis, auprès du bon Roy Peschor et fust son cercueil faict de fin or et de fin argent. Puis ont dessus la lame mis en lectres entaillees petites ou pareilles parolles furent. Cy gist Perceual le Gallops qui du sainct Graal les aduentures acheua. Ce sont les motz de sepitaphe. Et qui encores en ce païs va la sepulture peult apertement

veoir sur quatre pilliers de fin or: comme lhystoire le tesmoigne, et Menessier qui le liure acheua au nom de Jehenne contesse de Flandres de laquelle orateur et cronicqueur estoit. Et pource que ceste noble dame tant chairitable et tant benigne fust ne voullut chose si honorable laisser imparfaicte. Affin de induire et apprendre tous Cheualliers a bien et vertueusement viure en clemence, en courtoisie, et en pitié. Par lesquelles vertus on paruient au royaulme eternel.

¶ Fin du Romant et hystoire du preulx et vaillant Cheuallier Perceual le Gallops, iadis Cheuallier de la Table ronde. Lequel acheua les aduentures du Sainct Graal. Auec aucuns faitz belliqueulx du noble cheuallier Gauuain. Et aultres Cheualliers estans au temps du noble Roy Arthus. Le tout nouuellement Imprimé a Paris, pour honestes personnes Jehan sainct denys et Jehan longis, marchans Libraires demourans audict lieu. Et fut acheué de Imprimer le premier iour de Septembre. Lan mil cinq cens trente.

Troyes (C. de)

Très plaisante et très récréative histoire de...Chevalier Perceval le Galloys...

Jehan Logie, Jehan St Denis, Galliot du Pré
1530

Rés Y2 74